Angeli, Moriz Edler von

Erzherzog Carl von Österreich als Feldherr und Heeresorganisator

1. Band, 1. Hälfte

Angeli, Moriz Edler von

Erzherzog Carl von Österreich als Feldherr und Heeresorganisator

1. Band, 1. Hälfte

Inktank publishing, 2018

www.inktank-publishing.com

ISBN/EAN: 9783747771112

ERZHERZOG CARL

VON ÖSTERREICH

ALS

FELDHERR UND HEERESORGANISATOR.

IM AUFTRAGE SEINER SÖHNE DER HERREN ERZHERZOGE

ALBRECHT UND WILHELM

DANN SEINER ENKEL DER HERREN ERZHERZOGE

FRIEDRICH UND EUGEN

NACH ÖSTERREICHISCHEN ORIGINAL-ACTEN DARGESTELLT VON

MORIZ EDLEN VON ANGELI

K. UND K. OBERST DES ARMEESTANDES.

I. BAND. — 1. HÄLFTE.

MIT 1 ÜBERSICHTSKARTE UND 4 PLÄNEN.

WIEN UND LEIPZIG.

WILHELM BRAUMÜLLER

K. U. K. HOF- UND UNIVERSITÄTS-BUCHHÄNDLER.

1896.

ERZHERZOG CARL

IN DEN

FELDZÜGEN GEGEN FRANKREICH 1796 UND 1797

IN DEUTSCHLAND UND ITALIEN.

VORWORT.

Erzherzog Carl von Oesterreich! dem kaiserlichen Prinzen in des Wortes edelster Bedeutung, war eine der schwierigsten, aber auch rühmlichsten Rollen in dem grossen Drama beschieden, welches an der Wende des XVIII. Jahrhunderts Europa in seinen Grundfesten erschütterte. Mit starker Seele und unnachahmlicher Selbstverleugnung weihte er sein Wissen, Können und Wollen den oft herben Pflichten seiner hohen Stellung.

Was Erzherzog Carl für Oesterreichs Ruhm und seiner Völker Wohl, wie auch für Deutschland errungen, verewigen die Annalen der Weltgeschichte; Oesterreichs Dank hat in dem ehernen Standbilde vor der Kaiserburg beredten Ausdruck gefunden. Franz Joseph I., dem Grossneffen des Siegers von Aspern, dem hochherzigen, ritterlichen Monarchen, blieb es vorbehalten, in solcher Weise seines Vorfahren Ruhmesthaten der Mit- und Nachwelt vor Augen zu stellen.

Wenn nach fast einem Jahrhunderte Erzherzog Carls erlauchte Söhne, die Erzherzoge Albrecht und Wilhelm, es unternahmen, Vergangenes wieder zu beleben und Entferntes den Zeitgenossen näher zu rücken, so war es ebenso kindliche Pietät, wie der Wunsch, der allgewaltigen Wahrheit zu ihrem Rechte zu verhelfen. Ihr glorreicher Vater, erhaben über kleinliche Selbstsucht, begab sich nur zu oft grossmüthig eines guten Theiles seines Ruhmes; seine, dem Heere und dem Volke als Vorbild dienende Loyalität zog es vor, die eigene Person in minder hellem Lichte erscheinen zu lassen, um dem grossen Ganzen, nicht aber seiner Eigenliebe zu dienen.

Nach den Intentionen der beiden Erzherzoge sollte ein Geschichtswerk geschaffen werden, welches Leben und Wirken ihres Vaters als Feldherr, Staatsmann und geistvoller Schriftsteller auf Basis strengster Authenticität umfasst. Diesen drei Richtungen ward thatsächlich Rechnung getragen. Doch das unerbittliche Geschick liess die Begründer dieser umfassenden historischen Arbeit, deren Vollendung nicht erleben. Pietätvoll haben die Enkel, die Erzherzoge Friedrich und Eugen, dieses Erbe angetreten und den Gedanken ihrer Oheime zu vollendeter That reifen lassen.

Es umfasst der hier vorliegende Theil des Gesammtwerkes das Wirken Erzherzog Carls als Feldherr, in Form einer Sammlung in sich abgeschlossener Darstellungen der einzelnen Feldzüge. Ein besonderer Abschnitt ist dem Wirken des Erzherzogs als Heeresorganisator gewidmet. Um den Charakter eines streng »authentischen Quellenwerkes« zu wahren, blieb, insofern geschichtliche Handlungen in Frage kommen, jedes andere als das archivalische Quellenmateriale principiell ausgeschlossen; nur hinsichtlich des französischen und des Beiwerkes war die Benützung gedruckter Memoiren hervorragender Persönlichkeiten, beziehungsweise der einschlägigen literarischen Erscheinungen gestattet. Wenn manche Resultate der Forschungen mit den, von Erzherzog Carl verfassten Schriften nicht allenthalben übereinstimmen, so liegt der Grund hievon in der Loyalität des kaiserlichen Prinzen, die ihn veranlasste, über Manches zu schweigen und das Urtheil über sich selbst, oft bis zur Ungerechtigkeit zu verschärfen.

Was Erzherzog Carl während seines thatenreichen Lebens als Ziel vorschwebte, was all sein Handeln bestimmte und ihn auch sein Irren freimüthig bekennen liess: »die Wahrheit«, galt auch bei Verfassung vorliegender Schrift als Leitstern. Von diesem geführt, hat sich denn auch redliches Wollen an einer fast übergrossen Aufgabe versucht.

WIEN, im Mai 1895.

M. E. v. Angeli,
Oberst.

INHALT.

Beilagen:

Einleitung.

»Nur jene Geschichte ist gediegen und nützlich, die auf den Standpunkt erhebt, von dem allein ein richtiges Urtheil ausgehen kann.« Erzherzog Carl.

Jeder historische Zeitabschnitt, in welchem grosse Kriege geführt wurden, hat bezüglich der handelnden Personen und ebenso betreffs der angewendeten Mittel sein eigenthümliches Gepräge. Zu richtiger Beurtheilung einer ziemlich weit entlegenen Epoche ist daher die Vertrautheit mit diesen Factoren eine unerlässliche Vorbedingung.

Was vor hundert Jahren als Regel galt, ist den heutigen Begriffen von Zeit und Raum, von Manövrirfähigkeit, Verwendung der drei Hauptwaffen und der Technik des Feuergefechtes so wenig analog, dass all dies schon fast zur Mythe geworden. Diese Verschiedenheit umfasste auch das ganze Gebiet der Strategie und Taktik; so wie unsere heutigen Maximen bildete beides eine in sich abgeschlossene Sphäre, welcher man unbedingt nahe treten muss, sollen Verständniss und Urtheil sich in richtigen Bahnen bewegen.

In diesem Sinne sollen die hier folgenden Notizen wirken, indem sie in gedrängter Kürze die Mittel skizziren, deren sich die Kriegführenden vom Beginne des Revolutionskrieges an bedienten.

Oesterreich.

Wie fast überall, unterschied man auch in Oesterreich zwischen Linien- und leichter Infanterie, welch letztere die Grenz-Infanterie-Regimenter und die, erst im Kriegsfalle nach Bedarf aufzustellenden Freicorps bildeten. Es war dies keine willkürliche Unterscheidung. Die Verwendung beider Gattungen der Fusstruppen zeigt sich vielmehr als eine so scharf getrennte, dass beispielsweise im Treffen bei Wetzlar (15. Juni 1796) eine dem Feinde abgenommene wichtige Waldparcelle nicht behauptet wurde, weil keine leichte Infanterie zur Hand war; andererseits hebt es ein Bericht über das Gefecht bei Kuppenheim im Rhein-Thale (5. Juli 1796) als einen Beweis für die ungewöhnliche Heftigkeit des Kampfes besonders hervor, dass sogar Grenadiere zum Tirailliren verwendet wurden.

Das 150 ^{cm} lange, bis zu 7·8 ^{kg} schwere, mit einem dreischneidigen Bajonnette versehene Gewehr der Linien- und Grenz-Infanterie schoss wohl eine 26 ^{g} schwere Bleikugel auf eine Maximaldistanz von 300 Schritten, aber da mit kaum mehr 9% Treffer im Salvenfeuer.

Die Jäger und zum Theile auch die Freicorps führten leichtere Gewehre, auch Stutzen mit gezogenem Laufe, deren sichere Schussweite bis zu 200 Schritten reichte. Bei jedem Grenz-Regimente waren 250 Scharfschützen mit Doppelstutzen ausgerüstet, von deren übereinander liegenden Läufen der untere glatt, der obere gezogen war. — In Tirol waren 1797 auch Schützenabtheilungen mit Windbüchsen ausgerüstet, was sich aber nicht bewährt zu haben scheint.

Jeder Mann der Linien-Infanterie führte 60 scharfe Patronen nebst Feuersteinen und einem Reserve-Batteriedeckel mit sich. Die Scharfschützen hatten 40 Patronen für den glatten und 70 Kugeln sammt Pflaster für den gezogenen Lauf. Das ledige Pulver für letzteren war in einem Pulverhorne verwahrt.

Die Elementartaktik der Infanterie bewegte sich in den pedantischen Formen des Reglements von 1769, dessen Tendenz: der eigenen Auffassung der Truppen auch nicht das Geringste zu überlassen, in einer Unmasse pedantischer Formeln zum Ausdrucke kam. In 3 Gliedern formirt, bildeten je 2 Compagnien eine Division, 3 Divisionen 1 Bataillon. Von den 2 Grenadier-Compagnien stand je 1 auf den Flügeln des

Regimentes; im Felde wurden die Grenadiere von je 3 Regimentern zu selbstständigen Bataillonen vereinigt.

Die Bewegung der Infanterie war langsam und gemessen, 60 Schritte in der Minute; nur bei Aufmärschen kam der »stärkere« und der »Doublirschritt« in Anwendung.

Das Feuergefecht bestand der Hauptsache nach aus dem Salvenfeuer, gliederweise oder aller 3 Glieder zugleich, in Abtheilungsbreiten vom Zuge (Peloton) bis zum Bataillon. Man feuerte im Avanciren, Retiriren, im Carré, im Defilé, schräg aus Flanken während des Reihenmarsches u. s. w. Auch konnte aus 2 Gliedern gefeuert und aus dem 3. Gliede Züge zur Verlängerung der Front formirt werden. Ein authentischer Zeuge gibt ein anschauliches Bild des damaligen Feuergefechtes durch seine Schilderung des Detailgefechtes bei Baumersdorf in der Schlacht bei Wagram: »Man wechselte Gewehrfeuer in grösster Nähe. Der ungeheure Lärm des immerfort erneuerten Losknallens und noch weit mehr des unendlichen Eisengeräusches bei Handhabung von mehr als 20.000 Flinten in solcher Nähe und Enge, übertraf jede Vorstellung. Alles aber, selbst der Donner des zahlreichen Geschützes, erschien gering gegen das Sturmgetöse des sogenannten Kleingewehres.«

Gegen Reiterei wurden sowohl auf der Stelle, als während des Marsches, aus 1, 2 oder 3 Bataillonen hohle Carrés von quadratischer oder »oblonger« Form gebildet. Die Geschütze standen hiebei an den Ecken und Flanken, während die Munitionskarren im Innern auffuhren. Waren die Grenadier-Compagnien beim Regimente, so formirten sie im Innern des Carré ein zweites kleineres, gleichsam eine Art Reduit, in welchem sich die sämmtlichen Fahnen aufstellten, oder sie bildeten ein viertes Glied im Carré und warfen Handgranaten über die 3 vorderen Glieder gegen anrückende Reiterei.

Die gewöhnliche Angriffsform der Infanterie war die entwickelte Linie, beziehungsweise das Avanciren mit Pelotonfeuer. Die Annäherung aber in den wirksamen Feuerbereich, ob nun parallel oder schräg zur feindlichen Front, war ungemein complicirt. Massgebend waren einzig und allein die starren Formen der Lineartaktik und die Ueberlieferungen aus dem siebenjährigen Kriege, welche die Bewegung und Leitung des Ganzen ausschliesslich in der Hand des Feldherrn und der Generalität concentrirten. Von eigentlichen Evolutionen enthielten daher die elementartaktischen Vorschriften nichts. Ebensowenig fanden sich dort Bestimmungen für den Angriff mit blanker Waffe. Das Tirailliren war Sache der Jäger, Grenzer und Freicorps; die Linien-Infanterie sollte sich nur ganz ausnahmsweise damit befassen.

Die Reiterei bestand aus Carabiniers-, Kürassier-, Dragoner-, Chevau-légers- und Husaren-Regimentern zu 2 bis 4 Divisionen à 2 Escadronen, dann aus einem Uhlanen-Regimente zu 2 Divisionen. Die Carabiniers waren eine Elitetruppe nach Art der Grenadiere; die 4. Division jedes ihrer Regimenter war, so wie bei den Dragonern, mit leichten Pferden beritten und bildete die Chevau-légers-Division (Carabiniers-Chevau-légers, Dragoner-Chevau-légers).

Als Hauptwaffe führte die »deutsche Reiterei« den geraden Pallasch, die Husaren den leicht gekrümmten Säbel. Bei den Uhlanen kam hiezu noch die 3·79 *m* lange Lanze. An Feuerwaffen hatte jeder Mann 2 Pistolen und 1 Carabiner; ferner erhielt jedes Regiment bei der Kriegsausrüstung noch eine Anzahl gezogener Stutzen für die besten Schützen, und dann 72 Musketons, um das Feuergefecht zu Pferd und zu Fuss zu führen.

Die Cavallerie formirte sich in der Regel in 3 Gliedern und ging nur beim Feuergefechte zu Fuss — der kürzeren Carabiner wegen — in die Zweiglieder-Stellung über. Auch bei der taktischen Ausbildung dieser Waffe, verschwand das eigentliche Reiterelement unter einem Wuste verkünstelter Manöver. Alle Bewegungen wurden im Schritt ausgeführt; schärfere Gangarten kamen nur ausnahmsweise, und da blos auf kurze Distanzen vor. Selbst die Attaque wurde im Schritt begonnen und dann im Trabe fortgesetzt; auf 200 Schritte vor dem Gegner ertönte das Signal zu »ganz schwachem« Galopp, aus welchem auf 80 Schritte in vollen Galopp übergegangen wurde. Erst 20 Schritte vor dem Zusammenstosse liess man den Pferden »völlig Luft«, um den Gegner »blinderweise anzufallen«.

Nach gelungenem Angriffe ging die Truppe auf das Signal »Halt« in Schritt über und ralliirte sich. Dann wurde die Verfolgung im »Mittel-Galopp« wieder aufgenommen und »eine Weile« fortgesetzt; die weitere Verfolgung geschah bis zu deren Einstellung im Schritt.

Das »Feuergefecht zu Fuss« wurde nach den für die Infanterie geltenden Vorschriften geführt; 6 Mann des dritten Gliedes sassen nicht ab, sondern hielten die Pferde, deren 5—7 auf jeden Mann kamen.

Den taktischen Werth des »Feuergefechtes zu Pferd« erkannten selbst die Dienstvorschriften als einen sehr untergeordneten, denn es durfte ausser bei Avant- oder Arrièregarden nicht angewendet werden.

Die Fesseln, welche die freie Entfaltung der Infanterie und Reiterei beengten, umgaben in gleicher Weise auch die Artillerie, obwohl sich dieselbe, dank den geistvollen Reformen des Fürsten Wenzel Liechtenstein, eines Zustandes relativer Vollkommenheit erfreute, die von keiner anderen Waffe der Armee erreicht wurde. Der taktischen Verwendung nach unterschied man bei der Feldartillerie, von der allein hier die Rede sein kann, das Liniengeschütz, das Reservegeschütz und das Cavalleriegeschütz, wozu in zweiter Linie noch die leichte und die schwere Artillerie-Reserve kam. Von den Geschützgattungen, die im Felde verwendet wurden, schossen die Kanonen eiserne Vollkugeln und Büchsenkartätschen, die Haubitzen eiserne Hohlgeschosse und Büchsenkartätschen; für Specialzwecke waren sie auch mit Leuchtkugeln ausgerüstet.

Die Liniengeschütze bildeten einen taktisch unzertrennlichen Bestandtheil jener Truppenkörper, denen sie zugewiesen waren. Bei Ausbruch des Krieges hatte jedes Bataillon und jede Cavallerie-Division 4 Dreipfünder und 1 Sechspfünder nebst den dazu gehörigen Munitionskarren. Später wurden die Dreipfünder wegen ihrer geringen Wirkung gegen das überlegene französische Caliber, principiell ganz ausgeschieden und die Verwendung von Liniengeschütz überhaupt immer mehr beschränkt, so dass von 1793 an auf jedes Bataillon 3 Sechspfünder entfielen, und 1805 blos für die Infanterie-Regimenter

II*

je 6 Sechspfünder normirt waren. Der Drang der Umstände liess jedoch diese Verfügungen nur in beschränktem Masse zur That werden, so dass die Dreipfünder auch noch 1809 einen nicht unbeträchtlichen Theil des Feldgeschützes bildeten.

In der Front standen die Liniengeschütze meist zu zweien in den Intervallen der Divisionen oder Compagnien, Munitionskarren und eventuell auch die Protzen hinter der Front in zwei Linien. Alle Bewegungen der Geschütze während des Gefechtes wurden durch Menschenkraft bewirkt; nur auf grössere Entfernungen oder bei schwierigem Boden wurde ein Pferd der Bespannung mittelst eines eigenen Schleppgeschirres zum Ziehen verwendet. Es war deshalb auch eine sehr zahlreiche Bedienungsmannschaft erforderlich, die beim Dreipfünder 11, beim Sechspfünder 13 Mann betrug; hievon war jedoch nur die kleinere Hälfte Kanoniere, der übrige Rest wurde als »Handlanger« von den Truppen beigestellt.

Jeder Dreipfünder war mit 132 Kugel- und 36 Kartätschpatronen, der Sechspfünder mit 160, beziehungsweise 34 Patronen dotirt. Die äusserste Grenze der Treffähigkeit des directen Kugelschusses erreichte beim Dreipfünder 1200, beim Sechspfünder 1600 Schritte, welche sich bei Anwendung des Göllschusses auf grössere Truppenmassen bis 1500, respective 2100 Schritte ausdehnte. Der Kartätschenschuss blieb bis 400 oder höchstens 600 Schritte wirksam.

Das Cavalleriegeschütz bestand aus sechspfündigen Kanonen und siebenpfündigen Haubitzen, welche Geschützgattungen in dem Verhältnisse von 4:4 oder 4:2 den Cavallerie-Regimentern als Liniengeschütz zugewiesen wurden. Die Bedienungsmannschaft — 6 Kanoniere beim Sechspfünder, 4 Kanoniere, 1 Bombardier bei der Haubitze — wurde theils auf der Lafette, theils auf den Bespannungspferden fortgebracht, so dass diese Geschütze die reitende Artillerie anderer Staaten ersetzten. Die Dotation der Sechspfünder war die gleiche wie beim Liniengeschütz; jene der Haubitze bestand in 80 Granaten, 3 Leuchtballen, 10 Schrotbüchsen und 163 Pulverpatronen. Sie warf Hohlgeschosse auf 600—1100 Schritte und erzielte mit dem Kartätschenschuss noch auf 500 Schritte genügend Effect.

Zum Reservegeschütz gehörten sechs- und zwölfpfündige Kanonen und siebenpfündige Haubitzen. Von 1793 an wurden auch die Achtzehnpfünder und die zehnpfündigen Haubitzen dem Reservegeschütze angegliedert, doch im Gefechte vorherrschend nur die erstgenannten Caliber verwendet. Je 3 Füsilier- und jedes Grenadier-Bataillon hatte 2 sechs- und 2 zwölfpfündige Kanonen und 2 siebenpfündige Haubitzen. Die Tragweite dieser Geschütze wich von der schon bekannten nur hinsichtlich des Zwölfpfünders ab, dessen Vollkugel bis 1600 und mit dem Göllschusse auf sehr grosse Ziele, bis 2400 Schritte noch wirksam war. Die Kartätschenwirkung konnte auf 1000 Schritte noch ausgiebig genannt werden. Verschiedene Einflüsse, wie ungleiche Beschaffenheit des Pulvers, der verschieden grosse Spielraum der Geschosse im Rohre, der Zustand der Rohrwände und Zündlöcher nach verschieden langem Gebrauche u. s. w., benachtheiligten jedoch die Wirkung der Geschütze derart, dass die Anforderungen an die Treffähigkeit ihre äusserste Grenze darin fanden: Oefter zu treffen, als zu fehlen.

Eine Gliederung der Artillerie nach Batterien war nicht üblich; man vertheilte die Geschütze nach Massgabe des eventuellen Zweckes und der disponiblen Zahl. 1793 wurde wohl die Formirung »schwerer Batterien« aus den Zwölf- und Achtzehnpfündern und den zehnpfündigen Haubitzen im Principe beschlossen, aber eine praktische Verwerthung dieser Anordnung ist nirgends ersichtlich. Die in den Relationen etc. häufig gebrauchte Bezeichnung »Batterie« bezieht sich daher immer nur auf eine beliebige Zahl temporär vereinigter Geschütze.

Nach dem hier Erwähnten hatte also die Feldartillerie keineswegs die Aufgabe, im Gefechte selbstständig zu wirken. Schon die Bespannung der Geschütze liess erkennen, dass sie keine andere Bestimmung hatte, als den Ortsveränderungen der Truppen sowohl auf Strassen, wie auch im Terrain zu folgen. Es war der Dreipfünder mit 2, die Haubitze anfangs mit 2, später mit 3 Pferden bespannt; die Sechspfünder hatten zwar deren 4, dafür aber nur einen einzigen Fahrer, der als Stangenreiter die Vorauspferde vom Sattel mittelst eines leinenen

Leitseiles dirigirte, was keinesfalls auf rasche Evolutionen im Terrain schliessen lässt.

Eine Ausnahme machten, der Natur der Sache nach, die Cavalleriegeschütze, wo der Sechspfünder mit 6, die Haubitze mit 4 Pferden bespannt war.

Die Verwendung der Artillerie im Gefechte entsprach ganz den hier skizzirten elementar-taktischen Grundzügen. Die Liniengeschütze entbehrten jedes offensiven Elementes, sie theilten willenlos die Geschicke ihrer Bataillone. Indem sie den Bewegungen derselben folgten, kamen sie häufig in Stellungen, wo sie nicht wirken konnten, oder mussten solche verlassen, wo sie vorzügliche Dienste hätten leisten können. Von einer »Taktik der Artillerie« ist also rücksichtlich der Liniengeschütze überhaupt nicht zu sprechen, so wie dieser auch in den Dispositionen nie erwähnt wird. Sie eröffneten das Feuer unmittelbar nach der ersten Decharge ihrer Abtheilungen; da jedoch jedem Geschütze nur 8 Schritte Raum zugewiesen war, so konnte auch die Seitenrichtung nur eine geringe sein, und dies führte mit Rücksicht auf die immer mehr sich ausbildende Colonnentaktik der Franzosen, zu einer Abänderung der bisherigen Norm. Die Liniengeschütze gingen nunmehr noch vor Beginn des Infanteriefeuers 500—1000 Schritte über die Front hinaus, gaben dort ihr Feuer nach Umständen ab, mussten jedoch selbstverständlich in ihre Eintheilung zurückkehren, sobald sich die Infanterie ins Feuer setzte.

Nach diesen Andeutungen wird es erklärlich, dass überall, wo in Dispositionen von Artillerie die Rede ist, sich dies nur auf die Reservegeschütze allein bezieht, obwohl auch ihre Verwendung im Gefechte nicht minder schablonenmässig war. Auch bei ihnen beruhte die Bewegung innerhalb der Gefechtssphäre auf Menschenkraft. Beim Angriffe wurden sämmtliche Reservegeschütze noch ausserhalb des Feuerbereiches gegen den angegebenen Angriffspunkt versammelt und dann so rasch als möglich bis auf wirksame Schussweite vorgeführt, »was man sich durch mehrerer Menschen Hände leicht verschaffen kann«. Das Feuer begann nun geschützweise »mit den nöthigen Aushaltungen« von beiden Flügeln gegen die Mitte. Je nach den Anordnungen des Truppen-Commandanten wurden nach dem 3. oder 4. Schusse die Geschütze, ohne sie zu wenden, 12 bis 14 Schritte weit vorwärts gezogen und das Feuer fortgesetzt. Auf diese Art rückten die Geschütze bis auf Kartätschenschussweite (2—300 Schritte) vor und machten dann von dieser Geschossgattung den ausgiebigsten Gebrauch.

Während dieser Vorrückung hielt sich die Infanterie etwa 100 und auch mehr Schritte hinter den Geschützen so lange gedeckt, bis diese in den Feuerbereich der feindlichen Infanterie kamen oder von Offensivstössen bedroht wurden. Von diesem Zeitpunkte an rückten die Bataillone chargirend, auf einem oder beiden Flügeln der Geschützlinie, zugleich mit dieser vor.

Diese Grundform des Angriffes wurde je nach Umständen vielfach modificirt, blieb aber im allgemeinen im ersten Kriege mit Frankreich die allein giltige Norm.

Für Rückmärsche existirten keine speciellen Vorschriften.

Die taktische Gliederung der österreichischen Armee war zu Beginn des Krieges mit Frankreich und bis 1800 dieselbe, wie sie Lacy nach dem siebenjährigen Kriege geschaffen. Eine Untertheilung in taktisch selbstständige Körper fehlte. Wohl wurden die Benennungen: Corps, Brigade häufig gebraucht, aber es war damit, ebenso wie mit der Bezeichnung »Batterie«, nicht der Begriff einer bleibend normirten taktischen Form verbunden.

In Normalstellung (en ordre de bataille) standen die Truppen in drei Linien: dem 1. und 2. Treffen und dem Corps de réserve. Innerhalb dieses Rahmens fanden sowohl die Regimenter als auch die Generale, streng nach ihrem Range vom rechten Flügel an geordnet, ihren Platz. Je nachdem jedes Treffen oder jeder Flügel einen besonderen Commandanten hatte, war die Aufstellung eine treffen- oder flügelweise, immer jedoch standen die Truppen in entwickelter Linie, die Cavallerie auf den Flügeln der Treffen.

Das Corps de réserve hatte einen eigenen Commandanten, ebenso auch die, im Felde meist aus leichten Truppen gebildete Arrièregarde.

Es ergibt sich wohl von selbst, wie wenig diese, nicht auf taktischen Principien beruhende, sondern eigentlich nur

Rangsverhältnisse zum Ausdruck bringende »Schlachtordnung« die Manövrirfähigkeit begünstigte. Drei überlange Fronten oder drei mindestens ebenso tiefe Colonnen nach einem bestimmten Plane in Bewegung zu setzen, hatte selbst unter günstigen Verhältnissen keine geringen Schwierigkeiten. Abgesehen von zahlreichen, nicht zu vermeidenden Zwischenfällen, wurde die Verwendung der Truppen im Gefechte noch dadurch erschwert, dass man in peinlichster Geheimhaltung der Absichten des Feldherrn die erste Bedingung des Erfolges erblickte. Niemand erfuhr von der Disposition mehr, als die Ausführung seines speciellen Auftrages unbedingt erforderte; die gegenseitige Mittheilung dieser Befehle aber war strenge verboten. Deshalb musste sich der Feldherr bei seinen Dispositionen bis in die kleinsten Details vertiefen, wollte er sicher sein, dass nicht etwa die irrige Auffassung eines Untercommandanten, der Fehler eines übermüdeten Schreibers im Hauptquartiere, die gefährlichsten Verwirrungen hervorrufe. Diese Art der Befehlgebung schloss jedes selbstständige Handeln aus, wurde aber dafür zur ergiebigsten Quelle ängstlicher Zweifel und endloser Anfragen, zum wahren Freibriefe für Unfähigkeit und üblen Willen. Nicht die möglichst beste, sondern die wortgetreueste Ausführung der Befehle wurde als Pflichterfüllung betrachtet und sicherte vor aller Verantwortlichkeit, »obwohl im Kriege seltener strafwürdig ist, was gethan, als das, was unterlassen wurde«.*)

Solchen Grundsätzen entsprach auch die Gefechtsführung, welche ausserdem noch durch die althergebrachte Vorliebe für das Cordonsystem nachtheilig beeinflusst wurde. Defensivstellungen mit übermässig ausgedehnten Sicherungstruppen führten zu langwierigen Gefechten, die in Folge der ausschliesslich passiven Vertheidigung und des damit verbundenen Verzettelns der Kraft, schliesslich meist mit dem Rückzuge endeten.

Ebenso kraftlos wie diese Defensive war auch die Offensive. Sie bestand eigentlich nur in einem methodischen Vorschieben der Armee in 4 oder 5 Colonnen auf ebenso vielen

*) FML. Graf Radetzky: »Ueber den Generalstab«. K. A. ex 1810.

Annäherungslinien, von Stellung zu Stellung, aus deren letzter dann jede einzelne Colonne zum Angriffe gegen das, ihr speciell zugewiesene Object überging. Aber auch hier war es die todte Form, welche unumschränkt herrschte. Der Abmarsch aller Colonnen der Armee musste gleichartig geschehen, da sie sonst nicht in die allgewaltige Schablone passten. Die Colonnen selbst mussten beim Anmarsche stets genau in gleicher Höhe alignirt bleiben und unter sich die Verbindung erhalten, eine Aufgabe, deren Lösung schon durch die Terrainverhältnisse sehr häufig ganz unmöglich war und nur zu zaghaften Manövern führte. So marschirte z. B. zur Schlacht von Famars (23. und 24. Mai 1793) die ganze Armee in Zügen links ab und formirte sich zum Angriffe in zwei Haupt- und zwei Neben-Colonnen, die sich wieder in 19 Colonnen mit besonderen Aufgaben theilten. Natürlich musste die geringste Störung dieses complicirten Mechanismus bedenkliche Folgen haben, wie es denn ausserordentlich schwierig war, die Truppen gegen den gewählten Punkt zu vereinigen, ohne dass der Gegner die Absicht des Angreifers nicht schon längst erkannt hätte.

Die Reichsarmee.

Wo von den, gegen Frankreich aufgebotenen Kriegsmitteln gesprochen wird, muss der Vollständigkeit wegen auch der »Deutschen Reichsarmee« erwähnt werden, obwohl dies mit noch besserem Grunde der Hindernisse und Verlegenheiten wegen geschehen könnte, welche sie der Kriegführung bereitete. Ein Blick auf die Organisation des Reichsheeres wird den militärischen Werth und den Nutzen dieser »Reichshilfe« in das richtige Licht setzen.

Hervorgegangen aus den Contingenten der Reichsstände aller 10 Kreise Deutschlands — insofern sie die Theilnahme nicht einfach verweigerten — concentrirten sich in der Reichsarmee alle Gebrechen, die solch eigenthümlichen Schöpfungen in der Regel anhaften. Bei der damaligen politischen Gestaltung Deutschlands konnte es nicht anders kommen, als dass nur wenige Compagnien des Reichsheeres von einem und demselben Reichsstande gestellt wurden. Meist waren sie »componirt« und es hatten folgerichtig auch alle Theilhaber das Recht, nach Mass ihres Beitrages die Wahl der Officiere und Chargen zu beanspruchen. Es wählte, um nur ein Beispiel anzuführen, bei einer Compagnie des schwäbischen Kreises, der Magistrat von Gmünd den Hauptmann, jener von Rottweil den ersten, die Aebtissin von Rottenmünster den zweiten Lieutenant, der Prälat von Genzenbach den Fähnrich, und in dieser Weise ging es fort bis zum letzten Unterofficier. Von welchen Motiven diese Wahlen geleitet wurden, lässt sich denken.

Die Aufbringung der Mannschaft umfasste alle Methoden von der freien Werbung, Losung und gewaltsamen Aushebung bis zur Entleerung der Zuchthäuser. Nicht besser stand es um die Montirung, Ausrüstung und Bewaffnung, wo unbeschränkte Willkür als einzige Regel galt. Mit einem Worte, die »Deutsche Reichsarmee« war auch in diesem Kriege derselbe buntscheckige Haufe, welcher schon seit jeher die Laune der Zeitgenossen angeregt hatte. Politische Unverlässlichkeit und Selbstsucht der Reichsglieder, Vorbehalte und Beschränkungen bezüglich der Verwendung der Contingente machten auch das wenige Gute, welches sich trotz allem etwa noch vorfand, illusorisch und die Reichsarmee zur wahren Last für den Feldherrn. Nicht schärfer können diese Verhältnisse gekennzeichnet werden, als durch das Schreiben des Kurfürsten von Trier ddo. Augsburg, den 21. Juli 1796, in welchem derselbe seine Theilnahme an dem von Württemberg mit Frankreich abgeschlossenen Separatwaffenstillstande, vor Erzherzog Carl zu rechtfertigen suchte. Er wusste für sein Verhalten kein schlagenderes Argument anzuführen, als »dass die k. k. Armee durch den Waffenstillstand der schwäbischen Kreistruppen ohnehin nicht viel verliere, da solche, leider! sich übel betragen haben, und als ungeübte Truppen, wenn sie allein stehen, immer auf die nämliche Art handeln werden«. (K. A. 1796.)

Zur Ehrenrettung des deutschen Volkes muss jedoch hervorgehoben werden, dass der Spott und Hohn, den die Zeitgenossen auf die Reichsarmee häuften, nicht unbedingt berechtigt war. Die Contingente von Preussen, Hessen, Sachsen, Hannover, sowie in erster Linie jene des Kaisers bewährten sich in jeder Beziehung. Sie verfochten, so lange die Sonderinteressen ihrer Landesfürsten dies ermöglichten, ruhmvoll die Ehre des deutschen Namens.

Condé'sches Corps.

Noch ist eines Bestandtheiles des gegen Frankreich kämpfenden Heeres, des französischen Emigranten-Corps des Prinzen Condé zu gedenken. Aus den disparatesten Elementen formirt, ermangelte dasselbe schon in Folge seiner Zusammensetzung und Organisation, der meisten Eigenschaften einer vertrauenswerthen Truppe. Seine Leistungen, sowie die Vortheile, welche die Kriegführung daraus zog, beschränkten sich auf ein sehr bescheidenes Minimum. Das Corps war weit mehr durch seine Prätensionen und die beständige Aufmerksamkeit, welche es in Anspruch nahm, bekannt, als durch Thaten.

Frankreich.

Der coalirten Armee, deren einzelne Theile hier flüchtig skizzirt wurden, standen die Heere des republikanischen Frankreich gegenüber. Dort hatte die, alle Grundfesten des Bestehenden aufwühlende Revolution auch das Gefüge der Wehrmacht zerrissen und nebst den anderen monarchischen Einrichtungen, auch die Armee, einer gewaltsamen Umbildung unterworfen. Blutige Erfahrungen erst, brachten wieder jene Urformen zur Geltung, ohne welche ein Kriegsheer nicht gedacht werden kann. Es ist daher bei Beurtheilung der französischen Armee scharf zu unterscheiden zwischen den Truppen der ehemals königlichen Armee und den ephemeren Schöpfungen der Republik. Obwohl in der Minderzahl, bildeten erstere den Kern der Wehrmacht Frankreichs, der das lockere Gebilde der Revolution trotz heftigen Widerstrebens an sich zog und endlich vollkommen assimilirte.

Auf welche Weise die Republik ihre Armeen formirte und ergänzte, ist bekannt. Hier kann es sich nur darum handeln, auf deren Verwendung im Felde näher einzugehen, um sie mit jenen der Coalition in Vergleich zu stellen. In Bezug auf Eintheilung und Bewaffnung unterschied sich die französische Armee nicht wesentlich von jener ihrer Gegner. Bei der

Infanterie geschahen alle Bewegungen im »Doublirschritte« (110—115 Schritte in der Minute); es war dies der natürlichen Gangart des Menschen angepasst und erleichterte deshalb die Ausführung der Manöver ganz besonders. Die Cavallerie hingegen stand in jeder Hinsicht hinter der österreichischen zurück; ihre Bewegungen waren so schwerfällig, dass selbst bei der Attaque der Galopp nur ganz ausnahmsweise zur Anwendung kam.

Grössere Differenzen treten bei der Artillerie hervor. Das Liniengeschütz bestand durchwegs aus Vierpfündern, die Reserve-Artillerie aus Achtpfündern. Der Kernschuss beider reichte bis 300, die noch wirksame Schussweite bis 2300 Schritte. Die Kartätschwirkung war auf 3—500 Schritte am ausgiebigsten. An Treffsicherheit überragten sie jedoch in Folge des geringeren Spielraumes und besseren Materiales die kaiserlichen Geschütze bedeutend.

Während des Revolutions-Krieges wurde das Liniengeschütz ganz aufgelassen; nur die leichten Bataillone behielten jedes 3 Vierpfünder. Da jedoch diese Bataillone nie über 500 bis 600 Mann stark waren, die kaiserlichen aber 1000 bis 1200 zählten, so ergab sich hieraus die numerische Ueberlegenheit der französischen Artillerie. Ausserdem aber setzten sich die republikanischen Machthaber über alle organisatorischen Bedenken hinweg und entnahmen den Festungen Geschütze selbst schweren Calibers, um sie für den momentanen Bedarf im Felde zu verwenden. Auf diese Weise konnte die französische Artillerie in Hinsicht des Calibers mit mehr Nachdruck wirken, was ihr, abgesehen von der grösseren Tragweite und Treffähigkeit der Geschütze, mindestens in den ersten Phasen des Gefechtes, das Uebergewicht sicherte.

Im Jahre 1792 wurde auch die Errichtung von 9 Compagnien reitender Artillerie angeordnet, die sich in kurzer Zeit bis auf 6 Regimenter vermehrten.

Was die Verwendung der Truppen im Felde betrifft, war die französische Armee im ersten Stadium des Revolutionskrieges im Nachtheile; die fessellosen Gewalten, welche das Königthum und die alte Ordnung der Dinge hinwegfegten, hatten auch die Kriegszucht vernichtet. Mit der Disciplin war aber auch die Taktik verschwunden, die ohne jene nicht bestehen kann. In den neugebildeten Corps war diese Wissenschaft kaum dem Namen nach bekannt. Der grössere Theil der ehemals königlichen Officiere aller Grade, hatte freiwillig oder gezwungen, die Armee verlassen und die Sergeanten, Corporale, Gefreite, selbst auch Civilpersonen, welche sich durch Wahl plötzlich zu Officieren und Generalen erhoben sahen, wie hätten sie ihre Truppen leiten sollen, da sie nicht zu befehlen verstanden, jene aber die Forderung, zu gehorchen, als einen Eingriff in die Menschenrechte bezeichneten!

Die unausbleibliche Folge solcher Zustände war, dass die Verwendung der französischen Streitkräfte im Gefechte sich jeder Regel entfremdete und die Massen fast ausschliesslich nur den fanatischen Impulsen folgten, welche sie instinctiv gegen den Feind trieben. Das Comité militaire zu Paris, vor der Unmöglichkeit stehend die Armee nach dem, in Europa allgemein geltenden Kriegssystem zu organisiren, wählte mit Geschick das richtigste Mittel, indem es die aus dem Drange der Umstände entsprungene Kampfweise zur Regel erhob. Der Krieg »en tirailleurs« war nun die eigentliche, um nicht zu sagen, alleinige Grundform des Gefechtes; er wurde zugleich der Ausgangspunkt eines Systems, welches den Charakter der bisherigen Kriegführung vollständig ändern sollte. Diese Kampfweise war dem französischen Nationalcharakter am angemessensten und brachte der Armee auch noch den Vortheil, dass im Unglücksfalle die Gefechte weder sehr blutig noch entscheidend ausfallen konnten, und der Gegner nur selten in die Lage kam, den Sieg entsprechend auszunützen.

Alle diese Vortheile konnten jedoch den Verlust an Kriegszucht nicht aufwiegen, der untrennbar von diesem Systeme war. Nach einem dreijährigen Tirailleurkrieg bildete die französische Armee zum guten Theile eine ungeordnete disciplinlose Horde. Auch hier gelang es der Regierung den richtigen Moment zu erfassen, indem sie unter Beihilfe der alten Regimenter, mit rücksichtsloser Energie die Verbindung des Tirailleursystems mit geschlossenen Massen, durchführte. Es war dies auch gleichbedeutend mit der Wiederherstellung militärischer Autorität, Zucht und Disciplin. 1795 kam das neue System sowohl unter

Pichegru, wie auch unter Jourdan zur Anwendung, gewissermassen als Uebergang zur Colonnentaktik, die dann endgiltig an Stelle der so lange bewunderten Lineartaktik trat.

Schlussfolgerung.

Ein kritischer Vergleich der hier nur in allgemeinen Zügen gekennzeichneten Streitkräfte beider Theile, lässt ohne Mühe die charakteristischen Verschiedenheiten erkennen, welche den Kampf zwischen beiden entscheidend beeinflussten.

Für die Franzosen musste sich die neue Kriegführung um so besser bewähren, als es der coalirten Armee überhaupt an leichten Truppen fehlte und die wenigen vorhandenen nicht entsprechend organisirt waren. Den massenhaft verwendeten französischen Tirailleuren gegenüber war man daher gleich anfangs genöthigt, Linientruppen zum Tirailleurdienste zu verwenden. Da diesen jedoch jede Fähigkeit dazu mangelte, büsste die alliirte Armee allmälig jenes moralische Uebergewicht ein, welches sie anfänglich über die Franzosen trotz alles republikanischen Fanatismus und des Guillotinzwanges behauptet hatte.

Als die Colonnentaktik an Stelle des Krieges »en tirailleurs« trat, gewann die französische Offensive noch mehr an Sicherheit und Kraft. Schon die Raschheit der Evolutionen im Doublirschritte musste verwirrend auf den ungelenken, jede persönliche Initiative ausschliessenden Formalismus der Gegner wirken. Den dichten Tirailleursschwärmen, welche den Colonnen vorangingen und deren Ziele verschleierten, waren die unzweckmässig zusammengesetzten Freicorps und die zu sehr nach dem Muster der Linientruppen regulirten Croaten, im kleinen Kriege nicht gewachsen. Sie wurden meist von den französischen Tirailleurs übervortheilt, denen man nothgedrungen aufgelöste Linien-Bataillone entgegenstellen musste. Eine Folge hievon war, dass man, in Verkennung des eigentlichen Sachverhaltes, die Hauptursache der französischen Erfolge in der Menge der Tirailleurs suchte und oft einen ganz unverhältnissmässigen Theil der Kraft, ja sogar Geschütz in der Plänklerlinie verwendete. Blieb aber die Armee in geschlossener

Schlachtordnung, so wurde ihre Stellung von den rasch beweglichen französischen Tirailleurs umgangen und sie oft zum Rückzuge gezwungen, ohne eigentlich eine Schlacht geliefert zu haben.*)

Was sich in den ersten Jahren des Revolutionskrieges vor den Augen der überraschten Welt abspielte, war eben der Kampf zwischen dem Neuen und dem Alten des gewaltigen Umschwunges in der Kriegführung, gegen Traditionen, die alle Welt für unantastbar hielt. Erst als Erzherzog Carl die Führung übernahm, als er, mit hellem Blicke die Sachlage überschauend, wirkliche Grundsätze der Kriegskunst an die Stelle überlebter Methodik setzte, da nahm auch der grosse Kampf einen anderen Verlauf, dann erst fand die Frage betreffs der Ueberlegenheit der republikanischen Heere ihre endgiltige Antwort.

*) Siehe hierüber: Erzherzog Carl, ausgewählte Schriften, Bd. V, Krieg mit den Neufranken; und Memoiren des nachmaligen General-Quartiermeisters Erzherzog Carls, GM. Mayer von Heldensfeld. (K. A.)

FELDZUG 1796 UND 1797 IN DEUTSCHLAND.

Militärische Situation nach Beendigung des Feldzuges von 1795.

Frankreich sah im Jahre 1795 die Zahl seiner Gegner bedeutend vermindert. Preussen hatte im April, Hessen im August mit der Republik Frieden geschlossen, Englands Truppen das Festland verlassen; die holländische Armee löste sich auf — die Coalition war gesprengt. Nur die Armee des Kaisers und die Contingente eines Theiles der deutschen Reichsfürsten blieben allein noch auf dem Kampfplatze, der vor nicht allzu langer Zeit noch die Streitkräfte von ganz Mittel-Europa gegen Frankreich vereinte.

Von den ausserordentlichen Anstrengungen des Vorjahres erschöpft, konnten beide Theile die eigentlichen Operationen erst im Spätsommer 1795 beginnen. Die Franzosen, welche am Oberrhein Pichegru, am Niederrhein Jourdan befehligte, hielten sich am rechten Ufer vollständig defensiv und beschränkten sich auf die Einschliessung von Luxemburg und Mainz. Ihnen gegenüber lehnte sich der rechte Flügel der Kaiserlichen unter FM. Clerfayt an die Sieg und Wupper und verlängerte sich rheinaufwärts über Mainz bis gegen Mannheim. Dort verband er sich mit dem linken unter FM. Graf Wurmser, dessen Truppen die Rheinstrecke bis Basel besetzten.

Unbedeutende Zusammenstösse unterbrachen, nur vereinzelt vorkommend, die gezwungene Ruhe, während welcher die von FM. Bender tapfer vertheidigte Festung Luxemburg den Franzosen in die Hände fiel. Nachdem jede Aussicht auf Entsatz oder Hilfe geschwunden war, capitulirte, durch Hunger

1*

bezwungen, die Besatzung am 7. Juni. Dies war jedoch nur das Vorspiel von einer Reihe weiterer Unfälle. Kaum hatten sich die Colonnen Pichegrus und Jourdans Ende August gegen den Rhein in Bewegung gesetzt, so überlieferten die pfälzischen Regierungsorgane am 6. und 20. September zwei wichtige Uebergangspunkte: Düsseldorf und Mannheim, ohne Widerstand dem Feinde.

Mit äusserster Anstrengung nur konnten sich die kaiserlichen Truppen am Oberrhein behaupten und durch das blutige Treffen bei Handschuchsheim Pichegru das weitere Vordringen verwehren; am Niederrhein aber kamen die Truppen Clerfayts in Folge des Verlustes von Düsseldorf in eine sehr gefährdete Lage und Jourdan drang bis an die Nidda vor. Dort erst gelang es dem kaiserlichen Feldherrn durch eine Reihe ausgezeichneter Manöver seinen Gegner zu überflügeln und in der Richtung gegen Düsseldorf zum Rückzuge an den Rhein zu zwingen.

Clerfayt verstand es, den Schein einer energischen Verfolgung aufrecht zu erhalten, wandte sich aber unversehends mit seiner ganzen Stärke gegen Mainz, stürmte die feindlichen Linien und entsetzte diesen wichtigen Platz. Die Besetzung und Behauptung des ganzen Landstriches am linken Rheinufer bis an die Nahe und den Speierbach, sowie die Wiedereroberung Mannheims folgten diesem Siege, der endlich am 21. December auch zu einem Waffenstillstande führte, mit welchem der Feldzug abschloss.

Die Demarcationslinie bildete von Basel bis Klein-Holland — oberhalb Speyer — der Rhein; von dort aus zog sie sich in einem nordwestlich ausspringenden Winkel über St. Wendel nach Diebach, wo sie auf das rechte Ufer des Rhein überging, der nun wieder bis zur Mündung der Sieg die Grenze bezeichnete; diesem Flusse aufwärts folgend, endete sie bei den durch den Frieden von Basel neutralisirten preussischen Gebietstheilen.

Beiderseits der Demarcationslinie und durch eine neutrale Zone entlang der trockenen Begrenzung getrennt, cantonirten die Armeen beider Theile in folgenden Räumen:

a) Die österreichische Armee mit ihren Verbündeten.

1. Armee am Oberrhein: FM. Graf Wurmser in Mannheim.

Am linken Ufer:
FZM. Freiherr v. Allvintzi.*)

	Bataill.	Compagn.	Escadr
Bei Kaiserslautern: GM. v. Mészaros**)	10	24	12
bei Neustadt und Speyer: FML. Graf Latour**)	17	24	24
am rechten Ufer zwischen Neckar und Murg in Mannheim: GM. v. Baader	5	—	—
bei Heidelberg: FML. Graf Sztáray . (hievon in Philippsburg Oberst Skal mit 1 Bataillon, 2 Compagnien)	11	8	65
zwischen Murg und Rench bei Rastatt: FML. Baron Jordis	$3^2/_6$	10	6
von der Rench bis Ichenheim: Reichs-FZM. Freiherr v. Stain und GM. Fürst zu Fürstenberg**)	14	—	8
von Meisenheim bis Saspach: GM. Prinz Lothringen	4	6	6
von Saspach bis an die Schweizergrenze: FML. v. Melas	$9^4/_6$	6	15
das Corps des Prinzen Condé bei Bühl .	$3^1/_6$	—	6
Sperr-Cordon gegen die Schweiz: Oberstlieutenant Uz	—	1	5
Summe . .	$77^2/_6$	79	147

2. Die Armee am Niederrhein.
FM. Graf Clerfayt in Mainz.

	Bataill.	Compagn.	Escadr.
Zwischen der Lahn und Sieg: FML. Ferdinand Herzog zu Württemberg**)	7	26	$32^1/_6$
in Ehrenbreitstein: Oberst Sechtern	$3^2/_6$	4	—
Fürtrag . .	$10^2/_6$	30	$32^1/_6$

*) FZM. Freiherr v. Allvintzi wurde am 9. April zum commandirenden General in Galizien ernannt.

**) Im März 1796 avancirt zum FML., respective FZM.

	Bataill.	Compagn.	Escadr.
Uebertrag	10 2/6	30	32 1/6
in Mainz: Gouverneur GM. Neu*) . .	12	10	2
Avantgarde des GM. Fürsten Hohenlohe bei Lahnstein (rechtes Ufer) . .	3	14	9
Avantgarde des GM. Graf Mercandin*) bei Sobernheim (linkes Ufer)	7	18	10
Avantgarde des GM. Baron Kray*) bei Meissenheim zwischen der Glan, Alsenz und Nahe	—	22	16
Corps des GM. Baron Kospoth*) bei Landstuhl im Anschlusse an die Stellung des GM. v. Mészaros bei Kaiserslautern	6	12	6
Hauptarmee:			
1. Treffen bei Kreuznach . . .	16	—	14
2. Treffen bei Alzey und Worms .	12	—	12
Corps de Reserve bei Frankfurt .	7	—	6
FML. Baron Werneck	7	—	6
Summe . .	66 2/6	100	107 1/6

Einschliesslich der Extra-Corps und der zur Bewachung der Gefangenen**) verwendeten Truppen erreichte der Gefechtsstand der k. k. Armee und ihrer Verbündeten 156.361 Mann Infanterie und 26.216 Reiter. (Beilage I.)

b) Die französische Armee.

Ueber die Stellung und Dislocation der französischen Armee in jener Periode fehlen glaubhafte Angaben. Die Werke Jourdans und St. Cyrs, welche diesen Feldzug behandeln, greifen nicht so weit zurück; sie beginnen mit den eigentlichen Operationen und erwähnen der Zeit, welche diesen voranging, nur insofern in allgemeinen Umrissen, als dies mit Rücksicht auf die Uebersicht der Thatsachen unbedingt erforderlich ist.

*) Im März 1796 avancirt zum FML., respective FZM.

**) Im December 1795 waren deren circa 15.000, ihr Unterhalt erforderte monatlich zwischen 20—30.000 fl. (H.-K. II, 1.)

Die Kundschaftsnachrichten aber, welche in den Hauptquartieren der Verbündeten einliefen, konnten schon der Natur der Sache nach nicht so umfassend sein, um ein nur annähernd getreues Bild der Stellung des Gegners auf der ganzen weitgestreckten Linie zu geben. Sie waren dies um so weniger, als in Folge der Theilung der gesammten coalirten Streitkräfte in zwei selbstständige Armeen nothwendigerweise sich auch das Kundschaftswesen analog gliederte und daher dessen Nachrichten nur Bruchstücke des Ganzen waren, denen Zusammenhang und Uebereinstimmung fast gänzlich mangelten.

Im Allgemeinen blieb die französische Armee in jener Stellung, die sie zur Zeit des Abschlusses des Waffenstillstandes inne hatte. Ihr rechter Flügel — die Rhein-Mosel-Armee unter Pichegru — hielt den Raum zwischen der Schweizergrenze bis gegen Saarlouis besetzt; dort schloss die Sambre-Maas-Armee unter Jourdan als linker Flügel an, welcher sich entlang der Demarcationslinie und dem Rhein bis Düsseldorf ausdehnte.

Ausser diesen beiden Armeen stand die sogenannte Nord-Armee — einschliesslich der holländischen Truppen, ungefähr 40.000 Mann unter Beurnonville — in Belgien und Holland, um dort die Ruhe zu erhalten und die Küsten gegen Landungen der englischen Flotte zu sichern. (1.)

Vorbereitungen zum Feldzuge 1796.

A. Bei den Verbündeten.

Die offensive Tendenz, welche den Kriegsplan der Coalition seit dem Jahre 1792 charakterisirte und die besonders in Kaiser Franz II. ihren hervorragendsten Vertreter fand, hatte aus den Erfolgen des letzten Feldzuges neue Kraft geschöpft. Dem Kaiser stand es unerschütterlich fest, dass das nächste Jahr die so lange erhoffte Entscheidung bringen müsse.

Es erscheint daher nur folgerichtig, dass er mit dem zähen Beharren, welches ihn rühmlich von seinen Bundesgenossen unterschied, noch vor Beendigung der Operationen auch schon auf die Mittel bedacht war, um im Jahre 1796 das zu vollenden, was im letzten Drittel des Jahres 1795 in so viel versprechender Weise begonnen wurde.

Wohl erkennend, dass es fast ausschliesslich nur die eigene Kraft sei, auf die das grosse Werk sich stützen könne, umfasste seine Sorge in erster Linie die k. k. Armee, als den eigentlichen Kern der coalirten Streitmittel. Am 8. December 1795 erging an den Hofkriegsrath der Befehl zur Berichterstattung über den Stand der Vorbereitungen für den kommenden Feldzug. Sehr eingehend fasste das kaiserliche Handschreiben alle Details in einer Reihe von Fragen zusammen, deren richtige Beantwortung in der That ein vollkommen klares Bild des Ganzen und eine unbedingt sichere Basis für den Calcul hätte geben müssen. (2.)

Das umfangreiche Actenstück, welches hierauf der Präsident des Hofkriegsrathes, FM. Michael Wallis, am 19. December dem Kaiser vorlegte, ist ebenso schwierig zu charakterisiren, als es der Raum verbietet, dasselbe auch nur im Auszuge wiederzugeben. Im Grossen und Ganzen zählt es die bereits getroffenen Vorkehrungen oder einleitenden Schritte auf und lässt in diesem Sinne die vollkommene Schlagfertigkeit der Armee allerdings nicht bezweifeln — wenn die nothwendigen Geldmittel zur Verfügung gestellt würden.

Sein wesentlicher Inhalt und der Eindruck, den der Kaiser hieraus gewann, lässt sich am besten aus der dem Berichte angefügten kaiserlichen Resolution entnehmen, wo es heisst: »Es gereicht zu Meiner Beruhigung, dass der Hofkriegsrath auf alle Gegenstände vorgedacht und auch bereits die Veranlassung getroffen hat, dass es Meiner im Felde stehenden Armee zu dem bevorstehenden Feldzuge, um mit Nachdruck agiren zu können, sowohl bei dessen zeitlicher Eröffnung, als auch in Fortsetzung desselben an nichts ermangeln werde.

Ich setze auch Mein vollkommenes Zutrauen in die Finanzen, dass sie den Hofkriegsrath getreulich unterstützen werden, wozu ein vertrauliches, freundschaftliches, immerwährendes Einverständniss zwischen denselben und dem Hofkriegsrathe Vieles beitragen wird.« (3.)

Aus diesen Worten des Kaisers geht mit voller Bestimmtheit hervor, wie er aus dem Berichte des Hofkriegsrathes die

Ueberzeugung schöpfte, für den Feldzug des nächsten Jahres vollkommen gerüstet zu sein. Und diese Gewissheit bestärkte ihn noch mehr in dem Gedanken, eine rasch begonnene und energisch geleitete Offensive müsse zweifellos zu entscheidend günstigen Resultaten führen. Seine nächsten Handlungen geben hievon unwiderleglich Zeugniss.

Ueber das Vorhandensein der Mittel zur nachdrücklichen Führung des Krieges beruhigt, beauftragte der Kaiser seine beiden Feldherren am Rhein, Vorschläge hinsichtlich der künftigen Operationen einzusenden. Diese Aufgabe war nichts weniger als leicht zu lösen. Da den Generalen über die erste Grundbedingung: den Stand der Kriegsmittel, nichts, oder richtiger gesagt, eigentlich nur das Schlimmste bekannt war, geizte natürlich keiner nach dem Ruhme, der Schöpfer eines Operationsplanes zu werden, dessen Durchführung in Folge Mangels an Mitteln scheitern oder wohl gar auch schweres Unglück herbeiführen könnte.

FM. Clerfayt entzog sich dieser Verantwortung durch berechnetes Zaudern; FM. Wurmser umging die gefährliche Klippe dadurch, dass er den FML. Bellegarde nach Wien sandte, um dort Näheres über die Sachlage zu erfahren und, hierauf gestützt, in mündlichem Vortrage die Ansichten seines Vorgesetzten zu erläutern.*) Letzterer scheint bei diesem Anlasse allerdings die Intentionen seines Chefs weder vollkommen genau, noch ausschliesslich zum Ausdrucke gebracht zu haben; der Kaiser aber, voll Ungeduld, die Vorbereitungen für den Feldzug rechtzeitig und umfassend durchzuführen, wartete den Entwurf Clerfayts nicht ab, sondern beauftragte Bellegarde, seine Gedanken zu Papier zu bringen.

Das Elaborat, welches dieser am 20. Jänner vorlegte, umfasste sowohl die Eventualität einer nachdrücklichen Offensive, als auch den Fall, wenn der Feldzug defensiv geführt werden sollte.

In offensiver Beziehung wurde die Eroberung Landaus, »der Vormauer und des Schlüssels von Elsass«, als Haupt-

*) Siehe Beilage III: »Instruction des Kaisers für Erzherzog Carl«, welche höchst interessante Einblicke in die Genesis des Operationsplanes gewährt.

operationsziel bezeichnet und die gesammten Streitkräfte in drei Theile: die Ober-, Nieder- und Mittelrhein-Armee gegliedert, über deren Verwendung der Operationsplan Folgendes bestimmte:

Die Niederrhein-Armee, durch Detachirungen von der Mittelrhein-Armee auf 81.000 Mann verstärkt, lässt 6000 Mann an der Sieg zur Beobachtung Düsseldorfs, drängt mit 50.000 Mann die französische Armee unter Jourdan beiderseits der Mosel bis gegen die Eifel zurück und hält sie von jeder Operation in der Richtung auf Landau ab. Sodann detachirt sie die von der Mittelrhein-Armee anmarschirenden 25.000 Mann an die Saar, in Flanke und Rücken von Pichegrus linkem Flügel, der durch ein gleichzeitiges Vorgehen der Mittelrhein-Armee zum Rückzuge gezwungen wird.

Der Berennung Landaus steht somit nichts mehr im Wege.

Um den rechten Flügel Pichegrus, der sich während dieser Operationen voraussichtlich unbelästigt hinter die Lauter oder Motter zurückziehen wird, zu hindern, von dort aus die Belagerung Landaus zu stören, macht die Oberrhein-Armee, nachdem sie 6000 Mann zur Beobachtung Strassburgs bestimmt hat, mit 30.000 Mann eine Diversion in dieser Richtung.

Nach dem Falle Landaus belagert die Niederrhein-Armee Saarlouis und wird hiebei gegen Störungen von Seite Pichegrus durch die nun freigewordene Mittelrhein-Armee gedeckt, welche bei dieser Gelegenheit zugleich auch die Festung Bitsch blockirt oder bombardirt.

Für die Bewältigung von Saarlouis und Landau wurden im Ganzen fünf Monate gerechnet, so dass, wenn die Operationen mit halbem April begonnen würden, diese beiden Plätze und vielleicht auch Bitsch Mitte September im Besitze der kaiserlichen Truppen sein sollten. Es erübrigte sonach genügend Zeit, um noch vor dem Beziehen der Winterquartiere den Versuch zu machen, Petite-Pierre (Lützelstein) und Pfalzburg zu nehmen, während welcher Frist »bei nicht ganz ungünstigem Kriegsglück« im Ober-Elsass die Festungen Hüningen und Belfort an die kaiserlichen Truppen übergegangen sein dürften.

Nach Durchführung dieser Unternehmungen war — wie der Operationsplan des Weiteren ausführt — auch die zahlreichste feindliche Macht nicht im Stande, der kaiserlichen Armee das ruhige Beziehen der Winterquartiere nach einer »so thatenreichen Campagne« zu stören.

Jedoch waren nach der Ansicht des Schöpfers dieses Planes selbst nach solch gewiss ausserordentlichen Resultaten die Früchte, welche dieser Feldzug bringen sollte, noch nicht vollständig; er fährt fort:

»Da alle Hauptzugänge in das Elsass, bis auf die von St. Marie aux Mines (Markirch) und von St. Amarin, welche im Gebirge leicht zu sperren sind, durch Festungen, die an uns übergegangen, geschlossen wären, so könnte man, deucht mir, sonach bei solcher Lage der Sachen, ohne in den Verdacht einer erhitzten Einbildungskraft zu gerathen, sich schmeicheln, im Verlaufe des Winters auch Strassburg durch Hunger fallen zu sehen und mit ihm die ganze Provinz; denn Schlettstadt ist keines langen Widerstandes fähig und Neu-Breisach ein einzelner unwichtiger Punkt, so vollkommen auch die Festung, dieses Modell von Vauban, sein möge, welche damals nichts mehr decken würde und die früh oder spät dem Schicksale der übrigen Bollwerke des Landes folgen müsste.«

Zur Durchführung dieses Operationsplanes beanspruchte FML. Bellegarde — jedoch nur unter der bestimmten Voraussetzung, dass die feindlichen Armeen nicht mehr als 240.000 Mann zählten*) — ausser den übrigen Kriegsbedürfnissen 210.000 Mann, wovon 100.000 zur Belagerung von Landau und Deckung desselben, dann einen grossen Belagerungs-Artillerie-Train bei Mannheim und je einen kleineren bei Mainz und Villingen.

Es bedarf keines allzu tiefen Eingehens in das Wesen dieses Operationsplanes, um dessen Mängel zu erkennen. Ueberall nur von den günstigsten Voraussetzungen ausgehend

---

*) Es bezieht sich dies auf Nachrichten, welche zu der Annahme führten, dass die französische Armee 300.000 Mann stark im Felde erscheinen würde, obwohl dies von Vielen und unter Anderen auch von FM. Wurmser sehr bezweifelt wurde.

und Hindernisse blos nebenher behandelnd, macht er nur zu deutlich den Eindruck, dass bei seiner Verfassung nicht so sehr die Anwendung kriegswissenschaftlicher Grundsätze auf thatsächliche Verhältnisse, als viel eher die Rücksicht auf die massgebenden Orts herrschenden Ansichten und persönlichen Wünsche den leitenden Faden bildeten.

Hiefür spricht nebst Anderem auch die oberflächliche Behandlung des Operationsplanes für die Defensive, dessen sichtlich nur der Vollständigkeit halber erwähnt wurde.

Allerdings gedenkt FML. Bellegarde auch der Hindernisse, die sich der Ausführung seines Planes entgegenstellen könnten; er will dem Vorwurfe begegnen, »dass er einer lachenden Phantasie die Zügel schiessen lasse und in diesem Bilde des Feldzuges alle Berge ebne«. Deshalb versäumte er nicht, nebenher auch der Möglichkeit zu erwähnen, dass weder Jourdan noch Pichegru durch die ersten gegen sie geführten Schläge so vollständig würden zermalmt werden, um für die weiteren Operationen gänzlich ausser Rechnung zu kommen; vielmehr lässt er der Eventualität genügend Raum, dass Ersterer sowohl der Belagerung von Saarlouis gefährlich werden, als auch bei Düsseldorf gegen die Sieg und Lahn vorbrechen könne, während Letzterer gewiss kein ruhiger Zuschauer der Angriffe auf Bitsch und Pfalzburg bleiben, wie auch Alles aufbieten würde, um Strassburg zu retten. Ueber solche Möglichkeiten, welche nicht nur die Durchführung des Operationsplanes hindern, sondern sogar, bei nur einigermassen ungünstigen Verhältnissen, zu unberechenbar verderblichen Folgen führen konnten, gleitet FML. Bellegarde mit einem erstaunlichen Optimismus hinweg. So z. B. sagt er hinsichtlich der hier erwähnten Gegenoperationen der französischen Generale: »Jedoch, da es hier auf die geschickte Anwendung der Truppen nach den Vortheilen des Terrains, auf die Kunst des Heerführers und den Muth seiner Völker, auf Mannszucht und Taktik grösstentheils ankommt, so ist folglich zu hoffen, dass bei der vortheilhaften Stimmung der Armee der Sieg sich für Eurer Majestät Waffen erklären wird, und das, was man von dem Missmuthe des Gegentheiles und von der Unzufriedenheit des französischen Landvolkes über die dermalige Regierung hört, begründet noch diese Hoffnungen.« (4.)

Im Uebrigen darf nicht übersehen werden, dass FML. Bellegarde über den Stand der Kriegsvorbereitungen nicht klarer sah, als die übrigen Generale. Das beengende Gefühl der Unsicherheit in dieser Richtung beherrscht, ungeachtet der Zuversicht, welche der Operationsplan zur Schau trägt, doch kennbar den ganzen Calcul und bricht endlich in der unverhüllten Warnung durch, dass man sich jenen Hoffnungen »nur dann überlassen dürfe, wenn die Mittel vorhanden seien, grosse Unternehmungen durchzusetzen, widrigens das Blatt sich auf das Traurigste wenden könnte, wie neuere Erfahrungen uns nur zu sehr gelehrt haben«.

Fasst man die einzelnen Theile des Operationsplanes zusammen, so sollten 210.000 Mann vom Frühjahre bis zum Spätherbste 240.000 Gegner derart aus dem Felde schlagen, dass diese die Eroberung oder Einnahme von zehn festen Plätzen nicht zu hindern vermöchten. Mit unglaublicher Leichtfertigkeit und Oberflächlichkeit sind die Combinationen auf ganz willkürliche Annahmen und Voraussetzungen aufgebaut, für deren Eintreffen nicht die geringste Gewähr vorhanden war und fast ohne dass die wahrscheinliche Gegenwirkung der feindlichen Armee irgendwie ins Auge gefasst wurde. Gewiss »ein riesenmässiger Plan, der sich nur denken liess, wenn die französische Armee gänzlich zerstört und ausser Stande gewesen wäre, im Felde zu erscheinen«.*)

Unter dem Einflusse der damals in Wien bestehenden Verhältnisse blieb aber Bellegarde's Entwurf die Grundlage der ferneren Entschlüsse. Wohl stellte Kaiser Franz seiner Gewohnheit nach am 28. Jänner Abschriften desselben den Feldmarschällen Lacy, Wurmser und Clerfayt unter dem Siegel tiefsten Geheimnisses zu, damit jeder derselben, unbeeinflusst von der Persönlichkeit des Autors oder dem Range der Mitbeurtheiler, frei und rückhaltlos seine Meinung abgebe. Die Gutachten Wurmsers und Clerfayts erhielt sodann FM. Lacy zur Berichterstattung.

*) Erzherzog Carls Schriften. II. S. 15.

Die Ansichten der Feldmarschälle stimmten im Principe insoferne mit dem Operationsplane überein, als sie in dem frühzeitigen Beginne der Operationen und einer kraftvoll durchgeführten Offensive das beste Mittel zu nachhaltigen Erfolgen erblickten. Sämmtlich waren sie auch darüber einig, dass Landau das zweckmässigste Operationsobject sei. Alle jedoch machten das Vorhandensein der nöthigen Kriegserfordernisse zur ersten Bedingung. Aber selbst unter dieser Voraussetzung waren die Generale hinsichtlich der Durchführbarkeit des Operationsplanes insoferne eines Sinnes, als sie die gleichen Mängel des Bellegarde'schen Entwurfes hervorhoben. Sie verurtheilten die ungemessene Ausdehnung desselben auf Operationen, die doch erst durch den Verlauf der Ereignisse selbst bestimmt werden konnten; sie forderten ferner, dass die Belagerung von Landau nur dann unternommen werde, wenn vorher beide feindliche Armeen zurückgeschlagen wurden und für ausreichende Deckung der Flügel gesorgt worden sei, damit der Feind nicht etwa von dort gegen die ganz ungeschützte Operationsbasis der Verbündeten vorbreche. Besonders scharf wandte sich FM. Lacy gegen die Oberflächlichkeit des Entwurfes, der z. B. Hüningen durch eine Armee wegnehmen lassen wolle, von der in dem ganzen Elaborate vorher nie die Rede war und die auch thatsächlich gar nicht existirte. Grossen Nachdruck legte ferner dieser als Soldat und Staatsmann gleich erfahrene Veteran auf das Verhältniss zu den Bundesgenossen, namentlich zu Sardinien, indem er darauf hinwies, wie die Ereignisse auf dem südlichen Kriegsschauplatze die Operationen am Rhein wesentlich zu beeinflussen vermöchten. (4.)

Während dieser Berathungen vollzog sich eine tief einschneidende Veränderung bei den Armeen in Deutschland. Mit Handbillet vom 9. Februar enthob der Kaiser den FM. Clerfayt über dessen Ansuchen vom Commando der Armee am Niederrhein und übertrug dasselbe an Erzherzog Carl, dem nun ebenfalls der Operationsplan Bellegardes zur Beurtheilung zugestellt wurde. Sein Votum schloss sich der Hauptsache nach den Ansichten der Feldmarschälle an, tadelte aber insbesondere die Basirung wichtiger operativer Momente auf Voraussetzungen, welche vorkommenden Falls allerdings von grossem Einflusse sein würden, deren Eintritt aber durch gar nichts im Voraus verbürgt werden könne.

Das Resultat seiner Untersuchung fasste der Erzherzog am 15. Februar in einer »Allerunterthänigsten Nota« zusammen, deren charakteristischer Inhalt hier nach dem Wortlaute Platz finden möge:

»Das gnädige Zutrauen, wovon mir Eure Majestät durch Uebertragung des Commandos der Niederrhein-Armee einen neuen Beweis zu geben geruhten, macht es mir zur heiligsten Pflicht, Eurer Majestät über die mir übersendeten und den im künftigen Feldzug anzunehmenden Operationsplan betreffenden Schriften meine Gedanken zu unterlegen.

Ich darf es nicht wagen, als competenter Richter über einen durch Männer von erprobten Talenten und Kenntnissen bearbeiteten Gegenstand aufzutreten, und blos mein Eifer für Allerhöchst Dero Dienst, mein innigster Wunsch, Eurer Majestät Waffen immer glücklich und siegreich zu sehen, berechtigt mich, meine Meinung niederzuschreiben und sie Eurer Majestät zu Füssen zu legen.

Wie vortheilhaft es in jeder Rücksicht sei, einen offensiven Krieg zu führen, sobald man versichert ist, die nöthigen Mittel an Geld und Lebensmitteln, sowie die zu dergleichen Operationen erforderliche Anzahl Truppen zu haben, scheint keinem Zweifel zu unterliegen. Desgleichen scheint es auch entschieden zu sein, dass in der jetzigen Lage der Sachen gar keine Wahl in der anzunehmenden Operationslinie übrig bleibe und dass der Feldzug durch einen Angriff der feindlichen Armee an der Mosel zu eröffnen, nach einem glücklich erfochtenen Siege Pichegrus Heer anzugreifen und zu schlagen sei, sodann zu der Belagerung von Landau geschritten und nach dessen Einnahme sich Saarlouis zu bemächtigen zum Endpunkte unserer Operation genommen werden müsse.

Erfochtene Hauptschlachten über den Feind, Desorganisirung und Zerstreuung seiner Armeen, Zerstörung seiner Magazine, Unruhen im Innern können uns vielleicht den Weg zu weiteren Eroberungen bahnen. Für gegenwärtigen Augenblick ist zwar auf diese glücklichen Ereignisse keine sichere Rechnung zu machen, jedoch müssen nach meiner unmassgeblichen Meinung den commandirenden Generalen alle Mittel in die Hände gegeben werden, um solche in sich ergebendem Falle ohne Zeitverlust benützen zu können.

Ohne in Details über die Art einzugehen, wie die Operationen anzufangen und wie sie fortzuführen wären, was sich von hier aus, besonders ohne genaue Kenntniss des Terrains, nicht wohl bestimmen lässt, scheint es mir von dringender Wichtigkeit zu sein, Alles in die Verfassung zu setzen, dem Feinde in Eröffnung des Feldzuges zuvorzukommen und entscheidende Schläge zu führen, ehe er im Stande sein wird, uns mit seiner ganzen vereinigten Macht zu widerstehen.

Ich kann daher nicht genug Eure Majestät unterthänigst bitten, die nöthigen Befehle zu geben, dass auf das Schleunigste und mit aller möglichen Anstrengung an Herbeischaffung der Lebensmittel, Formirung der Magazine — deren wir nun leider fast gar keine haben — dann Nachschaffung der nöthigen Pferde, Geschütze, Pontons, Bäckereien und mit einem Worte aller Bedürfnisse zur Führung eines thätigen Feldzuges gearbeitet werde.

Der nöthigen Bedeckung am Gelde zu geschweigen, von welcher ich überzeugt bin, dass Eure Majestät sowohl, als Dero Finanzstelle derselben versichert sind, bleibt mir nur noch um deren genaue Auszahlung und Ueberkommung bei der Armee zu bitten übrig. Mangel an diesen Mitteln könnte uns ausser Stand setzen, den Feldzug früh anzufangen, uns vielleicht gar zur Führung eines Defensivkrieges zwingen, welcher — wie ich glaube — die Absicht nicht erreichen würde, die wir in diesem Kriege zum Ziel gesetzt haben, und welcher für uns traurige Folgen nach sich ziehen könnte.

Eben dieser Fall könnte eintreten, wenn unsere Armee nicht gleich bei Anfang des Feldzuges oder wenigstens im Verlaufe desselben beträchtliche Verstärkungen, es sei nun durch eigene oder durch in Sold zu nehmende Truppen, erhalten sollte, da die Belagerung Landaus und deren Deckung einen sehr beträchtlichen Truppenaufwand erheischt, um den Feind in die Unmöglichkeit zu versetzen, von der Saar, Mosel oder durch die Vogesen der Festung Hilfe zu bringen. Nach der jetzigen Lage der Sachen könnten die dazu erforderlichen Truppen blos dadurch aufgebracht werden, dass wir uns auf allen übrigen Punkten äusserst schwächten; der Rhein-Cordon könnte dann fast gar nicht besetzt, die im Rücken des Feindes zu machende Diversion — die ich blos in dieser Absicht, nicht aber um Eroberungen zu machen für nützlich halte — wäre unmöglich und selbst die an der Mosel aufzustellende Armee könnte bei Weitem nicht aus so viel Truppen zusammengesetzt werden, als zur Behauptung des von ihr zu occupirenden Terrains erforderlich wäre.

Glückliche Ereignisse können uns vielleicht mit der Zeit zu dergleichen Schwächungen unserer Armee berechtigen, allein sie können — meiner unmassgeblichen Meinung nach — in einem Plane nicht in Berechnung gebracht werden.

Bei diesen bewandten Umständen und bei dem immer mehr sich nähernden Augenblicke, in dem der Feldzug eröffnet werden soll, bleibt mir nichts anderes übrig, als, in der Voraussetzung, dass alle Anstalten zur Herbeischaffung des Geldes und der Naturalienvorräthe getroffen und das Erforderniss gedeckt ist, Eure Majestät unterthänigst zu bitten, bald in Betreff des Operationsplanes für den künftigen Feldzug sowohl, als der noch benöthigten Truppenstärke, der Zusammensetzung der Armee, Eintheilung der Generale u. s. w. einen Entschluss fassen zu wollen, damit ohne Zeitverlust zur Ausarbeitung aller dieser Gegenstände geschritten und die Dispositionen gegeben werden, dass der Feldzug auf den ersten Wink sobald als möglich eröffnet werden könne.« (5.)

Die übereinstimmenden Urtheile seiner vertrautesten Räthe änderten in nichts die Ansichten des Kaisers. Billigten diese auch nicht alle Punkte des Operationsplanes, so sprachen sie sich doch sämmtlich für das Grundprincip desselben aus: Eröffnung des Feldzuges, bevor noch der Feind seine Kräfte sammeln könne und dann unausgesetzte Offensive bis zur endgiltigen Entscheidung. Alles innerhalb dieses Rahmens Liegende konnte entweder gleich vom Beginne an oder im weiteren Verlaufe den thatsächlichen Verhältnissen entsprechend angepasst werden. Was aber alle Generale ohne Ausnahme zur Bedingung machten und worüber sie ihre Zweifel deutlich genug zu

Tage treten liessen, das war das Vorhandensein ausreichender Mittel nicht nur zur Eröffnung der Operationen, sondern für die ganze Dauer des Feldzuges. Und in dieser Beziehung eben war des Kaisers Vertrauen in die Berichte des Hofkriegsrathes unerschütterlich. Ueber das Hauptziel und den allgemeinen Gang der Operationen mit sich selbst einig, wandte er sich nun energisch der Realisirung jener Erwartungen hinsichtlich der Beschaffung der Kriegserfordernisse zu, welche ihm auf Grund des hofkriegsräthlichen Berichtes vom 19. December 1795 vollkommen berechtigt schienen.

In dieser Richtung aber waren die Schwierigkeiten nicht so leicht zu umgehen, wie dies beim Operationsplane wohl möglich gemacht werden konnte. Denn nicht um Meinungsverschiedenheiten handelte es sich hier, sondern um Thatsachen, die in unveränderbarer Wirklichkeit wurzelten und daher lediglich nur reale, greifbare Mittel zuliessen.

Am wenigsten machte sich dies noch hinsichtlich der Ergänzungen der Armee fühlbar, weil da nicht die im Operationsplane geforderte Vermehrung derselben, sondern nur der Ersatz des Abganges ins Auge gefasst wurde. Vergleicht man nämlich den Sollstand der beiden kaiserlichen Armeen am Rhein zu Anfang Jänner mit dem Verpflegsstande, so ergibt sich eine ganz unbedeutende Differenz; bei der Oberrhein-Armee steht sogar einem Sollstande von 92.891 Mann ein Verpflegsstand von 97.033 Mann gegenüber, was ausser den Nachschüben auch noch — und zwar fast in erster Linie — der Auswechslung von Kriegsgefangenen zugeschrieben werden kann. (Beilage II.) Gleiches Verhältniss ergibt sich auch Ende Mai; nur bei der Reichsarmee zeigt sich in beiden Zeiträumen ein Abgang von nahezu einem Fünftel des Sollstandes. Der sehr bedeutende Unterschied zwischen dem Soll- und dem Gefechtsstande ist also nicht auf ungenügende Ergänzungen zurückzuführen, sondern findet seine Erklärung in dem ziemlich hohen Krankenstande, dann in der sehr grossen Zahl ausserhalb der Front verwendeter Mannschaft (Commandirter) und den verhältnissmässig nicht minder zahlreichen »Nichtstreitbaren«. Diese zusammen verringerten den Sollstand um ein Fünftel bis ein Viertel, was sich bei der Reichsarmee bis fast zur Hälfte steigerte.

Wird ferner berücksichtigt, dass der Krankenstand bei der Armee im Jänner 21.708 Mann gegen 10.964 im Mai betrug, so erhellt hieraus, dass die in diesem Zeitraume ersichtliche Vermehrung des Verpflegsstandes von 187.184 Mann auf 197.721 Mann nur zum geringsten Theile auf Ergänzungen aus den Erblanden zurückgeführt werden darf. In der That erhielten die Armeen in Deutschland bis zur Eröffnung der Operationen keine andere Verstärkung als 5 Infanterie-Bataillone und 1 Kürassier-Regiment. Vorgreifend sei hier erwähnt, dass in Folge der Ereignisse in Italien auch im weiteren Verlaufe des Feldzuges die Armee in Deutschland nur verhältnissmässig geringe Verstärkungen erhielt, da ein bedeutender Theil der für sie bestimmten Nachschübe auf dem Durchmarsche durch Wien aufgehalten und nach Italien instradirt wurde.

Was die Reichsarmee betraf, so war die Ergänzung ihrer Contingente Gegenstand weitwendiger Verhandlungen, die selten zum erwünschten Ziele führten und die Armee bestenfalls nur um zersplitterte Truppentheile von meist sehr zweifelhafter Verwendbarkeit vermehrten. In sich geschlossene grössere Armeetheile waren das Contingent des schwäbischen Kreises — dieses aber, sowohl seiner Qualität und Organisation nach, sowie in Folge der politischen Haltung seiner Kriegsherren, nicht unbedingt vertrauenswürdig — dann das Corps des Kurfürsten Friedrich August von Sachsen. Letzteres, eine stramm organisirte kriegstüchtige Truppe, konnte gleichwohl nicht mit voller Sicherheit den verbündeten Streitkräften zugerechnet werden, denn im vorigen Feldzuge nahm es der Kurfürst mit Berufung auf den Reichsbeschluss vom 14. April 1734, ohne vorhergegangene Verständigung des kaiserlichen Feldherrn, gerade in der gefährlichsten Phase der Operationen, am 2. October, in die eigenen Lande zurück, deren Grenzen er für gefährdet erklärte. (6.) Erst zu Anfang des Jahres 1796 trat das Corps wieder in die Reihen der coalirten Truppen, doch war nicht die mindeste Bürgschaft vorhanden, dass bei momentan ungünstigem Verlaufe der Operationen nicht wieder der gleiche Fall eintreten werde wie im Vorjahre. Das säch-

2*

sische Corps stand in den früheren Feldzügen unter selbstständiger Leitung seines Commandanten, war aber durch die Convention ddo. Wien, 16. Juni 1795, mit der k. k. Armee vereinigt und hatte nach dem Standesausweise ddo. Dresden, 26. Februar 1796, einen Sollstand von 9688 Mann Infanterie, 4782 Reitern und 80 Geschützen, der sich auf einen Gefechtsstand von ungefähr 7000 Mann reducirte. (7 und Beilage VIII.)

Wenn sich in Bezug auf die Ergänzung der Truppen ein relativ günstiges Resultat herausstellt, so ist nicht zu übersehen, dass die Gesammtstärke der k. k. und der Reichsarmee doch nur die Ziffer von 198.000 Mann erreichte, mithin wesentlich hinter der von FML. Bellegarde geforderten Minimalstärke zurückstand. Dabei ist jedoch noch zu bemerken, dass die Reichscontingente überhaupt nicht voll in Rechnung gebracht werden konnten, die Verwendung des kursächsischen Corps aber durch die herkömmlichen Beschränkungen beeinträchtigt war. Denn es forderte Punkt III und IV der Convention, dass dieses Corps nur einem rangsälteren »kaiserlichen und Reichs-, auch k. k. General«, mithin in diesem Feldzuge nur dem Erzherzog Carl untergeordnet und in keinem Falle getrennt werden dürfe, sondern stets als einheitlicher Körper in seiner Gesammtheit Verwendung finden müsse.

Noch geringerer Erfolg lohnte das Bestreben des Kaisers, die Armee mit all den vielfältigen Erfordernissen zu versehen, welche deren Schlagfähigkeit bedingten.

Die Armee-Verpflegung und das damit im engen Zusammenhange stehende Trainwesen befanden sich in einem Umwandlungsprocesse, der noch keineswegs zum Abschlusse gelangt war und eben deshalb so sehr das richtige Functioniren des an und für sich complicirten Apparates störte. Es wird daher schwierig, das Ganze in ein übersichtliches Bild zusammenzufassen; indess dürften einzelne Streiflichter hinreichen, die Situation insoweit zu erhellen, als dies für den gegenwärtigen Zweck erforderlich ist.

Abweichend von dem in den letzten Kriegsjahren üblich gewesenen Systeme, die Armeebedürfnisse durch einzelne Contrahenten zu sichern, welche in unmittelbarer Verrechnung mit dem Finanzärar standen, wurde im Jahre 1796 dieser wichtige Zweig der Kriegsverwaltung mehr centralisirt. Kaiser Franz ordnete nämlich am 22. December 1795 an, die gesammte Verpflegung der Armee in eigene Regie und Rechnung zu nehmen. (8.) Oberstlieutenant Wimmer wurde zum Ober-Feld-Verpflegsdirector ernannt; er hatte vom 1. Februar 1796 an die Beischaffung der Naturalien auf eigene Verantwortung zu übernehmen und dem Hofkriegsrathe zu verrechnen, ihre Verfrachtung nach den Truppenkörpern aber nach den Weisungen des General-Kriegscommissärs zu besorgen, welchem fortan eine weitere Einflussnahme auf das Gebahren des Ober-Feld-Verpflegsdirectors nicht mehr zustehen sollte. (9.) Gleichzeitig wurde die Auflösung des aus 1150 Wagen bestehenden »ärarischen Fuhrwesens« verfügt und nur die ausser diesem vorhandenen 600 gedungenen Fuhren belassen, zu welchen Oberstlieutenant Wimmer noch weitere 700 zu stellen sich verpflichtete, so dass im Ganzen 1300 Wagen für den Nachschubsdienst ständig verfügbar sein sollten. Was sonst noch an Transportmitteln nothwendig werden würde, war durch Landesfuhren (Vorspannwagen) zu decken. — Vom ärarischen Fuhrwesen sollten die untauglichen Wagen sogleich abgeschafft und die noch brauchbaren in dem Verhältnisse reducirt werden, als die von Oberstlieutenant Wimmer beizustellenden für den Dienst bereit werden würden.

Auf Grund dieser Bestimmungen wurde der Nachschubsdienst in der Art eingeleitet, dass man die in den Erbländern und im deutschen Reiche durch Accorde gesicherten Vorräthe mit möglichster Benützung der Wasserstrassen (Donau, Rhein, Neckar, Main) in den 6—8—10 Meilen (45—60—75 *km*) von der Armee entfernten »Nachschubs-Magazinen« sammelte und sie von dort aus nach den Weisungen des General-Kriegscommissärs an die in der Nähe der Truppen etablirten »Consumtions-Magazine« vertheilte. Aus diesen letzteren sollten die Truppen ihren Bedarf immer von zwei zu zwei Tagen beziehen; ausserdem hatte vom 31. März an sich jedes Regiment mit einem Reservevorrathe (eiserner Vorrath) für zwei Tage zu versehen und diesen auch stets complet mit sich zu führen. (10.)

Diese Verfügungen konnten jedoch ihre bessernde Wirkung im günstigsten Falle erst nach dem 1. Februar äussern; bis dahin aber blieben die bisherigen Unzukömmlichkeiten bestehen, unter welchen die Verpflegung der Armee so sehr litt, dass unter Anderem im Jänner 3 Cavallerie-Regimenter vom linken auf das rechte Rheinufer zurückgenommen werden mussten, weil sie auf jenem keine Subsistenz finden konnten. (11.)

Uebelstände mannigfaltigster Art, die aus solchen Verhältnissen nothwendig hervorgehen mussten, dann die Unklarheit der eigentlichen Sachlage, welche nur durch die beständigen Klagen der Truppen eine düstere Beleuchtung erhielt, hatten den Kaiser schon anfangs des Jahres veranlasst, den Präsidenten der »Obersten Staatscontrole«, Grafen Lazansky, mit ausgedehnten Vollmachten zur Armee nach Deutschland zu senden. Dort sollte er an Ort und Stelle die Wahrheit erheben und, wo nothwendig, den vorgefundenen Mängeln nach Kräften abhelfen.

In richtiger Erkenntniss der Verhältnisse stellte sich derselbe die ganz zweckmässige Aufgabe: dem Mangel an Verpflegung bei der Armee abzuhelfen und sie mit einem einmonatlichen Vorrath zu versehen, einen geregelten Nachschub einzuleiten und den Stand der Schulden für Proviant und Transport doch wenigstens ordnungsmässig aufzunehmen. Aber auch hier hemmte die Geldnoth jeden nachhaltigen Schritt. Schon am 3. März berichtete Graf Lazansky an den »Obersten Directorial-Minister« Grafen Kolowrat, dass die »schwankenden Erklärungen der Finanzen« die Beistellung der nöthigen Geldmittel sehr bezweifeln liessen. Diese Befürchtung sollte nur zu bald durch die Thatsachen gerechtfertigt werden.

Vier Jahre eines sowohl der Ausdehnung, als Intensität und Eigenart nach fast ohne Beispiel dastehenden Krieges und der Verlust einer reichen Provinz mussten nothwendig ihren nachtheiligen Einfluss auf Oesterreichs materielle Kraft immer schärfer hervortreten lassen. Hunderttausend Mann und dreissigtausend Pferde waren von 1792 bis 19. December 1795 auf die Kriegsschauplätze nachgesendet worden, die Landeskriegscassa wies Ende 1795 einen Abgang von 17 Millionen aus. Dazu kam noch, dass die deutschen Reichsfürsten ihre Verpflichtungen in sehr ungenügender Weise erfüllten. Die Reichs-Contingents-Relutionscassa, sowie die Reichs-Operations-Hauptcassa waren nicht nur leer, sondern mit 3,500.965 Gulden im Rückstand. Wollte man die Emigrantencorps von Rohan und Bussy, sowie die Truppen von Cöln, Trier, Lüttich und Neuwied, welche auf diese Cassen angewiesen waren, nicht entlassen, so blieb nur noch übrig, sie aus der Operationscassa der kaiserlichen Armeen am Rhein zu bezahlen; dann aber waren wieder diese in die Unmöglichkeit versetzt, mit der ihnen zugewiesenen Dotation monatlicher 2,200.000 Gulden auszulangen, da ihnen auch noch alle anderen »Extra-Auslagen« aufgebürdet wurden. Mitte April hatten diese beiden Armeen zusammen bereits einen Schuldenstand von 3,537.715 Gulden und lag die Gefahr nahe, dass die seit lange unbefriedigten Fleischlieferanten ihre Contracte nicht mehr würden erfüllen können oder wollen. (12.)

Der über Veranlassung der »Obersten Staatscontrole« von der Hofkriegsbuchhaltung zusammengestellte und vom Hofkriegsrathe dem Kaiser am 28. April überreichte »Präliminar-Erforderniss-Aufsatz« für das Jahr 1796 wies beim Armeebudget ein unbedecktes Deficit von 96,290.721 Gulden nach (13), ungerechnet der sehr bedeutenden Forderungen, welche sowohl die Armeelieferanten als auch Oberstlieutenant Wimmer aus dem abgelaufenen Kriegsjahre geltend machten.*)

Die nächste Folge dieser Geldnoth äusserte sich darin, dass die nothwendige Reorganisation des Armee-Fuhrwesens fast gänzlich ins Stocken gerieth. Oberstlieutenant Wimmer, dem die Geldmittel fehlten, um seine Verpflichtungen in dieser

*)

Das Friedens-Militärbudget betrug	23,510.777	fl.	27 7/8	kr.
das wirkliche Erforderniss	21,410.224	»	37 4/8	»
somit erübrigten für den Kriegsstand . . .	2,100.552	fl.	50 3/8	kr.
Die Armeen im Felde benöthigten aber, und zwar:				
beide Rhein-Armeen	86,756.653	fl.	27	kr
die Armee in Italien	10,592.910	»	29 6/8	»
die Armee in Piemont	1.041.710	»	46 2/8	»
Zusammen .	98,391.274	fl.	43	kr.
hievon ab obiger Rest von	2,100.552	»	50 3/8	»
so bleibt unbedeckt	96,290.721	fl.	52 5/8	kr.

Hinsicht zu erfüllen, forderte eine Erstreckung des Termines bis Mai, ohne jedoch auch diesen einhalten zu können. Unter solchen Umständen liess sich an eine Reduction des ärarischen Fuhrwesens nicht denken, im Gegentheile sah man sich vor der Nothwendigkeit, dieses Transportmittel so rasch als möglich zu ergänzen und den Ankauf von 4692 Bespannungspferden anzuordnen.

Nur zu bald zeigte sich die Rückwirkung dieser Verhältnisse auf die Truppen. Schon in dem erwähnten Bericht des Grafen Lazansky wird hervorgehoben, dass die Armee sich nur von Tag zu Tag ihre Bedürfnisse verschaffen könne, da die Consumtions-Magazine leer seien. (14.) Kurz darauf — am 21. März — setzte FZM. Wartensleben als Interims-Commandant der Niederrhein-Armee den General-Kriegscommissär in Kenntniss, dass die Truppen des FML. Kray, weit entfernt, einen Reservevorrath zu haben, nicht einmal die tägliche Brotgebühr erhielten, sondern sich das Brot vom Lande verschaffen müssten, und dass hinsichtlich des Rauhfutters dieses Aushilfsmittel bei allen Truppen der Armee die Stelle ordnungsmässiger Magazinsverpflegung ersetzen müsse. (15.)

Nur äusserst langsam wendeten sich diese misslichen Verhältnisse zum Besseren, dank dem energischen Bemühen Erzherzog Carls, der seit seiner Ernennung zum Commandanten der Niederrhein-Armee unablässig in Wien thätig war, dieselbe nach jeder Richtung hin schlagfähig zu machen. Das Trainwesen aber blieb trotzdem während des ganzen Feldzuges hinter seiner Aufgabe zurück. Es bildete im Verlaufe desselben oft eine schwere Sorge des Feldherrn und übte nicht selten sowohl auf die Operationen im Grossen, als auch in taktischer Hinsicht sehr nachtheiligen Einfluss. So z. B. waren kurz nach Eröffnung des Feldzuges, als die Niederrhein-Armee bei Baumholder stand — also kaum 10 Meilen (75 *km*) von Mainz entfernt — die Nachschubsvorkehrungen derart mangelhaft, dass täglich 65 Wagen requirirt werden mussten, um nur den dringendsten Bedarf an Brot und Fourage den Truppen zuzuführen. FML. Lilien war genöthigt, die Beistellung von 3786 Landesfuhren auszuschreiben, um für die bevorstehenden Offensivbewegungen die Consumtions-Magazine zu versehen. (16.)

Nicht voraus zu berechnende Ereignisse lenkten die Operationen der Armee nach einer anderen Richtung. Es bleibt aber eine offene Frage, inwieferne die getroffenen Vorkehrungen für die Verpflegung der Armee andernfalls die Probe bestanden haben würden.

Gleich schädigenden Einfluss nahm der Mangel eines geregelten Trainwesens auf die im Operationsplane vorgesehene Aufstellung der Belagerungs-Artillerie, welche übrigens nie in dem vom FML. Bellegarde geforderten Umfange aufgebracht wurde. Ende März war dieselbe noch sehr unvollständig, und erhielt GM. Unterberger, als Artilleriechef der Oberrhein-Armee, auf seine wiederholten Vorstellungen vom General-Artillerie-Directorate den Bescheid, das Fehlende aus Mainz und Mannheim zu entnehmen. Aber selbst wenn diese Plätze derart versehen gewesen wären, um solchem Ansinnen zu entsprechen, hätte es doch an der nöthigen Bespannung gemangelt, um die Geschütze fortzubringen. Das gedungene Fuhrwesen verfügte damals über nicht mehr als 996 Pferde, welche von dem Proviantnachschubsdienste vollauf in Anspruch genommen wurden; die bei der Armee befindlichen zwei ärarischen Fuhrwesen-Divisionen aber hatten nur einen Stand von kaum 60 dienstfähigen Pferden! (26.) Ebensowenig ausführbar war die Anordnung der General-Artillerie-Direction, welche die vom GM. Unterberger dringend gestellte Bitte um 14 zehnpfündige Haubitzen dahin erledigte, diese Geschütze vorläufig der Reserve-Artillerie zu entnehmen, bis der Ersatz von Wien eingeleitet werden würde. FM. Wurmser lehnte dies aus leicht begreiflichen Gründen auf das Entschiedenste ab und beauftragte seinen Artilleriechef zu erneuerten Vorstellungen.

Wie wenig Erfolg aber diese hatten, geht daraus hervor, dass FM. Wurmser noch anfangs Mai »gar keine Mittel hatte, das Retranchement am linken Rheinufer bei Mannheim mit Geschütz zu versehen«, und genöthigt war, Erzherzog Carl um eine Aushilfe von mindestens 60 Geschützen ($^2/_5$ leichten, $^2/_5$ schweren Calibers und $^1/_5$ Haubitzen) zu ersuchen, dieser jedoch nicht mehr als 36 Vierpfünder mit je 200 Schuss abzugeben in der Lage war. (27.)

Besser vorgesorgt war für die Feld-Artillerie. Die Niederrhein-Armee hatte auf den vorgeschriebenen Stand von 120 Linien- und 212 Reservegeschützen am 1. März einen Abgang von 19 Liniengeschützen, dagegen um 15 Reservegeschütze mehr; der Oberrhein-Armee fehlten bei einem Stande von 128 Linien- und 180 Reservegeschützen von ersteren 6, von letzteren 8 Geschütze. Für den gesammten Abgang war der Ersatz bis auf 1 Haubitze in den Depots vorhanden, dagegen fehlten der Niederrhein-Armee 921, der Oberrhein-Armee 1744 Bespannungspferde, deren Ersatz durch den General-Kriegscommissär eingeleitet wurde. (28.)

An Munition jeder Art waren in den Depots hinreichende Vorräthe vorhanden, allein es mangelte ungeachtet aller Vorstellungen des General-Artillerie-Directors FZM. Kolowrat an genügender stabiler Bespannung. (17.) Die Munitionsnachschübe konnten sehr häufig die Truppen nicht erreichen und diese hatten daher vielfach Munitionsmangel, der nicht nur eine stehende Rubrik in den Berichten der Commandanten bildete, sondern selbst sogar im Verlauf mancher Affaire in nachtheiligster Weise sich geltend machte.

Standen die bisher erwähnten Mängel und Schwierigkeiten hinsichtlich der Durchführung einer ausreichenden Feldausrüstung in mittelbarem Zusammenhange mit dem unzureichenden Trainwesen, wodurch den Truppen häufig die Benützung selbst vorhandener Vorräthe erschwert wurde, so war dies nicht im gleichen Grade in Bezug auf die Bekleidung der Fall, welche thatsächlich ungenügend war. Der Bericht des Hofkriegsrathes vom 19. December 1795 lässt allerdings vollkommen ausreichende Monturvorräthe voraussetzen, allein abgesehen davon, dass derselbe die Realisirung der für den Monturersatz getroffenen Vorkehrungen schliesslich doch wieder von dem richtigen Zuflusse der hiezu erforderlichen Geldmittel abhängig macht, erscheinen in den Nachweisen des Hofkriegsrathes auch jene Montursorten zu Gunsten des Calculs pro 1796 eingestellt, welche die Truppen schon im Laufe des Feldzuges 1795 auf Rechnung ihrer nächstjährigen Gebühr aushilfsweise erhalten hatten. Da aber diese Sorten eben nur in Folge eines aussergewöhnlichen Verbrauches beansprucht wurden und im Verlaufe des Feldzuges auch schon grösstentheils in einen Zustand gekommen waren, der ihren neuerlichen Ersatz während des Jahres 1796 zuversichtlich voraussehen liess, so kann der vom Hofkriegsrathe zugestandene Abgang nicht als so unwesentlich angenommen werden, wie er in dem erwähnten Berichte hingestellt wird.*)

Wie bei keinem anderen Zweige der Armeelieferungen wurden überdies gerade im Monturwesen die unglaublichsten Missbräuche ganz ungescheut betrieben, weil hier die Controle am leichtesten zu umgehen war. Die zu den Armeen abgeschickte Montur konnte der Quantität nach wohl mit den Ziffern der Lieferungscontracte übereinstimmen, ihre Qualität war aber sehr häufig eine solche, dass sie jeder Beschreibung spottete und den Gebrauch vollständig in Frage stellte: die Wäsche von gröbster Leinwand und »voll Span«, die Hosen so kurz, dass sie der Soldat nicht anziehen konnte; die Schuhe häufig nur mit Sohlen von Pappendeckel. (29.)

Nach all diesem war der Fortgang der Vorbereitungen für den Feldzug wohl kaum ein befriedigender zu nennen. Ohne den rastlosen Eifer, mit welchem Erzherzog Carl die kriegsmässige Ausrüstung nicht nur der Niederrhein-Armee, sondern der gesammten kaiserlichen Truppen in Deutschland betrieb, würde die Armee sicher nicht jenen Grad von Schlagfähigkeit erreicht haben, den sie zur Zeit der Eröffnung des Feldzuges besass. In seinen Bemühungen vom Kaiser nachhaltig unterstützt, konnte es dem Erherzoge wohl gelingen, den äusserst schwerfälligen Verwaltungsapparat des Hofkriegsrathes in etwas raschere Action zu setzen, unmöglich aber blieb es, in ebenso kurzer Frist die unzähligen Hindernisse aus dem Wege zu räumen, welche ein althergebrachtes, der Zeit nicht mehr angemessenes System aufgehäuft hatte. Nur äusserst langsam schritten die Rüstungsarbeiten vorwärts, ohne

*) Es fehlten 69.127 Tuchhosen, 267.228 Gattien, 337.337 Hemden, 49.014 Paar Gamaschen, 14.313 Paar Schuhe, ferner 30—40.000 Rokelors, deren Anschaffung angeordnet wurde. Erzherzogin Maria Christine spendete im Juni der Armee Erzherzog Carls nebst anderen Ausrüstungssorten 6600 Leibel für deutsche und ungarische Infanterie. (K. A.)

auch nur in einer Beziehung den gerechten Anforderungen voll entsprechen zu können. Denn auch dort, wo sich das beste Wollen mit ausdauerndster Thätigkeit verband, trat der Mangel an Geld und sonstigen materiellen Mitteln stets hemmend entgegen.

Wie schon früher erwähnt, zeigten sich die relativ günstigsten Resultate in der Truppenergänzung. Einschliesslich der Reichscontingente, Besatzungen und Extra-Corps hatte Mitte März die Oberrhein-Armee eine Stärke von 59.769 Mann Infanterie und 20.803 Reitern = 80.572 Mann (30); die Niederrhein-Armee zählte 73.481 Mann Infanterie und 16.966 Reiter = 90.447 Mann (31), so dass im Ganzen 133.250 Mann Infanterie, 37.769 Reiter = 171.019 Mann am Rhein versammelt waren, die noch durch Ergänzungen, Auswechslung der Gefangenen und das erst später eintreffende sächsische Corps weitere Verstärkungen zu erwarten hatten.

Die Sicherstellung der übrigen Kriegsbedürfnisse hielt hiemit nicht gleichen Schritt, sondern beruhte vorerst noch zum grossen Theile auf Anordnungen und Dispositionen, die der Hofkriegsrath in dieser Hinsicht getroffen hatte.

Kaiser Franz war indess unentwegt seinem ursprünglichen Gedanken treu geblieben. Der heisse Wunsch, den nun schon Jahre lang dauernden Krieg zu beenden, hatte immer festere Form angenommen und liess ihn die militärische Sachlage in einem Lichte erscheinen, welches seinen Plänen besser entsprach, als es mit der Wirklichkeit im Einklange stand. Er erachtete die vorhandenen Steitkräfte für hinreichend, um durch eine rasche, nachdrückliche Offensive zur Entscheidung zu gelangen, und baute hinsichtlich des noch Fehlenden, vielleicht mehr als dienlich war, auf die Zusicherungen des Hofkriegsrathes, die er durch persönliches Eingreifen um so eher verwirklicht zu sehen erwartete. Inwiefern ausserdem noch politische Rücksichten einwirkten, liegt ausserhalb des Rahmens dieser Darstellung; hier genügt es, die Thatsache anzuführen, dass dem Kaiser der Stand der Rüstungen Ende März genügend vorgeschritten erschien, um nun seinen endgiltigen Entschluss zu fassen, der im Grossen und Ganzen die Ausführung des Bellegarde'schen Operationsplanes vorschrieb.

Erzherzog Carl erhielt Befehl, sich zur Armee zu begeben, und zugleich in einer vom 4. April datirten vertraulichen Instruction die allgemeinen Grundzüge für sein Verhalten als Armee-Commandant. (Beilage III.)

Dieses in vieler Hinsicht höchst interessante Schriftstück geht eigentlich über den Umfang einer Instruction hinaus, denn es beginnt mit einer scharf pointirten Darstellung dessen, wie der Operationsplan entstanden und was hinsichtlich der Beschaffung der Mittel zu seiner Durchführung verfügt wurde. An erstere anknüpfend, erklärt der Kaiser, dass er sich für die Offensive entschieden habe, und ertheilt dem Erzherzoge den Auftrag, sogleich nach seiner Ankunft am Rhein FM. Wurmser von diesem Entschlusse Kenntniss zu geben und mit ihm die Mittel zu berathen, die beiden feindlichen Armeen zu schlagen und sodann Landau zu belagern. In dieser Hinsicht ist der Wille des Kaisers auf das Bestimmteste ausgesprochen und insbesondere der Einwurf nicht genügender Streitkräfte schon im Voraus durch die allerdings nicht durchwegs stichhältige Berufung auf die früheren Feldzüge zurückgewiesen, wo man auf der Strecke von Basel bis Dünkirchen mit einem doppelt so starken Gegner »glücklich Krieg führte«, während jetzt die Operationsfront um die Hälfte kürzer und der Feind »fast schwächer« sei als die coalirte Armee. In dieser Anschauung ist wohl auch der Grund zu suchen, warum jede weitere Verstärkung der Armee am Rhein entschieden abgelehnt wurde.

Indirect überträgt der Kaiser die Verantwortung für die genaue Durchführung der vorerwähnten Operationen auf seinen Bruder, indem er dem Erzherzoge im Falle von Meinungsverschiedenheiten bei den Berathungen die Entscheidung vorbehält. Nur die weiteren Operationen nach dem Falle Landaus sollten, abweichend von dem Plane Bellegardes, erst nach Massgabe der Verhältnisse festgesetzt werden.

Des Weiteren verlangt der Kaiser von Erzherzog Carl einen »standhaften« Bericht über die Zustände bei der Armee, strenge Handhabung der Disciplin, sowie die unnachsichtliche Forderung, dass Jedermann, welchen Ranges und Dienstesverhältnisses immer, gewissenhaft seine Pflicht erfülle, und sichert ihm die kräftigste Unterstützung in allen Fällen zu.

Mit besonderem Nachdrucke wird der eigentliche Kriegszweck: die endgiltige Entscheidung, betont und in lebhaften Farben der Ruhm geschildert, der den Erzherzog erwarte, wenn er diese durch einen glücklichen Feldzug herbeiführe; dagegen wird ihm ebenso ausdrücklich jede Einmischung in Sachen untersagt, die nicht strenge innerhalb des militärischen Wirkungskreises liegen, insbesondere in politische Angelegenheiten. Hinsichtlich dieser hält der Kaiser sogar die Drohung für nöthig, dass er Alles desavouiren werde, was der Erzherzog in dieser Richtung veranlassen würde.

»Was Deine Person anbelangt« — schliesst Kaiser Franz — »so verlasse ich mich auf Deine Rechtschaffenheit und guten Charakter, dass Du immer den wahren Grundsätzen eines Mannes von Ehre und rechtschaffenen Dieners des Staates getreu bleiben wirst.«

Am 5. April verliess Erzherzog Carl Wien, um sich zur Armee zu begeben, zugleich mit ihm FML. Bellegarde, der zum Adlatus des Erzherzogs ernannt worden war.

* * *

Während der Berathungen in Wien herrschte auch auf dem Kriegsschauplatze insoferne rege Thätigkeit, als man dort bemüht war, jene Vorkehrungen zu beenden, welche schon unmittelbar nach Abschluss des Waffenstillstandes begonnen und seitdem nach Massgabe der vorhandenen Mittel und des Einflusses der Witterung fortgesetzt worden waren.

Am Oberrhein wurde der Brückenkopf von Mannheim wieder in Stand gesetzt*) und weit gedehnte Inundationen in der Umgebung von Oggersheim und dem Reh-Bache entlang hergestellt, welche nur einen Zugang bei Mundenheim offen liessen, der unter dem Kreuzfeuer der Schanzen lag. Ausserdem zog sich eine Linie von Verhauen durch das Haardt-Gebirge bis jenseits Frankenstein. Manche dieser Arbeiten, insbesonders die letzteren, waren jedoch in der ersten Hälfte April noch nicht vollendet.

*) Bei Beginn der Operationen noch unvollendet.

Am Niederrhein concentrirte sich die fortificatorische Thätigkeit auf die Hechtsheimer Schanzen bei Mainz. Es waren diese eigentlich ein verschanztes Lager für 15.000 Mann, welches 5 unter sich verbundene Redouten mit vorgelegten Fleschen umgaben. Zur Besetzung der Werke waren 3400 Mann und 53 Geschütze erforderlich. Gegen einen feindlichen Angriff gut situirt, sicherten sie den Besitz der wichtigsten Punkte um Mainz am linken Ufer, waren jedoch zu weit von der Festung entfernt, um unter allen Umständen mit gutem Erfolg behauptet werden zu können. Im Falle die k. k. Truppen genöthigt würden, ganz an und über den Main zurückzugehen, mussten auch die Hechtsheimer Schanzen geräumt, nach Umständen sogar rasirt werden. (34.)

B. Auf Seite Frankreichs.

Das Jahr 1796 fand Frankreich in mehr als einer Beziehung bedeutend verändert. An Stelle des National-Convents war seit 4. November des Vorjahres das Directorium getreten, in welchem Carnot dem Kriegs-Departement vorstand. Auch in der Armee, welche den Verbündeten gegenüber im Felde lag, vollzog sich gleich anfangs 1796 ein bedeutsamer Personenwechsel. Pichegru, den man schon 1795 des Einverständnisses mit der Coalition verdächtigte, hatte in dem abgelaufenen Feldzuge durch sein langsames und ungeschicktes Manövriren die gegen ihn gerichtete Stimmung noch verschärft, und man beschuldigte ihn offen, Jourdan keine Hilfe geleistet zu haben, während er selbst sich habe schlagen lassen. (18.) In Folge dessen forderte Pichegru wiederholt seine Entlassung, die endlich auf Carnots Rath angenommen und Moreau zum Commandanten der Rhein-Mosel-Armee ernannt wurde. Was die Fortsetzung des Krieges betraf, so huldigte — wenn auch aus ganz verschiedenen Gründen — die französische Regierung ebenso eifrig dem Gedanken einer allgemeinen Offensive, wie dies auf Seite ihrer Gegner der Fall war. Den Plan hiezu hatte Carnot entworfen und fasste ihn in den Worten zusammen: »Accabler l'empereur, affranchir l'Italie.« (19.) Er betrachtete den Krieg in Deutschland und jenen in Italien als eine einzige, gegen das Haus Habsburg gerichtete Action, deren gemeinsames Ziel Wien war. »L'empire d'Autriche, cette forteresse de l'ancien régime, devais être assailli à la fois par l'Allemagne et par la Lombardie; trois grandes armées n'en formant qu'une seule, ayant pour aile droite l'armée de l'Italie, pour aile gauche celle de Sambre-et-Meuse, pour centre celle du Rhin, allaient marcher simultanément vers un même but, Vienne, la capitale de la coalition.« (20.)

Innerhalb dieses ebenso kühnen, als grossartigen Gedankens lag die Aufgabe der gegen Deutschland aufgestellten Armee darin, dass die Sambre-Maas-Armee bei Wiederbeginn der Feindseligkeiten über den Rhein setzen und dort möglichst viele Kräfte des Gegners auf sich ziehen sollte, damit inzwischen die Rhein-Mosel-Armee den Oberrhein überschreiten und, rasch vorwärts dringend, die Rückzugslinie der Verbündeten gewinnen könne. Nach einem entscheidenden Erfolge hatten beide Armeen ihre Vereinigung anzustreben und den geschlagenen Gegner im Sinne des allgemeinen Planes rastlos zu verfolgen.

Ueber den Zeitpunkt der Ausführung wurde vorläufig nichts bestimmt, da dies von Rücksichten bedingt war, die ausserhalb der Vorausberechnung lagen. Carnot jedoch, über die Verhältnisse seiner Gegner gut unterrichtet und jeden ihrer Schritte mit Aufmerksamkeit verfolgend, erkannte frühzeitig deren Absichten, sowie ihm auch der langsame Fortgang ihrer Rüstungen nicht verborgen blieb. Schon am 29. März, also zwei Monate vor dem wirklichen Beginne der Operationen, forderte er Jourdan und am 10. April Moreau auf, den Moment zu benützen, wo sich der Feind noch in wenig günstiger Verfassung befand, um mit Energie loszuschlagen und den Krieg auf das rechte Rheinufer zu verlegen. (21.) Der Operationsplan, den er in diesen Schreiben entwickelte, enthielt folgende Bestimmungen: Jourdan habe mit dem Gros der Sambre-Maas-Armee bei Düsseldorf, eventuell auch bei Neuwied, den Rhein zu überschreiten, an die Lahn vorzudringen und dadurch die am linken Rheinufer befindlichen feindlichen Truppen zu nöthigen, auf das rechte zurückzugehen. Um den Gegner abzuhalten, während des Uferwechsels und

Vormarsches der Sambre-Maas-Armee gegen den Hunsrück vorzugehen und Jourdan in den Rücken zu kommen, sei ein Corps von 25.000 Mann unter Marceau am linken Ufer parallel mit dem Rhein derart aufzustellen, dass es Trier und die Saar decke und zugleich die Verbindung mit der Rhein-Mosel-Armee erhalte; ausserdem wäre noch ein starker Cordon an der Nahe zu postiren. Während dieser Operation sichert Moreau durch Offensiv-Demonstrationen das Corps Marceau's gegen feindliche Angriffe seitens der Oberrhein-Armee.

Sobald dann Jourdan die Verbündeten zur Räumung des linken Ufers gezwungen haben wird, marschirt Marceau hinter der Front der Rhein-Mosel-Armee an den Oberrhein, den er zwischen Strassburg und Hüningen übersetzt. Jeder ernste Zusammenstoss mit dem Gegner am linken Ufer war ausdrücklich untersagt. (22.)

Dieser Plan fand jedoch nicht den Beifall der beiden Generale, welche ihn ausführen sollten; Moreau, der am 23. April das Commando übernommen hatte, einigte sich in einer Zusammenkunft zu Trier am 7. Mai mit Jourdan über gewisse Abänderungen, welche sie am selben Tage dem Directorium zur Prüfung einsandten. Sie führten aus, dass die am linken Ufer zurückzulassenden Detachements die Sambre-Maas-Armee bis auf 40.000 Mann schwächen würden, so dass durch die im Plane Carnots vorgezeichneten Operationen eigentlich das linke Rheinufer entblösst und Jourdan mit dem Gros seiner Armee am rechten der Uebermacht des Feindes preisgegeben würde. Befände sich nun im kritischen Momente Marceau bereits auf dem Marsche nach dem Oberrhein, so würde auch Moreau, da er durch den Strom vom Kampfplatze getrennt sei, die Vernichtung Jourdans nicht hindern können.

Beide Generale erachteten es als richtiger — weil natürlicher — den Oberrhein durch die im Elsass schon befindlichen Truppen, und zwar unter Führung eines mit den Strom- und Terrainverhältnissen vertrauten Generals übersetzen zu lassen, statt 20 Tage zu verlieren, bis die Truppen Marceaus an Ort und Stelle kämen, um dann den Uferwechsel unter einem General auszuführen, der auf diesem Theile des Kriegstheaters gar keine Erfahrung hatte. Ferner schlugen sie vor, alle an der Nahe nicht geradezu unentbehrlichen Truppen der Sambre-Maas-Armee zu der Operation gegen die Lahn zu verwenden, da auf diese Art Jourdan in die Lage käme, selbst die versammelten Kräfte des Gegners am rechten Ufer zu schlagen oder Erzherzog Carl doch so lange festzuhalten, bis Moreau den Oberrhein übersetzt haben würde.

Für den Fall, als die Verbündeten den Waffenstillstand kündigen und ihrerseits die Offensive ergreifen sollten, erklärten es die Generale für unbedingt nothwendig, dass der minder bedrohte Theil der französischen Armeen dem stärker angegriffenen zu Hilfe eile. Aus diesem Grunde erbaten sie sich eine grössere Actionsfreiheit und vor Allem die Ermächtigung, nöthigenfalls auch am linken Ufer eine Schlacht annehmen zu dürfen. (23.)

Zur Zeit jedoch waren die französischen Armeen am Rhein — wie Jourdan und Moreau dies ausdrücklich hervorhoben — nicht entfernt in der Verfassung, den Feldzug eröffnen zu können. Seit dem Waffenstillstande lagen sie in den Ortschaften zerstreut und lebten vom Lande, als dem einzigen Mittel, ihre Subsistenz zu ermöglichen, denn im ganzen Bereiche Beider gab es keine Magazine und in den Cassen nur werthlose Assignaten. Im Ganzen schlecht gekleidet und ausgerüstet, fehlte es den Truppen ebenso sehr an Proviant- als Munitionsvorräthen, der Artillerie an Pferden und Knechten, die Cavallerie war kläglich beritten. Der Sold für Officiere und Mannschaft, seit Langem rückständig, genügte nicht für die einfachste Nothdurft.

Das Directorium hatte in den wenigen Monaten, seit es am Ruder war, weder Zeit noch Macht gehabt, eine neue Aushebung zu veranstalten, um die grossen Lücken auszufüllen, welche die Verluste des letzten Feldzuges in die Reihen der Armee gerissen hatten. Ueberdies übernahm es aus der letzten Zeit des Convents ein Decret, welchem nach die Cadres der Armee bedeutend herabgesetzt und nicht weniger als 23.000 Officiere aller Grade entlassen werden sollten. Finanzielle Bedrängniss, wie auch die längst erkannte Nothwendigkeit, die Armee von einer Ueberzahl für den Militärdienst entweder gar nicht oder nur höchst mittelmässig geeigneter Officiere zu entlasten, mochten diese Massregel rechtfertigen, für die neue Regierung aber, welche dieselbe unter dem Drucke kriegerischen Missgeschickes ausführen sollte, wurde sie zu einer neuen Quelle peinlichster Verlegenheit. Diese wurde noch dadurch erhöht, dass man den Beschluss fasste, in jeder Waffengattung nur die rangsältesten Officiere beizubehalten, die jüngeren aber abzudanken. Hiedurch würden fast alle Commandostellen meist in die Hände alter, allerdings ganz ehrenwerther, aber den Forderungen der Zeit nicht mehr gewachsener Empiriker gelegt worden sein, während die jungen Generale, die Hoffnung Frankreichs, von der Armee entfernt worden wären. Es genügt, anzuführen, dass Namen wie Hoche, Joubert, Marceau, Moreau, Bonaparte sich auf der Liste der zu Entlassenden befanden. Die neue Regierung verwarf eine so schädliche Massregel und setzte an deren Stelle die persönliche Auswahl, wodurch eine grosse Zahl vorzüglicher Officiere dem Lande erhalten blieb, allerdings um den Preis der Feindschaft der abgedankten Mittelmässigen.

In weiterer Folge wurden je zwei Halbbrigaden in Eine vereinigt und hiedurch wohl die neuformirten Halbbrigaden dem Sollstande nahe gebracht, der wirkliche Stand der Armee aber nicht vermehrt. Bei der Cavallerie beschränkte man sich darauf, jedem Regimente 150—200, zumeist wenig taugliche, Pferde zuzuweisen.

Ohne Geld und Credit war das Directorium ausser Stand, der allgemeinen Noth abzuhelfen. Es that das Aeusserste, indem es eine geringe Anzahl Hemden, Schuhe und Stiefel den Armeen zusandte, um damit wenigstens dem dringendsten Bedarfe zu genügen. In allem Uebrigen war die Armee auf sich selbst, d. h. auf die Landstriche angewiesen, die sie eben besetzt hielt. Diese, sowie die benachbarten Departements hatten thatsächlich die Armeen über den Winter erhalten, waren aber nun so ausgesogen, dass es nahezu unmöglich schien, dort zu operiren, ohne die Hilfsquellen der künftigen Ernte abzuwarten.

Auf diese Art ist es erklärlich, dass die Generale beider Armeen mit Sorge der Aufkündigung des Waffenstillstandes

3*

entgegensahen, während die Regierung in Paris, von den Vorstellungen Bonapartes bestürmt, sie drängte, die Feindseligkeiten zu beginnen. Gleichwohl musste das Directorium den Einwendungen Jourdans und Moreaus wenigstens momentan Rechnung tragen, da diese einerseits gänzlich ausser Stande waren, den an sie gestellten Anforderungen zu genügen, andererseits es aber auch keinen directen Nachtheil brachte, zuzuwarten, so lange Oesterreich nicht nach Italien detachirte. (25.)

Es könnte auffällig erscheinen, dass die französische Regierung bei so unleugbar beschränkten Mitteln dennoch mit solchem Nachdrucke auf der baldigen Eröffnung der Feindseligkeiten bestand, wenn nicht Carnots Memoiren hiefür die Erklärung enthielten. (32.) Nach diesen schätzte man in Paris die Gesammtstärke der Verbündeten zu Beginn des Feldzuges einschliesslich der Besatzungen auf nur 100.000 Mann, und da liess sich wohl ein rascher Erfolg hoffen. Bei den sonst vortrefflichen Nachrichten, welche die Franzosen über ihre Gegner zu erhalten wussten, muss ein so bedeutender Irrthum um so mehr befremden. Gleichwohl aber hielt das Directorium ungeachtet der gegentheiligen Ansichten seiner Feldherren am Rhein hartnäckig an dieser Voraussetzung fest und nahm sie als Basis auch aller späteren Instructionen, denen zum nicht geringen Theile die Schuld an dem ungünstigen Verlaufe des Feldzuges zugemessen werden muss. (33.)

So wie ihre Gegner waren auch die Franzosen nicht lässig, den Kriegsschauplatz durch technische Mittel zu verstärken. Die Stipulationen des Waffenstillstandes hatten ihnen den Rheinübergangspunkt Düsseldorf in den Händen gelassen, der ihnen gestattete, festen Fuss am rechten Ufer zu fassen. Im Verlaufe des Winters waren die Fortificationen dieses Platzes vollkommen in Stand gesetzt und derselbe ausserdem auf der Ostseite mit einem verschanzten Lager umgeben worden, welches zahlreiche Geschütze, meist schweren Calibers, vertheidigten.

Gegenüber Neuwied wurde die etwas südöstlich der Festung gelegene Rheininsel Urmitz, welche bei dem Waffenstillstande gleichfalls im Besitze Frankreichs geblieben war, stark verschanzt und durch eine Schiffbrücke mit dem linken Ufer verbunden.

Im Rücken ihrer Operationsfront sicherten die Franzosen die Uebergänge über die Mosel bei Mühlheim, Trarbach, Treis und Alken durch starke Fortificationen, desgleichen auch die Höhen, welche die Zugänge nach Coblenz, Trarbach und Trier beherrschten.

Ueberdies waren mehrere Tausend Mann mit Wegherstellungen in der wahrscheinlichen Richtung der künftigen Operationen, vornehmlich zwischen dem Rhein und der Mosel, beschäftigt. (35.)

Die Verhältnisse der kriegführenden Theile, wie sie sich im Stadium der Vorbereitungen darstellten, zeigten eine auffallende Aehnlichkeit. Hier wie dort tritt unverkennbar die Erschöpfung zu Tage, welche der lange Krieg, und bei den Franzosen auch noch die inneren Wirren, im Gefolge gehabt hatten. Nichtsdestoweniger denkt man sowohl in Wien wie in Paris an nichts als an den Angriff, mit welchem man dem Gegner zuvorkommen und ihn zum Frieden zwingen will. Während aber die rückhaltloseste Offensive beiderseits die Entschlüsse der Regierungen leitet, sieht man die Feldherren in weit weniger aggressiver Stimmung. Mehr oder minder verhüllt setzen sie sich in Opposition gegen die Strebungen ihrer Staatsoberhäupter, nicht weil sie an dem Erfolge zweifeln, sondern an den Mitteln, von welchen dieser bedingt wird.

Bis da lässt sich keine Verschiedenheit der beiderseitigen Lage im Allgemeinen auffinden; sie tritt erst dort hervor, wo es sich um die Besiegung der materiellen Schwierigkeiten handelt, die dem geplanten Unternehmen entgegenstehen. Zweifellos ist der grössere Nothstand auf Seite Frankreichs, aber während Kaiser Franz durch tausend Rücksichten beengt ist und seine Truppen Mangel leiden, um nur ja nicht einzelne Theile des römisch-deutschen Reiches, die im Bereiche des Kriegsschauplatzes liegen, etwa zu hart zu treffen, nimmt die republikanische Armee rücksichtslos Alles, was sie findet und noch weit mehr als sie braucht. Dort, wo die kaiserlichen Truppen kaum noch unter Opfern und Entbehrungen zu subsistiren vermögen, finden die französischen nicht nur zu leben, sondern oft sogar Ueberfluss, der ihnen ermöglicht, Millionen an Geld und Geldeswerth aus den besetzten Ländern zu ziehen. Der Krieg ernährt bei ihnen den Krieg. An Stelle einer zopfigen Administration treten ausgedehnte Requisitionen, die kaum noch diesen Namen beanspruchen können, während Contributionen, welche die hievon Betroffenen bis aufs Mark aussaugen, ihre Cassen füllen und sie die Folgen einer unerhörten Finanzwirthschaft weniger empfinden lassen.

Es war die eiserne Nothwendigkeit, welche die Republik zu dieser Art der Kriegführung zwang und ihr eine andere ganz unmöglich machte. Die Offensive, das Verlegen des Kriegsschauplatzes in ertragreiches feindliches Gebiet, musste das erste Ziel der Operationen ihrer Heere sein. Dieser Gegensätze in der Beschaffung der Kriegsmittel ist aber auch zu gedenken, wenn man die Erfolge gegen einander abmisst.

Ereignisse am Kriegsschauplatze im April und Mai.

Die langsamen Fortschritte der Kriegsvorbereitungen auf beiden Seiten liessen jene Pläne nicht zur Reife gedeihen, die man in Wien sowohl wie in Paris mit gleich grossem Eifer verfolgte. Weder die Verbündeten noch die Franzosen konnten im April auf dem Kriegsschauplatze zur That schreiten. Beide blieben fast unverändert in den Stellungen, die sie seit dem Waffenstillstande eingenommen hatten, nur hoben sich nun allmälig jene Formationen schärfer ab, aus denen in nächster Zeit zu den Operationen übergegangen werden sollte.

Die kaiserlichen Truppen lagen zwar noch in den Winterquartieren, wurden aber gegen Ende März successive innerhalb ihrer taktischen Eintheilung enger cantonirt oder im Sinne des Operationsplanes theilweise auch neu gruppirt. Dies, sowie das ebenfalls in diesem Monate stattgehabte »Generals-Avancement« und die hiemit nach den strengen Satzungen der Rangsordnung verbundene Neueintheilung der Generalität hatte eine so vielfache Verschiebung einzelner Truppentheile, einen so lebhaften Wechsel in den höheren Chargen im Gefolge, dass es thatsächlich unmöglich ist, eine detaillirte Ordre de bataille anzugeben, deren Richtigkeit sich auch nur für eine kurze Zeit aufrecht erhalten liesse. Erst gegen Ende Mai trat in dieser Beziehung eine grössere Stabilität ein, ohne jedoch selbst auch dann zu einer bleibenden festen Gliederung zu führen. Bis zu diesem Zeitpunkte reicht es jedoch zur richtigen Beurtheilung vollkommen aus, die Vertheilung der Streitkräfte in grossen Gruppen anzugeben.

Die Oberrhein-Armee theilte sich in zwei nach den Operationszielen scharf geschiedene Theile: (36) die Operations-Armee und die »Rhein-Defension«. — Erstere, der rechte Flügel der gesammten Armee am Oberrhein, umfasste unter dem Commando des FZM. Allvintzi*) (nach ihm FML. Meszáros) die zur Offensiv-Operation am linken Ufer bestimmten Truppen, im Ganzen 33¹/₆ Bataillone, 72 Compagnien und 92 Escadronen, mit dem Hauptquartiere in Kaiserslautern.

Hievon standen, ausser den Besatzungen etc.:

			Bataill.	Compagn.	Escadr.		
FML.	Meszáros	mit	4	2	6	in	Kaiserslautern
»	Petrasch	»	6¹/₆	—	—	»	Deidesheim
»	Gvosdanovich	»	6	—	—	»	Mutterstadt
»	Hotze	»	—	24	10	»	Neustadt
»	Sztáray	»	11	—	—	»	Mannheim
»	Davidovich	»	4	6	12	»	Graben
»	Kospoth	»	—	—	24	»	Schwetzingen
»	Riesch	»	—	—	24	»	Gross-Cartach.

Die »Rhein-Defension«, deren Aufgabe — wie schon der Name besagt — die Sicherung des Rhein war, bildete mit 16¹/₆ Bataillonen, 22 Compagnien, 34 Escadronen, dem Contingente des schwäbischen Kreises und dem Corps des Prinzen Condé den linken Flügel der Armee, welcher unter Commando FZM. Latours eine Cordonstellung längs des Rhein bezogen hatte, die sich von Basel bis Rastatt ausdehnte, und zwar cantonirte: FML. Frelich**) mit 3 Bataillonen,

*) Wurde am 9. April zum commandirenden General in Galizien ernannt.

**) Am 17. April übernahm FML. Frelich, als rangsälter, das Commando der Truppen in Vorder-Oesterreich, FML. Fürst zu Fürstenberg jenes der Truppen bei Rastatt, beziehungsweise zwischen der Murg und Rench.

10 Compagnien, 6 Escadronen in Rastatt; FML. Prinz Lothringen mit 4 Bataillonen, 6 Compagnien, 6 Escadronen in Endingen; FML. Fürst zu Fürstenberg mit 9⁴/₆ Bataillonen, 6 Compagnien, 22 Escadronen in Freiburg. Ausser diesen stand das schwäbische Contingent bei Offenburg, das Corps des Prinzen Condé bei Emmendingen.

Die Niederrhein-Armee, welche bis zur Ankunft Erzherzog Carls FZM. Wartensleben commandirte, hatte folgende Eintheilung: (37)

FZM. Herzog Ferdinand zu Württemberg stand mit einem detachirten Corps von 6⁴/₆ Bataillonen, 25 Compagnien und 33 Escadronen an der Lahn und Sieg. Das Gros der Armee dehnte sich in einem weiten Bogen von der Nidda westlich über Homburg, Bingen, Kreuznach bis gegen Kaiserslautern aus, und zwar:

	Bataill.	Compagn.	Escadr.
1. Avantgarde (Camp–Laub–Lorch, Stromberg, Boxheim)			
GM. Fürst Hohenlohe in Stromberg .	2⁴/₆	15	9
2. Avantgarde (Winterburg, Waldböckelheim, Sobernheim)			
FML. Graf Mercandin in Sobernheim	—	18	10
3. Avantgarde (Meisenheim, Lauterecken, Ulmel)			
FML. Baron Kray in Meisenheim . .	1	19	16
4. Avantgarde (Winnweiler, Ramstein-Landstuhl)			
FML. v. Boros in Ramstein	6	12	6
1. Treffen (Homburg, Bingen-Kreuznach, Kirchheimbolanden)			
FML. Staader in Bingen	16⁴/₆	—	14
2. Treffen (Hofheim, Alzey-Worms, Pfeddersheim)			
FML. Baron Riese in Kreuznach . .	12	—	12
Corps de reserve (Frankfurt, Offenbach—Gross-Gerau)			

	Bataill.	Compagn.	Escadr.
FML. Baron Werneck in Frankfurt .	7	—	8
In Mainz: FML. Neu	13	11	2
In Ehrenbreitstein: Oberst Sechtern	3²/₆	5	—

Beide Armeen zusammen waren mit 354 Pontons ausgerüstet, und den Rhein sicherte unter Commando des Oberstlieutenants Williams vom General-Quartiermeisterstabe eine Flotille armirter »Chaluppen«.*)

Ende März betrug der Gefechtsstand der Oberrhein-Armee rund 60.000 Mann Infanterie und 22.000 Reiter, jener der Niederrhein-Armee 70.000 Mann Infanterie und 20.000 Reiter, so dass im Ganzen 130.000 Mann Infanterie und 42.000 Reiter oder 172.000 Mann an beiden Ufern des Rhein versammelt waren.

Ueber die Stärke der französischen Armee fehlen für diesen Zeitabschnitt die Nachweise. Nimmt man dieselbe schon jetzt in der Höhe an, wie sie französische Quellen für die Zeit zu Ende Mai oder anfangs Juni bestimmen, nämlich mit 137.869 Mann Infanterie und 19.515 Mann Cavallerie, so ergibt sich für die Verbündeten eine Uebermacht von ungefähr 15.000 Mann. Der trockenen Ziffer nach fiele dieser Kraftüberschuss schwer ins Gewicht und hätte unter Umständen sogar von entscheidendem Einflusse sein können. Anders aber gestaltet sich das Bild, wenn man zunächst erwägt, dass die Ueberlegenheit der Verbündeten ausschliesslich nur in Reiterei

*) Genaue Angaben über diese Flotille sind in den Acten des Feldzuges 1796 nicht enthalten. Ihre Bestimmung war die Besorgung der Strompolizei, Verhinderung feindlicher Uebergänge und die Mitwirkung bei Unternehmungen im unmittelbaren Bereiche der Ufer. Zu letzterem Zwecke wurden auch kleinere Truppenabtheilungen auf den Chaluppen eingeschifft, während diese sowohl von Bord aus, als auch durch Ausschiffung ihrer Geschütze das Unternehmen der Truppen am Lande unterstützten. Verwendungen dieser Art kamen im Laufe des Feldzuges wiederholt vor, jedoch immer nur in Verbindung mit leichten Truppen oder kleineren Detachements. Die Bemannung dieser Fahrzeuge bestand aus 2 Capitänen (Majoren), 3 Officieren und 189 Chargen und Matrosen von der Kriegs-Marine, dann 4 Officieren des General-Quartiermeisterstabes, 109 Tschaikisten sammt Chargen und 28 Artilleristen. Zu Beginn der Operationen war die Stabsstation bei Dornigheim am Rhein.

bestand, während bei der entscheidenden Waffe: der Infanterie, die Franzosen eine Ueberzahl ausweisen, die fast der Stärke einer ihrer Divisionen gleichkommt. Noch weniger vortheilhaft für die Verbündeten wird aber der Vergleich, wenn man die lebenden Streitmittel mit den Eigenthümlichkeiten des Landes in Verbindung bringt, auf welchem jene zu wirken bestimmt waren. Während der französische rechte Flügel an die neutrale Schweiz gestützt, durch eine doppelte Reihe starker Festungen und zweckmässig angelegter Forts in den Vogesen gedeckt war, sicherten Luxemburg, Thionville, Saarlouis und Metz die Mitte. Der linke Flügel aber fand an den holländischen Festungen, sowie an Maastricht und Jülich nicht nur ausgiebigen Schutz, sondern besass an Düsseldorf einen höchst vortheilhaften Brückenkopf, der den Reinübergang ausserordentlich begünstigte.

Die österreichische Stellung dagegen bekundete schon in dem durch nichts gestützten Haken, welchen der rechte Flügel zu bilden genöthigt war, ihre Schwäche. Der linke fand allerdings die gleiche Anlehnung an die neutrale Schweiz, wie der rechte des Gegners, allein von dort bis Philippsburg hatte die langgedehnte Front keinen andern Schutz als den Rhein, der aber eben in dieser Strecke viele günstige Uebergangsstellen bot. Zudem war in den früheren Jahren weder dafür gesorgt worden, diesen Nachtheil durch zweckmässig angelegte Fortificationen abzuschwächen, noch auch sich Replipunkte zu schaffen, wozu im rückwärtigen Terrain alle Bedingungen vorhanden gewesen wären. In Folge dieser Unterlassungen befand sich weder am Rhein, noch in dem ganzen hinter diesem gelegenen Schwaben auch nur ein einziger Punkt im Vertheidigungszustande, um die wichtigsten Zugänge ins Herz der süddeutschen Lande zu sichern.

Die Mitte der Stellung war zwar durch die Festungen Philippsburg, Mannheim, Mainz und Ehrenbreitstein besser verwahrt, allein abgesehen davon, dass mit Ausnahme von Mainz auch für diese Plätze von Seite der betreffenden Regierungen und des deutschen Reiches äusserst wenig geschehen war, würde selbst eine vollständige Unangreifbarkeit dieses Theiles der Front nicht die Schwäche der Flügelpositionen haben wett machen können. Immer lag es in der Macht des Gegners, sich auf einen oder den anderen der Flügel zu werfen und dadurch die werthvollsten Verbindungen der österreichischen Operationsfront mit ihrer Basis in einer Weise zu bedrohen, welche jede Offensivoperation des Centrums lähmen musste.

Unter diesen Verhältnissen konnte also von der numerischen Ueberlegenheit der kaiserlichen Armee am Rhein, ein massgebender Einfluss auf die Operationen nicht erwartet werden; die Initiative blieb thatsächlich doch in der Hand des Gegners.

Als Erzherzog Carl am 11. April im Hauptquartiere zu Mainz eintraf und zwei Tage später das Armeecommando übernahm, war seine erste Sorge, im Sinne der kaiserlichen Instruction, einverständlich mit FM. Wurmser, der zu diesem Zwecke nach Mainz berufen wurde, die Details jener Offensiv-Operationen festzustellen, mit welchen der Feldzug eröffnet werden sollte. In einem Kriegsrathe, dem auch FZM. Wartensleben, FML. Bellegarde, dann die Oberste Fleischer und Schmidt des General-Quartiermeisterstabes beiwohnten, wurde beschlossen, dass die Niederrhein-Armee den Angriff zu beginnen, FM. Wurmser hingegen denselben zu decken und sich im Allgemeinen nur defensiv zu verhalten habe. Erst wenn dieser erste Theil der Operationen glücklich beendet wäre, hätten beide Armeen vereint den Feind aus den Vogesen zu vertreiben und dann Landau zu belagern.

Nach diesem Grundgedanken hätte Erzherzog Carl zunächst 25.000 Mann an der Sieg und Lahn aufzustellen, um dem Feind das Vorbrechen aus Düsseldorf zu verwehren. Eine Schiffbrücke über den Rhein sollte dieses Corps in Verbindung mit dem linken Ufer erhalten, um je nach der Stärke des Gegners bei Düsseldorf entweder von der Hauptarmee unterstützt zu werden oder andernfalls Truppen an diese abzugeben. Die Garnisonen für die Festungen Mainz, Ehrenbreitstein, Mannheim und Philippsburg waren auf ungefähr 10.000 Mann angeschlagen, während 20.000 den Rhein von Basel bis Philippsburg zu besetzen hatten. Diesem Voranschlage nach erübrigten ungefähr 127.000 Mann für Offensiv-Operationen, und zwar etwa 65.000 Mann für die Nieder- und 62.000 Mann für die Oberrhein-Armee, deren Verwendung wie folgt festgestellt wurde:

Bei Eröffnung der Feindseligkeiten concentrirt sich die Niederrhein-Armee an der Alsenz, überschreitet die Nahe und wirft den Feind vom Hunsrück über die Mosel.

Währenddem verlässt die Oberrhein-Armee den schwer zu behauptenden Speier-Bach und versammelt sich hinter dem Reh-Bache. Sie lässt 8—10.000 Mann in den Schanzen vor Mannheim und besetzt mit dem Reste das Gebirge von Neustadt bis Alsenborn, indess ein kleines Corps von einigen tausend Mann über St. Wendel vorgeschoben wird, um den linken Flügel Erzherzog Carls zu decken. Sobald dieser den Feind über die Mosel geworfen, lässt er an diesem Flusse und zur Besetzung des Hunsrück 30.000 Mann zurück, geht mit 33.000 über St. Wendel gegen die Saar vor und vertreibt den Gegner vom rechten Ufer der Blies sowohl, als auch aus den Positionen von Bliescastel und Hornbach. Gleichzeitig rückt FM. Wurmser gegen die Queich und säubert das dortige Gebirge vom Feinde.

Dieser Vormarsch bis Hornbach und Annweiler wird den Feind zum Aufgeben seiner Position bei Pirmasens nöthigen, welche sodann mit 18.000 Mann zu besetzen ist, indess ein Corps von 13.000 Mann die Deckung der rechten Flanke und Observirung der Saar besorgt. Vereint wenden sich dann beide Armeen gegen die Weissenburger Linien und nehmen sie mittelst einer Umgehung durch das Gebirge, indem 62.000 Mann der Niederrhein-Armee von Hornbach aus vorrücken, FM. Wurmser aber 10.000 Mann zur Beobachtung von Landau zurücklässt und dann den Weg über Pirmasens einschlägt. Gelingt diese Unternehmung, so marschiren 20.000 Mann auf Landau, um im Vereine mit den schon dort befindlichen 10.000 Mann die Festung zu berennen und die Belagerung zu beginnen. Zu deren Deckung werden 13.000 Mann bei Schweigen und Bissingen, 18.000 bei Pirmasens und 42.000 im Haardtgebirge und bis an den Rhein aufgestellt.

Die weiteren Operationen werden sich dann aus den Verhältnissen von selbst bestimmen lassen.

Soweit die Beschlüsse des Kriegsrathes; summirt man aber die Stärkeangaben für die einzelnen Corps, wie sie der Entwurf anführt, so ergibt dies eine Ziffer, die noch bei Weitem nicht die Höhe jener erreicht, die FML. Bellegarde in seinem Operationsplane als das Minimum der nothwendigen Streitkräfte bezeichnete. Auch bei den Armeen gab man sich keiner Täuschung über die Knappheit der Mittel hin, mit welchen Operationen von so grossem Umfange und voraussichtlich entscheidender Wichtigkeit ausgeführt werden sollen. (38.) Dessenungeachtet aber waren beide Befehlshaber überzeugt, dass Muth und Entschlossenheit die Mängel vollständig ausgleichen würden und die Operationen sofort begonnen werden könnten, wenn die zwei unentbehrlichsten Kriegserfordernisse: Geld und Proviant, an denen es noch immer mangelte, beigeschafft werden würden.*)

Inzwischen erfolgten jene Dispositionen, welche die Ausführung des vereinbarten Operationsplanes vorbereiten konnten. Bei der Oberrhein-Armee betraf dies hauptsächlich die »Rhein-Defension«, welche während der folgenden Bewegungen dem Feinde den Rheinübergang verwehren und ihn hindern sollte, die wichtigste und kürzeste Linie ins Donau-Thal in Flanke und Rücken der operirenden Armee zu gewinnen. — Unglücklicherweise bildeten hiebei nicht die obwaltenden Verhältnisse die Grundlage, sondern man begnügte sich mit einer genauen Nachahmung jener Truppenvertheilung, wie sie FZM. Allvintzi im Vorjahre zwischen Hüningen und dem Neckar angeordnet hatte.

Es wurde demnach die Disposition vom 11. Mai 1795 einfach republicirt und als genaue Richtschnur aufgestellt. Sie beruhte auf dem Grundsatze, die Truppen entlang der ganzen Rheinstrecke zu vertheilen, um auf allen Punkten zur Vertheidigung bereit zu sein, wo ein Uebergang als möglich gedacht werden konnte.

In letzterer Hinsicht unterschied man im Allgemeinen drei Abschnitte: Basel-Elz, Elz-Murg, Murg-Neckar, für deren

*) » . . . Kurz, es fehlt uns an nichts mehr als an Geld und Lebensmitteln, um im Stande zu sein, den Feldzug zu eröffnen.« (Erzherzog Carl an den Kaiser; Mainz, 20. April. E. A. A.)

Besetzung nachstehende Anordnung in Geltung war: Die Truppen jedes Abschnittes vereinigen sich gegen den bedrohten Punkt und halten denselben bis zum Eintreffen der Verstärkungen von den Nachbarabschnitten. Im Falle eines Rückzuges zieht sich die Besetzungstruppe des betreffenden Abschnittes in die hinter ihrer Front liegenden Gebirgspässe, welche sie so lange vertheidigt, bis andere Dispositionen getroffen werden, wobei aber stets die Verbindung nach rechts und links unterhalten werden muss. Die im Breisgau aufgestellten Truppen des Prinzen von Condé und das österreichische Corps unter FML. Frelich werden, sobald der Feind an irgend einem Punkte den Uebergang bewirkt, als separirte, selbstständige Corps betrachtet, die unter der einverständlichen Leitung ihrer Commandanten das Nöthige zu veranlassen haben.

Dies war im Allgemeinen der Inhalt der sehr weitläufigen Disposition, welche FZM. Latour nur insofern änderte, als er bestimmte, dass auf die erste Nachricht von einem Uebergangsversuche der Franzosen bei Kehl sich sofort im Raume Stollhofen — Lichtenau — Scherzheim — Gamshurst — Sandweier (unterhalb Strassburg) ein Corps von $4^2/_3$ Bataillonen und 6 Divisionen zu versammeln habe, um im Vereine mit den schwäbischen Truppen die Absicht des Feindes zu vereiteln. Im Falle aber die Truppen des schwäbischen Kreises bereits gezwungen worden sein sollten, Kehl ganz zu verlassen, so hätte das erwähnte Corps im Vereine mit dem Prinzen Condé, der über Altenheim heranzukommen hat, Alles aufzubieten, um diesen wichtigen Punkt wieder zurückzugewinnen. (39.)

Die stete Befürchtung, die Franzosen würden die Neutralität der Schweiz nicht respectiren, begründete den besonderen Auftrag an den Commandanten in Vorder-Oesterreich, FML. Frelich, es als seine oberste Pflicht zu betrachten, sich des rechten Rheinufers zu versichern und das Vordringen des Feindes aufzuhalten, sobald dieser in das Gebiet von Basel einrücken sollte.

Bei der Niederrhein-Armee hatte Erzherzog Carl seinen [...]sitionen die genaue persönliche Besichtigung der Vor[...]n und eine Recognoscirung des Terrains innerhalb derselben vorausgehen lassen, welche die Zeit vom 22.—29. April in Anspruch nahm. Nach Mainz zurückgekehrt, verstärkte er zunächst das Corps des FZM. Prinzen Württemberg mit 8 Bataillonen, 6 Escadronen und ordnete jene Truppenverschiebungen an, welche der Ausführung des Operationsplanes vorauszugehen hatten.

Zwischen 17. und 24. April war auch das sächsische Corps eingetroffen und erhielt seine Cantonnements zwischen der Alsenz und dem Rheine in der Strecke Gensingen—Pfeddersheim—Worms.

Da über den Zeitpunkt der Eröffnung der Operationen noch nichts bestimmt war, beabsichtigte Erzherzog Carl, die Armee mehr zu concentriren, um für alle Fälle bereit zu sein. Die einleitenden Verfügungen hiezu waren schon getroffen, als am 10. Mai ein Befehl des Kaisers eintraf, welcher die Dinge der Entwicklung näher brachte. In diesem vom 6. datirten Schreiben (40) gab Franz II. seine Absicht bekannt, die Feindseligkeiten sobald als möglich wieder aufzunehmen, und forderte die Commandanten der beiden Armeen am Rhein auf, sich über den Zeitpunkt zu einigen, an welchem sie den Waffenstillstand unter den vortheilhaftesten Bedingungen würden kündigen können. Nebst ausführlichen Directiven über die Details dieser Action beruhigte der Kaiser den Erzherzog in einem privaten Schreiben über die noch fehlenden Kriegserfordernisse, besonders hinsichtlich des Geldes, und sicherte ihm die ausgiebigste Unterstützung zu.*) Des Weiteren aber enthielt das kaiserliche Schreiben die Aufforderung, auf die Vornahme solcher Operationen zu denken, welche die sich immer mehr trübende Situation in Italien günstig beeinflussen, jedenfalls aber die Franzosen hindern könne, vom Rhein nach Italien zu detachiren, »wie sie dies jetzt augenscheinlich thuen«. Der Kaiser wies hiebei auf eine Unternehmung in das Ober-Elsass hin, als dem besten Mittel zur Erreichung dieses Zweckes, überliess jedoch die Entscheidung seinen Feldherren, die zuversichtliche Erwartung aussprechend, dass die rasche Eröff-

*) ». . . ich kann Dir für alle Unterstützung stehen, besonders da das Anlehen in England geht.« (Der Kaiser an Erzherzog Carl; 6. Mai. E. A. A.)

nung und Durchführung der grossen Operationen unter keiner Bedingung Eintrag erleiden werde.

Die in Folge dieses Befehles zu fassenden Entschlüsse bedingten aber reife Ueberlegung, weil sie in ihren Folgen richtunggebend für den Verlauf des Feldzuges werden mussten. Deshalb hielt Erzherzog Carl am 11. Mai mit FM. Wurmser in Mannheim eine Berathung, deren Ergebniss sie in einem besonderem Protokolle niederlegten.*) In diesem erklärten Beide, die verlangte Unternehmung könne nicht ausgeführt werden, ohne die bereits endgiltig festgesetzte Haupt-Operation nahezu ganz aufzugeben, da weder genügend Truppen vorhanden seien, um nach verschiedenen Richtungen zu operiren, noch hinlänglich Geschütz, um gleichzeitig zwei Belagerungen vorzunehmen. Aeusserstenfalls liesse sich ein Corps von 20—25.000 Mann am rechten Ufer zwischen Basel und Strassburg zusammenziehen, welches eine eventuelle Schwächung des Gegners nach Möglichkeit auszunützen hätte, sich aber sonst ebenfalls nur auf Demonstrationen beschränken müsste, weil es ihm zu einer ernsten Operation an Geschütz fehle.

Ferner wurde beschlossen, beide Armeen in enge Cantonirungen zu verlegen und, sobald dies geschehen, den Waffenstillstand zu kündigen.

Im Sinne dieser Beschlüsse gab Erzherzog Carl Befehl, die bereits am 10. Mai angeordnete Zusammenziehung der Armee derart zu bewirken, dass die Truppen am 19. in engen Cantonirungen an der Alsenz versammelt seien. Er selbst nahm am 20. sein Hauptquartier in Alzey.

Die Kündigung des Waffenstillstandes war für den 21. Mai zwischen 11 und 12 Uhr Mittags festgesetzt, so dass die zehntägige Kündigungsfrist am 31. um dieselbe Stunde ablief. Zur bestimmten Zeit gaben Major Schuhay des 1. und Major Türmann des 2. Feldartillerie-Regimentes die Kündigungsschreiben bei den französischen Vorposten ab, wo sie im Sinne der Stipulationen des Waffenstillstandes bis zum Ablaufe der Kündigungsfrist als Geiseln zu bleiben hatten.

---

*) Beilage IV und Schreiben Erzherzog Carls an den Kaiser; 12. Mai. (E. A. A.)

Vom nahen Wiederbeginne der Feindseligkeiten setzte Erzherzog Carl seine Truppen durch einen Armeebefehl in Kenntniss, welchem er besondere taktische Directiven für die Truppenführer beifügte. Ersterer ist deshalb von Interesse, weil er ein scharfes Streiflicht auf die Zustände in der Armee, den Geist der Soldaten wie der Officiere wirft und besser als es in ausführlicher Schilderung möglich wäre, die eigenthümlichen Verhältnisse erkennen lässt, welche sich als Folge des Krieges zu entwickeln begannen. *)

An die Reichstruppen wurde ein ähnlicher Befehl, jedoch mit Weglassung aller blos auf die k. k. Armee bezüglichen Stellen, dann entsprechender Aenderung im Texte hinausgegeben, der in den meisten Druckwerken irrig als der für die ganze Armee bestimmte Befehl angeführt wird.

In den »Observationspunkten für die Herren Generale« gab der Erzherzog den Truppenführern jene taktischen Normen an die Hand, die sich auf seine Erfahrungen aus den früheren Feldzügen stützten und nach welchen er die Verwendung der Truppen im Gefechte hinfort geregelt wissen wollte.

Zum erstenmale hörte man nun bisher ganz unbekannte Grundsätze für die Verwerthung der Kräfte entwickeln, zum erstenmale aber auch rückhaltlos der Ueberzeugung Worte geben, dass der Soldat nicht als jene willenlose Maschine angesehen werden dürfe, wie man dies bis nun gewohnt war, sondern dass in dessen Geist und Gemüth mächtige Anreger vorhanden seien, welche verständnissvoll benützt werden müssten. Auf diese Lehren basirte Erzherzog Carl die Forderung einer richtigen Oekonomie der Kräfte, eines einheitlichen, zielbewussten Zusammenwirkens der drei Waffen, und öffnete damit dem selbstständigen Denken und Handeln der Unterführer neue Bahnen. Die planvolle Einleitung des Gefechtes, verbunden mit dem Streben, die Entscheidung so rasch als möglich herbeizuführen, sollte nunmehr als oberster Grundsatz zur Geltung gebracht werden und eine besonnene, aber durchgreifende Offensive das eigentliche Element der Gefechts-

*) Beilage V.

führung bilden. »Diese Methode« — sagte der Erzherzog — »ist die wahre Menschenschonung; alles lange Schiessen und Plänkern kostet nur Leute und entscheidet nichts.« (Beilage VI.)

Unmittelbar nach Kündigung des Waffenstillstandes begann allseits die Concentrirung der Streitkräfte auf Grundlage der Operationspläne.

Erzherzog Carl neigte anfänglich, abweichend von dem Operationsentwurfe, der Ansicht zu, den Hunsrück nicht zu besetzen, sondern den rechten Flügel bei Mainz an den Rhein zu lehnen und von dort stromabwärts den Fluss nur durch ein Observations-Corps zu decken. Auf diese Art wäre es möglich geworden, sich mit mehr concentrirter Kraft gegen Landau zu wenden und dieses Hauptobjectes der ersten Operationen um so schneller Herr zu werden. Nach reiflicher Ueberlegung und eingehender Berathung wurde jedoch beschlossen, an dem schon einmal gefassten Operationsplane nichts zu ändern, sondern die Armee, nach Rücklassung eines ungefähr 15.000 Mann starken Corps bei Kreuznach, unmittelbar vor Beginn der Feindseligkeiten in einem Lager bei Baumholder zu versammeln, wo dann die weiteren Operationen dem Verhalten des Gegners entsprechend bestimmt werden würden. Bis dahin sollten die Truppen in kurzen Märschen sich dem Versammlungsorte nähern.

Im Sinne dieser Beschlüsse bezog die Armee am 25. Mai drei Lager: bei Kreuznach, Ober-Moschel und Wolfstein. Bei der Vorrückung am folgenden Tage kam das Lager von Ober-Moschel nach Sien, jenes von Wolfstein an die Glan und das Hauptquartier nach Meisenheim; am 29. endlich vereinigten sich diese beiden Lager mit dem Hauptquartiere bei Baumholder, wohin auch die Cavallerie einrückte, die bisher der Armee cantonirend gefolgt war. Das dritte Lager blieb bei Kreuznach.

Am 30. Mai hatte die Armee folgende Stellungen inne (Beilage VIII):

Die Avantgarde, 13.572 Mann unter FML. Kray, hielt mit 36 Compagnien und 22 Escadronen die Strecke Biblisheim-Kirn besetzt und hatte eine Reserve von 6 Bataillonen und 10 Escadronen unter GM. Gontreuil bei Ruschberg.

Vom Gros der Armee, 39.821 Mann bei Baumholder, befehligte FZM. Wartensleben

das 1. Treffen in der Stärke von 16 Bataillonen, 14 Esdronen;

das 2. Treffen, 17 Bataillone und 27 Escadronen, der casächsische GL. Lindt.

Das Corps de réserve unter FML. Werneck bestand aus 7 Grenadier-Bataillonen, 8 Escadronen und aus 114 Geschützen.*)

Bei Kreuznach und Bingen stand FML. Mercandin mit einem Corps von 11 Bataillonen, 38 Compagnien, 20 Escadronen = 16.229 Mann und 34 Reservegeschützen.

Zusammen (ohne Besatzungen und Extracorps) 57 Bataillone, 74 Compagnien, 101 Escadron oder 54.314 Mann Infanterie, 15.318 Reiter = 69.632 Mann und 148 Geschütze.*)

Der General-Kriegscommissär FML. Lilien erhielt den Auftrag, Alles was sich an Proviantvorräthen noch jenseits des Rhein befand, bei Worms und Oppenheim zu sammeln, sowie auch die noch fehlenden Cavallerie- und Artilleriepferde durch Handeinkauf aufzubringen, da die Ankunft der Remontentransporte aus den Erblanden nicht abgewartet werden konnte.

Von der Herstellung einer Schiffbrücke unterhalb Mainz wurde abgesehen, weil der bei diesem Platze vorhandene Uebergang auch für die Verbindung mit dem Corps des FZM. Herzog zu Württemberg als ausreichend befunden wurde.

FML. Mercandin erhielt den Auftrag, dem Feinde das Debouché aus dem Soonwalde zu verwehren und sich im äussersten Falle wieder auf Kreuznach und Bingen zurückzuziehen.

Zur besseren Sicherung und eventuell selbstständiger Vertheidigung des Defilés bei Kirn wurde GM. Schellenberg vom 1. Treffen mit 4 Bataillonen und 1 Division Cavallerie nach Heimberg vorgeschoben. (41.)

---

*) Die bei den Truppen eingetheilten Liniengeschütze kommen in den betreffenden Ausweisen nie vor und sind deshalb auch hier nicht angegeben. Die Reservegeschütze werden in der Regel beim Corps de réserve ausgewiesen, oft aber gar nicht erwähnt.

4*

In dieser Aufstellung blieb die Armee bis zum Ablaufe des Waffenstillstandes unverändert stehen.

Das detachirte Corps zwischen der Sieg und Lahn hatte mittlerweile seinen Aufmarsch vollendet, und zwar stand GM. Kienmayer mit 17 Bataillonen, 10 Escadronen = 3680 Mann, als Avantgarde am Einflusse der Sieg in den Rhein.

Das 1. Treffen bei Neuwied formirte unter GM. Finke 4495 Mann Infanterie und 1060 Mann Cavallerie = 5555 Mann in 4 Bataillonen, 16 Compagnien und 10 Escadronen.

Das 2. Treffen bei Kroppach unter FML. Boros: 6 Bataillone und 4 Escadronen oder 5242 Mann Infanterie, 1061 Reiter = 6303 Mann.

Das Corps de réserve stand unter GM. Mylius mit 4 Bataillonen, 8 Escadronen oder 3170 Mann Infanterie, 1388 Reitern = 4558 Mann bei Altenkirchen.

Oberst Gottesheim sicherte auf dem vorgeschobenen Posten bei Daaden mit 1 Bataillon, 6 Compagnien, 3 Escadronen = 1814 Mann den rechten Flügel der Stellung, in welcher 15 Bataillone, 39 Compagnien, 25 Escadronen oder 16.956 Mann Infanterie, 4954 Reiter = 21.910 Mann mit 52 Reservegeschützen vereinigt waren.

Die gesammte Niederrhein-Armee zählte daher ohne Besatzungen und Extracorps 72 Bataillone, 113 Compagnien, 126 Escadronen oder 71.271 Mann Infanterie, 20.273 Reiter = 91.544 Mann und 200 Reservegeschütze.

Aehnlich wie bei der Armee Erzherzog Carls vollzog sich der strategische Aufmarsch am Oberrhein. (Beilage IX.)

Die Truppen der Operations-Armee kamen vorerst in engere Cantonirungen und concentrirten sich am 29. Mai auf drei Sammelplätzen: bei Mutterstadt, Neustadt und Kaiserslautern, in welch letzterem Orte auch das Hauptquartier FM. Wurmsers etablirt wurde.

Auf den beiden ersteren Plätzen sammelten sich unter Commando FML. Sztárays 19 Bataillone, 23 Compagnien, 56 Escadronen, d. i. 19.931 Mann Infanterie, 9281 Reiter = 29.212 Mann, welche die Bestimmung hatten, Front gegen Süden, die Linie Neustadt—Speyer zu vertheidigen. Es standen bei Mutterstadt zur Deckung Mannheims FML. Gvosdanovich mit 5 Bataillonen, 12 Escadronen = 4672 Mann Infanterie, 1994 Reiter oder 6666 Mann.

Das Gros des Corps bei Neustadt, und zwar:

Avantgarde (Vorposten), FML. Hotze, 23 Compagnien, 20 Escadronen (4639 Mann Infanterie, 3383 Reiter = 8022 Mann).

1. Treffen, FML. Kospoth, 8 Bataillone, 20 Escadronen (4604 Mann Infanterie, 1981 Reiter) = 6585 Mann.

2. Treffen, FML. Kospoth, 6 Bataillone, 12 Escadronen (6016 Mann Infanterie, 1923 Reiter) = 7939 Mann und 69 Reservegeschütze.

Das Corps bei Kaiserslautern unter FML. Meszáros, 14 Bataillone, 21 Compagnien, 30 Escadronen (16.355 Mann Infanterie, 4960 Reiter) = 21.315 Mann und 42 Reservegeschütze, hatte eine Avantgarde von 21 Compagnien, 14 Escadronen (4083 Mann Infanterie, 1445 Reiter) = 6528 Mann unter GM. Devay gegen die Glan und Blies vorgeschoben;

das Gros, 14 Bataillone und 16 Escadronen (12.272 Mann Infanterie, 2515 Reiter) = 14.787 Mann, lagerte sammt den Reservegeschützen bei Kaiserslautern.

Im Ganzen formirte daher die Operations-Armee ohne Besatzungen etc. 33 Bataillone, 44 Compagnien, 86 Escadronen oder 36.286 Mann Infanterie, 14.241 Reiter = 50.527 Mann und 111 Geschütze.

Der linke Flügel der Oberrhein-Armee, die »Rhein-Defension«, unter dem Befehle FZM. Latours, wurde nach der Concentrirung der Operations-Armee bis Philippsburg ausgedehnt und theilte sich in folgende Cordonsabschnitte:

1. Von Basel bis Saspach:

FML. Frelich: 9 Bataillone, 2 Compagnien, 12 Escadronen, 7379 Mann Infanterie, 2057 Reiter = 9436 Mann.

2. Von Saspach bis Ichenheim:

Das Condé'sche Corps: $3^{2}/_{6}$ Bataillone, 9 Escadronen, 3884 Mann Infanterie, 1298 Reiter = 5182 Mann.

3. Von Ichenheim bis an die Rench:

Reichs-FZM. Stain mit dem Contingente des schwäbischen Kreises: 14 Bataillone, 8 Escadronen, 6840 Mann Infanterie 1238 Reiter = 8078 Mann.

4. Von der Rench bis Knielingen:

FML. Fürst zu Fürstenberg: 4 Bataillone, 6 Compagnien, 12 Escadronen, 5093 Mann Infanterie, 2033 Reiter = 7126 Mann.

5. Von Knielingen bis Philippsburg:

Reichs-GM. Isenburg mit dem kurpfälzisch-bayrischen Contingent: 4 Bataillone, 8 Compagnien, 2 Escadronen, 1918 Mann Infanterie, 204 Reiter = 2122 Mann.

Von Basel rheinaufwärts bildete Oberstlieutenant Uz mit 4 Compagnien, 4 Escadronen, 960 Mann Infanterie, 769 Reitern = 1729 Mann den Sperr-Cordon gegen die Schweiz; ohne diesen und die Besatzungen bestand die Rhein-Defension aus $34^2/_6$ Bataillonen, 20 Compagnien, 47 Escadronen oder 26.074 Mann Infanterie, 7599 Reitern = 33.673 Mann und 61 Reservegeschützen.

Im Ganzen hatte die Oberrhein-Armee, mit Ausschluss der Besatzungen, des Sperr-Cordons und der Extracorps, einen Gefechtsstand von $67^2/_6$ Bataillonen, 60 Compagnien, 129 Escadronen oder 57.058 Mann Infanterie, 21.016 Reitern = 78.074 Mann und 172 Reservegeschützen.

Sowohl um im Sinne des Mannheimer Protokolles dem Verlangen des Kaisers zu entsprechen, als auch zur Unterstützung der Operationen der Niederrhein-Armee am linken Ufer erhielt FZM. Latour am 21. Mai den Auftrag, nach Ablauf des Waffenstillstandes in der Rheinstrecke Kappel—Hüningen Demonstrationen zu unternehmen, die beim Feinde die ohnehin vorhandene Besorgniss für Ober-Elsass vermehren und ihn veranlassen sollten, die dort befindlichen Truppen zu verstärken. Auf diese Art würden, wie man voraussetzte, die Operationen gegen Landau wesentlich erleichtert, der Gegner aber auch zugleich abgehalten werden, vom Ober-Elsass nach Italien zu detachiren. Diese Demonstrationen sollten in Vorbereitungen zu einem Flussübergange, etwa bei Steinenstadt oder sonst einem passenden Orte, bestehen und derart eingeleitet werden, dass einem schwachen Gegner gegenüber der Uebergang auch wirklich ausgeführt werden könne. In letzterem Falle hätte dann die demonstrative Anwesenheit der k. k. Truppen am linken Ufer nur so lange zu währen, als dies ohne ernste Gefahr geschehen konnte. (42.)

Obwohl die Truppenstärke und technischen Mittel, über die FZM. Latour verfügte, zu einem solchen Unternehmen kaum ausreichten, wurden doch über erneuerten Befehl des Armee-Commandanten vom 29. Mai ab die Vorbereitungen mit Aufgebot aller Kräfte getroffen, so dass mit Ablauf des Waffenstillstandes auch in dieser Richtung Alles zur Action bereit war. Bevor jedoch sämmtliche Truppen der Oberrhein-Armee ihre neuen Stellungen bezogen hatten, erlitt dieselbe eine empfindliche Schwächung. Ein vom 22. Mai datirter Befehl des Hofkriegsrathes ordnete die sofortige Absendung eines Generals mit 5 Bataillonen, 5 Jäger-Compagnien und 1 Cavallerie-Regiment nach Italien an, und sollten diese Truppen durch 5 Bataillone und 1 Chevau-légers-Regiment aus Galizien ersetzt werden. FM. Wurmser bestimmte hiezu den GM. Bajalich mit je 2 Bataillonen der Infanterie-Regimenter Preyss und Wilhelm Schröder, 1 Bataillon von Stain-Infanterie, 5 Compagnien Mahony-Jäger und dem Kürassier-Regimente Carl Lothringen, d. i. 5332 Mann Infanterie, 917 Reiter oder 6249 Mann.*)

* * *

Bei der französischen Armee blieb der von den beiden Commandanten derselben modificirte Operationsplan Carnots die Grundlage des strategischen Aufmarsches. Aufmerksame Beobachtung des Gegners und ein ausgebreitetes Kundschaftswesen liessen keinen Zweifel, dass die erste Operation der kaiserlichen Armee in einer allgemeinen Offensive zum Ausdrucke kommen werde. Auch über die Richtung derselben blieben die französischen Generale nicht lange im Unklaren. Sie erwarteten bei Basel und Düsseldorf nur Demonstrationen, den Hauptstoss aber gegen die Mitte der beiden französischen

*) Es sei gleich hier erwähnt, dass der zugesagte Ersatz nie zur Oberrhein-Armee gelangte, da die 5 Bataillone und das Chevau-légers-Regiment nebst einer gleichfalls nach Deutschland bestimmten Fuhrwesens-Division und einer Anzahl Reserve-Artillerie bei der Ankunft in Wien ebenfalls nach Italien instradirt wurden. (D. VI, 129 vom 15. Juni.)

Armeen, also in dem Raume zwischen der Nahe und dem Er-Bache. Die Fortificationen bei Oggersheim und am Reh-Bache, sowie jene bei Mainz unterstützten diese Ansicht insoferne, als erstere darauf schliessen liessen, dass sich die Oesterreicher in der Richtung gegen die Queich blos defensiv zu verhalten gedächten, während der Raum zwischen den beiden festen Punkten Mainz und Mannheim ein gesichertes Repli für den Fall bot, als die Offensive gegen das französische Centrum nicht den gehofften Erfolg haben sollte.

Moreau allein war nicht dieser Ansicht und weigerte sich lange, an einen solchen Plan der Gegner zu glauben. Er häufte eine Menge von Truppen an der Queich, zwischen dem Rhein und Landau, dem stärksten Theile seiner Stellung, an, während die verwundbarste Stelle der ganzen Armee, der linke Flügel von Landau bis an die Blies, nur durch eine dünne Linie schwacher Truppentheile besetzt war. Erst Ende Mai gelang es Jourdan, ihn für die allgemein herrschende Beurtheilung der Verhältnisse zu gewinnen und zu einer entsprechenden Theilung seiner Kräfte zu veranlassen. (43.)

Bei Ablauf des Waffenstillstandes war die Stellung der französischen Armee folgende:*)

a) Bei der Rhein-Mosel-Armee, welche Moreau commandirte, hielt General Ferino mit den Divisionen Delaborde, Tuncq und Bourcier, 21 Bataillone, 9 Escadronen oder 26.581 Mann (25.018 Mann Infanterie, 1296 Reiter), den rechten Flügel am Rhein von Hüningen bis Germersheim besetzt und hatte die ihm gegenüberstehenden Truppen der »Rhein-Defension« zu beobachten.

Das Centrum unter Desaix, die Divisionen Delmas, Beaupuis und Xaintrailles, 27 Bataillone, 46 Escadronen oder 30.742 Mann (27.292 Mann Infanterie, 3093 Reiter), die Garnison von Landau mit eingerechnet, stand an der Queich und stützte den rechten Flügel an Germersheim, den linken auf Annweiler.

*) Die hier folgende Ordre de bataille (Beilage X) ist dem Werke St. Cyrs entnommen, welches die Stärke der Infanterie und Cavallerie nicht getrennt ausweist. Die hier in parenthesi beigefügten Stärkeziffern beziehen sich auf die Angaben in Erzherzog Carls »Grundsätze der Strategie etc.«.

Der linke Flügel, die Divisionen Duhesme und Taponnier, 30 Bataillone und 32 Escadronen oder 22.269 Mann (19.271 Mann Infanterie, 2126 Reiter), wurde von Gouvion St. Cyr befehligt und dehnte sich von Annweiler bis Saarbrücken aus.

In Summa bezifferte sich die Stärke der Rhein-Mosel-Armee auf 78 Bataillone, 87 Escadronen oder 79.592 Mann (71.581 Mann Infanterie, 6515 Reiter).

b) Die Sambre-Maas-Armee unter dem Commando Jourdans:

Der rechte Flügel, bestehend aus den Divisionen Marceau, Poncet und Bernadotte, 25.908 Mann Infanterie, 4021 Reiter, 904 Artilleristen = 30.833 Mann unter Marceau, besetzte die Waffenstillstandslinie von St. Wendel bis Nieder-Diebach am Rhein.

Das Centrum, unter persönlichem Commando Jourdans, zählte 3 Divisionen = 18.116 Mann Infanterie, 2592 Mann Cavallerie und 1059 Artilleristen oder 21.767 Mann. Hievon stand die Division Championnet mit 8171 Mann Infanterie, 1260 Reitern, 558 Artilleristen = 9789 Mann von Nieder-Diebach bis zur Moselmündung; die Division Grenier, 7162 Mann Infanterie, 1205 Reiter, 527 Artilleristen = 8894 Mann, von der Moselmündung bis Cöln; die Infanterie-Reserve-Division Bonnard, 2783 Mann Infanterie, 127 Reiter, 174 Artilleristen = 3084 Mann, hatte ihre Aufstellung rückwärts Bonn und Cöln.

Der linke Flügel unter Kleber formirte 3 Divisionen mit einem Stande von 19.073 Mann Infanterie, 4787 Reitern, 1532 Artilleristen = 25.392 Mann; hievon stand die Division Lefebvre mit 9805 Mann Infanterie, 1464 Reitern, 283 Artilleristen = 11.552 Mann als Avantgarde bei Düsseldorf; die Division Collaud ebendort mit 9268 Mann Infanterie, 1170 Reitern, 313 Artilleristen = 10.751 Mann.

An der unteren Mosel war die Cavallerie-Reserve-Division Bonnaud mit 2153 Pferden und 70 Artilleristen = 2223 Mann aufgestellt.

Einschliesslich von 866 Mann, welche beim Artilleriepark ausgewiesen werden, zählte die Armee Jourdans 63.097 Mann Infanterie, 11.400 Reiter und 3295 Artilleristen oder 77.792 Mann.

Die gesammte Streitmacht der Franzosen gegen Deutschland erreichte daher die Ziffer von 157.384 Mann (136.581 Infanterie, 17.515 Cavallerie) = 154.096 Mann ohne die 3295 Artilleristen.

Ueber die Geschützzahl fehlen authentische Angaben. Nach einem durch Kundschafter aus dem Bureau Jourdans ins Hauptquartier Erzherzog Carls gebrachten Nachweise über den Stand der Division Championnet (44) bestand die Reserve-Artillerie derselben aus 8 schweren Kanonen und 6 Haubitzen, also 14 Geschützen; für jedes Bataillon waren 1 Acht- und 1 Vierpfünder angesetzt. Darf man diese Angaben auch für alle anderen Divisionen als Grundlage annehmen, so würde sich für jede der beiden Armeen eine Reserve-Artillerie von 112 Geschützen ergeben, während für die Sambre-Maas-Armee 174, für die Rhein-Mosel-Armee 156 Liniengeschütze entfielen.

Materiell hatten sich die Zustände der französischen Armee seit März kaum gebessert. Die allgemeine Noth war überall die gleiche, ebenso auch die Mittel, welche das Directorium dagegen in Anwendung bringen konnte. Sie bestanden nur in Versprechungen aller Art, deren Erfüllung aber vom Erfolg der im März d. J. ausgegebenen Territorial-Mandate, also von einer Fiction abhängig war, denn diese »Mandate« sanken gleich bei ihrem Erscheinen auf einen sehr bescheidenen Bruchtheil ihres nominellen Werthes.*) Die Armee erhielt also in Folge dessen nichts; es fehlte nach wie vor so sehr am Nöthigsten, dass das exponirte Landau, welches überdies nach dem Operationsplane ganz seiner eigenen Kraft überlassen werden sollte, nur für 15 Tage Lebensmittel hatte. (45.) Die Kündigung des Waffenstillstandes war daher zugleich auch das Signal, den besetzten Landstrichen noch den letzten Rest von Geld und Lebensmitteln auszupressen, den ihnen die langen Winter-Cantonnements gelassen hatten.

---

*) Diese »Territorial-Mandate«, welche laut Beschlusses des Directoriums vom 18. März an die Stelle der ganz werthlos gewordenen »Assignaten« traten, wurden im Betrage von 2400 Millionen Livres ausgegeben, wofür die Nationalgüter als Hypothek dienen sollten.

Nach dem Plane Carnots hatte Jourdan die Operationen in der Richtung gegen die Lahn zu beginnen, Moreau sich aber so lange zuwartend zu verhalten, bis ihm die Operationen der Sambre-Maas-Armee den Rheinübergang ermöglichen würden. Die Concentrirung überlegener Kräfte Wurmsers bei Kaiserslautern, sowie dessen zuversichtliche Haltung schienen deutlich auf einen beabsichtigten Angriff hinzuweisen;*) Moreau erachtete es daher für vortheilhafter, demselben mit einem kühnen Offensivstosse zuvorzukommen, als sich der Möglichkeit auszusetzen, durch einen gelungenen Schlag des Gegners in der Ausführung der ihm vorgezeichneten Operationen gehemmt zu werden.

In diesem Sinne beauftragte er St. Cyr, sich bereit zu halten, um auf den ersten Befehl zum Angriffe auf Kaiserslautern zu schreiten.

Mittlerweile traf auch Jourdan seine Vorkehrungen, um mit Ablauf des Waffenstillstandes die Operationen beginnen zu können. Kleber wurde am 29. Mai beauftragt, unmittelbar nach der Kündigungsfrist gegen die Sieg vorzugehen, und wurden ihm hiezu die Divisionen Lefebvre und Collaud nebst 6 schweren Geschützen beigegeben. Seiner Instruction nach (45) hatte er am 31. mit Tagesanbruch die Sieg zu übersetzen, bei Cöln und Bonn fliegende Brücken zu errichten und dann gegen die Lahn vorzudringen. Die Division Grenier war angewiesen, sobald Kleber entsprechend vorgerückt sein würde, bei Neuwied den Rhein zu überschreiten und sich den beiden anderen Divisionen anzuschliessen. Sollten die kaiserlichen Truppen so schwach sein oder sich derart zurückziehen, dass die Lahn ohne Wagniss überschritten werden könnte, so wäre bis Mainz vorzudringen und sich der dortigen Magazine zu bemächtigen. Unter allen Umständen war jedoch stets als Hauptaufgabe zu betrachten, so viele feindliche Kräfte als nur möglich auf das rechte Rheinufer zu ziehen. Nöthigenfalls

*) Nach St. Cyr machte der Bürgermeister von Zweibrücken die Mittheilung, FM. Wurmser habe öffentlich ankündigen lassen, er werde unmittelbar nach Eröffnung der Operationen sein Hauptquartier in dieser Stadt nehmen, die damals auf der französischen Seite der Demarcationslinie lag.

konnte Kleber auch noch über die Infanterie-Reserve-Division Bonnard verfügen, wenn dies zur Erleichterung des Ueberganges über die Sieg nothwendig werden sollte.

Jourdan nahm sein Hauptquartier am 26. in Coblenz, am 27. in Castellaun, am 28. in Kirchberg, wo er blieb bis die Armee ihre Positionen bezogen hatte. Am 31. Mai war der strategische Aufmarsch beiderseits vollendet. Die Gegner standen sich kampfbereit gegenüber. Ein Vergleich der Mittel, über welche jeder derselben verfügte, ergibt nach Ausscheidung der Besatzungen und sonst in der Front nicht verwendeten Truppen folgendes Resultat, wobei hinsichtlich der französischen Cavallerie die jedenfalls zu niedrig bezifferten Angaben der »Grundsätze der Strategie etc.« beibehalten wurden.*)

	Infanterie	Cavallerie	Zusammen	
Oberrhein-Armee . . .	57.058	21.016	78.074	Mann
Niederrhein-Armee . .	71.271	20.273	91.544	»
Summa .	128.329	41.289	169.618	Mann
Französische Armee .	137.869	19.515	157.384	»
Im Vergleiche: Verbündete .	—	+ 12.774	+ 12.234	»
Im Vergleiche: Franzosen .	+ 9540	—	—	»

Das allgemeine Stärkeverhältniss hatte sich also seit März oder Anfang April nur wenig geändert, desto mehr aber verschob sich in eben diesem Zeitraum die politische und militärische Situation zu Ungunsten der kaiserlichen Armee.

Die Franzosen hatten den völligen Ablauf der Kündigungsfrist nicht abgewartet, sondern die Feindseligkeiten mit

*) In den französischen Quellen sind die Besatzungen von Landau, Weissenburg, Strassburg, Düsseldorf, so lange sich die Armeen in ihrem unmittelbaren Bereiche befanden, nicht besonders ausgewiesen. Erst als dies nach Ueberschreitung des Rhein sich änderte, erschienen bei der Rhein-Mosel-Armee 11.007 Mann Infanterie, 587 Reiter und 526 Artilleristen, die dem Stande der Feldarmee entnommen waren, als Besatzungen für Landau, Bitsch, Strassburg und Kehl, sowie zur Bestreitung eines Wachcordons am linken Rheinufer. (St. Cyr, III, Nr. 108.)

Düsseldorf bedurfte in Folge seiner strategischen Lage keiner beständigen grösseren Besatzung. Die übrigen rückwärts der Operationsfront gelegenen festen Punkte kommen hinsichtlich ihrer Besatzungen bei Ermittelung des Gefechtsstandes der eigentlichen Feldarmee nicht in Betracht.

einer Reihe kleinerer Angriffe auf die Vorposten der Niederrhein-Armee begonnen.

In der Nacht vom 30. zum 31. Mai überfielen sie einen Posten am äussersten rechten Flügel FML. Mercandins, am Vormittage des 31. brach eine Abtheilung aus Tholey gegen den äussersten linken Flügel FML. Krays vor. Diese Angriffe wurden ohne besondere Mühe und mit geringen Verlusten abgewiesen; nur bei St. Wendel entspann sich ein ernsteres Gefecht, in welchem die Franzosen anfänglich einige Vortheile erzielten, schliesslich aber von FML. Kray unter empfindlichen Verlusten zurückgeworfen und ihnen 8 Officiere und 381 Mann als Gefangene abgenommen wurden. Der eigene Verlust belief sich auf 3 Officiere und 187 Mann.

Von Seite der kaiserlichen Armee besetzte GM. Schellenberg um Mittag die jenseits Kirn liegenden, die Stadt beherrschenden Höhen und behauptete selbe ungeachtet des feindlichen Geschützfeuers.

Auch an der Sieg überschritten ungefähr 4000 Franzosen die Wupper, drängten die Vorposten GM. Kienmayers bei Troisdorf über die Agger zurück, ohne jedoch den Uebergang über diesen Fluss, den das O'Donel'sche Freicorps vertheidigte, erzwingen zu können. (47.) Zwei kleinere Angriffe bei Lohmar an der Agger und Meindorf an der Sieg wurden gleichfalls abgewiesen.*)

Am Oberrhein wurde die Ruhe nicht unterbrochen. FML. Hotze hatte zwar, als er durch den rückkehrenden Major Türmann von dem beabsichtigten Angriffe der Franzosen auf Kaiserslautern Kenntniss erhielt, FM. Wurmser vorgeschlagen, demselben durch einen raschen Offensivstoss zuvorzukommen. Dieser lehnte jedoch den Antrag mit der Motivirung ab, dass die Stärke des Gegners nicht genau bekannt sei und ein solches Unternehmen auch nicht zu den projectirten Operationen des Erzherzogs stimmen würde, nach welchen man sich unbedingt richten müsse. (48.)

Nach den von Erzherzog Carl im Einverständnisse mit FM. Wurmser entworfenen Dispositionen konnte die geplante

*) Siehe: Ereignisse zwischen der Sieg und Lahn. S. 151.

Offensive, je nach dem Verhalten des Gegners, in zweierlei Weise erfolgen: Sollte Jourdan seine Hauptmacht auf dem Hunsrück sammeln, so würde die Niederrhein-Armee, genau im Sinne des ursprünglichen Operationsentwurfes, ihn von dort über die Mosel zurückdrängen und dann erst gegen die Saar vorgehen. Andernfalls aber bliebe nur ein entsprechendes Observations-Corps an der Nahe zurück und Erzherzog Carl würde sich sogleich gegen die Saar wenden, um in Verbindung mit FM. Wurmser gegen Landau zu operiren. Da nun letzterer Fall thatsächlich eintrat, so wurde beschlossen, dass beide Armeen sich gleichzeitig derart in Bewegung setzen sollten, um vereint gegen Zweibrücken, Pirmasens und die Queich-Linie vorzugehen, den Feind zu werfen und Landau einzuschliessen. (38.)

Demnach hatte sich die Niederrhein-Armee links über Ulmel und Ramstein gegen Martinshöhe zu ziehen und dort Stellung zu nehmen, FM. Wurmser aber bei Kaiserslautern die Annäherung derselben zu erwarten, um dann im Vereine mit ihr die Operationen zu beginnen.

Zur Deckung des rechten Flügels der Niederrhein-Armee wurde FML. Kray beauftragt, mit ungefähr 18.000 Mann bei Baumholder zu bleiben und sich über Kirn mit FML. Mercandin in Verbindung zu setzen. Im Falle eines dieser beiden Corps angegriffen würde, hätten sie gemeinsam den Feind zurückzuwerfen.

Nach Abschlag der Corps an der Sieg, bei Kreuznach und bei Baumholder, die sich auf ungefähr 56.000 Mann bezifferten, verfügte Erzherzog Carl nur mehr über 35.000 Mann. Der am linken Rheinufer stehende Theil der Oberrhein-Armee zählte im Ganzen 51.000 Mann, nach Abrechnung des zur Belagerung von Landau bestimmten Corps aber nur noch 21.000, so dass im Ganzen für die Operationen etwa 56.000 Mann disponibel blieben. Obwohl man sich darüber keiner Täuschung hingab, dass diese Mittel in keinem günstigen Verhältnisse zu der zu bewältigenden Aufgabe stünden, so wurden doch alle Einleitungen getroffen, um die Operationen am 1. Juni zu beginnen. Es traten jedoch inzwischen Ereignisse ein, welche alle offensiven Pläne zu nichte machten und den Verlauf des

Feldzuges schon vom Beginne an in eine ganz andere, unerwartete Richtung drängten.

Rückwirkung der Kriegsereignisse in Italien auf die Operationen in Deutschland.

Während sich die Operationen auf dem deutschen Kriegsschauplatze nur langsam aus dem Stadium der Vorbereitungen entwickelten, war in Italien fast schon die Entscheidung gefallen. Dort hatte an Stelle Scherers General Bonaparte am 27. März das Obercommando der französischen Armee übernommen und die Operationen in einer Weise geleitet, die ihn binnen wenigen Wochen zum Meister von nahezu ganz Ober-Italien machte. Am 12. April schlug er den österreichischen Obercommandanten FZM. Beaulieu bei Montenotte, am 13. bei Millesimo, trennte dann die sardinischen Truppen von den österreichischen und zwang am 28. den König von Sardinien zum Waffenstillstande.

FZM. Beaulieu, der zum Schutze Mailands hinter dem Po Stellung genommen hatte, musste sich nach dem Treffen bei Lodi (10. Mai) über die Adda zurückziehen, um Mantua zu sichern. Am 9. und 17. Mai schlossen die Herzoge von Parma und Modena Waffenstillstand, Bonaparte aber besetzte Mailand, dessen Castell eingeschlossen wurde, und bemächtigte sich in raschen Märschen der Lombardei.

Diese ausserordentlichen Erfolge mit ihrer drohenden Gefahr für die österreichischen Erblande konnten nicht ohne Einfluss auf die Kriegführung in Deutschland bleiben. Schon hatten sie die erste Schwächung der Oberrhein-Armee zur Folge gehabt und die nach Italien bestimmten Truppen derselben sich kaum noch in Marsch gesetzt, als in der Nacht vom 31. Mai zum 1. Juni Erzherzog Carl ein vom 26. datirtes Schreiben des Hofkriegsrathes erhielt, in welchem der Befehl des Kaisers kundgemacht wurde, von der Oberrhein-Armee die Generale Gvosdanovich, Davidovich und Lauer (dieser vom Geniecorps), dann 19 Bataillone, 5 Jäger-Compagnien, 18 Escadronen und 2 Pionnier-Compagnien nebst den dazu gehörigen Stäben, Geschützen und Fuhrwerken sogleich auf dem kürzesten Wege nach Italien abzusenden und diese Truppen in entsprechendem Ausgleiche von der Niederrhein-Armee zu ersetzen.

In einem privaten Schreiben bemerkte der Kaiser ausdrücklich, dass obiger Befehl deshalb zuerst an den Erzherzog gerichtet wurde, damit derselbe gleichzeitig mit der Verständigung FM. Wurmsers auch den Ersatz seitens der Niederrhein-Armee vorbereite, sowie dass beide Armee-Commandanten für die Ausführung dieser Befehle verantwortlich seien. Ferner wurde angeordnet, »die zwei Armeen am Rhein auf die Defensive zu setzen, ausser eines unvorhergesehenen Zufalles, der augenblicklich zu benützen sein könnte, um mit aller Wahrscheinlichkeit eines glücklichen Ausschlages gegen den Feind etwas zu unternehmen und die Defensive wieder in die Offensive zu verwandeln«.*) (49.)

Zugleich verständigte der Kaiser sowohl den Erzherzog als auch FM. Wurmser, er habe beschlossen, Letzterem das Commando der Armee in Italien, Erzherzog Carl aber jenes der beiden Armeen am Rhein zu übertragen, jedoch seien diese Ernennungen bis zum Eintreffen weiterer Befehle »aus besonderen Gründen« geheim zu halten.**)

*) In einem Schreiben an Erzherzog Carl vom 2. Juni (E. A. A.) sprach sich der Kaiser über die Nothwendigkeit, sich auf die Defensive zu beschränken, mit den Worten aus: » . . . . wodurch freilich anstatt einer offensiven Campagne am Rhein nur eine defensive wird geführt werden. Ich will Dich also von ersterer ganz loszählen, es sei denn, die Umstände liessen Dir auch ohne den Dir abgenommenen Truppen noch zu, etwas zu unternehmen, welches Du dann nach Umständen thun kannst.«

Hiedurch widerlegt sich die unrichtige Angabe in Sybels »Geschichte der Revolution von 1789—1800«, 2. Aufl., IV, S. 225—227, dass es »Muthlosigkeit« gewesen sei, die Erzherzog Carl zum Aufgeben der Offensive veranlasst habe, und er sich beeilte, »trotz aller Wiener Feldzugspläne« auf das rechte Ufer zurückzugehen.

**) Kaiser Franz war ursprünglich gewillt, Erzherzog Carl als Armee-Commandanten nach Italien zu senden, stand aber aus politischen Rücksichten hievon ab. (Schreiben an Erzh. Carl. Wien, 2. Juni. E. A. A.) Ueber die »besonderen Gründe«, welche die Geheimhaltung der Ernennungen veranlassten, gibt nur ein Brief des Kaisers an Wurmser eine, allerdings nicht ausreichende Andeutung, wonach Rücksichten für Beaulieu hiebei bestimmend gewesen sein dürften. (Kaiser Franz an Wurmser ddo. Laxenburg, 29. Mai. K.-A. Italien, V, 38.)

Auch für das Corps zwischen der Sieg und Lahn ordnete der Kaiser mit Rücksicht auf die Wichtigkeit dieser Stellung einen Wechsel im Commando an, indem er den Erzherzog beauftragte, den FZM. Herzog zu Württemberg durch FZM. Wartensleben zu ersetzen.

Dem kaiserlichen Befehle entsprechend marschirten die zur Armee nach Italien bestimmten Truppen vom 4. Juni an in zwei Colonnen unter dem Commando der FML. Gvosdanovich und Davidovich nach Tirol. Es waren dies 3 Grenadier-Bataillone, dann je 2 Bataillone der Infanterie-Regimenter Neugebauer, Brechainville, Klebeck, Erbach, de Vins und Anton Eszterházy, je 1 Bataillon der Infanterie-Regimenter Josef Colloredo, Gemmingen, Lattermann und Jellachich; ferner 5 Compagnien Mahony-Jäger; 10 Escadronen Wurmser- und 2 Escadronen Erdödy-Husaren; 2 Pionnier-Compagnien und 2 Abtheilungen der Reserve-Artillerie — im Ganzen 19 Bataillone, 7 Compagnien, 18 Escadronen oder 16.719 Mann Infanterie, 2953 Reiter = 19.672 Mann.*)

Ohne die Artillerie und Pionniere zu rechnen, waren also mit Einschluss der ersten Detachirung 22.051 Mann Infanterie, 3870 Reiter oder 25.921 Mann den beiden Armeen am Rhein in dem Augenblicke entzogen worden, wo sie im Begriffe standen, die Feindseligkeiten mit einer allgemeinen Offensive zu beginnen.

Die Folgen, welche diese ebenso bedeutende als unerwartete Schwächung nach sich zog, lassen sich wohl leicht ermessen. Nicht allein die operativen Nachtheile fielen hier schwer ins Gewicht, mehr noch war der moralische Einfluss zu fürchten, der sich sowohl in der Armee, als bei der Bevölkerung und den Reichsfürsten voraussichtlich geltend machen würde. Dieser Besorgniss gab sowohl Erzherzog Carl, als auch FM. Wurmser beredtesten Ausdruck. (51.) Die Verhältnisse liessen sich aber dadurch nicht ändern, und es galt vor allem, sich ihnen in günstigster Weise anzupassen.

*) Das mit GM. Bajalich nach Italien bestimmte Kürassier-Regiment Carl Lothringen hatte über nachträglichen Befehl des Kaisers bei der Armee am Oberrhein zu bleiben.

Es war dies aber um so schwieriger, als alles, was geschehen sollte, angesichts eines Gegners erfolgen musste, der nun die Initiative in den Händen hatte und sich dessen auch klar bewusst war. Wie befremdend es erscheinen mag, ist es doch Thatsache, dass den Franzosen die Detachirung nach Italien, bis auf die Ziffer genau, früher bekannt war als Erzherzog Carl.*)

Es kann füglich unterbleiben, die Vortheile näher zu erörtern, welche der Gegner aus dieser vorzeitigen Kenntniss der Verhältnisse ziehen konnte.

Die bisherige relative Uebermacht der kaiserlichen Truppen hatte sich in das Gegentheil verwandelt. Nun waren die Franzosen um mehr als 13.000 Mann überlegen, und es wird auch erklärlich, wie sie unentwegt bei der Durchführung ihrer eigenen Offensivpläne beharren konnten und so gut wie nichts vorkehrten, um der vor Kurzem noch so gefürchteten Offensive der kaiserlichen Armee entgegenzuwirken.

Vor allem forderten die so ungünstig veränderten Verhältnisse die Herstellung des gestörten Gleichgewichtes zwischen den beiden Armeen am Rhein und die Ergänzung der bis auf 60.000 Mann geschwächten Oberrhein-Armee; dann erst konnte in Frage kommen, wie die noch vorhandenen Streitkräfte am zweckmässigsten zu verwenden seien. In ersterer Beziehung erhielt FML. Riese den Auftrag, mit GM. Baillet und dem Obersten Auffenberg 10 Bataillone und 18 Compagnien = 11.279 Mann von den am linken Ufer stehenden Truppen der Oberrhein-Armee zuzuführen, wodurch diese, nach Abschlag der Besatzungen, der Extra-Corps und des Rhein-Cordons, auf einen Stand von 67.829 Mann (50.628 Mann Infanterie, 17.201 Reiter) gebracht wurde, während der Niederrhein-

*) Major Türmann, der am 31. Mai mittags die Armee Moreau's verliess, mithin ungefähr 10 bis 12 Stunden früher im Hauptquartier der Oberrhein-Armee eintraf, ehe der Courier des Hofkriegsrathes jenes Erzherzog Carls zu Baumholder erreichen konnte, meldete, die französischen Generale hätten ihn versichert: »sie seien unterrichtet, dass wir bald die Stellungen, die wir bezogen hatten, verlassen müssten, da wir 24.000 Mann nach Italien detachiren würden.« (Erzherzog Carl an den Kaiser. Baumholder, 3. Juni. E. A. A.)

Armee unter gleicher Voraussetzung 86.263 Mann (65.992 Mann Infanterie, 20.271 Reiter) verblieben.

Was die operative Verwendung dieser Truppen betraf, war schon durch die Schwächung der Armee und die angeordnete Defensive die Räumung des linken Ufers, mit Ausnahme von Mainz und Mannheim, bedingt. Mit Rücksicht auf die wahrscheinliche Angriffsrichtung des Gegners ergab sich für die Niederrhein-Armee die Gegend zwischen der Sieg und Lahn, für die Oberrhein-Armee aber die Linie Basel—Kehl—Rastatt als natürlicher Operationsschauplatz. In dieser Voraussetzung hatte FM. Wurmser bereits angeordnet, Mundenheim zu verschanzen und das Terrain am Speyer-Bache zu inundiren; Erzherzog Carl fand sich jedoch veranlasst, seinerseits den Uferwechsel nicht sofort einzuleiten, sondern das linke Ufer noch eine Zeit lang zu behaupten. Abgesehen davon, dass ein unverweilt durchgeführter allgemeiner Rückzug dem Feinde die missliche Lage der kaiserlichen Armee allzu deutlich vor Augen geführt hätte und ihm Anlass zu eben in diesem Augenblicke mehr als je unbequemen Störungen geben konnte, so war auch noch der üble Einfluss zu besorgen, welchen die unvermittelte Preisgebung des im Vorjahre so schwer erkämpften Gebietes sowohl auf die Armee, als auch auf das deutsche Reich nothwendig ausüben musste. Der Erzherzog wollte ferner dem Feinde nicht ohne Weiteres die Ressourcen der Ernte einer zum Theile sehr fruchtbaren Gegend überlassen, die sich in wenig Wochen zu Gunsten der eigenen Armee verwerthen liessen, während sie sonst nur dazu dienten, den feindlichen Truppen die Behauptung dieser Landstriche zu ermöglichen.

Noch am 1. Juni sandte der Erzherzog den General-Adjutanten Oberstlieutenant Grünne an FM. Wurmser, um denselben mündlich von seinen Absichten zu unterrichten und dessen Mitwirkung zu verlangen.*) Zwischen beiden Armee-

*) Den Bedenken Wurmsers gegen ein längeres Verweilen am linken Ufer setzte Erzherzog Carl die hochherzigen Worte entgegen: »... ich würde es der Ehre unserer Waffen schädlich und in der öffentlichen Meinung erniedrigend finden, den Rückzug auf eine Art zu übereilen, den man nur bei einer geschlagenen Armee entschuldigen könnte.« (An FM. Wurmser. Baumholder, 2. Juni. F. A. VI, 21.)

5*

Commandanten wurde vereinbart, die Truppen in eine Linie zurückzunehmen, welche schon im verflossenen Winter zum Schutze der Winter-Postirungen mit Feldschanzen versehen worden war. Ungeachtet ihrer mehrfachen Gebrechen, die sie in Folge der grossen Ausdehnung hatte, war sie doch die einzige, die sich auf einige Zeit oder doch mindestens so lange behaupten liess, bis die noch immer unvollendeten Verschanzungen bei Mannheim hergestellt sein würden. Diese fortificirte Linie begann bei Bingen am Rhein, folgte der Nahe bis zum Einflusse der Alsenz, führte dann an deren rechtem Ufer gegen Kriegsfeld, über den Donnersberg, Alsenborn, den Schorle-Berg (zwischen Alsenborn und Kaiserslautern) und das Haardt-Gebirge auf Neustadt, von wo sie entlang dem Reh-Bache den Rhein erreichte. Die Strecke von Bingen bis einschliesslich des Schorle-Berges sollte die Niederrhein-Armee übernehmen und ausserdem 10.000 Mann an FM. Wurmser überlassen, welcher sich vom Rhein über Mutterstadt und Neustadt bis Frankenstein auszudehnen hätte. Erzherzog Carl erklärte ausdrücklich sowohl dem Kaiser als FM. Wurmser, es sei keineswegs seine Absicht, diese Stellung definitiv zu behaupten, sondern er wolle sie nur aus den bereits oben erwähnten Gründen und in der Voraussetzung beziehen, dass der Feind nicht noch vor der Ernte überlegene Kräfte gegen dieselbe vereine oder an der Sieg Erfolge erziele. Sollte einer oder der andere Fall eintreten, dann werde er für diese militärisch nicht wichtige Stellung kein Opfer bringen, sondern sich hinter die Selz zurückziehen. (52—53.)

Nach den von Erzherzog Carl getroffenen Dispositionen sollte die neue Stellung folgenderart bezogen werden:

Am Schorle-Berg: FML. Kray mit 13 Bataillonen, 10 Compagnien, 18 Escadronen.

Bei Imsbach: GL. Lindt mit dem sächsischen Corps und verschiedenen Reichs Contingenten, im Ganzen 8 Bataillone, 6 Compagnien, 19 Escadronen.

An der Alsenz: FZM. Wartensleben mit 14 Bataillonen, 22 Compagnien, 42 Escadronen.

Bei Kreuznach und Bingen: FML. Mercandin mit 8 Bataillonen, 12 Compagnien, 22 Escadronen.

Der Erzherzog beabsichtigte, vorläufig nur den linken Flügel der Niederrhein-Armee an der Glan bis zu deren Einfluss in die Nahe zurückzunehmen und dann erst nach Umständen in die eigentliche Stellung hinter der Alsenz zu marschiren. Aus diesem Grunde und weil ein Theil der Truppen schon auf dem Marsche in die, ihnen nach dem Offensivplane angewiesenen Eintheilungen begriffen war, konnten die für den Schorle-Berg bestimmten Abtheilungen nicht früher als in der Zeit vom 5.—8. Juni ihre Stellungen einnehmen. Die Räumung von Kaiserslautern und aller ausserhalb der Defensions-Linie gelegenen Punkte hatte seitens der Oberrhein-Armee in Uebereinstimmung mit den Bewegungen Erzherzog Carls derart zu geschehen, dass der Zusammenhang beider Armeen stets aufrecht erhalten werde.

Die Bewegung der Niederrhein-Armee hinter die Glan hatte am 1. Juni schon begonnen, als durch die Ereignisse an der Sieg die Durchführung auch dieses Planes des Erzherzogs unterbrochen wurde.

Operationen der Niederrhein-Armee vom 1. bis 24. Juni.

Vorgänge beim Corps des FZM. Herzog zu Württemberg.

Nach dem Aufgeben der Offensive, lag der Schwerpunkt der Operationen für die Niederrhein-Armee zwischen der Sieg und Lahn. Dort waren, wenn schon nicht der Vormarsch von Jourdans ganzer Macht, so doch ernste Demonstrationen mit Sicherheit zu gewärtigen.

Die Dispositionen des Herzogs zu Württemberg zu seinem strategischen Aufmarsche waren darauf berechnet, die ausgedehnte Cordonlinie an der Sieg aufzulösen und die Truppen derart zu gruppiren, dass, je nachdem der Gegner über Siegburg oder, durch die neutrale Grafschaft Mark, über Siegen vorgehen würde, die Vertheidigung des Landstriches zwischen der Sieg und Lahn von einem Centralpunkte — Kroppach oder Neukirch — aus geführt werden könne. Zu diesem Zwecke erhielten die Commandanten der verschiedenen Abtheilungen besondere Instructionen:

GM. Kienmayer hatte seine Avantgarde (17 Compagnien, 10 Escadronen = 3680 Mann) bei Nieder-Pleis an der untern Sieg zu versammeln, sich aber in kein ernstes Gefecht einzulassen. Vor einem überlegenen Gegner sollte er sich in guter Ordnung auf Altenkirchen zurückziehen, zugleich aber 1/2 Bataillon, 2 Escadronen nach Neustadt absenden, um diesen für Neuwied sehr wichtigen Posten zu sichern.

Oberst Gottesheim sollte mit seinem bei Daaden stehenden Detachement (1 Bataillon, 5 Compagnien, 4 Escadronen = 1814 Mann) die Bewegungen des Feindes im Gebirge, sowie die Strasse nach Siegen beobachten. Im Falle eines feindlichen Angriffes an der unteren Sieg, hätte er bei Kirchen die Sieg zu überschreiten und dann über Drabenderhöh und die Agger vorrückend, die linke Flanke des Gegners zu bedrohen. Würde dieser jedoch den Angriff in der Richtung gegen Siegen ausführen, dann müsste Oberst Gottesheim auf der »kalten Eiche« Stellung nehmen und auf der Strasse nach Siegen bis gegen Olpe streifen.

GM. Finke, welcher am linken Flügel mit 4 Bataillonen, 16 Compagnien, 10 Escadronen = 5555 Mann sowohl Neuwied als auch den Rhein-Cordon bis Lorch besetzt hielt, hatte seine Truppen eng zu cantoniren, um bereit zu sein, erforderlichen Falles über Dierdorf das Hauptcorps zu verstärken oder im Vereine mit diesem, aufwärts des Wied-Baches über Neustadt in die rechte Flanke des Gegners zu operiren.

Die Verschanzungen bei Neuwied waren mit 28 Geschützen (4 Drei-, 2 Vier-, 10 Sechs- und 8 Zwölfpfündern, dann 4 siebenpfündigen Haubitzen) armirt.

Das Gros des Corps, 10 Bataillone, 12 Escadronen = 10.861 Mann, war seit 28. Mai zwischen Altenkirchen, Hachenburg und Höchstenbach derart in Bereitschaft, dass sich die Truppen binnen 3 Stunden in der Stellung bei Kroppach vereinigen liessen. Im Falle diese Stellung nicht sollte behauptet werden können, beabsichtigte der Herzog zu Württemberg sich in jene bei Neukirch zurückzuziehen und dann diesen

Ort zum Mittelpunkte der nach Umständen vorzunehmenden Operationen zu machen.

Dieser Plan erhielt die Zustimmung des Erzherzogs, und waren die Detail-Dispositionen sowohl für den Fall eines feindlichen Angriffes über Siegburg, als auch über Siegen bereits entworfen, als GM. Kienmayer am 29. nachmittags meldete, dass der Feind mit 15.000 Mann gegen die Sieg vorrücken werde; zugleich legte der General einen Plan vor, wie die Franzosen am Einflusse der Sieg aufzuhalten und zu schlagen wären. FZM. Herzog zu Württemberg fand diesen Vorschlag, der besonders die überlegene kaiserliche Cavallerie zur vollen Geltung brachte, so vortheilhaft, dass er beschloss, die bereits in allen Theilen vorbereitete Defensive aufzugeben und nun angriffsweise vorzugehen. GM. Kienmayer erhielt den Auftrag, das Debouché der Agger bei Troisdorf, dann die Furten durch die Sieg bei Meindorf und Menden mit je 1 Bataillon des O'Donel'schen Freicorps zu besetzen, das Tiroler-Schützen-Bataillon und die 10 Escadronen Barco-Husaren aber in Reserve zu behalten, bis die zum Angriffe bestimmten Truppen an der Sieg-Mündung eingetroffen sein würden. Von diesen letzteren sollte der grösste Theil der Reiterei bei Meindorf und Menden die Sieg durchfurten und dann in der Ebene vordringen, während die leichte Infanterie bei Troisdorf über die Agger setzte und am Fusse des Gebirges vordringend, den Angriff in der rechten Flanke deckte.

Diesen allgemeinen Grundzügen entsprechend wurde disponirt:

Oberst Gottesheim hat nach Ablauf des Waffenstillstandes ohne Verzug die Sieg bei Kirchen zu übersetzen, dann, gegen Drabenderhöh und Overath vorgehend, den rechten Flügel GM. Kienmayers zu decken. Am Tage des Angriffes wäre die Agger bei Overath zu passiren und auf die linke Flanke des Gegners zu drücken.

Zum Angriffe wurden 6 Bataillone, 14 Escadronen = 6550 Mann bestimmt:

2 Bataillone und 2 Escadronen brechen am 31. Mai von Altenkirchen nach Uckerath, 1 Bataillon und 2 Escadronen von Neuwied über Neustadt nach Hangelar auf, wo sie am

1. Juni einzutreffen haben. Gleichfalls am 31. Mai setzen sich von Kroppach 3 Bataillone und 10 Escadronen nach Uckerath in Marsch und schliessen sich am 2. Juni an die dort schon befindlichen Abtheilungen. Im Lager bei Kroppach bleiben 4 Bataillone und 2 Escadronen als Reserve.

Zur Unterstützung, eventuell Aufnahme der Colonne des Obersten Gottesheim wurde 1 Bataillon nach Wissen detachirt.

Im Falle des Gelingens wäre der Feind nur bis an die Wupper zu verfolgen und dann, wegen Subsistenzarmuth des Landes und um sich nicht zu sehr auszudehnen, wieder hinter der Sieg Stellung zu nehmen. Nur wenn die Franzosen das rechte Rheinufer gänzlich räumen sollten, würde nach Umständen eine andere Haltung beobachtet werden. Für alle Fälle, insbesondere wenn auch die Division Grenier von Neuwied aus vorgehen sollte, verlangte FZM. Herzog zu Württemberg die Aufstellung einer entsprechenden Reserve an der Lahn seitens der Hauptarmee.*) (55.) Bei den damaligen Verhältnissen konnte Erzherzog Carl die ohnehin kaum zureichenden Kräfte der Hauptarmee nicht noch mehr verringern und musste daher dieses Ansuchen abschlägig bescheiden. Als aber in Folge der Detachirung nach Italien die Offensive aufgegeben und dadurch Truppen am linken Ufer disponibel wurden, dirigirte er sofort den GM. Monfrault des Mercandin-schen Corps mit 5 Bataillonen an die Lahn. FZM. Herzog zu Württemberg wurde verständigt, dass sich diese Truppen nach Eintreffen ihres Ersatzes am 5. über Bingen nach Limburg in Marsch setzen würden; sie konnten also dort nicht vor dem 8. eintreffen.

Die einzelnen Angriffscolonnen des Württemberg'schen Corps hatten sich noch nicht nach ihren Bestimmungsorten in Bewegung gesetzt, geschweige dieselben erreicht, als durch

*) FZM. Herzog zu Württemberg hatte schon zur Zeit als Erzherzog Carl bei der Armee eintraf, zur Vertheidigung der Gegend zwischen der Sieg und Lahn als Minimum 26.800 Mann gefordert. Als dies mit Rücksicht auf die Gesammtstärke der Armee und die damaligen Operationsziele nicht zugestanden werden konnte, wiederholte er am 24., 28., 30. Mai, 1. und 7. Juni seine Bitte um eine Verstärkung seines Corps oder Aufstellung einer für ihn verfügbaren Reserve an der Lahn.

das rasche Vorgehen der Franzosen der ganze Plan unmöglich wurde.

Kleber hatte die Divisionen Collaud und Lefebvre schon am 29. Mai hinter der Wupper versammelt; nur ein Detachement von 1 Bataillon mit 50 Reitern versah in Düsseldorf den Patrouillendienst am Rhein, um die Ausfuhr von Lebensmitteln zu hindern.

Am 31. ging er bei Opladen über den Fluss und lagerte zwischen Portz und Bensberg. Seine Avantgarde rückte bis an die Agger und Sieg vor, griff bei Lohmar, Troisdorf und Menden die Vortruppen Kienmayers an, ohne sich jedoch der Uebergänge bemeistern zu können, die vom O'Donel'schen Freicorps durch 5 Stunden erfolgreich vertheidigt wurden.

Mit Tagesanbruch des 1. Juni schritten jedoch beide Divisionen zum Angriffe. Collaud wandte sich über Uckendorf und Sieglar gegen die Furten von Meindorf und Menden, Lefebvre folgte der Hauptstrasse über Spich und hatte die Uebergänge bei Troisdorf und Lohmar zu forciren. Bis 10 Uhr vormittag vertheidigten vier Compagnien des O'Donel'schen Freicorps ihre Posten bei Meindorf und Menden gegen die feindliche Uebermacht. Nachdem sie drei Angriffe abgewiesen hatten, wurden sie schliesslich genöthigt, auf Hangelar zurückzugehen, wobei sie 100 Gefangene verloren.

Lefebvre fand bei Troisdorf nur geringen Widerstand und drang so schnell auf Siegburg vor, dass den weiter abwärts am linken Ufer befindlichen kaiserlichen Truppen kaum noch Zeit blieb, die Sieg zu überschreiten. Die in Lohmar stehenden 2 Compagnien vom O'Donel'schen Freicorps und 2 Compagnien Tiroler-Jäger wurden abgeschnitten und grösstentheils gefangen oder zersprengt. Ungeachtet aller Anstrengungen GM. Kienmayers, der seine Truppen bei Nieder-Pleis gesammelt hatte und sich mit dem Husaren-Regimente Barco dem Feinde entgegenwarf, forcirte die Division Collaud bei Meindorf die Sieg und drückte ihn bis über das Defilé von Warth zurück. 2 Escadronen Münster'scher Dragoner und 2 von Bercseny-Husaren, welche inzwischen von Altenkirchen und Neuwied angekommen waren, deckten diesen Rückzug.

Schon auf die erste Nachricht vom Vorrücken der Franzosen hatte der Herzog zu Württemberg den Marsch der zum Angriffe bestimmten Truppen derart beschleunigt, dass um 4 Uhr nachmittags 6 Bataillone und 6 Escadronen in der Nähe des Gefechtsfeldes eingetroffen waren. Sie wurden zum grösseren Theile bei Uckerath aufgestellt, der Rest zu Deckung der Communicationen Uckerath—Neustadt verwendet.

Nach seinem ersten Erfolge nahm Collaud auf den Höhen von Henef Stellung und liess ein Detachement bis Königswinter rheinaufwärts vorgehen, welches die Communication mit Bonn herstellte und der Reserve-Infanterie-Division Bonnard den Uebergang ermöglichte. Lefebvre lagerte bei Happerschoss hinter der Sieg. Dem gegenüber unterliess FZM. Herzog zu Württemberg nicht nur jeden Versuch, den Angriff mit den nun verstärkten Truppen zu erneuern, sondern fand vielmehr Gründe, auch die Stellung bei Uckerath ohne Kampf zu räumen. Kundschafter und Gefangene hatten ausgesagt, Kleber habe nicht nur Theile der Division Grenier, sondern auch die Cavallerie-Division Bonnaud an sich gezogen und dadurch seine Streitkräfte auf 24.000 Mann gebracht. Diese allerdings nicht genügend verbürgte Ueberlegenheit des Feindes, sowie der Umstand, dass mit dem Verluste des ebenen Terrains an der Sieg auch die Vortheile schwanden, die man von der Verwendung der Cavallerie erhofft hatte, veranlassten den Feldzeugmeister, sein ganzes Corps in der Stellung bei Altenkirchen und Kroppach zu versammeln, um dort den Fortschritten des Gegners ein Ziel zu setzen. Noch in der Nacht vom 1.—2. Juni marschirten die Truppen bis Weyerbusch und bezogen am 2. die ausgewählte Stellung. GM. Kienmayer, dessen Abtheilung nun die Nachhut bildete, hielt Weyerbusch und Kircheip besetzt; 1 Bataillon und 3 Escadronen des Rohan-schen Corps unter Oberst Maffre wurden nach Neustadt mit dem Auftrage entsendet, sich eventuell mit der Infanterie nach Neuwied zurückzuziehen, die Cavallerie aber nach Dierdorf zu schicken, um die Verbindung zwischen Neuwied und Kroppach zu sichern.

Mittlerweile war Oberst Gottesheim im Gebirge zwischen der Agger und Sieg bis Drabenderhöh vorgerückt; er wurde nun angewiesen, zur Deckung des rechten Flügels bei Wissen Stellung zu nehmen und dann das dort postirte Bataillon nach Kroppach einrücken zu lassen.

Die Ansammlung kaiserlicher Truppen bei Uckerath am Nachmittage des 1. Juni hatte Kleber zu der ganz berechtigten Voraussetzung geleitet, sein Gegner werde diese, in der Front schwer angreifbare Position nachdrücklich vertheidigen. Er traf deshalb Anordnungen, um sich derselben mittelst Umgehung zu bemächtigen: Lefebvre sollte am Morgen des 2. oberhalb Blankenberg die Sieg übersetzen, Collaud dagegen, über das Gebirge in die linke Flanke vorrückend, die Stellung im Rücken nehmen. Bei dieser mit grosser Präcision ausgeführten Bewegung traf man jedoch nur noch auf die Truppen Kienmayers, dessen Cavallerieposten bei Kircheip zurückgeworfen wurden, was den Rückzug der ganzen Arrièregarde bis unter die Kanonen von Altenkirchen zur Folge hatte. Kleber bezog bei Uckerath ein Lager.

Am selben Abende hatte auch Oberst Maffre des Rohan-schen Corps, als sich feindliche Patrouillen über Asbach näherten, den Posten von Neustadt ohne Kampf verlassen und sich nach Rengsdorf gezogen.

Die Wichtigkeit dieses Postens für die Stellung bei Neuwied, sowie die nothwendige Deckung von Dierdorf bestimmten den Herzog zu Württemberg zu dem Versuche, sich desselben durch eine Diversion gegen den feindlichen rechten Flügel wieder zu bemächtigen.

Hiezu wurde disponirt:

GM. Finke lässt alle bei Neuwied entbehrlichen Truppen zu dem in Rengsdorf stehenden Detachement des Obersten Maffre stossen, welcher sich dann am 3. Juni um 3 Uhr morgens in Marsch setzt und bis in die »3 Schläge«, eine Stunde von Neustadt, vorrückt.

Oberst Görger besetzt mit 1 Bataillon und 4 Escadronen vom Gros aus noch am 2. Juni Steimel und geht von dort am 3. ebenfalls in die »3 Schläge«, wo er das Commando über sämmtliche Abtheilungen übernimmt, sie zum Angriffe auf Neustadt führt und bis Jungrath vorzudringen sucht.

GM. Kienmayer, durch 2 Bataillone und 2 Escadronen verstärkt, geht am 3. auf der Chaussée von Weyerbusch vor und wartet dort so lange, bis die Colonne des Oberst Görger und jene des

Oberst Gottesheim, der von Wissen über Hamm und Lenscheid in der linken Flanke des Gegners bis Kircheip vorzudringen hat, ins Gefecht kommen, worauf er gleichfalls zum Angriffe schreitet und sich mit Oberst Görger zu verbinden sucht.

Mit Rücksicht auf das in Folge der grossen Entfernung sehr erschwerte gleichzeitige Zusammenwirken aller 4 Colonnen wurde der Beginn des Angriffes auf 5 Uhr nachmittags festgesetzt und sollten 3 Kanonenschüsse von der Stellung bei Altenkirchen das Signal hiezu geben. Im Falle des Gelingens hatte die aus Neuwied vorgerückte Abtheilung Neustadt wieder zu besetzen, andernfalls aber hätten sämmtliche Colonnen den Rückzug in ihre früheren Stellungen auszuführen. Nur Oberst Görger wurde angewiesen, zuerst nach Steimel und dann nach Dierdorf zurückzugehen und, falls er sich auch dort nicht halten könnte, nach Montabaur zu marschiren.

Ungeachtet die Ausführung dieses keineswegs einfachen Planes sich noch dadurch complicirte, dass eine unrichtige Meldung von dem Anmarsche der Franzosen zu wiederholten Gegenbefehlen Anlass gab, welche der Colonne des Oberst Gottesheim nicht mehr rechtzeitig zukamen, gelang dieselbe doch insoferne, als der Gegner bis Weyerbusch zurückgedrückt wurde und Neustadt wieder besetzt werden konnte. Die Arrièregarde GM. Kienmayers fasste bei Weyerbusch Posto. Oberst Gottesheim ging nach Wissen, Oberst Görger auf Steimel und am 4. nach Altenkirchen zurück. Oberst Maffre besetzte mit den zur Brigade des GM. Finke gehörigen Truppen Neustadt.

Eine praktische Folge hatte dieses Unternehmen thatsächlich nicht. Es wurde Kriegsrath gehalten, als dessen Ergebniss FZM. Herzog zu Württemberg keinen weiteren Angriff wagen zu dürfen glaubte, bevor die Verstärkung, die GM. Monfrault heranführte, nicht beim Corps oder doch wenigstens an der Lahn bei Limburg eingetroffen sein würde. Kundschaftsnachrichten, welche meldeten, Kleber dringe mit einem starken Corps über Waldbroel-Siegen in der rechten Flanke vor, hielten vollends jede offensive Regung nieder. Im Ganzen hatten die bisherigen Ereignisse ausser den taktischen Nachtheilen noch die in strategischer Hinsicht üble Folge, dass der Herzog zu Württemberg von dem ursprünglichen Plane insoferne abging, als er nun nicht mehr Neukirch als den nächsten Vertheidigungsabschnitt betrachtete. Rücksichten auf die nähere Verbindung mit der Brigade GM. Finke, die Erhaltung der Magazine in Montabaur und Nassau, sowie auf die leichtere Ansichziehung der anrückenden Verstärkungen hatten ihn zu dem Entschlusse gebracht, sich im Falle, als Altenkirchen—Kroppach nicht sollte gehalten werden können, über Freilingen in der Richtung nach Limburg zurückzuziehen. Oberst Gottesheim würde dann die »kalte Eiche« besetzen, um von dort aus die Bewegungen Klebers zu beobachten, und sich in das Dill-Thal zurückziehen, falls derselbe wirklich über Siegen vorgehen sollte. (56.)

Dass dieses Vorhaben nicht nur dem mit Erzherzog Carl vereinbarten Plane geradezu entgegenlief, sondern auch die Sicherheit der Hauptarmee ernstlich gefährdete, scheinen Bedenken gewesen zu sein, die erst in zweiter Linie standen.

Gefecht bei Altenkirchen. 4. Juni.

Am 4. Juni befand sich das Corps mit dem rechten Flügel bei Kroppach, mit dem linken auf den Höhen bei Altenkirchen. GM. Kienmayer, verstärkt durch 1 Linien-Bataillon, versah den Vorpostendienst bei Weyerbusch und hatte den Auftrag, sich vorkommenden Falles auf die ihm im Voraus bekannt gegebenen Punkte in der Stellung von Altenkirchen zurückzuziehen.

Dort war 1 Bataillon des O'Donel'schen Freicorps und eine Abtheilung Tiroler-Jäger in Almersbach am äussersten linken Flügel; hinter diesen, auf den Höhen bei Schöneberg, 1 Compagnie Jordis-Infanterie und 1 Escadron; auf den Höhen südlich von Altenkirchen, den Wied-Bach vor der Front, 11 Compagnien Jordis-Infanterie, 4 Escadronen und 10 Geschütze; rechts davon deckten 1 Bataillon Kaiser-Infanterie, 6 Escadronen, 4 zwölfpfündige und 4 Cavallerie-Kanonen das

Debouché aus der Stadt. Altenkirchen selbst war mit 1 Bataillon Kaiser-Infanterie besetzt, während die Reste vom O'Donel'schen Freicorps und den Tiroler-Jägern in den Gärten der Stadt und im Thale des Wied-Baches vertheilt waren. — Der rechte Flügel des Corps, ungefähr 4 Bataillone und 8 Escadronen, stand bei Kroppach, 1 Bataillon Darmstädter war in den Wald bei Eichelhardt vorgeschoben.

Mit Anbruch des Tages rückte Kleber zum Angriffe vor: Die Division Lefebvre an der Tete, jene Collauds in zweiter Linie. Die Vorposten GM. Kienmayers hielten den Angriffen ihrer Gegner bis 7 Uhr Stand, mussten aber dann den überlegenen Kräften weichen und zogen sich auf Altenkirchen zurück.

Lefebvre theilte nun seine Division in 3 Colonnen, um gleichzeitig beide Flanken und das Centrum anzugreifen. Die linke Colonne, bestehend aus der 96. Linien-Halbbrigade, 1 Bataillon der 25. leichten Halbbrigade und einer leichten Batterie, nahm unter Commando Soult's den Weg von Weyerbusch über Hilgenroth auf Kroppach. Brunet führte die rechte Colonne: 1 Grenadier- und 2 leichte Bataillone, über Mehren in die linke Flanke gegen Almersbach. Die Leitung der Mittelcolonne hatte sich Lefebvre vorbehalten und dirigirte zwei Linien-Halbbrigaden längs der Chaussée zum Angriffe auf Altenkirchen.

Die gesammte Cavallerie: 1 Reiter-Regiment, 2 Regimenter Chasseurs à cheval und 3 Escadronen Husaren folgten im Reserveverhältnisse.

Dieselben Motive, welche den Herzog zu Württemberg bisher von jeder offensiven Bewegung abgehalten hatten, führten ihn auch dahin, die Möglichkeit eines erfolgreichen Widerstandes in seiner jetzigen Position zu bezweifeln. Er beschloss noch vor dem Angriffe in Ordnung zurückzugehen, um bei den Defiléen von Hachenburg und Höchstenbach den Versuch zu machen, den Feind aufzuhalten. (57.) Bevor jedoch dieser Gedanke zur That werden konnte, hatten die Franzosen sowohl in der Front als in der Richtung auf Almersbach so ungestüm angegriffen, dass der kaiserliche linke Flügel sich dem Gefechte nicht mehr entziehen konnte. Das in Altenkirchen stehende Bataillon von Kaiser-Infanterie verliess vorzeitig seinen Posten und die Franzosen benützten diesen Fehler, um sich den Uebergang über den Wied-Bach zu sichern. Ungeachtet des heftigsten Geschützfeuers gewannen sie das linke Ufer. Die Reiterei hatte den Bach grösstentheils durchfurtet und stürmte nun zuerst die steilen Höhen hinan, welche das Regiment Jordis besetzt hielt. Kurz darauf folgte die Infanterie, welche die Brücke bei Altenkirchen benützte.

Fast zu gleicher Zeit drang die Colonne Brunet von Almersbach her vor. Dreimal griff das 1. Chasseur-Regiment die Bataillone Jordis an, welche dasselbe stehenden Fusses erwarteten und nach gut angebrachtem Salvenfeuer mit dem Bajonnette zurückwarfen; beim 4. Angriffe jedoch geriethen sie in Unordnung und mussten weichen. Von der feindlichen Reiterei umringt, wurden beide Bataillone gefangen; nur 2 Compagnien, die zur Deckung einer Schlucht seitwärts aufgestellt waren, konnten unter lebhaftem Gefechte Kroppach erreichen.*)

Die kaiserliche Cavallerie stand an diesem Tage nicht auf der Höhe ihrer sonstigen Leistungen; sie unterstützte die Infanterie allerdings kräftig in der Abwehr der ersten feindlichen Reiterangriffe, als sie aber später in das Feuer der französischen Grenadiere gerieth, kam sie gänzlich aus der Ordnung und liess sich von der allgemeinen Verwirrung fortreissen. Der Feind verfolgte sie ungestüm und holte dabei die 10 Reservegeschütze ein, welche FML. Boros schon eine halbe Stunde vorher zurückgeschickt hatte und in Sicherheit wähnte.

---

*) Nach einem Berichte des GM. Mylius ddo. Giessen, 12. Juni, unterliegt es keinem Zweifel, dass die Ursache der Katastrophe, die das Regiment Jordis ereilte, darin zu suchen ist, dass das Regiment zum Theile mit blinden Patronen versehen war.

Dieser General, der auf den Höhen von Altenkirchen das Commando führte, gibt an, es sei ihm aufgefallen, dass die letzten Dechargen der beiden Bataillone absolut gar keine Wirkung hervorbrachten, was den Einbruch der Reiterei zur unmittelbaren Folge hatte. Ferner berichtet er die Thatsache: der Unterjäger Loser von den Tiroler-Scharfschützen, welcher bei Altenkirchen gefangen wurde und sich selbst ranzionirte, habe ausgesagt, von den Franzosen wären ihm unmittelbar nach dem Gefechte 5—6 Pakete blinder Patronen mit den Worten vorgewiesen worden: »Voyez comme vous-êtes vendus.« (F. A. VI, 122.)

Nach diesen Unfällen am linken Flügel glaubte FZM. Herzog zu Württemberg auch den rechten nicht mehr halten zu können, von welchem um diese Zeit erst die Vortruppen bei Eichelhardt im Gefechte waren. Er berief einen Kriegsrath, in welchem beschlossen wurde, den Rückzug nach Freilingen zu nehmen und Anstalten zu treffen, die sämmtlichen Kräfte des Corps so rasch als möglich zu vereinigen.*)

In Folge dessen erhielt GM. Finke noch am selben Tage den Auftrag, in der Nacht zum 5. Juni über Grenzhausen nach Montabaur zu marschiren und nordöstlich davon, bei Boden, Stellung zu nehmen. Desgleichen sollte GM. Monfrault, den man mit seinen Verstärkungstruppen am 5. in Limburg erwartete,**) am selben Tage noch bis Molsberg vorrücken. Von diesen Dispositionen versprach sich der Herzog zunächst die Deckung der Magazine von Montabaur, Nassau und Limburg, dann die Möglichkeit, nach Vereinigung mit Finke und Monfrault, wodurch das Corps die Stärke von 20.000 Mann erreicht haben würde, sofort die Offensive ergreifen zu können.

An Oberst Gottesheim wurde der Befehl abgesendet, mit seinem Detachement nach Neukirch zu marschiren und sich dort so lange als möglich zu behaupten. Vor überlegenen Kräften habe er sich über Rennerod zuerst nach Waldmühlen, dann nach Waldernbach zurückzuziehen, von wo aus Weilburg und die über Mengerskirchen nach Wetzlar führende Strasse so lange zu sichern wären, bis das Corps wieder offensiv werden würde. Dieses bezog am Abende des 4. die Stellung bei Freilingen. Es verliess dieselbe aber schon am 5.

*) Das Operations-Journal des Herzogs zu Württemberg stimmt hier insoferne nicht mit den Thatsachen, als es die Gründe für den Rückzug nach Freilingen aus den Resultaten des Gefechtes bei Altenkirchen ableitet, während der Herzog den Rückzug nach dieser Richtung schon vor dem Gefechte beschlossen hatte und hiefür in seinem Berichte an Erzherzog Carl ddo. Altenkirchen, 3. Juni, die gleichen Motive anführte, mit welchen nach dem Gefechte der Kriegsrath sein Votum begründete. (56)

**) Wie man zu dieser ganz unmöglichen Voraussetzung gelangte, ist aus den Acten, welche das Württemberg'sche Corps betreffen, nicht zu ersehen. GM. Monfrault marschirte bekanntlich erst am 5. von Bingen ab.

morgens, weil nach Entscheidung des versammelten Kriegsrathes ein Wald zu nahe vor der Front lag und man es auch als vortheilhafter erachtete, sich nach Molsberg zurückzuziehen, wo man mit GM. Finke, den man schon in Montabaur angekommen glaubte, in nähere Verbindung treten konnte. Diese Voraussetzung traf aber nicht zu, da bei dem Calcul das Verhalten des Gegners nicht entsprechend berücksichtigt worden war.

Nach dem Gefechte bei Altenkirchen war Lefebvre bis Hachenburg vorgegangen und hatte die dort stehende Arrièregarde GM. Kienmayers bis Steinebach zurückgedrängt. — Collaud, den Kleber in der Richtung gegen Neuwied vorgehen liess, erreichte am Abende des 4. Dierdorf und besetzte auf die Nachricht, dass die kaiserlichen Truppen in der Nacht vom 4. zum 5. von Neuwied abmarschirt seien, am Morgen des 5. Montabaur. GM. Finke ward hiedurch genöthigt, in der Richtung gegen die Lahn nach Neuhäusel abzubiegen. Dies aber hatte noch die weitere Folge, dass unmittelbar darauf Grenier mit seiner Division den Rhein übersetzte und sich mit Kleber vereinigte, während die Infanterie-Reserve-Division Bonnard Ehrenbreitstein einschloss.

Am selben Tage (5.) morgens hatte sich auch Lefebvre nach Hadamar in Marsch gesetzt und GM. Kienmayer bei Hahn angegriffen.

FZM. Herzog zu Württemberg, der weder von GM. Finke, noch von Oberst Gottesheim Nachrichten erhielt, entsendete nach beiden Richtungen Cavallerie-Detachements und erhielt zuerst von Oberst Levachich, der mit einer Division Husaren gegen Montabaur vorgedrungen war, die Meldung, es sei dieser Ort vom Feinde bereits besetzt. Fast gleichzeitig meldete GM. Kienmayer das Anrücken einer starken feindlichen Colonne auf der Chaussée, und den Marsch einer zweiten in der Richtung auf Hadamar, die bereits Langendernbach erreicht habe. — Es war dies die Division Lefebvre.

Da Herzog zu Württemberg sich nicht stark genug fühlte, auch nur der in der Front vorrückenden Colonne Widerstand zu leisten, so musste ihn das gleichzeitige Auftreten starker feindlicher Truppen in seinen Flanken bei Montabaur und Langendernbach um so eher zum schleunigen Rückzuge veranlassen, als die erwartete Verstärkung noch nicht eingetroffen war und er daher Gefahr zu laufen fürchtete, von Limburg abgeschnitten zu werden. Er ging also unverweilt nach Hundsangen zurück und nahm auf den Höhen hinter diesem Orte Stellung.

Die Franzosen besetzten hierauf das von den kaiserlichen Truppen verlassene Terrain und detachirten General Soult mit 3 Bataillonen und 150 Pferden in das Dill-Thal gegen Oberst Gottesheim.

Mit dem Aufgeben der Position bei Molsberg war auch der Rückzug des Württemberg'schen Corps auf das linke Lahnufer so gut wie entschieden. Der Besitz von Montabaur öffnete den Franzosen die Strasse nach Limburg und Diez, auch war der Raum zwischen Hundsangen und der Lahn schon so gering, dass unter den obwaltenden Verhältnissen kaum eine andere Wahl blieb als der Uebergang auf das linke Ufer. Der Kriegsrath, den FZM. Herzog zu Württemberg bei der Ankunft in Hundsangen zusammenberief, war daher auch einstimmig der Meinung, dass mit »so ermatteten, ungenügenden Truppen« ein neues Gefecht nicht eingegangen werden dürfe und die Wiederaufnahme der Offensive überhaupt nur nach entsprechender Erholung und Verstärkung möglich sei. Es wurde daher der weitere Rückzug über die Lahn beschlossen, um sich dort mit der Brigade Montfrault zu vereinigen, die nach drei forcirten Märschen am 7. in Limburg eintreffen werde, sowie auch mit GM. Finke, der bei Nassau die Lahn passiren könne. (58.) Dieser erhielt denn auch den Auftrag, in der Nacht vom 5. zum 6. Juni bei Nassau, oder wenn ihm der Feind dort schon zuvorgekommen sein sollte, bei Lahnstein den Fluss zu übersetzen und nach Singhofen zu marschiren. Von dort habe er ein Bataillon und die Husaren nach Limburg abzusenden, mit dem Reste aber die Lahn von der Mündung aufwärts bis Schaumburg zu decken. Sollte jedoch der Weg nach Singhofen nicht mehr offen sein, so wäre der Rückzug südwärts über Nastätten auf die Höhen von Kemel zu nehmen.

Zur Sicherung des Ueberganges für das Corps wurden die darmstädtischen Truppen und 1 Bataillon Kaiser-Infanterie nach Limburg und Diez abgeschickt und auf den dortigen Höhen Reservegeschütze aufgeführt. Den gleichfalls wichtigen Uebergangspunkt Weilburg besetzte Major O'Donel mit 1 Bataillon seines Freicorps und 1/2 Escadron.

Als der Feind im Laufe des 5. die Arrièregarde auf Hundsangen zurückdrückte und bis Molsberg vordrang, ging FZM. Herzog zu Württemberg mit seinem Corps bei Limburg über die Lahn und besetzte die Höhen am linken Ufer, sowie Bergnassau, Diez und Runkel. Am rechten blieb nur die Arrièregarde, dann die Darmstädter, 1 Bataillon Kaiser-Infanterie und das Regiment Coburg-Dragoner auf den Höhen von Dielkirchen zwischen Diez und der Elz.

Oberst Gottesheim hatte am 5. seine Stellung bei Daaden gleichfalls räumen müssen und, weil Waldmühlen bereits vom Feinde besetzt war, den Rückzug nach Herborn genommen. Am 7. erschienen aber auch dort so überlegene Kräfte (Soult), dass ihm nichts erübrigte, als bei Wetzlar hinter die Lahn zu gehen, wo er Stellung nahm und auch Braunfels besetzte.

Gefechte an der Lahn.

Bei Tagesanbruch des 6. Juni setzte Kleber seine Operationen mit einem Angriffe auf die Lahn-Uebergänge fort. Lefebvre und Collaud vereinigten sich bei Hadamar und drängten nach hartnäckigem Kampfe die kaiserlichen Truppen auf das linke Ufer zurück. Dagegen scheiterten alle Versuche, die Uebergänge zu forciren. Bei Diez und Oranienstein wies Major Gyulay mit 6 Compagnien O'Donel- und 1 Bataillon Kaiser-Infanterie alle Angriffe zurück; Runkel wurde zwar im Laufe des Tages von den Franzosen genommen, in der Nacht jedoch vertrieb das darmstädtische Grenadier-Bataillon den Feind wieder aus diesem Posten. Nur in Weilburg konnte der Gegner festen Fuss fassen, da er diesen Ort durch ein fliegendes Corps von Hadamar aus besetzte, bevor noch Major O'Donel dort eintraf.

Am 7. Juni war das ganze linke Ufer, mit alleiniger Ausnahme von Nassau, welches GM. Finke besetzt hielt, von den

6*

kaiserlichen Truppen geräumt. Nun kam alles darauf an, dem Feinde das Vordringen über diesen Abschnitt hinaus, auf das entschiedenste zu verwehren, sollte die am linken Rheinufer stehende Hauptarmee nicht in eine sehr missliche Lage gerathen.

Dort verfolgte man besorgten Blickes die Operationen des Herzogs zu Württemberg. Schon der Bericht über den Kriegsrathsbeschluss von Hundsangen liess Erzherzog Carl die Zweckmässigkeit der zwischen Lahn und Sieg seither getroffenen Massnahmen bezweifeln; er säumte denn auch nicht, dem Herzoge sofort bindende Weisungen über dessen nächstes Verhalten zugehen zu lassen.*) (59.) Da unter den gegebenen Verhältnissen eine Vertheidigung der Stellung an der Lahn ihrer ganzen Front entlang kaum Erfolg hoffen liess, beauftragte er ihn, aufwärts gegen Weilburg eine Stellung zu nehmen, von welcher aus er sowohl die Flanke und die Operationslinie des Feindes bei dessen weiterer Vorrückung bedrohen, als auch die Verbindung mit Frankfurt und dem Main zu sichern vermöge. Zugleich wurde der Herzog verständigt, dass FML. Gruber mit 4 Bataillonen, 6 Escadronen am 8. in Wiesbaden eintreffen und von dort in forcirten Märschen an die Lahn eilen werde.

Bevor jedoch dieses Schreiben den Ort seiner Bestimmung erreichte, that FZM. Herzog zu Württemberg einen weiteren

*) Es waltete in jenen Tagen ein eigener Unstern über der Correspondenz des Erzherzogs mit dem Corps-Commandanten an der Lahn. Erzherzog Carl hatte schon seit Beginn der Feindseligkeiten in mehreren Schreiben seine Unzufriedenheit über das stete Zurückweichen der kaiserlichen Truppen ausgesprochen und dem FZM. Herzog zu Württemberg in entschiedenster Form das Unzweckmässige und sogar Gefährliche seiner veränderten Rückzugsrichtung auseinandergesetzt. Am 2., 4., 5. und in 2 Schreiben vom 6. Juni behandelte er den gleichen Gegenstand und gab sogar am 6. Juni, als er den Feldzeugmeister noch in Freilingen glaubte, in einer förmlichen Disposition die Operationen an, wie das Corps sich östlich in die Gebirge werfen und in des Gegners Flanke wirken könne. Immer jedoch rieth er entschieden ab, sich direct an die Lahn zu ziehen. Durch eigenthümliche, nicht aufgeklärte Verhältnisse gelangte seit der Mittheilung über die Absendung der Brigade Montfrault kein einziges dieser Schreiben rechtzeitig in die Hände des Herzogs zu Württemberg, bis endlich in Hundsangen alle gleichzeitig einliefen. Da kamen nun freilich alle Rathschläge und Befehle zu spät. (60.)

Schritt in der vom Armee-Commandanten so ausdrücklich verpönten Richtung. Am Morgen des 6. traf im Corps-Hauptquartiere zu Limburg die Meldung ein, dass die Franzosen von Montabaur aus die Höhen von Nassau besetzt hätten. Obwohl hierüber von GM. Finke gar kein Bericht vorlag, genügte doch schon die blosse Möglichkeit eines solchen Angriffes, um in Verbindung mit der Besorgniss, der Feind könnte von Weilburg aus die Stellung an der Lahn »tourniren«, erneuerten Rückzugsplänen Raum zu geben. Der nun abermals versammelte Kriegsrath beschloss mit Stimmeneinheit, dass, falls der Gegner die Stellung der kaiserlichen Truppen hinter der Lahn von Nassau oder Weilburg aus zu umgehen versuchte und die Umstände keinen erfolgreichen Widerstand ermöglichten, der weitere Rückzug zuerst nach Kirberg und dann nach Hühnerkirchen zu nehmen wäre. Indess sollte dies nur im äussersten Falle geschehen, vielmehr womöglich wieder offensiv vorgegangen werden, sobald die eben eingerückte Brigade des GM. Montfrault sich erholt haben würde.*)

Es ist klar, dass die Fortsetzung des Rückzuges in der angedeuteten Richtung die Niederrhein-Armee schwer hätte gefährden müssen. Die Strasse an den Main wäre dann dem Feinde offen gestanden, der sich mit voller Kraft auf die rechte Flanke des Württemberg'schen Corps werfen und es in dem immer enger werdenden Raume hätte erdrücken können. Die am linken Rheinufer stehende Hauptarmee wäre in diesem Falle zwischen Kleber und Jourdan oder, was noch schlimmer, zwischen Kleber und Moreau eingekeilt worden, während Jourdan nichts hinderte, bei Neuwied über den Rhein zu gehen und gegen den Main zu operiren. Als daher Erzherzog Carl die Meldung von den Absichten des Herzogs zu Württemberg erhielt, sandte er am 7. Juni einen Officier mit gemessensten Weisungen hinsichtlich der vorzunehmenden Operationen nach Limburg. In diesem Befehlschreiben brach der Unmuth wegen

*) Bericht des FZM. Herzog zu Württemberg an Erzherzog Carl ddo. Limburg, 6. Juni. (D. VII, ad 94.) Dass der Herzog den Bericht mit der Bitte schloss, ihm Verhaltungsbefehle, sowie Generalstabs-Officiere zu senden, die der »rückwärtigen Gegend« kundig seien, sprach nicht sehr zu Gunsten der in Aussicht gestellten Offensive.

des übereilten Rückzuges und der zweckwidrigen Anordnungen des Herzogs in fast harten Worten durch. »Die Gefahr, von Weilburg aus umgangen zu werden« — heisst es dort — »hätte am besten vermieden werden können, wenn man sich selbst dorthin zurückgezogen hätte. Wenn nun abermals der Rückzug unvermeidlich werde, so sei er lahnaufwärts nach Weilmünster zu nehmen, sowohl um die Strasse nach Frankfurt zu decken, als auch um sich vor dem gefürchteten Tourniren zu schützen.« Unbedingt aber müsse es von einem Rückzuge in der Richtung nach Hühnerkirchen abkommen; »übrigens« — schliesst der Erzherzog — »bitte ich Euer Liebden, Ihren Vorschlägen, welche nach dem mir vorgelegten Entwurfe dahin abzweckten, sich rechts zu halten und irgendwo Position zu nehmen, mehr zu folgen, als jeden Augenblick Kriegsrath zu halten.« (61.)

In Folge dieser, jedes Missverständniss ausschliessenden Befehle unterblieb die Ausführung jener verderblichen Massregel, sowie überhaupt jede rückgängige Bewegung. FZM. Herzog zu Württemberg besetzte nun in entsprechender Weise die Lahn und detachirte die Brigaden GM. Montfrault und GM. Mylius gegen Weilmünster zur Sicherung der von Weilburg nach Süden ausgehenden Communicationen.

Die Franzosen hielten sich seit ihrem letzten Versuche, die Lahnübergänge zu forciren, am rechten Ufer vollkommen ruhig. Sie waren gleichfalls damit beschäftigt, sich längs der Lahn zu etabliren, und suchten in der gewonnenen Stellung vorerst Erholung von den anstrengenden raschen Märschen.

Operationen am Niederrhein unter Erzherzog Carl vom 1.—24. Juni.

Erzherzog Carl hatte unmittelbar nach erzieltem Einverständnisse mit FM. Wurmser den Rückmarsch hinter die Glan angeordnet, der später seine Fortsetzung in dem Beziehen der Stellung hinter der Alsenz finden sollte. Bevor jedoch diese Bewegung begann, erheischte die Detachirung GM. Montfrault's an die Lahn eine Aenderung der Ordre de bataille. Die Brigade GM. Schellenberg, welche bisher bei

Kirn stand, kam mit 5 Bataillonen, 2 Escadronen zum Corps FML. Mercandins, nur die Husaren-Division und die leichten Truppen blieben bei Kirn zurück und unterstanden dem kursächsischen GL. Lindt, der nunmehr mit seinem Corps an die Stelle Schellenbergs trat.

Das Gros der Armee marschirte am 1. und 2. Juni hinter die Glan; die Sachsen blieben bei Kirn, bis die Armee das Defilé von Lauterecken passirt hatte, und bezogen dann hinter der Alsenz bei Wensheim eine Reservestellung. Auch die Vorposten verliessen unter Commando GM. Nauendorfs am 3. Juni die Nahe. Sie blieben jedoch noch am linken Ufer der Glan in der Linie Meddersheim—Bärweiler—Hundsbach—Sien—Jeckenbach—Gumbsweiler und schlossen sich an jene FML. Krays, der am 5. in Ramstein einzutreffen hatte. FML. Mercandin nahm sein Corps gleichfalls entsprechend zurück, indem er seinen linken Flügel bei Monzingen an die Nahe stützte und die Front über Eckweiler und den Soon-Wald bis an den Rhein ausdehnte. Im Falle eines Angriffes hatten die Vorposten die Nahe und Glan als Scheidelinie festzuhalten, FML. Mercandin dagegen sich langsam an die obere Nahe nach Bingen und Kreuznach zu ziehen und die Nahe-Brücke bei Bretzenheim in Sicherheit zu bringen.

Am 4. Juni war die Armee hinter der Glan formirt; ihre Vorhut hielt das Defilé von Lauterecken besetzt, das Hauptquartier war in Ober-Moschel. Der Rückmarsch verlief am ersten Tage ohne besondere Störung von Seite des Gegners, der sich auf kleine Plänkeleien mit den Vorposten beschränkte. Ebensowenig von Bedeutung war der Angriff, den die Franzosen am 2. Juni auf FML. Mercandin bei Argenthal ausführten, wo sie mit Verlust zurückgeschlagen wurden, dann eine Kanonade mit den sächsischen Truppen bei Kirn, deren Artillerie die feindlichen Geschütze rasch zum Schweigen brachte.

Grösseren Umfang gewann ein Angriff der Franzosen am 4. auf die ganze Vorpostenlinie GM. Fürst Hohenlohes, dessen Truppen den rechten Flügel des Corps Mercandins bildeten. Dort forcirten sie das Defilé der Utscher-Hütte — eine der zahlreichen Gewerkschaften des Golden-Bach-Thales —

und erstiegen mit 3 Bataillonen zweimal den Kanterich, ohne sich jedoch dort behaupten zu können.*)

Die Verluste in diesem Gefechte beliefen sich auf 2 Officiere, 99 Mann und 1 Pferd. Im Ganzen hatte die Niederrhein-Armee in den Gefechten seit Eröffnung der Feindseligkeiten am linken Rheinufer 2 Officiere, 206 Mann und 62 Pferde eingebüsst.

Ebenso gering wie die Verluste in den Gefechten der letzten Tage, waren auch die unmittelbaren Resultate derselben. Jourdan hatte allerdings die Absicht gehabt, den Erzherzog bei Baumholder anzugreifen, falls sich dieser auf dem linken Ufer behaupten wolle, und waren die einzelnen Gefechte nur zu dem Zwecke eingeleitet worden, sich hierüber Gewissheit zu verschaffen. Als sich nun schon am 3. die rückgängigen Bewegungen der kaiserlichen Armee mit voller Bestimmtheit erkennen liessen, schrieb Jourdan dies der Rückwirkung des Vordringens Klebers an der Sieg zu. Er vermuthete, Erzherzog Carl habe die Absicht, das linke Ufer ganz zu räumen, und beeilte sich daher, Kleber zu unterstützen, bevor derselbe durch die an der Lahn sich sammelnden feindlichen Kräfte erdrückt würde. In dieser Voraussetzung beorderte er die Divisionen Bernadotte und Championnet, dann die Reserve-Cavallerie-Division Bonnaud nach Neuwied, um von dort an die Lahn zu gehen. Nur die Divisionen Marceau und Poncet blieben vor Mainz, um diesen Platz zu beobachten und eventuell die Operationen Moreaus zu unterstützen.

Auch Erzherzog Carl wurde durch den Verlauf der Ereignisse an der Sieg zu durchgreifender Aenderung seiner bisherigen Dispositionen veranlasst. Auf die erste Meldung des Herzogs zu Württemberg, dass er die Sieg nicht halten konnte, war sofort 1 Bataillon Besatzung von Mainz angewiesen worden, sich nach Limburg in Marsch zu setzen und dort der Brigade GM. Montfrault anzuschliessen. Hiedurch im Ganzen um 6 Bataillone verstärkt, war das Corps zwischen

*) »Kanterich« — höchster Punkt des Binger-Waldes und wahrscheinlich identisch mit der in den heutigen Karten unter der Bezeichnung »Franzosenkopf« vorkommenden Höhe.

der Sieg und Lahn den Truppen Klebers thatsächlich überlegen und konnte der Erzherzog mit Recht voraussetzen, weitere Fortschritte des Gegners würden verhindert werden. In dieser Ueberzeugung wurde der Erzherzog auch dann nicht wankend, als am 4. Juni der Bericht über den Verlauf der Zusammenstösse bei Weyerbusch und Neustadt einlief. Er beschränkte sich darauf, den Herzog zu Württemberg auf die ausreichenden Kräfte zu verweisen, die ihm nun zur Verfügung stünden, und die Vortheile hervorzuheben, welche durch eine über Siegen auf die Rückzugslinie des ungestüm vordringenden Gegners wirkende Operation zu erreichen wären.

Der Bericht über den Ausgang des Gefechtes bei Altenkirchen, welcher am 5. abends im Hauptquartiere zu Ober-Moschel eintraf, vernichtete jedoch alle Erwartungen. Von diesem Augenblicke an zweifelte der Erzherzog nicht mehr, der Rückzug des Herzogs zu Württemberg werde nur hinter der Lahn enden. Er erkannte, dass kein Augenblick zu verlieren sei, um die der ganzen Armee drohende Gefahr abzuwenden. Schon damals sprach er die Absicht aus, nöthigenfalls mit der ganzen Armee über den Rhein zu gehen, um den Feind in seinem Vordringen aufzuhalten und ihn wieder über den Fluss zurückzuwerfen. (62.) Vorerst aber wollte er noch versuchen, durch eine ausgiebige Verstärkung das Uebel zu beschwören, da die Anwesenheit der Hauptmacht Jourdans am linken Ufer die Freiheit der Bewegungen des Erzherzogs beeinträchtigte.

FML. Gruber erhielt Befehl, sich am 6. mit der Brigade des GM. Prinzen von Oranien nach Limburg in Marsch zu setzen, und da nicht bestimmt vorauszusehen war, wie weit und in welcher Richtung der Herzog zu Württemberg bis zum Eintreffen dieser Brigade seinen Rückzug fortgesetzt haben konnte, so wurde FML. Werneck angewiesen, auch das Reserve-Corps: 7 Grenadier-Bataillone und 16 Escadronen, am 6. in Alzey zu sammeln und dann in forcirten Märschen über Homburg gegen Wetzlar und Giessen vorzugehen, um eintretenden Falles die dortigen Communicationen zu sichern.

Zur selben Zeit trat der Wechsel im Commando über die Truppen zwischen der Sieg und Lahn in Kraft, indem FZM.

Wartensleben, welcher im Sinne des kaiserlichen Befehles schon am 4. Juni zum Commandanten dieses Corps ernannt worden war, nun den Auftrag erhielt, sich mit grösster Beschleunigung an den Ort seiner Bestimmung zu begeben und den Befehl von FZM. Herzog zu Württemberg zu übernehmen.

Die bedeutenden Kräfte und die ungetheilte Aufmerksamkeit, welche von nun an die Verhältnisse am rechten Rheinufer in Anspruch nahmen, bestimmten ferner Erzherzog Carl. den mit FM. Wurmser vereinbarten Defensivplan aufzugeben und mit dem Reste der Armee in einer Stellung hinter der Selz die weitere Entwicklung der Dinge abzuwarten. Noch am 5. abends wurde der Feldmarschall hievon verständigt und gleichzeitig die erforderlichen Anordnungen zum Beziehen der neuen Position getroffen.

An FML. Kray, der am 6. Alsenborn erreichte, erging der Befehl, sofort umzukehren und bis 8. in der Gegend von Alzey einzutreffen; FML. Mercandin hatte mit seinem Corps bis an die Nahe zurückzugehen.

Alles ärarische Gut zwischen Worms, Alzey und Mainz wurde über den Rhein zurückgeschafft und sämmtliche für die Landwirthschaft nicht unumgänglich nothwendigen Pferde gegen Ausstellung von »Schuldscheinen« für die Armee requirirt, um dem Feinde jene Mittel möglichst zu entziehen, deren er am dringendsten bedurfte.

Am 6. setzte sich die Armee in Marsch und bezog das Lager bei Fürfeld, die Vorposten hinter der Glan, das Hauptquartier in Wonsheim.

Der nächste Verlauf der Ereignisse liess die Absicht des Erzherzogs, den Operationsschauplatz ganz auf das rechte Ufer zu verlegen, rascher zur That reifen, als eigentlich vorgesehen war. Am Abende des 6. Juni traf ein neuer Bericht des Herzogs zu Württemberg ein, der den Rückzug über die Lahn, die Preisgebung von Neuwied und den auf letztere unmittelbar folgenden Uferwechsel der Division Grenier meldete. Gleichzeitig erhielt der Erzherzog bestimmte Nachrichten von dem Abmarsche der Divisionen Bernadotte und Championnet in der Richtung nach Coblenz, und da war denn jeder Zweifel ausgeschlossen, dass es sich auch hinsichtlich dieser um nichts anderes handle, als gleichfalls bei Neuwied das rechte Ufer zu gewinnen.

All dies zusammen bedeutete eine so gefährliche Bedrohung der Communicationen der Niederrhein-Armee, dass der Erzherzog sich entschloss, Mainz und die Hechtsheimer-Schanzen durch ein entsprechendes Corps zu sichern, alle übrigen Truppen aber ohne Zeitverlust an die Lahn zu verlegen. Dort wollte er, des Feindes linke Flanke umfassend, denselben über den Rhein zurückdrängen und dann selbst auf das linke Ufer übergehen, um dem Gegner das ihm nur vorübergehend überlassene Gebiet baldmöglichst wieder zu entreissen. (63.)

Die Disposition hiezu wurde noch am 7. entworfen und zugleich die Neueintheilung der Armee verlautbart, wie sie nach bewirktem Uebergange ins Leben treten sollte, und zwar: (66.)

FML. Mercandin blieb mit 19.000 Mann (15.274 Infanterie, 3726 Cavallerie) am rechten Ufer bei Mainz zurück, um die Festung und das Retranchement zu decken und die vorliegende Gegend so lange als möglich vor einer Invasion zu schützen. Zu diesem Zwecke nahm er mit 16 Bataillonen Stellung hinter der Selz und schob GM. Nauendorf mit 22 Compagnien und 22 Escadronen gegen die Nahe vor, wo dessen Vorposten die Linie Bingen—Gensingen—Gau-Böckelheim—Armsheim—Ensheim—Spiesheim—Dolgesheim—Guntersblum besetzten. Die Besatzung von Mainz ($5^2/_6$ Bataillone, 9 Compagnien, 2 Escadronen) stand unter speciellem Befehle des Gouverneurs dieser Festung, FML. Neu.

An der Lahn vereinigte FZM. Wartensleben 18.234 Mann Infanterie, 5275 Reiter oder 23.509 Mann.

Die Haupt-Armee zählte 23.934 Mann Infanterie, 12.471 Reiter oder 36.405 Mann; hievon entfielen auf die Avantgarde FML. Krays 11.538 Mann (6902 Infanterie, 4636 Cavallerie); auf das 1. Treffen, FML. Colloredo-Mels, 17.604 Mann (12.137 Infanterie, 5467 Cavallerie). Im 2. Treffen standen die Sachsen unter GL. Lindt in der Stärke von 4905 Mann (4905 Infanterie, 2358 Cavallerie).

Erzherzog Carl blieb mit der Armee bis zum 7. in seiner Stellung hinter der Alsenz, um die Annäherung des FML. Kray abzuwarten. Als dieser am selben Tage Göllheim erreichte, marschirte der Erzherzog mit den Sachsen und 8 Bataillonen, 19 Escadronen kaiserlicher Truppen am 8. nach Nieder-Olm und am 9. von da nach Mainz, wo er den Rhein auf zwei Brücken übersetzte.*) Am 9. folgte der Rest der Armee, die sich auf den Höhen vor Wicker concentrirte, mit Ausnahme der Sachsen, welche sich dem gegen Wetzlar vorrückenden Corps de réserve FML. Wernecks anschlossen.

Nach Abschlag der am linken Ufer zurückgelassenen Truppen bezifferten sich die für die Operationen verfügbaren Kräfte auf 59.914 Mann (42.168 Infanterie, 17.746 Cavallerie). Für die operativen Ziele des Erzherzogs, welche die kraftvolle Besetzung einer sehr ausgedehnten Strecke zur Bedingung machten, erschienen diese Mittel um so weniger ausreichend, als das bergige coupirte Terrain die Verwendung der Reiterei vielfach beschränkte. In Erwägung dessen hatte Erzherzog Carl gleichzeitig mit der Anzeige von seinem Abmarsche auf das rechte Ufer an FM. Wurmser das Ersuchen um Unterstützung gestellt und von ihm die Zusicherung erhalten, dass FML. Hotze mit 5782 Mann Infanterie, 2262 Reitern, 12 Linien- und 7 Reservegeschützen am 12. Juni bei Friedberg zur Verfügung des Erzherzogs stehen würde. Hiedurch stellte sich das Kräfteverhältniss auf 47.950 Infanterie, 20.008 Cavallerie = 67.958 Mann der Niederrhein-Armee gegen 44.000 Infanterie, 8000 Cavallerie = 52.000 Mann der Sambre-Maas-Armee, so dass die Ueberlegenheit der ersteren auch hier wieder vornehmlich in der Zahl der Reiter begründet erscheint.**)

---

*) Nach Erzherzog Carls eigenhändigem Journale, welches mit diesem Tage abschliesst.

**) Die in dem »Tagzettel« der Niederrhein-Armee vom 18. Juni enthaltene Angabe, die Franzosen hätten an der Lahn 6 Divisionen à 10.000 bis 12.000 Mann versammelt gehabt, ist offenbar unrichtig, da die ganze Sambre-Maas-Armee bei Beginn des Feldzuges nur 77.000 Mann zählte und es im Hauptquartiere des Erzherzogs bekannt war, dass 2 Divisionen = 19.000 Mann am linken Ufer vor Mainz blieben. In den »Grundsätzen der Strategie etc.« wird einer solchen Ueberzahl nicht erwähnt.

Da in Folge des Abmarsches der Niederrhein-Armee die Verbindung zwischen den beiden Rhein-Armeen unterbrochen war, übernahm FM. Wurmser die weitere Verpflichtung, seine Stellung bis Gernsheim auszudehnen; GM. Nauendorf dagegen streifte bis Göllheim, um in steter Fühlung mit der Oberrhein-Armee zu bleiben. Endlich wurden im beiderseitigen Einverständnisse die Schiffbrücken bei Rheindürkheim, Oppenheim und Petersau (bei Mainz) abgetragen, dagegen über den Main je zwei Brücken bei Rüsselsheim und Sindlingen hergestellt.

Am Tage nach seiner Ankunft in Hochheim begab sich Erzherzog Carl nach Limburg, um sich über den Stand der Dinge persönlich zu unterrichten und hienach seine Dispositionen zu treffen. Im Allgemeinen fand er Folgendes:

Die Truppen FZM. Wartenslebens, welcher am 8. zu Nauheim das Commando von FZM. Herzog zu Württemberg*) übernommen hatte, standen von Wetzlar bis Lahnstein in dünner Postenlinie, nur durch eine schwache Reserve bei Limburg gestützt. Die Uebergänge bei Weilburg und Leun waren im Besitze des Gegners; da aber FZM. Herzog zu Württemberg noch am 7. und 8. die Brigaden Mylius und Montfrault über Weilmünster vorgeschoben hatte und Oberst Gottesheim in Wetzlar stand, so waren nicht nur die Communicationen gegen den Main ausreichend gedeckt, sondern es durfte auch vorausgesetzt werden, der Feind werde dem ersten Angriffe auf diese exponirten Punkte weichen müssen. Am linken Flügel stand GM. Finke, mittelst der Brücke bei Lahnstein und durch

---

Dagegen dürfte aber auch die Angabe in Jourdans »Mémoires«, dass die französische Armee an der Lahn nur 48.000 Mann zählte, umsomehr zu bezweifeln sein, als hiefür kein anderer Beleg geboten wird, als die einfache Behauptung, es sei in der französischen Armee damals eine ausserordentliche Desertion eingerissen.

*) Tiefgekränkt verlangte der Herzog wegen seiner Enthebung vom Commando gerichtliche Untersuchung, die jedoch Erzherzog Carl mit der Begründung verweigerte, dass des Herzogs Ehre in keiner Weise verletzt worden sei, sondern in Folge der bedeutenden Vermehrung des Corps das Commando desselben dem FZM. Wartensleben als rangsälterem General zukam und in dieser Hinsicht auch schon besondere kaiserliche Bestimmungen getroffen worden waren, als die Operationen noch gar nicht begonnen hatten. (F. A. VI, 110—a.—.)

die auf der Höhe bei Arzheim stehende Legion Bourbon wohl noch in Verbindung mit Ehrenbreitstein, doch war anzunehmen, dass diese jedes Rückhalts entbehrende Truppe schon in den nächsten Tagen werde zurückgehen müssen, um nicht abgeschnitten zu werden.

In der Stellung der Franzosen hatte sich seit ihrem Angriffe auf die Lahn wenig verändert. Jourdan mit den beiden Divisionen Bernadotte und Championnet war noch nicht eingetroffen und Kleber erwartete in den früheren Stellungen die Anordnungen des Obergenerals.

Obwohl die Absichten des Gegners nicht klar zu erkennen waren, hinderte dies den Erzherzog nicht, an seinem ursprünglichen Plane festzuhalten, dessen allgemeine Grundzüge er schon am 9. FZM. Wartensleben in vorläufiger Disposition mitgetheilt hatte, um eintretenden Falles des Zusammenwirkens aller Kräfte sicher zu sein. Demnach wollte er mit dem Gros der Armee nach Friedberg marschiren, dort das Corps FML. Hotzes an sich ziehen und dann, je nach dem Verhalten des Gegners, die Bewegung in dessen Flanke, über Weilburg, Wetzlar oder noch weiter östlich ausgreifend, einleiten. Zur Deckung dieses Marsches würde die Avantgarde unter FML. Kray zuerst die Richtung nach Usingen einschlagen, sich aber dann gegen Weilmünster oder Braunfels ausdehnen und durch Detachements mit dem Corps FZM. Wartenslebens in Verbindung treten. Letzterem fiele die Aufgabe zu, die Lahn-Uebergänge bei Nassau, Diez, Limburg und Runkel zu vertheidigen. Sollte der Rückzug von der Lahn unvermeidlich werden, so wäre derselbe über den Ems-Bach gegen Weilmünster und Grävenwiesbach auszuführen, jedenfalls aber Sorge zu tragen, dass der so nahe am Feinde vorüberführende Flankenmarsch des Erzherzogs von Jourdan nicht gestört werde. Sollte der Gegner den Rückzug in der erwähnten Richtung nicht gestatten, so hätte FZM. Wartensleben den Ems-Bach aufwärts auf Esch und Königsstein zurückzugehen.

Dieser allgemeinen Disposition war noch der bestimmte Befehl beigefügt, Giessen unter jeder Bedingung, jedoch möglichst unauffällig, durch die Brigade des GM. Mylius (2 Bataillone,

$1\frac{1}{4}$ Escadronen) besetzen zu lassen und sich dadurch eines befestigten Uebergangspunktes an der Lahn für den Fall zu versichern, als die Flankirung des Feindes erst östlich Wetzlar möglich werden sollte. (65.)

Die Aufklärungen, welche sich Erzherzog Carl in Limburg persönlich verschaffte, änderten an dessen Entschlüssen der Hauptsache nach nur insoferne, als FZM. Wartensleben noch mit 21 Escadronen verstärkt wurde. Im Uebrigen blieben die oben angeführten allgemeinen Grundzüge als positive Richtschnur.

FZM. Wartensleben nahm am 12. folgende Stellung ein:

Besetzung des Rhein und der unteren Lahn bis Nassau (GM. Finke): $8\frac{1}{6}$ Bataillone, 16 Compagnien, 11 Escadronen;

Vorposten bei Diez (GM. Alcaini): $3\frac{2}{6}$ Bataillone;

Vorposten bei Limburg (FML. Boros, GM. Kienmayer): 21 Compagnien, 10 Escadronen;

bei Wetzlar (Oberst Gottesheim): 1 Bataillon, 3 Compagnien, 4 Escadronen;

in Giessen (GM. Mylius): 2 Bataillone, $1\frac{1}{4}$ Escadron;

im Lager vorwärts Nauheim (FMLts. Staader und Gruber): 8 Bataillone;

im Lager bei Nauheim (FML. Colloredo-Mels, FML. Boros): 30 Escadronen.

Am 11. Juni setzte sich das Gros der Niederrhein-Armee unter persönlicher Leitung Erzherzog Carls von Wicker (bei Hochheim) in Bewegung. FML. Werneck mit dem Reserve-Corps und den kursächsischen Truppen hatte an diesem Tage bereits Homburg erreicht. FML. Kray mit der Avantgarde marschirte nach Usingen; der Erzherzog lagerte mit dem Gros bei Klein-Schwalbach.

Am 12. Juni kam FML. Kray nach Braunfels und detachirte seine Vorhut unter GM. Hadik nach Weilmünster, wodurch die Verbindung mit FZM. Wartensleben hergestellt wurde. FML. Werneck lagerte bei Friedberg, das Gros mit dem Hauptquartier in Homburg. Bei letzterem Orte vereinigte sich mit der Armee das Corps FML. Hotzes, welcher über Anordnung des Erzherzogs am 10. in Neu-Isenburg bei Frankfurt a. M. Halt gemacht und dort den Befehl zum Marsche nach Homburg erhalten hatte. Am 13. marschirte FML. Hotze bis Usingen, FML. Werneck nach Butzbach, das kursächsische Corps nach Ostheim, das Gros mit dem Hauptquartiere nach Grävenwiesbach. FML. Werneck erhielt den Befehl, am nächsten Tage bis auf die Höhen südlich von Wetzlar vorzurücken und sich des Ueberganges bei Leun zu bemächtigen.

Am 14. schloss sich FML. Hotze an das Gros in Grävenwiesbach; FML. Kray besetzte die Strecke an der Lahn von Braunfels abwärts und bis Weilmünster. Die Brücke von Leun hatte schon vor Ankunft FML. Wernecks Oberst Gottesheim genommen, der nun mit seinem Detachement Braunfels besetzte.

Der erste und wichtigste Theil der Operationen der Niederrhein-Armee war somit erreicht. Eine Reihe vorzüglich combinirter Märsche brachte ihr Gros rasch und unbemerkt vom Gegner in dessen linke Flanke, während in der Front die Truppen FZM. Wartenslebens gefechtsbereit standen. Mit eiserner Consequenz hatte der Erzherzog dieses Ziel verfolgt, ohne sich durch die bedrohlichen Nachrichten beirren zu lassen, die während des Marsches vom Rhein her einliefen. GM. Nauendorf meldete nämlich ddo. 13., Marceau stehe mit 3 Divisionen am linken Ufer und plane eine Unternehmung gegen den Rheingau; am nächsten Tage berichtete FML. Mercandin, auch er besorge, der Feind werde den Rhein bei Oppenheim übersetzen. Erzherzog Carl liess FML. Mercandin den Befehl zugehen, sich mit den Linientruppen in kein ernstes Gefecht einzulassen, sondern im Nothfalle ganz in die Hechtsheimer-Schanzen zurückzugehen, denn ein vollkommen intactes Corps von der Stärke des seinigen sei der beste Schutz gegen die befürchteten Unternehmungen des Gegners, die übrigens schon von den ersten Vorbereitungen an nicht verborgen bleiben könnten. Um jedoch keine Vorsicht ausser Acht zu lassen, theilte er am 13. FZM. Wartensleben die erhaltenen Nachrichten mit und trug ihm auf, GM. Finke entsprechend zu verstärken, damit sich derselbe rheinaufwärts bis St. Goarshausen ausdehnen und die Uebergänge bei Camp und Osterspai besetzen könne.

Nunmehr handelte es sich darum, die erreichten Vortheile so rasch als möglich zu verwerthen. Die Vorbereitungen hiezu wurden unmittelbar nach der Ankunft des Erzherzogs in Grävenwiesbach derart getroffen, dass die Armee am 15. Juni in jene Stellungen gebracht werden konnte, von welchen aus sie voraussichtlich in Action treten würde.

FML. Hotze marschirte von Grävenwiesbach auf die Höhen zwischen Weilmünster und Möttau, von wo er die Vorposten gegen Weilburg ausstellte. Er gab das Infanterie-Regiment Spleny und 2 Escadronen Kinsky-Chevau-légers an FML. Kray ab und erhielt dafür 4 Compagnien Grenzer. FML. Kray hielt mit den leichten Truppen und 6 Linien-Bataillonen die Höhen bei Braunfels und die Brücke von Leun besetzt. Seine Vorposten standen an der Lahn und in Verbindung mit Weilburg und Wetzlar. FML. Werneck schob am 15. seine Avantgarde von 14 Compagnien und 7 Escadronen unter GM. Hadik über die Lahn gegen Herborn vor. GM. Mylius gab 1 Bataillon und 1 Zug Husaren an Oberst Gottesheim ab und marschirte am 15. mit 4 Compagnien, 1 Escadron über Hohensolms zur Avantgarde GM. Hadiks. In Giessen blieben nur 2 Compagnien als Besatzung. Das kursächsische Corps marschirte nach Rechtenbach, wo es im Reserveverhältnisse lagerte.

Während Erzherzog Carl seinen Flankenmarsch gegen Wetzlar ausführte, versammelte sich auch die französische Armee an der Lahn. Nach der Besetzung von Neuwied durch die Division Grenier wurde dort eine Brücke geschlagen, über welche Bernadotte und Championnet den Rhein passirten und am 12. die Lahn erreichten. Indem die Truppen Klebers nach links abrückten, um den neuankommenden Platz zu machen, vollzog sich gleichzeitig die Besetzung der ganzen Flusstrecke. Die Beobachtung des Raumes von der Lahnmündung bis gegen Nassau war dem Blockade-Corps von Ehrenbreitstein übertragen.

Bernadotte lagerte bei Holzappel mit vorgeschobenen Posten an der Lahn, links von ihm die Division Championnet auf den Höhen gegenüber Diez. Grenier stand am rechten Elz-Ufer, Limburg gegenüber; an ihn schloss sich links die Division Collaud. Mit dieser bildete jene Lefebvre's einen

und erstiegen mit 3 Bataillonen zweimal den Kanterich, ohne sich jedoch dort behaupten zu können.*)

Die Verluste in diesem Gefechte beliefen sich auf 2 Officiere, 99 Mann und 1 Pferd. Im Ganzen hatte die Niederrhein-Armee in den Gefechten seit Eröffnung der Feindseligkeiten am linken Rheinufer 2 Officiere, 206 Mann und 62 Pferde eingebüsst.

Ebenso gering wie die Verluste in den Gefechten der letzten Tage, waren auch die unmittelbaren Resultate derselben. Jourdan hatte allerdings die Absicht gehabt, den Erzherzog bei Baumholder anzugreifen, falls sich dieser auf dem linken Ufer behaupten wolle, und waren die einzelnen Gefechte nur zu dem Zwecke eingeleitet worden, sich hierüber Gewissheit zu verschaffen. Als sich nun schon am 3. die rückgängigen Bewegungen der kaiserlichen Armee mit voller Bestimmtheit erkennen liessen, schrieb Jourdan dies der Rückwirkung des Vordringens Klebers an der Sieg zu. Er vermuthete, Erzherzog Carl habe die Absicht, das linke Ufer ganz zu räumen, und beeilte sich daher, Kleber zu unterstützen, bevor derselbe durch die an der Lahn sich sammelnden feindlichen Kräfte erdrückt würde. In dieser Voraussetzung beorderte er die Divisionen Bernadotte und Championnet, dann die Reserve-Cavallerie-Division Bonnaud nach Neuwied, um von dort an die Lahn zu gehen. Nur die Divisionen Marceau und Poncet blieben vor Mainz, um diesen Platz zu beobachten und eventuell die Operationen Moreaus zu unterstützen.

Auch Erzherzog Carl wurde durch den Verlauf der Ereignisse an der Sieg zu durchgreifender Aenderung seiner bisherigen Dispositionen veranlasst. Auf die erste Meldung des Herzogs zu Württemberg, dass er die Sieg nicht halten konnte, war sofort 1 Bataillon Besatzung von Mainz angewiesen worden, sich nach Limburg in Marsch zu setzen und dort der Brigade GM. Montfrault anzuschliessen. Hiedurch im Ganzen um 6 Bataillone verstärkt, war das Corps zwischen

*) »Kanterich« — höchster Punkt des Binger-Waldes und wahrscheinlich identisch mit der in den heutigen Karten unter der Bezeichnung »Franzosenkopf« vorkommenden Höhe.

Lahn festzuhalten und ihn mit dem Gros der Niederrhein-Armee von der Dill her in der linken Flanke zu fassen. In dem Masse, als dann der Erzherzog in der Richtung Höhn-Hachenburg vordringen würde, sollten auch die Truppen an der Lahn offensiv werden und diese concentrischen Bewegungen dem Gegner keine andere Wahl lassen, als entweder über den Rhein zurückzugehen oder eine Schlacht unter so ungünstigen Bedingungen anzunehmen, dass sie zweifellos zum gleichen Resultate führen müsste. (67.) Einem solchen Unternehmen schienen die Verhältnisse im gegebenen Momente sehr günstig. Wie aus allem hervorging, konnte angenommen werden, Jourdan habe bisher noch keinen Anlass gefunden, seinen linken Flügel für besonders bedroht zu halten, denn bis zum 14. befanden sich im Dill-Thale ausser den Detachements Soult's keine französischen Truppen, und auch diese sollten den letzten Berichten nach ihre Stellung entweder schon geräumt haben oder doch im Begriffe sein, es zu thun. Es meldete GM. Mylius am 14. aus Giessen, in Folge der Excesse der Franzosen hätten die Bauern von Königsberg und Hohensolms die Waffen ergriffen, ein französisches Streifcorps verjagt und durch Sturmläuten in allen benachbarten Orten den Gegner so eingeschüchtert, dass Soult sich nur mehr auf die unmittelbare Besetzung von Herborn beschränke.

Obwohl diese Nachrichten keinen bestimmenden Einfluss auf die Entschliessungen des Erzherzogs nahmen, enthielten sie doch in gewissem Sinne eine Bestätigung der Richtigkeit seiner Voraussetzungen. Wie er sich die Durchführung seines Planes dachte, sollte der eigentliche Angriff am 17. erfolgen, am 16. aber von Seite des Gros der Armee die vorbereitenden Bewegungen ausgeführt werden, um die einzelnen Colonnen in der Höhe von Merenberg—Mengerskirchen in Frontlinie zu bringen. Von dort würde dann am nächsten Tage der Angriff derart eingeleitet werden, dass 2 Colonnen in die Flanke der feindlichen Stellung vorgingen, während ein fliegendes Corps bestimmt war, den Gegner vollkommen zu umgehen und dessen rückwärtige Communicationen zu bedrohen. Die Disposition ddo. Grävenwiesbach, 14. Juni, enthielt hierüber folgende Bestimmungen:

7*

Oberst Gottesheim übergibt den Posten Braunfels an FML. Kray und marschirt mit seinem Detachement, welches auf 2 Bataillone, 5 Compagnien, 8 Escadronen verstärkt wird, am 15. von Wetzlar über Hohensolms und Rodenhausen auf die »Kalte Eiche«, wo er zuverlässig am 17. einzutreffen hat. Sollten jedoch die ununterbrochen gegen die Dill abzusendenden Patrouillen sich in zweifelloser Weise überzeugen, dass sowohl dieser Fluss als auch Herborn vom Feinde verlassen sei, so wäre nur ein Detachement auf die »Kalte Eiche« abzusenden, mit dem Gros jedoch über Dillenburg direct nach Neukirch zu marschiren und sich mit der Armee in Verbindung zu setzen, von welcher FML. Werneck über Herborn, FML. Kray von Wetzlar aus gegen Greifenstein vorgehen wird. Es ist nach Möglichkeit zu trachten, die linke Flanke des Feindes über Siegen unsicher zu machen und dessen Verbindungen abzuschneiden. (68.)

Die Avantgarde unter FML. Kray (69), 3 Bataillone, 44 Compagnien, 16 Escadronen, überschreitet am 16. mit Tagesanbruch die Lahn bei Leun und schickt starke Detachements nach Stockhausen, Dissenberg, Allendorf und Greifenstein. Das Gros marschirt nach Daubhausen und sichert sich gegen Herborn. Diese Stellung muss unbedingt behauptet und auch getrachtet werden, das Defilé von Weilburg frei zu machen, weil hievon die gesicherte Vorrückung des Gros der Armee von Wetzlar aus abhängig ist.

FML. Hotze mit seinem Corps von 5 Bataillonen, 12 Escadronen, 1 Pionnier-Compagnie mit 2 grossen Laufbrücken, dann 4 zwölfpfündigen Kanonen, beobachtet Weilburg und trachtet es noch am 15. zu besetzen, falls dies ohne grosse Opfer thunlich oder der Feind es freiwillig räumt. Andernfalls müsste abgewartet werden, bis die Vorrückung der Armee, beziehungsweise des FML. Kray, den Feind zum Abzuge nöthigt, worauf die Lahn zu passiren und sich im Defilé festzusetzen ist. Gleichzeitig sind starke Detachements gegen Merenberg und Mengerskirchen abzusenden, um sich mit dem Erzherzoge in Verbindung zu setzen und dessen Befehle einzuholen, ohne welche eine weitere Vorrückung nicht stattfinden darf.

Das kursächsische Corps, GL. Lindt, mit 8 Bataillonen, 27 Escadronen, dann von der k. k. Armee: 2 Pionnier-Compagnien mit 2 grossen Laufbrücken, 16 Zwölfpfündern und 4 siebenpfündigen Haubitzen, übersetzt am 16. mit der Infanterie die Lahn bei Wetzlar auf der dortigen stabilen Brücke; die Cavallerie geht östlich davon durch die Furt bei Naunheim. Sodann geht das Corps zuerst auf der Chaussée bis Katzenfurt, dann seitwärts über Greifenstein gegen Herborn, wo es neben dem Grenadier-Corps aufmarschirt und die weiteren Befehle erwartet.

Das Grenadier-Corps (Corps de réserve) unter FML. Werneck: 7 Grenadier-Bataillone, 14 Compagnien, 17 Escadronen, 1 Pionnier-Compagnie mit 2 grossen Laufbrücken und 4 zwölfpfündigen Kanonen, hat seine Avantgarde unter GM. Hadik schon am 15. gegen Herborn abgeschickt; diese hat nach ihrem Eintreffen dort stehen zu bleiben und sich mit FML. Kray über Greifenstein in Verbindung zu setzen. Am 16. gehen die Grenadier-Bataillone über die Brücke bei Wetzlar, 6 Escadronen Kürassiere und 4 der Bussy-Jäger durchfurten die Lahn bei der Mühle von Naunheim. Sobald das sächsische Corps mit ihnen auf gleiche Höhe kommt, rücken sie über Hohensolms und Bermöll gerade auf Herborn, wo sie auf den Höhen jenseits der Stadt aufmarschiren und die sächsische Colonne erwarten. Zugleich wird eine starke Patrouille auf die »Kalte Eiche«, beziehungsweise die Strasse Dillenburg—Siegen abgeschickt, um Nachrichten vom Feinde einzuziehen.

Im allgemeinen wurde angeordnet, dass, um die Märsche nicht mehr als nöthig zu verlangsamen, Laufbrücken nur dort herzustellen seien, wo die Truppen die Gewässer unbedingt nicht durchwaten können. Der ganze Train aller Colonnen hatte, mit Ausnahme der Kesseltragthiere, am linken Lahnufer zurückzubleiben.

Das Hauptquartier des Erzherzogs sollte am 15. nachmittags nach Nauborn verlegt werden.

Die Verwendung der Truppen an der Lahn blieb innerhalb des allgemeinen Planes dem Ermessen FZM. Wartenslebens überlassen. Nur hinsichtlich eines Rückzuges ordnete Erzherzog Carl an, dass derselbe mit dem Gros hinter die

Ems gegen die Hauptarmee, mit dem kleineren Reste aber in der Richtung gegen Esch und Kemel auszuführen sein würde.

Das Corps an der Lahn zählte am 15. Juni, nach Abrechnung der Detachements des GM. Mylius und Oberst Gottesheim, noch einen Gefechtsstand von 26.685 Mann (18.957 Infanterie, 6728 Cavallerie). Es hatte nach zweifacher Richtung zu wirken, und zwar: die Hauptmacht des Gegners während des Flankenangriffes Erzherzog Carls zu beschäftigen und von Detachirungen gegen die Dill abzuhalten, dann aber sich successive an der Action der Hauptarmee zu betheiligen, es musste also gewissermassen eine Frontveränderung links auf dem Pivot Lahnstein—Nassau ausführen. Im Sinne dieser Aufgabe und im Einvernehmen mit FML. Hotze hatte FZM. Wartensleben beschlossen, auf dem rechten Flügel die Lahn oberhalb Runkel zu überschreiten, wo zahlreiche Furten den Uebergang begünstigten. Er übertrug dieses Unternehmen FML. Staader, dem 5 Bataillone, 300 Mann des O'Donel-schen Freicorps, 100 Tiroler-Jäger, 20 Escadronen, 1 Cavallerie-Batterie, 2 Haubitzen und 8 Zwölfpfünder zugewiesen wurden.

Das Verhalten an der Lahn wurde durch folgende Bestimmungen geregelt:

FML. Staader sammelt am 16. morgens seine Truppen bei Langenhecke am linken Lahnufer und lässt, wenn FML. Hotze bei Weilburg debouchirt, das am rechten Ufer liegende Dorf Aumenau angreifen. Gleichzeitig durchfurtet die Cavallerie den Fluss; die übrigen Abtheilungen übersetzen denselben auf einer Laufbrücke, die unmittelbar nach der Besetzung von Aumenau herzustellen ist. Sobald dies geschehen, rückt FML. Staader nach Seelbach und trachtet sich mit FML. Hotze zu vereinigen, um dann die weiteren Manöver gemeinschaftlich mit den über Merenberg vorgehenden Colonnen der Hauptarmee auszuführen.

FZM. Wartensleben nimmt am 16. abends mit $4^2/_6$ Bataillonen, 18 Escadronen Stellung hinter Limburg. Diese Abtheilung hat in dem Augenblicke, wo die übrigen Colonnen von Osten her gegen Tiefenbach anrücken, über Offheim und

Ahlbach vorzubrechen und bei Tiefenbach die Vereinigung mit FML. Staader zu suchen.

GM. Alcaini verhält sich bei Diez nur beobachtend und übersetzt die Lahn erst dann, wenn der Feind die gegenüberliegenden Anhöhen, welche schwer zu forciren sind, in Folge des Vorrückens der Hauptarmee bereits verlassen hat. Desgleichen wartet GM. Finke ebenfalls die Ergebnisse des Vorrückens der Hauptarmee ab und geht nicht früher vor, bis sich der gegenüberstehende Feind augenscheinlich geschwächt hat. Dann verwendet er seine Kräfte vornehmlich in der Richtung von Ober- und Nieder-Lahnstein gegen Arzheim, weil ein Vorgehen über Nassau wegen der vielen, bis Ems sich erstreckenden, leicht zu vertheidigenden Defiléen nicht räthlich erscheint. (70.)

Erzherzog Carl hatte bisher den Nachrichten über den Rückzug des Feindes aus dem Dill-Thale nur theilweise Glauben beigemessen; jedenfalls nahmen sie auf seine Verfügungen blos bedingten Einfluss. Als jedoch FML. Werneck am 15. morgens meldete, dass nach den Recognoscirungen des Vortages der Feind nicht nur Herborn, sondern auch Dillenburg geräumt und sich aus der Umgegend der Dill ganz zurückgezogen habe, hielt es der Erzherzog für geboten, der geänderten Lage Rechnung zu tragen. Die Anordnungen, welche er traf, lassen jedoch erkennen, wie seine Ueberzeugung nicht ganz mit jenen Berichten übereinstimmte. Er befahl FML. Werneck, die Avantgarde sogleich vorzusenden, wenn dies nicht schon geschehen wäre, sie aber jedenfalls derart zu verstärken, dass sie sich der Höhen von Herborn und des Debouché gegen Siegen versichern könne. Mit dem Gros habe er über die Lahn zu gehen und eine solche Stellung zu nehmen, welche ihn in die Lage setzte, die Avantgarde in jedem Falle nachdrücklich zu unterstützen. Das kursächsische Corps wurde nach Wetzlar beordert und musste am 16. gleichfalls über die Lahn gehen, um dem Corps Wernecks als Unterstützung zu dienen.

GM. Kienmayer sollte gerade auf Herborn vorrücken und sich der Höhen am linken Dill-Ufer bemächtigen. Oberst Gottesheim, der sich um diese Zeit schon auf dem Marsche zwischen Hartenrod und Bottenhorn befand, wurde verständigt, nur 2 Escadronen gegen Siegen abzusenden, mit seinem Gros aber nicht auf die »Kalte Eiche«, sondern unmittelbar nach Dillenburg zu marschiren, um den Feind, falls er Herborn oder die dortige Gegend nicht ganz verlassen haben sollte, von Norden her anzugreifen. (71.)

FZM. Wartensleben wurde von der rückgängigen Bewegung des Feindes unterrichtet und zugleich beauftragt, zu erkunden, ob der Gegner blos eine Concentrirung seiner Kräfte beabsichtige oder die Zurücknahme seines linken Flügels als eine Vorbereitung zum allgemeinen Rückzuge angesehen werden dürfe.

So standen die Dinge, als Lefebvre mit seiner Division sich Wetzlar näherte. (72.) Er hatte sich mit Tagesanbruch des 15. in Marsch gesetzt und war, als er kurz nachher die Annäherung bedeutender feindlicher Massen an die Dill und Lahn erfuhr, mit aller Beschleunigung seinem Marschziele zugeeilt. Einige Bataillone*) wurden vorgeschickt, um die Brücke von Leun wieder zu nehmen und die rechte Flanke der Division zu decken, mit der er sich gegen Werdorf an der Dill wandte.

Um diese Zeit hatte FML. Werneck den Befehl zum Vormarsche noch nicht erhalten und daher noch immer die Stellung inne, welche er seit der Recognoscirung am 14. einnahm. Seine Vorposten: $5^2/_3$ Bataillone, 5 Escadronen, standen unter GM. Hadik in der ausgedehnten Linie Königsberg—Werdorf—Berghausen—Altenburg, einem durchaus bewaldeten Berglande. Das Gros des Corps: 6 Grenadier-Bataillone, 8 Escadronen, lagerte auf den Höhen südlich Wetzlar; hievon waren 1 Grenadier-Bataillon und 2 Escadronen als Unterstützung der Avantgarde in der Vorstadt am rechten Lahnufer aufgestellt. Zur Deckung der linken Flanke und Verbindung mit FML. Kray, sowie zur Vertheidigung zweier Furten unweit Altenburg war Oberstlieutenant Ghenedegg mit seinem Grenadier-Bataillon, 4 Escadronen und 2 Zwölfpfündern unterhalb Wetzlar bei Steindorf postirt.

Um 9 Uhr 30 Minuten griff Lefebvre den rechten Flügel bei Werdorf und Berghausen an, wo GM. Hadik mit einem

*) Jourdan gibt die Zahl nicht genauer an; die »Grundsätze« nennen 3 Bataillone und 100 Pferde.

Theile des Slavonier-Grenzbataillons, den Darmstädter-Jägern, dann 2 Escadronen Karaczay-Chevau-légers stand, und bemächtigte sich des letzteren Ortes, sowie der Höhen bei demselben.

Gleich zu Anfang des Zusammenstosses hatte sich FML. Werneck auf den rechten Flügel begeben, vorher aber das auf dem rechten Ufer als Vorposten-Reserve stehende Grenadier-Bataillon Frankenbusch und 2 Escadronen vom Kürassier-Regimente Nassau vorsichtshalber auf die Höhen bei Altenburg dirigirt, welche Wetzlar vollständig dominirten. Als er in der Nähe von Berghausen ankam, fand er diesen Ort schon im Besitze des Gegners, was ihn veranlasste, 1 Grenadier-Bataillon und 4 Escadronen Husaren aus Wetzlar heranzuziehen.

Während dieses Gefechtes, welches bis gegen 11 Uhr vormittags währte, rückte eine feindliche Colonne zwischen Altenstädten, Altenburg und Nieder-Biel vor, warf die kaiserlichen Truppen aus dem Walde und bemächtigte sich der dominirenden Höhen. Ungeachtet wiederholter Gegenangriffe des eben angekommenen Grenadier-Bataillons Frankenbusch behauptete der Feind diesen wichtigen Punkt und brachte daselbst um 2 Uhr sein schweres Geschütz in Stellung. Fast gleichzeitig nahm derselbe auch Altenburg, wo er ebenfalls schweres Geschütz aufführte, um der nach Leun detachirten Colonne die Forcirung der Furten bei Steindorf zu erleichtern. Dort aber scheiterten alle Angriffe an der umsichtigen und tapferen Vertheidigung Oberstlieutenant Ghenedeggs.

Ein Angriff, den FML. Werneck mit neu verstärkten Kräften auf die verlorenen Positionen unternahm, schlug fehl, weil die schon genommenen Waldpartien in Folge Mangels an leichter Infanterie nicht besetzt werden konnten. Nur Altenburg wurde von dem Grenadier-Bataillon Riera und den Tiroler-Jägern für kurze Zeit dem Feinde entrissen. Mittlerweile hatte auch Lefebvre neue Truppen herangezogen und griff um $4\frac{1}{2}$ Uhr nachmittags auf der ganzen Linie an. Altenburg fiel zuerst wieder in seine Hände und die dort aufgeführten Geschütze beschossen mit verheerender Wirkung die in der Tiefe stehenden kaiserlichen Truppen.

FML. Werneck hatte nach und nach an verschiedenen Punkten sein ganzes Corps ins Gefecht gebracht, so dass nur mehr 1 Grenadier-Bataillon am linken Ufer bei Wetzlar intact blieb. Dieses aber wollte er nicht ebenfalls daransetzen, weil es bis zur Ankunft der kursächsischen Truppen die einzige Reserve für den möglichen Fall war, als die Franzosen bei Steindorf durchdrangen.

Indess verloren die kaiserlichen Truppen immer mehr Terrain, dessen dichte Bedeckung die Aufrechthaltung der Ordnung und des Zusammenhanges sehr erschwerte. Zweifellos würden sie binnen Kurzem auf das linke Lahnufer gedrängt worden sein, hätte nicht im gefährlichsten Augenblicke Erzherzog Carl persönlich in das Gefecht eingegriffen und demselben eine günstige Wendung gegeben. Als er am Vormittage Wernecks Bericht über den Rückzug des feindlichen linken Flügels erhielt, hatte er den Entschluss gefasst, diese günstige Situation auszunützen, und stand eben im Begriffe, sich durch persönliche Recognoscirung über die Sachlage zu unterrichten, als die Meldung über den ungünstigen Verlauf des Gefechtes eintraf. Schon als der anhaltende Geschützdonner auf ein bedeutenderes Zusammentreffen mit dem Feinde schliessen liess, hatte der Erzherzog dem kursächsischen Corps Befehl gegeben, ohne Aufenthalt nach Wetzlar zu marschiren; nun »jagte er im Galopp« dorthin, um die Leitung persönlich zu übernehmen. (73.) Er fand Werneck in vollem Rückzuge, den Feind bereits auf den Höhen bei Altenstädten, die Tete des kursächsischen Corps bei Wetzlar ankommend. Sofort dirigirte er das am linken Ufer stehende Grenadier-Bataillon Kreisern auf das Gefechtsfeld und beorderte FML. Werneck, mit 4 Grenadier-Bataillonen und 4 Escadronen Altenstädten und den Wald wieder zu nehmen.

Die sächsische Cavallerie, eben im Begriffe die Lahn zu durchfurten, erhielt Auftrag, sich ungesäumt der Colonne Wernecks anzuschliessen. Am linken Flügel wurde eine dichte Plänklerkette formirt, um den Feind vorläufig zu beschäftigen und seine Bewegungen zu hemmen.

Nun begann ein neues Treffen. Erzherzog Carl stellte sich an die Spitze der Grenadiere und führte sie unter klingendem Spiele gegen den Feind. Sein Beispiel entflammte unter den Truppen edlen Wetteifer, der bald eine günstige Wendung herbeiführte.

Lefebvre hatte seinen linken Flügel durch Entsendungen nach Weilburg und Leun so geschwächt, dass er auf den Höhen bei Altenstädten nur über 6 Bataillone und 6 Escadronen verfügte. Diesen Umstand hatten einige Escadronen der Avantgarde Hadiks zu einem überraschenden Angriffe in die linke Flanke benützt, der jedoch abgewiesen wurde. Als nun die Grenadiere gegen die Höhen vorgingen, warf sich Oberst Merveldt von Karaczay-Chevau-légers mit 2 Escadronen seines Regimentes und 1 Escadron von Nassau-Kürassieren neuerdings auf die linke Flanke des Gegners. Gleichzeitig führte Hauptmann Kees des General-Quartiermeisterstabes mit Zustimmung des Erzherzogs 1 Division Chevau-légers durch einen Ravin, der die Annäherung begünstigte, zum Angriffe auf die Batterie in der Front. Diese äusserst geschickt combinirten und mit unvergleichlichem Elan ausgeführten Cavallerie-Angriffe »lenkten das Schicksal des Tages«.*) Beide Colonnen erreichten trotz des heftigsten Feuers die Höhen bei Altenstädten und warfen den Feind in den Wald zurück, nachdem sie ihm 2 Kanonen sammt Munitionskarren abgenommen hatten. Inzwischen war auch das sächsische Corps eingetroffen und formirte sich vor Wetzlar auf der kleinen Ebene zwischen der Lahn und der Dill-Mündung. Die Reiterei schloss sich sogleich den kaiserlichen Grenadieren an und erstieg mit ihnen zugleich die Höhen.

Wohl hatten einige kräftige Offensivstösse der von Richepanse herbeigeführten französischen Reiterei es ihrer Infanterie ermöglicht, am Waldrande sich festzusetzen und zur Vertheidigung neu zu ordnen, aber auch hier drangen die kaiserlichen Truppen ungeachtet eines mörderischen Feuers mit Ungestüm vor und Erzherzog Carls Umsicht vollendete die Niederlage des Gegners. Die Grenadiere, das Bataillon Frankenbusch an der Tete, warfen sich nach einigen Dechargen mit dem Bajonnette auf den Feind, der diesem Anpralle nicht

*) Eigene Worte des Erzherzogs in seinem Berichte an den Hofkriegsrath. Hachenburg, 18. Juni. (F. A. VI, 3.)

Stand hielt und langsam zurückwich. Das Grenadier-Bataillon Ulm nahm beim Sturme auf den Wald 1 Haubitze.

Dem Scharfblicke des Erzherzogs entging es nicht, dass der Wald an jenem Theile, wo der Kampf sich abspielte, nur geringe Tiefe hatte und von der nächsten Waldpartie durch eine baumlose Fläche getrennt war, welche die Franzosen auf ihrem Rückzuge überschreiten mussten. Noch während das Gefecht in vollem Gange war, sammelte er die in der Nähe befindliche Cavallerie und dirigirte sie um die Flanke des Gegners an die rückwärtige Lisiere. Diese Anordnung hatte vollen Erfolg: kaum war die feindliche Infanterie auf der offenen Stelle angelangt, als auch die Karaczay-Chevau-légers und 1 Escadron Sachsen über sie herfielen, ein Bataillon fast gänzlich zusammenhieben und in der weiteren Verfolgung 3 Kanonen eroberten. Nun zog sich der Feind auf eine zweite, hinter dem Walde bei Berghausen gelegene Höhe und suchte sich dort zu behaupten. Bevor aber noch die Infanterie eingreifen konnte, vertrieb ihn eine glänzende Attaque des sächsischen Generals Zezschwitz, der mit 4 Escadronen Husaren und 1 Escadron Kurland-Dragoner nicht nur die feindliche Reiterei zersprengte, sondern auch die französischen Geschütze angriff und deren 3 eroberte.

Am rechten Flügel war hiemit das Gefecht beendet und die Franzosen zogen sich in Hast durch die Wälder in der Richtung gegen Merenberg zurück. Auf dem linken jedoch hielten sie Altenburg besetzt und wurden nur mit grösster Anstrengung von einigen Abtheilungen des Kürassier-Regiments Nassau im Vordringen aufgehalten. Der Sieg bei Altenstädten war nicht sobald entschieden, als Erzherzog Carl auf den linken Flügel eilte und das sächsische Infanterie-Regiment von der Heyde aus der Reservestellung zum Angriffe beorderte. Unter seinen Augen rückte es mit klingendem Spiele und fliegenden Fahnen en front gegen Altenburg vor, »machte sein Feuer zweymal durch und brach mit gefälltem Bajonnette, ohne mehr einen Schuss zu thun, in das Dorf«, welches im ersten Anlaufe genommen wurde.*) Die Vertheidiger warfen

*) Bericht Erzherzog Carls an den Hofkriegsrath.

sich in die rückwärts befindlichen Wälder, in denen sie, begünstigt durch die eingebrochene Dunkelheit, Schutz vor ihren Verfolgern fanden.

Die kaiserlichen Truppen bivouakirten auf dem Schlachtfelde; das Hauptquartier kam nach Nauborn.

Lefebvre kehrte während der Nacht in seine ursprüngliche Aufstellung hinter dem Ravin von Tiefenbach zurück. Sein Verlust soll nach französischen Quellen*) nicht über 5000 Mann betragen haben. Die kaiserlichen Truppen verloren an Todten 40 Mann, verwundet wurden 11 Officiere und 229 Mann, vermisst 83. Sie erbeuteten 1 Fahne, 6 Kanonen, 1 Haubitze und mehrere bespannte Munitionswagen.**)

»So endete« — schloss Erzherzog Carl seinen Bericht — »das Treffen, welches uns den Weg zu den bevorstehenden Unternehmungen bahnte und unsere und die kursächsischen Truppen mit Ruhm und Ehre bedeckte.« ***)

Mittelbaren Anlass zu den Ereignissen des 15. Juni hatten zunächst die ungenauen Nachrichten gegeben, welche beiden Theilen über die gegenseitigen Verhältnisse zugingen. Dank dem rechtzeitigen Eingreifen Erzherzog Carls wendete sich der Verlauf zu Gunsten der kaiserlichen Truppen, die nun vollkommen in der Flanke des Gegners standen; gleichwohl aber durfte man sich nicht verhehlen, dass der Erfolg im eigentlichsten Sinne des Wortes nur an Augenblicken gehangen

---

*) Jourdan.

**) Die Verluste sowohl, als die Trophäen beziehen sich nur auf die k. k. Truppen, jene der Sachsen und anderen Contingente sind nicht bekannt.

***) Die Haltung der Truppen fand in dem Generalsbefehle ddo. Hachenburg, 19. Juni, die verdiente Anerkennung:

»Mit wahrem Vergnügen gebe ich hiemit den Truppen, so in der Affaire vom 15. d. M. bei Wetzlar neue Proben ihrer Rechtschaffenheit und Tapferkeit gaben, meine Zufriedenheit zu erkennen. Ich halte es mir zur besonderen Pflicht, gesammte im Gefecht Gewesene, besonders aber das Regiment Karaczay-Chevau-légers (heute 7. Uhlanen-Regiment), welches seinen Ruhm an diesem Tage wieder vermehrte, Seiner Majestät vorzüglich anzuempfehlen.

Erzherzog Carl m. p. FZM.« (F. A. I, 28 7/4.)

An die sächsischen Truppen wurde ein besonderer Befehl gerichtet.

habe. Umsomehr war der Erzherzog darauf bedacht, den unberechenbaren Einfluss des Zufalls von den nächsten entscheidenden Schritten so fern als nur möglich zu halten.

Als am späten Abende das Gefecht verstummte und Lefebvre sich in die bergenden Wälder zurückzog, war nicht mit Sicherheit zu bestimmen, ob Jourdan die bei Wetzlar geschlagene Division unterstützen oder sie an sich ziehen werde, um Kräfte zu einem entscheidenden Schlage zu sammeln.

Wenn nun auch Berichte einliefen, dass die Franzosen ihr Reservegeschütz nach Altenkirchen zurückbringen liessen, was als ein Anzeichen gänzlichen Rückzuges gedeutet werden konnte, so hatte man sich andererseits überzeugt, dass bisher alle noch so bestimmten Angaben über den Abmarsch des Feindes von der Dill falsch waren, denn Soult hielt nach wie vor Herborn besetzt. Die Erfahrungen der letzten Tage hatten die Unzuverlässigkeit von derlei Nachrichten zu grell hervortreten lassen, als dass nicht die grösste Vorsicht geboten gewesen wäre. Erzherzog Carl setzte daher noch in der Nacht FZM. Wartensleben von dem Vorgefallenen in Kenntniss und trug ihm auf, sofort über die Lahn zu gehen und den Feind energisch anzugreifen, falls sich derselbe durch Detachirungen zu Lefebvre geschwächt haben oder Miene machen sollte, sich mit ganzer Kraft gegen die Dill zu wenden. Versammelte dagegen Jourdan seine Hauptmacht zwischen Limburg und Tiefenbach, so würde der Erzherzog alles aufbieten, um Wartensleben zu degagiren. In letzterem Falle war daher im Sinne des vereinbarten Planes die Vorrückung der Hauptarmee abzuwarten, um dann gemeinsam den Feind in Front und Flanke anzugreifen.

Bis hierüber volle Klarheit herrschte, wurde angenommen, Jourdan erwarte kampfbereit seinen Gegner, und es erfolgte demgemäss auch die Einleitung des weiteren Vormarsches mit aller in einem solchen Falle gebotenen Behutsamkeit.

Bevor der Erzherzog zum entscheidenden Schlage ausholte, mussten seine Truppen entsprechend versammelt und in der Lage sein, jedem plötzlichen Rückstosse entgegentreten zu können. Lediglich nur diesem Zwecke sollte der nächste Marsch dienen und daher auch nicht weiter als bis Greifenstein ausgedehnt werden. Alle einzelnen Abtheilungen der Hauptarmee hatten sich auf das Reserve-Corps zu aligniren und erst am 17. sollte die gesammte Niederrhein-Armee zum Angriffe schreiten. Im grossen und ganzen blieben hiebei die für den 15. ausgegebenen Dispositionen in Kraft.

In den ersten Morgenstunden des 16. setzte sich FML. Werneck mit dem Reserve-Corps und den Sachsen in Marsch und erreichte ohne Zusammenstoss mit dem Feinde Greifenstein, wo auch das Hauptquartier etablirt wurde. Im Laufe des Tages traf FML. Kray daselbst ein, der mit seinem Corps bei Leun die Lahn übersetzte. GM. Mylius hatte sich mit einigen Bataillonen am linken Dill-Ufer Herborn genähert, welches der Feind aber mit solcher Eile in der Richtung gegen Emmerichenhain verliess, dass ihn die verfolgenden Husaren nur mit Mühe einholten, wobei sie ihm eine Kanone abnahmen.

FML. Hotze fand bei einer persönlich vorgenommenen Recognoscirung am Morgen des 16. die Franzosen noch in Weilburg, erhielt jedoch bald darauf die Nachricht, sie seien im Begriffe, von der Lahn abzuziehen. Er schob sogleich die Vorposten mit der Avantgarde näher gegen die Stadt und besetzte dieselbe nach dem Abzuge des Gegners um 12 Uhr mittags. Die Avantgarde wurde zur Sicherung des Defilés auf das rechte Ufer verlegt und Detachements nach Merenberg und Mengerskirchen entsendet, um die Verbindung mit dem Erzherzoge zu suchen.

Der französische Obergeneral erkannte vollkommen das gefährliche seiner Lage. Da er unter den obwaltenden Verhältnissen nicht mehr an erfolgreiche Operationen gegen den Main denken konnte, begnügte er sich damit, das Ziel erreicht zu haben, welches ihm der Plan Carnot's für diese erste Phase des Feldzuges vorgezeichnet. Die Operationen der Sambre-Maas-Armee hatten nicht nur fast die ganze Niederrhein-Armee auf das rechte Rheinufer gezogen, sondern selbst sogar Wurmser genöthigt, nicht unbeträchtliche Verstärkungen dahin abzugeben. Moreau war nunmehr in der Lage, unter günstigen Bedingungen jene Operation auszuführen, deren Gelingen für den ganzen Feldzug das Uebergewicht auf Seite Frankreichs bringen konnte. Deshalb erachtete es Jourdan für unklug, sich mit dem überlegenen Gegner, der ausserdem noch alle Vortheile der momentanen Lage für sich hatte, in eine Schlacht einzulassen, die ihn bei ungünstigem Ausgange vernichten konnte, während selbst ein Sieg nur relative Erfolge erwarten liess. Als daher die Berichte über den Verlauf des Treffens bei Wetzlar einliefen, stand auch sein Entschluss fest, sich nicht mehr weiter zu engagiren, sondern derart über den Rhein zurückzugehen, dass ihm hinsichtlich der nächsten Ereignisse, die von den Erfolgen Moreau's bedingt waren, vollkommen freie Hand blieb. Was die muthmasslichen Bewegungen seines Gegners betraf, so nahm er an, Erzherzog Carl werde vorerst entweder versuchen, sich Düsseldorfs zu bemächtigen oder bei Coblenz oder Mainz über den Rhein zu gehen, um den Krieg wieder aufs linke Ufer zu verlegen und die Operationen Moreau's zu stören.

Diese Erwägungen bestimmten ihn, mit den Divisionen Bernadotte, Championnet und Grenier bei Neuwied den Rhein zu übersetzen, Kleber dagegen mit den Divisionen Lefebvre, Collaud, Bonnaud und einem Theile der Cavallerie-Reserve-Division nach Düsseldorf zu dirigiren. Zur besseren Sicherung dieses Platzes sollte auch Beurnonville angegangen werden, ein Detachement von der Nord-Armee dahin abzusenden. Auf diese Weise hoffte Jourdan in die Lage zu kommen, nicht nur jeden bedrohten Punkt seiner Stellung rechtzeitig unterstützen, sondern auch wieder offensiv auf das rechte Ufer zurückkehren zu können, falls Erzherzog Carl, durch die Unternehmungen Moreau's genöthigt, sich mit dem grösseren Theile seiner Armee gegen den Oberrhein wenden würde.

Dieser Plan wurde unverweilt ausgeführt. Am 16. verhielt sich Jourdan zuwartend, um die Truppen des linken Flügels zu sammeln und den Abmarsch vorzubereiten. General Bastoul vom Corps Klebers wurde mit 3 Bataillonen, 2 Escadronen nach Emmerichenhain abgesendet, um das sehr exponirte Detachement Soult's aufzunehmen.

Als das Dunkel der Nacht die Bewegungen dem Auge des Gegners entzog, begann der Abmarsch. Die Divisionen Bernadotte, Championnet und Grenier, sowie das Hauptquartier

Jourdan's brachen um 11 Uhr in drei Colonnen auf und marschirten bis Montabaur, wo sie Stellung zu nehmen hatten. Am 17. sollte der Marsch bis Neuwied fortgesetzt werden, das Hauptquartier aber ohne Aufenthalt bis Coblenz gehen. Gleichfalls um 11 Uhr nachts des 16. setzte sich Kleber mit seinen drei Divisionen in Bewegung und erreichte auf der Strasse nach Altenkirchen noch vor Tagesanbruch Freilingen. Seiner Instruction gemäss sollte er da während des 17. gefechtsbereit verbleiben, kurz vor Mitternacht nach Altenkirchen aufbrechen, dort die Detachements Soult's und Bastoul's an sich ziehen und am 18. in der Richtung gegen die Sieg weitermarschiren.

Im Uebrigen hatte Kleber seinen Rückzug im Verhältnisse zur Verfolgung zu regeln und sich vor überlegenen Kräften bis in die Verschanzungen von Düsseldorf zurückzuziehen. Nur in dem Falle, als sich der Verfolger durch Detachirungen rheinaufwärts schwächte, hätte er den Rückzug einzustellen und nach Umständen selbst auch offensiv zu operiren.

Ohne Kenntniss von diesem entscheidenden Entschlusse Jourdan's, hatte Erzherzog Carl seine Dispositionen für den 17. getroffen. Die Armee brach um 4 Uhr morgens von Greifenstein auf, um nach Mengerskirchen zu marschiren; FML. Hotze erhielt Befehl, in ungefähr gleicher Höhe, am besten bei Merenberg, ein Lager zu beziehen, Vorposten gegen Runkel auszustellen und mit FZM. Wartensleben in Verbindung zu treten. Sollte sich der Feind wirklich zurückziehen, so hätte er ihn zu verfolgen und ihm den möglichsten Schaden zuzufügen. (75.)

Als am Morgen des 17. die Truppen an der Lahn den Abmarsch des Feindes wahrnahmen, begann sofort die Vorrückung auf der ganzen Linie. FZM. Wartensleben erreichte von Limburg aus um 11 Uhr 30 Minuten die feindliche Arrièregarde auf den Höhen vor Molsberg, warf sie nach kurzem Gefechte und drang auf der Strasse nach Altenkirchen bis Freilingen vor. Dort fand er Kleber in vortheilhafter Stellung auf den Höhen bei dem Orte, so dass er sich in Folge der Ermüdung seiner Truppen und der eintretenden Dunkelheit auf Plänkeleien der Vortruppen beschränken musste, welche bis spät in die Nacht andauerten.

FML. Staader und FML. Hotze vereinigten sich nach dem Flussübergange bei Eschenau. Ersterer trat in Verbindung mit der Colonne Wartenslebens und rückte über Hadamar bis Molsberg vor. — Cavallerie-Patrouillen, welche FML. Hotze während des Marsches nach Merenberg, seitwärts gegen Tiefenbach abschickte, fanden das feindliche Lager leer.

GM. Alcaini ging von Diez bis Unterhausen; seine leichten Truppen streiften bis Montabaur. GM. Finke überschritt auf die Nachricht, dass die Franzosen Montabaur geräumt hätten, die Lahn bei Nassau, warf die feindlichen Abtheilungen, die dort zurückgeblieben waren, bis Ems und entsetzte Ehrenbreitstein. (76.)

Während dieser Bewegungen war Erzherzog Carl in der Nähe von Nenderoth angelangt, als er die Meldung von dem Rückzuge der Franzosen erhielt. Dies veranlasste ihn, den Marsch nach Mengerskirchen aufzugeben und die Richtung gegen Altenkirchen einzuschlagen, um dem Gegner den Weg zu verlegen. Das nächste Marschziel war nunmehr Rennerod, wo im Laufe des 17. das Gros ein Lager bezog, während FML. Werneck mit dem Reserve-Corps bis Emmerichenhain ging. Zur Sicherung der neuen Marschrichtung wurde Oberst Gottesheim nach Siegen dirigirt, von wo aus er den Marsch in der rechten Flanke der Armee, gegen die Agger und nach Bensdorf fortzusetzen hatte. FML. Hotze erhielt den Auftrag, von Merenberg auf der Strasse nach Altenkirchen bis Seck vorzugehen, um die Gegend vor der Front aufzuklären. 400 Pferde, die derselbe nach Neukirch streifen liess, fanden auf dem ganzen Wege nichts vom Feinde.

Von Rennerod aus ordnete der Erzherzog die nachdrücklichste Verfolgung an, die sich »keineswegs nur auf Demonstrationen beschränken dürfe«. Er selbst behielt sich jene der an die Sieg zurückgehenden feindlichen Colonne vor, während die Verfolgung in der Richtung nach Neuwied FZM. Wartensleben zugewiesen wurde, welcher links über Montabaur vorzurücken hatte. Seine linke Flanke deckte FML. Hotze, der die Elz übersetzte und auch die Verbindung mit dem auf Altenkirchen vorgehenden Theile der Armee unterhielt.

Die Rhein-Flotille erhielt den gemessenen Auftrag, die Schiffbrücke der Franzosen bei Neuwied unter allen Umständen so bald als möglich zu zerstören.

Mit Tagesanbruch des 18. sollte allseits die Verfolgung beginnen; als jedoch am 17. abends 9 Uhr 45 Minuten von FZM. Wartensleben die Meldung einlief, dass der Feind das Defilé von Altenkirchen noch nicht passirt habe, änderte der Erzherzog seinen Plan. Er marschirte noch in der Nacht mit der Avantgarde und dem Reserve-Corps bis Hachenburg, wo Lefebvre Stellung genommen hatte, um den Marsch Klebers nach Altenkirchen zu decken und Soult und Bastoul aufzunehmen. Er hoffte, Lefebvre ohne Mühe zurückzuwerfen und dann mit ihm zugleich Altenkirchen zu erreichen, bevor Kleber die dortigen Defiléen durchzogen hätte.

In Ausführung dieses Entschlusses erhielt FZM. Wartensleben noch in der Nacht den Auftrag, am 18. morgens den Feind bei Freilingen anzugreifen, ohne ihn jedoch vor Ankunft des Erzherzogs in Hachenburg zu sehr zu drücken, damit der Angriff gleichzeitig und mit voller Kraft geschehen könne. Die Verfolgung gegen Neuwied dürfe jedoch durch die geänderte Disposition keinen Eintrag erleiden; der Feind müsse jedenfalls über den Rhein gedrängt und, wenn nöthig, die ganze Division FML. Staaders als Verstärkung dahin disponirt werden. (77.)

Indess hatte Kleber in der Nacht vom 17.—18. seine Stellung bei Freilingen unbemerkt geräumt und sich, ebenso wie Lefebvre, von Hachenburg nach Altenkirchen zurückgezogen. Als Erzherzog Carl bei Tagesanbruch vor Hachenburg ankam, fand er den Gegner nicht mehr in der Stellung. — FML. Kray ging zwar mit der Avantgarde in einem forcirten Marsche bis Altenkirchen, allein Kleber hatte seine Einleitungen so gut getroffen und die Bewegung derart beschleunigt, dass er die gefährlichen Defiléen hinter sich hatte, bevor sein Verfolger mit gänzlich erschöpften Truppen an Ort und Stelle eintraf. Auch FZM. Wartensleben setzte, als er in Freilingen keinen Feind mehr fand, den Marsch bis Höchstenbach fort. FML. Hotze, welcher den Gegner von Seck und Westerburg her in der linken Flanke hätte fassen sollen, marschirte in

8*

gleicher Richtung und vereinigte sich in Höchstenbach mit FZM. Wartensleben, der ihn zur Deckung der linken Flanke nach Dierdorf bestimmte.

Erzherzog Carl nahm sein Hauptquartier in Hachenburg, begab sich aber sogleich zu FZM. Wartensleben nach Höchstenbach, wo die Dispositionen zum weiteren Vormarsch vereinbart wurden. Demnach sollte FML. Kray dem Feinde nicht weiter als bis an die Sieg nachrücken, von dort bis Cöln aber GM. Kienmayer, der zu diesem Behufe der Avantgarde zugetheilt wurde, die Verfolgung übernehmen. FML. Hotze hatte am 19. von Dierdorf über Anhausen bis auf die Höhen bei Neuwied vorzudringen und vereint mit dem über Grenzhausen und Bendorf kommenden FML. Staader den Feind noch am selben Abende aus dem Brückenkopfe zu vertreiben. (78.)

Gefecht bei Uckerath. 19. Juni.

Kleber war am 18. mittags von Altenkirchen nach Uckerath zurückgegangen und hielt mit seiner Arrièregarde Kircheip besetzt. FML. Kray, den die Ermüdung seiner Truppen nöthigte, in Altenkirchen Halt zu machen, musste sich darauf beschränken, den Marsch des Feindes durch Cavallerie-Abtheilungen beobachten zu lassen, die denselben unausgesetzt beunruhigten und nach Mitternacht einen gelungenen Ueberfall auf dessen Vorposten ausführten. Inzwischen war in der Nacht vom 18.—19. im Hauptquartier zu Hachenburg die Nachricht eingelaufen, Kleber beabsichtige, die Stellung bei Kircheip vorübergehend zu halten, um den über Dierdorf und Neustadt zurückgehenden Abtheilungen Zeit zu verschaffen, über das Defilé von Uckerath hinauszukommen. Der Erzherzog setzte sofort den FML. Kray hievon in Kenntniss und beauftragte ihn, einen Theil seiner leichten Truppen bei Blankenburg über die Sieg gehen zu lassen, um in Verbindung mit dem über Ruppichteroth aus Bensberg vorrückenden Oberst Gottesheim »so viel als nur möglich Verwirrung in des Feindes Queue zu bringen«. (79.)

Doch schon vor Eintreffen dieses Befehles hatte FML. Kray beschlossen, den Feind zum weiteren Rückzuge zu zwingen.

Bei Tagesanbruch ging er mit der ganzen Avantgarde zum Angriffe auf Kircheip vor, warf die feindliche Nachhut bis auf die Höhen von Uckerath zurück und besetzte Kircheip mit 2 Bataillonen, 2 Compagnien Tiroler-Jäger und 1 Abtheilung leichter Cavallerie. Der Rest seiner Truppen nahm auf den Höhen rückwärts des Ortes Stellung.

Kleber deckte den Rückzug seiner Nachhut durch ausgiebige Verwendung seiner Artillerie und formirte sich während des heftigen Geschützkampfes, der sich in Folge dessen entspann, in 3 Colonnen, mit welchen er gegen Kircheip anrückte.

Nach einem scharfen Gefechte gelang es ihm, sich dieses Ortes wieder zu bemächtigen, aber an der Stellung rückwärts desselben kam der Angriff zum Stehen. Vergebens führte Kleber in Person 4 Bataillone zum Sturme vor; das Grenadier-Bataillon Ulm, dann die Bataillone der Regimenter Spleny, Stuart und Hohenlohe gingen ihm unter Führung GM. Mylius mit dem Bajonnette entgegen und warfen ihn nach beispiellos hartnäckigem Handgemenge wieder den Abhang hinab. Gleichzeitig wurde auch die französische Reiterei, welche anfangs einige Vortheile errungen hatte, von der kaiserlichen Cavallerie unter den GM. Gontreuil, Hadik und Kienmayer in Front und Flanke angegriffen und in die Flucht gejagt.

Kleber zog sich, ohne die in Reserve gehaltene Division Collaud verwendet zu haben, auf die Höhen von Uckerath zurück, während FML. Kray seine frühere Stellung bei Kircheip wieder einnahm.

Als die Nachricht von dem Gefechte im Hauptquartiere einlangte, liess Erzherzog Carl sogleich die gesammte Cavallerie nebst einigen Bataillonen der Reserve zur Unterstützung nach Kircheip vorrücken. Er selbst eilte dahin voraus, erfuhr aber schon unterwegs den glücklichen Ausgang und liess deshalb auch die Unterstützungen in Weyerbusch Halt machen.

Der Verlust war auf beiden Seiten sehr bedeutend. Die Franzosen büssten allein nur an Gefangenen 21 Officiere und 700 Mann ein, von welchen viele ihren Wunden erlagen. Von der österreichischen Avantgarde blieben 3 Officiere, 97 Mann todt, 14 Officiere, 397 Mann wurden verwundet, 1 Officier,

50 Mann vermisst. Der Gesammtverlust belief sich auf 18 Officiere, 534 Mann und 336 Pferde.

Eine nachhaltige Folge hatte dieser Zusammenstoss, in welchem sich beide Theile den Sieg zuschrieben, nicht. Kleber blieb schliesslich im Besitze seiner Stellung bei Uckerath und setzte am 20. den Rückzug nach Düsseldorf fort, wo er am 21. eintraf. Erzherzog Carl dagegen hatte nicht die Absicht, seine Operationen in dieser Richtung weiter als bis an die Sieg auszudehnen, und liess FML. Kray nur bis Siegburg vorrücken. Von dort aus folgten dem zurückgehenden Feinde blos die leichten Truppen beobachtend bis an die Wupper.

Noch früher als Kleber hatte das Gros der Sambre-Maas-Armee das rechte Rheinufer geräumt. Jourdan, der seine Aufgabe als erfüllt ansah und in nächster Zeit wieder offensiv aufzutreten beabsichtigte, musste wünschen, mit möglichst intacten Kräften das linke Ufer zu erreichen. Er war daher sorgsam bedacht, jedem Zusammenstosse, der ihn nur schwächen konnte, aus dem Wege zu gehen. Am 17. morgens brach er von Montabaur in der Absicht auf, noch am selben Tage Neuwied zu erreichen und dann ohne Aufenthalt den Fluss zu übersetzen. In Folge der Thätigkeit der österreichischen Rhein-Flotille konnte er jedoch sein Vorhaben nicht ohne Kampf ausführen. Oberstlieutenant Williams liess in der Nacht vom 17.—18. von Ober-Lahnstein aus ein Floss »von 800 Mastbäumen« flussabwärts bringen, welches zwischen 3 und 4 Uhr morgens die Schiffbrücke zerstörte, die oberhalb Neuwied über die Insel Urmitz aufs linke Ufer führte. Jourdan sah sich daher genöthigt, am 18. am Sayn-Bache, zwischen Sayn und Engers, Stellung zu nehmen, um Zeit zur Gangbarmachung der Brücke zu gewinnen.

Gefecht am Sayn-Bache. 18. Juni.

Inzwischen hatte sich FML. Staader am 17. von Molsberg westlich gegen Montabaur gewendet und war, als er den Abmarsch Jourdan's erfuhr, demselben mit solcher Eile gefolgt, dass er dessen Arrièregarde am 18. früh bei Bendorf einholte und sie nach kurzem Gefechte auf die Stellung am Sayn-Bache zurückdrängte. Bis die, durch den angestrengten Marsch etwas getrennten Abtheilungen sich gesammelt hatten, unterhielt FML. Staader ein heftiges Geschützfeuer und ging dann zum Angriffe über. Diesen aber wartete Jourdan nicht ab. Er hatte alle Mittel und Kräfte aufgeboten, die zerstörte Brücke wieder herzustellen, und es war ihm dies in der kurzen Zeit von 5 Stunden gelungen, so dass die Brücke zwischen 9 und 10 Uhr vormittags prakticabel war. Sofort begann der Uebergang unter dem Schutze von 7 Bataillonen, 30 Escadronen, welche unter Bernadotte am Sayn-Bache zurückblieben und die Bewegung des Gros maskirten. FML. Staader warf die Franzosen wohl bis in die Brückenschanze zurück und nahm schliesslich auch Neuwied, konnte aber den Rückzug Jourdan's nicht mehr stören, der nach vollzogenem Uebergange die Brücke hinter sich abwarf.

Nach diesen Vorgängen kam FML. Hotze nicht mehr in Verwendung. Er war am 19. um 4 Uhr früh von Dierdorf abmarschirt und hatte unterwegs durch die in der Nacht vorausgeschickte Avantgarde erfahren, dass der Feind Neuwied sowie den Brückenkopf geräumt habe. Nun beschleunigte er seinen Marsch nach aller Möglichkeit, konnte jedoch nur mehr Zeuge sein, wie die letzten Pontons auf Wägen geladen und in der Richtung gegen Andernach abgeführt wurden. (80.)

Am 21. Juni war somit die gänzliche Verdrängung des Feindes vom rechten Rheinufer eine vollbrachte Thatsache. Was die weiteren Operationen betraf, bestimmten den Erzherzog triftige Gründe, dieselben nicht in der Richtung nach Düsseldorf fortzusetzen. Zunächst war es Mangel an Subsistenzmitteln, der in dem ausgesogenen Lande sich schon sehr empfindlich fühlbar machte. In Folge des schlechten Wetters und der fast unfahrbaren Communicationen stockte schon seit 17. die regelmässige Verpflegung; die Armee hatte thatsächlich nicht mehr genügend Brot und lebte fast ausschliesslich von Requisitionen, die selbst bei Aufwand aller Energie den Bedarf nicht vollständig deckten. Bei weiterem Vorrücken mussten sich diese Schwierigkeiten nur noch vermehren. Andere wichtige Momente waren die allzugrosse Zersplitterung der Kräfte in der ausgedehnten Cordonlinie zur Bewachung des Rhein, sowie die weite Entfernung vom Oberrhein, dem wichtigsten

Theile der strategischen Front, welche das Zusammenwirken der beiden Armeen ebenso wie gegenseitige Unterstützung gänzlich ausschlossen.

In dem ausführlichen Berichte vom 21. Juni (E. A. A.) an den Kaiser fasst Erzherzog Carl die Motive seines Handelns in den Worten zusammen: »In den Augen jedes Mannes, der nicht Soldat ist, scheint es wichtig zu sein, sich Düsseldorfs zu bemächtigen, und würde diese Unternehmung glänzend ausfallen. Allein wer unser Handwerk kennt, wird ein Corps von 30—50.000 Mann zwischen Sieg und Lahn als eine viel sicherere Stütze unseres Flügels ansehen, als 40.000 Mann, die von der Lahn bis Düsseldorf, in viele kleine Corps zerstreut, gestellt werden müssten und wovon 5—6000 Mann zur Vertheidigung des ohnehin nicht haltbaren Düsseldorf verwendet werden sollten.«

Diese Erwägungen bestimmten den Erzherzog, auf ein Unternehmen zu verzichten, welches anscheinend schwerwiegende Erfolge mit verhältnissmässig geringer Anstrengung zu erreichen in Aussicht stellte. Er zog vor, ein Corps von ungefähr 30.000 Mann zurückzulassen, welches sich nöthigenfalls vor feindlicher Uebermacht hinter die Lahn ziehen könnte; mit dem Reste der Armee aber wollte er zwischen dem Main und dem Neckar eine für alle Fälle disponible Reserve bilden. Dies entsprach auch den Intentionen des Kaisers, der sich, bevor noch des Erzherzogs Bericht in seinen Händen war, in einem Schreiben vom 16. Juni in ähnlichem Sinne geäussert hatte.*)

Die ausserordentlichen Anforderungen, welche in den letzten Wochen an die Truppen gestellt werden mussten, die stockende Verpflegung, sowie Rücksichten auf die Conservirung von Mann und Pferd liessen es als dringend nothwendig er-

*) Wie richtig Erzherzog Carl die Situation beurtheilte, geht auch aus gegnerischen Schriften hervor, wo Carnot am 5. messidor an IV (23. Juni 1796) an Jourdan schreibt: ». . . . L'object en cela était de faciliter au général Moreau le passage du haut Rhin; or le mouvement que vous venez de faire, quoique rétrograde, produit cet effet, surtout si l'ennemi se porte jusque devant Düsseldorf, ce qui serait, selon moi, une chose trés heureuse pour nous et une trés grand faute de sa part.« (Carnot, II, 70.)

scheinen, der Armee vor Beginn neuer Operationen kurze Erholung zu gönnen. Andererseits aber war es ein unabweisbares Gebot kluger Vorsicht, ohne Aufschub entsprechende Kräfte in die Nähe des Operations-Schauplatzes am Oberrhein zu bringen, welche im Falle eintretender Nothwendigkeit ausreichende Unterstützung rascher bieten konnten, als dies durch den Anmarsch der Niederrhein-Armee zu erwarten war. Als erste Massregel in dieser Beziehung bot sich von selbst die Rücksendung der Truppen FML. Hotzes, da der Zweck ihrer Detachirung nunmehr vollständig erreicht war. Es erhielt derselbe demnach den Auftrag, sich am 22. von Romersdorf (bei Neuwied) über Montabaur, Limburg und Wiesbaden an den Main in Marsch zu setzen und bei Hochheim die Befehle seines Armee-Commandanten zu erwarten. Als weitere verfügbare Unterstützung bestimmte Erzherzog Carl das kursächsische Corps, über Hadamar und Kirberg am 23. in Neuhof (nördlich Mainz) einzutreffen und dort ein Lager zu beziehen.

Während der Ausführung dieser Dispositionen berichtete FZM. Latour ddo. Schwetzingen, 21. Juni, die Franzosen hätten mit überlegenen Kräften bei Mannheim angegriffen, sowie dass er an Stelle des nach Italien abgehenden FM. Wurmser das Commando am Oberrhein übernommen habe. Er schilderte die Lage der Armee, deren Stärke unzulänglich sei, um die übermässig lange Front zugleich mit Mannheim zu vertheidigen, und bat um entsprechende Verstärkung, sowie um Befehle hinsichtlich der vorzunehmenden Operationen. (91.)

Auf diesen Bericht hin verfügte Erzherzog Carl, FML. Hotze habe seinen Marsch von Hochheim aus derart fortzusetzen, dass er am 4. Juli in Schwetzingen eintreffe. Das kursächsische Corps sollte die Vertheidigung der Strecke zwischen dem Main und dem Neckar übernehmen, Oppenheim, Gernsheim und Worms sichern und Mannheim im Falle eines Angriffes unterstützen. In diesem Sinne wurde GL. Lindt angewiesen, ohne Aufenthalt über Gross-Gerau vorzugehen und am 30. in Käferthal (bei Mannheim) enge Cantonirungen zu beziehen. Um keine Zeit zu verlieren, seien die Posten FML. Mercandin's bei Weisenau und jene FML. Meszáros' bei Gernsheim noch während des Hinmarsches abzulösen.

Hinsichtlich der übrigen Vorstellungen FZM. Latour's konnte der Erzherzog keine bestimmten Verfügungen treffen, da er noch nicht zum Oberbefehlshaber beider Armeen ernannt war. Um jedoch den Feldzeugmeister für den Fall zu informiren, als der kaiserliche Befehl etwa demnächst eintreffen sollte, skizzirte Erzherzog Carl, wie er sich ausdrückte, nur provisorisch jene Verfügungen, die er dann für die Oberrhein-Armee treffen würde. Diese bezogen sich zunächst auf die Aufstellung der Divisionen der FML. Hotze, Riese und Kospoth als Reserve-Corps bei Offenburg, um den linken Flügel zu sichern und stets eine hinreichende Truppenzahl zur Verfügung zu haben. Ferner auf die Verlegung des Contingentes des schwäbischen Kreises von dem äusserst wichtigen Posten bei Kehl an das rechte Ufer der Rench und deren Ersatz durch die bisher in diesem Raume dislocirten Divisionen der FML. Riesch und Fürstenberg; endlich die Verstärkung FML. Frelichs mit 3 Bataillonen von Seite der letztgenannten 2 Divisionen. (96.)

Diese Verfügungen entsprachen vollkommen den oben angedeuteten Absichten. Durch den Rückmarsch FML. Hotzes kamen dessen Truppen unmittelbar zur Disposition des Armee-Commandanten am Oberrhein, während in Folge der neuen Bestimmung des kursächsischen Corps jene FML. Meszáros' ebenfalls frei wurden. Insoweit also Erzherzog Carl die Verhältnisse am Oberrhein nach den eingegangenen Berichten zu beurtheilen in der Lage war, konnte er wohl mit Recht voraussetzen, dass wenigstens in den nächsten Tagen dort keine solchen Ereignisse zu gewärtigen seien, welche es nothwendig machen würden, seinen Truppen die dringend nöthige Ruhe zu schmälern. Die Armee blieb also in den Stellungen, welche sie nach dem Gefechte bei Uckerath inne hatte; FML. Kray, der seine leichten Truppen an sich gezogen hatte, als der Rückzug Klebers auf das linke Rheinufer sichergestellt war, stand mit der Avantgarde der Armee bei Siegburg, das Gros bei Altenkirchen und Hachenburg, in welch letzterem Orte sich auch das Hauptquartier befand. Bei Neuwied beobachtete FML. Staader die feindlichen Lager am linken Ufer.

Nach den Anordnungen Erzherzog Carls hatte FZM. Wartensleben mit 38 Bataillonen, 99 Compagnien und 86 Escadronen bei Hachenburg zurückzubleiben, der Rest der Armee aber sollte sich am 25. in Marsch setzen und am 28. in Hochheim bei Mainz eintreffen. Der Erzherzog begann am Tage des Abmarsches die Bereisung des Rhein-Cordons, welche ihn am 25. nach Molsberg und Bendorf, am 26. nach Ehrenbreitstein führte, von wo er am selben Tage über Lahnstein, Goarshausen, Caub, Kemel und Schlangenbad Mainz erreichte. (F. A. VII, 97.)

Ereignisse am Oberrhein.

Zur Zeit, als die Vorfälle an der Sieg und Lahn den Operationen der Niederrhein-Armee eine neue Richtung gaben, war FM. Wurmser noch in jener Stellung, die er bei Kündigung des Waffenstillstandes inne hatte. Dem Befehle des Kaisers: Rastatt, Kehl und Basel als die wichtigsten Punkte zu betrachten und sie unbedingt zu decken, glaubte er am besten zu entsprechen, indem er die ganze Strecke von Basel bis Mannheim mit einer Postenkette besetzte, ungeachtet diese keine andere Stütze hatte, als eine schwache Reserve bei Offenburg. Nur die »Operations-Armee« am linken Rheinufer bildete einen compacten, in sich geschlossenen Körper. Ihren linken Flügel, zwischen Mutterstadt und Neustadt, commandirte statt des nach Italien bestimmten FML. Gvosdanovich nun FML. Sztáray; die Vorposten folgten der Linie des Reh-Baches, über welchen sie zum Theile gegen die Demarcationslinie und Landau vorgeschoben waren. Am rechten Flügel stand das Corps FML. Meszáros' in Kaiserslautern, seine Vorposten in Landstuhl, Ramstein und Trippstadt.

In dieser Aufstellung musste die Armee verbleiben, bis Erzherzog Carl seinen Rückmarsch hinter die Glan bewirkt und den Schorle-Berg besetzt haben würde. Erst dann konnte auch FM. Wurmser die vereinbarte Defensivstellung beziehen, in welcher Neustadt nur als ein vorgeschobener, unhaltbarer Posten erschien, Kaiserslautern aber ganz aufgegeben werden musste. Am rechten Rheinufer blieben im Bereiche der Operations-Armee die Dislocationsverhältnisse vorläufig ebenfalls noch unberührt, weil erst nach dem Abmarsche der nach

Italien bestimmten Regimenter und dem Eintreffen des Ersatzes für sie endgiltige Bestimmungen getroffen werden konnten. Ueberhaupt war die Stellung der Operations-Armee nur als eine provisorische zu betrachten, da die Behauptung des linken Rheinufers von vielen, kaum zu berechnenden Zufällen abhing und FM. Wurmser nach wie vor daran festhielt, sich am linken Ufer nur auf die Vertheidigung des Retranchements bei Mannheim zu beschränken, was er auch in einem dem Erzherzoge am 4. Juni vorgelegten »Besatzungs-Entwurfe« ausführlich begründete.

Anders verhielt es sich mit dem linken Flügel der Armee unter Commando FZM. Latour's, der sogenannten »Rhein-Defension«. Dort hatte man durchaus unveränderliche Verhältnisse vor sich, die in der Vertheidigung des Rhein gegen feindliche Uebergangsversuche ihr Ziel fanden. Die Strecke von Basel bis an die Murg war der strategisch wichtigste Theil der ganzen Stellung der Oberrhein-Armee, aber gerade dort entsprach die Vertheilung der Truppen dem Zwecke am wenigsten.

Wie schon früher erwähnt, war die Formation des Rhein-Cordons in der Strecke von der Murg bis Rheinfelden genau jener von 1795 nachgebildet; eben deshalb aber litt sie an so auffälligen Gebrechen, dass sich FZM. Latour nach persönlicher Besichtigung schon anfangs Mai veranlasst fand, FM. Wurmser dieserwegen Vorstellungen zu machen. (81.) Die Zersplitterung der Truppen ging so weit, dass, wie der Bericht sagte, »überall etwas und nirgends genug beisammen war, um dem Feinde den nöthigen Widerstand zu leisten«. Die zahlreichen Pikets überbürdeten die Truppen mit einem so aufreibenden Dienste, dass fast die Hälfte derselben am Cordon stand. Zahlreiche Schanzen, die aber durch den geänderten Lauf des Rhein längst ganz zwecklos geworden waren, mussten dessenungeachtet mit Geschütz versehen werden, wodurch die Artillerie nicht weniger zersplittert wurde, wie die übrigen Truppen. Dagegen waren die zweckmässiger angelegten Fortificationen bei Kehl mit zu wenig Geschütz armirt und daher eher schädlich als nützlich, weil der Feind sich derselben leicht bemächtigen und sie dann als Brückenkopf für seine eigenen Zwecke verwenden konnte. FZM. Latour war daher der Ansicht, den Rhein nur durch Avisoposten beobachten zu lassen, dagegen aber die übrigen Truppen, sowie das Geschütz an den wichtigsten Punkten zu concentriren. Kehl, Kappel und Rheinfelden schienen ihm hiezu am geeignetsten, da auch er die allgemein herrschende Besorgniss theilte, die Franzosen könnten ohne Rücksicht auf die Neutralität der Schweiz oberhalb Basel den Rhein übersetzen.

FM. Wurmser billigte zwar die Einziehung überflüssiger Pikets, wie auch jene der Artillerie aus nutzlosen Schanzen, fand aber, dass die Concentrirung der Truppen den allgemeinen Operationsplan beeinträchtige und daher nicht stattfinden dürfe. Er war überzeugt, ein feindlicher Uebergang bei Rheinfelden werde entweder gar nicht oder mit so überlegenen Kräften stattfinden, dass dann auch die concentrirten Truppen nicht ausreichen würden, ihn zu verwehren. In einem solchen Falle müsse man sich auf die Abtragung der Brücken von Rheinfelden, Säckingen und Waldshut und auf die Verhinderung eines Brückenschlages bei diesen Orten beschränken. (82.) Die Aufstellung blieb also der Hauptsache nach so wie sie war. Fügt man dem noch die später angeordnete Demonstration am linken Ufer bei, so treten die Mängel der Truppenvertheilung am linken Flügel nur um so schärfer hervor.

Die Detachirung nach Italien wendete die Dinge insoferne zum Besseren, als die gefährliche und in ihren Erfolgen sehr zweifelhafte Demonstration entfiel und FM. Wurmser nun selbst eine concentrirtere Aufstellung der Truppen anordnete. Er wies FZM. Latour am 2. Juni an, seine Aufgabe nunmehr blos darin zu suchen, den Uebergang des Feindes über den Rhein zu verhindern, beziehungsweise ihn wieder zurückzuwerfen, bevor er auf dem rechten Ufer festen Fuss fassen konnte. Zu diesem Zwecke sei eine solche Aufstellung zu nehmen, dass die Truppen rasch gegen bedrohte Punkte vereinigt werden und sich gegenseitig unterstützen könnten. — Gleiches galt hinsichtlich des Condé'schen Corps, welches ebenfalls nur bei den wichtigsten Punkten zu lagern und mit den Truppen des schwäbischen Kreises in steter Verbindung zu bleiben hatte; letztere erhielten Befehl, sich aus ihren

Contonirungen in ein Lager in der Nähe von Kehl zusammenzuziehen. Ferner wurde Latour verständigt, dass die bei seinem Corps in Folge der Detachirung nach Italien entstandenen Abgänge im Verhältnisse des mit der Niederrhein-Armee zu bewirkenden Ausgleiches ersetzt werden würden.

Als diese Ergänzungen theils eingetroffen, theils auf dem Marsche nach ihren Bestimmungsorten waren, entwarf FZM. Latour am 6. Juni die Grundzüge zur Besetzung des Oberrhein. Diese stützten sich darauf, dass es sich in erster Linie um eine möglichst vollkommene Beobachtung der ganzen Stromstrecke handle, mithin die einzelnen Commandanten nicht die Aufgabe haben könnten, speciell nur ihre Abschnitte zu vertheidigen. Vielmehr hätten sie dem wirklichen Angriffe des Gegners, den er voraussichtlich durch verschiedene Scheinangriffe zu verhüllen trachten werde, gemeinsam entgegenzutreten.

Nach dem Besetzungs-Entwurfe FZM. Latour's war die Vertheilung der Defensions-Armee folgende:

I. Von Philippsburg bis an die Rench: Commandant FML. Fürst zu Fürstenberg.

a) Von Philippsburg bis an die Murg: FML. Riesch.

Bei Graben: Reichs-GM. Graf Isenburg mit dem pfalzbayrischen Contingente, 4 Bataillone, 8 Compagnien, 12 Escadronen.

Von Eggenstein bis an die Murg: GM. Prinz Württemberg, 2 Bataillone, 6 Escadronen.

b) Von der Murg bis Stollhofen: Oberst Wenkheim.

Bei Stollhofen: 2 Bataillone (hievon 2 Compagnien in Rastatt), 2 Escadronen.

c) Von Stollhofen bis an die Rench (mit der besonderen Bestimmung, das schwäbische Contingent bei Kehl zu unterstützen):

Bei Lichtenau: Oberst Imens, 1 Bataillon, 2 Escadronen.

Bei Bischofsheim (als disponible Reserve für Kehl im Falle eines Angriffes): 1 Bataillon, 2 Escadronen.

II. Von der Rench bis Ichenheim: Contingent des schwäbischen Kreises. Commandant: Reichs-FZM. Freiherr v. Stain, im Lager bei Willstätt, 6 Bataillone, 2 Escadronen.

III. Von Ichenheim bis Burkheim: Corps des Prinzen von Condé.

1. Lager zwischen Ottenheim und Nonnenweier (Unterstützung für Kehl).

2. Hauptlager bei Kappel an der Elz (Vertheidigung des Rhein bis Oberhausen).

3. Lager zwischen Wyhl und Saspach (Beobachtung des Rhein von Oberhausen bis Burkheim).

IV. Von Burkheim bis Rheinfelden und weiter aufwärts, je nach Umständen. Commandant: FML. Frelich.

Rechter Flügel, bei Burkheim beginnend: Oberst Baron Bender: Lager bei Alt-Breisach $^2/_3$ Bataillone, Garnison Freiburg $^1/_3$ Bataillon, Lager bei Gretzhausen 1 Bataillon.

Zur Disposition des FML. Frelich: 2 Bataillone, 6 Escadronen.

Mitte, zwischen Neuenburg und dem Kanter-Bache: Oberst Eder, 3 Bataillone, 2 Escadronen.

Linker Flügel, vom Kanter-Bache bis Rheinfelden: GM. Klinglin, 3 Bataillone, 6 Escadronen.

FML. Wurmser billigte diese Aufstellung, obwohl in derselben die Truppen noch immer derart zersplittert waren, dass auch nicht die kleinste Reserve zur Verfügung des Commandanten der Rhein-Defension erübrigte. FZM. Latour hatte geglaubt, eine derartige Vertheilung wagen zu dürfen, weil zu jener Zeit feindliche Demonstrationen gegen den Oberrhein nicht vorausgesetzt wurden. Wenige Tage später mehrten sich jedoch die Anzeichen, als würden die Franzosen bei Plobsheim und vielleicht auch gleichzeitig bei Strassburg Angriffe versuchen. Da man sich nun hinsichtlich der Haltung der schwäbischen und Condé'schen Truppen umso weniger beruhigt fühlte, als letztere nicht einmal mit Artillerie versehen waren, beschloss FZM. Latour, unter allen Umständen eine Reserve aufzustellen, die sowohl die oben erwähnten Truppen unterstützen, als auch sich rasch stromaufwärts wenden könnte, falls der Feind dort einen Angriff unternehmen sollte. Er bestimmte hiezu Theile der Division Frelich, weil diese ihren ausgedehnten Rayon ohnehin nicht wirksam besetzen konnte und die für sie bestimmten Truppen sich noch auf dem Marsche befanden, mithin eine Aenderung dort die geringste Störung verursachte.

In diesem Sinne wurde am 11. angeordnet, die nach Neuenburg bestimmten beiden Feld-Bataillone von Wartensleben-Infanterie, welche am 13. in Kenzingen eintreffen würden, in der Gegend von Emmendingen ein Lager beziehen zu lassen. FML. Frelich hatte 4 Escadronen ebenfalls dahin abzusenden, so dass sich dort ein kleines Corps concentrirte, welches nöthigenfalls in einem Marsche entweder abwärts gegen Kappel oder aufwärts gegen Alt-Breisach und Grissheim verwendet werden konnte. Allerdings repräsentirten diese wenigen Truppen zugleich auch das Gros der gesammten Rhein-Defension.

Die Verbindung und einheitliche Action der beiden Rhein-Armeen, durch die Natur der Dinge an und für sich locker und wenig Erfolg verheissend, wurde in Folge des Verlaufes der Operationen an der Sieg und Lahn sehr bald ganz gelöst. FM. Wurmser hatte sich ohnehin vom Anbeginne zu schwach gefühlt, die im Defensivplane ihm zugewiesene Strecke zu behaupten, und in dem schon erwähnten Besetzungsvorschlage die Nothwendigkeit einer Verstärkung von 6 Bataillonen, 6 Escadronen leichter Truppen ziffermässig nachgewiesen. Der Rückzug des Herzogs zu Württemberg über die Lahn enthob Erzherzog Carl der Mühe, seinem Mitfeldherrn die Unmöglichkeit der Erfüllung dieses Wunsches klar zu machen und ihn zum Ausharren bei dem nun einmal vereinbarten und theilweise schon in der Ausführung begriffenen Plane zu bewegen. Jourdan's erster Uferwechsel zerriss mit einem Male die Verbindung der beiden kaiserlichen Armeen am linken Rheinufer, und als FM. Wurmser am 6. abends die Mittheilung von dem Marsche des Erzherzogs hinter die Selz erhielt, setzte auch er sich am 7. in der Richtung auf Mannheim in Bewegung.

Am 8. Juni gruppirte sich dort die Armee wie folgt: *) (F. A. VI, 91.)

a) FML. Sztáray bei Maudach.

Avantgarde: FML. Hotze, 1 Bataillon, 12 Compagnien, 18 Escadronen.

Gros: 11 Bataillone (hievon besetzten 1 Bataillon, 4 Escadronen die Strecke Neckerau—Ketsch—Philippsburg);

bei Schwetzingen (trifft am 9. ein): FML. Kospoth, 3 Bataillone, 12 Escadronen;

in Mannheim: FML. Petrasch, 9 Bataillone.

b) FML. Meszáros bei Oggersheim: 12 Bataillone, 18 Compagnien, 18 Escadronen.

Durch diese Aufstellung hoffte FM. Wurmser die Arbeiten zu decken, welche das verschanzte Lager vor dem schwachen Brückenkopfe bei Mannheim in Vertheidigungszustand setzen sollten. In Folge des Uferwechsels der Niederrhein-Armee bei Mainz musste sie jedoch, kaum dass sie bezogen war, wieder geändert werden. FML. Hotze marschirte noch am 8. als Verstärkung zur Niederrhein-Armee ab, und da FM. Wurmser nun auch die Rheinstrecke von Mannheim bis Gernsheim zu übernehmen hatte, wurde am 9. FML. Meszáros mit 3 Bataillonen und 12 Escadronen zur Besetzung der Linie Sandhofen—Gernsheim bestimmt. An seine Stelle kam GM. Devay, welcher mit 3 Bataillonen, 12 Compagnien des Grün-Laudon-Freicorps und 12 Escadronen Oggersheim und Frankenthal zu halten hatte, während 3 Bataillone theils zur Arbeit, theils als Besatzung nach Mundenheim verlegt wurden.

Am 8. Juni wurde ferner noch das Gyulay'sche Freicorps zur Division des FML. Fürstenberg abgesendet, wo es den Rhein-Cordon von Steinmauer bis an die Rench zu besetzen hatte.

*) Die nach Italien bestimmten Truppen sind in der nachfolgenden Ordre de bataille theilweise noch aufgenommen, da sie erst nach Eintreffen des Ersatzes von der Niederrhein-Armee auf ihre Sammelplätze abrückten.

Operationen der Rhein-Mosel-Armee vom 1.—24. Juni.

Moreau störte den Rückmarsch seines Gegners nicht. Für ihn war die erste und wichtigste Aufgabe: der Uebergang auf das rechte Ufer bei Strassburg; nach diesem Ziele richteten sich alle seine Bestrebungen. Seine Lage war hiebei ungleich weniger günstig als jene der Sambre-Maas-Armee, welche in Düsseldorf schon einen festen Punkt am rechten Ufer besass, indess er sich einen solchen erst mit Waffengewalt schaffen musste. Es konnten ferner dort schon unmittelbar nach Kündigung des Waffenstillstandes die Feindseligkeiten begonnen werden, während er in den ersten Tagen des Juni zur Unthätigkeit gezwungen war, denn seine Operationen hingen von den Resultaten jener an der Sieg und Lahn ab.

Die anfänglichen Erfolge Jourdan's schufen wesentlich bessere Bedingungen. Nun konnte auch Moreau thätig werden und seine Operationen zunächst auf die Entfernung Wurmsers vom linken Rheinufer richten. Es war dies unerlässlich, sowohl um die auf dieser Seite zurückgebliebenen Theile der Sambre-Maas-Armee vor überlegenen Angriffen der beiden österreichischen Feldherren zu schützen und diesen die Möglichkeit zu benehmen, vereint die französischen Armeen einzeln zu schlagen, als auch um sich freie Hand für die Vorbereitungen zum Rheinübergange zu schaffen.

In dieser Absicht hatte er am 8. Juni St. Cyr beauftragt, am 9. Trippstadt und Landstuhl und am 10. Kaiserslautern anzugreifen, während Desaix gegen den Speyer-Bach vorzugehen hatte. Im Falle des Gelingens sollte dann eine solche Stellung genommen werden, welche eine Vereinigung der beiden kaiserlichen Armeen hinderte. (84.)

St. Cyr war am 9. schon auf dem Marsche, als die Kunde von Erzherzog Carls Uferwechsel und der hiedurch bedingte Rückzug Wurmsers aus Kaiserslautern die Unternehmung entbehrlich machte. Mittlerweile wurde mit aller Anstrengung an den Vorbereitungen zum Flussübergange bei Strassburg gearbeitet, und es stand zu erwarten, dass binnen 5—6 Tagen alles hiezu bereit sein würde. Die Hauptschwierigkeit bestand darin, die zur Unternehmung beorderten Truppen ohne Aufsehen an den Ort ihrer Bestimmung zu bringen. Ein günstiger Vorwand zu Detachirungen rheinaufwärts war allerdings durch die Vorbereitungen FZM. Latour's zu der ihm aufgetragenen Demonstration schon gegeben; allein hier genügte es nicht, die Bewegung dem Feinde zu verbergen, es musste auch innerhalb der eigenen Armee das Geheimniss auf das Strengste gewahrt werden. Moreau versuchte daher, Wurmsers Aufmerksamkeit von Strassburg und Kehl abzulenken, indem er sich den Anschein gab, als wären die Operationen der Rhein-Mosel-Armee auf Mannheim gerichtet und hätten die Vereinigung mit Jourdan am rechten Ufer zum Ziele. Demnach beauftragte er St. Cyr, in der Richtung nach Worms und Oppenheim demonstrative Recognoscirungen zum Zwecke eines in jener Gegend auszuführenden Rheinüberganges vorzunehmen, während er selbst die Stellung Wurmsers angreifen wollte. (85.)

Vorläufig folgte das Centrum und der linke Flügel den zurückgehenden Oesterreichern nach, und am 11. nahm die Armee folgende Stellung: Die Division Delmas zwischen Speyer und Harthausen, Beaupuis bei Musbach, Duhesme und Taponnier zwischen Musbach und Gönheim, die Reserve bei Altdorf. Die Division Xaintrailles wurde Delmas und Beaupuis zugetheilt.

Sowie diese neue Dislocation angenommen war, recognoscirte Moreau am 12. und 13. die Stellung Wurmsers und setzte hierauf den Angriff auf den 14. fest.

Treffen bei Maudach am 14. Juni.

Den kaiserlichen Truppen bei Mannheim waren die Bewegungen Moreau's nicht entgangen. Die Recognoscirungen hatten zu mehreren kleinen Zusammenstössen der beiderseitigen Reiterei geführt, und als die Franzosen am 13. die nahe an den kaiserlichen Vorposten liegenden Orte Assenheim, Hochdorf, Cronau stark mit Infanterie besetzten und ansehnliche Cavalleriemassen zwischen Deidesheim—Niederkirchen zusammenzogen, war an einem baldigen Angriffe nicht mehr zu zweifeln. Um diese Zeit war die Aufstellung folgende:

9*

Am linken Flügel bei Maudach, wo FML. Sztáray commandirte, stand FML. Riese mit den Brigaden GM. Kaim, Zoph und Prinz Lothringen, im Ganzen 11 Bataillone, 20 Escadronen. Die Front dieses Flügels stützte sich links an den Rhein bei der Mündung des Reh-Baches und zog sich von dort in einem Bogen über Mutterstadt und Rugheim, bis sie sich mit dem rechten Flügel der Armee verband.

Dort hatte GM. Devay 12 Escadronen in dem offenen Raume von Rugheim bis zum Frankenthaler-Canale vertheilt und stand mit 2 Linien-Bataillonen, dann 12 Compagnien des Grün-Laudon-Freicorps bei Frankenthal. Das Salzburger-Bataillon hielt den Frankenthaler-Canal besetzt. Im verschanzten Lager standen 2 Bataillone als Besatzung und zugleich Reserve unter GM. Baillet.

Am 14., um 3 Uhr 30 Minuten morgens, begannen die Franzosen den Angriff. Desaix liess die Division Delmas in 3 Colonnen über Waldsee, Schifferstadt und auf der Strasse von Speyer in der Front gegen Mutterstadt vorgehen, während ein Theil der Division Xaintrailles durch die überschwemmten Gehölze über Neuhofen den unteren Reh-Bach angriff. Die Division Beaupuis rückte auf der Strasse von Neustadt vor. St. Cyr dirigirte die Division Duhesme mit Theilen jener Taponnier's über Dürkheim gegen Frankenthal und gab Letzterem den Auftrag, mit dem Reste seiner Division in der linken Flanke recognoscirend gegen Göllheim, Worms, Oppenheim, Alzey vorzugehen.

Am österreichischen linken Flügel währte das Gefecht der Vortruppen bis nachmittags. Desaix bemächtigte sich einiger Punkte in der Vorpostenlinie und drang über den Reh-Bach vor. In der Ebene vor Mutterstadt kämpfte die Reiterei beider Theile mit wechselndem Glücke, ohne zu einer Entscheidung zu gelangen; am rechten Flügel kamen die Franzosen für eine Zeit in den Besitz von Frankenthal, aber GM. Devay warf sie wieder zurück, wobei ein französisches Grenadier-Bataillon gefangen wurde. Das Gefecht, in welchem vorherrschend die Artillerie zur Verwendung kam, endete um 7 Uhr abends mit dem Rückzuge FM. Wurmsers in die Stellung von Maudach.

Am folgenden Tage erneuerte Moreau den Angriff, musste aber nach einem fruchtlosen Versuche auf Rugheim, den GM. Devay kräftig zurückwies, wieder davon abstehen.

FM. Wurmser hatte aus den Zusammenstössen vom 14. und 15. die Ueberzeugung gewonnen, dass er sich gegen den überlegenen Feind auf die Dauer im offenen Felde nicht behaupten könne. Da nun die Mundenheimer Verschanzungen bereits im vertheidigungsfähigen Zustande waren, beschloss er, dieselben entsprechend zu besetzen und mit dem Reste der Armee auf das rechte Ufer zurückzugehen. Am 16. morgens zogen sich sämmtliche Truppen in die Verschanzungen. FML. Sztáray übersetzte mit 6 Grenadier-Bataillonen, 22 Escadronen den Strom und lagerte bei Mannheim, von wo er tags darauf nach Schwetzingen marschirte. Zur Besetzung von Mannheim und des verschanzten Lagers blieb FML. Petrasch mit 10 Bataillonen, 10 Escadronen und 18 Compagnien unter den GM. Kovachevich, Baillet, Zoph und Devay, dann dem Festungs-Commandanten GM. Baader zurück.*) (86.)

Nun sah Moreau seine Absichten dem vollen Umfange nach erreicht. Wurmsers Armee war auf die Verschanzungen von Mundenheim beschränkt, ein bedeutender Theil derselben hatte das linke Ufer verlassen. Schwerer noch als dies wog die Irreführung seiner Gegner. Soweit dieselbe FM. Wurmser betraf, war sie allerdings nicht vollständig, denn dieser blickte noch immer sorgenvoll nach Kehl und ward nicht müde, dem Reichs-FZM. Stain die grösste Aufmerksamkeit hinsichtlich eines feindlichen Uebergangsversuches anzuempfehlen. Noch am 14., nach dem Treffen, beauftragte er FML. Fürsten zu Fürstenberg, 2 Bataillone und 1 Cavallerie-Regiment derart bereit zu halten, dass sie im Falle eines Angriffes der Franzosen bei Kehl in einem Marsche zur Unterstützung des schwäbischen Corps dort eintreffen könnten. Dies hinderte jedoch den Feldmarschall nicht, auch die Absichten Moreau's

---

*) Die kaiserlichen Truppen verloren an beiden Gefechtstagen 8 Officiere, 378 Mann und 152 Pferde; der Verlust der Franzosen ist nicht bekannt, dürfte aber, weil sie überall die Angreifer waren, jedenfalls weit beträchtlicher gewesen sein, wenn er auch die Höhe von 2000 Mann nicht erreichte, wie ihn Wurmser in seinem ersten Berichte schätzte.

auf Mannheim ernst zu nehmen, da er die Franzosen im Ober-Elsass für hinreichend stark hielt, um dort selbstständig einen Uebergang auszuführen. (87.)

Um so nachhaltiger war die täuschende Wirkung der Recognoscirungen gegen Worms und Oppenheim, die noch durch das sehr thätige Auftreten Marceau's und die Demonstration Taponnier's am 14. besonderen Nachdruck erhielten. Welche Befürchtungen dies alles bei den FML. Mercandin und Nauendorf hervorrief, geht aus deren Berichten an Erzherzog Carl hervor;*) sie steigerten sich noch, als FM. Wurmser das Verlangen dieser Generale: seine Armee zur besseren Sicherung von Mainz bis über Germersheim auszudehnen, unbedingt ablehnte. Als daher die bereits erwähnte Antwort des Erzherzogs auf obige Berichte in Mainz einlangte, machte FML. Mercandin sofort von der ihm eingeräumten Befugniss Gebrauch und zog am 14. die in 3 Lagern zerstreuten Truppen hinter die Hechtsheimer-Schanzen zurück.

Die Nachricht von dem Treffen bei Wetzlar und dem im Zuge begriffenen Rückmarsche Jourdan's auf das linke Rheinufer, welche am 18. im französischen Hauptquartiere zu Neustadt eintraf, war für Moreau die Aufforderung, nun ohne Verlust einer Minute die Unternehmung bei Kehl ins Werk zu setzen. Deshalb blieben auch die Vorstellungen Marceau's unberücksichtigt, der, in Besorgniss, Erzherzog Carl werde sich nun mit voller Kraft auf ihn werfen, die Aufstellung eines starken Corps bei Alzey verlangte. Das Gelingen des Ueberganges bei Kehl musste alle Schwierigkeiten bei Mainz und an der Nahe beseitigen, und diesem Ziele strebte Moreau mit voller Energie zu. Seinen Dispositionen folgend, hatte St. Cyr das Gros seiner Truppen am linken Flügel gegen Kaiserslautern und Alsenborn zu vereinigen, um bereit zu sein, auf den ersten Befehl nach Strassburg abzumarschiren oder sonstige Weisungen des Obergenerals auszuführen; auch General Ferino wurde beauftragt, sich mit einer Division rheinabwärts in Marsch zu setzen. Um den Gegner vollkommen zu täuschen und zugleich eine Diversion zu Gunsten der Sambre-Maas-Armee

---

*) Siehe S. 96.

auszuführen, beschloss Moreau den erneuerten Angriff auf die Verschanzungen bei Mundenheim.

Auf Seite der kaiserlichen Armee am Oberrhein vollzog sich mittlerweile eine Veränderung im Commando, deren Folgen bedeutungsvoll für den ferneren Verlauf des Feldzuges werden sollten: FM. Wurmser verliess am 16. Juni die Armee, um den Oberbefehl jener in Italien anzutreten, und übergab jenen am Rhein interimistisch an FZM. Latour. Dieser jedoch, vor der verantwortungsvollen Bürde zurückweichend, wandte sich ohne Säumen an den Erzherzog mit der Bitte, sich dessen Befehlen unterordnen zu dürfen. Wenn nun auch Erzherzog Carl, durch die Anordnungen des Kaisers gebunden, vorerst nicht in der Lage war, dem Ansuchen des Feldzeugmeisters durch die förmliche Uebernahme des Commandos der Oberrhein-Armee zu entsprechen, so ward doch die Aufhebung der alle Operationen hemmenden Zweitheilung des Oberbefehles angebahnt und endlich jene Einheit geschaffen, die allein den Erfolg verbürgen kann. »Dieser Umstand« — sagt Erzherzog Carl — »war ein Glück für Oesterreich und rettete trotz der unzweckmässigen Basis, auf welcher die Operationen begonnen wurden, und aller daraus erfolgten fehlerhaften Einleitungen die Ehre seiner Waffen im Feldzuge 1796.« *)

---

*) Erzherzog Carls Schriften. II, S. 27.

Es ist unaufgeklärt, warum man von Wien aus die Ernennung Wurmsers zum Commandanten der italienischen Armee so ängstlich geheim hielt, dass selbst bei dessen Abreise vom Oberrhein der wirkliche Anlass nicht verlautbart, sondern dieselbe so dargestellt wurde, als wäre die Abwesenheit des Feldmarschalls nur eine zeitweilige. »Bis zu meiner Zurückkunft haben Euer Excellenz das Commando am Oberrhein zu übernehmen und zu führen.« Mit diesen trockenen Worten installirte FM. Wurmser, und zwar erst von Offenburg aus, am 18. Juni seinen Nachfolger (F. A. VII, 65). Auch in der hierauf bezüglichen Meldung Latour's an Erzherzog Carl, sowie in dem Generals-Befehle an die Truppen wird der Commandowechsel in gleicher Form angezeigt.

Nach diesem ist es allerdings folgerichtig, dass auch die Ernennung Erzherzog Carls nicht gleichzeitig mit der Abberufung FM. Wurmsers, sondern später, erst nach der Schlacht bei Malsch, erfolgte. Vom höchsten Interesse für die allgemeine Sache wäre es aber gewesen, diese schon längst beschlossene Ernennung zugleich mit dem Abgange Wurmsers auch öffentlich zu vollziehen. — Die freiwillige Unterordnung FZM. Latour's

Moreau verfolgte indess rastlos seine Pläne, denen man vorzügliche Conception und energische Durchführung nicht absprechen kann. Am 20. Juni, 5 Uhr 30 Minuten morgens, rückten sämmtliche noch disponible Truppen sowohl in der Richtung gegen Maudach und Rheingönheim (südlich bei Mundenheim), als auch gegen Frankenthal vor. Das Gefecht war in seiner Einleitung und im weiteren Verlaufe eine Wiederholung jenes vom 14., nur hielt sich diesmal Desaix mit dem Centrum mehr zurück, während die Hauptangriffe auf beide Flügel, vornehmlich auf Maudach und Rheingönheim gerichtet waren.

Da es Moreau lediglich nur darauf ankam, den Gegner zu täuschen und ihm die bereits stattgefundene Verringerung der Armee zu verbergen, entwickelte er so viel Artillerie und Reiterei, als es die Terrainverhältnisse nur immer gestatteten. Das Gefecht bestand denn auch vorherrschend aus einer heftigen Kanonade, welche die österreichischen Vorposten bald zum Rückzuge nöthigte. Um die Truppen nicht übermässig anzustrengen, hatte Moreau befohlen, sich blos der Redouten bei Rheingönheim am linken und bei Buchheim am rechten Flügel der feindlichen Stellung zu bemächtigen. 20 Geschütze eröffneten gegen ersteren Ort das Feuer, unter dessen Schutze die Infanterie zum Angriffe schritt und sich des Dorfes, sowie der Redoute bemächtigte. Die Besatzung, 1 Bataillon des Grün-Laudon-Freicorps, zog sich in das Retranchement zurück.

In gleicher Weise, jedoch mit geringerer Geschützentwicklung, wurde auch die Redoute bei Buchheim mit überlegenen Kräften angegriffen und die dort aufgestellten 2 Bataillone in die Verschanzungen zurückgedrängt. Zahlreiche Zusammenstösse der beiderseitigen Reiterei vor der Mitte der Front führten wohl zu keiner Entscheidung, erfüllten aber den von Moreau angestrebten Zweck möglichster Kraftentfaltung. Lebhaftes Geschützfeuer auf der ganzen Linie, endete gegen 11 Uhr vormittags diese Affaire, in welcher sich der Verlust der kaiserlichen Truppen auf 4 Officiere, 134 Mann und 58 Pferde belief.

beugte allen Unzukömmlichkeiten vor, welche aus diesem Stande der Dinge wohl leicht hätten entspringen können.

Moreau, der sich auffällig in der vordersten Gefechtslinie gezeigt hatte, um die Täuschung des Gegners zu vervollständigen, setzte noch am selben Abende die nach Strassburg bestimmten Abtheilungen in Marsch, denen er unmittelbar folgte. Die ganze Bewegung wurde, um sie der Beobachtung des Gegners zu entziehen, über das Gebirge durch die Pässe von Dahn und Bitsch ausgeführt und das Geheimniss so sorgfältig gewahrt, dass selbst die Truppen-Commandanten das eigentliche Marschziel nicht ahnten. Ihre Marschrouten lauteten nach Belfort, und alle waren überzeugt, sie seien nach Italien bestimmt, was mit Rücksicht auf die Verstärkungen, welche Oesterreich vom Rhein dorthin gesendet hatte, um so wahrscheinlicher erschien.

Ferino's Division hatte die Bestimmung nach Worms, wo nach den absichtlich verbreiteten Nachrichten ein Uebergang bevorstehen sollte; ihr Marsch wurde jedoch derart eingerichtet, dass sie nicht vor dem 23. Strassburg erreichen konnte.

St. Cyr mit den Divisionen Delmas, Xaintrailles, Duhesme und Taponnier, dann einem Theile der Cavallerie-Reserve, war bei Mannheim zurückgelassen worden; sie bildeten den Schirm, hinter welchem sich der Flankenmarsch Moreau's vollzog. St. Cyr hatte den Auftrag, die kaiserlichen Truppen mit allen Mitteln bei Mannheim festzuhalten und sie zu hindern, rheinaufwärts zu marschiren, falls ungeachtet aller Vorsicht der Abmarsch der französischen Armee im Hauptquartiere Latour's vorzeitig bekannt werden sollte.

Diese Vorkehrungen bewährten sich durchgehends und hatten überall den gewünschten Erfolg. Auf kaiserlicher Seite zweifelte man nicht an der Absicht der Franzosen, den Rhein zu überschreiten, aber man täuschte sich in Beurtheilung ihres eigentlichen Operationszieles und des Uebergangspunktes. Nach den Berichten des Gesandten in Basel, Baron Degelmann, sowie jenen FML. Frelichs, welche übereinstimmend die Verstärkung der Franzosen und deren Absicht, den Rhein zu überschreiten, anzeigten, erschien die Strecke Hüningen—Strassburg als die gefährdetste. (90.) Für den Commandanten der Oberrhein-Armee aber galt als das eigentliche Ziel der Operationen Moreau's immer noch Mannheim. Bei dieser Unsicherheit der allgemeinen Lage mussten die Folgen der zweckwidrigen Truppenvertheilung nur um so fühlbarer werden. Der Bericht, in welchem FZM. Latour am 21. Juni den Erzherzog um baldige Verstärkung bittet, lässt diese Zustände in scharfen Umrissen hervortreten. Die grosse Ausdehnung der Armee — führt der Feldzeugmeister aus — von Gernsheim bis an die Schweizer-Grenze, mit einer Reserve von nur 6 Bataillonen, 22 Escadronen bei Schwetzingen, beraube dieselbe der Möglichkeit, dem Uebergange des Feindes wirksam entgegenzutreten, wenn man den Uebergangspunkt richtig erkenne; sie werde aber zur ernstesten Gefahr, wenn man sich in dieser Beziehung täusche. Auch Mannheim, »auf welches der Feind sein Hauptaugenmerk richte«, sei ungenügend besetzt und daher eine Verstärkung dringend nothwendig, um diesen Platz besser zu verwahren und auch noch bei Offenburg angemessene Reserven aufzustellen. (91.)

Indess waren die Ereignisse schon zu weit vorgeschritten, als dass Erzherzog Carl hierauf noch hätte Einfluss nehmen können. Das einzige, vielleicht noch Erfolg versprechende Mittel: der unverzügliche Abmarsch aller von der Rench flussabwärts zerstreuten Truppen nach Kehl, kam in Folge der irrigen Ansichten Latour's über das Operationsziel des Gegners und der von St. Cyr mit Geschick aufrecht erhaltenen Täuschung gar nicht in Frage.

Rheinübergang der Franzosen bei Kehl. 24. Juni. (Tafel IX.)

Während dieser Vorfälle sammelten sich die zum Uebergange bestimmten französischen Truppen allmälig bei Strassburg.

Strategisch war dieser Punkt vorzüglich gewählt. Der Schwarzwald, welcher das Rhein-Thal von Basel bis zur Neckarmündung einengt, fällt an vielen Orten steil ab, war besonders vom Elz-Thale aufwärts unwegsam, hatte gar keine transversalen Verbindungen und wurde nur von wenigen zu Operationen geeigneten Communicationen durchzogen. Die wichtigste derselben war die aus dem Kinzig-Thale kommende; sie mündete eine Stunde vom Rhein entfernt bei Offenburg, gegenüber

Kehl, ins Rhein-Thal. Ein gelungener Uebergang bei Kehl konnte daher die Franzosen nicht nur in den Besitz der besten und kürzesten Strasse nach Schwaben bringen, sondern unterbrach in diesem Falle auch die ganze weitgedehnte Vertheidigungsfront der kaiserlichen Truppen an der gefährlichsten Stelle, ohne dass ihnen möglich war, diesem Nachtheile durch seitliche Verschiebungen rechtzeitig zu begegnen.

Für die Ausführung war die Uebergangsstelle gleichfalls sehr vortheilhaft. Strassburg sicherte nicht allein die reichhaltigsten Mittel hiezu, es begünstigte auch durch seine Lage hinter vielen dichtbewachsenen Inseln ebenso sehr die Ansammlung wie die Einschiffung der Truppen. Das coupirte Terrain am rechten Ufer, die vielen Dämme und Moräste waren für das hinhaltende Gefecht der zuerst ausgeschifften Abtheilungen wie geschaffen. Kehl selbst konnte in kürzester Zeit zu einem Brückenkopfe umgestaltet werden.

Endlich war es auch die Aufstellung der kaiserlichen Truppen, welche das Unternehmen wesentlich erleichterte. Wurden deren einzelne Abschnitte durch Demonstrationen und Scheinangriffe beschäftigt, so konnten die den Rhein übersetzenden Franzosen sicher sein, wenigstens in den ersten, gefährlichsten Gefechtsmomenten auf keine nennenswerthe Uebermacht zu stossen. (88.)

Solchen Vortheilen gegenüber war es von geringerem Belange, dass in Folge des Hochwassers und von Veränderungen im Flusslaufe zahlreiche kleine Inseln und Sandbänke die Schifffahrt beirrten, die directe Landung am rechten Ufer nicht überall ohne Schwierigkeiten war und auch der Brückenschlag auf verhältnissmässig wenige Punkte beschränkt blieb. Seit 2 Monaten hatten sich die Franzosen auf diese Unternehmung vorbereitet und den Rhein von Hüningen abwärts genau recognoscirt. Sie waren also in voller Kenntniss alles dessen, was ihnen vortheilhaft oder hinderlich werden konnte, und daher auch in der Lage, danach ihre Vorkehrungen zu bemessen.

In der Nacht vom 22.—23. war Moreau mit den beim Uebergange mitwirkenden Generalen in Strassburg angekommen; am 23. trafen die Truppen ein, und nachmittags 2 Uhr wurden die Thore gesperrt, um die letzten Vorbereitungen zu treffen.

Der Uebergang sollte in 2 Colonnen ausgeführt und durch mehrere Scheinangriffe unterstützt werden. (89.)

Die 1. Colonne unter Ferino, 15.095 Mann Infanterie, 630 Reiter, 49 Kanoniere, sammelte sich im Polygon und abwärts desselben am Glacis. Sie hatte den Uebergang oberhalb Kehl auszuführen, wozu 12 Kähne, 12 Ill-Schiffe und 12 grosse Strassburger-Schiffe, die zusammen 3600 Mann fassen konnten, im bras Mabile bereitgestellt waren.

Die 2. Colonne, in der Stärke von 10.811 Mann Infanterie, 830 Reitern und 59 Kanonieren = 11.700 Mann, sollte Beaupuis zwischen Gambsheim und Drusenheim über den Rhein führen. Ihre Bestimmung war, sich nach dem Uferwechsel gegen Mannheim zu wenden und feindlichen Truppen, die etwa von dort gegen Kehl anrückt, entgegenzutreten. Für die Ueberschiffung dieser Colonne sollten 10 Kähne, 13 Ill-Schiffe und 12 grosse Strassburger-Schiffe mit einem Fassungsraum von 3430 Mann auf der Ill nach Gambsheim gebracht werden.

Ausser diesen beiden Colonnen war zur Täuschung des Gegners an folgenden Orten zu demonstriren: Oberhalb Strassburg durch 500 Mann gegenüber Meissenheim und mit 170 Mann bei Goldscheier; dann unterhalb Kehl mit 170 Mann gegenüber der Redoute Isac. Vor und während des Ueberganges sollte auf der ganzen Uferstrecke von Meissenheim bis Hüningen und von Gambsheim bis Hördt ein heftiges Artilleriefeuer unterhalten und der Feind auf jede Weise beunruhigt werden, um seine Aufmerksamkeit von dem eigentlichen Uebergangspunkte abzulenken.

Sobald beide Hauptcolonnen den Rhein überschritten haben würden, hatte Desaix das Commando zu übernehmen.

Der hohe Wasserstand, sowie die verspätete Ankunft der Schiffe liess den Angriff der 2. Colonne gar nicht zur Ausführung kommen, dagegen gelang jener der ersten über alle Erwartung. Am 23., abends 10 Uhr, waren alle Fahrzeuge im bras Mabile versammelt und es begann die Einschiffung der Truppen Ferino's, die am 24., um 1 Uhr morgens, beendet war. Nun wurden die Schiffe aufwärts an die Spitze der Faschinen-Insel gebracht, von wo aus sie den Hauptarm übersetzen und an den Inseln des jenseitigen Ufers landen konnten. Zu dieser Zeit begann auch auf der ganzen Strecke das Geschützfeuer, welches bis gegen 8 Uhr ununterbrochen fortdauerte. (92.)

Vom Abfahrtspunkte aus theilte sich die Colonne in 4 Abtheilungen, deren jede ihre besondere Aufgabe hatte. Die 1., aus 4 Kähnen und 13 Schiffen mit 2 vierpfündigen Kanonen bestehend, nahm unter Commando des General-Adjutanten Abbatucci die Richtung nach dem Erlenrhein; sie landete an den bewachsenen Inseln unterhalb der Mündung dieses Armes in den Hauptstrom und rechts von einer Batterie von 3 Kanonen, welche die Einfahrt in denselben vertheidigte.

Ihr folgte General-Adjutant Decaën mit der 2., nur 200 Mann starken Colonne, welcher die schwierige Aufgabe zufiel, im Erlenrhein etwa 100 *m* aufwärts zu fahren und sich der oberwähnten Batterie zu bemächtigen. Es war dies aus dem Grunde unerlässlich, weil das Feuer dieser Batterie nicht nur die Bewegung der 3. Colonne erschwert, sondern auch die Errichtung einer fliegenden Brücke gehindert haben würde, die bis zur Herstellung einer Schiffbrücke die einzige Verbindung zwischen dem Erlenkopfe und der Faschinen-Insel, beziehungsweise zwischen beiden Rheinufern bilden musste.

Die 3. Abtheilung von 2 Nachen und 12 Schiffen mit 2 vierpfündigen Kanonen unter General-Adjutant Montrichard hatte am Erlenkopfe selbst zu landen; sie theilte sich dann in 2 Colonnen, wovon die eine sich der kleinen Brücke über den Erlenrhein bemächtigen, die andere aber die im oberen Theile der Insel befindlichen Verhaue aufsuchen sollte, um mit dem Materiale derselben einen Uebergang auf das rechte Ufer herzustellen. Sobald dies gelungen, hatte sie sich der Verbindungen zwischen dem Rhein und dem Dorfe Sundheim zu versichern. 12 grosse Schiffe mit 2 leichten und 1 Linien-Bataillon folgten dieser Abtheilung als Unterstützung und hatten die Truppen gleichfalls auf dem Erlenkopfe ans Land zu setzen.

Eine 4. Abtheilung von 50 Mann versah auf 2 Kähnen den Sicherungsdienst in der rechten Flanke, indem sie die feindlichen kleinen Posten aus den oberhalb des Erlenkopfes befindlichen Inseln (Schnecken- und Stackade-Insel) vertrieb.

Gegen 2 Uhr fuhren die Schiffe vom Sammelplatze ab; nach einer Stunde hatten sie die Spitze der Faschinen-Insel erreicht und begannen nun den Strom zu übersetzen. Obgleich das zu dieser Zeit sowohl ober- als unterhalb Strassburg lebhafte Feuer der französischen Geschütze doch sicher die Aufmerksamkeit der Vortruppen am rechten Ufer wachrufen musste, liessen sich die schwäbischen Posten dennoch so sehr überraschen, dass sie den Feind nicht früher bemerkten, als bis er die ersten Truppen ausgeschifft hatte. General-Adjutant Decaën nahm mit 16 Mann die Batterie gegenüber dem Erlenkopfe, ohne dass diese mehr als 2 wirkungslose Kanonenschüsse abgegeben hätte, und dies erst in dem Augenblicke, wo die Franzosen schon unter den Schiessscharten ans Land stiegen. Mit ebenso geringer Mühe wurde eine zweite, nahe befindliche Batterie von 2 Kanonen genommen.

Gleicher Erfolg begleitete Montrichard; überall flohen die Besatzungen der verschiedenen Objecte, ohne sich damit aufzuhalten, die Verbindungsstege zwischen den Inseln und dem rechten Ufer abzuwerfen. Die Franzosen drangen lebhaft ohne Zeitverlust nach und hatten bald ungefähr 2500 Mann am jenseitigen Ufer, welche sie zwischen zwei Dämmen neben den eroberten Batterien aufstellten.

Nach vollzogener Landung waren die Schiffe wieder zurückgekehrt, um neue Truppen ans rechte Ufer zu bringen, wozu gegen 6 Uhr morgens auch schon die fliegende Brücke verwendet werden konnte. Vergebens führte nun Reichs-FZM. Stain, nachdem er den wirklichen Uebergangspunkt erkannt hatte, 6 Bataillone und 2 Escadronen aus dem Lager von Willstätt gegen den sich rasch mehrenden Feind; er stiess schon auf überlegene Kräfte und wurde geworfen; die Franzosen aber schritten nun ihrerseits zum Angriffe auf Kehl.

Zum Schutze dieses Forts, von dem sich kaum noch die Ueberreste der ehemaligen Werke erkennen liessen, hatte man an den wichtigsten Zugängen 2 Redouten aufgeführt. Rheinaufwärts, hinter einem Morast zwischen der Schutter und dem Rhein, gegenüber dem Debouché aus dem Erlenkopfe, lag die

»Schwabenschanze«, eine rückwärts offene Redoute von starkem Profile, mit Wolfsgruben umgeben und von 5 Kanonen vertheidigt. Die »Kirchhof-Redoute«, eine bastionirte Schanze mit ungedecktem Eingange, stützte sich oberhalb Kehl an den Rhein und bestrich sowohl den Strom, als auch die Fläche zwischen dem Erlenkopfe und dem oberen Rheindamme.

Unter lebhaftem Feuer ihrer auf dem linken Ufer aufgeführten Batterien griffen die Franzosen die »Kirchhof-Redoute« mit 3 Halbbrigaden und 2 leichten Bataillonen an und nahmen sie, ohne besonderen Widerstand zu finden. Die Schwabenschanze wurde jedoch erst nach heftiger Gegenwehr bezwungen. Oberstlieutenant Raglovich nahm sie zwar mit 1 Bataillon schwäbischer Grenadiere nach zweimaligem Angriffe dem Feinde wieder ab, musste sie aber vor der immer wachsenden Zahl der Gegner verlassen, da er nicht unterstützt wurde. Einige Cavallerie-Abtheilungen des Condé'schen Corps, welche in dieser Absicht herbeigeeilt waren, räumten nach einer misslungenen Attaque ebenfalls das Feld.

Fast ohne Widerstand zu finden, nahmen nun die Franzosen eine kleine Redoute an der Kinzig, die sogenannte »Stern- oder Bollwerkschanze«, und kamen in den Besitz der Brücke über diesen Fluss, welche die Schwaben auf ihrem Rückzuge abzuwerfen versäumt hatten. Um 10 Uhr vormittags standen französische Truppen schon am rechten Ufer der Kinzig und auf der Strasse nach Offenburg, um 2 Uhr nachmittags waren sie Meister von Kehl. Die schwäbischen Truppen räumten ihre Posten mit einem Verluste von 37 Officieren, 693 Mann, 14 Geschützen und 22 Munitionskarren und zogen sich nach Bühl zurück. (93.)

Im Laufe des Tages wurde der Uebergang ununterbrochen fortgesetzt, und obwohl hiezu nur die fliegende Brücke verfügbar war, gelang es doch bis zum Morgen des 25., die ganze Infanterie der Division Ferino (15.000 Mann) und 2 Escadronen (205 Mann) auf das rechte Ufer zu bringen. Als zu Mittag des 25. die Schiffbrücke bei Kehl hergestellt war, vollzog auch die Division Beaupuis nebst der gesammten Reiterei und Artillerie beider Divisionen den Uebergang und breitete sich am rechten Ufer aus.

Reichs-FZM. Stain hatte an beiden Tagen den Uferwechsel der Franzosen nicht gestört und auch den Vorschlag FML. Fürsten zu Fürstenberg: den Feind, noch ehe er sich verstärken könne, gemeinsam anzugreifen, abgelehnt. (99.) In Folge dessen konnte Moreau am 25. nahezu 28.000 Mann am rechten Ufer in einer Stellung vereinen, welche das fernere Debouchiren vollständig sicherte. Die Front dieser Truppen bildete einen gegen Sundheim ausspringenden Winkel, dessen rechten Schenkel Ferino von Sundheim bis zum Rhein bildete, während Beaupuis sich links von Sundheim bis hinter Kehl aufstellte.

Kaum hatten diese beiden Divisionen am rechten Ufer festen Fuss gefasst, als auch St. Cyr, welcher marschbereit vor Mannheim stand, Befehl erhielt, unverweilt und mit grösster Beschleunigung nach Kehl abzurücken.

Vorfälle am rechten Rheinufer vom Uebergange der Franzosen bei Kehl bis zur Schlacht bei Malsch.

Während sich bei Kehl Ereignisse von so folgenschwerer Bedeutung vollzogen, liessen die widersprechendsten Nachrichten das kaiserliche Hauptquartier in Schwetzingen zu keinem richtigen Ueberblicke gelangen. Gewiss konnte trotz aller Vorsicht der Abmarsch der französischen Armee rheinaufwärts doch nicht ganz verborgen bleiben, und nicht blos durch Kundschaftsberichte, sondern auch aus den Meldungen der Militär-Commandanten erfuhr man mit ziemlicher Genauigkeit die Märsche einzelner Truppenkörper. Aber bei der mit so ausserordentlicher Sorgfalt gewahrten Geheimhaltung der Absichten des französischen Ober-Commandanten kann es nicht befremden, wenn man österreichischerseits nicht im Stande war, den wahren Sachverhalt zu erkennen, und zu falschen Schlüssen verleitet wurde, welche dem Gegner zu Gute kamen.

Unterstützte die Bewegungen der Franzosen nördlich Strassburg die vielfach verbreitete Annahme, dass es sich um einen Uebergang bei Hüningen handle, so widersprachen dem die Berichte von dort auf das Entschiedenste. (94.) FZM. Latour erblickte nach wie vor in Mannheim das eigentliche Operationsobject des Gegners und wollte daher weder das Hauptquartier noch die Reserve von Schwetzingen entfernen, um den Ereignissen, welche er für die wichtigsten hielt, näher zu sein. Aus eben diesen Gründen wurden auch keine entschiedenen Massnahmen getroffen. Die wichtigste und auf die Ereignisse der nächsten Tage einflussreichste war noch die Absendung des Gyulay'schen Freicorps nach Vorder-Oesterreich zur Verstärkung des Cordons zwischen Saspach und Rheinfelden; aber auch dies war über Ansuchen Latour's noch von FM. Wurmser angeordnet worden und stand also in keiner Beziehung zu den erst später eingetretenen Ereignissen. So kam ohne nennenswerthe Zwischenfälle endlich der 24. Juni heran, der unerwartete Klarheit in die Verhältnisse bringen sollte.

Die erste Nachricht von den Vorgängen bei Kehl langte am 24., um 10 Uhr vormittags, im Hauptquartiere ein. FML. Riesch meldete aus Mühlburg, dass seit 2 Uhr morgens Geschützfeuer aus der Gegend von Rastatt gehört werde, welches sich allmälig Lauterburg nähere. FZM. Latour hielt dies für eine Demonstration Moreau's, um zu Gunsten eines Angriffes auf Mannheim die kaiserliche Armee zu Detachirungen gegen Strassburg zu verleiten. (95.) Er setzte FML. Petrasch hievon in Kenntniss, beorderte aber FML. Sztáray mittelst Post nach Rastatt, um sich über den gemeldeten Vorfall zu informiren und im Falle das schwäbische Contingent angegriffen worden wäre, dort das Commando über sämmtliche kaiserlichen Truppen zu übernehmen.

Um 5 Uhr morgens meldete Reichs-FZM. Stain aus der Stellung bei Kehl, der Feind habe den Rhein übersetzt und das Dorf Kehl genommen, die Schanzen vertheidigten sich aber noch standhaft. Auf diesen Bericht, der um 3 Uhr nachmittags in Schwetzingen eintraf, folgte um 5 Uhr ein zweiter von Sundheim 7 Uhr 30 Minuten morgens, welcher anzeigte, dass sich die Franzosen wohl der Schwabenschanze bemächtigt hätten, ihnen aber durch einen glänzenden Bajonnettangriff nicht nur dieses Object wieder entrissen wurde, sondern sie auch voraussichtlich vom rechten Ufer wieder verdrängt werden würden.

Obwohl FZM. Latour nach diesen Berichten annehmen durfte, dass sich Reichs-FZM. Stain doch jedenfalls so lange bei Kehl halten werde, bis FML. Fürst zu Fürstenberg mit dem schwäbischen Corps in Contact kommen könne, so fühlte er doch die Nothwendigkeit weiterer Vorsichtsmassregeln umsomehr, als Stain den Fall des Misslingens gar nicht in Betracht gezogen hatte. FML. Sztáray erhielt sonach den Auftrag, unterwegs alle nur immer entbehrlichen Truppen an die Rench zu schicken, sich mit 3 Bataillonen, 8 Escadronen den schwäbischen Kreistruppen anzuschliessen und den Feind, wenn er noch nicht ganz vom rechten Ufer vertrieben wäre, im Vereine mit Reichs-FZM. Stain zurückzuwerfen. Im Falle eines ungünstigen Verlaufes hätten die k. k. Truppen die Rench mit Aufgebot aller Kraft zu behaupten. Um den hiedurch sehr gelichteten Cordon zu verstärken, wurden Theile des pfälzischen Contingentes nach Mühlburg und das dort befindliche 3. Bataillon Wenkheim-Infanterie nach Stollhofen beordert. Zugleich erhielt der Herzog von Enghien in Wittenweier Befehl, sich dem linken Flügel des Stains anzuschliessen, während FML. Frelich angewiesen wurde, im Sinne der Disposition mit allen bei Hüningen entbehrlichen Truppen rheinabwärts zu marschiren.

Mit diesen Anordnungen erachtete FZM. Latour alle Vorkehrungen für erschöpft, welche unter den gegebenen Verhältnissen überhaupt getroffen werden konnten. Die aus 6 Grenadier-Bataillonen und 26 Escadronen bestehende Reserve wagte er aus Sorge für Mannheim von Schwetzingen nicht zu entfernen; von dort bis an die Murg war aber nur noch ein einziges Linien-Bataillon zur Verfügung. Wie aus dem Berichte hervorgeht, den er um 6 Uhr abends des 24. an Erzherzog Carl mittelst Eilboten absandte, täuschte er sich keineswegs über den Ernst der Situation, glaubte aber die dringende Gefahr noch weit genug entfernt, um von rascher und ausgiebiger Verstärkung seitens der Niederrhein-Armee eine günstige Wendung erwarten zu können. Die nächsten Stunden jedoch brachten eine solche Verschlimmerung der Lage, wie sie kaum vorausgesehen werden konnte.

Um 11 Uhr 30 Minuten nachts traf ein dritter Courier im Hauptquartiere ein, durch welchen Reichs-FZM. Stain anzeigte, dass er der stetig wachsenden Uebermacht des Gegners nicht zu widerstehen vermochte und sich, um nicht gefangen zu werden, um 10 Uhr 30 Minuten vormittags nach Griesheim zurückgezogen habe. Dort beabsichtige er Stellung zu nehmen, das am Marsche nach Vorder-Oesterreich befindliche Gyulay'sche Freicorps an sich zu ziehen und äusserstenfalls das Kinzig-Thal und den Kniebis zu besetzen. (97.) Diese Nachricht, welche alle Befürchtungen übertraf, die man hinsichtlich der Haltung des schwäbischen Contingentes seit jeher gehegt, bestimmte FZM. Latour, nun jede Rücksicht für Mannheim beiseite zu setzen. Er brach am 25. morgens mit dem Reserve-Corps von Schwetzingen auf und rückte in Eilmärschen an die Rench, um in Verbindung mit Reichs-FZM. Stain das rechte Ufer wieder vom Feinde zu säubern — im schlimmsten Falle aber doch wenigstens die Murg zu behaupten.

Zur Unterstützung dieses Vorhabens erhielt FML. Frelich Befehl, längs dem Rhein, Prinz Condé über Lahr gegen Kehl vorzurücken und sich mit aller Energie an dem Angriffe zu betheiligen. Im Falle des Misslingens hatten Beide die Strasse nach Freiburg und die Pässe Freiburg—Villingen zu sichern. Zugleich wurde Reichs-FZM. Stain von allen getroffenen Verfügungen in Kenntniss gesetzt und dringendst aufgefordert, sich bis zum Eintreffen des Reserve-Corps in seiner Stellung zu behaupten. Die weittragende Bedeutung der nächsten Operationen und die schwere Verantwortung, die FZM. Latour hieraus erwuchs, bestimmten ihn, noch vor seinem Abmarsche von Schwetzingen einen Eilboten an Erzherzog Carl zu senden und ihn um schleunige Verstärkung, sowie um Verhaltungsbefehle zu bitten. Schon jetzt sprach er die Befürchtung aus, dass Reichs-FZM. Stain nur schwer zu bewegen sein dürfte, seine Ankunft abzuwarten, sondern sich wahrscheinlich bis auf den Kniebis zurückziehen werde. (98.)

So wie die Verhältnisse standen, konnte der Erzherzog dem Ansuchen FZM. Latour's nicht ohneweiters willfahren und musste insbesondere jede Einflussnahme auf die Befehlgebung

10*

am Oberrhein ablehnen.*) Er setzte ihn jedoch in zwei Schreiben ddo. 26. von den hinsichtlich FML. Hotzes und der Sachsen getroffenen Verfügungen mit dem Bemerken in Kenntniss, das Ersterer den Befehl erhalten habe, seinen Marsch derart zu beschleunigen, um am 2. Juli Schwetzingen zu erreichen; ferner, dass FML. Mercandin beauftragt sei, den Rhein-Cordon bis zur Neckar-Mündung zu besetzen. Im Uebrigen erklärte sich Erzherzog Carl vollkommen einverstanden mit den Vorkehrungen, welche Latour getroffen hatte, dem Gegner das Eindringen in die Gebirgspässe zu verwehren, und rieth ihm, sich persönlich auf den Schauplatz der Ereignisse zu begeben, um den Nachtheilen vorzubeugen, die sich aus den voraussichtlichen Rangsstreitigkeiten zwischen Stain und FML. Sztáray leicht ergeben dürften.

Nach diesen Eröffnungen war es für FZM. Latour zweifellos, dass er, vorläufig wenigstens, nur auf seine eigenen Kräfte rechnen dürfe, weshalb er ohne Zeitverlust das Nöthige anordnete, um dieselben so rasch als möglich gegen Kehl zu concentriren. Noch am 26. verfügte er, dass FML. Hotze von Schwetzingen aus in 3 Märschen Sasbach zu erreichen und beim Aufbruche einen Officier nach Bühl**) vorauszusenden habe, um weitere Befehle einzuholen. FML. Meszáros hatte nach Uebergabe des Cordons an die Sachsen am 28. mit 2 Bataillonen, 6 Escadronen nach Schwetzingen zu marschiren und mit den dort unter GM. Bareo stehenden Abtheilungen die Cordonstrecke Mannheim–Philippsburg zu übernehmen. Endlich wurde FML. Mercandin ersucht, mit Zustimmung des Erzherzogs alle bei Hechtsheim entbehrlichen Truppen an den Rhein-Cordon nach Schwetzingen zu senden.

*) In dieser Beziehung äusserte sich der Erzherzog in seinem Schreiben ddo. Bendorf vom 26. folgend:

»Da mir von a. h. Orten kein Befehl zugekommen, der mir die Uebernahme des Obercommandos der Oberrhein-Armee übertrug, auch wir auf keine Weise wissen, dass mir solches von Sr. Majestät zugedacht wäre, so bin ich nicht in dem Falle, Denenselben Verhaltungsbefehle über den vorgefallenen Uebergang der Franzosen bei Kehl zuschicken zu können.« (F. A. VII. 100.)

**) 18 km südlich Rastatt; nicht zu verwechseln mit dem Dorfe Bühl a. d. Kinzig, 12 km südwestlich Kehl.

Unleugbar geschah von Seite der k. k. Truppen alles, was im Drange des Augenblickes zu thun möglich war, um dem gefahrdrohenden Verlaufe der Dinge eine bessere Wendung zu geben. FML. Fürst zu Fürstenberg hatte, als er von dem Angriffe der Franzosen Kenntniss erhielt, nicht nur die für diesen Fall in Bischofsheim bereit gehaltene Reserve von 1 Bataillon, 2 Escadronen dem Reichs-FZM. Stain zugesendet, sondern war mit den übrigen Truppen bis in die Linie Lentesheim—Linx—Urloffen—Zimmern vorgegangen, um den retirirenden schwäbischen Truppen eine Stütze zu bieten und sich ihnen zu erneuertem Vorgehen anzuschliessen. Der Commandant von Mannheim, FML. Petrasch, schickte, als er den Abmarsch FZM. Latour's erfuhr, diesem sogleich unaufgefordert den GM. Baillet mit 3 Bataillonen als Verstärkung nach, obwohl er damals hinsichtlich des ihm anvertrauten Platzes keineswegs ganz ausser Sorge sein konnte.*) FML. Mercandin entsprach dem Wunsche des Feldzeugmeisters durch Zusendung von 1 Bataillon, 2 Compagnien und 2 Escadronen. FML. Frelich hatte sich hinsichtlich des Marsches gegen Kehl nicht nur noch vor Erhalt des Befehles mit dem Prinzen von Condé persönlich ins Einvernehmen gesetzt, sondern auch auf eigene Verantwortung hin den Marsch des Gyulay'schen Freicorps in Friesenheim sistirt und dasselbe dem Reichs-FZM. Stain zur Verfügung gestellt. Es handelte sich also nur darum, dass auch dieser seine Stellung so lange behaupte, bis die von Nord und Süd anrückenden Verstärkungen wirksam werden konnten. Aber gerade in dieser Hinsicht erfüllte sich auch nicht eine der gewiss berechtigten Voraussetzungen.

Gefechte bei Kehl. 25.—29. Juni.

FML. Sztáray hatte am 24. um 11 Uhr nachts Rastatt, am 25. um 7 Uhr morgens Bischofsheim erreicht, nachdem er

*) Erzherzog Carl belobte dies sehr und sagte: »Es wäre zu wünschen, dass in ähnlichen Gelegenheiten alle Herren Generale sich gegenseitig so zweckmässig unterstützten und den Vortheil des Dienstes beherzigten.« (F. A. VI, 161.)

unterwegs die wenigen disponiblen Truppen an die Rench dirigirt und die Magazine aus Rastatt hatte zurückschaffen lassen. Um 11 Uhr mittags traf er in Offenburg ein und begab sich sogleich in das Hauptquartier der schwäbischen Truppen nach Bühl. Seinen eindringlichen Vorstellungen gelang es schliesslich, Reichs-FZM. Stain zu dem mit Wort und Handschlag bekräftigten Versprechen zu bewegen, in der Nacht vom 25.—26. einen Angriff auf die französische Stellung bei Kehl zu unternehmen. Die Kreistruppen, verstärkt durch das Gyulay'sche Freicorps, dann 2 Bataillone und 3 Escadronen von der Division Fürstenbergs, sollten in der Front gegen Sundheim und Neumühl vorgehen. Der bereits in der Nähe befindliche Theil des Condé'schen Corps unter dem Herzoge von Enghien hätte die linke Flanke zu sichern und Fürstenberg mit dem Reste seiner Division — 3 Compagnien d'Alton-Infanterie und 2 des serbischen Freicorps — gegen Bodersweier zu demonstriren, hiedurch den französischen linken Flügel festzuhalten, eventuell aber auch zum wirklichen Angriffe auf Kehl überzugehen. Reichs-FZM. Stain würde von Marlen, FML. Sztáray von Willstätt aus das Ganze leiten.

Mit Einbruch der Dämmerung waren die Truppen bereits nach ihren Aufstellungsorten in Bewegung und FZM. Sztáray um 1 Uhr nach Mitternacht eben im Begriffe, sich nach Willstätt zu begeben, als Stain ihm anzeigte, der beabsichtigte Angriff müsse aus »wichtigen Gründen« unterbleiben. Die Ursachen, auf welche sich dieser ganz unerwartete Entschluss zurückführen liess, waren folgende:

Nach dem vollständigen Uebergange der Divisionen Beaupuis und Ferino hatte Desaix das Commando übernommen und am Abende die Wegnahme des zu nahe an seiner Front liegenden Dorfes Neumühl angeordnet. Der Angriff geschah, wie die Natur der Sache es erforderte, mit überlegenen Kräften und in Verbindung mit einer gleichzeitigen Alarmirung der ganzen Linie. Das Gefecht selbst war an sich ganz unwesentlich, oder richtiger gesagt, es kam fast zu gar keinem Kampfe, weil die schwäbischen Truppen gleich anfangs derart in Bestürzung geriethen, dass die bei Neumühl stehenden sich in voller Auflösung gegen Willstätt zurückzogen und auch die auf dieser Strasse vorrückende Colonne in Unordnung brachten. Reichs-FZM. Stain schloss hieraus auf bedeutende Ueberlegenheit und allgemein aggressive Absicht des Gegners, was ihn veranlasste, seine Truppen um Mitternacht schleunigst wieder in der sehr vortheilhaften Stellung bei Bühl zu concentriren, und FML. Sztáray hatte Mühe, ihn von einem weiteren Rückzuge abzuhalten.*)

Nunmehr war jede Möglichkeit geschwunden, den Feind mit den vorhandenen Kräften über den Rhein zurückzudrängen. FML. Sztáray musste sich darauf beschränken, die Ausbreitung des Gegners am rechten Ufer thunlichst zu verzögern und sich an der Rench bis zur Ankunft FZM. Latour's zu behaupten. Er beauftragte FML. Fürst zu Fürstenberg, der in seiner exponirten Stellung nicht länger verweilen durfte, bis in die Linie Diersheim—Renchen zurückzugehen. Zur Verbindung seines linken Flügels mit dem schwäbischen Contingente, dessen 1. Treffen bei Bühl, das 2. bei Offenburg stand, während die Reiterei hinter Windschlag aufgestellt war, wurde 1 Bataillon und 2 Escadronen unter Oberstlieutenant Egermann zwischen Appenweier und Urloffen eingeschoben. Sztáray nahm sein Hauptquartier in Renchen.

Von den übrigen Truppen hielt Oberst Gyulay mit 6 Compagnien seines Freicorps, 5 von Wenkheim-Infanterie und 2 Escadronen die Posten von Willstätt und Sand; vom Condé'schen Corps standen ungefähr 2500 Mann unter dem Herzoge von Enghien bei Schutterwald und Langhurst. Die Truppen FML. Frelichs, welche sich an eben diesem Tage stromabwärts in Marsch gesetzt hatten, erhielten Haltbefehl, da von Seite des kaiserlichen Bevollmächtigten in Basel die

*) Die Meldung Stains an das Armee-Commando über den aufgegebenen Angriff datirt von Offenburg, 26. Juni, 1 Uhr morgens; der Entschluss scheint also schon frühzeitig gefasst worden zu sein.

FML. Sztáray berichtet aus Offenburg, 26. Juni, an Latour, dass die schwäbischen Truppen schon zweimal im Begriffe gewesen seien, Bühl zu verlassen; es wäre ihm gelungen, sie davon abzubringen, er wisse aber nicht, ob dies auch ferner der Fall sein werde, sei jedoch entschlossen, sie nöthigenfalls selbst mit Gewalt zu hindern, weiter als bis Offenburg zurückzugehen. (F. A. VII, 116.)

bestimmte Mittheilung*) eingelangt war, 10.000 Franzosen seien im Begriffe, in der Gegend von Hüningen den Rhein zu übersetzen. Im Ganzen standen ungefähr 17.000 Mann verbündeter Truppen in einem bis 40 *km* ausgedehnten, von Gewässern, Morästen und Waldungen vielfach durchschnittenen Halbkreise um Kehl, wo sich die feindlichen Kräfte unablässig vermehrten.

Im Laufe des 26. war Tharreau mit dem Reste jener Truppen bei Kehl angelangt, welche in der Nacht vom 23.—24. Mutterstadt verlassen hatten, so dass zur vollständigen Completirung der Rhein-Mosel-Armee nur noch das Corps St. Cyr's fehlte. Mittlerweile war Desaix bemüht, der Armee am rechten Ufer so rasch als möglich den nöthigen Bewegungsraum zu schaffen und sich haltbarer wichtiger Punkte zu versichern, bevor sich die längs dem Rhein zerstreuten kaiserlichen Truppen zu einem Gegenschlage vereinigen konnten. Am 26. nahm Beaupuis, wenngleich unter empfindlichen Verlusten, Kork und Willstätt und warf den Obersten Gyulay bis Sand zurück;**) Ferino's Patrouillen streiften am linken Ufer der Kinzig gegen Langhurst und Goldscheier; St. Suzanne drängte nach lebhaftem Gefechte FML. Fürsten zu Fürstenberg bis Memprechtshofen hinter die Rench zurück, bemühte sich aber vergebens, über diesen Fluss hinaus vorzudringen. An diesen Gefechten betheiligte sich Reichs-FZM. Stain nicht, angeblich weil er sich zu schwach fühlte und von den kaiserlichen Truppen, welche sämmtlich gegen überlegene Kräfte im Kampfe waren, die geforderte Unterstützung nicht erhielt. (100.) In Wahrheit aber fehlte der Wille zum Widerstande

*) Sie erwies sich später als unrichtig.

**) Als die Franzosen aus dem eroberten Kork debouchirten, warf sich die Oberstlieutenant-Division von Anspach-Kürassieren mit solchem Ungestüm auf den Feind, dass sie ungeachtet der Verstärkungen, welche derselbe vorzog, alles über den Haufen warf, was sich ausserhalb des Defilé befand. Beaupuis wurde durch 7—8 Säbelhiebe schwer verwundet, ebenso auch Drouot, der General-Adjutant Desaix', welcher 2 Tage später seinen Wunden erlag. Erst das wohlgeleitete Feuer zweier hinter den Hecken des Dorfes postirter Bataillone brachte den tapferen Kürassieren grosse Verluste bei und nöthigte sie zum Umkehren. (St. Cyr. III, S. 41, wo unrichtig das ganze Kürassier-Regiment als an der Attaque betheiligt angegeben wird.)

und waren die schwäbischen Truppen derart demoralisirt, dass sogar ihre Vorposten von den kaiserlichen Regimentern bestritten werden mussten. (101.)

Inzwischen waren die Franzosen am 27. bis in die Nähe von Bühl vorgerückt. Moreau hatte nunmehr, wo sich der grösste Theil der Rhein-Mosel-Armee am rechten Ufer befand, die Leitung der Operationen persönlich übernommen. Im Sinne der Instructionen, welche ihm von Seite des Directoriums zugekommen waren und die ihm vorschrieben, so rasch als möglich an den oberen Neckar vorzurücken, sich aber vorher durch entsprechende Detachirungen der Schwarzwaldpässe zu versichern, ordnete er noch für denselben Tag den allgemeinen Angriff auf die Stellung Bühl —Offenburg an. (104.)

Um die Schwierigkeiten eines directen Angriffes zu vermeiden, beschloss er, den Hauptstoss gegen Appenweier zu richten und dann, gegen Oberkirch vordringend, die Front seines Gegners rechts zu umfassen. Eine zweite Colonne hatte die Bestimmung, dessen linke Flanke zu bedrohen, indem sie gegen das Kinzig-Thal operirte. Zu ersterem wurde die Division Beaupuis — ad interim unter Commando Desaix' — bestimmt. Sie rückte in 3 Colonnen am rechten Kinzig-Ufer vor, und zwar hatte General-Adjutant Decaën Windschlag zu nehmen und dann den Angriff im Gebirge fortzusetzen; links von ihm führte St. Suzanne die 2. Colonne auf Urloffen, um den Feind daraus zu vertreiben und dessen rheinaufwärts anrückenden Verstärkungen aufzuhalten. Eine 3. Colonne ging auf der Strasse von Willstätt zwischen dem Bolsbacher-Walde und der Kinzig gegen Griesheim mit der Bestimmung vor, den Gegner in der Front zu beschäftigen.

Am linken Kinzig-Ufer rückte Ferino ebenfalls in 3 Colonnen vor, von denen die erste sich rechts über Altenheim gegen die am linken Flügel Reichs-FZM. Stains, bei Schutterwald stehende Infanterie vom Condé'schen Corps wandte. Die Mittel- (Haupt-) Colonne hatte über Ekartsweier Offenburg anzugreifen und sich der Strasse durch das Kinzig-Thal nach Freiburg zu versichern; die linke Colonne endlich war beauftragt, längs der Kinzig über Weier vorzugehen, um Bühl links zu flankiren.

Die Cavallerie-Reserve wurde zwischen Griesheim und Sand aufgestellt.

Die Vorbereitungen zu diesem Angriffe veranlassten Reichs-FZM. Stain, die vortreffliche Stellung bei Bühl, als zu ausgedehnt, aufzugeben und sich in jene von Offenburg zurückzuziehen. Dort lehnte sich sein rechter Flügel an das Gebirge, der linke an die Kinzig, und ausserdem waren beide durch Theile des Condé'schen Corps gedeckt. In Bühl blieben nur 2 Bataillone und 4 schwere Geschütze.*)

Verschiedene Zwischenfälle wirkten so ungünstig auf den Verlauf dieses Angriffes, dass derselbe der Hauptsache nach eigentlich gar nicht zur Ausführung kam. Zuerst verlor Moreau durch Recognoscirungen, Vorbereitungsbewegungen u. s. w. so viel Zeit, dass es 3 Uhr nachmittags wurde, bis sich seine 6 Colonnen in Bewegung setzten. Die Hauptcolonne Ferino's wurde durch die schlechten Strassen und die Widerwilligkeit der eingeborenen Führer derart aufgehalten, dass die Avantgarde erst in der Nacht vor Offenburg ankam und daher weder gegen die Stadt, noch in der Richtung des Kinzig-Thales etwas unternommen werden konnte. Am rechten Kinzig-Ufer fanden die Colonnen Decaën's und St. Suzanne's ausserordentlich hartnäckigen Widerstand. Es gelang zwar Ersterem, sich der Chaussée bei Appenweier zu bemächtigen, und auch St. Suzanne war im Begriffe in Urloffen einzudringen, als noch rechtzeitig GM. Devay mit dem Szekler-Husaren-Regimente und 2 Escadronen Ferdinand-Husaren von Rastatt eintraf. Das energische Eingreifen dieser Cavallerie warf die französische Colonne bis nach Sand zurück. Auch Decaën musste Appenweier wieder aufgeben und konnte sich nur mit äusserster Anstrengung in Windschlag und Bolsbach behaupten. Nun besetzten die kaiserlichen Truppen Nussbach mit einem kleineren gemischten Detachement, Oberkirch aber mit 2 Compagnien Infanterie, 1 Zug Kürassieren und 1 Kanone, um sich in der linken Flanke gegen Unternehmungen des Feindes im Gebirge zu sichern. (102.) Die Erschöpfung der Truppen

*) Nach den Dispositionen Moreau's zu urtheilen, scheint diesem der Stellungswechsel Stains entgangen zu sein; auch St. Cyr erwähnt desselben nicht.

nöthigte schliesslich Moreau, bei einbrechender Dämmerung das Gefecht auf allen Punkten abzubrechen und den Angriff auf Bühl auf den nächsten Tag zu verschieben.

Obwohl der Kampf fast ausschliesslich von den kaiserlichen Truppen geführt wurde und an jene des schwäbischen Kreises erst spät abends nur die Teten einzelner feindlicher Abtheilungen herankamen, glaubte Reichs-FZM. Stain dennoch die Stellung nicht länger behaupten zu können. Er ging in der Nacht bis Bieberach im Kinzig-Thale zurück und liess nur 1 Bataillon und 80 Reiter in Gengenbach.*)

Oberst Gyulay zog hierauf mit seinem Detachement in das Harmersbacher-Thal und sicherte die rechte, die Condé-schen Truppen bei Lahr die linke Flanke der neuen Stellung.

Reichs-FZM. Stain bezeichnete als zwingende Ursachen seines Rückzuges die schlechte Haltung des Condé'schen Corps, wodurch seine Flügel entblösst wurden, ferner das Vordringen des Feindes in seine rechte Flanke und die dadurch herbeigeführte Gefährdung seines Rückzuges und des Kinzig-Defilés. Ersteres ist allerdings richtig; doch hatte sich die Condé'sche Infanterie nur von Schutterwald bis zur Kinzigbrücke bei Offenburg zurückgezogen, der Feind aber nicht nachgedrängt und es war von Seite des schwäbischen Hauptquartieres nichts geschehen, um diesen Theil der Stellung gegen die ermüdeten Vortruppen Ferino's besser zu verwahren. Die Bedrohung der rechten Flanke dagegen beschränkte sich auf 4—500 Franzosen, die am Abende von Windschlag gegen die Höhen vorzugehen versuchten, an welche sich der rechte Flügel der Stellung Stains lehnte. Ein Unternehmen, welches sowohl in Folge der Vorfälle bei Appenweier, als auch durch die Einstellung des Gefechtes selbst über das Stadium des Versuches gar nicht hinauskam.**)

---

*) Hauptmann Volkmann des k. k. General Quartiermeister-Stabes, der FZM. Stain zugetheilt war, berichtet an FZM. Latour ddo. Bieberach, 28. Juni: ». . . . . Ueberhaupt war die gestrige Affaire ohne Bedeutung; das Kanoniren geschah, ausser etlichen 50—60 wirkungslosen Schüssen, nur von unserer Seite und wir wurden blos durch Plänkler und etliche Chasseurs verdrängt.« (H. K. VIII, 12.)

**) Hauptmann Volkmanns Bericht; und St. Cyr. III, S. 45.

Die an und für sich sehr nachtheilige Wirkung dieses Rückzuges auf die Situation im Allgemeinen wurde noch dadurch gesteigert, dass weder FML. Sztáray, noch einer der rechts anschliessenden kaiserlichen Abtheilungen hievon Mittheilung gemacht wurde. Diese blieben also in völliger Unkenntniss von dem Verhalten der schwäbischen Truppen, was die Gefechte des nächsten Tages nothwendig ungünstig beeinflussen musste.

Auch die Franzosen wurden den Abzug der Schwaben erst gewahr, als sich am 28. bei Tagesanbruch die Nebel zertheilten. Ferino nahm sofort die Verfolgung auf und liess sein Gros bis Offenburg, die Avantgarde bis Hofweier vorrücken. Ein Detachement, welches unter dem General-Adjutanten Bellavène in das Kinzig-Thal vorging, erbeutete dort noch 2 Kanonen und mehrere Fuhrwerke.

Im Laufe des 27. war auch St. Cyr mit den Divisionen Duhesme und Delmas in Kehl angekommen; Taponnier, welcher von Göllheim her den weitesten Weg zurückzulegen hatte, musste spätestens am Morgen des 29. eintreffen. Rechnet man die am Oberrhein stehende Division Delaborde ab, so kann die vollständige Vereinigung der Rhein-Mosel-Armee bei Kehl schon am 28. als vollzogen betrachtet werden, während die ihr gegenüberstehenden verbündeten Streitkräfte durch den Rückzug der schwäbischen Truppen in zwei Theile zerrissen waren.

Moreau liess sich den Moment nicht entgehen, diese Trennung bleibend zu machen, bevor die Verstärkungen, welche er im Anmarsche wusste, dies hindern konnten. Er disponirte St. Cyr nach Offenburg, wo er im Vereine mit Ferino sowohl die weitere Verfolgung der Schwaben zu besorgen, als auch FML. Frelich zur Räumung des Breisgau zu nöthigen hatte.

Desaix und St. Suzanne wurden zum Angriffe auf die kaiserlichen Truppen an der Rench bestimmt, welche, 7 Bataillone und 20 Escadronen, d. i. etwa 9000 Mann stark, die ausgedehnte Linie Oberkirch—Renchen—Memprechtshofen besetzt hielten. Es waren 4 Bataillone und 8 Escadronen unter FML. Fürst zu Fürstenberg von letzterem Orte bis zur

Brücke bei Wagshurst vertheilt; 11 Escadronen standen unter GM. Devay in der Ebene zwischen Urloffen und Zimmern; 5 Compagnien bei Renchen und 5 Compagnien mit 2 Zügen Kürassieren deckten die linke Flanke von diesem Orte bis Oberkirch.

Nach den Dispositionen Moreau's hatte Desaix die Stellung Sztáray's in der linken Flanke zu umgehen, St. Suzanne den Gegner bei Urloffen und Zimmern bis zum entscheidenden Momente in der Front festzuhalten und dann zum Angriffe zu schreiten, während eine dritte Colonne den kaiserlichen rechten Flügel unter FML. Fürstenberg beschäftigte.

Bei der unverhältnissmässigen Schwäche seiner Truppen konnte FML. Sztáray nicht daran denken, den Angriffen des Gegners nachhaltig entgegenzuwirken. Doch hatte er in der Ueberzeugung, dass Bühl und Offenburg von den schwäbischen Truppen besetzt seien, Befehl gegeben, die am Morgen des 28. eingenommene Stellung den ganzen Tag über mit aller Kraft zu behaupten und erst in der Nacht den Rückzug nach Sasbach anzutreten, wenn dieser unvermeidlich sein würde. Die unrichtige Voraussetzung hinsichtlich der Haltung Reichs-FZM. Stains war ferner auch Ursache, dass FML. Sztáray für seine linke Flanke keine ernsten Besorgnisse hegte und deshalb auch Oberkirch und Nussbach nicht stärker besetzte, als im angenommenen Falle unbedingt erforderlich war.

Bei anbrechendem Morgen führte Desaix jene Truppen, welche am Vortage zum Angriffe auf Bühl bestimmt gewesen waren, nebst einer zahlreichen Artillerie gegen Appenweier und Oberkirch vor. Ersteren Ort erreichte er zur selben Zeit, als die Tirailleure St. Suzanne's bei Urloffen mit ihren Gegnern ins Gefecht traten. Der erste Angriff, den 3 Bataillone mit 24 Geschützen unternahmen, wurde abgeschlagen; erst einem zweiten Vorstosse glückte es, den Besitz der beiden Orte zu erzwingen. Gleichzeitig rückten die Franzosen in der Front vor und nahmen auf den Feldern vor Zimmern Stellung, den rechten Flügel an Nussbach, den linken an die Waldpartien bei Urloffen gelehnt.

Viermal versuchte nun St. Suzanne bei Renchen durchzubrechen, aber ebenso oft warf ihn GM. Devay durch glänzend ausgeführte Attaquen zurück. Nach 4 Uhr nachmittags gelang es endlich dem von Oberkirch vordringenden Desaix, mit 2 Cavallerie-Regimentern die linke Flanke der Stellung bei Renchen zu umgehen und den kaiserlichen Truppen in den Rücken zu kommen, während St. Suzanne neuerdings in der Front angriff. Dieses Manöver entschied das Gefecht. Der unerwartete Angriff so überlegener Kräfte brachte die durch fünftägige Kämpfe erschöpften kaiserlichen Truppen in Unordnung. Die Infanterie, fast durchwegs in langen Tirailleur-Linien verwendet und ohne ausreichende geschlossene Reserven, wurde nahezu ganz zersprengt. Auch die Cavallerie musste eilends das Feld räumen, konnte sich aber jenseits der Rench bei Oehnsbach wieder sammeln und den Rückzug der Infanterie decken. Die von Oberkirch zurückgehenden Kürassiere fielen der auf der Strasse nach Bühl vordringenden feindlichen Colonne unerwartet in den Rücken und brachten dadurch die Verfolgung momentan ins Stocken.

Am rechten Flügel kam es zu keinem eigentlichen Gefechte. Als sich der Angriff ausschliesslich auf den linken Flügel richtete, war sowohl die Absicht des Gegners, als auch das wahrscheinliche Resultat vorauszusehen und FML. Fürst zu Fürstenberg daher darauf bedacht, den Rückzug des angegriffenen Theiles nach Möglichkeit zu erleichtern. Er verstärkte den Posten bei der Brücke von Wagshurst mit 1 Compagnie und stellte weiter rückwärts in Gamshurst 1 Bataillon als Unterstützung auf. Unter dem Schutze dieser beiden Posten ging FML. Sztáray zuerst bis Ottersweier und dann, bei Einbruch der Dunkelheit, bis Bühl zurück, wohin FZM. Latour 6 Escadronen zur Aufnahme der Flüchtigen vorausgesendet hatte.

FML. Fürst zu Fürstenberg war während des Gefechtes in steter Verbindung mit dem linken Flügel geblieben. Das Detachement in Wagshurst vertheidigte mit ausgezeichnetem Erfolge den dortigen Renchübergang und deckte dann im Vereine mit jenem in Gamshurst den Rückzug des linken Flügels. Erst um 9 Uhr abends, als die Franzosen Oehnsbach besetzt hatten, verliess er seine Stellung und traf um Mitternacht in

Stollhofen ein, wo seine Vorposten längs des Sulz-Baches in Verbindung mit jenen des linken Flügels bei Bühl traten.

Die Franzosen folgten den kaiserlichen Truppen nicht über Oehnsbach hinaus, weil, wie St. Cyr angibt, die Menge der Gefangenen und Beutepferde ihnen die Bewegung erschwerte. (?) Ihre Verluste in dem Gefechte bei Renchen beziffern sie mit 4—500 Mann und einer grossen Anzahl von Pferden. (103.)

Die kaiserlichen Truppen, einschliesslich des pfalz-bayrischen Contingentes, verloren in den Gefechten vom 26., 27. und 28. an Todten 1 Officier, 147 Mann; an Verwundeten 11 Officiere, 350 Mann; vermisst oder gefangen wurden 14 Officiere, 822 Mann; so dass sich der Gesammtverlust auf 26 Officiere, 1329 Mann belief. Ausserdem wurden in dem Gefechte vom 28. 7 Reservegeschütze und 2 Munitionskarren eingebüsst. (99.)

Moreau nützte seinen Sieg nicht aus. Am Tage nach dem Gefechte nahm die Division St. Suzanne Stellung zwischen Linx und Renchen, die Avantgarde besetzte die Linie Oberkirch—Achern—Freistätt. Der Grund dieses Zauderns lag zunächst in der nothwendigen Neueintheilung der Armee. Während des Rheinüberganges hatten sich nämlich die Divisionen, je nach der ihnen zugewiesenen Aufgabe, in mehr oder minder starke Detachements aufgelöst, wodurch der taktische Verband durchwegs gelockert wurde, zumeist aber ganz aus dem Gefüge kam. Es war unerlässlich, hierin wieder Ordnung zu schaffen und jeder Division ihre Truppen und den Wirkungskreis genau zu bestimmen. Hiezu wurde der 29. Juni verwendet. An diesem und den nächsten Tagen formirte sich die Rhein-Mosel-Armee nach folgender Ordre de bataille, welche am 2. Juli in allen Theilen durchgeführt war. (109.)

General en chef: Moreau. — Chef des Generalstabes: Reynier.

Linker Flügel (an der Rench): Desaix.

Divisions-General: Delmas;

Brigade-Generale: Frimont, Eckmayer, St. Suzanne, Joba;

Truppen (Gefechtsstand ohne Artillerie): 21 Bataillone, 24 Escadronen = 19.383 Mann.

Mitte (gegen den Schwarzwald): Gouvion St. Cyr.

Divisions-Generale: Duhesme, Taponnier;

Brigade-Generale: Vandamme, Laroche, Lecourbe;

Truppen (wie oben): 18 Bataillone, 10 Escadronen = 16.901 Mann.

Rechter Flügel (gegen den Breisgau): Ferino.

Divisions-Generale: Delaborde (am linken Rheinufer in der Gegend Hüningen), Tholmé (am rechten Ufer);

Brigade-Generale: Nouvion, Jordy, Paillard, Tharreau;

Truppen (wie oben): 21 Bataillone, 17 Escadronen = 19.544 Mann.

Reserve: Bourcier.

Divisions-General: Forest;

Truppen (wie oben): 6 Bataillone, 28 Escadronen = 7464 Mann.

Zusammen: 63.292 Mann.

Als Besatzung in Landau, Bitsch, Strassburg und Kehl, dann zur Beobachtung des linken Rheinufers von Strassburg bis Germersheim waren im Ganzen 11.000 Mann Infanterie und 600 Reiter verwendet.

Gefechte im Schwarzwalde und im Rhein-Thale bis zum 7. Juli.

Während der Gefechte an der Rench und am darauffolgenden Tage blieb im Kinzig-Thale Alles ziemlich unverändert. Auf Seite der Franzosen vollzog sich eben die erwähnte Neuformation; ihre Gegner hielten sich ruhig in ihren Stellungen, und so beschränkte sich dort die Thätigkeit beider Theile auf einzelne bedeutungslose Zusammenstösse der Vorposten und recognoscirender Abtheilungen. Auch dass am 29. Juni Reichs-FZM. Stain das Commando über die Truppen des schwäbischen Kreises krankheitshalber niederlegte, blieb ohne jeden Einfluss auf die allgemeine Lage, denn sein Nachfolger, Reichs-GL. Landgraf zu Fürstenberg, folgte in operativer Hinsicht den gleichen Tendenzen.

In berechtigter Sorge um die Sicherung der wichtigen Schwarzwald-Pässe hatte FZM. Latour, sobald die ersten Verstärkungen eingetroffen waren, 1 Compagnie des Le Loup'schen Jäger-Corps nach Freudenstadt dirigirt, um eintretenden Falles bei der Vertheidigung des Kniebis mitzuwirken, welchen er von den schwäbischen Truppen besetzt glaubte. Auch der regierende Herzog Friedrich Eugen von Württemberg hatte zur selben Zeit und in gleicher Absicht 2 Infanterie-Bataillone und 2 Grenadier-Compagnien seiner Haustruppen, nebst einem Corps von Landmiliz und Jägern unter Commando des Erbprinzen Friedrich nach Freudenstadt marschiren lassen.

Diese Massregeln kamen jedoch für den beabsichtigten Zweck ebenso zu spät, wie die dringende Aufforderung FZM. Latour's, Bieberach bis aufs äusserste zu vertheidigen. Reichs-GL. Landgraf zu Fürstenberg zog sich in der Nacht vom 30. Juni zum 1. Juli von dort nach Hausach zurück, weil er in Folge der Ereignisse an der Rench seine beiden Flanken für gefährdet erachtete. Er gedachte sich von Hausach aus durch das Schlapbach-Thal mit dem gänzlich entblössten Kniebis, sowie über Schiltach und Alpirsbach mit Freudenstadt in Verbindung zu setzen. Zu diesem Ende detachirte er am 30. Juni den Reichs-GM. Mylius mit 3 Bataillonen, 2 Escadronen des württembergischen Contingentes, dann 4 Reservegeschützen von Bieberach über Wolfach nach dem Kniebis, um die Vertheidigung dieser Position zu übernehmen, eventuell sich mit den von Stuttgart nach Freudenstadt anrückenden württembergischen Haustruppen zu vereinigen. Die übrigen Kreistruppen marschirten nach Mitternacht von Bieberach ab und erreichten in den ersten Vormittagsstunden des 1. Juli Hausach. Reichs-GL. Landgraf zu Fürstenberg, welcher, wie er selbst angibt, entschlossen war, diese Stellung zu behaupten, »es koste was es auch wolle«,*) liess sofort nach seiner Ankunft den Bau von Verschanzungen beginnen und besetzte Hausach mit 5 Bataillonen und 5 Geschützen, Haslach mit 2 Bataillonen, 4 Escadronen und 5 Geschützen. Der Rest des Corps, zumeist Reiterei, stand en réserve bei Wolfach. Oberst

*) Relation an Erzherzog Carl vom 13. Juli. (D. VII. ad 183.)

Gyulay versah mit 7 Compagnien seines Freicorps, 5 Compagnien Linien-Infanterie und $1^1/_2$ Escadronen, nebst einem in Lahr stehenden schwäbischen Bataillon, den Vorpostendienst im Harmersbacher-Thale und auf der Linie Lahr—Bieberach—Zell.

Durch den Rückzug des schwäbischen Corps nach Hausach war auch die Stellung FML. Frelichs unhaltbar geworden. Er war mit 2 Bataillonen, 6 Escadronen rheinabwärts marschirt und hatte seit 28. Juni im Vereine mit dem, unter Befehl des Herzogs von Enghien stehenden Theile des Condé'schen Corps die Strecke Lahr—Nonnenweier bis zum Rhein besetzt gehalten. Um nicht abgeschnitten zu werden und in Verbindung mit dem Kinzig-Thale zu bleiben, mussten diese Truppen bis hinter die Elz zurück. In der neuen Stellung bildete das Condé'sche Corps den linken Flügel. Die Avantgarde unter dem Herzoge von Enghien stand bei Ober- und Nieder-Hausen, das 2. Treffen und die Unterstützung bei Riegel und Endingen. FML. Frelich mit den k. k. Truppen, dann einigen Bataillonen des Condé'schen Corps hielt Kenzingen besetzt und hatte den rechten Flügel über Wagenstadt, Bleichheim bis Schweighausen ausgedehnt, von wo die Verbindung mit Oberst Gyulay unterhalten wurde.

FML. Frelich war von FZM. Latour beauftragt, den Landsturm im Breisgau aufzubieten und ihn mit einigen Abtheilungen des Infanterie-Regimentes Bender in das obere Brigach-Thal zu entsenden, um falls, wie zu befürchten, die Schwaben das Kinzig-Thal preisgeben würden, die Zugänge aus dem Schwarzwalde nach Villingen zu vertheidigen. Käme er jedoch in Gefahr, den Rückzug dahin zu verlieren, so war er ermächtigt, den Breisgau ganz zu räumen und sein Corps bei Villingen, Löffingen und an der Strasse Waldshut—Stockach aufzustellen. (105.)

Kurz nach dem Abmarsche des schwäbischen Contingentes am Vormittage des 1. Juli, unternahm St. Cyr eine scharfe Recognoscirung in das Kinzig-Thal gegen Bieberach. Eine Halbbrigade und 4 Escadronen der Division Duhesme gingen in 2 Colonnen beiderseits der Kinzig vor und drückten Oberst Gyulay bis Prinzbach.

Die Vortheile, welche aus der Wegnahme dieses wichtigen Punktes hätten gewonnen werden können, entfielen in Folge einer Dispositionsänderung Moreau's, der seine erste Absicht: den kaiserlichen Truppen im Kinzig-Thale kräftig nachzufolgen, aufgab und seine Aufmerksamkeit mehr dem Rhein-Thale und der Rench zuwandte. Er verliess am 1. Juli Offenburg, um sich nach Renchen zu begeben, und St. Cyr erhielt am selben Tage Befehl, eine Reservestellung zwischen Appenweier und dem Gebirge zu beziehen. An der Kinzig blieb nur die Division Ferino's. (106.) Ein neuer Angriff, den dieser am Nachmittage des 1. auf die Stellung Gyulay's bei Prinzbach ausführte, hatte einen gänzlichen Umschlag zur Folge. Die Franzosen wurden geworfen und bis über Bieberach hinaus verfolgt, welches im Besitze der kaiserlichen Truppen blieb. Die Verluste derselben beliefen sich auf 9 Todte, 78 Verwundete und 3 Pferde.

St. Cyr hatte indess am 2. Juli in der Umgebung von Oberkirch Stellung genommen und auf die bestimmte Nachricht, dass der Kniebis (Rossbühl) nur sehr schwach besetzt sei, sofort die Wegnahme dieser Position angeordnet. Am Nachmittage setzte sich die Brigade Laroche mit 3 Bataillonen, 1 Escadron nach Oppenau in Marsch und erreichte gegen Abend den Fuss des Rossbühl.

Die Widerstandsfähigkeit dieser Stellung war augenblicklich verhältnissmässig gering und beruhte zumeist auf den natürlichen Bodenvortheilen. Von den Fortificationen, welche die württembergische Regierung im letzten Momente begonnen hatte, war das Hauptwerk, eine Sternschanze für 1200 Mann, noch unvollendet, die Vorwerke aber, von welchen aus der Aufstieg und die Thäler hätten bestrichen werden sollen, kaum begonnen. Die Besatzung unter Reichs-GM. Mylius war erst am Abende zuvor angekommen und hatte in Folge der forcirten Märsche im schlechten Wetter nicht nur an Schlagfähigkeit bedeutend eingebüsst, sondern es mangelte ihren Führern selbst auch die oberflächlichste Kenntniss des Terrains. Ueberdies konnten auf den beschwerlichen Communicationen die Reservegeschütze der Bewegung der Infanterie nicht folgen, so dass im Augenblicke des Angriffes die Schanze

11*

nur mit einer sechspfündigen Kanone armirt war. Unter solchen Umständen bedurfte es nicht erst der ungenügenden Wachsamkeit der ausgestellten Vorposten, um den Franzosen den Sieg leicht zu machen. In kaum einer Stunde hatten sie die Höhe erstiegen und deren Vertheidiger in die Wälder gejagt. Die schwäbischen Truppen verloren 7 Officiere, 340 Mann, 1 Kanone, 2 Fahnen und ihre ganze Bagage. Der Rest der zerstreuten Besatzung zog sich über Alpirsbach und Wolfach nach Hausach zurück.

Am folgenden Tage nahm St. Cyr mit der Division Duhesme Stellung bei Oppenau und verstärkte Laroche mit einer Halbbrigade und einer Escadron, der dann am 4. die Vorrückung gegen Freudenstadt fortsetzte. Dort war am 3., um 11 Uhr vormittags, Oberstlieutenant Le Loup mit seinem Jäger-Corps eingetroffen; er hatte in Schwarzenberg die Ereignisse am Kniebis erfahren und marschirte unverweilt mit grösster Beschleunigung nach Freudenstadt, um die württembergischen Haustruppen zu unterstützen. Doch fand er die Stadt schon ohne Besatzung. Die Württemberger hatten kurz zuvor, auf die Nachricht von der Annäherung der Franzosen, die Stellung in überstürzter Eile unter Zurücklassung ihrer Zelte nach verschiedenen Richtungen geräumt. Der Erbprinz selbst war auf dem Wege nach Stuttgart.

Le Loup besetzte sogleich mit 2 Compagnien die vom Kniebis herführenden Communicationen und sandte den württembergischen Truppen Officiere nach, um sie zur Rückkehr zu bewegen. Als ihm dies zugesichert wurde, ging er am 4. mit 4 Compagnien dem Feinde bis auf eine Stunde vor Freudenstadt entgegen; die Unterstützung blieb jedoch aus und Le Loup wurde in ein ungünstiges Gefecht verwickelt, welches mit seinem Rückzuge nach Schwarzenberg endete.*) (107.)

*) Diese Ereignisse hatten zur unmittelbaren Folge, dass Württemberg nun offen mit Frankreich um den Frieden verhandelte und hiemit den ersten Schritt zur Auflösung der Reichs-Contingente that.

Nachdem Herzog Friedrich schon früher Stuttgart verlassen und die Regierung dem Erbprinzen übergeben hatte, reiste auch dieser am 5. nachmittags mit seinen Brüdern nach Anspach ab. In dem Erlasse vom selben

Als die Nachricht von dem Verluste des Kniebis am 3. in Hausach eintraf, erschien dem Landgrafen zu Fürstenberg die Situation so bedenklich, dass er ungeachtet der zugleich eintreffenden Befehle Erzherzog Carls, des Erbprinzen von Württemberg und FZM. Latour's: die Stellung bei Hausach »bis auf den letzten Mann« zu vertheidigen (108), dennoch beschloss, langsam auf Rottweil zurückzugehen, um seine dortigen Magazine zu sichern und in nähere Verbindung mit den jedenfalls bei Villingen sich sammelnden kaiserlichen Truppen zu kommen. An dieser Ansicht festhaltend, marschirte er unmittelbar nach erfolgter Besetzung von Freudenstadt durch die Franzosen mit dem Gros seines Corps am 5. nach Hornberg und stellte die Vorposten an der Kinzig und im oberen Elz-Thale auf. Reichs-GM. Zaiger wurde nach Prechthal, Reichs-Oberst Schnitzer nach Schramberg und Oberst Gyulay nach Hausach beordert. Letzterer hatte von dort aus Wolfach, Schiltach, Schlapbach und Haslach zu besetzen. Am 6. mittags drückte der Feind die Vorposten bei Haslach bis Hausach zurück, wurde jedoch von Oberst Gyulay noch am selben Tage

Tage, mittelst welchem er die Regierungsgewalt dem geheimen Raths-Collegium übertrug, wurde diesem zugleich eröffnet, »dass nicht nur der geheime Rath Mandelslohe dem in hiesiger Gegend commandirenden französischen General bis Freudenstadt wegen Einstellung der Feindseligkeiten entgegengesendet worden sei, sondern auch der Finanzminister Wöllwarth und der ständige Rechtsconsulent Abel nach Basel mit Vollmacht abgegangen wären, Friedensverhandlungen mit Frankreich zu pflegen«.

Der Erbprinz setzte seiner Unterschrift eigenhändig noch die bedeutsame Bemerkung bei: »Es dient hiemit der Regierung zur Wissenschaft, dass ich gegen die Abschickung der Herren Baron Wöllwarth und Abel seinerzeit meine Protestation schriftlich abgelegt habe« (H. K. VIII, 3.)

Der Abfall Württembergs blieb nicht ohne Nachwirkung auf die Lage der kaiserlichen Armee am Rhein, kam aber dort keineswegs unerwartet. Ohne sich von den verschwenderisch gespendeten Loyalitätsbezeugungen täuschen zu lassen, verfolgte man schon seit Beginn der Operationen sowohl die Haltung Württembergs, als auch jene der Kreistruppen mit dem ausgesprochensten Misstrauen. Die geheimen Verhandlungen des ersteren mit Frankreich waren so sehr ein offenes Geheimniss, dass FZM. Latour in der Absendung der württembergischen Haustruppen auf den Kriegsschauplatz nichts anderes erblickte, als das vorsichtige Bestreben, für die Besetzung der Demarcationslinie rechtzeitig in Bereitschaft zu sein. (FZM. Latour an Erzherzog Carl. 2. Juli. D. VII, 13 h.)

wieder bis Steinbach geworfen, worauf die kaiserlichen Vorposten Haslach wieder besetzten.

Theils um sich Rottweil mehr zu nähern, theils um die Requisitionen zu hindern, welche der Feind von Freudenstadt aus vorzunehmen beabsichtigte, ging Reichs-GL. Landgraf zu Fürstenberg am 7. Juli von Hornberg nach Schramberg zurück und bezog östlich davon, bei Sulgau, ein Lager. Die Vorposten standen in der Linie Haslach—Hausach—Schiltach—Alpirsbach—Dornhan—Sulz. Von dieser Stellung aus suchte er durch Streifcorps den Feind zu beunruhigen und Requisitionen zu vereiteln, mit denen derselbe allenthalben das Land bedrückte. Da auch die Franzosen nichts Ernstes unternehmen konnten, bevor die schon in nächste Nähe gerückte Entscheidung im Rhein-Thale die Richtung ihrer ferneren Operationen bestimmen würde, so beschränkten sich beide Gegner auf unbedeutende und folgenlose Zusammenstösse kleinerer Detachements oder Vorposten.

Konnte die Besorgniss des Landgrafen zu Fürstenberg, dass er in Folge des Vordringens der Franzosen bis Freudenstadt Gefahr laufe, die Verbindung mit der Armee zu verlieren und in Front und rechter Flanke gleichzeitig angegriffen zu werden, seinen Rückzug nach Hornberg in gewissem Sinne rechtfertigen, so war dies keineswegs auch hinsichtlich des weiteren Rückmarsches nach Schramberg der Fall. In Hornberg, welches er nach den Befehlen Erzherzog Carls mit Aufbietung aller Kraft bis zum letzten Momente zu behaupten hatte, deckte er wirksam die Hauptverbindung nach Villingen und war nur etwa 30 *km* von diesem Sammelpunkte der Truppen FML. Frelichs und des Prinzen v. Condé entfernt. In Schramberg war dies nicht mehr der Fall. Sein Marsch dahin widersprach sogar den Motiven, welche er seinem Rückzuge von Hausach nach Hornberg zu Grunde gelegt hatte, denn die Sicherung der Magazine in Rottweil oder der Schutz der Bevölkerung gegen Requisitionen konnte, unter den obwaltenden Verhältnissen doch sicher nicht die Operationen eines Corps bedingen, dem die Vertheidigung der Schwarzwald-Pässe anvertraut war.*)

*) Es ist zuverlässig nicht gerechtfertigt, wenn Landgraf Fürstenberg seine retrograden Operationen aus den Ereignissen am Kniebis ableiten

Nun waren die Franzosen vollständig Meister der Hauptcommunicationen in die Thäler der Nagold, des Neckar und durch den Schwarzwald an die Donau. Sie säumten nicht mit dem Versuche, die im Breisgau stehenden kaiserlichen Truppen ebenfalls zu vertreiben, um sich auch der dortigen Zugänge nach Süd-Deutschland und Tirol zu bemächtigen.

Nach der Räumung von Lahr in Folge der Zurücknahme der Vorposten Oberst Gyulay's rückte die Avantgarde Ferino's langsam im Rhein-Thale vor und stellte am 2. Juli ihre Vorposten bei Mahlberg, Kippenheim und Wittenweier aus. Als St. Cyr sich in Freudenstadt festgesetzt hatte, griff auch Ferino seine Gegner an. Schon bei Tagesanbruch des 7. begannen die Scharmützel der Vorposten; um 7 Uhr vormittags erfolgte der Angriff in 2 Colonnen auf die Stellung FML. Frelichs. Die erste bemächtigte sich des Waldes an der Elz bei Herbolzheim, die zweite nahm, über Ettenheim vorrückend, die wegen Mangel an Truppen nur mit einigen Jägern besetzten Weinberge am rechten Flügel, östlich Herbolzheim.

Während die österreichischen Vorposten sich fechtend hinter die Bleich zogen, suchte eine dritte feindliche Colonne die Stellung des Condé'schen Corps von der Rheinseite aus zu umgehen. Das Gefecht blieb unentschieden, bis FML. Frelich es mit Zuziehung des Landsturmes um 3 Uhr nachmittags zum Stehen brachte. Eine über Wagenstadt ausgeführte

---

will. Sein Entschluss, Hausach zu verlassen, war ganz unabhängig von den Vorfällen bei Freudenstadt. Wenn nicht schon früher, so hat er ihn doch gewiss kurz nach seinem Eintreffen in Hausach gefasst, wozu ihn vielleicht politische Rücksichten, mehr als militärische Gründe, bestimmt haben mochten. Es theilte Erbprinz Friedrich am 2. Juli aus Freudenstadt, also noch vor der Wegnahme des Kniebis, sowohl Erzherzog Carl, als auch FZM. Latour mit, es sei aus dem, vom Landgrafen zu Fürstenberg von Hausach eingelangten Berichte zu entnehmen, dass dieser die kaum bezogene Stellung wieder zu verlassen und zurückzugehen gedenke, weshalb der Erbprinz sich veranlasst gesehen habe, ihm jeden weiteren Rückzug aufs schärfste zu untersagen. (H. K. VII, 12.) Diese Mittheilung des Erbprinzen war die unmittelbar und absichtlich gegebene Veranlassung zu dem früher erwähnten, höchst energischen Befehle Erzherzog Carl's und des gleichgehaltenen Schreibens FZM. Latour's.

Umgehung drängte den Feind zuerst bis Ettenheim zurück und zwang ihn gegen Abend zum Rückzuge in seine vorige Stellung. — Die Franzosen verloren in diesem Gefechte ungefähr 150 Mann, die kaiserlichen Truppen, einschliesslich des Condé'schen Corps und der Landmiliz, 3 Officiere, 107 Mann und 57 Pferde.

Rücksichten auf die nächsten entscheidenden Operationen an der Murg, stellten auch hier für kurze Zeit jede nennenswerthe Thätigkeit ein, da Ferino Befehl erhielt, sich weiteren Vorgehens zu enthalten, bis St. Cyr's Bewegungen gegen die Nagold ein solches neuerdings ermöglichen würden.

FZM. Latour's Marsch an die Murg. 25. bis Ende Juni.

Die Ereignisse bei Kehl und an den Nordwestabhängen des Schwarzwaldes wirkten bestimmend auf die Operationen FZM. Latour's, der mit dem Reserve-Corps in Eilmärschen gegen die Rench vorrückte. Der Erfolg dieser Bewegung war dadurch bedingt, dass sich inzwischen die Situation bei Kehl nicht zu Gunsten der Franzosen veränderte und die kaiserlichen Truppen bis zum Eintreffen des Reserve-Corps mindestens jene Stellungen behaupteten, die sie in dem Augenblicke inne hatten, als dieses den Marsch antrat. Nach allem, was man bis da über die Verhältnisse bei Kehl erfahren konnte, musste diese Voraussetzung vollkommen begründet erscheinen. Latour war am 25. Juni mit 6 Grenadier-Bataillonen und 26 Escadronen in Graben angelangt und erhielt dort am 26., um 2 Uhr morgens, die Berichte des Reichs-FZM. Stain und FML. Sztáray's vom Vortage, in welchen sie ihren für den 26. bestimmten Angriff auf die Franzosen bei Kehl anzeigten und zugleich der sicheren Hoffnung auf Erfolg Ausdruck gaben. Obwohl FZM. Latour keinen Anlass hatte, an der Wahrscheinlichkeit des Gelingens dieser Unternehmung zu zweifeln, da der Feind seither noch nicht Zeit gefunden haben konnte, sich bedeutend zu verstärken, änderte er doch nichts an seinen Dispositionen, welche das möglichst rasche Eintreffen auf dem Operationsschauplatze zum Ziele hatten. Er brach am Morgen des 26. von Graben nach Muggensturm auf, wo er gegen

8 Uhr abends einzutreffen gedachte, erhielt jedoch schon auf dem Marsche durch Karlsruhe die Anzeige Stains, dass der projectirte Angriff nicht ausgeführt werden könne. Hiedurch wurden alle Erwartungen, die auf den Marsch des Reserve-Corps sich stützten, umsomehr fraglich, als der Reichs-FZM. in seiner Meldung noch weitere rückgängige Bewegungen in Aussicht stellte. Er habe — berichtete er — bis nun ausser 1 Bataillon Wenkheim-Infanterie und 3 Escadronen Kavanagh-Kürassiere noch keine Verstärkung erhalten und werde sich daher, ungeachtet er die Wichtigkeit Offenburgs vollkommen erkenne, dennoch ins Gebirge zurückziehen müssen, um nicht auch noch jene Vortheile, die sich durch die Vertheidigung der Pässe erzielen liessen, einer ungewissen Erwartung preiszugeben. (110.)

FZM. Latour befand sich nun ganz unerwartet in einer höchst schwierigen Lage. Es blieb ihm nur die Wahl, entweder das Rhein-Thal ganz zu entblössen, um die Gebirgspässe bei Gengenbach zu vertheidigen und Schwaben zu decken, oder das Corps FML. Frelichs sich selbst zu überlassen, Vorder-Oesterreich und Schwaben aufzugeben und mit dem Reserve-Corps hinter der Murg Stellung zu nehmen. Er wählte das erstere, ihm vortheilhafter scheinende und setzte den Commandanten der schwäbischen Truppen von seinem Entschlusse sofort in Kenntniss. FZM. Latour bot hiebei alle Kunst der Ueberredung auf, um diesen zu vermögen, sich doch wenigstens noch 48 Stunden in Offenburg zu behaupten, indem das Reserve-Corps nach der unbedingt nothwendigen Rast, am 27. nachmittags von Muggensturm aufbrechen und zuverlässig am 28. in Offenburg eintreffen werde.

Durch die Ausführung dieser Bewegung musste die Rheinstrecke von der Rench bis zur Murg, der nur 5 Bataillone und 12 Escadronen starken Division FML. Fürsten zu Fürstenbergs überlassen bleiben. Da nun FZM. Latour ausser Stande war, denselben »auch nur mit einem Mann« zu verstärken, so richtete er gleichzeitig an Erzherzog Carl die dringende Bitte, alle am Niederrhein entbehrlichen Truppen umso eher an den Oberrhein zu senden, als die Franzosen das linke

Rheinufer gänzlich entblösst und sogar schon Speier geräumt hätten. (111.)

In Folge der bereits erwähnten Vorfälle bei Kehl kam jedoch der Plan FZM. Latour's nicht zur Ausführung. Er war am 27. nachmittags eben im Begriffe nach Sasbach abzumarschiren, als Reichs-FZM. Stain meldete, er müsse im Falle eines feindlichen Angriffes Offenburg räumen, wenn das Reserve-Corps nicht noch in der Nacht vom 27. zum 28. dort eintreffe. War dies an und für sich schon physisch kaum ausführbar, so wurde es durch die Nebenumstände absolut unmöglich. Zunächst war FML. Fürst zu Fürstenberg am 26. abends auf Membrechtshofen zurückgedrängt worden und es stimmten alle Nachrichten überein, dass die Franzosen in Folge der ununterbrochen vom Niederrhein eintreffenden Verstärkungen dermal schon 30.000 Mann auf dem rechten Ufer hätten und binnen kurzem 50.000 Mann dort versammelt sein würden. Zudem berichtete der, von FZM. Latour nach Offenburg entsendete Flügel-Adjutant, das schwäbische Corps befinde sich in einem Zustande, der keinen nachhaltigen Widerstand erwarten lasse, mithin das Reserve-Corps, falls es auch Offenburg rechtzeitig erreichte, nahezu ausschliesslich auf sich allein angewiesen sein würde. Endlich meldete auch FML. Frelich, dass er in Folge einer von Basel eingetroffenen Nachricht, welche einen feindlichen Uebergang bei Hüningen in Aussicht stellte, die gegen Kehl bestimmten Truppen zurückhalten musste. Hiedurch ward der Feind bei einem Angriffe jeder Sorge für seine rechte Flanke enthoben und konnte eventuell seine volle Kraft gegen Offenburg und die Strasse nach Renchen wenden.

Unter diesen Umständen glaubte FZM. Latour umsoweniger den gefährlichen Marsch auf der einzigen benützbaren Strasse, über Renchen und Appenweier, nach Offenburg antreten zu sollen, als es höchst zweifelhaft war, ob man das schwäbische Corps überhaupt noch dort finden würde. Er beschränkte sich daher, nur GM. Devay mit 8 Escadronen an und über die Rench vorauszusenden, mit dem Reste des Reserve-Corps aber in seiner gegenwärtigen Stellung die Ankunft der Verstärkungen abzuwarten. Von diesen sollten innerhalb

6 Tagen 9 Bataillone, 12 Compagnien und 24 Escadronen eintreffen, und zwar: GM. Baillet mit 3 Bataillonen am 28. aus Mannheim, GM. Fürst Liechtenstein mit 1 Bataillon Slavonier, dem Le Loup'schen Jäger-Corps und 10 Escadronen, gleichfalls von Mannheim am 30. Juni. FML. Hotze war mit 6 Bataillonen, 14 Escadronen am Marsche und wurde spätestens binnen 6 Tagen in Muggensturm erwartet.

An Reichs-FZM. Stain wurde erneuert das Ersuchen gerichtet, so lange als nur möglich in Offenburg auszuharren und wenn der Rückzug unvermeidlich würde, den Gebirgspass bei Gengenbach auf das äusserste zu vertheidigen. Auch an FML. Frelich und den Prinzen Condé ergingen die schon erwähnten Instructionen zur Mitwirkung an den Operationen im Schwarzwalde.

FZM. Latour gab noch immer die Hoffnung auf einen entscheidenden Erfolg nicht verloren, falls es nur gelang, den Feind einige Tage hinzuhalten und derselbe keinen ernsten Angriff auf die linke Flanke in der Richtung auf Kenzingen ausführte. Gleichwohl aber täuschte er sich über die Gefährlichkeit der Situation keineswegs. In dem Gefühle der ausserordentlichen Verantwortung, die auf ihm lastete, wandte er sich an Erzherzog Carl mit der Bitte, derselbe möge sich in dem Augenblicke, wo durch schleunige Hilfe noch alles zum Guten gewendet werden könne, persönlich an die Spitze der nach dem Oberrhein bestimmten Truppen stellen und dort das Commando über die versammelten Streitkräfte übernehmen. (112.)

Die Gefechte bei Appenweier und Renchen (27./28. Juni) trugen alle diese Erwartungen zu Grabe; sie machten den Verlust der Rench zur Thatsache und liessen keinen Zweifel über den Rückzug des schwäbischen Contingentes, von dem man seit drei Tagen ohne Nachricht war. FZM. Latour musste sich nunmehr auf die Behauptung der Murg beschränken und blieb bis zur Ankunft Erzherzog Carls in seiner Stellung bei Muggensturm.

Marsch Erzherzog Carls an den Oberrhein.

Erzherzog Carls Dispositionen gemäss setzte sich jener Theil der Niederrhein-Armee, welcher die verfügbare Reserve zwischen dem Main und Neckar zu bilden hatte, am 25. Juni von Hachenburg in Marsch, erreichte am selben Tage Walmerode, am 26. Kirchberg, am 27. Wiesbaden und am 28. Hochheim.

Der Erzherzog, welcher, wie schon erwähnt, mit dieser Bewegung eine Inspicirung der Rheinposten oberhalb Mainz verband, hatte sich von Molsberg, wo eine letzte Zusammenkunft mit FZM. Wartensleben stattfand, nach Bendorf gewendet und dort die erste Nachricht von den Unfällen bei Kehl erhalten.*) Sie bestätigte in vollem Umfange die Richtigkeit der Voraussetzungen, welche ihn veranlasst hatten, sowohl das Corps Hotze als auch die Sachsen ohne Aufenthalt an den Oberrhein zu senden. Beide wurden nun angewiesen, ihre Bewegung so viel als nur möglich zu beschleunigen. GL. Lindt, der schon auf die ersten Gerüchte von den Ereignissen bei Kehl Anordnungen getroffen hatte, um am 28. Käferthal zu erreichen, erhielt Befehl, den Marsch ohne Rasttag fortzusetzen und am 30. zwischen Graben und Mühlburg ein Lager zu beziehen. Nur die am Cordon stehenden Abtheilungen hatten so lange dort zu verbleiben, bis sie durch die leichten Truppen GM. Elsnitz', vom Corps FML. Mercandin's abgelöst würden, welch letzterem nunmehr die Cordonstrecke zwischen dem Main und Neckar zugewiesen wurde. (113.)

Der Erzherzog erkannte vollkommen den ganzen Ernst der Lage bei Kehl, wenngleich er den unerwartet raschen Verlauf der Dinge nicht voraussehen konnte. Wie sich ihm die Verhältnisse, zur Zeit wo sie zu seiner Kenntniss kamen, darstellten, musste er in dem Rheinübergange Moreau's den Beginn

*) Der Ort, wo dies geschah, wird verschieden angegeben; da jedoch die Antwort auf den ersten Bericht des FZM. Latour aus Bendorf datirt (O. R. VII, 117), so erscheint die Voraussetzung berechtigt, dass auch dort der Courier Latour's den Erzherzog traf. Entschieden unrichtig wird Walmerode als Empfangsort bezeichnet und beruht dies auf der irrigen Annahme, dass der Erzherzog bis Hochheim mit den Truppen marschirt sei, was bekanntlich nicht der Fall war.

einer gross angelegten Operation erblicken. Da die kaiserliche Armee wohl noch immer einer der feindlichen überlegen war, ihre Kraft aber nicht ausreichte, um gleichzeitig den Kampf mit beiden aufzunehmen, so liess sich erwarten, dass dem Uebergange am Oberrhein, eine zweite Vorrückung Jourdan's am Niederrhein folgen werde, um die kaiserlichen Streitkräfte dauernd zu theilen. Die weiteren Operationen der Franzosen konnten dann entweder die Vereinigung ihrer Armeen zwischen Main und Neckar und die Belagerung der Festungen am Rhein zum Ziele haben oder sich dahin richten, die Vereinigung erst am oberen Neckar und der Donau auszuführen und dann auf dem kürzesten Wege gegen Oesterreichs Grenzen vorzudringen, die ohnehin gleichzeitig auch von Italien her bedroht wurden. Letzteres hielt Erzherzog Carl für das wahrscheinlichere, weil es dem Feinde bei leichter Mühe und geringerem Zeitaufwande viel grössere Vortheile in Aussicht stellte, als die Belagerung von Festungen, welche die Ausführung von Operationen gegen die österreichischen Erblande so gut wie gar nicht hindern konnten. Demgemäss erschien dem Erzherzoge die Gegend am oberen Neckar und der Donau als die für ihn wichtigste, und eben deshalb auch jede Bewegung des Feindes auf den dahin führenden Strassen als gefährlich und entscheidend.

So wie über die voraussichtlichen Absichten des Gegners, war sich der Erzherzog auch über die Mittel klar, denselben entgegenzuwirken. Bei der Unmöglichkeit, gleichzeitig am Ober- und am Niederrhein genügende Kräfte zu versammeln, wäre es das richtigste gewesen, auf die Nachricht von Moreau's Uebergang nur ein kleines Observations-Corps an der Sieg und die zur Abwehr eines Handstreiches unbedingt erforderlichen Truppen in Mainz zu lassen, mit der Armee aber in Eilmärschen an den Oberrhein zu ziehen und dort die Entscheidung herbeizuführen. Der Theorie nach wäre ein solcher Vorgang jedem anderen vorzuziehen gewesen, unter den gegebenen Verhältnissen aber war er unausführbar. Als Moreau den Rhein überschritt, stand die Niederrhein-Armee noch bei Hachenburg; beim Eintreffen der ersten Nachricht im Hauptquartiere des Erzherzogs hatte die Rhein-Mosel-Armee fast ihre gesammte Kraft am rechten Ufer versammelt. Sie war Meister der oberhalb Kehl gelegenen Schwarzwald-Pässe und hiedurch dem oberen Neckar und der Donau weit näher als die kaiserlichen Truppen. Ferner liess sich zur Zeit, als die Niederrhein-Armee den Marsch nach Süden antreten konnte, nicht mehr voraussetzen, Jourdan würde mit seiner zweiten Vorrückung so lange zögern, um Erzherzog Carl einen Vorsprung gewinnen zu lassen, welcher es ihm ermöglicht hätte Moreau entscheidend zu schlagen, bevor die Sambre-Maas-Armee dies hindern konnte.

Dieser, auf die thatsächlichen Verhältnisse gegründeten Ueberlegung folgte der Erzherzog, als er seine Dispositionen zur Theilung der Armee traf, denn nur in der Festhaltung Jourdan's nördlich des Main war noch die Möglichkeit geboten, am Oberrhein entscheidende Erfolge zu erzielen. Die voll gewürdigte Wichtigkeit der Operationen auf diesem Theile des Kriegsschauplatzes liess schon nach den ersten Berichten FZM. Latour's in Erzherzog Carl den Entschluss reifen, sich persönlich an den Oberrhein zu begeben. Nur das Ausbleiben seiner officiellen Ernennung zum Commandanten beider Armeen bewog ihn, dies erst im Falle äusserster Nothwendigkeit zu thun, unverweilt aber traf er alle Massnahmen, um Latour so rasch und ausgiebig als nur möglich zu verstärken.*)

Da von den aus Hachenburg und Umgebung anmarschirenden Truppen am 28. erst die Teten in Hochheim einrücken konnten, selbe auch zu ermüdet waren, um ohne Aufenthalt den Marsch an den Oberrhein fortsetzen zu können, ordnete der Erzherzog an, dass, um keine Zeit zu verlieren, vorläufig GM. Schellenberg mit 8 Bataillonen und 6 Escadronen aus den Mainzer Linien am 28. nach Schwetzingen aufzubrechen und dort am 2. Juli einzutreffen habe. — Die allmälig von

*) Auf die wiederholten Bitten Latour's erwiderte Erzherzog Carl am 28. Juni: ». . . Si l'ennemi est trop fort pour que Vous puissiez l'attaquer tout seul, ou que les Saxons et les troupes que je fait marcher d'ici, arriveraient à temps pour une bataille, je viendrai au même temps qu'elles chez Vous . . .«, und am 29.: ». . . Dès que je pourrais je viendrais moi mêmes vous trouver, pour concerter les mésures a prendre pour attaquer l'ennemi.« (O. R. VII, 133.)

Hachenburg ankommenden Truppen dagegen, erhielten die Bestimmung zum Corps FML. Mercandin's einzurücken. FML. Hotze hatte noch speciell den Auftrag, das von Montur und Schuhwerk fast ganz entblösste Infanterie-Regiment Erzherzog Ferdinand an die Besatzung von Mannheim abzugeben und dafür 4 Bataillone von dort an sich zu ziehen. Ohne die $8^1/_6$ Bataillone und 10 Escadronen sächsischer Truppen waren daher 15 Bataillone, 20 Escadronen, im ganzen also $23^1/_6$ Bataillone und 30 Escadronen, im Marsche nach dem Oberrhein.

Die letzten Dispositionen des Erzherzogs waren jedoch kaum erlassen, als die Nachrichten von den Vorfällen bei Bühl und Offenburg eine neue und gefährliche Veränderung der dortigen Situation erkennen liessen. Das schwäbische Corps hatte durch seinen Rückzug dem Feinde den Weg nach Süd-Deutschland geöffnet, die kaiserliche Armee in zwei Theile getrennt. FML. Frelich war isolirt in Vorder-Oesterreich, FZM. Latour konnte die Rench nicht behaupten und es war eine ernste Frage, ob ihm dies hinsichtlich der Murg gelingen werde. Dazu kam nech die Complication hinsichtlich des sächsischen Corps, welches den übrigen Truppen, die vom Niederrhein kamen, um 3—4 Märsche voraus war und daher zunächst zur Verstärkung jener am Oberrhein bestimmt werden musste, aber nach dem Wortlaute der Convention nur von Erzherzog Carl Befehle anzunehmen hatte. Es war vorauszusehen, das anormale Verhältniss, welches diesem zahlreichen und kriegstüchtigen Corps eine Sonderstellung in der kaiserlichen Armee einräumte, werde zu Verwicklungen führen, welche die einheitliche Leitung des Ganzen erschweren mussten und wohl auch zu empfindlichen Nachtheilen führen konnten.

Unter diesen Umständen erachtete es Erzherzog Carl als Pflicht, den immer dringenderen Bitten FZM. Latour's zu willfahren und sich persönlich an die Spitze der kaiserlichen Streitkräfte am Oberrhein zu stellen. In einem Schreiben an den Kaiser ddo. Hochheim, 2[illegible]. Juni (E. A. A.) motivirte er diesen Entschluss durch den Hinweis, dass der nächste Verlauf der Ereignisse nothwendig zu einer entscheidenden Schlacht führen müsse und die Folgen derselben zu wichtig seien, als dass er, ohne erst das Eintreffen seiner Ernennung zum Commandanten beider Armeen abzuwarten, nicht alles aufbieten sollte, um zu einem guten Ende zu gelangen.

Der Erzherzog traf sofort die, durch den Abmarsch der Truppen und in Folge seiner eigenen Entfernung vom Niederrhein nothwendigen Anordnungen. Um das französische Beobachtungs-Corps vor Mainz zu beschäftigen, überhaupt den Feind glauben zu machen, der Erzherzog stehe mit der Verstärkung in der Nähe dieses Platzes und beabsichtige von dort aus wieder auf das linke Ufer überzugehen, wurden die FML. Mercandin und Petrasch beauftragt, sowohl von Mainz als Mannheim kräftige Demonstrationen zu unternehmen und denselben durch eine einheitliche Anlage den Anschein von Wahrscheinlichkeit zu verleihen. (114.) FZM. Wartensleben erhielt die Verständigung vom Abgehen des Erzherzogs mit dem Beifügen, dass die nunmehr grosse Entfernung zwischen beiden kaiserlichen Armeen es nicht ermögliche, dem Commandanten der Niederrhein-Armee andere Instructionen zu geben, als: mit den ausreichenden Mitteln, die ihm zur Verfügung stünden, die Operationen am Oberrhein ausgiebig zu decken, jeden Versuch Jourdan's dieselben durch Diversionen zu stören, kräftig zurückzuweisen und als Haupt-Operationsziel die endliche Vereinigung mit dem Erzherzoge anzustreben. (140.)

Nun eilte Erzherzog Carl mit Aufgebot aller Kräfte jenem Punkte zu, wo seiner Ueberzeugung nach die Entscheidung fallen musste. Ihn kümmerte weit weniger die Stärke des Gegners und dessen bisherige Fortschritte, als vielmehr die Befürchtung, FZM. Latour könnte seine zersplitterten Kräfte nicht energisch genug zusammenfassen und dadurch gezwungen werden, dem Feinde den Weg nach Süd-Deutschland gänzlich frei zu geben. Noch während des Marsches erinnerte er ihn von Pfungstadt aus, sich über die eigentliche Operationsrichtung des Gegners nicht täuschen zu lassen und unter allen Umständen die Murg so lange zu behaupten, bis die Verstärkungen in die Action würden eingreifen können. »Vor allem« — schrieb der Erzherzog aus diesem Anlasse — »muss ich Sie auf die Vermuthung aufmerksam machen, dass die reelle Absicht des Feindes vielleicht mehr gegen Breisgau und die obere

Rheingegend gerichtet sei, als seine Operationen rheinabwärts vorzunehmen, in welchem Falle es wahrscheinlich ist, dass er mit einer Avantgarde Sie so weit zu poussiren suchen wird, als ihm nothwendig ist, um seine linke Flanke zu versichern und seine Hauptbewegung zu maskiren.«

»In dieser Voraussetzung, welche nicht allein möglich, sondern höchst wahrscheinlich ist, werden der Herr Feldzeugmeister einsehen, wie wichtig es sei, sich nicht täuschen zu lassen, wodurch Sie ebenfalls bewogen werden könnten, sich mit ihrer Haupttruppe immer mehr zurückzuziehen und so die eigentliche Absicht des Feindes zu erfüllen.«

Erzherzog Carl verliess am 30. Juni Hochheim und holte bei Pfungstadt die Truppen ein, mit denen er am 1. Juli den Marsch fortsetzte. Von Schwetzingen aus eilte er am 2. mittelst Post nach Muggensturm voraus, um mit FZM. Latour Rücksprache zu nehmen und die erforderlichen Dispositionen zu treffen.

Ereignisse an der Rench und Murg.

Während die Verstärkungen vom Niederrhein in Gewaltmärschen nach Süden zogen, waren dort die Operationen der Franzosen für kurze Zeit ins Stocken gerathen. Zum mindesten zeigten sie nördlich der Rench nicht mehr jene Energie, aus welcher die überraschenden Erfolge seit dem 24. Juni hervorgegangen waren. Moreau hatte nach den Gefechten vom 27. und 28. Juni, welche ihn gegenüber den kaiserlichen Truppen am Oberrhein in eine so vortheilhafte Lage brachten, die Nachricht von dem Anmarsche Erzherzog Carls erhalten. Unmittelbare Folge hievon war, dass er nun sein Hauptaugenmerk von den Schwarzwald-Pässen ab, auf das Rhein-Thal unterhalb Kehl richtete, um der grösseren feindlichen Macht, die sich dort sammelte, entgegenzutreten. Doch hinderten ihn an der unverweilten Ausführung dieses Entschlusses vielfache Bedenken. Vor allem schien es ihm gefährlich, sich in die Rheinebene zu wagen, ohne zugleich auch des Gebirges, sowie jener Punkte sicher zu sein, welche die Möglichkeit boten, die Stellung des Gegners zwischen der Rench und Murg zu umgehen, im Falle eines entscheidenden Erfolges ein Corps an den oberen Neckar und die Donauquellen zu entsenden und hiedurch die Verbindung zwischen den Truppen Erzherzog Carls mit jenen in Vorder-Oesterreich dauernd zu unterbrechen.

In einer Berathung, zu welcher Moreau die Generale Desaix und St. Cyr berief, wurden die Grundzüge der künftigen Operationen dahin festgestellt, dass zunächst der rechte Flügel im Kinzig-Thale gegen die Quellen der Donau und des Neckar vorzugehen, die Mitte aber diese Operation durch eine Unternehmung gegen den Kniebis und Freudenstadt zu unterstützen habe. Der linke Flügel und die Reserve sollten den Feind im Rhein-Thale, von der Renchmündung abwärts, durch Scheinangriffe und Demonstrationen bis zu dem Augenblicke beschäftigen, wo sich die Mitte und der rechte Flügel in solider Weise im Gebirge etablirt haben würden.*)

Das Ergebniss dieser Berathung kam in den schon geschilderten Operationen der Generale St. Cyr und Ferino gegen die Truppen des schwäbischen Kreises und jene FML. Frelichs zum Ausdrucke. Schon hiedurch wird die Zurückhaltung des französischen linken Flügels an der Rench zum Theile erklärt. Aber noch andere Einflüsse machten sich geltend, welche Moreau den Vortheil entschlüpfen liessen, den er dadurch erreicht hatte, dass die ersten Operationen nach dem Rheinübergange seine Kräfte vereinigten, während jene seiner Gegner in unheilbarer Weise getrennt wurden.

Zunächst lähmte FML. Frelichs unerwarteter Rückschlag in dem Gefechte bei Bieberach (1. Juli), dem Moreau eine übergrosse Wichtigkeit beilegte, die Entschlussfähigkeit des französischen Obergenerals und liess ihn bei einem Vormarsche gegen Erzherzog Carl, Befürchtungen hinsichtlich seines Rückens erblicken. Anderseits aber erkannte Moreau, dass das Ende und Ziel seiner nächsten Operationen eine Schlacht im Rhein-Thale sein müsse, die ihm den dauernden Besitz des rechten

*) St. Cyr, III, 55 u. f., sagt über diese Beschlüsse: »Comme on n'a rien écrit, je ne donne que la substance de ce qui fut arrêté, et que ma mémoire qui est encore très bonne au moment ou j'ecris, me permet de rapporter.«

Rheinufers sicherte. Wenn es also auch weder in seiner Macht noch in seinem Interesse lag, einer solchen Entscheidung auszuweichen, so musste er doch wünschen, dass sie in möglichst geringer Entfernung von seinem Basispunkte Strassburg falle, denn seine Artillerie war in Folge Mangels an Pferden damals wenig zahlreich und auch nicht besonders manövrirfähig. Aus gleichen Gründen war auch der Nachschub an Munition sehr beschwerlich und musste dies in immer höherem Grade werden, je weiter sich die Armee von den Depots in Strassburg entfernte. Allerdings lag es nahe, die kaiserlichen Truppen im Rhein-Thale noch vor ihrer Vereinigung zu schlagen. Allein dies setzte voraus, dass FZM. Latour sich an der Murg ebenso zum Gefechte stellen werde, wie es FML. Sztáray an der Rench gethan.

In beiden Fällen waren jedoch die Verhältnisse ganz verschieden und konnte weit eher angenommen werden, FZM. Latour werde nach den an der Rench gemachten Erfahrungen nicht Stand halten, sondern sich dem anrückenden Erzherzog Carl zu nähern suchen. Hiedurch wäre aber gerade das herbeigeführt worden, was Moreau zu vermeiden suchte, nämlich ein entscheidender Zusammenstoss in zu grosser Entfernung von Strassburg. (115.)

Dies waren die Gründe, welche Moreau veranlassten, die Vortheile aus den Gefechten vom 27. und 28. nicht sofort zu verwerthen, sondern sich vorläufig darauf zu beschränken, den Gegner durch starke Patrouillen beobachten zu lassen.*)

In dieser Pause beeilte sich FZM. Latour, seine Truppen möglichst zu concentriren, um dann wieder so weit als thunlich gegen die Rench vorzudringen. Die Vertheilung des rechten Flügels der Oberrhein-Armee nebst den im Anmarsche befindlichen Truppen war am 1. Juli folgende: (116)

*) Der Unthätigkeit Moreau's wurden damals vielfach ganz irrige Motive unterlegt. So z. B. sprach FML. Bellegarde ddo. Schwetzingen, 2. Juli, gegenüber FZM. Latour die Ueberzeugung aus, dass die Franzosen, wie ihre Unthätigkeit beweise, nun selbst das Ueberkühne ihres Vorgehens einzusehen begönnen und sie, falls nur noch einige Tage Ruhe bliebe, entscheidend geschlagen und über den Rhein zurückgejagt werden würden. (O. R. VIII, 47.)

Commandant des rechten Flügels: FML. Graf Sztáray.

	Bataill.	Compagn.	Escadr.
Avantgarde bei Stollhofen-Steinach:			
FML. Fürst zu Fürstenberg			
GM. v. Devay, GM. v. Canisius	1	18	22
Im Murg-Thale:			
GM. v. Kaim	6	—	—
Gros bei Muggensturm und in der Umgebung von Rastatt:			
FML. Freiherr v. Riese,			
FML. Graf Riesch,			
GM. Graf Baillet, Fürst Liechtenstein, Prinz Lothringen, Herzog zu Württemberg, Graf Isenburg, qua Brigadier			
Oberst Auffenberg	12 1/6	6	30
Corps de réserve bei Muggensturm-Bietigheim:			
FML. Freiherr v. Hotze,			
GM. Freiherr v. Kerpen,			
qua Brigadier Oberst Rosenberg*) .	14	—	6
Detachement bei Freudenstadt:			
Oberst Le Loup	—	6	—
Cordon Mannheim—Philippsburg:			
FML. Freiherr v. Mészáros . . .	1	6	6
Besatzung in Mannheim:			
FML. Freiherr v. Petrasch,			
GM. v. Zoph, Freiherr v. Kovachevich	5	12	6
Besatzung in Philippsburg:			
Oberst Skal	1	—	—
Kursächsisches Corps bei Mühlburg—Graben:			
GL. v. Lindt	8	—	16
Im Anmarsche mit Erzherzog Carl:			
GM. Freiherr v. Schellenberg**) .	8	—	6
Zusammen . .	56 1/6	48	92

*) Rücken am 4. oder 5. in diese Stellung ein.

**) Treffen am 4. oder 5. bei der Armee ein.

wovon exclusive der Detachements und der Besatzungen, am 1. Juli $19\frac{4}{6}$ Bataillone, 24 Compagnien und 55 Escadronen disponibel waren.

Bevor jedoch der von FZM. Latour vorgesehene Moment eintrat, hatten die Erfolge, welche inzwischen St. Cyr und Ferino am rechten Flügel der Rhein-Mosel-Armee erzielten, Moreau veranlasst, auch seinerseits jene Operationen vorzubereiten, durch welche er sich zum Meister des, das Rhein-Thal flankirenden Gebirges zu machen gedachte. Nach dem Misserfolge Ferino's gegen Oberst Gyulay bei Bieberach (1. Juli) wollte Moreau zunächst nach dieser Richtung entschieden vorgehen, um sich für die grossen Operationen im Rhein-Thale vor jeder Bedrohung seines Rückens zu sichern. St. Cyr hatte bereits den Auftrag erhalten, im Vereine mit Ferino neuerdings zum Angriffe zu schreiten, als der Rückzug des Reichs-GL. Landgraf zu Fürstenberg dies entbehrlich machte und Moreau in die Lage versetzte, ungestört im Rhein-Thale zu operiren.

Die Grundzüge dieser Operation lassen sich in Folgendem zusammenfassen:

Desaix mit den Divisionen St. Suzanne (früher Beaupuis) und Delmas, dann der Reserve unter Bourcier, sowie der im Gebirge nicht verwendbaren Cavallerie und reitenden Artillerie der Division St. Cyr, dringt im Rhein-Thale über die Murg vor. In Uebereinstimmung mit dieser Unternehmung geht St. Cyr mit den Divisionen Taponnier und Lecourbe von Freudenstadt längs der Murgquellen bis Gernsbach vor, um den bei Kuppenheim stehenden Feind links zu flankiren. Bei Gernsbach wird sich ihm eine Halbbrigade der Reserve Bourcier's anschliessen, und falls er an diesem Orte nichts vom Feinde finden sollte, rückt er am rechten Murg-Ufer in das Rhein-Thal, um Desaix das Ueberschreiten dieses Flusses zu erleichtern. (117.)

Bis die, zum Beginne dieser Operation nöthigen Vorbereitungen durchgeführt sein würden, sowie auch um die Aufmerksamkeit des Gegners vom Gebirge abzulenken, ordnete Moreau demonstrative Recognoscirungen im Rhein-Thale an, von welchen jene am 2. Juli zu einem namhafteren Zusammenstosse führte. An diesem Tage griff eine Abtheilung Franzosen von ungefähr 9 Bataillonen, 3 Cavallerie-Regimentern, 10 bis 12 Geschützen den rechten Flügel der Avantgarde FZM. Latour's bei Stollhofen an und nahm nach heftigem Gefechte den nur schwach besetzten vorgeschobenen Posten Schwarzbach. (118.)

Auf österreichischer Seite erwartete man eine Wiederholung des Angriffes, weshalb FZM. Latour die Avantgarde noch in der Nacht mit 3 Compagnien Slavonier-Grenzer verstärkte. Am 3. blieb jedoch alles ruhig, dafür lief im kaiserlichen Hauptquartiere die Nachricht von dem Verluste des Kniebis ein, wodurch sich den Franzosen der Weg nach Freudenstadt, und von dort sowohl in die nach Pforzheim führenden Thäler, als auch an den Neckar öffnete. Diese empfindliche Bedrohung der linken Flanke veranlasste FZM. Latour, den Obersten Tersich mit dem 3. slavonischen Grenz-Bataillon in das Murg-Thal mit dem Auftrage zu detachiren, selbes so weit als möglich aufwärts zu besetzen und gute Verbindung mit Oberstlieutenant Le Loup zu halten, der seinerseits das Enz-Thal, dann die Nagold sammt den Zugängen zum Neckar zu sichern und sich an Oberst Gyulay anzuschliessen hatte.

Den Commandanten dieser detachirten Abtheilungen wurde befohlen, sich im Gebirge, nöthigenfalls mit Aufbietung des Landvolkes, auf das äusserste zu behaupten und, wenn möglich, gemeinsam den Posten Freudenstadt wegzunehmen. (119.)

Moreau hatte den 3. dazu benützt, seine in erster Linie stehenden Truppen zu verstärken und liess am Vormittage des 4. die österreichische Avantgarde neuerdings angreifen. Der Hauptstoss war diesmal gegen den linken Flügel bei Steinbach gerichtet, wo GM. Devay commandirte, der sich nach zweistündigem Gefechte auf Oos zurückziehen musste. Diese rückgängige Bewegung nöthigte FML. Fürst zu Fürstenberg, auch den rechten Flügel von Stollhofen in die Linie Sandweier—Iffezheim zurückzunehmen, was sich nur unter grossen Schwierigkeiten ausführen liess, da die Meldung GM. Devay's zu spät eintraf und der Feind den bei Stollhofen stehenden Abtheilungen fast schon im Rücken stand. Mittlerweile entwickelten die Franzosen überlegene Kräfte gegen Oos und drängten GM. Devay auch aus dieser Stellung bis Kuppenheim zurück.

Gegen den rechten Flügel war auch jetzt nur ein blos hinhaltendes Gefecht geführt worden, allein das Missgeschick des linken gestattete nicht, hieraus Vortheil zu ziehen; vielmehr sah sich FML. Fürst zu Fürstenberg veranlasst, gegen Rastatt zurückzugehen, um die Verbindung mit GM. Devay wieder herzustellen. Ein Angriff, welchen die Franzosen abends auf die neue Stellung des rechten Flügels unternahmen, wurde wohl zurückgewiesen, es konnte aber nicht verhindert werden, dass sich der Gegner in den Orten Ottersdorf, Wintersdorf und Plittersdorf festsetzte. Doch befreite sich FML. Fürst zu Fürstenberg durch einen nächtlichen Angriff, den Major Egger mit 8 Compagnien und $^1/_2$ Escadron ausführte, von dieser gefährlichen Nachbarschaft, die es ihm unmöglich gemacht hätte, sich in seiner Stellung zu behaupten. (120.)

Erzherzog Carl war am 3. in Muggensturm eingetroffen. (121.) Der Verlauf des Gefechtes am 4., welchem er persönlich beiwohnte, bestärkte ihn in der Ueberzeugung, dass der Feind im Rhein-Thale nur demonstrire und die kaiserlichen Truppen dort möglichst zurückzudrängen suche, um sich die linke Flanke für den eigentlichen Vorstoss in der Richtung gegen die Donau und den oberen Neckar frei zu halten. Auf diese Voraussetzung hin war er umsomehr entschlossen, die Murg kräftigst zu behaupten, als sowohl GM. Schellenberg mit den Verstärkungen aus Mainz, als auch FML. Hotze mit dem Reserve-Corps in den nächsten Tagen in der Umgegend von Rastatt eintreffen musste. Es erfolgten noch am 4. die Anordnungen, um die bei Muggensturm stehenden Truppen an die Murg vorzuziehen und sie durch die neu ankommenden zu ersetzen. Demnach nahm FZM. Latour am 5. Juli folgende Stellung ein: (122)

	Bataill.	Compagn.	Escadr.
Avantgarde:			
FML. Fürst zu Fürstenberg.			
Rechter Flügel: GM. Canisius . . .	—	9	6
Unterstützung: GM. Baillet	3	—	—

	Bataill.	Compagn.	Escadr.
Linker Flügel: GM. Devay . .	2	13	8
Unterstützung: Oberst Boros .	—	—	14
Gros:			
Rechter Flügel: GM. Herzog zu Württemberg	—	—	6
Unterstützung bei den Brücken am Feder-Bache: Oberst Immens .	3	—	—
GM. Fürst Liechtenstein	—	—	6
Linker Flügel: GM. Prinz Lothringen	—	—	12
Unterstützung, dann Detachements im Murg-Thale bis Gernsbach: GM. Kaim	6	—	—

Während jedoch diese Truppenverschiebungen noch im Zuge waren, führten die Operationen des Gegners einen neuen Umschwung der Sachlage herbei.

Die Gefechte im Rhein-Thale vom 2. und 4. hatten Moreau's Pläne insoferne begünstigt, als er nun mit wahrscheinlichem Erfolge versuchen konnte, sich des Gebirges völlig zu bemeistern. Am Morgen des 5. setzten sich die hiezu bestimmten Truppen in Bewegung. Die Division Taponnier marschirte von Baden nach Gernsbach, forcirte diesen Posten und warf Oberst Tersich, der ihn mit 1 Bataillon Slavonier-Grenzer vertheidigt hatte, auf Loffenau zurück. Während nun Taponnier ein zweites, bei Rothenfels aufgestelltes kaiserliches Bataillon zurückdrängte und, über Michelbach ausholend, sich anschickte, die linke Flanke FZM. Latour's zu umgehen, erfolgte gleichzeitig auch ein Angriff auf Kuppenheim. Die Brigade Gazan der Division St. Suzanne fasste die Position in der Front, indess 4 Bataillone dieselbe über die vorliegenden Höhen umgingen und in das Murg-Thal eindrangen. Nach dreistündigem erbittertem Kampfe musste der österreichische linke Flügel auf das rechte Murg-Ufer zurückgehen.

In der Rheinebene, wo die kaiserlichen Truppen bei Nieder-Bühl und Rastatt standen und ihr rechter Flügel sich an den Rhein stützte, war während dieser Zeit das Gefecht nur lässig geführt worden. Erst nach der Wegnahme von Kuppenheim, etwa um 4 Uhr nachmittags, wandten die Franzosen auch diesem Theile des Gefechtsfeldes ihre volle Kraft zu. Der linke Flügel der Division St. Suzanne forcirte nach zweistündigem Bemühen den Oos-Bach und nahm das vor Nieder-Bühl liegende Gehölz, sowie den Ort selbst. Dieser Erfolg blieb nicht ohne nachtheiligen Einfluss auf das Gefecht FML. Fürst zu Fürstenbergs bei Rastatt, der in heftigem Geschützkampfe mit der Division Delmas stand und sich überdies durch Detachirungen nach Nieder-Bühl nicht unwesentlich geschwächt hatte. Nach wechselndem Erfolge gelang es schliesslich Delmas, unterstützt von überlegener Artillerie, bei Nieder-Bühl die Murg zu forciren und gleichzeitig mit 3 Halbbrigaden zwischen Rastatt und dem Rhein bis Ottersdorf vorzudringen. In Gefahr, gänzlich abgeschnitten zu werden, sah sich FML. Fürst zu Fürstenberg genöthigt, über die Murg zurückzugehen und hinter Rastatt Stellung zu nehmen. Die Franzosen bemächtigten sich der beiden Brücken bei der Stadt und drangen bis Rheinau vor. Zweckmässige Anstalten, und Verstärkungen, welche von Bietigheim herankamen, hielten den Feind von weiterem Vordringen ab und ermöglichten den kaiserlichen Truppen den geordneten Rückzug hinter die Murg. (123.)

Erzherzog Carl hatte sich am Abende des 4. nach Mühlburg verfügt, um die dort einrückenden Verstärkungen zu formiren. Um 3 Uhr morgens des 5. marschirten sie in zwei Colonnen gefechtsbereit nach Durmersheim, worauf sie die Linie Bietigheim—Muggensturm besetzten. Ihre Teten konnten noch in das Gefecht eingreifen und FML. Latour den Rückzug erleichtern. (124.) Im Gebirge drängten sie den Gegner theilweise wieder hinter die Murg zurück.

Nach den Ergebnissen des 5. Juli konnte Erzherzog Carl auf seinem Entschlusse, die Murg zu behaupten, nicht länger beharren. Der Feind war schon zu weit im Gebirge vorgedrungen, hatte sich wichtiger Thäler und Pässe bemächtigt und befand sich nach Wegnahme von Gernsbach, auch im Besitze der Strasse nach Pforzheim. Nun, wo die linke Flanke schon ernstlich bedroht erschien und bei weiterem Vordringen des Gegners selbst auch der Rücken in Gefahr gerathen musste, gab zwar der Erzherzog den Plan einer baldigen Wiederaufnahme der Offensive nicht auf, aber er erachtete es für geboten, sich der augenblicklichen Bedrohung zu entziehen, und gewissermassen Raum zum Ausholen zu einem neuen Schlage zu schaffen. In dieser Absicht nahm er die Armee am 9. Juli hinter die Alb zurück und liess sie ein Lager zwischen Ettlingen und Mühlburg beziehen. Die Avantgarde, deren Commando statt des erkrankten FML. Fürsten zu Fürstenberg nunmehr FML. Hotze führte, stand mit ihrem rechten Flügel (2 Bataillone, 12 Compagnien, 16 Escadronen) unter GM. Canisius auf der Rheinstrasse bei Bietigheim, der linke (2 Bataillone, 10 Compagnien, 18 Escadronen) unter GM. Devay auf der Bergstrasse bei Malsch.

Sowohl zur Sicherung der linken Flanke, als auch um noch vor dem Feinde die wichtigsten Thäler und Positionen im Gebirge zu besetzen, schob der Erzherzog das kursächsische und ein combinirtes österreichisches Corps in die Linie Pforzheim—Gernsbach vor. GL. Lindt, der noch bei Neudorf und Graben stand, wurde am 5. beordert, nach Erhalt des Befehles sogleich nach Pforzheim aufzubrechen, dort auf den Höhen von Brätzingen eine schon vorbereitete Stellung zu beziehen und sich des Enz- und Nagold-Thales, sowie der Hauptstrasse nach Gernsbach zu versichern.*) (125.)

*) In dem Benehmen Lindts war seit kurzem eine auffällige Aenderung eingetreten. Während er unmittelbar nach Bekanntwerden des Ueberganges bei Kehl noch so voll Eifer war, dass er den Marsch seines Corps aus eigenem Antriebe beschleunigte, blieb er, angeblich wegen Ermüdung der Truppen und mangelnden Proviantes, schon am 1. Juli bei Graben zurück, wo dann ein Theil seines Corps über Anordnung Erzherzog Carls den Cordondienst am Rhein von Philippsburg bis Eggenstein versah. Dies letztere diente später als Motiv, um den Befehl zum Marsche nach Pforzheim mit der Erklärung zu beantworten, dass er »beim besten Willen nicht im Stande sei«, noch am Vormittage des 6. abzumarschiren, weil sein Corps im Widerspruche mit der Convention sehr vertheilt sei; er werde seine Truppen am 6. nachmittags bei Weingarten sammeln und erst am 7. nach Pforzheim weitergehen. »Ob ich aber« — fügt GL. Lindt zweifelnd bei — »unter so bewandten Umständen nicht zu spät kommen und der Feind die Pässe gegen Heilbronn nicht schon gewonnen haben dürfte, muss ich dem erleuchteten Ermessen Euer k. Hoheit überlassen.« (126.) Das Verhalten des sächsischen Corps während der Schlacht bei Malsch und in der Folge, knüpft unmittelbar an diese ersten Symptome eines Benehmens, dessen eigentliche Ursache, mit Rücksicht auf diese so kernige, kriegstüchtige

Von den kaiserlichen Truppen wurde am 6. GM. Kaim mit 9 Bataillonen, 8 Compagnien, 5 Escadronen in das Gebirge detachirt, um den linken Flügel der Armee zu decken und bei deren Vorrücken das Murg-Thal und dessen linksseitige Begleitungshöhen vom Feinde zu säubern. Hiezu waren folgende Punkte zu besetzen:

Herrenalb (mit einem Beobachtungsposten in Loffenau): Oberst Tersich mit 8 Compagnien.

Rothensol mit 2 Grenadier-Bataillonen und 1 Escadron unter Oberst Retz als Unterstützung des Postens Herrenalb. Ein Posten bei Michelbach verband Rothensol mit Oberst Tersich und der bei Malsch stehenden Avantgarde des GM. v. Devay.

Langensteinbach mit 3 Bataillonen, 2 Escadronen unter Oberst Lattermann, zur Sicherung des Lagers bei Ettlingen und des unteren Alb-Thales.

GM. Schellenberg marschirte mit 5 Bataillonen, 2 Escadronen von Ettlingen directe nach Pforzheim. Bis zur Ankunft der Sachsen hatte er den vorerwähnten Posten als Unterstützung zu dienen, dann aber zwischen Dobel und Frauenalb Stellung zu nehmen und von dort aus die Höhen vor Dobel auf der Strasse nach Herrenalb, sowie jene bei Bernbach und gegen Michelbach zu besetzen.

Endlich wurde ein besonderes Streifcommando von 200 Pferden des Husaren-Regimentes Erzherzog Ferdinand, unter Rittmeister Mecséry gegen die Nagold vorgeschoben, um Nachrichten einzuziehen und den Feind zu beunruhigen. (127.)

* * *

Während Erzherzog Carl mit den Verstärkungen rheinaufwärts marschirte und die Gefechte an der Murg vorfielen, meldeten Berichte von der Niederrhein-Armee das neuerliche Vordringen Jourdan's über den Rhein und die Sieg.*)

Truppe, nur auf politische Bedenken ihres Landesfürsten zurückgeführt werden kann.

*) Es ist dermalen nicht genau festzustellen, wann Erzherzog Carl die erste Nachricht von diesen Vorfällen erhielt. Sicher ist nur, dass dies nicht

Mit Rücksicht auf die ausreichenden Mittel, die FZM. Wartensleben zur Verfügung standen, musste wohl der Erzherzog mit Bestimmtheit darauf rechnen, derselbe werde die Lahn wenigstens so lange behaupten, bis die Verhältnisse am Oberrhein die erwartete günstige Wendung würden genommen haben. Der Rückzug FML. Wernecks über die Lahn, dem jener des Gros der Niederrhein-Armee unmittelbar folgte, machte jedoch diese Erwartung zu nichte. Als der Erzherzog seine Truppen hinter der Alb und bei Pforzheim Stellung nehmen liess, hatte FZM. Wartensleben sein Hauptquartier in Wöllstadt bei Friedberg, FML. Werneck stand bei Esch, und es war keineswegs sicher, ob die Niederrhein-Armee sich nördlich des Main so lange behaupten könne, bis es möglich würde, sie vom Oberrhein aus zu unterstützen.

Um eben dieselbe Zeit (6.—8. Juli) war die Verbindung mit Vorder-Oesterreich bereits unterbrochen. Es fehlte daher nicht nur über den linken Flügel der Oberrhein-Armee, sondern auch über die dort befindlichen Truppen Moreau's fast vollständig an Nachrichten. In dieser Beziehung war Erzherzog Carl nunmehr ausschliesslich auf die eigenen Mittel angewiesen, die denn auch in weitestem Umfange verwerthet wurden. Die sächsische Reiterei streifte von Pforzheim bis Stuttgart, GM. Kaim bis Kalw, Rittmeister Mecséry ging bis Rottenburg und Horb am Neckar vor.

Nach den einlangenden Berichten liess sich auf folgende Gruppirung der feindlichen Kräfte schliessen:

Ferino operirte von Offenburg aus gegen den Breisgau mit 12.000 Mann, sollte jedoch so lange beobachtend an der Schutter stehen bleiben, bis St. Cyr mit seiner 14.000 Mann starken Colonne vom Kniebis gegen Horb und die Nagold vorgerückt sein würde, um die schwäbischen Truppen zu tourniren. Eine mindestens ebenso starke Colonne wie jene St.

vor dem 2. Juli geschah, denn FML. Bellegarde schrieb an diesem Tage aus Schwetzingen an FZM. Latour: ».... Des mouvements de l'armée de Jourdan. Son Altesse Royale n'a encore aucune nouvelle allarmante. Mais il est probable que sous peu de jours Jourdan fera des tentatives, c'est pourquoi il ne faut pas perdre de temps« (O. R. VIII, 42.)

Cyr's sei bestimmt, längs der Nagold vorzurücken, um sich der nach Durlach führenden Verbindung zu versichern. Im Rhein-Thale, am linken Ufer der Murg, vermuthete man nur ein Corps von 15.000 Mann unter Desaix und ausserdem in dem Walde am Feder-Bache bei Rastatt 3—4000 Mann Infanterie mit mehreren hundert Chasseurs.

Ueber Moreau, den man bis zum Einlangen dieser Nachrichten in Gengenbach im Kinzig-Thale wähnte, wurde berichtet, dass er sein Hauptquartier von dort nach Freudenstadt verlegt und die Avantgarde St. Cyr's nach Wittlensweiler, Grünthal und Hallwangen vorgeschoben habe, um die Vorrückung dieser Division in zwei Colonnen über Dornstetten und Altensteig demnächst beginnen zu lassen.

Schlacht bei Malsch. 9. Juli.

(Tafel II.)

Waren auch diese Nachrichten nicht durchwegs richtig und deckte sich das nach ihnen construirte Bild nicht vollständig mit der Wirklichkeit, so stimmten doch die allgemeinen Umrisse umso genauer mit dem zutreffenden Urtheile des Erzherzogs über Moreau's eigentliche Operationsrichtung. Liess sich Erzherzog Carl durch die an der Murg und im Rhein-Thale auftretenden feindlichen Kräfte festhalten, so blieben bei dem Umstande, als das schwäbische Corps nirgends Widerstand leistete und allem Anscheine nach im Einverständnisse mit dem Feinde handelte, FML. Frelich und Prinz Condé einer erdrückenden Uebermacht gegenüber, der sie zweifellos unterliegen mussten. Die Franzosen konnten sich dann entweder des ganzen Oberrheins bemächtigen oder durch das von den Schwaben verlassene Gebirge in des Erzherzogs linke Flanke vordringen, seine Communicationen bedrohen und ihn zwingen, an den Neckar zurückzugehen. In diesem Falle wäre aber FML. Frelich vollständig isolirt, der Feind Herr von ganz Schwaben und sogar in der Lage, sich durch Tirol einen Weg nach Italien in den Rücken Wurmsers zu bahnen. Dem Erzherzoge blieb also nur die Wahl, entweder ohne Schwertstreich den Rhein zu verlassen und sich auf die Sicherung der

Communicationen und rückwärtigen Ländergebiete zu beschränken, oder einen Angriff zu wagen, dessen Erfolg für ihn stets entscheidender sein musste als für den Feind. Diesem öffnete ein Sieg den Weg in das Herz von Schwaben und nach Vorder-Oesterreich, während die kaiserliche Armee, selbst im günstigsten Falle, sich jeden weiteren Schritt erst erkämpfen musste, eine verlorene Schlacht aber sie ganz aufreiben konnte. (128.)

Ausserordentlich schwierig war es daher, einen Entschluss zu fassen, der unter den obwaltenden Umständen nicht nur auf den Verlauf des Feldzuges, sondern auch auf die politischen Verhältnisse Deutschlands und Oesterreichs nachhaltigen Einfluss nehmen musste. Gleichwohl schwankte Erzherzog Carl keinen Augenblick. Die Ehre der kaiserlichen Fahnen, sowie Rücksichten auf die öffentliche Meinung in Deutschland erlaubten kein Zurückweichen. Er war entschlossen, das Glück der Waffen zu versuchen, obwohl er dem Feinde, der allen Berichten nach mit 60.000 Mann am rechten Rheinufer stand, nicht mehr als 38.000 entgegensetzen konnte. (129.)

Nachrichten von FML. Frelich, dass derselbe sich noch in den Vorlanden befinde und bisher keinen wesentlichen Nachtheil erlitten habe, sich aber ohne Gefahr für seinen Rückzug nicht mehr lange werde halten können, bestärkten den Erzherzog noch in seinem Vorhaben. Am 9. sollte eine allgemeine Vorrückung sowohl im Gebirge, als auch im Rhein-Thale über die Murg stattfinden und hieran sich unmittelbar der Angriff auf die feindliche Armee schliessen. Die am 7. ausgegebene Disposition enthielt hierüber folgende Bestimmungen.

Der Vormarsch geschieht in 3 Colonnen:

auf der Rheinstrasse von Mühlburg nach Rastatt,

auf der Bergstrasse von Ettlingen nach Muggensturm, und

im Gebirge auf dem Wege von Herrenalb über Loffenau nach Gernsbach. Letztere ist sowohl ihrer Stärke, als auch ihrer Stellung nach bestimmt, den Ausschlag zu geben.

1. Colonne im Gebirge. Commandant: GM. Kaim: 9 Bataillone, 7 Compagnien, 5 Escadronen.

Diese Colonne behält nur die Haubitzen der Reserve-Artillerie bei sich und sendet die im Gebirge nicht verwendbaren zwölfpfündigen Kanonen nach Ettlingen zurück.

GM. Kaim greift mit Tagesanbruch den Feind an, wirft ihn über die Murg und versichert sich der jenseitigen Höhen, sowie der Zugänge nach Baden und Lichtenthal (Liehenbach?). Von Gernsbach wird ein Detachement abgesendet, welches sich mit einem von der 2. Colonne über Ober-Weier und Rothenfels vorgehenden vereinigt und die Bestimmung hat, die Verbindung zwischen diesen beiden Colonnen zu erhalten.

Das sächsische Corps hat mit 6 Bataillonen und dem grössten Theile der Reiterei am 9. durch das Enz-Thal nach Sprottenhof zu marschiren und am 10. bei Urnagold eine Stellung zu nehmen, welche im Vereine mit dem von Gernsbach her vordringenden GM. Kaim, jene der Franzosen bei Freudenstadt bedroht. Um dieser Bedrohung mehr Nachdruck zu geben, haben 2 Bataillone Sachsen und einige leichte Cavallerie im Nagold-Thale über Kalw vorzugehen und dort das Gerücht vom Anmarsche einer starken Colonne auf dieser Strasse zu verbreiten. Sollte jedoch GM. Kaim am 9. nicht durchdringen können und in eine ungünstige Lage gerathen, so hat ihn das sächsische Corps durch entschiedenes Vorgehen von Sprottenhof gegen Kaltenbronn und Loffenau zu degagiren. Zur Verbindung mit dem sächsischen Corps hat GM. Kaim ein Detachement von 1 Bataillon und etwas Cavallerie in Kaltenbronn aufzustellen.*)

2. Colonne auf der Bergstrasse. Commandant: FML. Sztáray: 11$^4/_6$ Bataillone, 10 Compagnien, 29 Escadronen.

*) Die Bestimmungen für das sächsische Corps sind in der Original-Disposition nicht enthalten, sondern wurden dem GL. Lindt in einem besonderen Schreiben mitgetheilt, welches Erzherzog Carl mit den Worten schloss: »Sie haben mir schon an der Lahn so viele Ursache zu gerechter Verbindlichkeit gegeben, dass ich mir auch in diesem, für das allgemeine Beste noch wichtigeren Tage mit der angenehmen Hoffnung schmeichle, Ihnen und Ihren braven Truppen den wesentlichsten Antheil an dem Glück unserer Waffen zusprechen zu können.«

Avantgarde, GM. Devay: 3 Bataillone, 10 Compagnien, 13 Escadronen. 4 zwölfpfündige Kanonen, 2 siebenpfündige Haubitzen.

Gros, FML. Kospoth: $8^4/_6$ Bataillone, 16 Escadronen. 8 zwölfpfündige Kanonen, 4 siebenpfündige Haubitzen, ferner $1^1/_2$ Pionnier-Compagnien mit 3 grossen und 1 kleinen Laufbrücke.

Diese Colonne geht im Verhältnisse des Vordringens der ersten vor. Sobald diese Boden gewonnen hat, besetzt die Avantgarde GM. Devay's von Malsch aus die Höhen nördlich Bischweier; das Gros nimmt die Direction auf Muggensturm. Weiter gegen Kuppenheim darf erst dann vorgerückt werden, wenn GM. Kaim Gernsbach passirt hat und man vermuthen kann, dass er auch die Höhen bei Baden gewonnen habe; sobald dies der Fall ist, muss aber dann mit umso grösserem Nachdrucke vorgerückt werden.

3. Colonne auf der Rheinstrasse. Commandant: FZM. Latour: 8 Bataillone, 7 Compagnien, 28 Escadronen.

Avantgarde, FML. Hotze*): 3 Bataillone, 7 Compagnien, 12 Escadronen. 4 zwölfpfündige Kanonen, 2 siebenpfündige Haubitzen.

Gros, FML. Riesch: 5 Bataillone, 16 Escadronen. 8 zwölfpfündige Kanonen, 4 siebenpfündige Haubitzen. 1 Pionnier-Compagnie mit 2 grossen und 1 kleinen Laufbrücke.

Das kurpfälzische Contingent schliesst sich dieser Colonne an.

FZM. Latour richtet sein Vorgehen nach jenem der 2. Colonne; er schiebt seine Avantgarde bis in ungefähr gleiche Höhe von Oetigheim vor und besetzt sowohl diesen Ort als auch Bietigheim. Die geschlossenen Abtheilungen der 2. und 3. Colonne folgen ihren Avantgarden in solcher Entfernung, dass sie dieselben nöthigenfalls sofort und nachdrücklich

*) FML. Hotze war Commandant der gesammten Avantgarde als »Armeetheil«; unter ihm die Generale Devay und Canisius. Seine Anführung in der Ordre de bataille bei der 3. Colonne ist nur Sache der damaligen militärischen Rangsordnung, die ihn aber nicht an diesen Platz band.

unterstützen können. Haben diese die Murg forcirt, so wird zwischen der 2. und 3. Colonne eine vierte eingeschoben, welche, zwischen dem Rhein und der Bergstrasse vordringend, bei Rauenthal eine solche Aufstellung nimmt, von der aus sie den Uebergang der beiden Colonnen über die Murg zu decken vermag.

Diese 4. Colonne, unter Oberst Mosel als Commandant, hat zu bestehen aus 2 Bataillonen, 8 Compagnien, 4 Escadronen, 4 zwölfpfündigen Kanonen und 2 siebenpfündigen Haubitzen als Reservegeschütz, dann $^1/_2$ Pionnier-Compagnie mit 1 grossen und 1 kleinen Laufbrücke. Oberst Mosel formirt seine Colonne rechts der 2. und marschirt über Muggensturm, Rauenthal, Neumühl, Nieder-Bühl, dann rechts gegen Rastatt, wo er sich mit der 3. Colonne verbindet und mit der 2. einen lebhaften Patrouillengang unterhält.

Das Operationsobject der 3. Colonne ist Stollhofen, jenes der 2. Bühl und das der Zwischen-Colonne Leiberstung. Die Vorrückung geschieht derart, dass nach Mass als die 2. Colonne auf der Bergstrasse Boden gewinnt, FZM. Latour von Rastatt auf Iffezheim, Oberst Mosel aber auf Sandweyer und dann weiter vordringt.

Die 1. Colonne muss alles aufbieten, um Baden und Kloster Liechtenthal (Liehenbach?) zu gewinnen, ferner von Gernsbach aus Detachements murgaufwärts bis Forbach vorzuschieben, damit die Flanke der 2. Colonne gedeckt und ihr Vorrücken gegen Oos und Bühl erleichtert werde.

Der Armee-Commandant wird sich während des Vormarsches bei der 2. Colonne aufhalten. (129.)

Rücksichten auf die bedeutenden Strecken, welche ein grosser Theil der Truppen, besonders aber das sächsische Corps, zurückzulegen hatte, um an ihre Bestimmungsorte zu gelangen, sowie auch auf die Zeit, welche die Commandanten benöthigten, um den taktischen Verband untereinander herzustellen und sich über das einheitliche Vorgehen zu verständigen, endlich die Unmöglichkeit jeder Unternehmung im Rhein-Thale ohne vollständige Sicherung der linken Flanke im Gebirge veranlassten den Erzherzog, den Beginn der Operation auf den 10. zu verschieben. Am 9. sollten blos möglichst verdeckte Vorbereitungsbewegungen ausgeführt werden, aus denen sich am folgenden Tage die eigentliche Vorrückung überraschend entwickeln sollte.

Demnach wurde angeordnet, dass, während die 1. Colonne am 9. ihre Stellung im Gebirge einnahm, die 2. und 3. Colonne um 4 Uhr nachmittags den Vormarsch über die Alb ausführen sollten. FZM. Latour hatte den Fluss auf der steinernen Brücke bei Mühlburg zu übersetzen und dann an der Lisière des südlich von diesem Orte gelegenen Waldes mit der Front gegen das offene Vorfeld aufzumarschiren. FML. Sztáray ward angewiesen, sich mit der 2. Colonne bei Ettlingen auf der Chaussee nach Rastatt derart zu entwickeln, dass alles in und hinter dem Walde südlich Ettlingen gedeckt bliebe. Um dem Feinde die Bewegung thunlichst zu verbergen, durfte keine der beiden Colonnen die Zelte mit sich nehmen, und hatten die Truppen die Nacht über zu bivouakiren. (130.) Von diesen Aenderungen wurden die Commandanten noch im Laufe des 8. mit dem Beifügen verständigt, dass im Falle der Feind noch vor dem 10. angreifen sollte, sich genau nach den ursprünglichen Bestimmungen der Disposition zu halten wäre. (131.)

In gleicher Voraussicht liess Erzherzog Carl die Avantgarde im Rhein-Thale am Abende des 8. um 4 Bataillone verstärken und ordnete an, dass mit Rücksicht auf die grössere Gefährdung durch die Nähe des Gebirges, die Posten bei Malsch mit Tagesanbruch des 9. ebenfalls entsprechend zu verstärken seien. Allen Truppen wurde die äusserste Wachsamkeit zur Pflicht gemacht, um vom Feinde nicht überrascht zu werden; anderseits aber auch mit aller Strenge darauf hingewiesen, sich weder durch übertriebene Nachrichten, noch durch das lärmende, auf Täuschung berechnete Auftreten des Gegners zu vorschnellen Massnahmen verleiten zu lassen.*)

*) Es betraf dies hauptsächlich die leichten Truppen, deren Unverlässlichkeit im Nachrichtendienste den Erzherzog zu folgendem, am 8. Juli publicirten Generals-Befehle veranlasste: „Ich habe schon mehrmals wahrgenommen, dass sich auf die Rapporte unserer leichten Truppen wenig zu verlassen ist; alle Gefahr wird vergrössert, oft sogar erdichtet; einige Tirailleurs werden als feindliche Colonnen angegeben und die Macht und

Mittlerweile reiften auch auf Seite der Franzosen die Dinge der Entscheidung entgegen. So wie sein Gegner, war auch Moreau entschlossen, sich durch rasches Vorgehen die Initiative zu wahren. Dabei kam es ihm zustatten, dass seine Truppen bereits am 8. vollkommen concentrirt waren, der Angriff also am nächsten Tage beginnen konnte. Die Disposition hiezu entsprach genau den Bestimmungen des Kriegsrathes vom 1. Juli:

St. Cyr sollte den linken Flügel der Kaiserlichen im Gebirge zum Rückzuge zwingen, um dadurch die Strasse nach Pforzheim zu gewinnen, während Desaix im Rhein-Thale vorerst nur demonstrirte, um den Gegner festzuhalten, dann aber ebenfalls in der Richtung gegen Durlach vorging.

Am Abende des 8. hatten die Truppen des französischen linken Flügels und des Centrums, welche gegen Erzherzog Carl zu operiren bestimmt waren, folgende Stellung inne:

Im Schwarzwalde (unterhalb Kehl). Mitte: Divisions-General Gouvion St. Cyr hatte Duhesme mit 6 Bataillonen, 5 Escadronen bei Freudenstadt zurückgelassen, um die Ge-

---

Stärke des Feindes in jeder Gelegenheit auf die unwahrscheinlichste Art erhöht. Hieraus entsteht der grosse Nachtheil, dass Abtheilungs-Commandanten verleitet werden, ihre Truppen oft in den entscheidendsten Augenblicken aus einer Gegend wegzuziehen, wo solche den glücklichsten Ausschlag geben könnten, und selbst auch der commandirende General läuft Gefahr, irregeführt zu werden. Ich werde von nun an die Urheber von dergleichen Rapporten, welche eine schimpfliche Zaghaftigkeit verrathen, auf das Empfindlichste strafen und fordere jeden Abtheilungs-Commandanten auf, mir solche namentlich anzuzeigen. Ebenso werde ich auch mit der grössten Strenge gegen alle Commandanten detachirter Posten verfahren, welche das in sie gesetzte Vertrauen so sträflich missbrauchen und auf die erste Annäherung des Feindes, ohne bis zum Aeussersten das Herbeieilen der Unterstützung abzuwarten, ihren Posten verlassen.

Ich versichere hiemit zum letzten Male, dass ich nach Mass als ich mich stets für Verdienste verwenden werde, im Gegentheil die Schuldigen kriegsrechtlich behandeln zu lassen fest entschlossen bin.

Von den Truppen überhaupt verspreche ich mir, dass sie ihren Muth durch keine Täuschung werden sinken lassen, dass sie mit Vertrauen der vorsichtigen Leitung ihrer Chefs folgen und mit ihrer gewöhnlichen Tapferkeit die hohe Meinung bestätigen werden, die sie mir so oft eingeflösst haben.« (Generals-Befehle. F. A. I, 28, $^{1}/_{4}$.)

13*

gend zwischen der Nagold und dem Neckar aufzuklären und den linken Flügel Ferino's zu stützen. Er selbst war mit 12 Bataillonen am 8. in Gernsbach eingetroffen, wo sich ihm 6 Bataillone der Reserve unter General Lambert anschlossen.

Im Rhein-Thale.

Linker Flügel: Divisions-General Desaix.

Delmas	21 Bataillone,	24 Escadronen,
Reserve: Bourcier .	— »	28 »
Summe . .	21 Bataillone,	52 Escadronen.

Die beiderseitigen Streitkräfte am Oberrhein gruppirten sich um diese Zeit folgenderart:

Franzosen.	Bataill.	Escadr.	Kaiserliche.	Bataill.	Escadr.
I. In Vorder-Oesterreich und im Schwarzwalde oberhalb Kehl.					
Ferino	21	17	FML. Frelich .	$12^{3}/_{6}$	25
Duhesme . . .	6	5	R.-GL. Landgraf Fürstenberg .	$17^{5}/_{6}$	10
Summe .	27	22	Summe .	$30^{2}/_{6}$	35
II. Im Rhein-Thale.					
a) Im Schwarzwalde unterhalb Kehl.					
St. Cyr	18	5	GM. Kaim . .	$10^{1}/_{6}$	5
			GL. Lindt (Sachsen)	$8^{4}/_{6}$	19
			Summe .	$18^{5}/_{6}$	24
b) Im Rhein-Thale.					
Desaix	21	52	FZM. Latour .	$9^{1}/_{6}$	28
			FML. Sztáray .	$13^{2}/_{6}$	29
			Oberst Mosel .	$3^{2}/_{6}$	4
			Summa .	$25^{5}/_{6}$	61
Zusammen .	66	79	Zusammen .	75	125

wobei jedoch auf die $17^{5}/_{6}$ Bataillone und 10 Escadronen des schwäbischen Kreises, als ganz unzuverlässig, nicht zu rechnen war.

Gefecht bei Rothensol (1. Colonne).

Die Bewegungen und Truppenverschiebungen der kaiserlichen Armee im Laufe des 8., konnten den französischen Generalen nicht ganz verborgen bleiben. Schon am Abende dieses Tages erhielt St. Cyr Mittheilung, dass die Sachsen im Enz-Thale vorrücken würden und bereits südlich Neuenburg Cantonnements bezogen hätten. Diese Angaben waren allerdings nicht genau und wohl nur durch die, am 8. von den Sachsen ins Enz-Thal vorgeschobenen Streifcommanden hervorgerufen; St. Cyr folgerte jedoch ganz richtig auf die Absicht des Gegners, den französischen rechten Flügel zu umgehen und gleichzeitig bei Gernsbach die Front anzugreifen; er traf demnach auch seine Massregeln.

Zur Sicherung seiner rechten Flanke beauftragte er Taponnier, am 9. bei Tagesanbruch mit der Brigade Laroche (6 Bataillone und 150 Reiter) von Gernsbach aus ins Enz-Thal zu marschiren und dann gegen Wildbad vorzurücken. Sollte er die Sachsen, so wie die Berichte meldeten, in Cantonirungen finden, so wären sie womöglich zu überfallen, jedenfalls aber so weit zurückzuwerfen, dass sie ausser jede Verbindung mit den übrigen Truppen kämen und die Unternehmungen St. Cyr's nicht weiter behindern könnten.

Er selbst wandte sich mit den Brigaden Lecourbe und Lambert (12 Bataillone, 2 Escadronen) gegen die Stellung des GM. Kaim. Diese war von Natur aus sehr stark. Der linke Flügel lehnte sich bei Dobel an ein tiefes Thal, welches der Dobel-Bach durchfliesst; im Centrum standen 6 Compagnien auf der steilen Kuppe von Rothensol, und am rechten Flügel 3 Bataillone über der Frauenalber-Schlucht bis gegen Moosbronn. Nur auf der Strasse Gernsbach—Herrenalb, welche aber durch 7 Compagnien Slavonier in gleichfalls sehr starker Position bei Loffenau gesperrt war, dann auf wenigen schlechten Wegen durch das waldige Gebirge, konnte man sich dieser mit vieler Umsicht gewählten Stellung nähern. Die Schwierigkeiten, welche mit einem directen Angriffe verbunden waren, nicht unterschätzend, versuchte St. Cyr sich des Postens von Loffenau durch ein Flankenmanöver zu bemächtigen. Er liess den

General-Adjutanten Houël mit 3 Bataillonen, 2 Escadronen Chasseurs und 2 Geschützen in der Richtung von Frauenalb vorgehen, um hiedurch die Besatzung Loffenaus zum Rückzuge zu nöthigen. Houël hielt sich jedoch zu weit links, so dass die beabsichtigte Wirkung der Umgehung ausblieb und Loffenau erst nach erbittertem Kampfe genommen werden konnte. Die Vertheidiger zogen sich theils nach Herrenalb, theils in der Richtung nach Dobel zurück.

Herrenalb, welches nur schwach besetzt war, wurde von 3 französischen Bataillonen genommen und St. Cyr ging nun zum Angriff auf die Hauptstellung bei Rothensol über.

Die Recognoscirung ergab die kaum zu bewältigende Stärke des linken Flügels sowohl, als auch der Front, während ein Angriff auf den verhältnissmässig schwächeren rechten Flügel sich so sehr dem Rhein-Thale nähern musste, dass ein Eingreifen der dort operirenden österreichischen Truppen mit Grund zu befürchten war. St. Cyr griff daher zu einem Mittel, welches allerdings empfindliche Opfer forderte, aber so wie die Sachen lagen, das einzige war, welches einige Wahrscheinlichkeit des Erfolges für sich hatte. Er wagte den Versuch, den Gegner durch Demonstrationen aus seiner Stellung herauszulocken und sich dann mit bereit gehaltenen Kräften auf ihn zu werfen. Es gelang dies, dank der Ueberlegenheit, welche die Franzosen im Waldgefechte vor ihren Gegnern voraus hatten. Für den ersten Angriff waren nur 200 Tirailleure nebst einigen Unterstützungszügen bestimmt, aber 6 Bataillone blieben verdeckt zurück, um in geeignetem Momente entscheidend einzugreifen.

Houël, der mit der Umgehungs-Colonne die kaiserlichen Posten aus Michelbach und Bernbach vertrieben hatte, erhielt den Auftrag, sich nun in Uebereinstimmung mit dem Gros gegen Frauenalb zu wenden.

Indess hatte sich auch GM. Kaim auf den vorauszusehenden Angriff vorbereitet und unmittelbar nach dem Verluste Loffenaus einen Officier mit dem Ersuchen an GL. Lindt geschickt, das weitere Gefecht der kaiserlichen Truppen durch eine entsprechende Bewegung in des Feindes rechte Flanke zu unterstützen. — Die von Loffenau und Herrenalb zurückkommenden Abtheilungen wurden, so weit möglich, in der Hauptstellung gesammelt.

Es war 1 Uhr nach Mittag, als die Franzosen gegen Rothensol vorbrachen, jedoch von den österreichischen Tirailleurs zurückgewiesen wurden. Noch zweimal wiederholte St. Cyr den Angriff, und zwar, um auch die geschlossenen Abtheilungen des Gegners ins Gefecht zu verwickeln, mit immer verstärkten Kräften, wurde aber jedesmal zum Umkehren genöthigt, ohne dass es ihm gelungen wäre, die Vertheidiger aus ihrer sicheren Stellung hervorzulocken. Erst der vierte Angriff krönte seine Beharrlichkeit. Berauscht von ihren anfänglichen Erfolgen und die Stärke des Gegners unterschätzend, liessen die kaiserlichen Truppen sich verleiten, den fliehenden Feind bis an den Fuss des Berges zu verfolgen. In diesem Momente brachen die verdeckt gehaltenen französischen Reserven in geschlossenen Massen vor und stürmten unmittelbar hinter den überraschten Verfolgern die Höhen hinan. Zur selben Zeit forcirte Houël den Posten Frauenalb, warf die dort stehenden 3 Bataillone in der Richtung auf Spieberg zurück und drang dann durch die Schlucht der Alb in die rechte Flanke der Stellung von Rothensol.

Die kaiserlichen Truppen suchten vergebens ihre so übereilt verlassene Position noch vor den heftig nachdringenden Bataillonen St. Cyr's zu gewinnen; diese erreichten zugleich mit ihnen die Höhen und der Flankenangriff Houël's entschied das Gefecht zu Gunsten der Franzosen. Nach blutigem, aber aussichtslosem Ringen musste GM. Kaim die Stellung mit beträchtlichem Verluste räumen und gegen Pforzheim zurückgehen, wo er die Linie Gräfenhausen—Niebelsbach—Weiler besetzte. Die in Frauenalb gestandenen 3 Bataillone nahmen bei Spieberg Stellung und deckten dort das Debouché aus dem Alb-Thale nach Ettlingen.

St. Cyr setzte die Verfolgung bis zum Einbruche der Dunkelheit fort und lehnte dann seinen linken Flügel an Langenalb, den rechten südlich Neuenburg an die Enz. (133.)

Das sächsische Corps, welches an diesem Tage bis Sprottenhof vorrücken und eventuell GM. Kaim unterstützen sollte, war erst um 11 Uhr vormittags von Pforzheim aufgebrochen. Der Kanonendonner, welcher während des Vormarsches in der rechten Flanke ertönte, liess erkennen, dass GM. Kaim sich in ernstem Gefecht befinde. Als gegen 3 Uhr die Tete sich auf ungefähr 3 *km* Wildbad genähert hatte, brachte ein landesfürstlicher Beamter aus Neuenburg die Nachricht von der Forcirung Frauenalbs durch die Franzosen.

Obwohl GL. Lindt dieser Angabe nicht unbedingt Glauben schenkte, erachtete er es doch für nothwendig, 1 Infanterie-Brigade und 2 Escadronen auf die Höhen bei Birkenfeld zurückzusenden, um ihm für alle Fälle als Repli zu dienen. Mit dem übrigen Theile des Corps nahm er eine gesicherte Stellung und suchte sich durch Patrouillen über die Lage der Dinge zu unterrichten. Um diese Zeit, und noch vor Rückkehr der Patrouillen, traf das Schreiben von GM. Kaim ein, welches über die nächste Operationsrichtung des sächsischen Corps kaum mehr einen Zweifel zuliess. Bevor jedoch GL. Lindt einen festen Entschluss fasste, hielt er es für nöthig, sich durch das Forstpersonale, Civilbeamte und Landleute das zu durchziehende Terrain schildern zu lassen. Als er nun hörte, dass das Enz-Thal über Wildbad hinaus sich immer mehr verenge, somit die Truppen keinen Raum »zum Aufmarsch und zum Fechten« finden würden, berief er einen Kriegsrath, der einstimmig die Fortsetzung des Marsches als »mit äusserster Gefahr verbunden« erklärte.*)

In Folge dessen trat GL. Lindt ohne weiteren Aufenthalt den Rückmarsch in seine frühere Stellung bei Pforzheim an und liess nur den Major Trützschler mit einem Detachement über Wildbad hinaus vorgehen, zu dessen Unterstützung ein Grenadier-Bataillon in diesem Orte blieb. Das Detachement traf unweit Wildbad auf die Vorhut Taponnier's und wurde geworfen, worauf die Franzosen den Ort besetzten. Das Gros des sächsischen Corps erreichte um 6 Uhr abends Neuenburg und setzte auf die von Patrouillen gebrachte Nachricht, dass

*) Dieser ganze Vorgang ist, wie Lindt ihn darstellt, nicht gut verständlich; eine Bewegung des sächsischen Corps in die feindliche rechte Flanke zu Gunsten des bei Rothensol fechtenden GM. Kaim, kann doch unter keinen Umständen als Weitermarsch im Enz-Thale, sondern nur in der Richtung gegen Dobel gedacht werden.

der Feind gegen Dobel vordringe, den Marsch nach Pforzheim fort. (134.)

Taponnier konnte mit seiner durch den ausserordentlich anstrengenden Marsch, von Gernsbach her, gänzlich erschöpften Brigade nur wenige Kilometer weit nachfolgen; er nahm Stellung nördlich Wildbad und liess bis gegen Kalw streifen.

Gefecht bei Malsch (2. und 3. Colonne).

Im Rhein-Thale entwickelte sich das Gefecht erst später. Die ersten Erfolge St. Cyr's waren dort das Signal zum Angriffe. Um 12 Uhr mittags setzte Desaix seine Truppen in Bewegung: Delmas auf der Rheinstrasse gegen Oetigheim und Bietigheim, St. Suzanne gegen Muggensturm und Malsch. Die Infanterie formirte sich zum grösseren Theile an den Gebirgsabhängen und entlang dem Rheine, während die Reiterei und beträchtliche Geschützmassen in der Ebene vorrückten.

Da der Vormarsch der kaiserlichen Truppen erst für nachmittags 3 Uhr angeordnet war, kam der Angriff der Franzosen allerdings unerwartet und fiel die ganze Wucht des Gefechtes vorerst auf die Avantgarde, mit welcher FML. Hotze die Linie Malsch—Durmersheim besetzt hielt. Ausserdem standen noch einzelne Abtheilungen der, für die Mittel-Colonne des Obersten Mosel bestimmten Truppen (1 Bataillon Schröder-Infanterie und 6 Compagnien Le Loup-Jäger) für den ersten Augenblick zur Verfügung. Erzherzog Carl hatte zwar sofort, nachdem er die Meldung von dem Anmarsche des Gegners erhalten, der 2. und 3. Colonne Befehl ertheilt, nach der für den folgenden Tag bestimmten Disposition vorzurücken, jedoch musste es voraussichtlich längere Zeit währen, bevor dieselben in das Gefecht eingreifen konnten.

Der erste Vorstoss der Franzosen richtete sich auf Malsch, welches von 4 Compagnien des serbischen Freicorps und 1 Bataillon Pellegrini-Infanterie besetzt war, während in einem Walde vor dem sogenannten Schafhofe, 4 Compagnien Szekler-Grenzer die linke Flanke schützten.

Auf die Meldung von dem Anrücken der Franzosen liess FML. Hotze das 2. Bataillon Pellegrini-Infanterie aus der

Reservestellung gegen den Schafhof vorgehen, um sowohl den Posten von Malsch, als auch die Szekler zu unterstützen, und beorderte seine Cavallerie (7 Escadronen von Erzherzog Ferdinand-Husaren und 6 von Kinsky—Chevau-légers) in der Ebene vorzurücken.

Der Feind hatte jedoch gleich anfangs so überlegene Kräfte (6 Bataillone) ins Gefecht gebracht, dass die in Malsch und im Walde befindlichen Abtheilungen dem heftigen Anpralle nicht widerstehen konnten und gegen 1 Uhr genöthigt waren, diese Objecte zu verlassen. Das mittlerweile herangekommene Bataillon Pellegrini nahm die Zurückgehenden auf und vertrieb mit ihnen vereint, den Gegner aus Malsch und aus dem Walde.

Während dieses Gefechtes hatte St. Suzanne bedeutende Verstärkung an Infanterie herangezogen und auch seine Artillerie vorgebracht, unter deren Schutz er neuerdings zum Angriffe vorging und sich des Dorfes nach äusserst heftigem Widerstande zum zweiten Male bemächtigte.

FML. Hotze sammelte nun seine Truppen rückwärts Malsch, zog 1 Bataillon Schröder-Infanterie von der Colonne des Obersten Mosel vor und dirigirte es links von dem Orte gegen Ober-Weier in die rechte Flanke des Gegners. Ein gleichzeitig in Front und Flanke mit gesammter Kraft und ausserordentlicher Bravour ausgeführter Angriff warf zwar die Franzosen trotz ihrer Uebermacht wieder aus dem Dorfe, aber die kaiserlichen Truppen kamen bei der Verfolgung in dem sehr durchschnittenen und schwer übersichtlichen Terrain aus der taktischen Ordnung, so dass sie einem überraschenden Rückstosse nicht Stand halten konnten. Die Franzosen benützten die momentane Verwirrung, um sich erneuert in den Besitz von Malsch zu setzen, während FML. Hotze seine Truppen auf die Höhen zwischen Sulzbach und Malsch zurückführte.

Indess der Kampf der Avantgarde unentschieden hin und her wogte, war Erzherzog Carl mit der 2. Colonne auf dem Gefechtsfelde eingetroffen und beorderte sofort FML. Riese mit 2 Bataillonen vom Regimente Manfredini und 2 zwölfpfündigen Kanonen zur Unterstützung derselben. Die übrige

Infanterie dieser Colonne sammelte sich als Reserve an der Süd-Lisière des Brachhäuser-Waldes (Lindhart-Wald?). Sämmtliche Cavallerie beider Colonnen hatte Befehl, vereint in der Ebene vorzugehen.

FML. Riese kam eben in dem Augenblicke bei Malsch an, als französische Colonnen von dort gegen die Stellung FML. Hotzes vorgingen. Er liess seine beiden Kanonen neben jene der Avantgarde auf den Höhen nordöstlich Malsch auffahren und nun eröffneten sämmtliche 8 Geschütze ein nachdrückliches Kartätschfeuer auf die anrückenden französischen Colonnen, welche in Unordnung nach Malsch zurückwichen. Diesen Augenblick benützte Oberstlieutenant Plunkett vom Infanterie-Regimente Manfredini zum Angriffe auf den Ort, den er, unterstützt von 6 Compagnien Le Loup-Jäger, mit dem Bajonnette nahm. Als auch die übrigen Abtheilungen herankamen, wurde der Feind von Stellung zu Stellung bis in die Waldungen von Ober- und Nieder-Weier zurückgeworfen. Die eingebrochene Dämmerung, das ungünstige Terrain und die Ungewissheit über den Verlauf der Ereignisse bei der 1. Colonne bestimmten den Erzherzog, die Verfolgung nicht weiter auszudehnen.

Weniger bedeutend, aber ebenso erfolgreich war das Gefecht der 3. Colonne. FZM. Latour, der von Mühlburg über Durmersheim vorrückte, entriss dem Feinde, ungeachtet derselbe sehr zahlreiche Artillerie ins Gefecht brachte, in längerem Kampfe die Orte Bietigheim und Oetigheim und zwang ihn zum Rückzuge bis unmittelbar vor Rastatt.

Die kaiserliche Reiterei fand in der Ebene wenig Gelegenheit, ihr Uebergewicht zur Geltung zu bringen. Sie attaquirte zwar wiederholt jene des Gegners, allein diese hielt nirgends Stand, sondern zog sich vor jedem Zusammenstosse hinter die Geschütze zurück, deren Feuer dann den Verfolgern empfindlichen Schaden zufügte. Erzherzog Carl, der seine Cavallerie nicht nutzlos opfern wollte, musste sich schliesslich darauf beschränken, dieselbe zwischen beiden Colonnen in Linie zu formiren, um die Flanken der vorrückenden Infanterie zu sichern.

Bei Einbruch der Dunkelheit endete das Gefecht auf allen Punkten mit der Zurückweisung des Feindes.

Die Franzosen hielten die Linie von den Gebirgsabhängen über Weier, dann entlang dem rechten Murg-Ufer bis Rastatt besetzt. Ihnen gegenüber standen die kaiserlichen Truppen etwas vorwärts ihrer ursprünglichen Vorpostenlinie, längs dem linken Ufer des Feder-Baches.

Entscheidende Resultate wurden durch die Gefechte der 2. und 3. Colonne allerdings nicht errungen und waren überhaupt nicht zu erreichen gewesen. Der Erzherzog legte den Vorfällen im Rhein-Thale auch keinen höheren Werth bei, als den einer vortheilhaften Einleitung der eigentlichen Action, welche erst am 10. mit dem Uebergang über die Murg beginnen sollte.

Nach der letzten Festsetzung der kaiserlichen Truppen in Malsch, waren vom linken Flügel noch keine anderen Nachrichten im Hauptquartiere eingelangt, als dass GM. Kaim hinter die Alb zurückgedrängt worden sei. Von dem wirklichen Stande der Dinge hatte Erzherzog Carl keine Kenntniss und hielt zu jener Zeit die Fortsetzung des Kampfes am 10. für so gesichert, dass er noch abends den FZM. Latour zu sich beschied, um die nothwendig gewordenen Aenderungen in der Disposition festzustellen.*)

Kurz darauf trafen aber die Meldungen über das Missgeschick der 1. Colonne ein und vernichteten alle Hoffnungen.

Die Vortheile welche St. Cyr im Gebirge errang, glichen die Niederlage Desaix' im Rhein-Thale reichlich aus. Sie verliehen den Gefechten vom 9. Juli den Charakter einer entscheidenden Schlacht, welche der Rhein-Mosel-Armee den Besitz des rechten Rheinufers sicherte und deren weitere Operationen gegen Süd-Deutschland auf das günstigste basirte.

---

*) Als FZM. Latour meldete, dass er um 7 Uhr abends den Feind geworfen und alle früher innegehabten Posten wieder besetzt habe, antwortete der Erzherzog: »Ich behaupte Malsch; der Feind steht noch auf den Anhöhen hinter dem Dorfe. In der Plaine zieht sich der Feind zurück. GM. Kaim ist hinter die Alb zurückgedrängt worden. Ich lasse 2 Bataillone Manfredini über Ober-Weier marschiren, um womöglich das linke Ufer der Alb noch heute vom Feinde zu reinigen. Wenn Sie nichts mehr weiter zu thun haben, so kommen Sie hieher zu mir.« (O. R. VII, 122.)

Ueber die Verluste, mit welchen die Franzosen diesen Sieg erkauften fehlen bestimmte Angaben; die kaiserlichen Truppen verloren 45 Officiere, 1220 Mann und 87 Pferde als todt oder verwundet, ausserdem 24 Officiere und 1242 Mann vermisst oder gefangen, welch letzteres in dem höchst schwierigen Gebirgsterrain seine Erklärung findet.

Rückzug der österreichischen Armee nach Pforzheim.

Nach der Schlacht von Malsch waren die Franzosen fast vollständig Meister des Gebirges und ihr rechter Flügel stand thatsächlich näher an Pforzheim, als das Gros der kaiserlichen Armee. Es war daher keine Zeit zu verlieren, wollte man ihnen dort noch zuvorkommen und grössere, nicht mehr zu bessernde Nachtheile verhüten. (35.) Erzherzog Carl fasste denn auch sofort den Entschluss, die Armee mit grösster Beschleunigung bei Pforzheim zu concentriren und diese Bewegung derart einzuleiten, dass der Gegner möglichst spät die eigentliche Rückzugsrichtung wahrnehmen könne. Demgemäss erhielt FML. Hotze um Mitternacht des 9. den Auftrag, unverzüglich mit 3 Bataillonen über Ettlingen und Busenbach nach Spieberg zu marschiren, die dort stehenden 3 Bataillone Erzherzog Carl-Infanterie an sich zu ziehen und dann eine Stellung zu nehmen, welche den Marsch der Armee nach Pforzheim in der Richtung gegen die Alb und Murg deckte. (136.)

Dieser nothwendigen ersten Sicherungsmassregel folgte um 2 Uhr morgens des 10. die Disposition für den Rückmarsch der Armee, welcher in 2 Colonnen auszuführen war: (127)

1. FML. Sztáray mit den ihm nach der Disposition vom 7. zum Vormarsch zugewiesenen Truppen, denen sich nun auch die Reserven auzuschliessen haben, lässt die leichte Infanterie und Cavallerie nebst 1—2 Linien-Bataillonen unter GM. Devay als Arrièregarde zurück und setzt sich über Ettlingen und Durlach nach Pforzheim in Marsch. Die Arrièregarde folgt erst nach einigen Stunden.

2. FZM. Latour gibt 6 Bataillone und 30 Husaren zur Verstärkung der Besatzung von Philippsburg ab und marschirt

mit dem Reste seiner Colonne über Mühlburg nach Durlach und dann weiter nach Pforzheim. Die Arrièregarde unter GM. Canisius bleibt in Durmersheim stehen bis die Colonne Mühlburg passirt hat und hält sich dann so lange als nur möglich zuerst an der Alb und dann bei Durlach.

Beide Colonnen hatten zuverlässig am 11. um 6 Uhr morgens die Umgebung von Pforzheim zu erreichen. Sie trafen dort zur bestimmten Zeit ein und bezogen ein Lager 7 *km* nordwestlich von Pforzheim bei Eisingen, wo auch der Erzherzog sein Hauptquartier nahm.

Moreau störte den Marsch der kaiserlichen Armee nicht. Es scheint, dass er voraussetzte, Erzherzog Carl werde selbst nach der verlornen Schlacht sich nicht aus dem Rhein-Thale entfernen, wo die festen Plätze ihn zum Herrn beider Ufer machten und er, zwischen den beiden französischen Armeen stehend, nicht nur deren Verbindung erschwerte, sondern auch die Möglichkeit hatte, sie bei Eintritt günstiger Verhältnisse einzeln zu schlagen. (St. Cyr. III, 88.) Die anfänglich nördliche Richtung des Rückzuges konnte wohl dazu beigetragen haben, eine solche Ansicht, wenn sie überhaupt vorhanden war, zu bestätigen. Thatsache bleibt, dass Moreau sich darauf beschränkte, am 10. Juli Theile der Division Desaix in die von den kaiserlichen Truppen verlassenen Stellungen vorrücken zu lassen, was zu unbedeutenden Zusammenstössen mit der Arrièregarde des GM. Canisius bei Mühlburg führte.

Nachdem also Erzherzog Carl das erste Marschziel über Erwarten glücklich erreicht hatte,*) wollte er so lange als nur möglich bei Eisingen verweilen, um die Magazine und Spitäler in den nun bald zu räumenden Landstrichen nicht in Feindeshand fallen zu lassen. Er traf daher, als die Armee in ihren Lagern vereinigt war, alle Anstalten, um seine, an sich nicht besonders vortheilhafte Stellung zu sichern.

---

*) Der Erzherzog sprach in einem Schreiben an den Kaiser vom 11. seine »grosse Verwunderung« aus, dass Moreau den Rückmarsch ruhig geschehen liess. (C. A.)

Die Vorposten unter FML. Hotze, dem nun wieder die GM. Devay und Canisius unterstellt waren, erstreckten sich von der Enz hinter Neuenburg bis gegen Durlach und Karlsruhe, von wo aus der Rhein durch Patrouillen und Avisoposten beobachtet wurde. Zur Sicherung von Cannstatt und der linken Flanke wurde GM. Fürst Liechtenstein mit 3 Cavallerie-Regimentern nach Heimsheim und Boblingen detachirt. Von dort aus hatte er die Communicationen durch das Würm-Thal zu beobachten und dann starke Patrouillen sowohl an die Nagold gegen Liebenzell—Calw—Wildberg, als südlich über Herrenberg gegen Rottenburg an den Neckar vorzuschieben, um über die Bewegungen und Absichten des Gegners Kenntniss zu erhalten. Eintretendenfalls war der Rückzug zuerst nach Leonberg, dann nach Stuttgart zu nehmen.

GM. Barco erhielt den Auftrag, mit 1 Infanterie-Bataillon, 2 Compagnien des serbischen Freicorps, 8 Escadronen »und anderen Truppen, die er anoch bei sich haben könnte«, zur Sicherung der Verbindung mit Heidelberg, Deckung der rechten Flanke der Armee und Räumung der Magazine nach Bruchsal zu marschiren. Dort hatte das Detachement bis zum weiteren Rückmarsche der Armee zu verbleiben, dann nach Heilbronn zurückzugehen und auch dort die Magazine zu räumen. (138.)

Am Tage des Eintreffens der Armee bei Eisingen kam vom Niederrhein die Nachricht, FZM. Wartensleben sei über die Lahn zurückgegangen und habe bei Friedberg Stellung genommen. Da hieraus wohl entnommen werden musste, derselbe werde den Rückzug auch über den Main fortsetzen und die Festung Mainz sich selbst überlassen, verfügte der Erzherzog zur Sicherung dieses wichtigen Platzes, dass dessen Besatzung auf 18.000 Mann zu ergänzen und die nöthige Aushilfe von der Niederrhein-Armee beizustellen sei.

Auch vom linken Flügel, aus Vorder-Oesterreich, lauteten die Nachrichten nicht günstig. FML. Frelich, der seit dem Gefechte von Herbolzheim (7. Juli) die Stellung bei Kenzingen behauptete, zeigte am 11. Juli an, dass der Feind mit 15- bis 18.000 Mann bei Alpirsbach stehe und Horb mit 6000 besetzt habe. Da in Folge dessen die kaiserlichen Truppen nahezu abgeschnitten und genöthigt seien den Breisgau aufzugeben, gedenke er sich vorerst nach Villingen und von dort, nach Verhältniss der Umstände, gegen Geisingen und Stockach zurückzuziehen, wo er dann den rechten Flügel an die Donau, den linken an den Bodensee stützen wolle. Nur GM. Wolff werde mit einem Detachement zur Beobachtung Hüningens bis zum letzten Augenblicke in Vorder-Oesterreich zurückbleiben. (139.)

Von der französischen Armee stand das Centrum unter St. Cyr bei Neuenburg auf beiden Ufern der Enz, und zwar Taponnier mit der Brigade Laroche am rechten, Lecourbe am linken Ufer bei Schwann. Lambert lagerte bei Neusatz unweit Rothensol und hielt mittelst einer Postenkette die Verbindung mit dem linken Flügel. Desaix war am 10. bei Malsch geblieben und hatte am 11. die Division St. Suzanne gegen Ettlingen und Durlach vorgeschoben.

Die von Erzherzog Carl zur Sicherung seiner Flanken getroffenen Massnahmen hatten zur Folge, dass Desaix am 12. St. Suzanne auf der Strasse von Durlach und Ettlingen nach Pforzheim bis Langensteinbach vorgehen liess, welches nun den Stützpunkt des linken Flügels der französischen Armee bildete. St. Cyr verlegte die Brigade Laroche auf das rechte Ufer der Nagold; sie besetzte dort Calw und Liebenzell und stellte die Verbindung mit Duhesme her, der in Freudenstadt stand. — Moreau's Hauptquartier befand sich in Durlach (St. Cyr. III.)

Operationen am Niederrhein vom 29. Juni bis 11. Juli.

Nach Erzherzog Carls Abmarsch nach Hochheim hatte FZM. Wartensleben das Gros seiner Truppen (12 Bataillone, 12 Compagnien und 17 Escadronen) auf dem Hauptrücken des Westerwaldes bei Neukirch gesammelt. In der rechten Flanke dieser Stellung hielt FML. Kray mit 1 Bataillon, 32 Compagnien, 12 Escadronen die »kalte Eiche« besetzt, während ein zweites Flankencorps von 7 Bataillonen, 19 Compagnien,

13 Escadronen unter GM. Finke bei Neuwied am Rhein aufgestellt war.*)

Zur Sicherung des Rhein zog Oberst Görger mit 6 Compagnien, 8 Escadronen eine Vorpostenlinie zwischen Hassel und Erpel. Im Rheingau stand GM. Prinz Hohenlohe mit 8 Compagnien, 2 Escadronen, und zwischen Main und Neckar GM. Elsnitz mit 1 Bataillon, 10 Escadronen.

Der unmittelbare Umkreis von Mainz war durch das, 17 Bataillone, 22 Compagnien, 24 Escadronen starke Corps FML. Mercandin's gedeckt, sowie auch durch die Besatzung selbst, welche $5^3/_6$ Bataillone, 8 Compagnien und 2 Escadronen zählte.

Mit dieser Gruppirung der Streitkräfte verband FZM. Wartensleben die Absicht, von Neukirch aus, wo sich die Strassen von Siegen, Siegburg, Marburg, Wetzlar, Weilburg und Limburg kreuzten, je nach Umständen offensiv vorzugehen, wobei die Corps bei Neuwied und auf der »Kalten Eiche« die Flanken des vorrückenden Gros zu decken hätten. Ausser den hier angeführten Truppen cantonirte in dem Raume zwischen Langenschwalbach und Idstein FML. Werneck mit dem, 7 Grenadier-Bataillone, 22 Escadronen starken Corps de réserve, welches jedoch, als allgemeine Reserve für beide Armeen, nur im Falle einer feindlichen Action sich den Befehlen Wartenslebens unterzuordnen hatte. Erst als in Folge der Ereignisse bei Kehl die Nothwendigkeit eines intacten Reserve-Corps von selbst entfiel und Erzherzog Carl sich persönlich an den Oberrhein begab, hatte er Wartensleben das Commando über alle am Niederrhein befindlichen Truppen, einschliesslich jener bei Mainz, übertragen.

Mit Hinzurechnung des Reserve-Corps umfassten also die operirenden Truppen an der Lahn 27 Bataillone, 63 Compagnien, 76 Escadronen oder 26.000 Mann Infanterie, 11.000 Reiter = 37.000 Mann. (Beilage 11.)

*) GM. Finke führte das Commando dieses Corps an Stelle des erkrankten FML. Staader.

Jourdan's zweite Vorrückung über den Rhein.

Demgegenüber hatte die Sambre- und Maas-Armee nach ihrem gezwungenen Uebergange auf das linke Rheinufer folgende Stellung genommen: (141)

Kleber mit den Divisionen Lefebvre (13.000 Mann) und Collaud (10.000 Mann) stand in Düsseldorf, Bonnard (6000 Mann) und Grenier (6000 Mann) cantonirten in der Umgebung von Cöln, Bernadotte (8500 Mann) und Championnet (9200 Mann) bei Coblenz.

Marceau und Poncet (14.000 Mann) hatten ihre frühere Stellung an der Nahe, zur Beobachtung von Mainz, beibehalten.

Zu diesen Streitkräften kamen noch 10 Bataillone und 8 Escadronen von der Nordarmee; da aber die holländischen Truppen, aus denen diese Verstärkung zum guten Theile bestand, nicht genügend feldtüchtig waren, so theilte Jourdan nur 1 Halbbrigade und 1 Escadron Dragoner der operirenden Armee zu und verwendete den Rest am linken Rheinufer.

Die Instructionen, welche Jourdan aus Paris erhielt, schrieben ihm vor, von dem Augenblicke an, wo Moreau den Rhein überschritten haben würde, auch seinerseits die Operationen mit dem Uebersetzen des Stromes zu eröffnen und sich dann so rasch als möglich gegen die obere Lahn zu wenden. Von dort sei dann in gleicher Weise an die Kinzig, den Main und die Regnitz vorzudringen, immer den rechten Flügel des Gegners debordirend die Schlacht zu suchen und ihn unter rastloser Verfolgung nach Böhmen oder Regensburg zu werfen. Unter allen Umständen müsse als erste Aufgabe betrachtet werden, die Vereinigung der beiden feindlichen Armeen unbedingt zu hindern. Sollte aber Erzherzog Carl, wie Carnot wünschte und auch zuversichtlich voraussetzte, seine Operationen von Uckerath aus gegen Düsseldorf fortsetzen, so hätte sich Jourdan ihm mit gesammter Macht entgegenzustellen und ihn in dem Momente zur Schlacht zu zwingen, wo derselbe, durch den Rheinübergang Moreau's genöthigt, im Begriffe wäre, sich dorthin zu wenden. Nach gewonnener Schlacht sei dann die Verfolgung in oberwähnter Weise auszuführen, um mit einem entscheidenden Siege sowohl den Feldzug, als auch den Krieg zu beenden. (142.)

Die Operationen Erzherzog Carls entzogen diesen Voraussetzungen, sowie dem darauf basirten Calcul den Boden; es blieb mithin nur der erste Theil von Carnot's Instructionen massgebend für Jourdan's Verhalten.

Von der Aufstellung der Armee Wartenslebens hatte man im französischen Hauptquartier nur sehr unbestimmte Nachrichten. Da von den gesammten kaiserlichen Truppen blos die bei Neuwied stehende Division GM. Finke nebst schwachen Vorposten sichtbar war, setzte Jourdan voraus, Wartensleben habe seine gesammte Kraft am linken Lahnufer rückwärts Limburg vereinigt und nur GM. Finke zur Beobachtung des Rhein, zwischen der Lahn und Sieg vorgeschoben. Als nun die Nachricht von dem glücklichen Ausgange der Unternehmung Moreau's eintraf, eröffnete Jourdan auf Grund obiger Voraussetzungen seine Operationen im Sinne der von Paris erhaltenen Befehle.

Marceau hatte die Division Poncet, bis auf eine Halbbrigade, zur Operations-Armee nach Coblenz abzugeben, wofür er die von der Nordarmee eintreffenden Truppentheile erhielt. Das am linken Rheinufer zurückbleibende Corps erhöhte sich dadurch auf 12.000 Mann Infanterie und 1800 Reiter. Die operirende Armee dagegen bestand — ohne Artillerie und technische Truppen — aus 50.000 Mann Infanterie und 8000 Reitern. Hievon hatte Kleber mit den Divisionen Lefebvre, Collaud und Bonnard, dann der Cavallerie-Reserve-Division Bonnaud, d. i. 24.000 Mann Infanterie, 4200 Reitern, bei Düsseldorf den Rhein zu überschreiten und dann über Siegburg und Siegen vorzurücken.

Jourdan, mit den Divisionen Championnet, Bernadotte und Poncet, 26.000 Mann Infanterie, 4000 Reiter, wollte den Uebergang bei Neuwied bewirken, wozu die Vorbereitungen in aller Stille getroffen wurden.

Kleber rückte am 28. Juni mit den Divisionen Lefebvre und Collaud an die Wupper vor und lagerte am 29. bei Portz, wo sich ihm die Division Grenier und die Cavallerie-Reserve-

14*

Division Bonnaud anschlossen, welche den Rhein bei Cöln übersetzt hatten.

Lefebvre wandte sich am 30. über das Gebirge gegen Siegen und kam an diesem Tage bis Anderzeil, seine Avantgarde bis Eich und Kurzneppen.*)

Kleber rückte an die Sieg vor, warf die kaiserlichen Cavallerieposten des Obersten Görger zurück und nahm Stellung bei Ruisdorf und Nieder-Pleis. Er blieb auch am 1. Juli in dieser Stellung um Proviantnachschübe zu erwarten und Lefebvre Zeit zu geben, Siegen zu erreichen. Die Infanterie-Reserve-Division Bonnard, welche in Cöln die Verstärkungen von der Nord-Armee an sich gezogen hatte, vereinigte sich hier mit dem Corps Klebers und nahm Stellung hinter Siegburg.

Lefebvre kam am 1. Juli bis Erding, am 2. nach Crombach auf der Strasse Olpe-Siegen und schob die Avantgarde bis Geisweid, 4 *km* nördlich Siegen vor. Am selben Tage setzte auch Kleber seinen Marsch fort, nahm Stellung bei Uckerath und liess die Avantgarde Collaud's bis Kircheip vorgehen. Dort blieb er, bis Lefebvre am 3. Juli bei Siegen angelangt war und die längs der Sieg aufgestellten Vorposten FML. Kray's bis Rödchen zurückgedrängt hatte.

In Folge dieser Bewegungen waren die kaiserlichen Vortruppen auf beiden Flügeln langsam zurückgegangen und sammelten sich jene von der untern Sieg hinter Altenkirchen und Diersdorf, die des rechten Flügels auf der »Kalten Eiche«.

Gleichzeitig mit dem Vormarsche Klebers bereitete sich Jourdan zum Uferwechsel bei Neuwied vor. Schon in der Nacht vom 28.—29. Juni vertrieben die Franzosen den schwachen österreichischen Posten von der Insel Urmitz (3 *km* oberhalb

*) Bemerkenswerth ist hinsichtlich des Vormarsches Lefebvre's, was Erzherzog Carl hierüber am 6. Juli aus Rüppur an den Präsidenten des Hofkriegsrathes FM. Nostitz schreibt: ». . . . Schliesslich muss ich Euer Excellenz noch berichten, dass ich mittelst Estafette die sonderbare Nachricht erhalten habe, dass sich alle preussischen Cordons-Piqueter von der sogenannten Demarcationslinie zurückgezogen und von denen über die Sieg vorrückenden 50.000 Mann feindlicher Truppen eine Colonne durch das Preussische über Meinertshagen im Anzuge sei.« (H. K. VIII, 3.)

Neuwied) und behaupteten sich dort trotz mehrerer Versuche GM. Finkes, dieselbe wieder in seine Gewalt zu bekommen. Im Besitze dieser Insel wurden nun die Vorbereitungen zum Uebergange eifrigst betrieben. In der Nacht vom 1.—2. Juli vereinigten Championnet und Bernadotte ihre Divisionen rückwärts Weissenthurm und St. Sebastian; hinter Beiden nahm Poncet eine Reservestellung.

Die Ueberschiffung begann um 3 Uhr morgens unter dem Schutze der am linken Ufer placirten Geschütze. Nachdem mehrere Landungsversuche in der Uferstrecke St. Sebastian—Engers—Andernach fehlgeschlagen waren, gelang es endlich Bernadotte, bei Bendorf festen Fuss zu fassen und dadurch das Unternehmen zu Gunsten der Franzosen zu entscheiden. Vierhundert Grenadiere, gedeckt durch das Feuer von 25 Kanonen, übersetzten von St. Sebastian aus, den Fluss, landeten bei Bendorf und nahmen sowohl die dort befindliche Schanze nebst 2 Geschützen, sowie auch das Dorf mit Sturm. Ein Bataillon, welches GM. Finke aus dem Lager von Neuwied zur Unterstützung sandte, warf zwar den Feind wieder aus dieser Position, aber nach sechsstündigem Kampfe mussten die kaiserlichen Truppen vor der stetig wachsenden Ueberzahl den Platz räumen.

Während GM. Finke durch diese Ereignisse vollauf in Anspruch genommen war, hatten sich 2 andere französische Colonnen unter Brigade-General Damas hinter der Insel Urmitz eingeschifft. Die eine, 6 Compagnien stark, landete bei Neuwied, bemächtigte sich der Stadt und wandte sich hierauf gegen die Redoute bei Heddersdorf, während gleichzeitig eine später nachgefolgte Abtheilung den Ort selbst angriff. Inzwischen hatte auch die 2. Colonne, aus einigen Compagnien Infanterie, 1 Escadron Chasseurs und 2 leichten Geschützen bestehend, bei Leutesdorf das rechte Ufer gewonnen und drang über den Wied-Bach ebenfalls gegen Heddersdorf vor. Nach blutigem Ringen mit den dort postirten 5 Bataillonen Darmstädter, wurde sowohl die Redoute als auch der Ort selbst genommen. Doch zweimal noch mussten die Franzosen diese Objecte wieder verlassen, ehe es ihnen, namhaft verstärkt, schliesslich gelang sich darin zu behaupten.*) Damas rückte nun über den Sayn-Bach vor, um Bernadotte die Hand zu reichen.

Diese Vorgänge auf beiden Flügeln der Stellung veranlassten GM. Finke, das Thal von Neuwied gänzlich zu räumen und sich um Mittag nach Montabaur zurückzuziehen, wo er bei Holbach hinter dem Gel-Bache à cheval der Strasse nach Limburg Stellung nahm. 1 Bataillon, 2 Escadronen unterhielten von dort die Verbindung mit Ehrenbreitstein.

Unmittelbar nach dem Eintreffen in Holbach, musste GM. Finke krankheitshalber das Commando an GM. Kienmayer übergeben.

Die Franzosen hatten mittlerweile die Ueberschiffung fortgesetzt. Als um 10 Uhr vormittags die Brücke von der Insel Urmitz auf das rechte Ufer benützbar wurde, überschritten sämmtliche 3 Divisionen den Fluss. Championnet besetzte Dierdorf; Bernadotte nahm Stellung auf den Höhen von Hillscheid an der Strasse nach Montabaur und Poncet stand als Reserve am Sayn-Bache.

Das Hauptquartier Jourdan's kam nach Neuwied.

Auch die weitere Vorrückung der Sambre-Maas-Armee wurde auf Grund der unrichtigen Voraussetzung eingeleitet, dass das Gros der kaiserlichen Streitkräfte bei Limburg versammelt sei. Jourdan dirigirte nach diesem Punkte seine Hauptmacht, während er den linken Flügel gegen Wetzlar in der Absicht vorgehen liess, den rechten seines Gegners zu umfassen. In diesem Sinne erhielt Kleber Befehl, am 3. Juli mit den Divisionen Bonnard und Collaud bis Hachenburg vorzugehen, sich am 4. mit dem von Siegen kommenden Lefebvre zu vereinigen und dann auf Wetzlar zu marschiren. Die bisher unter seinem Commando gestandene Division Grenier, dann die Cavallerie-Division Bonnaud, hatten am 3. bis Freilingen zu gehen und sich an die Division Championnet anzuschliessen, welche am selben Tage von Diersdorf dort eintraf.

*) Die 5 darmstädtischen Bataillone schlugen sich in heldenhafter Weise zu GM. Finke durch; da sie aber hiebei ihr Feldgeräthe grösstentheils einbüssten, wurden sie nach dem Rückzuge des Corps von Montabaur, der Besatzung von Mainz einverleibt.

Bernadotte sollte am 3. bis Montabaur vorrücken, Poncet aber eine Stellung auf der Strasse Coblenz—Montabaur nehmen, von wo er die Garnison von Ehrenbreitstein in Schach halten und nöthigenfalls Bernadotte unterstützen konnte.

FZM. Wartensleben war im allgemeinen weit besser über die Absichten seines Gegners unterrichtet. Schon auf die Nachricht, von dem Vormarsche Klebers hatte er am 1. Juli morgens FML. Werneck angewiesen, mit dem Reserve-Corps von Idstein aufzubrechen und dasselbe bei Limburg zu concentriren. In Folge der Ereignisse bei Neuwied wurde dies insoferne abgeändert, als Werneck am selben Tage Befehl erhielt, nicht an die Lahn, sondern in Gewaltmärschen bis in die Position von Molsberg vorzurücken, den von Neuwied kommenden Feind ohne Verzug anzugreifen und wieder über den Rhein zurückzuwerfen. Zugleich berichtete FZM. Wartensleben an den Erzherzog über den Vormarsch Jourdan's, dessen Gesammtstärke er auf 78.000 Mann schätzte, denen er nur 37.000 gegenüberstellen konnte und deshalb um eine entsprechende Verstärkung ansuchte.

Erzherzog Carl hielt wohl diese Angaben für stark übertrieben, beauftragte aber dennoch am 2. Juli FML. Mercandin, sofort 4 Bataillone unter GM. Gontreuil nach Limburg zum Reserve-Corps abzusenden.*) Den Feldzeugmeister

*) Schon hier tritt die Verschiedenheit der Anschauungen des Erzherzogs und jener Wartenslebens zu Tage, die sich während der ganzen Dauer der selbstständigen Operationen der Niederrhein-Armee fühlbar machte. Erzherzog Carl rechnete die Stärke Jourdan's im Ganzen auf 7 Divisionen, wovon 2 (Marceau und Poncet) vor Mainz blieben, mithin 5 Divisionen oder ungefähr 40.000 Mann für die Operationen erübrigten. Hiezu kamen vielleicht 8000 Mann von der Nordarmee, die aber durch Verluste, Detachements, Besatzungen etc. aufgewogen wurden, so blieben wieder nur 40.000 Mann Feldtruppen, also nicht viel mehr, als die Armee Wartenslebens einschliesslich des Reserve-Corps.

Nun aber zählte die französische Armee nach dem Standesausweise vom 15. Juli 74.742 Mann, es blieb nur eine Division vor Mainz und die operirende Armee erreichte thatsächlich die Stärke von 60.942 Mann, es waren mithin die Nachrichten des Feldzeugmeisters relativ richtiger. Dies mochte wohl dazu beigetragen haben, den erprobten, aber etwas starr-

aber beauftragte er, sich an der Lahn so lange als möglich zu halten. Sollte der Rückzug an den Main unvermeidlich werden, dann müsste er sich in der Gegend von Friedberg behaupten bis am Oberrhein der vorige Stand hergestellt sein und es dann möglich würde, an den Niederrhein zu detachiren. Im Falle eines solchen Rückzuges, der jedoch nur im äussersten Falle vor einem allzu überlegenen Gegner stattfinden dürfe, hätte sich das Gros bei Friedberg aufzustellen, das Reserve-Corps aber Frankfurt zu decken.

Bei einem Rückzuge über den Main sollte FML. Mercandin mit seinem Corps auf das rechte Rheinufer übersetzen und dort mit Zuziehung der Brigaden Kienmayer und Hohenlohe am linken Mainufer Stellung nehmen. Die Aufgabe dieser Truppen wäre dann die Deckung des Rhein von Mainz bis Mannheim und die Verbindung zwischen Mainz und Frankfurt. Mit dem Uebergange FML. Mercandin's auf das rechte Ufer wäre ein entsprechender Ausgleich der Truppen insoferne zu verbinden, dass Mainz eine ausreichende Besatzung erhielte, die für den Dienst im Felde tauglichsten Truppenkörper aber, der Operations-Armee zugewiesen würden. Die Hechtsheimer-Schanzen seien nach dem Abmarsche Mercandin's entweder gleich ganz aufzulassen oder nur so lange schwach besetzt zu halten, bis ein überlegener Feind deren Räumung nöthig machte. (143.)

FML. Werneck war unmittelbar nach Erhalt des Befehles von Idstein aufgebrochen, hatte GM. Vogelsang mit 2 Bataillonen, 1 Compagnie, 2 Escadronen von Limburg aus nach Merenberg detachirt und erreichte in der Nacht vom 2.—3. Juli Molsberg. Er fand die Situation schon bedeutend verändert.

sinnigen General, später viele seiner unrichtigen Ansichten für unfehlbar halten zu lassen, und zwar umso mehr, als er mit dem Marsche des Erzherzogs an den Oberrhein überhaupt nicht einverstanden gewesen zu sein und das Schwergewicht der Situation am Niederrhein gesucht zu haben scheint. Hierauf deuten zweifellos die Worte hin, mit denen er seinen vorerwähnten Bericht vom 1. Juli schliesst, indem er sagt: » . . . mir scheint, dass in diesem Augenblicke die Löschung des eigenen Hauses Euer königliche Hoheit mehr interessiren muss, als jene des Nachbarhauses « (F. A. VII. 122; D. VII. 3 und 3e; Jourdan, S. 82, Nr. V und S. 86, Nr. VI.)

Am 3. ging nämlich Poncet über den Sayn-Bach und wandte sich dann gegen Ehrenbreitstein; Bernadotte war schon in Montabaur eingerückt und Championnet, dem sich die Division Grenier angeschlossen hatte, besetzte die Anhöhen von Freilingen. Am linken Flügel der französischen Armee war Bonnard bis Altenkirchen, Collaud nach Hachenburg und Lefebvre in die Linie Siegen—Breitenstein eingerückt. Von diesen Bewegungen konnten jene der Divisionen Poncet und Bernadotte nicht ohne Zusammenstösse mit den kaiserlichen Truppen ausgeführt werden, wobei das zur Verbindung mit Ehrenbreitstein aufgestellte Detachement von Poncet geworfen wurde und sich auf Nassau zurückzog. GM. Kienmayer war am 3. bis gegen Abend im Gefecht mit Bernadotte.

Obwohl FML. Werneck mit dem Feinde, der nur Recognoscirungs-Abtheilungen gegen ihn vorsandte, nicht zusammentraf, machten ihn doch die Gefechte in seiner linken Flanke, sowie die Aussage von Gefangenen über den Vormarsch einer feindlichen Colonne gegen Nassau (womit offenbar Poncet gemeint war), so sehr für seine Rückzugslinie nach Limburg besorgt, dass er am 4., um $2^1/_2$ Uhr morgens, mit seinen und den Truppen GM. Kienmayers wieder über die Lahn zurückging. In der Absicht, hier ernstlichsten Widerstand zu leisten, besetzte er den Fluss von Lahnstein bis Weilburg. Die Vorposten blieben am rechten Ufer, und GM. Vogelsang sorgte in Merenberg für die Verbindung mit FZM. Wartensleben. Das Gros nahm Stellung rückwärts Limburg und Diez. (144.) Mit Einschluss der, unter GM. Gontreuil eingetroffenen Verstärkungen, standen an der Lahn: 18 Compagnien, 33 Escadronen.

Während der Vorrückung Wernecks an die Lahn, marschirten Championnet und Grenier nach Molsberg; Bernadotte und Poncet blieben in ihren Stellungen. Jourdan's Absicht war, am 5. mit den Divisionen Championnet, Bernadotte, Grenier und der Cavallerie-Reserve-Division Bonnaud bis Limburg vorzurücken, während Poncet Ehrenbreitstein einschloss und durch einige Bataillone die Lahn von Diez bis zur Mündung beobachten liess. Berichte, die in der Nacht vom 4. bis 5. einliefen, änderten jedoch dieses Vorhaben.

Im Sinne von Jourdan's Disposition hatte sich Kleber am 4. von Hachenburg, wo er sich mit Collaud und Bonnard vereinigte, nach Dillenburg in Marsch gesetzt. Seine Avantgarde, welche in dieser Richtung auf die Division Lefebvre zu treffen hoffte, stiess zwischen Hof und Salzburg wider Erwarten auf eine Abtheilung von ungefähr 1200 Mann kaiserlicher Reiterei, welche nach lebhaftem Gefechte zurückgedrängt wurde. Am selben Tage griff Lefebvre, der am 3. in Siegen angekommen war, die Stellung FML. Kray's auf der »Kalten Eiche« an, deren projectirte Verschanzungen sich noch in sehr unfertigem Zustande befanden. Um 3 Uhr nachmittags rückten 13 Bataillone, 9 Escadronen und 10 Geschütze in 3 Colonnen vor; nach einem äusserst hitzigen Gefechte, während welchem der überlegene Angriff der Franzosen mehrmals zum Stehen gebracht wurde, musste sich FML. Kray unter dem Schutze der einbrechenden Dunkelheit mit einem Verluste von 16 Officieren, 723 Mann und 79 Pferden nach Dillenburg zurückziehen. (145.) Lefebvre folgte ihm bis Haiger und nahm dort Stellung.

Die Berichte über diese Vorfälle klärten Jourdan auf, dass die Hauptkräfte seines Gegners nicht bei Limburg, sondern bei Neukirch versammelt seien, und veranlassten ihn zur Aenderung seiner Disposition im Sinne eines Vormarsches in dieser Richtung.

Grenier erhielt Befehl, sich sofort in Marsch zu setzen und zwischen Rennerod—Emmerichenhain Stellung zu nehmen; die Cavallerie-Reserve-Division Bonnaud marschirte von Freilingen ab, um sich Kleber anzuschliessen, der bei Salzburg stehen geblieben war. Bernadotte, dem auch die Division Poncet zugewiesen wurde, hatte seine Truppen rasch zu vereinigen, Championnet in Molsberg abzulösen und dann ohne Verzug vor Limburg zu rücken, um Werneck festzuhalten. Unmittelbar nach dem Eintreffen Bernadotte's in Molsberg musste Championnet nach Waldernbach aufbrechen.

Am 6. sollten die Divisionen Collaud, Grenier und Bonnaud angriffsweise gegen Neukirch vorgehen, während Championnet über Waldernbach und Lefebvre über Dillenburg vordringend, die Rückzugslinien Wartenslebens zu gewinnen hatten. (Jourdan, S. 62.)

Während jedoch diese Dispositionen noch in der Ausführung begriffen waren, änderte sich die Situation neuerdings. Die Stellung der kaiserlichen Truppen bei Neukirch war schon in Folge des Rückzuges FML. Wernecks an und für sich gefährdet, da hiedurch ihr linker Flügel entblösst wurde. Die Erfolge Lefebvre's, der nach dem Gefechte am 4. näher an Hernborn stand, als die kaiserlichen Truppen in Neukirch, bedrohte nun auch deren Rückzugslinie, während Kleber mit 2 Divisionen angriffsbereit kaum 2 *km* vor der Front stand.

Diese Verhältnisse liessen das längere Verweilen bei Neukirch ebenso gefährlich wie nutzlos erscheinen und machten den Rückzug unvermeidlich. FML. Colloredo-Mels, der in Folge plötzlicher Erkrankung FZM. Wartenslebens, in der Nacht vom 4.—5. das Commando übernommen hatte, ordnete denn auch den Rückmarsch in 2 Colonnen für den 5. an. Das Gros führte diesen über Herborn nach Wetzlar aus, wo es am linken Lahnufer Stellung nahm. Mit der 2. Colonne (2 Bataillone, 8 Escadronen) marschirte GM. Alcaini über Greifenstein und Leun nach Braunfels. FML. Kray zog sich von Dillenburg über Bicken und Hohensolms nach Giessen und besetzte diese Stadt mit 1 Bataillon Stuart-Infanterie, welches ihm am 5. vom Gros als Verstärkung zugesendet worden war. An der unteren Lahn blieben die Truppen in ihrer Aufstellung: FML. Werneck von Weilburg bis Oranienstein (bei Nassau); GM. Kienmayer von Nassau bis Lahnstein.

FML. Colloredo-Mels war entschlossen, sich an der Lahn so lange zu behaupten, als dies bei der übermässig ausgedehnten Front innerhalb der Grenzen der Möglichkeit lag, dann aber bis nach Bergen zurückzugehen und dort neuerdings Stellung zu nehmen.*) (146.)

---

*) Sowohl der Rückzug hinter die Lahn, als namentlich der Gedanke, die nächste Stellung nicht bei Friedberg, sondern erst bei Bergen zu nehmen, entsprach durchaus nicht den Ansichten Erzherzog Carls, der sehr unzufrieden war, dass sich Wartensleben ungeachtet so namhafter Kräfte nicht wenigstens einige Zeit am rechten Lahnufer gehalten hatte,

Jourdan, der seinen Gegner dem gefährlichen Schlage mit welchem er ihn bedrohte, entronnen sah, liess die französischen Truppen am 5. folgende Stellungen nehmen: Lefebvre am linken Dill-Ufer, den rechten Flügel an Herborn, den linken an Eisenrod gelehnt; Kleber mit den Divisionen Collaud und Bonnard zwischen Herborn und Münchhausen.

Bernadotte war im Laufe des 5. bis auf die Höhen gegenüber Limburg vorgerückt und griff am 6. die am rechten Ufer stehenden Abtheilungen Wernecks an. Verstärkt durch die Division Championnet, die sich seinem linken Flügel anschloss, drückte er sie über die Lahn. Auf das linke Ufer konnte er jedoch nicht vordringen, weil die österreichischen Truppen die Brücke bei Limburg verrammelt hatten und hartnäckig vertheidigten. Längs der Lahn fanden am selben Tage noch an verschiedenen Punkten kleinere Gefechte statt, in Folge deren die kaiserlichen Truppen das rechte Ufer räumten.

GM. Vogelsang zog sich mit seinen 13 Compagnien, 2 Escadronen von Merenberg an die Lahn und besetzte Weilburg.

Von den Franzosen lagerte Bernadotte bei Offenheim: links von ihm Championnet. Ein Theil der Division Poncet, unter General Dauriez, besetzte die Lahn von Diez bis zur

---

sondern mit der ganzen Armee ohne nennenswerthen Kampf auf das linke zurückwich.

Hinsichtlich der nächsten Stellung forderte aber der Erzherzog entschieden die genaue Einhaltung seiner Befehle und setzte FML. Colloredo-Mels die Vortheile einer Stellung bei Friedberg oder Ilbenstadt in einem besonderen Schreiben auseinander. Es decke dieselbe, sagte er, den Zugang nach Deutschland, der offen bliebe, wenn die Armee erst bei Bergen sich aufstellte. Es wäre allerdings am besten, beide Stellungen zu besetzen, da aber hiezu die Mittel nicht ausreichten, so müsse man das kleinere Uebel wählen, und zwar umsomehr, als Mainz, so lange es nicht selbst angegriffen werde, immer in der Lage sei, Frankfurt Hilfe zu leisten, abgesehen davon, dass diese Stadt auch von Friedberg aus unterstützt werden könne. Mit einer Besatzung von 3—4 Bataillonen werde sich Frankfurt wenigstens so lange gegen einen Handstreich zu halten vermögen, bis Hilfe von einer oder der anderen Seite herbeikäme. (Erzherzog Carl an FML. Colloredo-Mels Rüppur, 7. und 8. Juli. D. VII, 74 und 80.)

Mündung; Poncet selbst berannte mit 6 Bataillonen Ehrenbreitstein. Grenier stand als Verbindung beider Flügel der Armee in Merenberg, die Cavallerie-Reserve-Division Bonnaud bei Nenderoth.

Jourdan, der sein Hauptquartier in Mengerskirchen genommen hatte, beabsichtigte für den 8. einen allgemeinen Angriff und schob noch am 7. den linken Flügel gegen Wetzlar vor. Collaud ging über Greifenstein bis auf die Höhen zwischen Biel und der Dill nördlich Wetzlar; seine Vorposten besetzten die Lahn von der Dill bis Leun. Lefebvre erreichte an diesem Tage Vetzberg, 5 *km* nordwestlich Giessen. Gleichzeitige forcirte Recognoscirungen längs der ganzen Lahn-Front sollten den Gegner über den Angriffspunkt täuschen und in der Wegnahme der wichtigen Uebergänge bei Leun und Runkel ihr eigentliches Ziel finden. Der Angriff auf ersteren scheiterte an der festen Haltung der Brigade GM. Alcaini; dagegen gelang es Damas, von der Division Championnet unterstützt, durch gleichzeitige Demonstrationen ober- und unterhalb Limburg sich des Ueberganges bei Runkel zu bemächtigen.

Dieser Erfolg der Franzosen, den ein von Limburg aus energisch geführter Stoss leicht hätte wieder zunichte machen können, ward Anlass zu einer Reihe unrichtiger Manöver, welche den gänzlichen Rückzug der kaiserlichen Armee von der Lahn zur Folge hatten. FML. Werneck glaubte durch den Verlust von Runkel seine Stellung so sehr bedroht, dass er einer Umgehung der rechten Flanke, nur durch die Zurücknahme der ganzen Front in die Linie Villmar—Nauheim—Katzenelnbogen vorbeugen zu können vermeinte. Diese Bewegung führte er noch am 7. in der Absicht durch, die neugewählte Stellung nachdrücklichst zu vertheidigen, wobei ihm die thatkräftige Unterstützung FML. Mercandin's allerdings sehr zustatten gekommen wäre. Dieser hatte gleich nach dem Rückzuge Wernecks von Molsberg, einen Officier, in dessen Hauptquartier beordert und durch diesen Kunde von den letzten Ereignissen erhalten. Sofort detachirte er GM. Nauendorf mit 4 Compagnien, 8 Escadronen, 8 Geschützen nach Neuhof, um das Reserve-Corps in allen Fällen, namentlich aber bei einem Rückzuge zu unterstützen und das linke Mainufer zu sichern. (147.)

Unglücklicher Weise unterblieb die rechtzeitige Mittheilung von der rückgängigen Bewegung Wernecks, an die rechts stehenden Abtheilungen. FML. Colloredo-Mels erfuhr hievon erst um 10 Uhr nachts durch einen Bericht GM. Vogelsangs aus Weilburg, der in Folge des Abmarsches des Reserve-Corps äusserst gefährdet war und ohne Kenntniss von dessen Rückzugsrichtung sich an das Armee-Hauptquartier um Verhaltungsbefehle wandte. Da man aber auch dort nur so viel als sicher wusste, dass der Feind Meister aller Lahnübergänge bis Weilburg sei und daher nicht nur der linke Flügel des Gros umgangen, sondern selbst auch die Rückzuglinie bedroht werden konnte, so wurde im Kriegsrathe beschlossen, mit der Armee am 8. bis Butzbach zurückzugehen. Dieser Ort wurde als Vereinigungspunkt der Detachements bei Giessen und Leun bestimmt und GM. Vogelsang beordert, sogleich ein Cavallerie-Detachement zur Aufsuchung FML. Wernecks abzusenden; er selbst habe in der Richtung Grävenwiesbach—Usingen—Homburg zurückzugehen, sich aber stets in gleicher Höhe mit der Armee zu halten. (148.)

Am 8. setzten sich die Colonnen in Bewegung. In Butzbach übernahm FZM. Wartensleben wieder das Commando und bezog ein Lager bei Ober- und Nieder-Weisel. So wie die Dinge standen, leitete den Feldzeugmeister der Gedanke, am 9. Ilbenstadt zu erreichen und sich hinter der Nidda in der Position von Bergen mit dem Reserve-Corps zu vereinigen, von dem er jedoch zur Stunde noch immer ohne jede Nachricht war. (149.)

Der durch die Bewegungen FML. Wernecks verursachte Rückmarsch der Niederrhein-Armee wirkte in gleicher Weise wieder auf das Reserve-Corps zurück. Das von GM. Vogelsang abgesandte Cavallerie-Detachement fand dieses am 8., um 8 Uhr morgens, in Nauheim und setzte dessen Commandanten sowohl vom Abmarsche der Armee, als auch von der Marschrichtung GM. Vogelsangs in Kenntniss. Werneck glaubte nun annehmen zu dürfen, das Gros der Armee könne nur durch ernste Verluste bei Wetzlar oder Giessen zum Verlassen der

Lahn genöthigt worden sein; er hielt daher ein längeres Verweilen in seiner dermaligen Stellung umsoweniger für zulässig, als dieselbe durch den Marsch Vogelsangs bis Usingen—Homburg, rechts völlig entblösst wurde. Diese Erwägungen veranlassten ihn, am selben Tage abends 9 Uhr bis Esch zurückzugehen, von wo er, falls keine anderen Befehle einlangten, den Rückzug bis Frankfurt fortzusetzen gedachte. (150.)

Bei der höchst ungenügenden Verbindung zwischen der Armee und den Reserve-Corps wird es erklärlich, dass die neuerliche rückgängige Bewegung des letzteren, wieder nicht ohne Einfluss auf die Haltung der ersteren blieb. Der Rückzug der Armee von der Lahn hatte sich in vollster Ordnung und fast ohne Belästigung von Seite des Gegners vollzogen; nur GM. Alcaini kam beim Abrücken von Leun in ein Gefecht mit der Vorhut Bonnard's. Sämmtliche Colonnen erreichten am 8. ihre Bestimmungsorte; das Gros lagerte bei Nieder-Weisel, die Nachhut unter FML. Kray, der sich auch die Brigade Alcaini anschloss, nahm Stellung auf den Höhen von Pohlgöns. Als jedoch FZM. Wartensleben Kenntniss von dem Marsche des Reserve-Corps nach Esch erhielt und dass sich dasselbe vermuthlich bis Frankfurt zurückziehen werde, erblickte er darin eine ernste Gefahr für seine linke Flanke und seinen Rücken. Die gleichzeitig eintreffende Meldung, ein feindliches Detachement von 1800 Pferden sei von Giessen gegen Lich vorgerückt, erweckte nun auch Besorgnisse für die rechte Flanke und liess die Stellung Butzbach—Nieder-Weisel so wenig vortheilhaft erscheinen, dass der Feldzeugmeister sich zum weiteren Rückzuge entschloss. Ein Detachement von 1 Bataillon und 7 Escadronen unter Oberstlieutenant Keglevich wurde zur Sicherung der rechten Flanke gegen Nidda entsendet; das Gros marschirte am 9. bis über Friedberg zurück und nahm Stellung zwischen Wöllstadt und Rosbach. Nur FML. Kray blieb mit der Arrièregarde nördlich Friedberg bei Nauheim—Nieder-Mörlen. (151.)

Jourdan folgte der kaiserlichen Armee nicht sogleich über die Lahn. Seine Truppen waren seit dem Ueberschreiten des Rhein in ununterbrochener Bewegung, und die anstrengenden Märsche in beständigem Regenwetter hatten sie so sehr ermattet, dass der Obergeneral ihnen nothwendig den 8. zur Erholung gönnen musste. Nur die leichten Truppen setzten über den Fluss und hielten Fühlung mit dem zurückgehenden Gegner. (152.) Inzwischen traf er seine Disposition zur weitern Vorrückung. Er setzte dabei voraus, Wartensleben, der die Lahn nicht vertheidigt hatte als seine Kräfte auf den wichtigsten Punkten vereint waren, werde nun umsoweniger Stand halten, wo die in zwei Theile getrennte Armee sich nach divergirenden Richtungen bewegte. Demgemäss liess er Kleber gegen Friedberg marschiren, Grenier aber nach Homburg vorrücken, von wo derselbe Frankfurt noch vor Wartensleben zu erreichen trachten solle. Championnet und Bonnard hatten diesen so rasch als möglich über den Main zurückzuwerfen, während Bernadotte mit seiner Division und der Brigade Dauriez auf Wiesbaden vorgehen sollte, um die Besatzung von Mainz (beziehungsweise Nauendorf) zurückzudrängen und so lange festzuhalten, bis die Einschliessung dieses Platzes werde bewirkt werden können.

Am 9. setzten sich die französischen Colonnen in Bewegung. Dauriez ging bei Nassau über die Lahn, rückte bis Singhofen vor und drängte die Abtheilungen der Mainzer Besatzung zurück, welche den Rhein entlang das rechte Ufer bewachten; am 10. erreichte er Langenschwalbach. Bernadotte, der bei Limburg das Ufer wechselte, lagerte bei Kirberg, rückte am folgenden Tage gegen Neuhof, verdrängte die kaiserlichen Truppen von den Höhen zwischen diesem Orte und Wiesbaden und nahm Stellung nördlich letzteren Ortes.

Den Vormarsch beider Colonnen bezeichneten nur unbedeutende Gefechte der leichten Truppen. Zu einem ernsteren Zusammenstosse führte die Vorwärtsbewegung der Colonne Championnet's, der gleichfalls bei Limburg die Lahn übersetzte, sich aber dann gegen Camberg wandte, wo er auf die Nachhut Wernecks traf. Er liess sofort die gesammte Cavallerie vorrücken, welche sich mit Uebermacht auf die kaiserliche Reiterei warf und sie bis auf ihr Gros zurückdrängte. Dort stellte die Infanterie durch geschickte Ausnützung des durchschnittenen Terrains das Gefecht wieder her und setzte dem weiteren Vordringen der Franzosen eine Grenze.

Championnet lagerte vorwärts Camberg, während Werneck, von der französischen Avantgarde gefolgt, bis auf die Höhen vor Königstein zurückging. Am nächsten Tage neuerdings angegriffen, zog er sich südlich Königstein unter die Kanonen der Feste zurück.

Grenier war bei Weilburg über die Lahn gegangen und lagerte am 9. bei Grävenwiesbach, seine Avantgarde bei Usingen. Am 10. setzte er die Vorrückung gegen Homburg fort und nahm diesen Ort nach tapferer aber erfolgloser Vertheidigung der von Usingen hieher zurückgegangenen schwachen kaiserlichen Abtheilungen.

Von den Truppen Klebers ging Bonnard bei Leun, Collaud bei Wetzlar über die Lahn. Des letzteren Avantgarde stiess südlich Butzbach auf die Arrièregarde unter FML. Kray und es entspann sich ein heftiges Gefecht, welches von 11 Uhr vormittags bis in die Nacht währte. Die Franzosen bemächtigten sich anfänglich zwar Nieder-Mörlens, mussten es aber schliesslich mit empfindlichen Verlusten wieder verlassen.*)

Nach dem Gefechte stand Collaud hinter Butzbach, Bonnard in zweiter Linie vorwärts Cleeberg; Lefebvre war bis Eberstadt, seine Avantgarde bis Bergstadt vorgerückt.

Treffen bei Friedberg. 10. Juli.

Beim Gros der Niederrhein-Armee beeinflussten nach wie vor retrograde Tendenzen die Commandoführung. Ungeachtet wiederholter Befehle Erzherzog Carls, die Position bei Friedberg nicht ohne nachdrückliche Vertheidigung aufzugeben, blieb FZM. Wartensleben dennoch bei seinem Entschlusse, den Rückzug ohne Aufenthalt bis Bergen fortzusetzen. Erst der, an sich untergeordnete Erfolg FML. Kray's bei Nieder-Mörlen, bewirkte eine Aenderung der Ansichten des Feldzeugmeisters. (153.) Indem er voraussetzte, der am 9. geschlagene Feind werde nicht schon am 10. wieder einen Angriff wagen,

*) Es wurden 6 Officiere und über 200 Mann gefangen; die kaiserlichen Truppen verloren im Ganzen 11 Officiere, 218 Mann und 315 Pferde (H. K. VIII, 5.)

beschloss er, denselben nun seinerseits an diesem Tage anzugreifen und sich unter allen Umständen bis zum Abende bei Friedberg zu behaupten. Auf diese Art vermeinte er nicht nur den stricten Anordnungen des Erzherzogs zu genügen, sondern hoffte auch Zeit zu gewinnen, die rückwärts befindlichen Vorräthe und Magazine in Sicherheit zu bringen. In dieser Absicht liess er das Gros (8 Bataillone und 2 Cavallerie-Regimenter) mit Tagesanbruch von Wöllstadt wieder nach Friedberg zurückkehren, wo es eine Stellung auf den Höhen nördlich der Stadt bezog. — Am linken Ufer des Wetter-Baches wurden die Orte Assenheim und Bauernheim besetzt; die Arrièregarde FML. Kray's blieb bei Mörlen.

Die Ruhe auf Seite des Gegners bis gegen 9 Uhr, bestärkte den Feldzeugmeister in seiner Ansicht, dass derselbe an keinen Angriff denke. Nach vorausgegangener Besprechung mit FML. Kray ordnete er daher den Marsch gegen die feindliche Stellung bei Weisel in der Art an, dass sich hiebei der rechte Flügel an den Wetter-Bach stütze, der linke aber durch starke Cavalleriemassen gedeckt werde. Noch war jedoch die Bewegung nicht begonnen, als ganz unerwartet mit neuen Factoren gerechnet werden musste.

Im Hauptquartiere Jourdan's erwartete man nichts weniger als aggressive Schritte von Seite der kaiserlichen Armee. (154.) Der Obergeneral, welcher sich bei der Colonne Grenier's aufhielt, hatte erst am 10. morgens Kenntniss von den Vorfällen bei Nieder-Mörlen bekommen, aber auch dann an seinen Dispositionen nichts geändert, weil aus Klebers Bericht hervorging, dass dessen Gegner das Gefecht nur zur Sicherung des Rückzuges aufgenommen und geführt habe. Kleber wollte auch um 8 Uhr morgens den Marsch nach Friedberg fortsetzen, als von seinen Vortruppen die Meldung einlief, dass die kaiserlichen Truppen noch immer ihre Stellung vom Vortage besetzt hielten. Hätte nun dieser General, dem die Marschrichtung der französischen Colonnen und die Absichten seines Obergenerals wohl bekannt waren, sich darauf beschränkt den Gegner so lange festzuhalten, bis Jourdan mit den Divisionen Grenier und Bonnaud von Homburg aus im Rücken der feindlichen Stellung erscheinen konnte, so wäre eine entscheidende Niederlage Wartenslebens höchst wahrscheinlich die unausbleibliche Folge gewesen. Klebers ungestümer Charakter konnte sich aber an solch passiver Rolle nicht genügen lassen, sondern drängte unverweilt zum Angriffe. Er befahl Lefebvre, der am linken Ufer des Wetter-Baches marschirte, die Richtung über Münzenberg—Södel—Melbach auf Bauernheim zu nehmen, dort den Bach zu überschreiten und die Stellung des Gegners in Flanke und Rücken zu fassen. Collaud mit seiner Division und jener Bernadotte's hatte sich zuwartend zu verhalten und erst wenn Lefebvre entsprechend vorgerückt sein würde, in der Front anzugreifen.

Lefebvre vollzog seinen Auftrag mit ebenso viel Verständniss als Glück. Gegen 10 Uhr kam seine Avantgarde bei Assenheim und Bauernheim an, nahm diese Orte nach hartnäckigem Widerstande und forcirte den Uebergang über den Wetter-Bach. Dagegen misslang ein Angriff seiner leichten Truppen (9 Bataillone, 8 Escadronen) auf die Höhen von Fauerbach vollständig und endete mit der gänzlichen Vertreibung der Franzosen auf das jenseitige Ufer.

Mittlerweile war das Gros der Division herangekommen und Lefebvre wiederholte den Angriff mit überlegenen Kräften. Nun mussten die kaiserlichen Truppen weichen, nahmen aber hinter dem Us-Bache, westlich von Assenheim—Bauernheim—Fauerbach, neuerdings Stellung, um ihrem Gros den Rückzug hinter Friedberg zu sichern.

FZM. Wartensleben hatte die Bedrohung seiner rechten Flanke erst wahrgenommen, als die feindliche Avantgarde Assenheim und Bauernheim angriff, Lefebvre mit dem Gros seiner Division bei Melbach angelangt war und gleichzeitig auch Collaud sich gegen Nieder-Mörlen in Bewegung setzte. (148.) Um sich der drohenden Umgehung zu entziehen und zugleich eine günstige Position zur Abwehr des Angriffes auf die Front zu gewinnen, zog er sich in zwei Colonnen hinter Friedberg, deren eine den Weg durch die Stadt, die andere westlich über den Johannesberg nahm.

Sobald Collaud diese Bewegung wahrnahm, drängte er heftig nach, um Lefebvre Zeit zu verschaffen, bei Fauerbach durchzubrechen und so dem Gros Wartenslebens den Rückzug zu verlegen. Der kaiserliche rechte Flügel widerstand in heroischer Aufopferung den übermächtigen Angriffen. Gleichwohl aber würde er unterlegen sein, wenn nicht die Tete der, durch Friedberg zurückgehenden Colonne noch rechtzeitig bei Fauerbach angekommen wäre, was die Absicht Lefebvre's vereitelte. Hiedurch wurde es möglich, beide Colonnen in Ordnung hinter Friedberg zurückzunehmen und auf den Anhöhen südlich der Stadt in Stellung zu bringen. FZM. Wartensleben stand in der Mitte mit dem Gros bei Friedberg, welches stark besetzt blieb; FML. Kray bildete den linken Flügel bei Rodbach; der rechte unter FML. Colloredo-Mels formirte eine sehr ausgedehnte Defensivflanke hinter dem Us-Bache bis Assenheim.

Nun entspann sich auf allen Punkten der weitläufigen Stellung ein heftiger Kampf. Dreimal nahm Collaud mit überlegenen Kräften Friedberg, ebenso oft aber warfen ihn die kaiserlichen Truppen wieder aus der Stadt und würden diese auch behauptet haben, wenn der sehr gefährdete rechte Flügel nicht allzuviele Kräfte absorbirt und dadurch die Widerstandsfähigkeit der Mitte geschwächt hätte.

Gleichzeitig drang der Feind auch in der linken Flanke gegen Rosbach vor, so dass der linke Flügel ebenfalls zurückgenommen werden musste. Nichtsdestoweniger währte das Gefecht mit grösster Lebhaftigkeit fort. Volle 4 Stunden hielt das Centrum Stand, obwohl es ihm gänzlich an Reiterei mangelte, die zum Schutze der Flügel aufgebraucht worden war. FML. Kray gelang es sogar, den französischen rechten Flügel durch einen kühnen Vorstoss zurückzuwerfen, aber alle diese momentanen Vortheile wurden durch den ungleichen Kampf aufgewogen, welchen der rechte Flügel zu bestehen hatte.

Als Lefebvre sich immer mehr nach links ausdehnte und endlich die Orte Bruchenbrücken und Assenheim am Einflusse des Wetter-Baches in die Nidda besetzte, sah Wartensleben seine rechte Flanke und den Rücken derart bedroht, dass er um 4 Uhr nachmittags den Rückzug anordnete. Unverfolgt und in bester Ordnung erreichte die Armee Bergen. Aber in der That war auch keine Minute zu verlieren gewesen, denn schon auf halbem Wege, in Peterweil, traf die Vorhut auf 1 Bataillon der Division Grenier, welche von Homburg her im Anzuge war; es wurde zersprengt und 10 Officiere mit 160 Mann gefangen.

Die Verluste der Franzosen in diesem Treffen sollen nach Jourdan's Angabe nur 4—500 Mann betragen haben; jene der Oesterreicher beliefen sich auf 25 Officiere, 944 Mann und 76 Pferde.*)

Kleber verfolgte seinen Gegner nur schwach und blieb auch am 11. in seinen Stellungen, weil es den Truppen, insbesondere der Division Lefebvre, an Munition fehlte und der Ersatz in Folge mangelnder Transportmittel nicht früher als im Laufe des 11. herbeigeschafft werden konnte. Nur die Division Championnet umging Königstein und deckte durch ihre Aufstellung dessen Berennung.**)

---

*) Die Urtheile Erzherzog Carls in den »Grundsätzen« und jene Jourdan's (S. 73) lassen sich schwer vereinen. Thatsache ist jedenfalls, dass für Wartensleben kein Grund zum Schlagen gefunden werden kann; er wurde nicht derart gedrängt, um sich durch eine Schlacht Luft machen zu müssen. Das Treffen selbst konnte zu keinem positiven Erfolge führen, da auch im Falle eines vollständigen Sieges bei Friedberg, das Vorgehen der Colonnen Grenier's und Championnet's alle Früchte desselben zerstört und die kaiserliche Armee zu schnellem Rückzuge gezwungen haben würde.

**) Königstein ist ein Schloss auf einem steilen Berge, dort wo die Strasse von Limburg aus dem Gebirge in die Mainebene führt. Zur Zeit der Einschliessung zählte die Besatzung unter Major Wanka nur 576 Mann der verschiedensten Truppentheile, die grösstentheils erst am 9. ihre Posten bezogen hatten.

Der hohen Lage und geringen Besatzung wegen, konnte das Schloss weder durch sein Feuer, noch durch Ausfälle gefährlich werden. Am 10. Juli begann die Beschiessung und wurde das Wasser abgesperrt, so dass die Besatzung am 19. einen Ausfall machen musste, um sich unter beständigem Gefechte einen ungenügenden Vorrath aus einem Bache zu verschaffen.

Drei Tage später, am 22., capitulirte der Commandant gegen freien Abzug mit Waffen und Gepäck. (»Grundsätze« und F. A. I, 13.)

Von der Schlacht bei Malsch bis zur Wiederaufnahme der Offensive durch Erzherzog Carl. 11. Juli bis 24. August.

Situation nach der Schlacht.

War die Lage der kaiserlichen Armeen in Deutschland nach der Schlacht bei Malsch überhaupt äusserst ungünstig, so verschärfte sich dies noch besonders bei jener am Oberrhein, auf welche die Operationen der beiden Flügel zurückwirkten und wo die Hauptmacht des Gegners sich auf der wichtigsten Operationslinie vereinigte.

Auf beiden Operationsschauplätzen standen die feindlichen Armeen bereits in gleicher Höhe mit Pforzheim, wo Erzherzog Carl lagerte, und es war ausser jedem Zweifel, dass sie binnen kurzem in seinen Flanken vordringen würden. Dazu kam noch, dass sich auch die Stärkeverhältnisse sehr zu Ungunsten der kaiserlichen Armee, vornehmlich jener, die Erzherzog Carl persönlich führte, geändert hatten. Durch die vielen Gewaltmärsche und die Verluste in zahlreichen Gefechten war die Infanterie zusammengeschmolzen, zum grossen Theil barfuss, ermattet, überdrüssig. Die Cavallerie stand schon vor der Detachirung nach Italien nicht im richtigen Verhältnisse zur Infanterie, und nun, wo die Oberrhein-Armee für längere Zeit die Ebene verlassen musste, war sie mit einer Menge Reiterei überladen, für die es in dem waldigen Berglande, welches zu durchziehen war, keine Verwendung gab. (155.) Das in voller Auflösung begriffene Contingent des schwäbischen Kreises, liess sich schon seiner Unverlässlichkeit wegen nicht in den Calcul einbeziehen, so dass die thatsächliche Stärke der Oberrhein-Armee nur mit 57 Bataillonen und 126 Escadronen, d. i. 40.000 Mann Infanterie und 18.000 Reiter, angenommen werden durfte, denen 65.000 Mann der Rhein-Mosel-Armee in weitaus günstigeren Verhältnissen gegenüberstanden.

Die Festungen, obwohl fast 32.000 Mann an Besatzungen absorbirend, hatten nicht nur keinen strategischen Werth, sondern es befanden sich jene am Oberrhein auch in so schlechtem Zustande, dass nicht einmal die von den letzten Belagerungen herrührenden Beschädigungen hergestellt waren. (156.) Sie sperrten weder dem Feinde unumgänglich nothwendige Punkte, noch lagen sie seinen Haupt-Communicationen über Limburg und Kehl nahe genug, um durch Ausfälle, Demonstrationen etc. irgendwie beunruhigen zu können. Auch unter sich waren die Hauptfestungen Mannheim und Mainz zu weit entfernt, als dass sie ihre Kräfte zu gemeinsamen Unternehmungen hätten vereinigen können.

Wie wenig sich die Franzosen durch die Rheinfestungen beengt fühlten, geht daraus hervor, dass Moreau für Mannheim auch nicht Einen Mann verwendete, sondern nach dem Abzuge der kaiserlichen Truppen, nur Germersheim mit einem kleinen Detachement besetzte und später zur Sicherung des Rhein-Thales 3 Bataillone, 2 Escadronen bei Philippsburg aufstellte. Diese gänzliche Einflusslosigkeit der Festungen auf die Operationen hatte Erzherzog Carl veranlasst, in einem Schreiben an den Kaiser vom 13. Juli die Andeutung zu machen, die festen Plätze am Rhein ganz aufzugeben und dadurch der Armee eine namhafte Verstärkung zuzuführen, deren sie so dringend bedurfte. Kaiser Franz erklärte jedoch am 18. auf das entschiedenste, dass die Festungen unter jeder Bedingung gehalten werden müssten, da er dies nicht nur als eine Ehrensache ansehe, sondern auch die fernere Allianz und Mitwirkung der deutschen Reichsfürsten davon abhänge. (E. A. A.)

Unter solchen Umständen war es nicht leicht, einen Entschluss zu fassen, zumal über die Absichten Moreau's nicht genügende Klarheit herrschte und vom Niederrhein die Nachricht von dem Verluste des Treffens bei Friedberg eintraf. Bei der Schwäche seiner Infanterie durfte Erzherzog Carl nicht daran denken, sich in eine entscheidende Schlacht einzulassen, deren Verlust nahezu sicher gewesen wäre, anderseits aber, war die Vereinigung aller kaiserlichen Streitkräfte unerlässliche Bedingung künftiger Erfolge. Glücklicherweise milderte ein schon längst erwartetes Ereigniss den düsteren Ernst der Lage. Am 12. Juli verkündete ein Generals-Befehl.

Kaiser Franz habe mittelst Handbillets an den Hofkriegsrath ddo. Baden bei Wien, 5. Juli, Erzherzog Carl das Ober-Commando über die gesammten Streitkräfte in Deutschland übertragen. Vermochte dies auch an den vollzogenen Thatsachen kaum etwas zu ändern, so entsprang doch hieraus für die fernere Kriegführung der unschätzbare Vortheil der Einheit des Commandos, wenngleich bei der grossen Entfernung der operirenden Armeen, dies anfänglich nicht voll zur Geltung kommen konnte.

Erzherzog Carl beschloss nunmehr, dem Feinde die Vorrückung Schritt für Schritt streitig zu machen, ohne sich zu einer Schlacht zwingen zu lassen, dagegen aber bei erster Gelegenheit die Vereinigung beider Armeen herbeizuführen und sich dann mit überlegener oder doch genügender Kraft auf einen, seiner getrennt marschirenden Gegner zu werfen. (157.) Zeit und Art der Ausführung dieses Planes war durch die Verhältnisse bedingt. Obwohl die Entfernung von Pforzheim bis Frankfurt nur ungefähr 135 *km* betrug, mithin, theoretisch, 2—3 Tage genügt hätten, um die sofortige Vereinigung der kaiserlichen Armeen herbeizuführen, war dennoch hieran nicht zu denken. Da der Erzherzog nur so lange bei Pforzheim stehen bleiben durfte, als Moreau den obern Neckar und die Donau nicht unmittelbar bedrohte, dies aber jeden Tag zu erwarten war, konnte er sich noch weit weniger in nördlicher Richtung von Pforzheim entfernen, um sich mit Wartensleben zu vereinigen. Aus gleichem Grunde war es aber auch dem Erzherzoge nicht möglich, den Feldzeugmeister an sich zu ziehen, weil er ihn sonst der Gefahr aussetzte, die Armee nicht mehr bei Pforzheim zu finden, falls sie, durch die Bewegungen des Gegners gezwungen, diesen Punkt noch während des Anmarsches der Niederrhein-Armee hätte verlassen müssen.

Vorsicht und Klugheit geboten daher, die Vereinigung auf einen späteren Zeitpunkt zu verschieben und bis dahin günstigere Bedingungen zu schaffen. Eine der feindlichen Armeen musste so lange aufgehalten werden, bis die Uebereinstimmung der Bewegungen beider unterbrochen wurde und sie nicht mehr im Stande waren, ihre Manöver zu combiniren. Dagegen war es nothwendig, die kaiserlichen Armeen während des Rückzuges einander so nahe zu bringen, dass sie sich schliesslich durch einige forcirte Märsche vereinigen konnten, ohne dass die Gegner dies zu hindern oder die Folgen der Vereinigung zu vereiteln vermöchten. Letztere Bedingung liess sich nur in der Nähe der Donau erfüllen. Von dieser durfte sich der Erzherzog vor einer entscheidenden Schlacht nie so weit entfernen, dass er nicht auch im Falle des Misslingens, noch Meister beider Ufer blieb, oder doch mindestens das rechte gewinnen konnte, wodurch er die Verbindung mit Italien aufrecht hielt und nöthigenfalls den Rückzug nach Oesterreich offen hatte. Aus diesen Gründen fand er es daher für angemessen, den grösseren Widerstand Moreau entgegenzusetzen, dessen Vorrückung die Donau auf der kürzesten Linie bedrohte. Vorläufig wollte er die Stellung bei Pforzheim möglichst lange halten und dann bei Stuttgart eine vortheilhaftere beziehen. Die weiteren Operationen konnten erst aus dem Verhalten des Gegners bestimmt werden, der sich im Vollbesitze der Initiative befand.*) (158.)

---

*) Eine bemerkenswerthe Thatsache, welche die Leitung der Operationen sicher wesentlich erschwerte, war, dass man im Hauptquartiere über das Terrain östlich von Pforzheim bis an den Lech und die Wernitz gar keine Kenntniss hatte und es auch gerade für diesen schwierigsten Theil des Rückmarsches vollständig an topographischen Behelfen mangelte. Major Mayer vom General-Quartiermeister-Stabe Erzherzog Carls sagt hierüber in seinen Memoiren über den Feldzug 1796 (F. A. I, 29½): »Ich wurde, als eilfter Major im Corps, in Eil von Pforzheim gegen Stuttgart geschickt, um das Land, welches uns wie Amerika unbekannt war, zu recognosciren . . . .«

Als später die Armee von Waiblingen nach Böhmenkirch marschirte, wurde Major Mayer mit 8 Officieren des General-Quartiermeister-Stabes wieder vorausgeschickt, um das Land an beiden Ufern der Donau bis an den Lech und die Wernitz zu recognosciren und so bald als möglich zeitweise Rapporte ins Hauptquartier zu schicken, ». . . . denn wie gesagt, das Land war für uns so unbekannt wie Kamtschatka. Ich reiste den ganzen Tag mittelst Post und zu Pferd im Land herum, setzte mit meinen Officieren eine à la vue croquirte Karte zusammen, bemerkte die darin vorkommenden vortheilhaften Stellungen u. s. w.«

Fast möchte man dies für Uebertreibung halten, wenn nicht bei den Franzosen genau dieselben Verhältnisse bestanden hätten. So klagt, um hier nur des nächstliegenden Falles zu erwähnen, Moreau in einem

Nach der Schlacht von Malsch hätte ein entschiedenes rasches Vordringen Moreau's gegen die Donau, verhängnissvoll für die kaiserliche Armee am Oberrhein werden können. und zwar umsomehr, wenn gleichzeitig auch Jourdan gesucht hätte, sich Moreau durch ein Vorgehen in der linken Flanke Wartenslebens zu nähern. Zum Glücke für die kaiserlichen Waffen hinderten die Befehle des Directoriums das Eine, und die Art, wie Moreau die Situation auffasste, das Andere. Jourdan wandte sich vorwiegend gegen die rechte Flanke seines Gegners und Moreau erblickte die beste Ausnützung der errungenen Vortheile, in einem Angriffe auf Erzherzog Carls Stellung bei Pforzheim, also in einer zweiten Schlacht. Bis zu diesem Zeitpunkte begnügte er sich, die kaiserlichen Vorposten von Karlsruhe und Durlach bis Söllingen zurückzudrängen, ferner mit erfolglosen Postengefechten an der Enz, in der Gegend von Birkenfeld und Ellmendingen. Endlich entschloss er sich zu einem Angriffe für den 15., nachdem er 2 Tage vorher in Neuenburg die Details der Disposition persönlich festgestellt hatte. St. Cyr rückte mit der Division Taponnier gegen Pforzheim, fand aber die Stellung der kaiserlichen Armee verlassen.

Aufmerksam hatte Erzherzog Carl alle Bewegungen des Gegners verfolgt, von welchen schon jene gegen Durlach und Langensteinbach auf eine baldige Vorrückung hinwiesen. In der Besetzung Calws durch Laroche, welcher unmittelbar darauf bis an die Vorposten GM. Fürst Liechtensteins streifte, glaubte der Erzherzog ein untrügliches Zeichen zu erblicken, dass Moreau die Absicht habe, durch einen raschen Vormarsch im Rücken der kaiserlichen Armee sich Stuttgarts zu bemächtigen. Um dies zu hindern, brach er unverzüglich gegen den Neckar auf; das erste Marschziel war Vaihingen, wohin sich die Armee am 14. in 3 Colonnen in Bewegung setzte.

Die kursächsischen Truppen und die Reserve-Artillerie marschirten um 4 Uhr nachmittags nach Enzweihingen; ihre Vorposten verbanden sich von Oeschelbronn über Friolzheim

---

Briefe an Jourdan ddo. Schorndorf, 30 Juli: »Nous marchons ici à tâtons, sans cartes, dans un pays extrêmement difficile« (St. Cyr III, Nr. 38, S. 389.)

mit jenen des GM. Fürsten Liechtenstein. Die beiden andern Colonnen wurden um 10 Uhr nachts in Marsch gesetzt, und zwar ging FML. Sztáray mit 14 Bataillonen, 4 Escadronen längs der Enz nach Vaihingen, die Cavallerie, 19 Escadronen, kam ebenfalls dorthin auf dem Wege über Oelbronn, Maulbronn und Gündelbach.

GM. Fürst Liechtenstein hatte so lange als möglich in seiner Stellung zu verbleiben, um die Marschrichtung des Feindes zu erforschen, nöthigenfalls aber derart nach Stuttgart zurückzugehen, dass er im Vereine mit den sächsischen leichten Truppen, den Marsch der Armee decken könne.

GM. Barco, der sich mit seinem Detachement von 1 Bataillon de Ligne-Infanterie, 2 Compagnien des serbischen Freicorps und dem Regimente Kaiser—Chevau-légers von Durlach nach Bretten zurückgezogen hatte, wurde beordert, über Sickingen nach Stebbach zu marschiren. Dort hatte GM. Canisius das Commando zu übernehmen und sowohl die Bewegungen des Feindes zu beobachten, als auch durch Streifcommanden möglichst lange in Verbindung mit Mannheim und Philippsburg zu bleiben.

FML. Hotze besetzte mit 2 Compagnien, 2 Escadronen der zurückgehenden Vorposten Maulbronn und sicherte die rechte Flanke der Armee. (159.) Oberst Lattermann ging mit 4 Bataillonen, 2 Escadronen nach Stuttgart voraus, um bei Berg den Knotenpunkt der Strassen von Stuttgart und Esslingen nach Cannstatt zu besetzen.

Moreau, überzeugt, Erzherzog Carl suche einer Schlacht auszuweichen und den Neckar zu gewinnen, war nun entschlossen, ihn zum Stehen zu bringen. Er zog am nächsten Tage Desaix mit dem linken Flügel nach Pforzheim und liess den rechten unter St. Cyr über die Würm vorgehen. GM. Fürst Liechtenstein, der ohne Infanterie und Geschütz den überlegenen Massen, die über Heimsheim und »Weil die Stadt« vorrückten, nicht widerstehen konnte, ging ohne Verlust nach Zuffenhausen bei Stuttgart zurück und trat mit den Sachsen in Verbindung; nur 1½ Escadronen blieben vor Stuttgart.

Auf die Nachricht hievon, und da auch FML. Hotze den Anmarsch starker Colonnen (Desaix) gegen Oelisheim und Pforzheim anzeigte, verstärkte Erzherzog Carl Oberst Lattermann mit noch 4 Escadronen und marschirte am 17., um 5 Uhr nachmittags, nach Schwieberdingen. GM. Canisius kam nach Bönigheim, deckte von dort Heilbronn und Lauffen, bis die Magazine geräumt werden konnten und hatte sich dann über Lauffen der Armee anzuschliessen. FML. Hotze bezog die Vorposten in der Linie Vaihingen—Nussdorf—Heimerdingen.

Das rasche Vordringen des Gegners machte Vorsichtsmassregeln hinsichtlich des Neckarüberganges nothwendig. Hauptsächlich betraf dies die Sicherung der am meisten gefährdeten Flussstrecke zwischen den Einmündungen der Glems und der Lauter in den Neckar, beziehungsweise des Raumes zwischen Cannstatt und Plochingen. Erzherzog Carl bestimmte hiezu, einschliesslich des bei Cannstatt schon stehenden Detachements des Obersten Lattermann, 13 Bataillone, 7 Escadronen unter FML. Riese, dem auch GM. Fürst Liechtenstein mit der »beihabenden« Cavallerie zur Verfügung gestellt wurde.*)

Dieses Corps marschirte am 18. morgens über Stuttgart nach Cannstatt und nahm dort folgende Aufstellung:

GM. Baillet und GM. Schellenberg mit 8 Bataillonen; bei der Brücke von Türkheim 1 Bataillon und 1 Escadron.

Oberst Lattermann, der nach dem Einrücken obiger Truppen in Cannstatt von dort abmarschirt war, besetzte mit 3 Bataillonen, 4 Escadronen Esslingen und detachirte 1 Bataillon, 2 Escadronen zu der Brücke von Plochingen.

FML. Riese hatte dem Feinde den Uebergang bei Berg zu verwehren und die Strasse Cannstatt—Esslingen zu sichern. Oberst Lattermann erhielt noch den besondern Auftrag, sich durch scharfe Recognoscirungen über die Stärke und Absichten

*) GM. Fürst Liechtenstein hatte ursprünglich 3 Regimenter; es ist nicht genau anzugeben, welche Bestimmung dieselben nach seinem Eintreffen bei Stuttgart erhielten; da sie jedoch in den Marschzetteln für den Uferwechsel der Armee (Gros) nicht vorkommen, so ist wohl anzunehmen, dass alle drei auf der Strecke Stuttgart—Plochingen verwendet wurden.

des Gegners zu unterrichten, denselben, im Falle er schwächer wäre, sofort anzugreifen und vor allem die Strasse Hohenheim—Stuttgart frei zu halten. Zugleich mit diesen Verfügungen wurde die Herstellung von Pontonbrücken bei Aldingen und Mühlhausen angeordnet. (160.)

Als FML. Riese seine Stellung bezogen hatte, setzte sich nachmittags 4 Uhr die Armee in Marsch, folgte jedoch nicht der directen Strasse nach Stuttgart, sondern bog östlich aus und lagerte bei Ludwigsburg—Kornwestheim. Die Arrièregarde FML. Hotzes rückte an diesem Tage mit ihrem Gros bis »Weil im Dorf« und stellte die Vorposten von Heimerdingen bis auf die Höhe der »Solitude« (7 *km* nordwestlich Stuttgart) aus, wo ihr linker Flügel mit der Cavallerie GM. Fürst Liechtensteins in Verbindung trat. Die Sachsen standen von Schwieberdingen bis Bietigheim an der Enz, in Verbindung mit GM. Canisius.

Operationen der Niederrhein-Armee am Main. 10. Juli.

In Folge der Bewegungen Championnet's hatte FZM. Wartensleben die nach dem Treffen von Friedberg eingenommene Stellung verlassen und war gegen Frankfurt marschirt, wo er am 10. abends bei Bockenheim lagerte. Mit dem Eintreffen in der Linie Bockenheim—Bergen war jene Stellung erreicht, welche er, im Widerspruche mit den Befehlen des Erzherzogs, für die strategisch geeignetere hielt. Kaum dort angelangt, musste er aber gleichwohl die Möglichkeit bezweifeln, sich in derselben auch nur vorübergehend behaupten zu können. Die Bewegungen Lefebvre's in seiner rechten Flanke veranlassten ihn, zur Sicherung der Strasse nach Würzburg, FML. Werneck am 11. mit 8 Bataillonen, 8 Escadronen, im Ganzen 3800 Mann Infanterie, 3000 Reiter, nach Aschaffenburg zu detachiren. Diese namhafte Schwächung liess es ihm unthunlich erscheinen, das rechte Mainufer zu behaupten, weshalb er noch am selben Tage sich anschickte, auf das linke überzugehen. (F. A. I, 1.) Im Sinne der, für diesen Fall schon am 4. Juli gegebenen Instructionen des Erzherzogs, marschirten die GM. Mylius und Simbschen mit 5 Bataillonen nach Mainz

(160) und wurden dafür 6 Bataillone an FZM. Wartensleben abgegeben. GM. Montfrault rückte mit 3 Bataillonen und 12 Zwölfpfündern als Besatzung nach Frankfurt. Der Rest der Armee, ungefähr 22.000 Mann Infanterie und 11.000 Reiter, führte den Uferwechsel derart aus, dass am 12. auch die Arrièregarde den Fluss passirt hatte.

Die kaiserlichen Truppen am Rhein und Main waren nunmehr wie folgt vertheilt:

Den Rhein bis Mannheim besetzte FML. Mercandin mit Zuziehung der Brigaden GM. Prinz Hohenlohe und Kienmayer;

am Main, von Kelsterbach bis zur Mündung stand FML. Colloredo-Mels mit den Brigaden GM. Prinz Anhalt-Köthen und Alcaini, d. i. 22 Escadronen und 5 Bataillone, von welch letzteren 2 Bataillone mit 4 Zwölfpfündern die Höhen von Kelsterbach, 1 Bataillon mit 4 Zwölfpfündern Rüsselsheim und die dortige Schanze, und 2 Bataillone den Ort Bischofsheim besetzten;

von Kelsterbach bis Offenbach: FML. Prinz Lothringen mit 1 Bataillon, 15 Escadronen;

von Offenbach bis Stockstadt in Verbindung mit Aschaffenburg: FML. Kray und GM. Hadik mit 4 Bataillonen, 13 Escadronen.

Das Hauptquartier FZM. Wartenslebens war in Neu-Isenburg, südlich Frankfurt. (161.)

Unmittelbar in und bei Mainz standen $8^{5}/_{6}$ kaiserliche und $19^{4}/_{6}$ Bataillone der Reichscontingente, im Ganzen $28^{3}/_{6}$ Bataillone = 14.826 Mann und 4 Escadronen Husaren; von letzteren waren 3 Escadronen an die Selz vorgeschoben, die 4. besetzte am rechten Ufer im Rücken von Mainz, die Strecke Biebrich—Hochheim. Die Flottille hatte 4 Tschaiken bei Nierstein, 3 im Main bei Rüsselsheim und 3 unweit der Selzmündung bei der Ingelheimer-Au. Zwei Schiffbrücken, zwischen Castel und Kostheim, vermittelten die Verbindung zwischen beiden Rheinufern. (162.)

Die Stellung FZM. Wartenslebens war allerdings sehr ausgedehnt; sie fand auch nicht die Billigung Erzherzog Carls, der eine concentrirtere Verwendung der Truppen lieber gesehen hätte; indess erfüllte sie im grossen und ganzen doch den

Hauptzweck: ein ernstes Hinderniss für die Operationen der Sambre-Maas-Armee zu bilden.

Für Jourdan war es nun ebenso schwierig, zwischen den Brückenköpfen von Castel und Frankfurt den Uebergang zu forciren, als sich gegen den oberen Main zu wenden. Im letzteren Falle hätte er seine Rückzugslinie preisgegeben, ehe es ihm gelingen konnte, jene des Gegners zu erreichen, welche naturgemäss zur Armee des Erzherzogs und an die Donau gerichtet sein musste. Erzherzog Carl legte daher grossen Werth auf die Behauptung des Main und befahl dem Feldzeugmeister ausdrücklich, die Gegend von Mainz nur im äussersten Falle gänzlich zu verlassen. Ganz besonders wandte sich der Erzherzog gegen die von Wartensleben geäusserte Absicht, sich eventuell gegen die böhmische Grenze zu ziehen. Da jedoch bei der schwierigen Verbindung zwischen den beiden kaiserlichen Armeen selbst auch entfernte Möglichkeiten in Betracht gezogen werden mussten, so legte er für den Fall »als es das Unglück dennoch wollte, dass er (Wartensleben) sich gegen Eger ziehe«, dem Befehle ein Formular zu Requisition freien Durchzuges bei der Anspach-Baireuth'schen Regierung bei, sprach aber zugleich die Erwartung aus, die Klugheit des Feldzeugmeisters werde diese Nothwendigkeit zu vermeiden wissen. (163.) Sollte der Rückzug vom Main, respective Frankfurt, unvermeidlich werden, so möge sich Wartensleben nach Aschaffenburg ziehen und überhaupt im Sinne der allgemeinen Instruction nach eigenem Ermessen handeln, da es unter den gegebenen Verhältnissen unmöglich sei, ihn für jeden einzelnen Fall mit Verhaltungsbefehlen zu versehen. (164.)

Die französische Armee war am 11. ruhig in den Stellungen geblieben, die sie am Abende des 10. besetzt hatte; auch vor Mainz ereignete sich ausser kleinen Recognoscirungsgefechten, nichts von Bedeutung.

Nach den Plänen des Directoriums hätte Jourdan mit der Armee an die Kinzing marschiren und am unteren Main nur ein Observations-Corps zurücklassen sollen, um die Besatzung von Mainz niederzuhalten und Frankfurt zu besetzen, falls die kaiserlichen Truppen durch die Operationen der Sambre-Maas-Armee genöthigt würden, dasselbe zu verlassen.

Jourdan dagegen erachtete es für gefährlich, an die Kinzig vorzurücken, ohne sich vorher Frankfurts versichert zu haben. Nach Abschlag der Truppen zu den Blockaden von Mainz, Ehrenbreitstein und Königstein, erübrigten für die Operation an die Kinzig nicht viel mehr als 46.000 Mann, wogegen FZM. Wartensleben, einschliesslich des Reserve-Corps, über 45.000 Mann verfügte. Ausserdem aber konnte dieser für den Fall des Bedarfes 8—10.000 Mann aus Mainz dazu verwenden, um in dem Augenblicke, wo die Sambre-Maas-Armee sich gegen die Kinzig wenden würde, deren zurückgelassene Corps über den Haufen zu werfen und sich der rückwärtigen Verbindungen der Armee zu bemächtigen. Ueberdies war Jourdan ohne genauere Kenntniss von der Situation Moreau's und durfte daher auch die Möglichkeit nicht übersehen, dass im Falle einer Niederlage der Rhein-Mosel-Armee, sich ein Theil der Armee Erzherzog Carls mit jener Wartenslebens vereinigen würde. Diese Ansichten des französischen Obergenerals kamen jedoch dermal nicht in Widerstreit mit den Weisungen des Directoriums, denn diese trafen verspätet ein und Jourdan konnte wenigstens vorläufig nach eigenem Ermessen handeln und die weiteren Operationen mit dem Angriffe auf Frankfurt eröffnen. (Jourdan 76.)

Der Vertheidigungszustand dieser Stadt liess in Folge langer Vernachlässigung von Seite der landesfürstlichen Behörde sehr viel zu wünschen übrig. Die Ringmauer war zwar durchwegs geschlossen und mit Bastionen versehen, aber die Brustwehren befanden sich in schlechtem Stande und nur der Wassergraben gewährte theilweisen Schutz gegen einen Handstreich oder Sturmangriff. Frankfurt deckte mit seinen Befestigungen die steinerne Mainbrücke nur insolange, als die Besatzung auf Hilfe vom linken Mainufer rechnen konnte. Die Verproviantirung der Stadt hatte FZM. Wartensleben seit seiner Ankunft wohl mit Nachdruck betrieben und aus dem Zeughause, in dem sich 159 Kanonen und 59 Bombenmörser befanden, das noch brauchbare Geschütz auf die Wälle schaffen lassen, aber es reichte dies alles ebensowenig für den Bedarf aus, wie die vorhandene Munition und Bedienungsmannschaft. (165.)

Am 12. Juli gab Jourdan Befehl zum Vormarsche; nur Bernadotte und Dauriez blieben in ihren Stellungen und beobachteten die Zugänge nach Castel. Behutsam und mit grösster Vorsicht, weil der Feind noch am rechten Mainufer vermuthet wurde, rückte Kleber mit dem linken Flügel in 3 Colonnen von Cronburg, Homburg und Friedberg vor. Kurz nach Mittag stand Grenier bei Höchst, Championnet bei Nieder-Liederbach und Kriftel. Sobald Kleber, der mit den Divisionen Lefebvre und Collaud über Vilbel und Bonames marschirte, unmittelbar vor Frankfurt angekommen war, rückten auch die übrigen Colonnen vor und schlossen die Stadt am rechten Ufer enge ein.

Nach Eintreffen des Geschützes eröffneten um 5 Uhr nachmittags 8 Haubitzen das Feuer; eine Stunde später wurde die bereits an mehreren Orten brennende Stadt zur Uebergabe aufgefordert. Auf die Antwort GM. Montfrault's, dass er die Entscheidung des Armee-Commandanten abwarten müsse, begann die Beschiessung um 10 Uhr nachts neuerdings und währte bis zum 13., um 5 Uhr morgens. Zur selben Zeit überbrachte eine Deputation des Magistrates Jourdan ein Schreiben FZM. Wartenslebens. Dieser hatte noch am 12., gleich nach der Aufforderung, einen Courier mit der Bitte um Verhaltungsbefehle an Erzherzog Carl abgesendet und darauf hingewiesen, dass die Stadt ohnehin nicht haltbar sei und keinen Widerstand leisten könne. (166.) Er erklärte nun Jourdan, dass er ohne Bewilligung des Erzherzogs die Stadt nicht übergeben könne und ersuchte zugleich um Schonung für dieselbe. Jourdan beschied jedoch die Deputation abschlägig und gab ihr 3 Stunden*) Zeit, nach deren Ablauf die Beschiessung wieder aufgenommen und zum Sturme geschritten werden würde. Truppenbewegungen und die auffällige Herbeischaffung von Leitern sollten dieser Drohung Nachdruck verleihen.

Gegen Abend, als die Frist verstrichen war, begann die Beschiessung mit vermehrter Heftigkeit. Mehr als 40 Häuser waren bereits in Flammen aufgegangen und in der Judengasse

*) Nach Wartenslebens Bericht an Erzherzog Carl nur ½ Stunde. (D. VII, 126 d u. c.)

spottete der Brand aller Löschversuche. Zudem meldete FML. Werneck aus Aschaffenburg, dass ihm die Vorrückung einer feindlichen Colonne über Gedern gegen Würzburg angezeigt wurde, und FML. Kray berichtete von Seligenstadt den Marsch von ungefähr 12.000 Mann über Hanau gegen Aschaffenburg.*) (167.)

Diese Umstände, sowie die Ueberzeugung, dass der Feind bedeutend überlegen sei und daher nicht erwartet werden könne, ihm mit Erfolg entgegenzutreten, bewogen FZM. Wartensleben, die Stadt nicht gänzlichem Verderben preiszugeben. Er beauftragte FML. Werneck, Aschaffenburg nicht zu verlassen, auch wenn sich der Anmarsch einer feindlichen Colonne bestätigen sollte, sondern nur 3 Bataillone nach Würzburg abzusenden, um sich der dortigen Citadelle zu versichern. Zu gleicher Zeit trat er mit Kleber in Unterhandlung wegen Uebergabe der Stadt und vereinbarte mit ihm am Morgen des 14. folgende Bedingungen:

1. Vom Augenblicke der Unterzeichnung der Capitulation tritt zwischen beiden Armeen ein 48stündiger Waffenstillstand in Kraft, der sich nicht blos auf Frankfurt, sondern auf die ganze Mainstrecke und die Kinzig von deren Ursprung bis zur Mündung erstreckt.

2. Die Franzosen besetzen alle Thore der Stadt mit Ausnahme jenes von Sachsenhausen, welches ihnen erst dann übergeben wird, wenn die letzte österreichische Colonne die Stadt verlassen hat.

3. Die Garnison von Frankfurt nimmt ihre Artillerie und Munition mit sich und zieht mit Waffen und Gepäck ab.

4. Was die Einwohner und ihr Eigenthum betrifft, so ist die von Jourdan am 11. Messidor des Jahres IV an die Bewohner des rechten Rheinufers erlassene Proclamation massgebend.**) (167.)

*) Beide Meldungen bestätigten sich nicht.

**) Diese Proclamation lautet nach dem deutschen Originale:

»Die vielfältigen Siege der Armeen der französischen Republik, das Geschrei der vom Krieg ermüdeten Völker, der nichts als Ruin und Verheerung für sie mit sich führt, die rührende Stimme der Humanität, welche ohne Aufhören wiederholt, dass es Zeit sei, den Strömen Blutes

Ausserdem wurde der Stadt eine Contribution von 6 Millionen Thalern in Baarem und eine Lieferung von Uniformirungs- und Ausrüstungsgegenständen im Betrage von 2 Millionen auferlegt.

Einhalt zu thun, die eure Felder überschwemmen: nichts kann das verhärtete Herz eurer Souveräne rühren, nichts ist im Stande, sie zu bewegen, einen Frieden zu verlangen, welcher die Ruhe und das Glück von ganz Europa bestimmen muss. Wohlan denn! Da doch noch Blut muss vergossen werden, da man den Krieg unter ihre Augen bringen muss, um sie alle seine Schrecknisse sehen zu lassen, so werden die französischen Armeen in Deutschland einrücken. Allein täuschet euch deswegen nicht, friedsame Bewohner dieser unglücklichen Gegenden. Ihr seid es nicht, die wir bezielen: es sind nicht eure Gesetze, nicht eure Religion, die wir zerstören wollen, wie man euch fälschlich zu bereden sucht, blos um euch gegen uns zu bewaffnen. Ihr werdet ohne Zweifel von der Anwesenheit der Armee, so immer unvermeidliche Uebel mit sich führt, zu leiden haben: allein fürchtet nicht, dass wir an euch die Grausamkeiten und Greuel rächen, unter welchen die Bewohner unserer Gegenden erlagen, als der Kriegsschauplatz sich dahin gezogen hatte. Euer Eigenthum soll nicht verwüstet werden: ihr werdet eure Häuser nicht in Flammen aufgehen sehen. Bleibet daher an euren Herden, nehmet keinen Antheil an kriegerischen Begebenheiten, und ihr könnt darauf rechnen, bei allen Chefs der Armee, so ich commandire, Schutz zu finden. Allein, habt ihr im Gegentheil die Verwegenheit, euch zu bewaffnen, so erwarten euch die schwersten aller Strafen, und die frappantesten Beispiele sollen dann euer Eigenthum treffen. Ich habe es deswegen für dienlich erachtet, euch davon durch diese Proclamation zu benachrichtigen, und das deswegen getroffene Reglement bekannt zu machen.

Art. 1. Den Generalen, Ober- und Unterofficieren ist aufgetragen, die strengste Disciplin unter den Truppen zu handhaben, die sie commandiren: sie werden nach der Strenge der Gesetze jedes Individuum richten und strafen lassen, welches sich erlaubt zu plündern, oder die Bewohner der Länder zu misshandeln, durch welche die Armee ziehen wird.

Art. 2. Die Bewohner des Landes, wodurch die Armee ziehen wird, sind aufgefordert, friedsam in ihren Wohnungen zu verbleiben: alle die, welche mit ihrer Habschaft und Vieh als flüchtig ergriffen werden, sollen arretirt, und ihre Habschaft und Vieh zum Besten der Republik confiscirt werden.

Art. 3. Die Bewohner der Dörfer, Flecken und Städte, welche sich bewaffnet vereinigen würden, werden mit Gewalt zur Niederlegung ihrer Waffen gezwungen, sodann auf der Stelle erschossen und ihre Häuser verbrannt werden.

Art. 4. Jeder Bewohner, welcher im Land gefunden wird und ohne Erlaubniss eines Generals oder Ober-Officiers Waffen trägt, soll arretirt, verurtheilt und auf der Stelle erschossen werden.

16*

Erzherzog Carl billigte sowohl die Capitulation als auch ihre Bestimmungen; nachdem er den Marsch an die Donau beschlossen und angetreten hatte, legte er auf die Erhaltung von Frankfurt keinen Werth mehr. Er hatte auch gleich nach Erhalt der Meldung Wartenslebens denselben verständigt, es sei nie seine Absicht gewesen, die unhaltbare Stadt der Verwüstung preiszugeben, und ermächtigte ihn unter Bedingungen zur Capitulation, mit welchen die vom Feldzeugmeister bereits stipulirten sich nicht nur vollkommen deckten, sondern auch noch das höchst werthvolle Zugeständniss eines Waffenstillstandes voraus hatten. (168.) Dieser letztere verwehrte den Franzosen bis zum 16., um 7 Uhr morgens, das Betreten des linken Ufers des Main und der Kinzig; er war Jourdan nur durch die Nothwendigkeit abgezwungen worden, die reichen, seiner Armee höchst nothwendigen Hilfsquellen welche ihm in Frankfurt winkten, vor Zerstörung zu bewahren.

Weniger zufriedengestellt zeigte sich das Directorium zu Paris, welches die Capitulationsbedingungen, insoweit sie die Stadt betrafen, wesentlich verschärfte, die Lieferungen auf 4 Millionen erhöhte und die Wegführung von Kunstwerken, historischen Kleinodien etc. nach Paris anordnete.*)

Von der ganz unrichtigen Ansicht ausgehend, dass die beiden kaiserlichen Armeen in Deutschland zusammen, nicht mehr als 50,000 Streitbare zählten und mithin jede einzelne

---

Art. 5. Die Bewohner der Länder, wodurch die Armee ziehen wird, sind gehalten, auf der Stelle ihre Waffen an die Orte niederzulegen, welche dazu den Vorstehern und Bürgermeistern werden bezeichnet werden.

Art. 6. Die Vorsteher, Bürgermeister und andere Civilgewalten sollen gegenwärtige Proclamation in ihren respectiven Bezirken bekannt machen.

Art. 7. Den Generalen der Armee ist die Ausführung übertragen.

Gesehen in meinem Hauptquartiere den 11. Mesidor (29. Juni) im vierten Jahre der französischen Republik.«

Der General en Chef

(D. VII, 171 d.) Jourdan.

*) Aus dem sehr umfangreichen Verzeichnisse seien hier nur erwähnt: die Krönungs-Insignien der deutschen Kaiser, das Original der goldenen Bulle, die berühmtesten Gemälde, wovon besonders benannt, die »12 Apostel« von Piazetta u. a. m. (Jourdan, S. 265, Nr. XI.)

der französischen Armeen, ihrem Gegner weit überlegen sei, tadelte Carnot das Vorgehen Jourdan's. Er war der Ansicht, derselbe hätte nach Rücklassung eines Observations-Corps, auf Aschaffenburg und Schweinfurt vorrücken sollen, um Wartensleben den Rückzug abzuschneiden.*)

An den thatsächlichen Verhältnissen änderten diese Aeusserungen wohl nichts, denn sie trafen viel zu spät bei der Armee ein, um Jourdan's Massnahmen noch beeinflussen zu können. Die Franzosen blieben nach Abschluss des Waffenstillstandes in ihren Stellungen, nur die Divisionen Lefebvre und Collaud rückten zur Besetzung der Demarcationslinie an die Kinzig, wo ersterer bei Gelnhausen, letzterer bei Langenselbold Stellung nahm.

FZM. Wartensleben nützte ungestört die Vortheile aus, welche ihm der Waffenstillstand an die Hand gab. Da nach den übereinstimmenden Nachrichten nicht zu zweifeln war, der Feind wende sich nicht gegen Mainz, sondern östlich, säumte er nicht, in letzterer Richtung abzumarschiren, um jedenfalls Würzburg noch vor den Franzosen zu erreichen. (169.)

Am 15. trat die Armee in 3 Colonnen den Marsch an:

FML. Kray zog mit den Truppen, welche den Main von Offenbach aufwärts besetzt hielten, nach Stockstadt, FML. Colloredo-Mels aus der Stellung Offenbach—Niddamündung über Neu-Isenburg nach Aschaffenburg, und FML. Mercandin marschirte von der unteren Mainstrecke mit 4 Bataillonen,

*) Es ist von Interesse, den Calcul kennen zu lernen, durch welchen Carnot zu seiner Ansicht gelangte. Er sagte: »Wir setzen voraus, dass der Feind zu Beginn des Feldzuges 100.000 Mann stark war; seitdem liess er bei Philippsburg oder Mannheim 9000, in Mainz, Königstein und Ehrenbreitstein 15.000, an Todten, Verwundeten, Gefangenen und Deserteuren verlor er 15.000 und durch den Abmarsch der Sachsen 10.000 Mann.« (Jourdan, 274.)

Sieht man ab von der gewiss auffallenden Thatsache, dass Carnot in Paris schon am 20. Juli den »Abmarsch der Sachsen« in Rechnung bringen konnte, der doch erst am 30. zur That wurde, so gibt obige Zusammenstellung wirklich einen Abgang von 49.000 Mann für die kaiserlichen Streitkräfte in Deutschland und hätten dieselben dann allerdings nur 51.000 Streitbare behalten — wenn nämlich die Basis der ganzen Aufstellung richtig gewesen wäre.

22 Escadronen leichter Truppen über Aarheiligen nach Babenhausen. GM. Elsnitz, der mit 8 Escadronen Husaren von der Mainmündung rheinaufwärts bis Mannheim stand, sicherte, in 2 Colonnen über Darmstadt—Ramstadt—Obernburg, dann Weinheim—Erbach streifend, die rechte Marschflanke und hatte sein Detachement am 16. bei Miltenberg wieder zu vereinigen.

Noch am 15. rückten 22 Bataillone, 31 Escadronen in Aschaffenburg ein; am nächsten Tage sollte die 2. Colonne eintreffen. Die Arrièregarde der Armee blieb bei Sachsenhausen und folgte dem Gros erst am zweiten Tage.

Die erste Nachricht von den Bewegungen der Franzosen (Divisionen Lefebvre und Collaud) an die Kinzig erhielt FZM. Wartensleben am 16. durch eine Meldung des in Meerholz stehenden Obersten Keglevich, welche den Marsch starker feindlicher Colonnen nach Gelnhausen anzeigte. Der Feldzeugmeister schloss daraus auf die Absicht Jourdan's, ihn über Gemünden von Würzburg abzuschneiden. In Folge dessen wollte er sofort nach Würzburg aufbrechen, dort alle seine Truppen mit Ausnahme jener GM. Elsnitz' vereinigen und der Bedrohung seiner Communicationen durch einen energischen Angriff zuvorkommen. Als jedoch später GM. Spiegelberg aus Obernburg berichtete, der Feind habe bei Seligenstadt eine Brücke über den Main hergestellt, ferner andere Nachrichten bestätigten, dass am 16. noch keine Franzosen in Fulda waren, vielmehr angenommen werden dürfe, ihre vereinzelten Vormärsche würden nur zum Zwecke von Contributionen unternommen, änderte der Armee-Commandant seine ursprüngliche Absicht und beschloss, hinter dem Main bei Lengfurt eine vortheilhafte Stellung zu beziehen.

Um jedoch für alle Fälle die rechte Flanke zu sichern, wurde FML. Werneck mit dem Reserve-Corps am 16. nach Würzburg in Marsch gesetzt. Am 17. dort eingetroffen, detachirte derselbe GM. Kolowrat mit 2 Bataillonen, 6 Compagnien Slavoniern und 6 Escadronen nach Lohr und Gemünden, zur Sicherung der von der Kinzig nach Würzburg führenden Strassen. Er selbst nahm Stellung auf dem Galgenberge bei Würzburg und besorgte, so viel dies in der kurz bemessenen

Zeit möglich, die Armirung der Citadelle. FML. Mercandin erhielt Auftrag, sich von Babenhausen über Obernburg zu wenden, dort die Arrièregarde zurückzulassen und mit seinem Gros in Miltenberg Stellung zu nehmen.

Das Gros der Armee brach am 17. von Aschaffenburg auf und übersetzte mittelst einer Schiffbrücke bei Lengfurt auf das linke Mainufer. FML. Kray blieb mit der Arrièregarde im Spessart, bei Esselbach und Rohrbrunn.

Kurz nach dem Eintreffen in Lengfurt meldete Oberst Keglevich, der Feind habe bei Gelnhausen und Meerholz die Kinzig passirt und ihn von letzterem Ort zurückgedrängt. Dies überzeugte FZM. Wartensleben von der Richtigkeit seiner ersten Voraussetzung, dass nämlich Jourdan beabsichtige, mit dem Gros der Armee über Gemünden vorzurücken, und veranlasste ihn zu seinem ersten Plane: der schleunigen Concentrirung bei Würzburg, zurückzukehren. Am 18. brach die Armee auf und erreichte mit dem Gros Rossbrunn, wo sich auch, von Miltenberg kommend, die Colonne FML. Mercandin's anschloss, deren Arrièregarde in Wertheim zurückgeblieben war. Jene des Gros hielt unter FML. Kray bei Lengfurt beide Mainufer besetzt.

Oberst Keglevich hatte sich von Meerholz auf der Strasse nach Lohr bis Framersbach zurückgezogen und vereinigte sich dort mit dem, von GM. Kolowrat aus Lohr dahin vorgeschobenen Detachement GM. Nauendorfs. Beide, nunmehr 3 Bataillone leichter Infanterie und 12 Escadronen stark, wurden am 18. angegriffen und mussten sich, da das waldige Terrain die Verwendung der Reiterei sehr erschwerte, von der überlegenen feindlichen Infanterie über Lohr nach Gemünden zu GM. Kolowrat zurückziehen. (171.)

GM. Elsnitz war mit seinem Husaren-Regimente am 16. in Miltenberg eingetroffen und wurde nun nach Mergentheim detachirt, um die Verbindung mit der Oberrhein-Armee zu unterhalten und die in dieser Gegend befindlichen Armee-Depots zurückzuschaffen.

Am 19. traf die Armee über Zell in Würzburg ein und vereinigte sich mit dem Reserve-Corps. Die Arrièregarden bei

Lengfurt und Wertheim wurden bis auf 6 Escadronen unter GM. Kienmayer eingezogen, welcher je 1 Escadron bei jedem der genannten Orte aufstellte, die übrigen bei Rossbrunn vereinigte. GM. Elsnitz unterhielt von Mergentheim die Verbindung mit Rossbrunn über Tauberbischofsheim.

Mit dem Marsche nach Würzburg verband FZM. Wartensleben die Absicht, dort den Feind zu erwarten und zu schlagen, im ungünstigsten Falle aber sich über Bamberg und Bayreuth gegen Eger zu ziehen. (172.) Um für diesen letzteren Fall vorbereitet zu sein, hatte er schon früher bei der Ansbach-Bayreuth'schen Regierungsbehörde um den freien Durchmarsch angesucht, welchen ihm unterm 17. Juli der preussische Minister Hardenberg bewilligte. Gleichzeitig mit der Verständigung hievon lief jedoch die Nachricht ein, es sei von Berlin der Auftrag gegeben worden, den freien Durchmarsch unter gleichen Bedingungen auch den Franzosen zu gewähren. Hiedurch entstand die, für die Operationen der Niederrhein-Armee höchst unvortheilhafte Situation, dass, wenn auch FZM. Wartensleben von der bereits erhaltenen Bewilligung keinen Gebrauch machen wollte, die Franzosen deshalb doch nicht gehindert wären, die Begünstigung des Durchmarsches für sich in Anspruch zu nehmen und die kürzere und bessere Marschlinie an die Donau zu benützen. (173.)

Erzherzog Carl hatte dies vorausgesehen und war über die vorschnelle Handlungsweise des Feldzeugmeisters aufs höchste entrüstet. In zwei Schreiben vom 19. und 20. Juli (174) drückte er demselben seine Missbilligung über einen Schritt aus, der ohne zwingende Nothwendigkeit in das politische Gebiet übergreife. Er trug ihm strengstens auf, Würzburg unbedingt so lange zu behaupten, bis der Kaiser, dem über das Vorgefallene Bericht erstattet wurde, die Rückzugsrichtung der Niederrhein-Armee bestimmt haben würde. Für den Erzherzog war es ausserdem auch aus militärischen Gründen von Wichtigkeit, dass die Niederrhein-Armee den Rückzug nicht übereile. Gewann Jourdan einen zu grossen Vorsprung und gelang es ihm dann, Wartensleben durch Demonstrationen hinzuhalten, so konnte er sich durch eine rasche Bewegung in die rechte Flanke der Oberrhein-Armee werfen, ohne dass diese es wahrzunehmen oder zu hindern vermochte. Aus diesem Grunde liess Erzherzog Carl dem Feldzeugmeister am 24. aus Gmünd eine Instruction zugehen, die ihm Anhaltspunkte für das weitere Verhalten bieten sollte: Würde Jourdan versuchen, die Niederrhein-Armee über Schweinfurt zu umgehen und FZM. Wartensleben nicht in der Lage sein, ihn durch rasche Manöver daran zu hindern oder ihn zu schlagen, so hätte er nach Forchheim zurückzugehen und dort erneuert Stellung zu nehmen. Sollte hierauf Jourdan etwa nur ein Detachement gegen Bamberg und die Strasse nach Eger absenden, mit dem Gros aber sich der Donau zuwenden und dadurch Flanke und Rücken der Armee des Erzherzogs bedrohen, so hätte auch Wartensleben nur einen verhältnissmässigen Theil seiner Truppen auf die Strasse nach Eger zu werfen, mit dem Gros aber auf das schleunigste an die Donau zu eilen, um diese noch vor Jourdan zu erreichen. Solche Operationen würden die Möglichkeit zu einem gemeinsamen Schlage gegen den Feind bieten, der sich so weit von seiner Operationslinie entfernte. (175.)

Die ersterwähnten Befehle erreichten FZM. Wartensleben noch rechtzeitig, die Instruction aber kam zu spät; sie traf die kaiserlichen Truppen nicht mehr in Würzburg.

Sowohl um sich die Mainschiffahrt offen zu halten, die bei dem Mangel an Landfuhrwerken zur Bergung der bedeutenden, im Bereiche des Flusses aufgestapelten Kriegsvorräthe nicht zu entbehren war, wie auch um einen Stützpunkt für die nächsten Operationen zu gewinnen, wurde im Hauptquartiere zu Würzburg der Entschluss gefasst, die Niederrhein-Armee in ein Lager bei Kürnach zu verlegen und von dort aus Schweinfurt zu besetzen, bevor Jourdan dieses voraussichtliche Ziel seiner ersten Bewegungen erreichte. Dieser Plan wurde jedoch nur theilweise ausgeführt, da FZM. Wartensleben es schliesslich für vortheilhafter erachtete, die Armee in einer Centralstellung zu vereinen, die nach jeder Richtung hin vorzubrechen gestatte. Nachdem er die Citadelle von Würzburg mit einer Besatzung von 4 Compagnien Hohenlohe-Infanterie unter Oberst Dall'Aglio versehen, führte er die Armee am 26. in die Stellung bei Kürnach; 14 Bataillone und 61 Escadronen leichter Truppen umgaben dieselbe von Schweinfurt längs des Wern-Baches bis Karlstadt und von dort den Main entlang bis Tauberbischofsheim. Kürnach bildete den Mittelpunkt dieses Bogens; Schweinfurt aber wurde nicht besetzt. Die Folgen dieser Unterlassung kamen daher dem Gegner zu Gute. (148.)

Während FZM. Wartensleben den Waffenstillstand dazu benützte, sich einer gefährlichen Lage zu entziehen und dem Gegner einen Vorsprung abzugewinnen, war auch Jourdan darauf bedacht, seine weiteren Operationen den Verhältnissen entsprechend vorzubereiten. Mainz, dessen starke Besatzung eine beständige Drohung für die Sambre- und Maas-Armee war, musste durch ein besonderes Corps unschädlich gemacht werden, welches zugleich auch den weitausgreifenden Unternehmungen, welche bevorstanden, eine solide Basis sicherte.

Hiezu wurden 26.000 Mann Infanterie und 2000 Reiter unter Marceau bestimmt, und zwar stand Hardy mit 7500 Mann Infanterie und 1070 Reitern am linken Rheinufer vor Mainz, Dauriez mit 8650 Mann Infanterie, 500 Reitern am rechten Ufer von Castel. Bonnard hielt die Strecke von der Mainmündung bis Frankfurt besetzt und Poncet belagerte mit 4400 Mann Ehrenbreitstein. Mit diesen Truppen hatte Marceau ausserdem noch Königstein einzuschliessen, Mannheim zu beobachten, die Contributionen in Frankfurt und den besetzten Landestheilen einzutreiben, den Nachschub zu unterhalten und die Proviant- und Munitionsdepots im Rücken der Armee zu sichern. Frankfurt selbst erhielt keine specielle Besatzung.

Nach dieser jedenfalls empfindlichen, aber unter den gegebenen Verhältnissen unvermeidlichen Schwächung der Armee, verblieben Jourdan noch 46.000 Mann (37.000 Mann Infanterie, 7500 Reiter und 1600 Artilleristen).*)

---

*) Ordre de bataille am 15. Juli.

General en chef: Jourdan.

Chef des Generalstabes: Divisions-General Ernouf.

Artillerie-Chef: Divisions-General Bollemont, Brigade-General Debelle.

Genie-Chef: Brigade-General Lery.

Commandant des linken Flügels: Divisions-General Kleber.

Jourdan glaubte, den Instructionen des Directoriums (vom 20. und 23. Juni), welche ihm vorschrieben, beständig auf Wartenslebens rechte Flanke zu wirken, am besten dadurch zu entsprechen, wenn er sich von Frankfurt geradewegs über Gemünden nach Schweinfurt wandte, statt über Aschaffenburg nach Würzburg zu marschiren. Allerdings wäre letzteres den

Truppen.

Avantgarde.
Commandant: Divisions-General Lefebvre.
Brigade-Generale: D'Hautpoult, Level, Richepanse, Soult.
General-Adjutanten: Cayla, Mortier.
Infanterie 10.425 Mann, Cavallerie 1846 Mann, Artillerie 278 Mann, zusammen 12.549 Mann.

3. Division.
Commandant: Divisions-General Collaud.
Brigade-Generale: Jacopin, Lorge, Bastoul, Ney.
General-Adjutanten: Maleort, Ormancey.
Infanterie 7767 Mann, Cavallerie 1203 Mann, Artillerie 353 Mann, zusammen 9323 Mann.

4. Division.
Commandant: Divisions-General Grenier.
Brigade-Generale: Dalesme, Olivier.
General-Adjutanten: Saligny, Cacatte.
Infanterie 4712 Mann, Cavallerie 882 Mann, Artillerie 260 Mann, zusammen 5854 Mann.

6. Division.
Commandant: Divisions-General Championnet.
Brigade-Generale: Damas, Legrand, Klein.
General-Adjutanten: Daclon, Babier, Balmont.
Infanterie 7570 Mann, Cavallerie 1213 Mann, Artillerie 404 Mann, zusammen 9187 Mann.

5. Division.
Commandant: Divisions-General Bernadotte.
Brigade-Generale: Barbou, Simon.
General-Adjutanten: Sarazzin, Mireur.
Infanterie 6605 Mann, Cavallerie 1552 Mann, Artillerie 260 Mann, zusammen 8317 Mann.

Cavallerie-Reserve.
Commandant: Divisions-General Bonnaud.
Brigade-Generale: Oswald, Palmerol.
General-Adjutant: Radet.
Cavallerie 827 Mann, Artillerie 40 Mann, zusammen 867 Mann.
Im Ganzen: Infanterie 37.079 Mann, Cavallerie 7523 Mann, Artillerie 1595 Mann, zusammen 46.197 Mann.

neueren Intentionen der Machthaber in Paris mehr angemessen gewesen; aber abgesehen davon, dass der hierauf bezügliche Befehl zu spät eintraf, hätten auch noch andere Bedenken gegen dessen buchstäbliche Ausführung gesprochen. Diese Operationsrichtung würde die Sambre-Maas-Armee genöthigt haben, mehrmals den Main zu überschreiten, wozu ihr nicht nur die technischen Mittel fehlten, sondern höchstwahrscheinlich auch der jedesmalige Uferwechsel unter ungünstigen Umständen erst hätte erkämpft werden müssen.

Als sich die Armee am 17. in Bewegung setzte, beschränkte sich dies, in Folge von Rücksichten auf die Verpflegung, am ersten Tage nur auf eine kurze Strecke.*) Die Division Bernadotte, welche in der Umgebung von Mainz geblieben war, bis Marceau sich etablirt hatte, marschirte nach Höchst, Championnet und Grenier an die Kinzig, wo sie zwischen Langenselbold und Langendiebach lagerten.

Schon am 18. musste aber neuerdings Halt gemacht werden, um die Proviantnachschübe zu erwarten; erst in den nächsten Tagen kam die Bewegung wieder allgemein in Fluss. Bernadotte wurde angewiesen, zur Deckung der Communication zwischen Frankfurt und Würzburg nach Aschaffenburg zu marschiren. Lefebvre's Avantgarde ging bis Gemünden vor und nahm 16 beladene Schiffe, die den Main hinauffuhren;**) das Gros dieser Division marschirte bis Lettgenbrunn, jenes der Division Collaud nach Lohrhaupten.

Am 19. drängten diese beiden Divisionen die kaiserlichen Vorposten aus Karlstadt; tagsdarauf delogirten Cham-

*) Die französische Armee lebte ungeachtet starker Contributionen und vieler Beute, mangels entsprechender Magazinirung doch nur von Requisitionen. Die Truppen mussten daher stets unverhältnissmässig weit auseinander gelegt werden und verübten scheussliche Excesse, so dass sich die Einwohner mit Hab und Gut in die Wälder flüchteten und endlich, zur Verzweiflung getrieben, die Waffen ergriffen. Bald war es den Franzosen unmöglich, sich ohne ausgiebige militärische Bedeckung auf die Strassen zu wagen.

**) Es scheint, dass diese Bewegung Lefebvre's mit dem Angriffe der Franzosen auf die kaiserlichen Posten unter Nauendorf und Keglevich bei Frammersbach identisch ist. Die Datumangabe bei Jourdan, ist für diese Zeit sehr mangelhaft und daher auch die Darstellung der Ereignisse unklar.

pionnet und Grenier das Detachement GM. Kolowrats aus Gemünden und schlossen sich rechts an Collaud. Am 21. wurden die österreichischen Vortruppen auch aus Arnstein verdrängt und Mortier besetzte folgenden Tages Schweinfurt.

Die französische Armee formirte sich nun in der Linie Schweinfurt—Karlstadt, und Bernadotte erhielt den Auftrag, auf Würzburg vorzurücken.

Ereignisse am Oberrhein bis Ende Juli.

Die Vorsicht, mit welcher Erzherzog Carl den Uferwechsel vorbereitete, erwies sich noch am nämlichen Tage nur zu sehr begründet. Als er die ersten Einleitungen getroffen, war St. Cyr mit dem Centrum der Armee Moreau's über die Würm gegangen, der linke Flügel unter Desaix aber erst bei Pforzheim angelangt. Den Dispositionen des Obergenerals entsprechend rückte St. Cyr am 18. gegen Stuttgart in der Voraussetzung vor, Desaix werde hiebei seinen linken Flügel decken. Dieser erhielt jedoch die betreffende Verständigung erst am Vormittage des 18. und war auch sonst nicht in der Lage, der Aufforderung St. Cyr's zu entsprechen.

In Folge der entschiedenen Haltung der kaiserlichen Arrièregarde, welche den Marsch der Armee vollständig verschleierte, war sich Desaix über die Bewegungen des Erzherzogs keineswegs klar. Er schenkte der Nachricht Glauben, dass nur ein Theil von dessen Armee sich an den Neckar gezogen, der andere aber gegen Heilbronn gewendet habe, um das Anrücken eines von Frankfurt kommenden Corps zu protegiren. Veranlassung zu diesem Irrthume waren gewiss nur die Bewegungen des Detachements GM. Canisius' in Erzherzog Carls rechter Flanke, sowie die weit nach Süden bis in den Odenwald ausgreifenden Streifungen GM. Elsnitz', der den Marsch der Niederrhein-Armee von Frankfurt nach Würzburg deckte.

Vollständig getäuscht, dirigirte Desaix fast seine ganze Division auf die Heilbronner-Strasse, konnte jedoch bei der grossen Ermüdung der Truppen am 18. nicht weiter als bis Vaihingen gelangen. (176.)

Als St. Cyr hierüber Mittheilungen erhielt, hatte er seinen Vormarsch bereits begonnen und musste ihn nun mit eigenen Kräften zu Ende führen. Da die nächsten Truppen des rechten Flügels unter Duhesme um diese Zeit in Horb standen, so forderte die bedeutende Entfernung beider Flügel grosse Vorsicht bei allen Bewegungen des Centrums gegen Stuttgart. Dem entsprechend schob St. Cyr vorerst die Brigade Laroche von der Division Taponnier möglichst nahe gegen Böblingen, die Brigade Lambert gegen Leonberg vor, wo sie Stellung zu nehmen und die Operationen des Gros abzuwarten hatten. Dieses, gesichert durch eine Avantgarde von 1 Bataillon und 1 Escadron unter General-Adjutant Houël, rückte von »Weil die Stadt« zwischen den beiden Flügelstaffeln mit 8 Bataillonen gegen Stuttgart vor.

Um ½4 Uhr nachmittags stiess die Avantgarde mit den Vorposten GM. Baillet's zusammen und drückte sie durch die Stadt gegen Berg zurück. Auf Befehl FML. Hotzes, der seinen Truppen vorangeeilt war und das Gefecht leitete, drang zwar GM. Baillet mit 2 Bataillonen wieder bis Stuttgart vor, wurde aber von dem mittlerweile herangekommenen Gros Taponnier's überflügelt und konnte schliesslich nur mit äusserster Anstrengung die letzten Anhöhen vor Berg behaupten.

Den kaiserlichen Truppen mangelte es so sehr an Munition, dass sie, als der Feind schon die Brücke von Berg erreicht hatte, ohne eine einzige Patrone zum Angriffe vorgehen mussten.*)

St. Cyr besetzte mit 4 Bataillonen die Höhen westlich Stuttgart und liess 4 Bataillone vor der Stadt in der Richtung gegen Berg aufmarschiren. Er fühlte sich zu schwach, um diese gut besetzte Position anzugreifen, und da sein Auftrag auch nicht weiter reichte, als den Gegner beständig in Athem zu erhalten, so blieb er in seiner Stellung, sehr in Sorge, Erzherzog Carl werde die Gelegenheit benützen, der isolirten

*) GM. Baillet meldete Erzherzog Carl, dass er weder Reserve-Munition, noch solche für die Infanterie und das Linien-Geschütz habe und es auch an Flintensteinen mangle. Cannstatt, 18. Juli. (D. VII, 203.)

Division noch vor Ankunft Desaix' einen empfindlichen Schlag zu versetzen.[*])

Der Erzherzog war jedoch weit entfernt, sich durch die anscheinend günstige Gelegenheit zu einem Schritte verleiten zu lassen, der seinem bereits festgestellten Operationsplane geradezu entgegen gewesen wäre. Er benützte vielmehr die dem Gegner aufgezwungene Ruhe, um unter dem Schutze der getroffenen Sicherungsmassregeln den Uferwechsel sofort auszuführen.

Vor Tagesanbruch des 19. ging das 1. Treffen: 6 Bataillone, 14 Escadronen, über die Pontonbrücke bei Mühlhausen und wandte sich dann über Hofen gegen die Höhen hinter Cannstatt. Das 2. Treffen: 8 Bataillone, 8 Escadronen, benützte die Pontonbrücke bei Aldingen und marschirte auf die Höhen bei Oeffingen. Die Sachsen gingen von Zuffenhausen gegen Hofen, wo sie auf der dortigen Brücke den Neckar überschritten und dann den rechten Flügel des 1. Treffens bildeten. Die Reserve-Artillerie und der Armee-Train nahmen den Weg über Neckarrems nach Waiblingen.

Nach vollendetem Uebergange des Gros folgte auch FML. Hotze mit der Arrièregarde und lagerte südlich bei Oeffingen; nur eine leichte Vorpostenkette zog sich am linken Ufer von Mühlhausen über Münster und Berg neckaraufwärts und verband sich mit den, von Esslingen vorgeschobenen Truppen des Obersten Lattermann. GM. Canisius, welcher alle Depots und Vorräthe von Heilbronn in Sicherheit gebracht hatte, blieb zur Beobachtung des Feindes vorläufig noch am linken Ufer bei Bönigheim zurück.

Erzherzog Carl nahm sein Hauptquartier in Fellbach.

---

*) Die Befehlgebung in der französischen Armee war, wie es scheint, als Folge der, im Zuge befindlichen Friedensverhandlungen mit Württemberg, in jenen Tagen einigermassen ins Stocken gerathen. Moreau kam erst am 19. nach Vaihingen und sein Generalstabs-Chef Reynier war in Baden zurückgeblieben, um mit den württembergischen Abgesandten den Friedenstractat abzuschliessen. Thatsächlich befanden sich Desaix und St. Cyr so sehr ohne Instructionen, dass sie genöthigt waren, sich über die vorzunehmenden Bewegungen von Fall zu Fall zu verständigen. St. Cyr, III. S. 98 u. 378, Nr. 28, 29, 30.

Zur Bewachung der Flussübergänge wurde noch am 19. längs der ganzen Neckarstrecke im Bereiche der Armee ein Cordon gezogen, und zwar fiel der Theil von der Rems-Mündung abwärts bis zur Mündung der Mur bei Marbach, dem sächsischen Corps zu, jener von der Rems-Mündung aufwärts bis Plochingen den kaiserlichen Truppen. Im allgemeinen war befohlen, alle stabilen Brücken, sobald sie nicht mehr gebraucht würden, zu zerstören oder zu verrammeln. FML. Riese wurde angewiesen, sich bei Berg am linken Ufer bis zu einem ernstlichen Angriffe zu halten, dann nach Cannstatt zurückzugehen und die Brücke zu vernichten. (177.)

Mit dem gelungenen Uferwechsel und der Besetzung des Neckar, hatte Erzherzog Carl das erste Ziel seiner Operationen seit Malsch erreicht. Er war im Besitze der wichtigsten Uebergangspunkte und einer gesicherten Stellung, welche es ihm ebensowohl ermöglichte feindlichen Angriffen zu widerstehen, als auch Manövern des Gegners in die linke Flanke, durch eine Vereinigung mit FML. Frelich zuvorzukommen. (178.) Die Behauptung dieser Stellung jedoch, sowie der Verlauf der künftigen Operationen blieb von den Ereignissen am Main und von jenen des linken Flügels der Oberrhein-Armee abhängig. Diese aber waren in ihrer Gesammtheit den Absichten des Erzherzogs nur wenig dienlich.

Zugleich mit dem Vorrücken des linken Flügels und des Centrums der Rhein-Mosel-Armee, eröffnete auch am rechten Flügel derselben, Ferino wieder die Operationen, nachdem seit 7. Juli nur geringfügige Zusammenstösse vorgekommen waren. Während er selbst FML. Frelich gegenüber blieb, wandte sich sein linker Flügel unter Jordi mit ungefähr 3400 Mann gegen Oberst Gyulay in Haslach, indess Vandamme von Freudenstadt aus mit 5800 Mann auf Wolfach, Alpirsbach und Schramberg marschirte.*) Hiedurch wurde das schwäbische Corps von jenem Oberst Gyulay's getrennt und

*) Die Stärkeangaben nach St. Cyr: III, Nr. 108; sie stimmen in diesem speciellen Falle fast genau mit den Aussagen der Gefangenen und Deserteure, welche nach Oberst Gyulay's Bericht (H. K. VIII, 8) die Stärke der Franzosen mit 9000 Mann beziffern.

zog sich nach Haigerloch zurück. In Folge dessen konnte auch Gyulay der Uebermacht, die ihn von Alpirsbach her sogar im Rücken bedrohte, nicht Stand halten und musste nach 6stündigem Gefechte, in welchem er 10 Officiere und bei 300 Mann einbüsste, den Rückzug über Hornberg nach Krumm-Schiltach antreten.

Mittlerweile hatten FML. Frelich und Prinz Condé den schon am 11. dem Erzherzoge angezeigten Rückmarsch nach Villingen angetreten, und zwar ersterer über Simonswald, letzterer über Tryberg. Um diese Bewegung zu decken und sich mit den schwäbischen Truppen, die er in Rottweil und Sulz vermuthete, in Verbindung zu bringen, rückte Oberst Gyulay am 15. nach St. Georgen und Peterzell. Die Strasse nach Villingen war hiedurch gesichert. FML. Frelich erreichte ohne Zwischenfall den Ort seiner Bestimmung, wo sich das Condé'sche Corps wieder mit ihm vereinigte. Anders aber verhielt es sich mit den Truppen des Reichs-GL. Landgrafen zu Fürstenberg.

Dieser zeigte am 17. aus Haigerloch dem Erzherzoge an, der Erbprinz von Württemberg habe ihn verständigt, dass die württembergischen Truppen nicht länger beim Kreis-Contingente belassen werden könnten, weil der gänzliche Rückzug der kaiserlichen Armee beschlossen scheine, mithin die Truppen des Herzogs zum Schutze von Tübingen und Stuttgart unbedingt erforderlich seien. Mit dieser Mittheilung habe der Erbprinz, in seiner Eigenschaft als General der Cavallerie des schwäbischen Kreises, den Befehl verbunden, die württembergischen Truppen in dem Augenblicke in Marsch zu setzen, wo das schwäbische Corps genöthigt werden würde, Haigerloch zu räumen.

Durch diese, nach den früheren Machenschaften Württembergs mit den Franzosen, kaum unerwarteten Massnahmen sah Reichs-GL. Landgraf zu Fürstenberg sein Corps derart geschwächt, dass er gleichzeitig dem Erzherzoge meldete, er könne die Gegend nicht mehr behaupten und müsse, sobald der Feind vorrücke, den Rückzug an die Donau fortsetzen. Solches Vorgehen, wo ein General des Reichsheeres eigenmächtig über ganze Reichs-Contingente verfügte und unbefugt in die Operationen des Reichsfeldherrn eingriff, war wenig anders denn offene Auflehnung und konnte ausserdem auch in operativer Hinsicht nur die schwersten Nachtheile herbeiführen. Erzherzog Carl untersagte daher dem Landgrafen zu Fürstenberg strengstens, dem Ansinnen des Erbprinzen von Württemberg zu folgen; er beauftragte ihn in entschiedenster Form, mit FML. Frelich in Verbindung zu treten und sich mit ihm gemeinsam dem Feind entgegenzustellen.*)

Zugleich erging an Oberst Gyulay der Befehl, sich auf keinen Fall von FML. Frelich zu trennen; dieser aber wurde aufgefordert, sich mit Rücksicht auf die Ziele, welche der Erzherzog durch die Stellung der Armee bei Cannstatt—Esslingen verfolge, möglichst lange bei Villingen, oder doch wenigstens bei Geisingen zu halten. Bevor jedoch der Befehl den Landgrafen zu Fürstenberg erreichen konnte, hatte dieser Haigerloch schon verlassen, die württembergischen Truppen nach Tübingen abgeschickt und war am 18. nach Hechingen, am 19. nach Gammertingen und am 20. über die Donau nach Riedlingen zurückgegangen.

FML. Frelich hatte schon in Folge des Rückmarsches des schwäbischen Corps nach Haigerloch, der seine rechte Flanke völlig preisgab, Villingen räumen müssen und eine neue Stellung bei Geisingen — Blumberg — Spaichingen bezogen. Der fortgesetzte Rückzug des Landgrafen zu Fürstenberg bis Riedlingen, machte jedoch auch diese unhaltbar und nöthigte Frelich, bis Tuttlingen—Engen—Stockach zurückzuweichen.

Die Franzosen waren den kaiserlichen Truppen langsam gefolgt, ohne sie besonders zu drücken, und zogen nun auch die letzten Abtheilungen, welche noch am linken Ufer des Oberrhein standen, bei Hüningen auf das rechte, wo sich dieselben an den rechten Flügel unter Ferino anschlossen.

* * *

---

*) Der Erzherzog fügte diesem Schreiben noch eigenhändig bei: »Ich versehe mich, dass Sie diesen Befehl pünktlich befolgen und Ihren unterstehenden Truppen das Beispiel einer standhaften Entschlossenheit geben werden.« Fellbach, 19. Juli. (D. VII, 168.)

Nach den letzten Bewegungen der französischen Armee liess sich mit Sicherheit erwarten, Moreau werde binnen kürzester Frist den Neckar zu forciren suchen. Dies möglichst zu erschweren, beabsichtigte Erzherzog Carl am 21. nach Stuttgart vorzustossen und den Gegner aus der Stadt zu vertreiben. Die zu diesem Zwecke nothwendige Verstärkung der längs dem Neckar stehenden Truppentheile, sollte in der Nacht vom 20.—21. durchgeführt werden.

Schon am 19. war FML. Riese verständigt worden, die noch am linken Ufer ausserhalb Cannstatt stehenden Abtheilungen, unmittelbar nachdem FML. Hotze mit der Arrièregarde den Fluss passirt haben würde, auf die Höhen hinter der Stadt zurückzunehmen. (179.) Am 20. erhielt er den Befehl, bei Einbruch der Nacht mit 6 Bataillonen und 6 Escadronen nach Plochingen abzurücken und sich FML. Hotze zur Verfügung zu stellen, dem der Angriff auf Stuttgart, eventuell die Abwehr feindlicher Versuche gegen den Neckar übertragen war. Dieser ward angewiesen, die bereits in Plochingen stehenden 2 Bataillone und 2 Escadronen, dann GM. Devay mit seinen 3 Bataillonen, 12 Escadronen derart bei Köngen Stellung nehmen zu lassen, dass die Strasse Stuttgart—Denkendorf gesichert und die linke Flanke Oberst Lattermanns, der bei Nellingen stand, gedeckt werde. Von Köngen war dann ein Detachement nach Urach abzusenden, um die Bewegungen des Gegners in der Richtung gegen Reutlingen zu beobachten. Vom Gros der Armee wurde zur Unterstützung des FML. Riese in der Uferstrecke Esslingen—Cannstatt, Oberst Tersich mit 3 Bataillonen, 2 Escadronen Chevau-légers und eine Abtheilung Szekler-Husaren, dann von Cannstatt bis Neckarrems Oberst Borra mit 2 Bataillonen und etwas Cavallerie aufgestellt.

Von der französischen Armee war am 20. Desaix in Ludwigsburg eingerückt, wodurch St. Cyr in die Lage kam, auch seine beiden Flügelstaffeln vorzuziehen.

Die Truppen, welche FML. Hotze am linken Neckarufer bis Köngen und Nellingen vorgeschoben hatte, brachten Moreau auf den Gedanken, Erzherzog Carl habe die Absicht den Fluss wieder zu überschreiten und die französische Armee

17*

anzugreifen; dem zuvorzukommen, ertheilte er St. Cyr den Befehl, die am linken Ufer stehenden kaiserlichen Truppen am 21. auf das rechte zurückzuwerfen. Dieser liess nun am frühen Morgen die Brigade Laroche gegen FML. Hotze vorgehen und formirte die Division Taponnier in drei Colonnen zum Angriffe auf Cannstatt. Die erste unter Lambert war bestimmt, von Leonberg her die am linken Ufer liegende Vorstadt rechts zu umgehen; Lecourbe hatte mit der zweiten in der Front anzugreifen, während Houël mit der dritten sich des Dorfes Berg bemächtigte.

Lambert traf jedoch nicht rechtzeitig ein, daher waren die beiden anderen Colonnen genöthigt, den Angriff allein auszuführen. Houël besetzte Berg; Lecourbe nahm in überlegenem Ansturme die Vorstadt und warf die kaiserlichen Truppen mit solchem Ungestüm auf das rechte Ufer, dass es ihm gelang, die Zerstörung der Brücke zu hindern. Vergebens bemühte er sich jedoch, aus diesem Umstande Vortheil zu ziehen und das jenseitige Ufer zu gewinnen. Die Vertheidigung war dort so nachhaltig, dass er seine Versuche sehr bald einstellte und das Gefecht schliesslich in eine heftige Kanonade überging, die erst beim Einbruche der Dämmerung verstummte.

Am linken Flügel der Stellung waren schon nach 4 Uhr morgens einzelne feindliche Patrouillen bis Ruith vorgegangen, die aber sofort verjagt wurden. Gegen 8 Uhr kam Laroche mit seiner Brigade von Böblingen und griff zwischen Degerloch und Nellingen die kaiserlichen Vorposten an, welche auf ihre Unterstützungen zurückwichen, indess die Franzosen gegen Esslingen vordrangen.

FML. Hotze hatte mit seinem Gros den Zoll-Berg, eine theilweise bewaldete Höhe Esslingen gegenüber, besetzt und seine Vorposten bis an den Westrand eines Waldstreifens vorgeschoben, der sich zwischen Ruith und dem Zoll-Berge hinzog. Die Reserve stand am rechten Ufer bei Esslingen.

Die kaiserlichen Truppen wiesen mehrere Vorstösse Laroche's ab und gingen schliesslich so nachdrücklich zum Gegenangriffe über, dass die Franzosen bis an die Ost-Lisière des Waldes bei Ruith zurückgeworfen wurden. Dort aber vertheidigten sie sich auf das hartnäckigste und konnten erst, als GM. Schellenberg von Esslingen her 1 Bataillon in ihre rechte Flanke führte, zum Rückzuge bis in die Mitte des Waldes gezwungen werden. Durch die vorhergegangenen Angriffe erschöpft, waren die französischen Truppen derart ausser Ordnung gekommen, dass sie wahrscheinlich gänzlich geschlagen worden wären, hätte nicht St. Cyr rechtzeitig einen Theil der Division Taponnier von Cannstatt zur Unterstützung gesendet. Sie traf in dem Augenblicke ein, als FML. Hotze, der das Gefecht im Walde, weil es der Kampfweise des Gegners mehr zusagte als jener der kaiserlichen Truppen, nicht weiter fortsetzen wollte, seine Abtheilungen aus demselben zurücknahm und wieder auf dem Zoll-Berge sammelte.

Die Franzosen, durch die eintreffende Verstärkung ermuthigt und in der Bewegung der Kaiserlichen einen Rückzug erblickend, drangen ungestüm nach, wurden jedoch durch das Feuer der Geschütze so lange aufgehalten, bis FML. Hotze 2 Bataillone und 3 Haubitzen vorrücken liess. Der allgemeine Vorstoss, welcher nun erfolgte, warf den Feind neuerdings bis in den Wald zurück und beendete gegen ½8 Uhr abends das Gefecht zu Gunsten der kaiserlichen Truppen, welche alle ihre Positionen am linken Neckarufer behaupteten. Sie hatten an diesem Tage einen Verlust von 8 Officieren, 790 Mann und 54 Pferden.

Die Franzosen lagerten nunmehr bei Ruith und hatten nur die äussersten Vorposten bis an den Rand des Waldes vorgeschoben. Ihr Verlust dürfte nach der Natur des Gefechtes ziemlich bedeutend gewesen sein, wenn er auch nicht die von den Gefangenen angegebene Ziffer von 2000 erreichte. (180.) Ungeachtet dieses momentanen Erfolges konnte sich Erzherzog Carl doch nicht verhehlen, dass die allgemeine Sachlage ein längeres Verweilen am Neckar nicht gestatte. Das Vordringen des Feindes im Norden bis Würzburg, im Süden gegen die Donau, liess erkennen, dass die Absichten der französischen Generale dahin gingen, sich baldmöglichst zu vereinigen, ihm an der Donau zuvorzukommen, ihn von FML. Frelich zu trennen und seine Verbindung mit Tirol und der kaiserlichen Armee in Italien zu unterbrechen. Und eben von dorther waren jüngst unerfreuliche Nachrichten eingelangt. FML. Frelich übersandte am 20. eine ihm von GM. Graffen*) zugekommene Copie eines Schreibens FM. Wurmsers an FML. v. Davidovich ddo. Roveredo, 10. Juli, in welchem der Feldmarschall seine Besorgniss hinsichtlich Vorarlbergs aussprach, sowie auch, dass es ihm ganz unmöglich sei, dorthin auch nur die geringste Unterstützung zu senden. Die politischen Behörden Vorarlbergs waren ebenfalls in banger Sorge und stellten wiederholt die Anfrage, wohin vorkommenden Falles die Aemter und Cassen zu bergen seien. (181.)

Württemberg hatte sich gegen eine Contribution von 4 Millionen Livres, am 17. Juli zu Baden einen Waffenstillstand mit der französischen Republik erkauft, der nicht nur Moreau's Hilfsmittel ganz unerwartet vermehrte, sondern auch die Bevölkerung derart gegen die kaiserliche Armee aufregte, dass die Patrouillen in einzelnen Gemeinden sogar mit Schüssen empfangen wurden.**) (182.)

*) GM. Graffen gehörte bekanntlich zu jenen Generalen, welche mit den Verstärkungen von der Oberrhein-Armee nach Italien bestimmt wurden. Er blieb über Auftrag Wurmsers mit 3 Bataillonen und 1 Escadron zur Deckung Vorarlbergs und Aufrechthaltung der Verbindung mit der Oberrhein-Armee in Vorarlberg zurück.

**) Dieser Waffenstillstand war gewissermassen nur die Einleitung zu einem Separatfrieden, den acht Tage später die Fürsten des schwäbischen Kreises, mit Frankreich auf Basis der »Sicherheit der Person und des Eigenthums« eingingen. Die Contingents-Truppen wurden von der Armee des Kaisers abberufen; dagegen erhielten die Franzosen freien Durchzug und wurden ohne Entschädigung einquartirt. Für den verheissenen Schutz zahlte der Kreis 12 Millionen Livres und lieferte 8000 Pferde, 5000 Ochsen, 15.000 Centner Brotfrüchte, 100.000 Säcke Hafer, 150.000 Centner Heu und 100.000 Paar Schuhe. Ausserdem wurde den Stiften zu Kempten, Buchau, Lindau und der gesammten Prälatenbank, eine Contribution von 7 Millionen Livres auferlegt. (Häusser, »Deutsche Geschichte etc.« II, 67.)

Bemerkenswerth ist, dass gleichzeitig das Gerücht in Umlauf gesetzt wurde, Erzherzog Carl habe Württemberg zu einem solchen Vorgehen in gewissem Sinne ermächtigt. In einem Schreiben vom 20. Juli an den kaiserlichen Gesandtschafts-Secretär in Schwaben, v. Schwind, verwahrt sich der Erzherzog energisch gegen eine solche Fälschung der Thatsachen, indem er sagt: »Das von Ulm aus verbreitete Gerücht, wegen meiner, der württembergischen Gesandtschaft ertheilten Antwort: dass ich mit meiner Armee zu weit ausgedehnt sei, um dem weiteren Vordringen des Feindes

Schwerer als dies aber wog die Erkenntniss, dass auch das sehr tüchtige sächsische Corps voraussichtlich in nächster Zeit sich von der kaiserlichen Armee trennen werde. GL. Lindt hatte schon in einem Schreiben an den Erzherzog ddo. Effingen, 19. Juli, der Besorgniss Ausdruck gegeben, dass er mit Rücksicht darauf, als er ohne Kenntniss von den Ereignissen bei Frankfurt und ihrer Rückwirkung auf die Sicherheit Sachsens sei, für die »Deckung und Rettung« seines Heimatlandes nicht werde genügend wirken können, wie er dies gleichwohl als seine »theuerste und heiligste Pflicht« ansehen müsse. Damals beruhigte ihn Erzherzog Carl mit der Versicherung, dass Sachsen keine Gefahr drohe und das sächsische Corps am besten für dessen Sicherheit sorgen könne, wenn es sich an der Bekämpfung des Feindes kräftigst betheilige. Zugleich wurde den Sachsen ihr Platz am äussersten rechten Flügel der Armee angewiesen, um sie den heimatlichen Grenzen so nahe als möglich zu bringen.

Trotzdem aber war vorauszusehen, dass der nächste Anlass genügen werde, um wohl oder übel den Abmarsch des Corps nach Sachsen zu motiviren. (183.)

Unter diesen Verhältnissen beschloss der Erzherzog, in der Nacht vom 22.—23. nach Schorndorf zu marschiren und sich dann, nach Mass als die rückwärts befindlichen Vorräthe geborgen würden, der Donau zu nähern, wo er bei Ulm mit FML. Frelich in Verbindung zu kommen hoffte. Zur Ausführung dieses Vorhabens war es von höchster Wichtigkeit, Jourdan's Vorrücken am Main aufzuhalten und ihm die Möglichkeit zu benehmen, sich mit Moreau zu vereinigen oder den Marsch der Oberrhein-Armee zu gefährden. Aus diesem Grunde liess der Erzherzog vor allem FZM. Wartensleben den Befehl zugehen, Würzburg nur im äussersten Falle zu verlassen, und eben darum missbilligte er so sehr dessen Ansuchen um freien Durchzug durch Ansbach, der allerdings der Niederrhein-

Einhalt zu thun, und es daher Württemberg überlassen müsse, die vortheilhaftesten Wege zu seiner Rettung einzuschlagen, ist ganz falsch und ungegründet. Ich weiss von keiner württembergischen Gesandtschaft, ausser dass der Prinz Wilhelm am 1. Juli bei mir in Pfungstadt sich einfand.« (K. A. Feldacten.)

Armee, aber auch dem Feinde den näheren Weg zur Donau öffnete.

FML. Frelich wurde bedeutet, Tirol und Vorarlberg mit Aufwand aller Kraft zu decken, daher den Rückzug nur sehr langsam auszuführen und keine Gelegenheit zu kräftigen Rückschlägen zu versäumen. Er habe deshalb zur Unterstützung der Truppen in Vorarlberg und späteren Deckung des Defilés von Füssen, GM. Wolff mit $3^2/_3$ Bataillonen, 4 Escadronen ohne Aufenthalt längs des Boden-Sees zurückzusenden, mit dem Gros aber den Rückzug über Leutkirch und Memmingen derart einzuleiten, dass er sich in der Richtung der Iller mit Erzherzog Carl vereinigen könne, welcher in 5—6 Märschen jene Gegend erreichen werde. Die Wahl der, während des Rückzuges zu nehmenden Stellungen blieb FML. Frelich anheimgestellt; nur sollten dieselben ihre Flügel stets an den Boden-See und die Donau stützen, und auch mit der Armee in steter Verbindung bleiben. (184.)

Früher noch als erwartet, verwirklichten sich die Besorgnisse hinsichtlich der Sachsen. GL. Lindt erklärte auf das bestimmteste, dass er, nachdem Würzburg bereits bedroht, dem Marsche der Armee an die Donau nicht folgen könne. Dadurch würde er sich zu weit von Sachsen entfernen, dessen Grenzen zu sichern er von seinem Landesfürsten ausdrücklich beauftragt sei. Er fügte noch hinzu, es wäre demnächst ein Befehl des Kurfürsten zu gewärtigen, der die Näherrückung seines Corps an die sächsische Grenze anordnen werde, und stellte demnach das Ansuchen, diesen Verhältnissen Rechnung zu tragen.

Um das Corps nicht ganz zu verlieren, wies der Erzherzog dasselbe der Niederrhein-Armee zu und genehmigte, dass GL. Lindt am 22., um 9 Uhr abends, über Waiblingen nach Backnang abrücke, von wo er dann in Etappen nach eigenem Ermessen, den Marsch über Hall nach Würzburg fortsetzen könne. FZM. Wartensleben wurde gleichzeitig hievon mit dem Beifügen verständigt, dem sächsischen Corps einen Officier entgegenzusenden, der dessen Verpflegung und den Anschluss an die Armee ordne. (185.)

Der Rückmarsch der Oberrhein-Armee sollte am Abende des 22. beginnen und in der Weise erfolgen, dass sich das Gros durch das Rems-Thal ziehe, während die unter FML. Hotze stehenden Truppen, als Seitencolonne den Weg durch das Fils-Thal zu nehmen hätten.

Um den Abmarsch möglichst zu verbergen und gegen jede Störung gesichert zu sein, traf Erzherzog Carl umfassende Vorkehrungen. FML. Hotze wurde angewiesen, die Bewegung erst gegen Mitternacht anzutreten, vorher aber GM. Devay mit 2⅓ Bataillonen, 8 Escadronen in forcirten Märschen nach Blaubeuren abzusenden, wo derselbe Ulm gegen feindliche Streifungen zu decken haben werde. Ferner war der Rittmeister Mécsery mit 200 Pferden und 50 Jägern nach Urach zu detachiren, um den Feind in der Richtung nach Tübingen zu beobachten.

Zur Sicherung der rechten Flanke wurde GM. Canisius beauftragt, seine Truppen (3⅓ Bataillone, 8 Escadronen) am 22. bei Marbach zu sammeln, am 23. vor Tagesanbruch abzumarschiren und entweder bei Hahnweiler oder Winnenden Stellung zu nehmen. Sein rechter Flügel hatte sich mit den bei Backnang stehenden Sachsen zu verbinden, der linke an GM. Fürst Liechtenstein anzuschliessen, der an diesem Tage mit der Arrièregarde in Heppach stehen werde. Sowie das sächsische Corps Backnang verliess, hatte GM. Canisius ein starkes Cavallerie-Detachement in die Gegend von Löwenstein zu senden, um mit den Sachsen möglichst lange in Verbindung zu bleiben und die nicht besetzten Gegenden unsicher zu machen. Würde dieses Cavallerie-Detachement vom Feinde gedrängt, so hätte es sich über Murrhardt und Gmünd, im äussersten Falle über Hall, Gaildorf und Aalen wieder mit GM. Canisius zu vereinigen. (186.)

Um 9 Uhr abends des 22. brach die Armee auf und marschirte in zwei Colonnen über Waiblingen und Rammelshausen nach Schorndorf. Die Arrièregarden folgten um 1 Uhr nach Mitternacht und nahmen Stellung bei Heppach und Beutelsbach. Ihre Vorposten dehnten sich rechts bis Hahnweiler, links bis Baltmansweiler aus, wo sie mit FML. Hotze in Verbindung traten, der von Esslingen direct nach Plochingen marschirt war und seine Vorposten bei Kirchheim ausstellte. An dem Tage, an welchem Erzherzog Carl sich anschickte, den Neckar zu verlassen, erfolgte der Rückmarsch der Truppen des schwäbischen Kreises nach Biberach und die officielle Lossagung derselben von jeder weiteren Gemeinschaft mit der kaiserlichen Armee.*)

Mag das Verhalten Württembergs und des schwäbischen Kreises in politischer Hinsicht wie immer beurtheilt werden — das Vorgehen des Reichs-GL. Landgrafen zu Fürstenberg war ein Act offenbarster Insubordination, um nicht zu sagen der Meuterei, denn er unterstand als General der Reichsarmee nur den Befehlen des Reichsfeldherrn. Von diesem Gesichtspunkte aus erwiderte denn auch Erzherzog Carl ddo. Schorndorf, 23. Juli, auf den Bericht Fürstenbergs: »Mit gerechtem Unwillen habe ich aus der Anzeige des Herrn General-Lieutenant ersehen, dass Dieselben sich ohne meinem Befehl und Auftrag eigenmächtig in Waffenstillstandsverhandlungen mit dem Feinde eingelassen haben.

Als mir untergebener General kann es Ihnen nicht unbekannt sein, dass dies gegen alle militärische Ordnung geht, und als Commandant von einzelnen Kreistruppen muss es Ihnen ebensowenig unbekannt sein, dass dieses den deutschen Constitutionsgesetzen schnurstracks zuwider ist.

---

*) Die Trennung vollzog sich durch das identische Schreiben des Reichs-GL. Landgrafen zu Fürstenberg an Erzherzog Carl und den FML. Frelich, welch letzteres folgend lautet:

»Ich habe mich einem, von den höchsten und hohen Fürsten und Ständen erhaltenen Auftrage zufolge, mit der französischen Generalität wegen Abschliessung eines Waffenstillstandes zwischen den französischen und den Truppen des Kreises in die nöthige Verabredung gesetzt und bin mit derselben dahin übereingekommen, dass von nun an alle gegenseitigen Feindseligkeiten ein Ende nehmen und sich unsere Truppen gegenseitig ausweichen sollen.

Da ich nun unter diesen Verhältnissen an den gemeinschaftlichen Kriegsoperationen keinen Antheil mehr nehmen kann, so habe ich die Ehre Euer Hochwohlgeboren mit dem Beisatze Nachricht davon zu geben, dass ich mich morgen mit meinen unterhabenden Truppen nach der Reichsstadt Biberach zurückziehen werde.

Dürmettingen, am 21. Juli 1796.

(F. A. I, 36.) Landgraf zu Fürstenberg, GL.

Ich werde daher ungesäumt den Bericht über diesen Vorgang an Se. kaiserliche Majestät erstatten und desselben weitere Verhaltungsbefehle abwarten. In der Zwischenzeit untersage ich Denselben im Namen Sr. Majestät des Kaisers ernstlich alle und jede Gemeinschaft mit dem Feinde, die unmöglich gestattet werden kann.

Ich mache Sie daher für alle nachtheiligen Folgen, die hieraus entstehen können, persönlich verantwortlich.

Der Herr Markgraf von Baden erklärte feierlichst, nie seine Truppen von jenen Sr. kaiserlichen Majestät und des Reiches trennen zu wollen. Ich gebe daher meinem Flügeladjutanten, der Ihnen dieses Schreiben überbringt, den Befehl, die markgräflich badischen Truppen zu übernehmen und hieher zu der mir untergebenen Armee abzuführen.« (K. A.)

Der Landgraf zu Fürstenberg blieb jedoch taub gegen die Stimme der Pflicht und das Gebot seines Feldherrn. Er verweigerte sogar den Abmarsch der badischen Truppen unter dem Vorgeben, dass sich die Verhandlungen des Kreises auf alle Kreistruppen ohne Ausnahme bezögen.

Gleichfalls mit Schreiben vom 21. Juli wurde Erzherzog Carl auch von Seite des schwäbischen Kreises von dem Waffenstillstande in Kenntniss gesetzt, und man versäumte nicht, ausdrücklich darauf hinzuweisen, dass auf fernere Beiträge in die Reichs-Operationscassa, seitens der dem Kreise zugehörenden Fürsten nicht mehr gerechnet werden dürfe, da die »Beschaffung der Brandsteuer oder Friedenssteuer alle Mittel absorbire«. (187.)

Unmittelbare Folge des Rückzuges der Schwaben nach Biberach war die völlige Preisgebung des linken Flügels der Oberrhein-Armee, welcher nun in seinen Stellungen nicht länger bleiben konnte. FML. Frelich ging am 22. über Tuttlingen—Möskirch—Altshausen, Prinz Condé über Stockach—Ravensburg nach Waldsee. Oberst Gyulay deckte den Marsch, indem er sich mit 2300 Mann leichter Truppen am linken Donauufer über Sigmaringen und Riedlingen bewegte. GM. Wolff zog sich längs dem Boden-See über Meerbach nach Bregenz.

Von Waldsee aus marschirte das Condé'sche Corps nach Memmingen, FML. Frelich gegen Ulm; in Ochsenhausen traf ihn am 28. der Befehl des Erzherzogs, das schwäbische Corps zu entwaffnen und aufzulösen.

Erzherzog Carl stützte sich hinsichtlich dieser Massregel ausser unabweislichen militärischen Gründen, auch noch auf den ausdrücklichen Befehl des Kaisers, der ihm schon anlässlich der Friedensbewerbungen Württembergs auftrug, Alle, die mit den Franzosen in Unterhandlung treten würden, als Feinde zu behandeln, denn es sei »nun nicht mehr Zeit, mit den treulosen Reichsfürsten Complimenten zu machen«. (188.) Die Auflösung des Contingentes des schwäbischen Kreises war daher von Seite Erzherzog Carls schon damals beschlossene Sache, als dasselbe einen Waffenstillstand mit den Franzosen einging, da mit voller Sicherheit vorausgesehen werden konnte, dass mindestens dessen ganzes Kriegsmaterial über kurz oder lang dem Feinde zu Gute kommen würde. Die grosse Entfernung kaiserlicher Truppen von dem jeweiligen Aufenthaltsorte des Corps hatte bisher verhindert, dass das leidige Schauspiel deutscher Zerfahrenheit, welches die Episode des schwäbischen Kreises in diesem Feldzuge bot, nicht schon unmittelbar nach dem Waffenstillstande seinen Abschluss fand. Die Ankunft FML. Frelichs in Ochsenhausen behob dieses Hinderniss. Der Befehl des Erzherzogs ging dahin, die schwäbischen Truppen bei Biberach einzuschliessen, ihnen die Waffen abzunehmen und sie in kleinen Abtheilungen in ihre Heimatsorte zu entlassen.

FML. Frelich brach in der Nacht vom 28.—29. mit 2 Bataillonen, 4 Escadronen und einer Abtheilung des Gyulay'schen Freicorps von Ochsenhausen auf und umzingelte um 4 Uhr morgens das schwäbische Lager. Die Entwaffnung ging ohne störenden Zwischenfall vor sich; die Truppen behielten ihre Seitengewehre, dagegen wurden ihnen die Feuergewehre, 21 Kanonen, 266 Reitpferde und 16 bespannte Wagen abgenommen.*) (189.)

*) Die Abnahme der Pferde und Wagen geschah erst nachträglich über besonderen Befehl des Erzherzogs, durch ein nachgesandtes Detachement von 3 Escadronen unter Rittmeister Wolfskeel. (K. A.)

Am Tage nach dem Eintreffen der Armee in Schorndorf setzte Erzherzog Carl den Marsch nach Gmünd fort. Da das gebirgige Terrain jede grössere Truppenbewegung auf das Thal der Rems beschränkte und der Erzherzog beabsichtigte, auch am 25. in Gmünd zu verbleiben, so war ein besonders sorgfältiger Sicherungsdienst geboten. GM. Fürst Liechtenstein hatte am 24. mit der Arrièregarde (5 Bataillone, 16 Escadronen) bei Schorndorf—Oppelsbohm Stellung zu nehmen; rechts von ihm ging GM. Canisius bis Backnang zurück und hielt Verbindung mit dem Detachement in Löwenstein; links besetzte FML. Hotze Eislingen; seine Arrièregarde stand in Göppingen, die Vorposten in der Linie Wangen—Jebenhausen—Gammelshausen. GM. Devay erreichte an diesem Tage Blaubeuren; Rittmeister Mecséry blieb in Urach.

Nachrichten, die am 25. einliefen, welchen nach nicht nur starke Colonnen im Rems- und Fils-Thale, sondern auch auf dem, beide Thäler scheidenden Bergrücken über Adelberg gegen Hohenstaufen vorrückten, liessen besorgen, dass die Armee in ihrer ungünstigen Stellung bei Gmünd angegriffen und vom Corps FML. Hotzes getrennt werden könnte. Einzelne Zusammenstösse der beiderseitigen Vortruppen verliehen dem noch grössere Wahrscheinlichkeit, so dass Erzherzog Carl für nothwendig fand, noch in der Nacht auf die Höhen von Böhmenkirch zurückzugehen. Er brach um 2 Uhr morgens auf und liess GM. Fürst Liechtenstein mit der Arrièregarde in Bargau zurück, von wo sich derselbe nach rechts mit GM. Canisius verband, der den Marsch des Gros über Murrhard bis Gschwend cotoyirt hatte.

Die gesammte Reserve-Artillerie, welche auf den Gebirgswegen nicht fortzubringen gewesen wäre, wurde mit Ausnahme von 4 sechspfündigen Kanonen und 4 Haubitzen, über Aalen nach Heidenheim vorausgesendet.

FML. Hotze bezog am 26. ein Lager zwischen Geislingen und Urspring, seine Vorposten schlossen sich rechts an GM. Fürst Liechtenstein, links an jene des GM. Devay.

In dieser Stellung gedachte Erzherzog Carl so lange zu verweilen, bis die in Ulm befindlichen Vorräthe in Sicherheit gebracht würden, was sich in Folge Mangels an Schiffen sehr verzögerte. Die Position bei Böhmenkirch eignete sich für die Pläne des Erzherzogs vorzüglich. Die Corps bei Blaubeuren, Geislingen und Bargau sperrten den, durch die verschiedenen Thäler getrennt vorrückenden feindlichen Colonnen alle Anmarschlinien auf Ulm, während er von seiner Centralstellung bei Böhmenkirch aus in der Lage war, jedes seiner einzelnen Corps rasch zu unterstützen, oder sich nach Umständen auch mit ganzer Kraft nach einem gefährdeten Punkte wenden zu können.

* * *

Moreau war am Tage nach dem Gefechte bei Cannstatt und Esslingen ruhig in seinen Stellungen geblieben. Die Anstrengungen der letzten Tage mochten dies rechtfertigen; schwieriger lässt sich jedoch ein Grund dafür finden, warum er auch am 23. und 24. unthätig blieb. Da er, wie aus seinen Berichten an das Directorium vom 23. hervorgeht, über die Marschrichtung des Gegners nicht im Zweifel war, so gab ihm der Rückzug der kaiserlichen Armee durch das Gebirge, Gelegenheit zu der längst geplanten »zweiten Schlacht«, oder gestattete ihm, ebensowohl sich mit Jourdan zu vereinigen, als seine gesammten Kräfte über Plochingen und Kirchheim nach Ulm zu führen und dort mit dem rechten Flügel unter Ferino wieder in Verbindung zu kommen.

Wie Moreau die Instructionen des Directoriums auffasste, sollte Jourdan die Vereinigung mit der Rhein-Mosel-Armee an der Donau suchen und, die Regnitz aufwärts ziehend, derart mit ihm operiren, dass Erzherzog Carl weit an die untere Donau zurückgeworfen würde und hiedurch die Pässe nach Tirol von selbst in die Hände der französischen Armee fielen. (190.) Insoferne scheint es wohl erklärbar, warum sich Moreau für den Marsch an die Donau entschied, nicht aber warum er den nämlichen Weg und die gleiche Marschform wählte, deren sich Erzherzog Carl bediente.*)

---

*) Nach St. Cyr (Band III), der sich sehr abfällig über die Operationen Moreau's in dieser Periode des Feldzuges äussert.

Am 25. brach die Armee vom Neckar auf. St. Cyr mit dem Centrum marschirte im Fils-Thale, der linke Flügel unter Desaix nahm den Weg durch das Rems-Thal. Zwei Seitencorps unter Duhesme und Delmas schützten, ersteres die rechte Flanke St. Cyr's, letzteres die linke Desaix'. Zur Sicherung des Rückens, sowie um Mannheim und Philippsburg zu beobachten, hatte Moreau den General Scherb mit 1 Halbbrigade und 1 Dragoner-Regimente zurückgelassen.

Der Marsch der Armee wurde äusserst behutsam ausgeführt; man kam daher nur sehr langsam vorwärts. Moreau scheute nicht nur jedes rasche Vorgehen in dem schwierigen, ganz unbekannten Terrain, sondern war auch in Folge der Nachricht, dass Jourdan gegen Böhmen operire, sehr besorgt, nunmehr allein Erzherzog Carl gegenüber zu bleiben, der voraussichtlich bedeutende Verstärkungen aus Oesterreich und Tirol an sich ziehen werde. (190.)

Am 25. erreichte St. Cyr Plochingen, Duhesme Urach, Desaix Beutelsbach; am 27. stand die Avantgarde St. Cyr's in Göppingen, jene Desaix' zwischen Schorndorf und Gmünd; Duhesme kam in der rechten Flanke bis Wiesensteig, um die Strasse Stuttgart—Ulm zu sichern. Tags darauf rückte das Gros St. Cyr's über Ebersbach hinaus gegen Göppingen; Duhesme besetzte alle Communicationen nach Blaubeuren. Am 31. kam St. Cyr nach Eislingen, seine Avantgarde unter Laroche nach Gross-Süssen, Desaix vor Gmünd.

Da Moreau diesen Ort vom Feinde stark besetzt wähnte, beschloss er, ihn am 1. August durch Desaix angreifen zu lassen. St. Cyr, welcher anfänglich beauftragt war, gleichzeitig einen Angriff auf Geislingen auszuführen, erhielt Befehl, statt dessen die Unternehmung gegen Gmünd durch eine Bewegung in die linke Flanke des Gegners zu unterstützen. Die noch am 31. erfolgte Aufklärung, dass Gmünd schon längst von den kaiserlichen Truppen verlassen und nur mehr von schwachen Vorposten besetzt sei, machte die geplante Unternehmung entbehrlich.

Moreau's Vormarsch hatte die Bewegung der kaiserlichen Armee in keiner Weise belästigt. Als sich die Gruppirung der feindlichen Kräfte klarer erkennen liess, traf Erzherzog Carl

Anstalten, ihnen das Vorbrechen aus den Gebirgsthälern zu erschweren. Zur Deckung der wichtigen Strasse Aalen-Gmünd in der rechten Flanke vereinigte er am 27. die Brigaden Canisius und Fürst Liechtenstein in ein »fliegendes Corps« unter Commando des letzteren.*) Die specielle Aufgabe dieses Corps war, zu verhindern, dass feindliche Abtheilungen um die rechte Flanke der Armee herum, die Donau unterhalb derselben erreichten und die Bergung der dort befindlichen Vorräthe hinderten. GM. Fürst Liechtenstein hatte demnach östlich Gmünd, bei Hussenweiler auf der Strasse nach Aalen Stellung zu nehmen und sich zuerst in Mögglingen und dann in Aalen so lange als möglich zu halten.

Dieser Auftrag erfolgte in der Voraussetzung, dass Moreau mit seinem Gros gegen die Donau vorrücke und die über Schorndorf durch das Rems-Thal marschirende Colonne nicht stärker sei als das »fliegende Corps«. (191.) Es ist anzunehmen, dass St. Cyr's raschere Bewegung im Fils-Thale, dann die Vorrückung Duhesme's in der anfänglichen Richtung Urach—Blaubeuren, Anlass zu den ungenauen Berichten gab, auf welche der Erzherzog seine Anordnungen hinsichtlich des rechten Flügels stützte. Die weiteren Dispositionen vom selben Tage sprechen für diese Voraussetzung, denn Erzherzog Carl traf nicht nur die nöthigen Vorkehrungen gegen einen Angriff auf Blaubeuren, sondern disponirte auch bezüglich der Behauptung Ulms und eines eventuellen Rückzuges an die Brenz.

In ersterer Hinsicht ward FML. Hotze beordert, die Stellung bei Blaubeuren mit 6 Bataillonen, 4 Escadronen zu verstärken und dort persönlich das Commando zu führen. Im Falle eines Angriffes auf diesen Posten, sollte auch Oberst Gyulay gegen die rechte Flanke des Feindes vorgehen. Mit dem Gros der Armee gedachte Erzherzog Carl am 29. bei Westerstetten (14 *km* nördlich Ulm) Stellung zu nehmen und in Böhmenkirch nur 4 Bataillone, 10 Escadronen unter FML. Fürst zu Fürstenberg zurückzulassen. (129.)

*) Dieses Corps bestand aus 8 Bataillonen, 2 Compagnien, 14 Escadronen; zum Commandanten war ursprünglich FML. Sztáray bestimmt, dem jedoch auf sein Ansuchen aus Gesundheitsrücksichten bewilligt ward, seine Division zu behalten.

Genauere Nachrichten über die Bewegungen des Gegners liessen aber weder diese Dispositionen, noch die übrigen, mit Bezug auf eine angriffsweise Bewegung der feindlichen Hauptmacht in der Richtung auf Ulm, erlassenen Verfügungen zur That werden. Dem Erzherzoge kam noch im Laufe des 28. und am folgenden Tage zur Kenntniss, Duhesme — den man auf 5—6000 Mann schätzte — sei, statt nach Blaubeuren zu marschiren, nordöstlich gegen Gutenberg und Wiesensteig abgebogen und seine Vorposten streiften bis Deggingen, was auf einen Vorstoss gegen Geislingen hindeutete. Ueberhaupt liessen die Bewegungen des Gegners nunmehr das Irrige der ersten Berichte deutlich hervortreten. Vor allem war zu erkennen, dass ein Angriff in der Richtung auf Ulm nicht in dessen Absicht liege, sondern vielmehr die ganze Armee Moreau's im Fils- und Rems-Thale vorrücke.

Gleich nachdem die Bedrohung Geislingens bemerkbar geworden, hatte FML. Hotze 2 Bataillone nach Nellingen vorgeschoben, um den Anmarsch Duhesme's zu flankiren und dessen Bewegungen zu verlangsamen; FML. Riese, der mit 2 Bataillonen Pfälzern bei Urspring stand, wurde noch in der Nacht vom 29.—30. mit 2 Bataillonen und dem Dragoner-Regimente Waldeck verstärkt.

Da es Erzherzog Carl vor allem um Zeitgewinn zu thun war, verfügte er nun Folgendes:

FML. Hotze vertheidigt mit seinem Corps Blaubeuren und Urspring und zieht sich nöthigenfalls nach Albeck zurück. Bis dahin unterhält er die Verbindung mit dem fliegenden Corps des GM. Fürsten Liechtenstein, dessen Vorposten längs der Lauter bis Degenfeld reichen. Dem Corps FML. Hotzes schliesst sich noch General Bethusy mit einem Theile des Condé'schen Corps, dem Infanterie-Regimente Hohenlohe, 4 Compagnien vom Infanterie-Regimente Bender und 1 Bataillon vom Gyulay'schen Freicorps an.

Am rechten Flügel wird ein Detachement bei Eschach postirt, um die vorwärtige Gegend zu durchstreifen.

Die Armee selbst bleibt im Lager bei Böhmenkirch und zieht sich nöthigenfalls nach Heidenheim zurück. Doch wird, so lange FML. Hotze Urspring behauptet, unter allen Umständen ein starkes Detachement in Böhmenkirch bleiben.

FML. Frelich marschirt nebst dem Gyulay'schen Freicorps in eine Stellung hinter der Iller bei Ulm und unterhält durch ein Detachement die Verbindung mit dem, bei Memmingen stehenden Condé'schen Corps.

Während des Aufenthaltes in Böhmenkirch, vollzog sich auch der Abfall Sachsens von der Armee des Kaisers. Am 30. erhielt Erzherzog Carl ein Schreiben des Kurfürsten, worin dieser ihn verständigte, dass er seine Truppen zum Schutze des gefährdeten eigenen Landes einberufen müsse und dieselben auch schon von Fürth aus, wo der Befehl sie traf, über Bayreuth und Hof den Rückmarsch angetreten hätten.

Seit die kaiserliche Armee den Rhein verlassen hatte, war sie sowohl durch Detachirungen und Verluste, besonders aber durch den Abfall der Reichsfürsten in einer Weise geschwächt worden, welche die spärlichen Verstärkungen aus den Erblanden nicht ausgleichen konnten. Von den 10 Bataillonen und 2 Cavallerie-Regimentern, welche zu Anfang des Feldzuges als Verstärkung für die Armee in Deutschland bestimmt wurden, ging mehr als die Hälfte nach Italien. Die übrigen 5 Bataillone nebst dem Chevau-légers-Regimente Levenehr kamen in Folge des langen Marsches aus Westgalizien und unrichtiger Instradirung erst anfangs August zur Armee.*)

Ueber die Verstärkungen, welche thatsächlich zur Armee in Deutschland gelangten, lässt sich in Folge der vielen, nicht immer eruirbaren Eingriffe in die anfänglichen Bestimmungen, welche durch die Ereignisse in Italien hervorgerufen wurden, keine klare Uebersicht gewinnen.

Thatsächlich zählte, wie Erzherzog Carl am 27. Juli (E. A. A.) an den Kaiser berichtete, die Armee an der Donau

*) 1 Bataillon kam am 29. Juli nach Schwäbisch-Hall, ein anderes (nach Mittheilung des Hofkriegsrathes) am 17. nach Klentsch in der Oberpfalz, so dass Erzherzog Carl Officiere absenden musste, um diese herumirrenden Bataillone nach Günzburg zu bringen. (D. VII, 277 u. 352.)

einen Gefechtsstand von nicht mehr als 34.736 Mann, darunter nur 23.735 Mann Linien-Truppen.*)

Abgesehen von dem Missverhältnisse der Zahl, ist es wohl begreiflich, dass das Waffenglück des Feindes, die anhaltend rückgängigen Bewegungen der eigenen Armee, die Abtrünnigkeit der Bundesgenossen, kurz alle die üblen Einflüsse eines längeren und für die grosse Masse aussichtslosen Rückzuges, auch auf das moralische Element der Armee nicht anders als höchst nachtheilig rückwirkten. Erzherzog Carl, dem derlei Symptome nicht verborgen blieben und dessen psychologisch richtiger Blick die Grundursachen des Uebels ebenso sicher erkannte, wie die Mittel, welche dagegen helfen konnten, richtete an die Generalität und das Officierscorps am 29. Juli folgenden Befehl:

»Da die Stimmung des gemeinen Mannes grösstentheils eine Folge der unter den Officiers herrschenden Grundsätze und Meinungen ist, so halte ich es für meine Pflicht, die Herrn Generals auf diesen Gegenstand aufmerksam zu machen, dessen Wichtigkeit ihre ganze Sorgfalt und Nachdenken verdient.

Kein Rückzug ist für den gemeinen Mann herzerhebend, weil er sich keinen anderen Beweggrund dabei denken kann, als Furcht, Unglück, Schwäche und Unvermögen. Er kennt die Wirkung eines defensiven Feldzuges, die Lage der nebenstehenden Armee, die Verhältnisse der mitinteressirten Fürsten nicht; der Endzweck und die Wahl vortheilhafter Positionen ist über seine Begriffe, er misst das Mass unserer Widerwärtigkeiten nach der Zahl seiner rückwärtsgehenden Schritte; bedenkt nicht, dass ein Schlag ihn öfters so schnell wieder vorwärts bringt, als er durch den Zusammenhang der Ereignisse auf einem unermesslich grossen Schauplatze zurückgeführt wurde; glaubt sich dem Ende des Feldzuges und des Krieges nahe, je geschwinder er seine Heimat zu erblicken glaubt, wünscht daher seinen Rückzug zu beschleunigen und jene Begebenheiten zu entfernen, welche ihm eine andere Richtung geben könnten, eine geringere Zahl von Ausländern und Reichs-

*) In dieser Ziffer sind jedenfalls nur die an der Donau wirklich verfügbaren Truppen, mit Ausschluss der unter Frelich am rechten Ufer befindlichen, inbegriffen.

gliedern aber verlassen die hiesigen Gegenden mit Unwillen, weil sie ihnen auf ewig verloren erscheinen.

Daher entsteht es, dass anhaltende absichtliche Rückzüge auf den Geist des gemeinen Mannes öfters den nämlichen Eindruck und die nämliche Wirkung hervorbringen, als Flucht nach einer verlorenen Schlacht und entschiedene Ueberlegenheit des Feindes.

Daher Erkaltung des militärischen Geistes, Gleichgiltigkeit, Ueberdruss, Missmuth, Verfall der Mannszucht und endlich Desertion.

Diesem grossen Uebel kann auf keine andere Art gesteuert werden, als durch die eifrige und thätige Mitwirkung der Herrn Officiers.

Wenn diese nicht selbst durch den grossen Hang zum gemächlichen Leben, ihre Privatvortheile dem Ansehen des Staates und dem Ruhme unserer Waffen vorziehen, wenn sie sich nicht selbst nach einem demüthigenden Frieden sehnen und ihn an den Grenzen der Erbstaaten zu erlangen hoffen; wenn sie die Unmöglichkeiten nicht verkennen, in diesem Augenblick einen festen, dauerhaften und ehrenvollen Frieden zu schliessen, wenn sie Muth und Beharrlichkeit fühlen, rühmlichere Aussichten zu fassen und sie dem gemeinen Mann mitzutheilen, seine Meinungen auf eine ihm begreifliche Art für das Beste des Dienstes zu leiten, seinen guten Willen zu unterhalten suchen, dann wird vorübergehender Wechsel der Umstände, der noch in jedem Kriege stattfand, die Standhaftigkeit der Truppe nicht erschüttern und sie werden die Nothwendigkeit fühlen, so viele Aufopferungen, so viel erworbenen Ruhm, das Zutrauen des Staates und die öffentliche Achtung in der wahrscheinlich letzten Epoche des Krieges nicht durch Kleinmuth und Ermüdung preiszugeben.

Zuversicht des Officiers erweckt in dem Soldaten das Gefühl seiner Kräfte und seiner Tapferkeit.

Ich fordere die Herren Generals und Stabsofficiers auf, die gegenwärtige Lage der Armee ihren Untergebenen aus diesem einzig wahren Gesichtspunkte darzustellen, den Truppen die väterlichen Gesinnungen Sr. Majestät und Allerhöchst Ihre vorzügliche Liebe und Sorgfalt für ihre Erhaltung in jeder

Gelegenheit mit wahrer Ueberzeugung zuzusichern, die Armee mit der ermunternden Erwartung zu trösten, dass beträchtliche Verstärkungen sie ehestens in Stand setzen werden, dem übermüthigen Feinde alle errungenen Vortheile zu entreissen und den bedrohten Festungen zu Hilfe zu eilen; keine voreiligen Urtheile zu dulden; den Herrn Officiers den wesentlichen Einfluss lebhaft vorzustellen, den ihre Aeusserungen auf den Geist der Truppen erzeugen, und sie für die daraus entstehenden Folgen verantwortlich zu machen, die für den Ausgang des Krieges, für den Ruhm unserer Waffen und für das Wohl des Staates entscheidend sein werden.

Böhmenkirch, am 29. Juli 1796.*)

Erzherzog Carl m. p., FZM.«

Operationen der Niederrhein-Armee bis 15. August.

Als FZM. Wartensleben die Stellung bei Kürnach bezog, war er fest entschlossen, den Befehlen des Erzherzogs vom 19. und 20. Juli genau nachzukommen und sich bei Würzburg zu behaupten, wozu auch das Terrain, welches die volle Entfaltung der überlegenen Cavallerie begünstigte, vorzüglich geeignet war. (193.) Anfänglich liess das stetige Vorrücken der Franzosen, welche am 21. die kaiserlichen Vorposten aus Karlstadt verdrängten und am 22. die ganze Vorpostenlinie längs des Wern-Baches lebhaft attaquirten, auf einen Angriff ihrerseits schliessen. Als aber am Abende des letzteren Tages GM. Kienmayer die Besetzung Schweinfurts durch feindliche Abtheilungen meldete, war die Absicht Jourdan's, die Stellung der kaiserlichen Truppen rechts zu flankiren, nicht mehr zu verkennen. FZM. Wartensleben, dem die gefährliche Lage nicht entging, in die sein Gegner durch eine so übergrosse Ausdehnung, welche seine rechte Flanke und seine Communicationen preisgab, gerathen musste, beschloss, die günstige Situation am 23. zu einem Angriffe zu benützen.

*) Das Original ist von Erzherzog Carl eigenhändig geschrieben und befindet sich im Besitze des G. d. C. Fürsten Friedrich Liechtenstein.

Nach der zu diesem Zwecke ausgegebenen Disposition sollte derselbe in 3 Colonnen gegen Schweinfurt, Arnstein und Thüngen ausgeführt werden. Ein ebenso unerwarteter als unbedeutender Zwischenfall erstickte jedoch alle offensiven Pläne noch im Keime. FZM. Wartensleben hatte spät am Abende des 22. die Generale zu sich berufen, um ihnen noch einige mündliche Weisungen zu ertheilen, als während der Besprechung GM. Elsnitz aus Mergentheim meldete, ein gefangener Chasseur von der Division Bernadotte habe ausgesagt, diese sei bereits in Mittenberg eingetroffen und rücke gegen die Tauber vor. Obwohl die Richtigkeit dieser Angaben durch nichts erwiesen war, genügten sie doch, um im Zusammenhalte mit der Besetzung Schweinfurts die Besorgniss wachzurufen, Jourdan wolle die kaiserliche Armee förmlich umringen und ihr den Rückzug abschneiden. Andere, ebensowenig verbürgte Nachrichten von der Verstärkung Jourdan's durch Truppen aus der Vendée und von der Nordarmee trugen gleichfalls dazu bei, die ursprüngliche Besprechung in einen Kriegsrath umzuwandeln, der die projectirte Offensive in Frage zog.

Ohne auch nur an den Versuch zu denken, den Ring, der sich angeblich um die Armee zu schliessen drohte, durch eine energische Kraftäusserung zu sprengen, hatte man blos die schwierige Situation vor Augen, in welche die Armee nach einer Niederlage zwischen beiden Mainufern und dem Verluste des Rückzuges nach Bamberg gerathen würde. Einstimmig wurde nicht nur der geplante Angriff, sondern selbst sogar ein längeres Verweilen in Kürnach für zu gefahrvoll erklärt und zur Sicherung der Armee der unverzügliche Rückzug nach Bamberg beschlossen.

Obgleich FZM. Wartensleben in seinem Berichte an den Erzherzog (193) ausdrücklich hervorhob, er sei im Kriegsrathe überstimmt worden und habe sich dessen Beschlüssen nur widerstrebend gefügt, so führte er diese letzteren doch mit solcher Hast aus, dass man unwillkürlich zu der Annahme gedrängt wird, der Feldzeugmeister sei nicht minder um den rechten Flügel besorgt gewesen, wie der Kriegsrath um den linken, und der mögliche Verlust der Strasse nach Eger habe seine Entschlüsse mindestens ebenso sehr beeinflusst, als alle anderen Bedenken. Er dirigirte unmittelbar nach dem Kriegsrathe FML. Mercandin mit 27 Escadronen und 2 Cavallerie-Batterien nach Bamberg um sich dieses wichtigen Platzes noch vor Ankunft des Feindes zu versichern, und gab gleichzeitig den Befehl zum Aufbruche. Um ½12 Uhr nachts des 22. verliess die Armee Kürnach, ging nördlich von Stadt-Schwarzach über den Main und bezog am 23. zwei Lager bei Neusses am Sand und Brünau. Um die Armee des beschwerlichen Trains zu entledigen, wurde die Haupt-Artillerie-Reserve nach Ausscheidung eines dreifachen Geschützmunitions-Vorrathes, mit aller übrigen Munition und den 18pfündigen Kanonen, dann der gesammten fahrenden Bagage, unter Bedeckung einer Escadron über Bayreuth zurückgeschickt.

Am 23., 4 Uhr nachmittags, verliess FML. Kray mit der Arrièregarde das rechte Mainufer, brach die Brücken hinter sich ab und stellte die Vorposten von Kitzingen bis gegenüber Schweinfurt auf. Würzburg wurde noch vor dem Abzuge der Arrièregarde geräumt und auch die Citadelle preisgegeben, weil sie nicht einmal für einen Tag verproviantirt war. Gleichwohl fielen bedeutende Vorräthe in Feindeshand; nur 36 Kanonen nebst dem grössten Theile des niederländischen Archives wurden nach Eger in Sicherheit gebracht.*) (193 und 194.)

GM. Elsnitz hatte am 23. die Tauber verlassen und stand am 24. in der Linie Marktbreit—Ochsenfurt—Wertheim.

---

*) Auf die Verhältnisse, unter denen die Räumung Würzburgs vor sich ging, wirft der Bericht des General-Kriegs-Commissärs FML. Lilien an Erzherzog Carl ddo. Günzburg, 25. Juli ein charakteristisches Streiflicht. Er zeigt an, dass in Würzburg und Wertheim grosse Vorräthe verloren gingen, weil FZM. Wartensleben noch am 18. versicherte, er werde zuverlässig die Linie Gemünden—Schweinfurt beziehen, Würzburg und Wertheim aber besetzt lassen. Tagsdarauf gab der Feldzeugmeister in Gegenwart Liliens den Befehl, oberwähnte Linie zu verschanzen, weshalb letzterer annehmen konnte, dass die eventuelle Fortschaffung der Vorräthe keinem Hindernisse begegnen würde. Trotzdem sei Würzburg plötzlich geräumt worden. Die Vorräthe an Victualien und Montur wurden den Truppen überlassen, aber diese konnten sie ebensowenig fortbringen und verschleuderten sie zu Spottpreisen an die städtischen Behörden, von welchen sie im Wege der Contribution den Franzosen zu Gute kamen.

Nirgends war er des Feindes ansichtig geworden, wohl aber hatte er noch am 24. Fühlung mit den Patrouillen aus Mannheim, ein Beweis, wie unbegründet die Besorgnisse des österreichischen Hauptquartiers um den linken Flügel waren.

Als am 24. die Avantgarde Championnet's vor Würzburg erschien, capitulirten die fürsterzbischöflichen Truppen, welche nun allein die Besatzung bildeten, und übergaben am folgenden Tage Stadt und Citadelle den Franzosen.*)

Mit dem Verlassen Würzburgs war ohne zwingende Noth ein höchst wichtiger Punkt verloren gegangen; denn, da die kaiserlichen Vorposten noch am 21. und 22. an der Tauber standen, so war Bernadotte nicht nahe genug um vor Entscheidung des geplanten Zusammenstosses bei Schweinfurt FZM. Wartenslebens Rückzug zu gefährden. Die Franzosen dagegen gewannen an Würzburg einen werthvollen Depotplatz, in welchem sie ohne Aufwand von Truppen mit grösster Sicherheit sowohl ihre Magazine, als ihre Spitäler etabliren konnten. (Jourdan, 89.) Mit Recht sprach daher Erzherzog Carl, dem der Bericht über den Rückmarsch in der Nacht vom 24.—25. zukam, in seinem Schreiben ddo. Gmünd, 25. Juli dem Feldzeugmeister das Bedauern aus, dass sich derselbe durch die Nachricht von dem Eintreffen Bernadotte's in Mittenberg, von einem gewiss vortheilhaften Angriffe habe abhalten lassen. Er tadelte in scharfen Worten die Berufung eines Kriegsrathes und forderte Wartensleben auf, künftighin ohne Scheu vor Verantwortung dem eigenen Ermessen zu folgen.**)

Ein weiterer Nachtheil der von FZM. Wartensleben eingeschlagenen Operationsrichtung war, dass nun die Eventualität

*) Bei der Capitulation forderten die Franzosen noch vor den Verhandlungen über Waffenstillstand das Zugeständniss, dass die ebenfalls von fürsterzbischöflichen Truppen besetzte Festung Königshofen gleichzeitig mit Würzburg übergeben werde. (C. A. Berichte FZM. Wartenslebens. S. 27.)

**) ». . . . da die Erfahrung lehrt, dass von einem versammelten Kriegsrathe selten eine entscheidende offensive Unternehmung beschlossen wird, weil durch die Befragung selbst, jedes Mitglied zu einer zweifelhaften Behutsamkeit gleichsam aufgefordert wird, so werden mich der Herr Feldzeugmeister verbinden, in solchen Fällen künftig Ihrem eigenen Antriebe zu folgen, wobei ich Sie ganz von jener Verantwortung lossspreche, die Sie durch diesen Vorgang auf sich zu laden besorgen.« (D. VII. 250.)

eines Rückzuges nach Eger in noch grössere Nähe gerückt wurde, weshalb sich der Erzherzog veranlasst sah, diesen Fall in seinem oberwähnten Schreiben eingehend zu erörtern. Sollte FZM. Wartensleben in die Lage kommen, wo er glaube, »unvermeidlich und ohne Hoffnung einer günstigeren Aussicht« nach Eger zurückgehen zu müssen, so hätte er, wenn nicht die unbedingte Gewissheit vorliege, dass Jourdan ihm mit der ganzen Armee ebenfalls dorthin folge, ungefähr 20.000 Mann guter Truppen zur Armee an die Donau zu senden, da diese sonst nicht im Stande wäre, den vereinigten Kräften Moreau's und Jourdan's entsprechenden Widerstand zu leisten. Der dann noch verbleibende Rest der Niederrhein-Armee und das sächsische Corps dürften hinreichen, um sowohl die böhmische als auch die sächsische Grenze zu decken.

Der Erzherzog stellte es dem Feldzeugmeister anheim, welchen der beiden Theile seiner Armee er persönlich befehligen wolle, sprach jedoch die Erwartung aus, dass die bei dem nach Böhmen marschirenden Corps eingetheilten Generale den Rückzug nach Eger »nicht als das Ende ihrer Operationen beschleunigen, sondern ihn vielmehr als eine provisorische Massregel betrachten werden, deren Ergreifung nur wiederholte fruchtlose Versuche und entschiedenes Unglück rechtfertigen können«.

Der Marsch nach Bamberg, wegen welchem Würzburg in so grosser Eile verlassen wurde, sollte gleichwohl nicht unmittelbar zur Ausführung gelangen. Meldungen, die im Hauptquartiere zu Neusses am Sand am Morgen des 24. einliefen, constatirten die Anwesenheit der feindlichen Avantgarde bei Hassfurt und liessen besorgen, Jourdan könnte von dort, auf dem kürzeren Wege, Bamberg noch vor den kaiserlichen Truppen erreichen. Dem vorzubeugen, beschloss der Feldzeugmeister, über Gerolzhofen nach Eltmann zu marschiren und sich zwischen Bamberg und Hassfurt aufzustellen. (195.) In Folge dessen wurde GM. Kienmayer mit 2 Bataillonen, 8 Escadronen zur Sicherung der Strasse Würzburg—Bamberg nach Ebrach beordert; FML. Mercandin, der bereits in Burgwindheim angekommen war, erhielt Befehl, mit seinem Cavallerie-Corps über Burgebrach und Eltmann nach Zeil zu marschiren und dort Stellung zu nehmen. Zur Deckung des Gros wurde Oberst Nagy mit 6 Escadronen über Gerolzhofen vorgesendet, um von dort in der Richtung gegen Schweinfurt zu demonstriren.

Die Armee setzte sich am 24. in Marsch und erreichte an diesem Tage Eltmann, wo die Infanterie auf 2 Pontonbrücken, die Cavallerie durch die Furten über den Main setzte und bei Ebelsbach lagerten. Am 25. rückte sie auf Zeil vor und nahm dort mit 17 Bataillonen, 44 Escadronen Stellung. Der rechte Flügel, 3 Bataillone, stützte sich auf Königsberg; 11 Bataillone, 24 Escadronen besetzten die Anhöhen von diesem Orte bis Zeil und die Strasse Schweinfurt—Bamberg; 2 Bataillone, 6 Escadronen sperrten am linken Ufer bei Sand, wo eine Pontonbrücke geschlagen ward, den Landweg von Schweinfurt nach Bamberg; GM. Kienmayer stand mit 1 Bataillon, 14 Escadronen bei dem Defilé zwischen Breitbach und Ober-Schwarzach auf der Strasse Würzburg—Bamberg.

Der Rest der Armee, 17 Bataillone, 51 Escadronen (ungerechnet der 13 Escadronen des GM. Elsnitz bei Marktbreit—Wertheim) formirte unter FML. Kray eine ausgedehnte Vorpostenlinie, die von Hofheim über Kloster Theres und Gerolzhofen bis Kitzingen reichte. (196.)

Die Franzosen hatten bei Annäherung der kaiserlichen Truppen Hassfurt verlassen und ihre Vorposten auf den Höhen von Forst aufgestellt.

Nach der Besetzung von Würzburg etablirte Jourdan seine Armee allmälig am rechten Mainufer von Schweinfurt bis Kitzingen. Lefebvre lagerte bei Lauringen, Collaud bei Schweinfurt mit einer Avantgarde auf der Strasse nach Hassfurt; Grenier formirte hinter diesen Beiden eine zweite Linie und hatte am linken Mainufer eine Avantgarde von 3 Bataillonen, 6 Escadronen. Die Division Championnet stand rückwärts Wipfeld, jene Bernadotte's traf Ende des Monats zwischen Dettelbach und Kitzingen ein. (197.)

In dieser Aufstellung blieb Jourdan die nächsten Tage, theils um Nachrichten von der Rhein-Mosel-Armee zu erwarten, über deren Fortschritte er ohne Kenntniss war, theils um Bernadotte Zeit zu geben, sich der Armee anzuschliessen, endlich auch, um sich über die Absichten des Gegners zu unterrichten und einige Ordnung in die trostlose Zerfahrenheit des Verpflegswesens zu bringen.

Auch FZM. Wartensleben behielt seine Stellung bis 1. August, während welcher Zeit nur unbedeutende Zusammenstösse vorkamen. Seine Armee hatte in Folge der meist forcirten Märsche viel an Marodeurs und Deserteurs verloren und zählte kaum über 24.000 Mann, mit denen er nun alle Wege und Communicationen zu decken hoffte.*) Die Aufstellung der Franzosen, welche ihre Stärke theilweise dem rechten Flügel der kaiserlichen Armee gegenüber concentrirten, bestärkte ihn in der vorgefassten Meinung, Jourdan denke nicht daran, sich in nächster Zeit mit Moreau zu vereinigen, sondern es sei die böhmische Grenze zweifellos das Operationsziel der Sambre-Maas-Armee. (198.)

Diese Ansicht theilte Erzherzog Carl jedoch keineswegs. Er hielt daran fest, dass es im natürlichen Interesse der französischen Feldherrn liege, ihre Armeen so bald als nur möglich zu vereinigen, und blickte deshalb voll Besorgniss auf die Operationen des Feldzeugmeisters, die sich nach einer Richtung zu bewegen drohten, welche die Zwecke der Gegner nur fördern konnte. Es ist daher begreiflich, dass er kein Mittel unversucht liess, um Wartensleben einer richtigeren Beurthei-

---

*) Wenn diese Ziffer nicht etwa blos nur die regulären Truppen oder die gesammte Infanterie bezeichnet, so ist sie keinesfalls richtig und vielleicht nur so niedrig gehalten, um die Unmöglichkeit einer gleichzeitigen Operation an die Donau und nach Böhmen zu erweisen. Nach dem diesfälligen Berichte des Feldzeugmeisters an Erzherzog Carl aus Zeil, 26. Juli, waren die Zustände in der Armee allerdings danach, um die obigen Angaben möglich erscheinen zu lassen. Ungeachtet des weitgehendsten Gebrauches der Strafmittel hatte die Disciplin ebenso sehr gelitten wie der militärische Geist; Excesse der Freicorps und auch einiger Linien-Regimenter erbitterten das Landvolk und gingen Hand in Hand mit einer unglaublichen Desertion. Auf einem einzigen Nachtmarsche verlor hiedurch das Infanterie-Regiment Sztáray 160, das Grenadier-Bataillon Paulus 108 Mann etc. (D. VIII, 262.) In der französischen Armee waren die Verhältnisse in dieser Hinsicht noch weit ärger, wie dies Jourdan S. 90—91 seines Werkes drastisch schildert.

lung der Sachlage zuzuwenden. Am 29. schrieb er ihm aus Böhmenkirch, nicht blos nur auf Eger zu denken, sondern auch die weit wichtigeren Punkte Nürnberg und Regensburg ins Auge zu fassen und jede feindliche Unternehmung nach dieser Richtung zu verhindern. Da Jourdan Kitzingen stark besetzt habe und auch Bernadotte dahin im Anmarsche sei, so erlaube dies nicht die Vermuthung, dass ersterem eine Vereinigung mit Moreau gänzlich ferne liege. Sollten diese Truppen sich rasch gegen Nürnberg wenden, so könnte dies nicht allein die Stellung des Feldzeugmeisters erschüttern, sondern gleichzeitig auch Regensburg und Eger bedrohen. (D. VII, 346.) Hieraus aber erfolge die Nothwendigkeit, die Colonnen des linken Flügels (die GM. Elsnitz und Kienmayer) derart zu verstärken, dass sie im Stande seien, den Feind, etwa bei Neustadt, so lange aufzuhalten, bis von Seite des Armee-Commandanten die erforderlichen Massregeln getroffen würden.

Zwei Tage später fand Erzherzog Carl in den Nachrichten, die er über Jourdan's Stellung und Absichten erhielt, sowie in dem Abmarsche GL. Lindts nach Sachsen neuerlich Anlass, seine Besorgnisse auszudrücken und den Versuch zu wiederholen, Wartensleben von seinen Ansichten abzubringen. (D. VIII, 362.) Nach »authentischen« Mittheilungen standen von den feindlichen Streitkräften am Main 1½ Divisionen in Schweinfurt, 1 Division in Kitzingen und Jourdan selbst mit 1½ Divisionen in Würzburg. Letzterer sei im Begriffe, gegen Nürnberg vorzurücken, und Moreau werde ihn mit 1 Division über Schwäbisch-Hall verstärken. Hieraus — folgerte der Erzherzog — werde FZM. Wartensleben nun wohl selbst zugeben, wie nothwendig es sei, mit dem grössten Theile der Armee die Regnitz aufwärts zu marschiren, um das gefährliche Unternehmen Jourdan's zu hindern.

Diese beiden Schreiben trafen nicht frühzeitig genug in Zeil ein, um noch auf die Entschlüsse des Feldzeugmeisters wirken zu können. Nach allem, was bisher vorhergegangen, darf übrigens auch bezweifelt werden, ob selbst diese überzeugenden Gründe im Stande gewesen wären, seine vorgefasste Meinung zu ändern. Umso zeitgerechter kam daher die kaiserliche Resolution (ddo. 27. Juli) auf die Anfrage Erzherzog Carls über den Durchmarsch durch Ansbach.

FZM. Wartensleben erhielt durch dieselbe den Befehl, Ansbach unter keinen Umständen zu betreten und das preussische Territorium auf das sorgfältigste zu meiden, um nicht gleiche Zugeständnisse von Seite Preussens für den Feind zu provociren. Da es ferner scheine, der Feind wolle ihn durch fingirte Manöver von der Armee des Erzherzogs trennen, um dann auf diese mit allem Nachdrucke wirken zu können, so habe der Feldzeugmeister alles mögliche dagegen vorzukehren, und die Verbindung beider Armeen so viel als nur thunlich zu befördern. Schliesslich wurde Wartensleben aufgetragen, sich strenge an die Befehle des Erzherzogs zu halten und von jeder Meldung, die er diesem erstatte, zugleich auch eine Abschrift nach Wien zu senden. (D. VII, 369.)

Es ist eigenthümlich, dass, während FZM. Wartensleben bei seinem Gegner mit aller Bestimmtheit die Absicht gegen Eger zu operiren voraussetzte, dieser ebenso überzeugt war, der Commandant der Niederrhein-Armee strebe nichts so sehr an, als die möglichst rasche Vereinigung mit Erzherzog Carl. Daher kam es, dass man nach den ersten Berichten über den Abmarsch Wartenslebens von Würzburg, im Hauptquartiere Jourdan's der Meinung war, derselbe ziehe auf Bamberg und habe nur leichte Truppen an den Mainufern bei Zeil und Eltmann, dann bei Ebrach zurückgelassen. Erst als man zur Kenntniss gelangte, das Gros der kaiserlichen Armee lagere bei Zeil, wurde es klar, dass Wartensleben keineswegs darnach trachte, sich mit Erzherzog Carl zu vereinigen. Nun glaubte man, er habe die Absicht, sich mit voller Kraft auf den französischen linken Flügel zu werfen.

Jourdan, welcher den bestimmten Auftrag hatte, mit aller Energie in die rechte Flanke seines Gegners zu operiren, glaubte den Geist seiner Instruction nicht erfasst zu haben, wenn er sich über Neustadt oder auch über Bamberg nach Nürnberg wendete, ohne vorher die feindliche Armee aus ihrer Stellung vertrieben zu haben. Durch eine solche Unterlassung schien ihm sogar seine Rückzugslinie gefährdet, da Wartensleben dann von Zeil aus über Gemünden früher den Rhein zu erreichen vermochte, als die, auf die längere Linie angewiesene Sambre-Maas-Armee. Die Operation gegen Zeil wurde demnach als unerlässlich erachtet. Massgebend bezüglich des Zeitpunktes ihrer Ausführung war jedoch für Jourdan, dass auch Moreau in gleichem Verhältnisse vordringe. Erlitte die Rhein-Mosel-Armee eine Niederlage oder wurde sie auch nur in ihrem Marsche aufgehalten, während Jourdan den Feind gegen die Grenze Böhmens drängte, so hinderte nichts den Erzherzog, ein Corps in dessen Rücken zu entsenden, Marceau bei Mainz über den Rhein zu werfen und im Vereine mit der freigewordenen Besatzung dieses Platzes die Sambre-Maas-Armee in eine höchst gefährliche Lage zu bringen. (Jourdan, S. 92.)

Nun aber reichten die Nachrichten von Moreau nur bis 22. Juli, zu welcher Zeit sich derselbe bei Stuttgart befand und dies veranlasste Jourdan, noch zuzuwarten. Hinsichtlich seines Gegners war er beruhigt, da er voraussetzte, Wartensleben könne die Stellung bei Zeil nur genommen haben, um dort zu schlagen oder doch bis zur Annäherung der französischen Armee zu verweilen. In beiden Fällen war es bedeutungslos, ob der Vormarsch einige Tage früher oder später geschah. Als endlich am 27. Nachricht kam, Moreau hoffe, am 30. Gmünd zu besetzen, war auch Jourdan entschlossen, ohne Säumen auf Zeil loszugehen. Lefebvre sollte in der rechten Flanke der kaiserlichen Stellung vordringen und Collaud diese in der Front angreifen, indess Championnet und Bernadotte nebst der Cavallerie-Reserve bei Wipfeld und Stadt-Schwarzach den Main übersetzten und nach Bamberg marschirten. (Jourdan, S. 91.)

Die schlechte Beschaffenheit der Zugänge nach Zeil, welche für Geschütze grösstentheils kaum benützbar waren, sowie die Terrainverhältnisse überhaupt machten mehrere forcirte Recognoscirungen nothwendig, bei deren einer Jourdan, von kaiserlicher Reiterei umringt, nur durch die Aufopferung seiner Escorte sich retten konnte. Als endlich alle Vorkehrungen beendet waren und der Vormarsch beginnen sollte, erkrankte Jourdan und musste am 2. August das Commando an Kleber übergeben, und zwar an demselben Tage, an welchem die österreichischen Truppen von Zeil aufbrachen und nach Bamberg zurückgingen.

FZM. Wartensleben hatte die Bewegungen auf feindlicher Seite mit grösster Aufmerksamkeit verfolgt, und die Ergebnisse seiner Beobachtungen stimmten so sehr mit seiner Ueberzeugung von den Absichten des Gegners auf Eger überein, dass er sich entschloss, denselben durch einen allgemeinen Angriff von diesem Plane abzubringen. Eine grössere Recognoscirung am 31. Juli, bei welcher die französischen Vorposten von Kloster Theres bis Schweinfurt zurückgeworfen wurden, ging dieser Unternehmung voraus, welche jedoch in Folge beunruhigender Nachrichten noch am nämlichen Tage für immer aufgegeben wurde. Es meldete nämlich GM. Nauendorf, dass der Feind Königshofen besetzt habe und von dort mit 2 Divisionen gegen Coburg im Anmarsche sei; gleichzeitig berichtete GM. Kienmayer den Uebergang zweier feindlicher Divisionen über den Main bei Kitzingen und den beabsichtigten Vormarsch des Feindes nach Bamberg.

Diese Berichte machten FZM. Wartensleben umsomehr für seine Flanken und seinen Rücken besorgt, als er glaubte, Ansbach unter keiner Bedingung betreten zu dürfen, wodurch nicht nur den Franzosen der Vortheil der kürzeren Linie zufiel, sondern die kaiserliche Armee, um nach Regensburg zu gelangen, den Marsch über Lauf und Neumarkt nehmen musste, auf welcher Strecke weder gute Communicationen noch Magazine zu finden waren.*)

---

*) Bezüglich dieser Durchmarschangelegenheit, welche eine so bedeutende Rolle in dem strategischen Concepte des Feldzeugmeisters spielt, ist zu bemerken: In Folge der kaiserlichen Resolution vom 27. Juli verständigte FZM. Wartensleben am 2. August den preussischen Minister Hardenberg in Ansbach, dass er von dem ihm zugestandenen Durchmarschrechte keinen Gebrauch machen werde und daher erwarte, Preussen werde nun auch den Franzosen den Durchmarsch nicht gestatten. Hierauf erwiderte Hardenberg, dass schon im Baseler-Frieden stipulirt wurde, dass den kriegführenden Mächten der »unschädliche Durchzug, jedoch ohne mindeste Präjudiz der Neutralität« gestattet werden solle. Ein Theil der kaiserlichen Armee (die schwere Artillerie, Train etc.) habe thatsächlich schon Ansbach passirt und sei dies auch den Franzosen bekannt, die nun umsoweniger auf ihr Recht verzichten würden. Im Uebrigen werde die

FZM. Wartensleben fand sich daher veranlasst, am 2. August von Zeil aufzubrechen und nach Bamberg zu marschiren, wo die Armee östlich der Stadt ein Lager bezog. Hier wurden alle Vorkehrungen sowohl zur Sicherung des ferneren Rückzuges, als auch hinsichtlich einer eventuellen Theilung der Armee mit Bezug auf die Deckung Egers getroffen, und zwar wurde bestimmt:

a) für die Operationen an der Donau:

Avantgarde (FML. Kray): 4 Bataillone, 12 Escadronen, 12 Geschütze.

Gros (FML. Werneck): 17 Bataillone, 33 Geschütze.

Arrièregarde (FML. Mercandin): 3 Bataillone, 12 Escadronen, 6 Cavallerie-Geschütze, 2 Haubitzen.

Summe: 24 Bataillone, 24 Escadronen, 53 Geschütze.

b) nach Böhmen:

FML. Colloredo-Mels: 8 Bataillone, 21 Compagnien, 80 Escadronen, 62 Geschütze.

Zusammen: 32 Bataillone, 21 Compagnien, 104 Escadronen, 115 Geschütze.

Diese beiden Theile lagerten getrennt, um je nach Bedarf sofort aufbrechen zu können.

Forchheim, ein kleiner sturmfreier Platz mit 10, zum Theil gemauerten Bastionen und einigem Geschütze war schon vor dem Abmarsche von Zeil mit einer Besatzung von 1 Ba-

---

kaiserliche Armee, falls sie an die Donau marschiren wolle, Ansbach dennoch durchziehen müssen, da die Wege, welche ausserhalb von dessen Grenzen dorthin führen, für eine Armee gar nicht prakticabel seien. (Wartensleben an den Hofkriegsrath, mit der Abschrift von dem Briefe Hardenbergs, ddo. 3. August. C. A. Berichte FZM. Wartenslebens, S. 5 und 22.)

Aus Obigem geht hervor, dass für FZM. Wartensleben kein Anstand vorlag, die Armee durch Ansbach zu führen, wenn höhere Rücksichten dies forderten. Die kaiserliche Resolution wies den Feldzeugmeister unbedingt an die Weisungen des Erzherzogs, und dieser hatte nicht nur schon früher die Entscheidung hinsichtlich des Durchmarsches ganz dem Ermessen Wartenslebens überlassen, sondern ihm sogar ausdrücklich aufgetragen, im Falle der Nothwendigkeit den Weg an die Donau durch Ansbach zu nehmen, und zwar aus den gleichen Gründen, welche Hardenberg anführte. (Erzherzog Carl an den Hofkriegsrath, ddo. 5. August. C. A. Berichte Erzherzog Carls, S. 466.)

taillon und 4 zwölfpfündigen Kanonen versehen worden, um die Strasse Bamberg—Nürnberg zu decken; nun gingen 2 Compagnien und 2 Escadronen zum Schutze der Strasse gegen Sachsen nach dem festen Bergschlosse Kronach ab.*)

Die Vorposten der Armee standen von Kirchlauter, am rechten Mainufer, über Eltmann und Ebrach bis Neustadt an der Aisch. FML. Kray wurde nach Burgebrach beordert, um das Commando über das detachirte Corps**) zu übernehmen und die Strasse nach Würzburg zu sichern.

FZM. Wartensleben hatte zwar die Absicht, am 3. den Marsch nach Forchheim fortzusetzen, da aber alle Berichte der Vortruppen bestätigten, dass der Feind noch unbeweglich in seiner Stellung verharre, beschloss er bei Bamberg so lange zu bleiben, bis sich die Absichten des Gegners deutlicher erkennen liessen.

Die französischen Divisionen brachen am 3. von ihren Standorten auf. Lefebvre nahm Königshofen durch Capitulation; Collaud marschirte am rechten Mainufer nach Zeil, Grenier am linken gegen Bamberg; seine Avantgarde warf die kaiserlichen Vorposten aus Eltmann und rechts von ihm Championnet jene bei Dankenfeld. Der Vormarsch dieser Divisionen fand also keinen nennenswerthen Widerstand, dagegen war FML. Kray trotz aller Anstrengungen Bernadotte's nicht aus Burgebrach zu verdrängen.

Nach den Aussagen der in diesen Gefechten gemachten Gefangenen und den Truppenkörpern, denen sie angehörten, schloss FZM. Wartensleben, dass er 5 complete feindliche Divisionen vor sich habe und dass dieselben, da in der Gegend von Coburg kein Feind zu finden war, concentrirt gegen die kaiserliche Armee operirten. Bei dieser Sachlage glaubte er ebensowenig noch länger bei Bamberg bleiben, als das für Böhmen bestimmte Corps nach Eger in Marsch setzen zu können. Er brach daher in der Nacht vom 3.—4.

*) Bei dem weiteren Rückzuge schloss sich erstere Besatzung der Armee an, letztere ging über Löwenstein nach Eger.

**) Es bestand dies aus den Truppen GM. Kienmayers und den sonst zur Deckung des linken Flügels der Stellung bei Zeil verwendeten Truppen. Ziffermässige Nachweise fehlen.

nach Forchheim auf, in der Absicht, das Corps für Böhmen erst im Falle dringendster Nothwendigkeit abzusenden und dann mit ungefähr 20.000 Mann über Lauf und Neumarkt an die Donau zu rücken.

Der Marsch nach Forchheim war ausserordentlich schwierig; das Terrain erlaubte nur die Formirung einer Colonne, deren Bewegung durch den ungemein grossen und schwerfälligen Train sehr behindert wurde.*) Gleichwohl erreichte die Armee ohne Verluste ihr Marschziel und nahm Stellung hinter der Wisent, den rechten Flügel an Forchheim, den linken an die Regnitz gestützt. Ausser dem bei Forchheim befindlichen stabilen Uebergange über letzteren Fluss, wurde eine Pontonbrücke aufwärts bei Haussen hergestellt.

FML. Kray war auf Höchstadt zurückgegangen und hatte sich dort mit dem Detachement des GM. Elsnitz vereinigt. Bei Schlammersdorf, unweit der Aischmündung stand Oberst Jellachich mit 4 Bataillonen, 6 Escadronen; am rechten Ufer der Regnitz, in der Höhe von Ebermannstadt, Oberst Görger mit 3 Bataillonen, 10 Escadronen bei Sassanfurth; Zentbechhofen, Höchstadt und Neustadt waren von FML. Kray besetzt.

Zur Sicherung der Strasse nach Nürnberg wurde GM. Nauendorf mit 2 Escadronen Uhlanen nach Lauf detachirt; ein gleich starkes Detachement unter Oberst Levachich, ging zur Verbindung mit der Armee Erzherzog Carls nach Eichstädt.

Die Franzosen waren am 4. August nach kurzem Gefechte mit der kaiserlichen Nachhut in Bamberg eingerückt, wo Grenier und Championnet blieben. Bernadotte besetzte Pommersfelden. Collaud kam bis Dörfleins und Baunach; Lefebvre rückte in Ebern ein und schob seine Avantgarde über die Ilz vor.

Von einem heftigen Nachdringen des Feindes kann bei solchem Sachverhalte wohl nicht gesprochen werden und

*) Ausser 115 Geschützen (die Liniengeschütze inbegriffen) folgten der Armee 24 Backöfen, über 400 Fuhrwesenswägen, 18 Pontons-Laufbrücken und die kleinen Regimentsbagagen. (Bericht an den Erzherzog. Forchheim, 4. August. C. A. S. 14.)

wäre es daher nahe gelegen, dass FZM. Wartensleben den günstigen Moment benützt hätte um sich der Armee des Erzherzogs, die um diese Zeit in der Gegend von Nördlingen sein musste, zu nähern oder doch mindestens das wichtige Nürnberg zu besetzen. Obwohl nun Nördlingen in 5, Neumarkt aber in 3—4 Märschen zu erreichen war, glaubte der Feldzeugmeister doch aus einer Schlacht mehr Nutzen ziehen zu können und blieb in seiner allerdings vortheilhaften Stellung. (Grundsätze.)*)

Mittlerweile hatten die französischen Colonnen ihren Aufmarsch vollendet. Kleber formirte die Divisionen Bernadotte, Grenier und Championnet hinter der »Rauhen Ebrach« und versuchte am 6. Höchstadt wegzunehmen. Als ihm dies in Folge der tapfern Gegenwehr FML. Kray's nicht gelang, rückte er am nächsten Tage in mehreren Colonnen auf der ganzen Linie zum Angriff vor. Bernadotte nahm die Richtung von Burgebrach nach Höchstadt; hinter ihm die Cavallerie-Reserve-Division Bonnaud. Championnet folgte dem linken Regnitzufer; Grenier hielt die Mitte zwischen diesen beiden Colonnen.

*) Es mag dahingestellt bleiben, welchen Einfluss auf diese Entschliessungen FZM. Wartenslebens, ein vom 1. August aus Heidenheim datirtes Schreiben des Erzherzogs genommen hat, in welchem dem Feldzeugmeister nahegelegt wurde, jede Gelegenheit zu benützen, um Jourdan zu schlagen, da hiedurch das Schicksal des ganzen Feldzuges entschieden werden könne. Auch ist es möglich, dass dieses Schreiben die ferneren Operationen der Oberrhein-Armee gleichfalls beeinflusste, da der Erzherzog darauf hindeutete, dass für den Fall des nicht zu vermeidenden Rückzuges, die Gegend von Amberg vielleicht am passendsten für die Vereinigung der kaiserlichen Armeen sein könnte. (D. VIII, 1.) Die Gründe, welche den Erzherzog zur Wahl dieses Ortes bestimmten lagen nahe. Amberg war ein strategisch wichtiger Punkt, wo die Strassen von Schwarzenfeld und Regensburg, von Neumarkt, Nürnberg über Sulzbach und von Bayreuth über Hahnbach zusammenliefen. Zwischen diesen Strassen gab es keine für Truppenmärsche geeignete transversale Verbindung; der Gegner musste sich daher sobald er Nürnberg erreicht hatte, entweder für die Richtung Sulzbach—Amberg oder Neumarkt—Regensburg entscheiden und war dann nicht mehr in der Lage, von der einen auf die andere überzugehen, während den kaiserlichen Armeen eine bedeutend grössere Operationsfreiheit sowohl hinsichtlich ihrer Vereinigung, als auch gegen die Flanken Jourdan's blieb. (Grundsätze.)

Am rechten Ufer der Regnitz marschirten Collaud und Lefebvre gegen die Wisent.

Die kaiserlichen leichten Truppen wurden hinter die Aisch gedrängt und die Franzosen besetzten die »Rauhe Ebrach« von Schlüsselfeld bis zur Mündung in die Regnitz. Gleichzeitig waren Collaud und Lefebvre am rechten Regnitzufer vorgerückt, bemächtigten sich der Orte Strullendorf und Hirschaid und erreichten die Wisent.

FML. Kray, inzwischen durch 4 Bataillone vom Gros verstärkt, trieb den Feind zwar wieder über die Aisch zurück, aber Bonnaud hatte mittlerweile Höchstadt mit seiner Cavallerie umgangen, Bernadotte den Ort selbst genommen und dadurch die Linie der kaiserlichen Truppen überflügelt. In Folge dessen trat FML. Kray den Rückzug nach Haussen an der Pegnitz an, den er, begünstigt durch das stark coupirte Terrain, unbehelligt ausführte.

Der für die kaiserliche Armee ungünstige Ausgang des Gefechtes, öffnete dem Feinde die von Höchstadt über Erlangen nach Nürnberg führende Strasse und dies veranlasste FZM. Wartensleben den Marsch über Nürnberg zur Donau aufzugeben und sich östlich nach Amberg zu wenden. Er brach in der Nacht vom 7.—8. von Forchheim auf und marschirte zunächst nach Neunkirchen. Mit der Arrièregarde blieb FML. Kray die Nacht über in seiner Stellung und ging erst am 8. bis Pexdorf, Oberst Görger bis Gräfenberg zurück.

Aus den Berichten über die Bewegungen des Gegners entnahm FZM. Wartensleben, dass derselbe seine gesammte Kraft gegen ihn vereinige und daher die Nothwendigkeit einer Detachirung nach Böhmen nicht vorliege. Gleichwohl aber waren alle Besorgnisse in dieser Hinsicht doch nicht behoben. Obschon er sich nicht verhehlen konnte dass alle Anzeichen darauf hindeuteten, Jourdan strebe mit voller Macht der Donau zu, hielt er dennoch an der Möglichkeit fest, dieser wolle ihn nur auf eine gewisse Entfernung gegen die Donau drücken, um sich dann rasch gegen Böhmen zu wenden. Diese vorgefasste Meinung, wenn auch momentan zurückgedrängt, blieb nicht ohne Einfluss auf die späteren Dispositionen des Feldzeugmeisters. Sie erhielt beständig neue Nahrung durch die Schreiben

FM. Benders, commandirenden Generales in Böhmen, der ohne Unterlass auf die Gefahren hinwies, denen die Grenze des Königreiches ausgesetzt sei, und Massregeln zum Schutze Egers forderte.

In dem Entwurfe für den Marsch nach Amberg tritt neuerdings Wartenslebens Lieblingsidee zu Tage; er beabsichtigte eventuell zuerst nach Hahnbach und dann hinter Amberg zurückzugehen »also hiedurch beide Strassen, sowohl gegen Eger als auch Pilsen zu decken«.*) (199.)

Der Marsch am folgenden Tage über Lauf nach Reichenschwand entschied unabänderlich die Operationsrichtung der Niederrhein-Armee, denn die Gebirgsformation schloss von nun an zwischen Nürnberg und Amberg jede Directionsveränderung in der Richtung gegen die Donau aus. Auch mussten die Märsche ohne Unterbrechung bis Amberg fortgesetzt werden, weil im Pegnitz-Defilé die Entwicklung zum Gefecht ebenso schwierig, als gefährlich war. Bei Reichenschwand stützte sich die Armee mit dem linken Flügel an die Pegnitz, mit dem rechten, auf das pfälzische Bergschloss Rottenburg (östlich Schnaitach), welches mit 1 Bataillon besetzt wurde. Die Vorposten standen in der Linie Itling—Gintersbühl—Lauf und hielten Schnaitach, Steinbach und Bulach besetzt. Den bisher von Oberst Görger befehligten Theil der Arrièregarde übernahm nun GM. Kienmayer.

Da man über die nächsten Absichten des Gegners nicht genau informirt war, jedoch voraussetzte, dass Jourdan alle seine Kräfte versammelt habe und die Vereinigung der beiden kaiserlichen Armeen zu stören suchen werde, so wurde gleich nach dem Einrücken in Reichenschwand GM. Nauendorf nach Altdorf vorgeschoben, um die Bewegungen des Feindes durch das Nürnberg'sche zu beobachten. Als nun dieser General

*) Mit dem Glauben an eine ernste Gefährdung Böhmens, stand übrigens FZM. Wartensleben nicht allein. Unter Anderem mag es ihn in seiner Ueberzeugung nicht wenig bestärkt haben, dass man sich eben zur selben Zeit in Wien mit der Errichtung eines »Land-Jäger-Corps« aus gelernten Jägern, dann einer »Land-Miliz« in Böhmen zum Schutz der Grenzen beschäftigte. Die Activirung beider wurde mit kaiserlichen Befehl vom 23. August auch wirklich angeordnet. (F. A. IX, 311.)

noch am selben Tage, 9 Uhr abends, meldete, der Feind habe Nürnberg besetzt und der fränkische Kreis Frieden mit Frankreich geschlossen, erhielten die obenerwähnten Ansichten eine umso grössere Wahrscheinlichkeit. FZM. Wartensleben verstärkte Nauendorf sofort mit 6 Escadronen des Rohan'schen Freicorps und beauftragte ihn nach Neumarkt vorzugehen, die Strasse von Allersberg und Hilpoltstein durch Detachements zu sichern und von allem Wichtigen die Meldung direct an Erzherzog Carl zu senden. Ein anderes Detachement wurde nach Ingolstadt dirigirt, um die Verbindung mit der Oberrhein-Armee zu unterhalten.

Unmittelbar nach den Gefechten an der Aisch und Wisent hatte Jourdan das Commando wieder übernommen, Kleber dagegen musste krankheitshalber die Armee verlassen. Für den Ober-Commandanten der Sambre-Maas-Armee handelte es sich zunächst darum, hinsichtlich der ferneren Operationen die Befehle des Directoriums mit den Anforderungen der Wirklichkeit in Einklang zu bringen. Unbedingt war dies nicht leicht. In Paris glaubte man noch immer zuversichtlich an die Schwäche der kaiserlichen Armee und stützte hierauf die Instructionen für den Feldherrn. Jourdan sollte den Feind nicht aus den Augen verlieren, bevor er ihn nicht derart geschwächt habe, dass er dem Rücken und der linken Flanke der Armee nicht mehr gefährlich werden könne. »Im Falle Sie an die Regnitz kommen« — lautete der Befehl des Directoriums — »ohne den Feind geschlagen zu haben, oder dieser sich zum schnellen Rückzug an die Donau gezwungen sieht, so dürfen Sie nicht zögern, auf Regensburg, ja selbst bis Passau zu marschiren, im Falle die Umstände und die Deroute des Gegners dies gestatten. Jedenfalls ist aber ein genügend starkes Corps nach Böhmen zu senden, um dort Contributionen zu erheben. Ueberdies halten wir den Feind für ausserordentlich geschwächt und für unvermögend, unseren beiden Armeen Widerstand zu leisten; daher auch sein Streben, sich an der Donau zu vereinigen. Wir hoffen, beide Armeen werden gleichmässig zu seiner gänzlichen Auflösung beitragen. Jede einzelne ist stark genug, ihn zu schlagen; nichts ist im Kriege gefährlicher als Zaudern; wir erwarten daher, dass jene Armee, die zuerst auf den Feind trifft, sich nicht besinnen werde, anzugreifen und aus dessen Lage Vortheil zu ziehen.« (200.)

Diesen Anschauungen konnte sich Jourdan nicht unbedingt anschliessen und suchte auch das Directorium von der Unthunlichkeit solcher Operationen zu überzeugen. Er hielt auf Grund verlässlicher Berichte es für Thatsache, dass die feindliche Armee jedenfalls 38—40.000 Mann stark sei und Wartensleben die Absicht habe, den grössten Theil hievon Erzherzog Carl zuzuführen.*) Nicht minder gewagt schien ihm die Forderung, ohne weiters bis Passau und Regensburg vorzudringen, was nur unter der Bedingung ausführbar wäre, dass Wartenslebens ganze Armee in dieser Richtung zurückginge, die beiden französischen Armeen aber in solch genauer Uebereinstimmung operirten, dass sie sich gegebenenfalls immer in dem günstigsten Verhältnisse zu einander befänden. Wende sich aber Wartensleben nach Böhmen, dann sei ein Marsch nach Regensburg an und für sich unmöglich. Man setze hiebei sich der Gefahr aus, dass die feindliche Armee plötzlich umkehre, das schwache Observations-Corps, welches ihr nachgesendet würde, vernichte und der Sambre-Maas-Armee im Rücken operire. Hinsichtlich der geforderten Uebereinstimmung der Operationen beider französischen Armeen, ersparte Jourdan dem Directorium schliesslich den Vorwurf nicht, dass es besser gewesen wäre, nach dem Beispiele der Oesterreicher die Armee nur Einem Commandanten anzuvertrauen. (Jourdan, S. 280, 299, Nr. XXI und XXII, S. 306 und 8.)

Ebensowenig vortheilhaft schien es Jourdan, den Gegner, wo er ihn fände, ohne weitere Rücksicht anzugreifen und eine entscheidende Schlacht herbeizuführen. Sein Ziel war in erster Linie die Vereinigung mit Moreau. Erst wenn diese vollzogen oder es zweifellos entschieden war, der Feind werde sich über die Donau zurückziehen, hielt er es an der Zeit, ein entsprechendes Observations-Corps an die böhmische Grenze zu de-

*) Jourdan's Nachrichten kamen der Wirklichkeit ziemlich nahe, denn die Niederrhein-Armee zählte damals (10. August) in 23 Bataillonen, 72 Compagnien, 102 Escadronen 22.329 Mann Infanterie, 11.509 Reiter = 33.838 Mann.

tachiren. Als Grundbedingung aller weiteren Operationen forderte er, dass auch die Rhein-Mosel-Armee entsprechend vorgehe und Moreau, der sich damals noch in Aalen befand, so bald als möglich in Donauwörth einrücke, da die Sambre-Maas-Armee keine zwei Märsche mehr machen könne, ohne sich blosszustellen. Selbst als Jourdan den Marsch der kaiserlichen Armee nach Amberg erfuhr, änderte dies seine Ansichten nicht. Er folgerte vielmehr, FZM. Wartensleben habe durch dieses Manöver allerdings die Communicationen nach Regensburg, Ingolstadt und Donauwörth preisgegeben, dafür aber seine Kräfte versammelt und sei der durch Verluste, Krankheiten und zurückgelassene Besatzungen geschwächten Sambre-Maas-Armee jedenfalls gewachsen. (201.) Von dieser Ueberzeugung geleitet, liess Jourdan die Armee den Marsch an beiden Ufern der Regnitz fortsetzen, nachdem tagszuvor die bamberg'sche Besatzung von Forchheim capitulirt hatte. Die Armee stand am selben Tage zwischen der Aurach und Schwabach unterhalb Erlangen. Letzterer Ort bildete die Mitte der Front, die Avantgarde Lefebvre's war bis Heroldsberg und Neuhof vorgeschoben.

Die Stellung, welche Wartensleben bei Reichenschwand genommen hatte, liess Jourdan glauben, sein Gegner habe sich entschlossen dort Stand zu halten. Er war sofort bereit, diesen günstigen Moment zu benützen; Championnet und Grenier, welche an der Aurach standen, übersetzten im Laufe des 10. die Regnitz und vereinigten sich mit den Divisionen Lefebvre und Collaud, während Bernadotte in Nürnberg einrückte. Lefebvre griff am Nachmittage die kaiserlichen Vorposten in Neuhof und Bulach an und warf sie auf ihr Gros zurück.

Am nächsten Tage marschirte Bernadotte längs beiden Ufern der Pegnitz, Championnet von Heroldsberg aus nach Lauf; Lefebvre, Grenier, Collaud und die Cavallerie-Reserve-Division sammelten sich in Neuhof als verfügbare Reserve.

Jourdan beabsichtigte, die kaiserliche Armee mit ganzer Kraft in der Front anzugreifen, während Bernadotte, am linken Ufer der Pegnitz aufwärts marschirend, den feindlichen linken Flügel umging. Nach diesen Dispositionen setzten sich die Colonnen in Bewegung. Ueber Lauf hinausgekommen, trafen sie aber nur mehr eine schwache Arrièregarde, die sich fechtend gegen Hersbruck zurückzog; das Gros des Gegners hatte die Stellung bereits geräumt.

Allerdings hatte FZM. Wartensleben beabsichtigt, bei Reichenschwand möglichst lange auszuharren, um Erzherzog Carl Zeit zu geben, sich ihm zu nähern. Als er jedoch die Besetzung Nürnbergs erfuhr und aus den Angaben von Deserteuren die Ueberzeugung schöpfte, Jourdan sei mit gesammter Macht gegen Lauf im Anzuge, da glaubte er, mit einem sechs Stunden langen Defilé im Rücken, jedem ernsten Zusammenstosse ausweichen zu müssen. Die Gefechte bei Neuhof und Bulach bestätigten das Gefährliche der Lage, führten aber zugleich zu einem gänzlich geänderten Urtheile über die Operationen des Gegners.

Da man am 10. ausschliesslich nur Truppen Lefebvre's vor sich hatte, schloss der Feldzeugmeister hieraus, Jourdan habe die Absicht, ihn durch diese eine Division zu beschäftigen, alle übrigen aber entweder nach Regensburg oder gegen Erzherzog Carl zu dirigiren. Dies legte die Nothwendigkeit nahe, sich durch rasche Manöver sowohl der Gefahr zu entziehen, in das Defilé zurückgeworfen zu werden, wie auch der Möglichkeit vorzubeugen, dass sich Jourdan zwischen die Niederrhein-Armee und Erzherzog Carl eindränge. Demzufolge brach FZM. Wartensleben am Abende des 10. von Reichenschwand auf, marschirte in der Nacht bis Hartmannshofen und am 11. nach Amberg.

Die Armee lagerte vor der Stadt; die Arrièregarde unter FML. Kray hielt Sulzbach und Hartmannshofen besetzt. GM. Hadik, welcher mit einer Colonne über Happurg und Popperg auf der sogenannten »alten Strasse« zurückgegangen war, blieb zur Deckung derselben bei Ochsensolms*) und schickte 2 Escadronen nach Kastel, um mit dem bei Neumarkt stehenden GM. Nauendorf in Verbindung zu kommen.

Auf die Nachricht, GM. Kerpen habe in Folge Anordnung Erzherzog Carls Regensburg verlassen, um sich der

*) Richtig »Ursensollen« zwischen Amberg und Kastel.

Oberrhein-Armee bei Möttingen anzuschliessen, detachirte FZM. Wartensleben den Obersten Dall'Aglio mit 2 Bataillonen und 4 sechspfündigen Kanonen zum Schutze dieses wichtigen Punktes an die untere Schwarze Laber und wies auch GM. Nauendorf an, sich im Falle er gedrängt würde, nach Regensburg zurückzuziehen. (20.)

Das äusserst schwierige, dicht bewaldete Gebirgsterrain, durch welches blos eine einzige fahrbare Strasse führte, sowie der Mangel an brauchbaren Karten, nöthigten Jourdan mit grösster Behutsamkeit vorzugehen und sich durch zahlreiche Recognoscirungen mit den Verhältnissen bekannt zu machen, bevor er die Armee dem Feinde nachrücken liess.*) Von einer Verfolgung war daher vorerst keine Rede, sondern es etablirte sich die Armee nach Thunlichkeit in der Gegend von Reichenschwand. Erst am 14. setzte sie sich wieder in Bewegung. Bernadotte marschirte über Altdorf gegen Neumarkt um die rechte Flanke zu decken, welche von der kaiserlichen Reiterei unter Nauendorf und Hadik unablässig beunruhigt wurde, sowie auch die Verbindung mit Moreau herzustellen, wenn dieser auf gleiche Höhe mit der Sambre-Maas-Armee vorgerückt sein würde. Das Gros der Armee lagerte bei Hersbruck beiderseits der Pegnitz, und zwar Grenier am linken Ufer bei Happurg, Lefebvre und Collaud am rechten bei Alfalter und Viehberg. Championnet stand südöstlich Hersbruck, ungefähr bei Schupf; die Cavallerie-Reserve Bonnaud's bei Reichenschwand.

Während dieser Bewegungen vom Main bis an die Laaber, hatte auch die Oberrhein-Armee den Marsch gegen die Donau fortgesetzt, der um Mitte August zu folgenreichen Ereignissen führte.

*) Jourdan sagt hierüber in seinen Memoires S. 100: »Le pays que l'armée avait à parcourir montagneux, coupée de ravins profonds et couverts de forêts impénétrables, n'avait que la grande route practicable aux voitures; l'état-major ne possédait pas une carte passable; la prudence commandait de marcher avec précaution.«

Operationen Erzherzog Carls bis zum Uebergange auf das rechte Donauufer. 1.—12. August.

Als Erzherzog Carl die Stellung bei Böhmenkirch bezog, geschah dies nicht ohne Voraussicht des wahrscheinlichen Falles einer Vereinigung Jourdan's und Moreau's, sowie der ebenso nahe liegenden Möglichkeit, dass ersterer versuchen werde, im Rücken der von Moreau festgehaltenen Oberrhein-Armee die Donau zu erreichen. Die Instructionen, welche der Erzherzog in dieser Hinsicht an FZM. Wartensleben ergehen liess, insbesondere der Befehl, die Regnitz entsprechend zu versichern, verfolgten insgesammt den Zweck, dieser Absicht des Gegners entgegenzuwirken. Dabei wurde zu nicht geringem Theile auf das sächsische Corps gerechnet, dessen Marsch die voraussichtliche Operationsrichtung Jourdan's kreuzen musste.

Diese Operationen des Gegners ganz zu hindern, war der Erzherzog nicht in der Lage. Es geschah jedoch das möglichste, um die befürchtete Eventualität abzuschwächen, ihren Eintritt so viel als thunlich hinauszuschieben und sich in Böhmenkirch so lange zu behaupten, als dies die Umstände nur immer gestatteten. Er umgab sich mit einem ausgedehnten Sicherungsapparate und liess, um von jeder Bewegung des Feindes rechtzeitig Kenntniss zu erhalten, ein Chevau-légers-Regiment über Aalen, Nördlingen, Dollenstein und Hemau bis an die Schwarze Laber vorgehen. Zur Sicherung Regensburgs ging GM. Kerpen mit dem Auftrage dahin ab, von den einrückenden Verstärkungen 4 Bataillone dort aufzustellen. Das oberwähnte Chevau-légers-Regiment wurde gleichfalls ihm zugewiesen und sollten auch von der Niederrhein-Armee einige Escadronen leichter Reiter dahin abgegeben werden. Bis zum Eintritte feindlicher Actionen hatte GM. Kerpen einen sehr lebhaften Nachrichtendienst zu unterhalten.

In den letzten Tagen des Juli liessen die einlangenden Berichte keinen Zweifel, dass nunmehr, die von Erzherzog Carl vorausgesehenen Operationen der französischen Armee sich zu verwirklichen begannen, womit auch die Bewegungen des Gegners vollkommen übereinstimmten.*)

Aus den Meldungen FZM. Wartenslebens entnahm der Erzherzog, dass Jourdan bei Schweinfurt nur demonstrire, während er über Kitzingen gegen Nürnberg vordringe, um sich auf die rückwärtigen Verbindungen der kaiserlichen Armee an der Donau zu werfen.

---

*) Es ist nothwendig, schon hier darauf hinzuweisen, wie schwierig es für die kaiserlichen Armeen war, sich über die militärische Situation genaue Kenntniss zu verschaffen, da sie häufig von einer Menge, aus sonst bewährten Quellen stammender, dennoch aber unrichtiger Nachrichten irregeführt wurden. Zahlreiche actenmässige Belege zeugen dafür, dass die preussischen Behörden in Ansbach-Bayreuth den österreichischen Patrouillen etc. das Einziehen von Nachrichten nicht nur ungleich mehr erschwerten als den Franzosen, sondern dort sogar ein ziemlich ausgebildetes System absichtlicher Irreführung bestand. (Erzherzog Carl an den Hofkriegsrath, C. A. S. 463; Rittmeister Siegenthal aus Neumarkt an Erzherzog Carl; GM. Nauendorf aus Altdorf an FZM. Wartensleben; F. A. IX, 81—82 u. A. m.) Da die Franzosen alle unter preussischer Oberherrlichkeit stehenden Orte mit Contributionen verschonten, so wurde preussischerseits (und zwar im Einverständnisse mit den Franzosen) der Anmarsch französischer Truppen in nichtpreussischen Orten im voraus angekündigt, um deren Einwohner zu veranlassen, noch vor deren gefürchtetem Eintreffen Preussen zu huldigen. Hiebei kam es übrigens gar nicht darauf an, ob die, mit voller Bestimmtheit verbreiteten Nachrichten von der Bewegung feindlicher Truppen, nachträglich sich auch bestätigten. (D. VIII, 10 u. A. m.) Es sei in dieser Beziehung nur der mit vollkommener Sicherheit angekündigte Marsch einer Colonne von der Armee Jourdan's über Gunzenhausen und Weissenberg an die Donau erwähnt, der später, am 12. August, in die Richtung Roth—Heideck—Thalmässing—Dietfurt abgeändert wurde. Diese Nachricht beeinflusste in hervorragender Weise die Entschlüsse Erzherzog Carls. Thatsächlich bewegte sich keine Colonne Jourdan's in dieser Richtung, aber am 5. August huldigten unter dem Drucke der falschen Nachricht, die dem Hoch- und Deutschmeister gehörigen Orte Stopfenheim, Absberg und Ellingen der Krone Preussens. (GM. Fürst Johann Liechtenstein an Erzherzog Carl, ddo. 15. August, F. A. IX, 140.)

Der Einfluss solcher Verhältnisse auf die Befehlführung bedarf keiner weiteren Auseinandersetzung; eben deshalb aber müssen in der vorliegenden Darstellung, die Nachrichten so wie sie Erzherzog Carl erhielt und hiedurch zu Dispositionen veranlasst wurde, ohne Rücksicht auf ihre Richtigkeit angeführt werden.

Eine über Schwäbisch-Hall vorrückende Division Moreau's sollte diese Bewegung unterstützen. Eine solche Operation hatte umsomehr Wahrscheinlichkeit des Gelingens für sich, als die Sachsen, welche bei Nürnberg gestanden waren, durch ihren unerwarteten Abmarsch die ganze dortige Gegend entblössten, und FZM. Wartensleben, der bis Zeil zurückgegangen war, ungeachtet früherer Befehle des Erzherzogs, keine Truppen längs der Regnitz gegen die Donau disponirt hatte.

In Folge des Rückzuges der kaiserlichen Truppen in Franken, konnte der Erzherzog nicht erwarten, die Vereinigung mit der Niederrhein-Armee früher als etwa bei Regensburg bewirken zu können. Er durfte daher einerseits nicht zu lange bei Böhmenkirch verweilen, andererseits aber musste er, eben mit Rücksicht auf die Vereinigung, sich möglichst lange auf dem linken Donau-Ufer behaupten. Dies schloss jedoch die Nothwendigkeit in sich, auf den anfänglich bei Ulm geplanten Uferwechsel zu verzichten. Ueberdies machte sich bei der ausserordentlichen Hitze, in der Stellung bei Böhmenkirch schon empfindlicher Wassermangel fühlbar, und standen die Vortruppen in beständigem Gefechte mit dem Feinde, gegen welchen sie sich in dem, für seine Kampfweise sehr vortheilhaften Gebirgsterrain, nur mit äusserster Anstrengung erhalten konnten.

Diese Verhältnisse bestimmten Erzherzog Carl, das Aeusserste nicht abzuwarten, sondern die Armee donauabwärts zu führen um Jourdan keinen Vorsprung gegen Regensburg gewinnen zu lassen, dabei aber jede Gelegenheit zu benützen, sich mit der Niederrhein-Armee zu vereinigen. (203.) Am 1. August, morgens 2 Uhr, brach die Armee nach Heidenheim auf, wo dann das Gros mit dem Hauptquartiere lagerte.

Um dem Feinde den Abmarsch möglichst lange zu verbergen, waren östlich von Gmünd Cavallerie-Abtheilungen zurückgelassen worden, die sich erst, wenn die Franzosen gegen Bobingen vorrückten, auf das Gros zurückziehen durften.

FML. Hotze nahm Stellung am rechten Ufer der Brenz westlich Giengen. Seine Vorposten lehnten sich links bei Elchingen an die Donau und zogen sich über Albeck, Denkenthal bis Geislingen, wo sie sich mit jenen des GM. Fürsten

Liechtenstein verbanden, der auf Aalen zurückgegangen war und GM. Canisius rechts von sich bei Wasseralfingen aufgestellt hatte.

GM. Devay mit den am linken Donauufer befindlichen Abtheilungen des Gyulay'schen Freicorps, ging bei Ulm auf das rechte über, zerstörte alle Brücken bis auf jene bei Elchingen und wartete bei Pfuhl die Ankunft FML Frelichs ab, der am rechten Ufer in dieser Richtung zurückging. (D. VII, 361.)

In ähnlicher Weise vollzog sich am nächsten Tage der Marsch nach Neresheim.

GM. Fürst Liechtenstein ging auf der Strasse Aalen—Nördlingen zurück; FML. Hotze nach Gundelfingen. Die Vorposten beider hielten die Linie von Leipheim an der Donau über Hausen und Heidenheim, die Kocher aufwärts.

FML. Frelich rückte in Pfuhl ein; er erhielt den Auftrag, falls er diese Stellung verlassen müsste, nur Schritt für Schritt hinter die Günz und Mindel zurückzugehen, sich aber am Lech unbedingt zu halten. Bei Leipheim schloss sich ihm GM. Devay an, der von Pfuhl hinter die Roth zurückgegangen war. (D. VIII, 4.)

Obwohl die feindlichen Vortruppen der Armee während des Rückmarsches auf dem Fusse folgten und häufige Gefechte in der Vorpostenlinie stattfanden, beabsichtigte Erzherzog Carl dennoch, die Stellung bei Neresheim nicht ohne zwingende Ursachen zu verlassen. Da sich diese jedoch auch ganz unerwartet ergeben konnten, so verständigte er die Commandanten der beiden Seitencorps schon am 2., dass er beim nächsten Marsche bis Nördlingen zurückzugehen gedenke, und ertheilte ihnen im voraus Instructionen hinsichtlich der Aufstellung der Vorposten und Unterhaltung der Verbindungen. (H. D. VIII, 10.) Diese Vorsicht erwies sich als sehr gerechtfertigt, denn schon am 3. machten die Operationen des Gegners es nothwendig, Neresheim zu verlassen.

Im französischen Hauptquartiere hatte man schon seit dem Abmarsche Erzherzog Carls aus Gmünd sehr bestimmt lautende Nachrichten, dass derselbe seither ansehnliche Verstärkungen aus Böhmen und dem Innern Oesterreichs erhalten habe und demnach entschlossen sei, wieder die Offensive zu ergreifen.*) Ueberdies war der Marsch des Erzherzogs nach Heidenheim mit so viel Umsicht durchgeführt worden, dass man französischerseits die kaiserliche Armee noch am Abende des 1. August bei Böhmenkirch—Geislingen wähnte und in Folge dessen auch der sehr zuversichtlich auftretenden Nachricht Glauben beimass, dass noch vor Ablauf von sechs Tagen eine Schlacht zu gewärtigen sei.

All dies brachte Moreau auf den Gedanken, den Absichten seines Gegners zuvorzukommen und St. Cyr zu beauftragen, die Stellung bei Geislingen am Morgen des 2. anzugreifen. Bei der Nähe von Böhmenkirch, und weil Desaix sich gegen Gmünd gewendet hatte, bedeutete dies für St. Cyr nichts geringeres, als einen Angriff auf fast die gesammte Macht des Erzherzogs, so dass es der französische General für eine glückliche Lösung erachtete, als er bei seiner Ankunft vor Böhmenkirch und Geislingen dort nur mehr die äusserste Nachhut der kaiserlichen Armee fand. (204.)

Nun setzte Moreau am 3. seine Vorrückung bis an die Brenz fort. St. Cyr kam mit dem Centrum nach Heidenheim, seine rechte Flankendeckung besetzte Urspring, auf der Strasse Geislingen—Ulm, die Avantgarde stand in Verbindung mit Desaix, der von Gmünd gegen Königsbronn marschirt war und seine Vortruppen bis Gross-Kuchen vorgeschoben hatte. Delmas rückte von Gmünd nach Aalen vor.

Moreau's Bewegungen hatten schon in ihren ersten Anfängen Erzherzog Carl die Absicht des Gegners erkennen lassen, den rechten Flügel der kaiserlichen Armee gegen die Donau abzudrängen. Es veranlasste ihn dies einen Theil der im Donau-Thale aufgestellten Truppen an sich zu ziehen und dann nach Nördlingen zurückzugehen. Dem entsprechend erhielt FML. Hotze die Weisung, 5 Bataillone, 6 Compagnien, 12 Escadronen = 6.275 Mann unter FML. Riese und GM. Devay zum Schutze der Donau zurückzulassen und

*) Diese Verstärkungen beliefen sich thatsächlich nur auf 1 Bataillon Olivier Wallis und 5 Escadronen Levenehr-Dragoner, gaben aber gleichwohl Veranlassung zu obigem übertriebenen Gerüchte.

mit 9 Bataillonen, 10 Compagnien = 9.658 Mann um Mitternacht vom 3.—4. nach Neresheim abzumarschiren. Bei Dischingen war ein Zwischenposten von 2 Bataillonen, 3 Compagnien, 4 Escadronen zu etabliren.

Kurz nach Absendung dieses Befehles trafen Meldungen über das rasche Vordringen des französischen linken Flügels ein, welche die Stellung bei Neresheim in hohem Grade gefährdet erscheinen liessen. Erzherzog Carl erkannte es demnach für vortheilhafter das Eintreffen FML. Hotzes nicht abzuwarten, sondern um 3 Uhr nachmittags des 3. nach Nördlingen aufzubrechen.

FML. Hotze erhielt den Auftrag, bei Neresheim zu bleiben, bis über die Absichten des, von Geislingen her vorrückenden Gegners, völlige Klarheit gewonnen sein würde. Ebenso hatte GM. Fürst Liechtenstein sich bei Trochtelfingen so lange als möglich zu behaupten, die Vorposten über Bopfingen vorzuschieben und Patrouillen bis mindestens Ellwangen und Dinkelsbühl zu senden. (205.)

Um diese Zeit war Stellung und Stärke der Oberrhein-Armee, die seit dem Verlassen des Rhein so wesentliche Aenderungen erfahren hatte, folgende:

Das Gros, 11 Bataillone, 29 Escadronen, 21 Geschütze, lagerte bei Nördlingen; am linken Flügel desselben füllte das Corps FML. Hotzes in der Stärke von $16^{1}/_{6}$ Bataillonen, 16 Compagnien, 28 Escadronen, 37 Geschützen, den Raum von Neresheim bis zur Donau; rechts stand GM. Fürst Liechtenstein mit 6 Bataillonen, 14 Compagnien, 28 Escadronen, 24 Geschützen bei Trochtelfingen und unterhielt, so viel thunlich, die Verbindung mit der Niederrhein-Armee.

Am rechten Donau-Ufer hatte FML. Frelich mit $8^{1}/_{6}$ Bataillonen, 18 Compagnien, 18 Escadronen, 23 Geschützen hinter der Roth zwischen Ulm und Günzburg Stellung genommen; die Vorposten unter Oberst Gyulay an der Iller und Donau. An ihn schloss sich links das Condé'sche Corps bei Memmingen, über dessen Stärke verlässliche Nachrichten fehlen.*)

*) In einem Rapporte vom 29. Juli wird der Stand des Condé'schen Corps mit 5485 Mann Infanterie und 2621 Reitern angegeben. FML. Fre-

Zur Deckung Vorarlbergs hatte FZM. Frelich 3 Bataillone, 4 Compagnien, 4 Escadronen unter GM. Wolff in die Nähe von Bregenz detachirt und GM. Klinglin beauftragt, sich mit 1 Bataillon, dann einem Theil des Condé'schen Corps bei Kempten aufzustellen, um erforderlichenfalls die Pässe von Ilmenstadt, Füssen und Reutte zu sichern.

Constanz, welches GM. Wolff mit einem Detachement Grenzer besetzt hatte, capitulirte am 2. August gegen freien Abzug.

Mit Ausnahme des Condé'schen Corps, dann der für Vorarlberg bestimmten Detachements, zählte die Oberrhein-Armee $41^{5}/_{6}$ Bataillone, 48 Compagnien, 103 Escadronen oder 33.829 Mann Infanterie und 15.264 Reiter = 49.075 Mann, wovon 25.068 Mann und 12.408 Reiter = 37.476 Mann am linken Donau-Ufer operirten.

Moreau hatte den Tag nach seinem Eintreffen an der Brenz zu Recognoscirungen verwendet, die entlang der Vorpostenlinie zu kleinen Rencontres führten. An der Donau aber kam es zu einem ernsten Zusammenstosse mit dem rechten Flügel des FML. Riese, welcher den Rückzug von dessen ganzem Corps nach Stotzingen zur Folge hatte. Am 5. besetzte Laroche mit der Avantgarde St. Cyr's Giengen und drang über Hermaringen vor, worauf FML. Riese bis Lauingen zurückging.

Diese retrograden Bewegungen am linken Donau-Ufer, sowie Kundschaftsberichte, dass Ferino mit 2 Divisionen von Riedlingen vorrücke, waren FML. Frelich Anlass, sich hinter die Günz zurückzuziehen, um wieder in Verbindung mit FML. Riese zu kommen.

Auch gegen den kaiserlichen rechten Flügel drang General-Adjutant Heudelet mit einer grösseren Recognoscirungs-Abtheilung, von Aufhausen und Michelfeld gegen Bopfingen und Kirchheim vor, wurde aber von GM. Fürst Liechtenstein durch erfolgreiche Verwendung der Reiterei wieder zurückgeworfen.

lich fühlte sich jedoch veranlasst, die Bemerkung beizufügen, dass diese Ziffern den wirklich dienstbaren Stand des Corps weit überstiegen. (H. K. VII, 104.)

Als in den Bewegungen der Franzosen nunmehr deren Absichten gegen den linken Flügel deutlich hervortraten, erachtete es Erzherzog Carl nicht mehr für nothwendig, die Armee in ihrer bisherigen sehr ausgedehnten Stellung zu belassen. Er concentrirte sie im Laufe des 6. und 7. mehr nach links, wodurch der gefährdetere Theil der Front besser gedeckt werden konnte. (206.) Es wurden drei grössere Corps formirt, und zwar

FML. Riese bei Höchstädt: 8 Bataillone, 6 Compagnien, 16 Escadronen.

FML. Hotze bei Forchheim: 8 Bataillone, 10 Compagnien, 12 Escadronen.

Das Corps des GM. Fürsten Liechtenstein bei Nördlingen, in seiner bisherigen Zusammensetzung: 6 Bataillone, 14 Compagnien, 28 Escadronen.

Das Armee-Hauptquartier mit dem Corps de réserve: 6 Grenadier-Bataillone und 10 Escadronen, blieb in Nördlingen. Die Vorpostenlinie lief von Lauingen über Dischingen—Neresheim—Trochtelfingen, im Anschlusse an GM. Fürst Liechtenstein.

Da ein längerer Aufenthalt in dieser Stellung in Aussicht genommen war, so wurde angeordnet, die Strasse Neresheim—Nördlingen durch Verhaue zu sperren und überhaupt alle Verbindungen bestens zu decken.

Die bisherigen Manöver Erzherzog Carls hatten seinen Gegner in vollständiger Ungewissheit über das eigentliche Operationsziel der kaiserlichen Armee gelassen. Moreau erstrebte noch immer mit gleicher Beharrlichkeit eine zweite Schlacht, die seinen Sieg bei Malsch vervollständigen sollte, konnte aber die Gelegenheit hiezu nicht finden. Es gelang ihm nicht, den Schleier zu lüften, der ihm die Absichten des Gegners verhüllte. Die Unsicherheit, in welche ihn dies versetzte, kommt in seiner Correspondenz mit St. Cyr und Jourdan klar zum Ausdrucke. Während er dem ersteren am 6. August schrieb, es scheine, als wolle Erzherzog Carl, nachdem er bedeutende Verstärkungen an sich gezogen, Nördlingen behaupten, äusserte er schon am nächsten Tage gegen Jourdan das Gegentheil und glaubte, der Erzherzog werde sich gegen Donauwörth ziehen. Allein auch in dieser letzteren Hinsicht sind ihm die Pläne des Erzherzogs vollständig dunkel; er kann aus nichts entnehmen, ob derselbe nur bis hinter die Wernitz gehen und diesen Fluss vertheidigen werde, oder ob er vorhabe, bei Donauwöth das Ufer zu wechseln und sich hinter dem Lech aufzustellen. (207.) Nur der Entschluss, so bald als möglich zu schlagen, bildet den einzigen festen Punkt in dieser Menge von Zweifeln. Die Annäherung der Sambre-Maas-Armee, die Schwächung Erzherzog Carls durch den Abmarsch der Sachsen der Moreau das numerische Uebergewicht sicherte, waren nebst den Forderungen des Directoriums die Gründe, welche zur endlichen Ausführung dieses so lange gehegten Vorsatzes drängten. Noch aber waren die Reserven zu weit entfernt, theilweise sogar noch in den Schluchten der Rems, während vor der Front viele schwierige Defiléen zu durchziehen blieben; Moreau musste sich deshalb darauf beschränken, vorläufig den Aufmarsch seiner Truppen entsprechend zu vervollständigen.

St. Cyr hatte das Gros seines Corps zwischen Neresheim und Dischingen zu concentriren, sich rechts bis an die Donau auszudehnen und bis zur Ankunft Ferino's, Ulm zu beobachten. Die Avantgarde war nach Dunstelkingen vorzuschieben und hatte die Verbindung mit Desaix zu unterhalten, der seinen rechten Flügel auf Neresheim stützte.

Der Cavallerie-Reserve, welche von Gross-Kuchen kam, war der Raum Auernheim—Dischingen hinter der Front St. Cyr's zugewiesen, dem sie als Unterstützung diente.

Am frühen Morgen des 8. setzten sich die Colonnen in Bewegung; da ihre Marschziele zum Theile von kaiserlichen Truppen besetzt waren, kam es an mehreren Orten zu blutigen Zusammenstössen.

Die Division Taponnier rückte von Heidenheim vor, drängte die Vorposten von Hotzes rechtem Flügel aus Ohmenheim, Hohlenstein und Kösingen auf Forheim zurück und nahm Stellung auf den Höhen vorwärts Neresheim. FML. Hotze besetzte mit seinem Gros die Höhen hinter Aufhausen und liess nur die Vortruppen bei Forheim.

Ein lebhafter Kampf entspann sich zwischen der Avantgarde St. Cyr's und dem linken Flügel FML. Hotzes bei

20*

Dunstelkingen, wo der Erzherzog, welcher an diesem Tage eben die neue Aufstellung besichtigte, persönlich anwesend war. Nachdem es dem Angreifer im ersten Augenblicke gelungen war, sich Dischingens zu bemächtigen, musste er es bald darauf wieder verlassen und das Gefecht endete schliesslich damit, dass die Franzosen Dunstelkingen besetzten, während die kaiserlichen Truppen sich auf den Höhen bei Eglingen und in Weiler behaupteten.

Duhesme, der am rechten Flügel St. Cyr's sich Gundelfingens und Lauingens bemächtigen sollte, konnte sein Marschziel nicht erreichen. Er wurde von FML. Riese mit empfindlichem Verluste zurückgewiesen und nahm am Abende Stellung bei Unter-Meidlingen und Brenz.

Am linken Flügel beschränkte sich Desaix, dem schon die Gefechte St. Cyr's bei Ohmenheim Raum geschafft hatten, auf unbedeutende Demonstrationen gegen GM. Fürst Liechtenstein. Schliesslich nahm er mit einer Division Stellung links von Neresheim, mit der zweiten gegenüber Bopfingen. Die Infanterie-Reserve-Division Bourcier, welche seit Stuttgart seinen Bewegungen gefolgt war, formirte sich auch hier hinter seiner Front bei Elchingen.

FML. Frelich, mit dem Gros seines Corps (4 Bataillone, 10 Escadronen) bei Günzburg stehend, konnte an den Gefechten dieses Tages nicht theilnehmen. Er liess zwar, als er das Geschützfeuer am linken Donau-Ufer hörte, einige Escadronen gegen Stotzingen in die linke Flanke Duhesme's vorgehen, sie konnten aber die Moräste des »Donau-Moos« nicht durchdringen und mussten sich begnügen, die Bewegungen des Feindes zu beobachten.

Ebenfalls am 8. rückte der rechte Flügel Ferino's, die Division Delaborde, bis Lindau vor, griff die Abtheilungen der GM. Wolff und Gräffen bei Bregenz an und drängte sie nach Feldkirch zurück. Tharreau mit dem linken Flügel erreichte Ochsenhausen, von wo er an die Iller vorging und Vorposten gegen Memmingen aufstellte.

Nun war Erzherzog Carl nicht mehr über die Absichten Moreau's im Zweifel und dies veranlasste ihn, in seiner dermaligen Stellung keinen Angriff abzuwarten, sondern sich noch mehr zu concentriren und bei Nördlingen nur eine Avantgarde von leichten Truppen zu belassen. Er ging am 9. mit dem Corps de réserve nach Möttingen, wonach sich die Armee folgend gruppirte:

GM. Fürst Liechtenstein sandte alle reguläre Infanterie, sowie schwere Cavallerie unter GM. Canisius nach Möttingen und stellte mit den leichten Truppen die Vorposten von Ederheim über Utzmemmingen und von da im Bogen um Nördlingen gegen Pföfflingen auf. Einzelne Posten sicherten zwischen der Eger und der Wernitz, sowie am linken Ufer der letzteren.

FML. Hotze formirte sein Gros, 9 Bataillone, 12 Escadronen, in dem Raume Aufhausen—Eglingen—Amerdingen und hatte ein Detachement von $1^1/_2$ Bataillonen, 1 Escadron nördlich auf der Höhe bei dem sogenannten Hochstädter-Hofe, welches die Vorposten über Forheim gegen Ederheim in Verbindung mit GM. Fürst Liechtenstein aufstellte. Bei nothwendig werdendem Rückzuge hatte dieses Corps entlang der Kessel bis zu deren Mündung zurückzugehen, auf der Jochbrücke bei Erlingshofen die Donau zu übersetzen und sich nach Zerstörung des Ueberganges, bei Donauwörth zu postiren. Ein Detachement von 2 Bataillonen und etwas Cavallerie war jedoch von Aufhausen nach Harburg zu senden, um die dortige Brücke über die Wernitz zu sichern, welche das Gros auf dem Marsche von Möttingen nach Donauwörth passiren musste.

Nähere Berichte zeigten, dass der Feind nicht nur die, westlich Forheim befindlichen Waldungen stark besetzt hatte, sondern in demselben gegen Norden hin, den rechten Flügel FML. Hotzes weit überragte. Die Stellung dieses Corps erschien daher in dem schwer übersichtlichen Terrain ernstlich gefährdet. Ausserdem hatten die letzten Ereignisse erneuert die Ueberlegenheit der Franzosen im Waldgefechte erwiesen, so dass Erzherzog Carl sich entschloss, die Truppen nicht länger solchen für sie ungünstigen Zusammenstössen auszusetzen, sondern die Armee soviel als möglich hinter der Wernitz zu sammeln und dort die Gelegenheit zu entscheidenderen Unternehmungen abzuwarten.

Nach der diesfalls am 9. ausgegebenen Disposition sollte FML. Hotze in zwei Märschen über Bollstadt nach Möttingen abrücken und am linken Wernitz-Ufer Stellung nehmen. FML. Riese hatte 3 Bataillone in Donauwörth zu belassen, mit 5 Bataillonen aber auf das linke Ufer der Wernitz überzugehen und sich an Jenen anzuschliessen. Nach Ausführung dieser Bewegungen hätte sich die Vorpostenlinie am rechten Wernitz-Ufer von Erlingshofen über Deggingen, Balgheim nach Allerheim zu erstrecken und, dort auf das linke übertretend, bei Wemding zu enden.

Endlich wurde GM. Kerpen angewiesen, mit den in Regensburg gesammelten Truppen — 4 Bataillonen, 6 Escadronen — nach Möttingen aufzubrechen und den Marsch derart einzurichten, dass er so bald als möglich, aber ohne übermässige Anstrengung, über Donauwörth seine Bestimmung erreiche. (208.)

Am rechten Donau-Ufer machte die Unverlässlichkeit des Condé'schen Corps eine Aenderung der Aufstellung nothwendig. Dieses war am 8. auf die Nachricht von der Annäherung Tharreau's, von Memmingen nach Kempten zurückgewichen. Durch seine Zuchtlosigkeit hatte es die Bevölkerung derart gegen sich aufgebracht, dass seine Patrouillen, wo sie sich zeigten, von den erbitterten bayrischen Bauern mit Flintenschüssen empfangen wurden und die vorarlbergischen Behörden auf das entschiedenste gegen den Einmarsch des Corps in Vorarlberg protestirten. (209.)

Unter solchen Umständen konnte die wichtige Vertheidigung der vorarlbergischen Grenze nicht länger einer so wenig vertrauenswerthen Truppe überlassen bleiben; Erzherzog Carl ordnete daher am 10. an, dass das Condé'sche Corps an die Donau zu rücken und FML. Frelich dessen Stelle einzunehmen habe. (D. VIII, 111.) In Folge dieses Befehles marschirte letzterer am nämlichen Tage mit 4 Bataillonen, 10 Escadronen nach Krumbach an der Kamlach, das Condé'sche Corps aber rückte an die Donau. Zur Maskirung dieser Bewegung blieb das Gyulay'sche Freicorps bei Leipheim und bewachte die Uebergänge bei Günzburg und Lauingen.*)

*) Die Brücken bei diesen Orten waren allerdings auf Befehl des Erzherzogs zerstört worden, aber der Wasserstand der Donau wurde

Schlacht bei Neresheim am 11. August.

(Tafel III.)

Nicht vorherzusehende Zwischenfälle liessen die beabsichtigte Concentrirung der Armee hinter der Wernitz nicht zur That werden und veranlassten Erzherzog Carl zu entscheidenden Entschlüssen, welche richtunggebend für den weiteren Verlauf der Operationen werden sollten. FML. Hotze erhielt nämlich am 9. den Marschbefehl zu spät, um denselben noch am selben Tage ausführen zu können; er machte dagegen auch geltend, dass allem Anscheine nach ein neuerlicher Angriff zu gewärtigen sei. Die angeordnete Bewegung unterblieb also und hatten die beiderseitigen Armeen am Vormittage des 10. folgende Räume besetzt: (210)

a) Die Rhein-Mosel-Armee (mit Ausschluss Ferino's).

Rechter Flügel unter St. Cyr: 22.500 Mann;

Division Duhesme im Donau-Thale bei Meidlingen und vor Gundelfingen: 6 Bataillone, 5 Escadronen oder 5000 Mann Infanterie, 500 Mann Cavallerie = 5500 Mann.

Division Taponnier zwischen Neresheim, Ohmenheim und Weilermerkingen (Weilmerdingen): 18 Bataillone, 17 Escadronen oder 16.000 Mann Infanterie, 1000 Mann Cavallerie = 17.000 Mann.

Linker Flügel unter Desaix: 28.800 Mann.

Division St. Suzanne und die Reserve-Division Bourcier hinter Neresheim: 21 Bataillone, 38 Escadronen oder 17.500 Mann Infanterie, 2900 Mann Cavallerie = 20.400 Mann.

Division Delmas hinter Bopfingen: 9 Bataillone, 12 Escadronen oder 7500 Mann Infanterie, 900 Mann Cavallerie = 8400 Mann.

Zusammen: 46.000 Mann Infanterie, 4300 Mann Cavallerie = 50.300 Mann.

b) Die Armee Erzherzog Carls (ohne die Detachements der GM. Wolff und Graffen).

---

während der heissen Jahreszeit oft plötzlich ein so niederer, dass bei jedem dieser Orte der Fluss auch für Infanterie durchfurtbar war. (F. A. I, 36.)

Linker Flügel. FML. Frelich bei Krumbach: 4 Bataillone, 10 Escadronen oder 3500 Mann Infanterie, 1600 Mann Cavallerie = 5100 Mann.

Oberst Gyulay bei Günzburg: 2 Bataillone, 5 Escadronen oder 1900 Mann Infanterie, 900 Mann Cavallerie = 2800 Mann.

Condé'sches Corps am Marsche an die Donau: 3³/₆ Bataillone, 9 Escadronen oder ungefähr 5000 Mann.

FML. Freiherr v. Riese bei Höchstädt: 10 Bataillone, 16 Escadronen oder 7000 Mann Infanterie, 2500 Mann Cavallerie = 9500 Mann.

Summe: 17.400 Mann Infanterie, 5000 Mann Cavallerie = 22.500 Mann.

Centrum unter FML. Hotze auf den Höhen bei Amerdingen als linker Flügel: 4 Bataillone, 6 Escadronen;

hinter Forheim als rechter Flügel: 3 Bataillone, 4 Escadronen;

bei Aufhausen als Reserve: 4 Bataillone, 4 Escadronen;

zwischen Aufhausen und Eglingen: 1 Bataillon, 4 Escadronen;

auf Vorposten bei Forheim, Weilerhof, Eglingen und dem Jagdhause unweit dieses Ortes: 1¹/₂ Bataillone, 2 Escadronen.

Summe: 12 Bataillone, 18 Escadronen oder 9500 Mann Infanterie, 3800 Mann Cavallerie = 13.300 Mann.

Rechter Flügel:

Corps de réserve. FML. Sztáray bei Möttingen: 9 Bataillone, 13 Escadronen oder 6100 Mann Infanterie, 1800 Mann Cavallerie = 7900 Mann.

GM. Fürst Liechtenstein, Avantgarde bei Nördlingen: 2 Bataillone, 22 Escadronen oder 1700 Mann Infanterie, 3000 Mann Cavallerie = 4700 Mann.

Summe: 11 Bataillone, 35 Escadronen oder 7800 Mann Infanterie, 4800 Mann Cavallerie = 12.600 Mann.

Zusammen: 34.700 Mann Infanterie, 13.600 Mann Cavallerie = 48.300 Mann.

Bis zu diesem Tage hatte die französische Armee 3 Bataillone, 2 Escadronen, die kaiserliche Armee 1 Bataillon, 6 Escadronen an Verstärkungen erhalten.

Rücksichten auf die Bergung der hinter der Front noch befindlichen Vorräthe, hatten die kaiserliche Armee in dieser keineswegs vortheilhaften Stellung länger festgehalten, als für ihre Operationsfreiheit erspriesslich war. Die unmittelbare Nähe der französischen Armee liess nun die Fortsetzung des Rückzuges umso gefährlicher erscheinen, als dieser auf sehr mangelhaften Communicationen durch Thäler führte, welche gegen die Wernitz und die Strasse Nördlingen—Möttingen steil abfallen. Nicht minder bedenklich aber wäre noch längeres Verweilen gewesen. Die wiederholten Vorstösse gegen FML. Hotze liessen besorgen, der Feind könnte dieses Corps endlich verdrängen und die Verbindung des Gros der Armee mit FML. Riese unterbrechen. Trat aber dieser Fall ein, so lag es nahe, dass die Franzosen nicht säumen würden, sich der Strasse Harburg—Donauwörth zu bemächtigen und hiedurch den Rückzug der Armee ernstlich zu bedrohen.

Das Unsichere der Lage wurde noch durch FZM. Wartensleben erhöht, dessen Berichte ausnahmslos die Unmöglichkeit betonten, den Feind aufzuhalten, und die Nothwendigkeit hervorhoben, sich nach Böhmen zurückzuziehen. Die Ungewissheit, ob derselbe diesen so beharrlich als kaum zu vermeidend bezeichneten Rückzug nicht etwa schon angetreten habe und dadurch eine Vereinigung mit ihm ganz unmöglich geworden sei, erlaubte dem Erzherzoge nicht, seinen Marsch am linken Donau-Ufer auf die Gefahr hin fortzusetzen, dabei zwischen beide feindliche Armeen und die Donau zu gerathen. Er entschloss sich daher, so bald als möglich bei Donauwörth über den Strom zu setzen. Dorthin aber führten keine anderen Strassen, als jene durch die beschwerlichen Defiléen der Wernitz und Kessel, deren er sich unbedingt vorher versichern musste.

Diese Erwägungen bestimmten Erzherzog Carl, nun selbst zum Angriffe zu schreiten, obwohl er sich über die Schwierigkeiten des Unternehmens keiner Täuschung hingab.

Moreau's Stellung war gut gewählt. Er stand im Mittelpunkte des offenen Theiles des Gebirges und beherrschte die Hauptcommunicationen nach Nördlingen und an die Donau. Es blieb ihm daher die Freiheit der Wahl des Angriffspunktes, während sein Gegner, durch das schwierige Gebirgsterrain in mehrere Theile getrennt, seine Kräfte nicht gegen den bedrohten Punkt vereinen konnte. Zudem blieb Moreau im ungünstigen Falle der Rückzug auf die vortheilhaften Höhen zwischen Neresheim und Ohmenheim, während ein gelungener Stoss auf die Mitte der kaiserlichen Armee, diese in zwei Theile spaltete und sie auf schwer prakticable Gebirgswege zurückwarf.

Aber selbst wenn das Glück der Waffen zu Gunsten Erzherzog Carls entschied, hinderten diesen seine verhältnissmässig geringen Kräfte, sowie Rücksichten auf das rechte Donau-Ufer, auf Vorarlberg und die Tirolerpässe, an der entscheidenden Ausnützung des Sieges nicht minder, wie der Gang der Operationen am Main, wo Jourdan schon auf dem Marsche nach Nürnberg war. Was er von einer Schlacht erhoffte, war, durch einen überraschenden Angriff den rechten Flügel Moreau's zu sprengen, in Folge dessen auch die übrigen Divisionen zum Weichen zu bringen und dadurch der eigenen Armee den ungehinderten Rückzug zu sichern, von dem die Vereinigung mit der Niederrhein-Armee abhing.*) (211.)

---

*) Ueber die Motive der Schlacht stimmen die Ansichten der Mithandelnden, insoferne dieselben auf die Nachwelt kamen, mit den oben angeführten nicht überein. St. Cyr sagt kurzweg, er glaube nicht an die in den »Grundsätzen« angegebenen Beweggründe Erzherzog Carls, und führt dies auf Seite 142, Band II, seines Werkes über den Feldzug 1796 in Deutschland folgend aus: »Je ne puis me persuader que l'Archiduc, que depuis assez long temps se retirait devant Moreau, tandis que celui-ci se bornait à lui suivre, sans l'avoir jamais pressé, et sans même avoir alors le moindre détachement sur ses flancs ou ses derrières, eût cru cette fois avoir besoin d'une bataille, pour pouvoir se retirer plus tranquillement. Ce généralissime, dont nous avons admiré tant de fois la prudence, ne se fut pas exposé aux hasardes d'une bataille, pour un motif aussi léger, lorsqu'il s'agissait sur-tout d'un adversaire qui lui inspirait peu de crainte et dont tant de fois il blâme l'extrême circonspection.«

Neben diesen Auslassungen erscheint umso eigenthümlicher, was Major Mayer (Mayer von Heldensfeld, der nachmalige General-Quartiermeister) vom General-Quartiermeisterstabe Erzherzog Carls über diesen Gegenstand in seinen Memoiren schreibt, deren Concept im Kriegs-Archive sub Fasc. I, Nr. 29½ ex 1796, aufbewahrt ist. Nach ihm hätte Erzherzog Carl gar nicht die Absicht gehabt, zu schlagen, sondern wäre gewillt ge-

Wie Erzherzog Carl den Angriff plante, sollte er in Form eines Ueberfalles geschehen, welcher durch das Moment der Ueberraschung das ungünstige Stärkeverhältniss, sowie die Vortheile, welche der Feind aus seiner Stellung ziehen konnte, ausgleichen würde. Demgemäss wurden noch am 10. die erforderlichen Einleitungen getroffen, um die Truppen in der Nacht zum 11. an ihren Aufbruchsstellen zu concentriren und den Vormarsch derart auszuführen, dass der Angriff bei Tagesanbruch beginnen könne.

Der Hauptangriff sollte von Forheim und Amerdingen gegen die Mitte der französischen Armee gerichtet und durch gleichzeitiges Vordringen entsprechender Flügel-Colonnen unterstützt werden. Zu diesem Ende ordnete der Erzherzog an, dass 5 Bataillone und 3 Escadronen des Reserve-Corps um 7 Uhr

---

wesen, sich durch rasche Manöver über Ingolstadt gegen Nürnberg zu ziehen, um sich mit Wartensleben zu vereinigen, während Moreau auf das rechte Donau-Ufer gelockt und dort durch ein entsprechendes Corps beschäftigt würde. Die beabsichtigte Concentrirung hinter die Wernitz sei der erste Schritt zu dieser Operation gewesen, welche aber durch einen Befehl aus Wien aufgehalten wurde, der dem Erzherzog auftrug, unter allen Umständen eine Schlacht zu liefern. Major Mayer sagt hierüber auf Bogen 3, Seite 4 seiner Memoiren: »Auf den von Wien erhaltenen Befehl, den Feind coute qu'il coute anzugreifen, wurde FML. Bellegarde, Oberst Schmitt und ich zum Erzherzoge berufen, um über die Operation und Art derselben zu discutiren. FML. Bellegarde stimmte für den Angriff, Schmitt und ich waren der Meinung, der Vereinigung Moreau's mit Jourdan zuvorzukommen, das Manöver über Ingolstadt ohne Verzug auszuführen und die Armee des FZM. Wartensleben, welcher sich schon bis an die Grenze Böhmens zurückgezogen hatte, aus der Verlegenheit zu bringen. Bellegarde, der sich dem Willen Thuguts unbedingt unterordnete, setzte es jedoch beim Erzherzoge durch, die Armee Moreau's bei Neresheim anzugreifen.«

Diese Aufzeichnungen Mayers lassen an Genauigkeit nichts zu wünschen übrig und auch den Urheber des Befehls erkennen. In der Correspondenz Erzherzog Carls sowie in den Acten überhaupt, geschieht jedoch dieser Umstände keine Erwähnung; für sie könnte nur sprechen, dass die Dispositionen des Erzherzogs bis zum 10. August nicht auf die Absicht hinweisen, eine Schlacht zu liefern, besonders aber die Thatsache, dass noch am 10. der Marsch FML. Frelichs nach Krumbach verfügt wurde, dessen Corps jedoch in der später ausgegebenen Disposition zur Schlacht eine Rolle zugewiesen erhielt, die es nöthigte, von Krumbach sofort wieder auf das linke Donau-Ufer zurückzumarschiren, wo es trotz aller Anstrengung nicht rechtzeitig eintreffen konnte.

abends in aller Stille aus dem Lager bei Möttingen zum Corps FML. Hotzes abzurücken haben, und disponirte bezüglich der allgemeinen Vorrückung wie folgt: 19 Bataillone, 4 Compagnien, 25 Escadronen oder 13.500 Mann Infanterie und 3900 Reiter = 17.400 Mann werden zum Angriffe auf das französische Centrum bestimmt und formiren sich in drei Colonnen:

I. Colonne (linker Flügel), FZM. Latour: 6 Bataillone, 7 Escadronen.

1. Abtheilung: Major Hautpeine vom Infanterie-Regimente Erzherzog Carl, 2 Bataillone, 2 Escadronen, formirt sich südlich bei Amerdingen.

2. Abtheilung: GM. Baillet, 5 Bataillone, 5 Escadronen, 2 zwölfpfündige Kanonen, 2 siebenpfündige Haubitzen; sammelt sich bei Amerdingen auf der Strasse nach Eglingen.

II. Colonne (Mitte), FML. Fürst zu Fürstenberg: 7 Bataillone, 1 Compagnie, 8 Escadronen.

1. Abtheilung: GM. Hiller und Canisius, 4 Bataillone, 6 Escadronen, 2 sechspfündige Cavallerie-Kanonen, 2 siebenpfündige Haubitzen, 2 zwölfpfündige Kanonen; formirt sich vor Aufhausen auf der Strasse nach Eglingen.

2. Abtheilung: GM. Schellenberg, 3 Bataillone, 1 Compagnie, 2 Escadronen, 1 siebenpfündige Haubitze; formirt sich auf dem Wege von Forheim nach Hofen.

III. Colonne (rechter Flügel), FML. Hotze: 6 Bataillone, 3 Compagnien, 10 Escadronen.

1. Abtheilung: GM. Schlegelhofer, 4 Bataillone, 2 Compagnien, 6 Escadronen, 6 sechspfündige Kanonen, 4 siebenpfündige Haubitzen; sammelt sich bei Forheim auf dem Wege nach Kösingen.

2. Abtheilung: Oberstlieutenant Bydeskuty, 2 Bataillone, 1 Compagnie, 4 Escadronen; formirt sich bei Forheim auf dem Wege nach Schweindorf.

Die Unterabtheilungen haben um 2 Uhr morgens auf ihren Sammelplätzen einzutreffen; der Vormarsch aller drei Colonnen beginnt um 3 Uhr.

Von der I. Colonne rückt die 1. Abtheilung links an Osterhofen vorbei gegen das Jagdhaus von Eglingen,*) die 2. auf der Strasse nach Eglingen vor.

Die II. Colonne marschirt mit der 1. Abtheilung von Aufhausen gegen Eglingen, mit der 2. von Forheim über Hofen gegen Dunstelkingen und von dort weiter gegen Katzenstein (1800 *m* westlich Dunstelkingen auf der Strasse Dischingen—Kösingen).

Von der III. Colonne nimmt die 1. Abtheilung den Weg von Forheim über Kösingen und Hohlenstein, die 2. von Schweindorf geradewegs auf Ohmenheim.

Im Falle eines Rückzuges geht die I. Colonne und die 1. Abtheilung der II. durch das Kessel-Thal nach Donauwörth, alles übrige über Bollstadt—Deggingen nach Harburg.

Am rechten Flügel hat GM. Fürst Liechtenstein mit der Avantgarde der Armee (6 Bataillone und etwa 14 Escadronen oder 3700 Mann Infanterie und 2500 Reiter = 6200 Mann) von Nördlingen aus gegen Bopfingen und Kirchheim zu demonstriren und den äussersten linken Flügel des Feindes derart zu beschäftigen, dass derselbe nicht nach Neresheim detachiren kann.

FML. Sztáray bleibt mit dem Reserve-Corps (4 Grenadier-Bataillone, 2 Bataillone Pfälzer und 10 Escadronen oder 2500 Mann Infanterie, 2000 Reiter = 4500 Mann) bei Möttingen stehen, um die Avantgarde nach Bedarf zu unterstützen.

Vom linken Flügel hatte FML. Riese den FML. Mercandin**) mit 2200 Mann Infanterie und 400 Mann Cavallerie über Mödingen zum Angriffe auf Dischingen vorzusenden. Er selbst erhielt den Auftrag, bei Tagesanbruch des 11. mit 4700 Mann Infanterie und 3000 Reitern von Dillingen aufzubrechen und, über Giengen und Oggenhausen vorgehend, den rechten Flügel des Gegners zurückzuwerfen. Sodann wäre, womöglich, bis Heidenheim und Nattheim vorzustossen, um die rechte Flanke und den Rücken des Feindes zu bedrohen. Im übrigen sollte sich der linke Flügel stets nach der

*) Ungefähr 1500 Schritte südlich Eglingen.

**) Wurde in diesen Tagen an Stelle des erkrankten FML. Riesch von der Niederrhein-Armee zu jener Erzherzog Carls übersetzt.

Mitte, beziehungsweise nach der Colonne FML. Hotzes richten. (D. VIII, 113.)

Im Falle des Misslingens wären etwa 6 Bataillone, 12 Escadronen über Deggingen nach Harburg zu dirigiren, die hinter der Wernitz Stellung zu nehmen hätten; der Rest würde im Donau-Thale nach Donauwörth zurückzugehen haben und sich dort à cheval der Donau aufstellen.

FML. Frelich, der mit seinem Corps am 10. nachmittags in Krumbach angekommen war, hatte den Angriff des linken Flügels zu unterstützen. Er erhielt den Auftrag, einen Theil seiner Vorposten bei Krumbach stehen zu lassen, mit dem Corps, etwa 4000 Mann, in der Nacht vom 10.—11. an die Donau zu marschiren und noch vor Tagesanbruch am rechten Ufer der Brenz über Stotzingen gegen Giengen vorzurücken. Seine Aufgabe war, Flanke und Rücken FML. Rieses während dessen Vormarsch unbedingt zu sichern und, sobald dieser bis gegen Oggenhausen ausgedehnt würde, das rechte Ufer der Brenz vom Feinde zu säubern. Der Rückzug wäre eventuell über Stotzingen und Lauingen hinter die Wernitz zu nehmen.

Erzherzog Carl verlegte im Laufe des 10. sein Hauptquartier von Möttingen nach Bollstadt und gab bekannt, dass er sich während der Schlacht bei der II. Colonne aufhalten werde. (212.)

Gefecht bei Amerdingen. 10. August.

Während diese Disposition zur Schlacht entworfen wurde, führte ein, an sich unbedeutender Anlass noch am 10. zu einem Gefechte, welches ohne besonderes Zusammentreffen nicht vorherzusehender Umstände, die Pläne des Erzherzogs vielleicht hätte stören können. Beunruhigt durch die allzugrosse Nähe der kaiserlichen Vorposten bei Eglingen, erbat sich St. Cyr von Moreau die Erlaubniss zur Zurückdrängung des Gegners auf eine, die Sicherheit vor Ueberfällen mehr verbürgende Entfernung. Um dem Gefechte keine grössere Ausdehnung zu geben, als durch den Zweck desselben bedingt war, wurde der Angriff erst abends zwischen 5 und 6 Uhr begonnen.

Laroche warf die kaiserlichen Vorposten bei Eglingen und dem Jagdhause zurück und griff dann die Höhen hinter dem Dorfe an, welche von 2 Bataillonen Franz Kinsky-Infanterie und 4 Escadronen Levenehr-Chevau-légers besetzt waren. Ungeachtet des tapfersten Widerstandes wurden diese Truppen gegen Amerdingen zurückgedrängt und die Franzosen hätten sich auch dieses Ortes bemächtigt, wären nicht noch rechtzeitig 3 Escadronen Kaiser-Dragoner hinter Amerdingen hervorgebrochen, die durch eine ebenso überraschende als kräftige Attaque den Feind zum Stehen brachten.

St. Cyr hatte indess seinen Zweck erreicht und wollte das Gefecht eben abbrechen, als Moreau in diesem Augenblicke eintraf und die Fortsetzung des Kampfes anordnete. Die Division Taponnier und die Artillerie wurden vorgezogen, sowie auch Beaupuis am linken Flügel angewiesen, auf gleiche Höhe mit den kämpfenden Abtheilungen vorzugehen. Es entspann sich nun ein heftiger Geschützkampf, während welchem die Franzosen sich des Waldes zwischen Aufhausen *) und Eglingen bemächtigten und abermals gegen Amerdingen vorrückten. (St. Cyr, III, S. 135 u. f.)

Um diese Zeit erschien auch Erzherzog Carl auf dem Gefechtsfelde. Im Begriffe, das Terrain für den kommenden Tag zu recognosciren, erhielt er unweit Forheim die Nachricht von den Vorfällen bei Eglingen. Sofort eilte er nach Amerdingen und ordnete dort die Rückeroberung der verlorenen Posten an. Aber ein orkanartiges Gewitter, welches sich in diesem Augenblicke entlud und mit ausserordentlicher Heftigkeit bis in die Nacht anhielt, machte in Verbindung mit der rasch eingebrochenen Dunkelheit allen weiteren Unternehmungen beider Theile unerwartet ein Ende.

FML. Hotze beeilte sich, die durch das Vorrücken des Gegners unterbrochene Verbindung mit FML. Riese, über Liezheim nach Höchstädt durch 1 Bataillon und 1 Escadron wieder herzustellen; die Franzosen blieben in den Stellungen, die sie vor Ausbruch des Unwetters inne hatten.

Moreau hielt unentwegt an der Ueberzeugung fest, dass sein Gegner nicht in der Lage sei, die Offensive zu ergreifen,

*) Dieser Ort ist nicht mit dem gleichnamigen zu verwechseln, bei welchem sich nach der Disposition Erzherzog Carls die 1. Abtheilung der II. Colonne zu sammeln hatte.

daher auch von Seite der kaiserlichen Truppen die Wiederaufnahme des Gefechtes am nächsten Tage nicht gewärtigt werden dürfe. Obwohl sich unter seinen Generalen Stimmen erhoben, welche das Gegentheil für wahrscheinlicher hielten, war er weder zu bewegen, die durch das Gefecht auseinander gekommenen Truppen während der Nacht hinter der Egau zu sammeln, noch auch die sehr exponirte Division Duhesme näher heranzuziehen. Erst am folgenden Morgen sollte die Aufstellung der Truppen St. Cyr's geregelt und Desaix noch vor Tagesanbruch beordert werden, in die Linie des Centrums vorzurücken. Die französische Armee war daher in der Nacht vom 10. zum 11. wie folgt gruppirt: Delmas in Bopfingen, Desaix links vorwärts von Neresheim; einige Bataillone unter St. Suzanne waren am Abende bis auf die Höhen von Kösingen vorgerückt. Die Division Taponnier stand vorwärts der Linie des linken Flügels, mit dem sie jedoch ebensowenig wie mit Duhesme in Verbindung war; von ihren einzelnen Abtheilungen hielt die Brigade Lambert die bewaldeten Höhen vor Aufhausen und Amerdingen besetzt; Lecourbe hatte je 1 Halbbrigade in Dunstelkingen und Dischingen. Die Avantgarde Laroche's stand rechts der Strasse Amerdingen—Eglingen, vor Osterhofen an der Lisière eines Waldes. Die Cavallerie dieser Division war auf der Ebene vor Eglingen zwischen den Brigaden Laroche und Lambert versammelt.

Bourcier mit der Reserve-Division (5 Cavallerie-Regimenter, 1 Halbbrigade, 8 achtpfündige Kanonen und 4 sechspfündige Haubitzen) hatte seine Aufstellung hinter dem rechten Flügel Desaix'. Die Division Duhesme stand mit 6 Bataillonen und 1 Cavallerie-Regiment im Donau-Thale.

Ferino war noch am rechten Donau-Ufer; er hätte gleichzeitig mit dem Corps FML. Frelichs bei Ulm eintreffen sollen, hatte sich aber gegen Memmingen gewendet, als dessen Vereinigung mit Erzherzog Carl nicht mehr zu hindern war. (St. Cyr, III, 139 u. f.)

Das Elementarereigniss, welches den Kampf bei Amerdingen so rasch zum Ende führte, erstreckte seine Nachwirkung auch auf die Schlacht am 11., und zwar sehr zu Ungunsten der kaiserlichen Truppen. Jene Abtheilungen, welche von Möttingen aus vorrücken sollten, hatten sich um 7 Uhr abends des 10. in Marsch gesetzt. Der heftig strömende Regen machte jedoch die ohnehin schlechten Wege grundlos und die Nacht war so finster, dass die Infanterie und Cavallerie 9, die Artillerie aber 14 Stunden benöthigte, um die 3 Stunden lange Strecke zurückzulegen. Auch die übrigen Colonnen erlitten aus gleichen Gründen erhebliche Verspätungen und gelangten statt um 2 Uhr erst um 6—7 Uhr morgens auf ihre Sammelplätze. Da nun, bevor dieselben noch zum Angriffe formirt werden konnten, die Vortruppen schon das Feuer eröffneten, ging der Vortheil der Ueberraschung, welcher das Gelingen der Unternehmung hauptsächlich bedingte, grossentheils verloren. Ein Rückzug in solcher Nähe des Feindes wäre jedoch nicht weniger gefährlich gewesen, wie eine Aufstellung in den von den Franzosen beherrschten Thälern, und musste sich Erzherzog Carl entschliessen, den Angriff bei hellem Tage auf einen nun zur Abwehr vorbereiteten Feind zu unternehmen.

Es war 7 Uhr früh, als er Befehl gab, im Sinne der Disposition vorzurücken. GM. Fürst Liechtenstein hatte durch den Wald auf Neresheim vorzugehen; FML. Sztáray sollte diesen Angriff unterstützen und gemeinsam mit Ersterem den rechten Flügel der Armee decken.

Gefecht der I. und II. Colonne.

Von der I. Colonne waren Infanterie und Cavallerie erst um 7 Uhr vor Ammerdingen eingetroffen, die Linien-Geschütze sowie die Reserve-Artillerie aber noch weit zurück; gleichwohl führte FZM. Latour die vorhandenen Truppen ohne Zögern gegen den rechten Flügel St. Cyr's. Zur selben Zeit und unter gleichen Umständen setzte sich auch die Colonne FML. Fürst zu Fürstenberg und kurz darnach auch FML. Hotze in Bewegung.

Das französische Centrum, welches noch vom Vortage her eine sehr ausgedehnte Linie besetzt hielt und mit dem linken Flügel nur in loser Verbindung stand, konnte dem ersten Ansturme nicht widerstehen. FZM. Latour's linke Colonne nahm Osterhofen und drang bis gegen Dischingen vor, wo die Brigade Lecourbe die Flüchtigen aufnahm und das Gefecht zum Stehen brachte. Die rechte Colonne vertrieb Laroche aus Eglingen und jagte ihn bis Dunstelkingen zurück, wobei die Brigade Lambert durch eine gelungene Attaque der kaiserlichen Reiterei derart zersprengt wurde, dass sie während des ferneren Verlaufes der Schlacht nicht mehr in Rechnung kam.

Während dieser Kämpfe der I. Colonne warf FML. Fürst zu **Fürstenberg** den Feind von den Höhen bei Aufhausen, nahm Hofen und gelangte gleichfalls bis Dunstelkingen.

St. Cyr fasste gleich bei Beginn des Gefechtes den Entschluss, seine Truppen aus ihrer ungünstigen, zersplitterten Aufstellung nach rückwärts zu concentriren. Hätten die kaiserlichen Colonnen ihren Angriff mit ebenso viel Nachdruck fortsetzen können, wie sie ihn begonnen, so dürfte er diese Absicht wohl kaum erreicht haben. Bei energischer Verfolgung mussten die kaiserlichen Truppen jedenfalls zugleich mit der aus Eglingen geworfenen Brigade Laroche, mithin noch ehe St. Cyr seine Dispositionen ausführen konnte, auf die Höhen westlich Dunstelkingen gelangen. Damals befand sich auf dieser vortheilhaften Position nur die 106. Halbbrigade, die zu nachhaltigem Widerstande viel zu schwach war. (St. Cyr, III, Seite 150—151.) Aber die kaiserlichen Truppen waren grösstentheils seit 14 Stunden in angestrengtester Bewegung, oder hatten seit dem Gefechte am Nachmittage des 10. keiner Ruhe genossen, so dass die Ermüdung sie hinderte, die errungenen Vortheile sofort zu verwerthen. Dies ermöglichte es St. Cyr, seine Truppen, wenn auch mit empfindlichen Verlusten, zu sammeln. Gegen 9 Uhr stand er mit 9 Bataillonen, 4 Cavallerie-Regimentern und seiner ganzen Artillerie bei Dunstelkingen und hatte eine Reserve von 3 Bataillonen unter Lecourbe in Dischingen. Ein leicht überschreitbarer Ravin, durch ein in dieser Jahreszeit trockenes Bachbett gebildet, zog sich am Fusse der Höhen hin, welche die Franzosen besetzt hielten. Das Dorf Dunstelkingen lag etwas vor der Front und bildete den Mittelpunkt der Stellung.*)

---

*) In den »Grundsätzen« wird die Stärke St. Cyr's bei Dunstelkingen mit 18 Bataillonen angegeben, während dieser in seinem Werke über den

Ein Angriff, den FZM. Latour kurz nach 9 Uhr unternahm, scheiterte bei der Unzulänglichkeit der Mittel an der festen Haltung, mit welcher die Franzosen ihre vortheilhafte Stellung vertheidigten.

Inzwischen war Erzherzog Carl auf dem Gefechtsfelde eingetroffen und ordnete einen neuen Angriff beider Colonnen an, der, durch die eben angelangte Artillerie unterstützt, sich auf Dunstelkingen und Dischingen erstrecken sollte. Ein äusserst heftiges Geschützfeuer, bei dem der Ort Dunstelkingen vollständig in Flammen aufging, protegirte den Vormarsch der Angriffscolonnen und zwang den Feind, das brennende Dorf zu verlassen. In dem erbitterten Kampfe, der sich nun entspann, mussten die kaiserlichen Truppen schliesslich vor dem mörderischen Feuer der meist gedeckt stehenden Vertheidiger, in ihre frühere Stellung zurückgehen.

Nach beiden Angriffen hatte der Feind keine Verfolgung versucht und sich darauf beschränkt, die zurückweichenden Colonnen zu beschiessen, so lange sie im Feuerbereich waren.

Den nun gänzlich erschöpften Truppen durfte Erzherzog Carl neue Anstrengungen nicht zumuthen, die, wie sich klar erkennen liess, ohnehin keinen Erfolg versprachen, bevor die Operationen der Flügel-Colonnen ihre Rückwirkung auf jene der Mitte äusserten. Er liess die I. und II. Colonne, von welchen nur noch 8 Bataillone geschlossen waren, gegenüber der feindlichen Stellung aufmarschiren und beschränkte sich darauf, den Gegner durch eine Ka-

---

Feldzug von 1796 in Süd-Deutschland nur 9 Bataillone gehabt zu haben behauptet. Beides ist insofern richtig, als Erzherzog Carl von den 24 Bataillonen des französischen Centrums nur jene sechs abrechnet, die unter Duhesme im Donau-Thale standen, während St. Cyr wieder nur jene in Betracht zieht, die unmittelbar bei Dunstelkingen verwendet wurden. Thatsächlich war das Verhältniss folgendes:

bei Dunstelkingen . . .	9	Bataillone,
in Dischingen als Reserve .	3	»
bei Duhesme	6	»
zersprengte Brigade Lambert . .	6	»
	24	Bataillone.

(Obige Angaben nach St. Cyr, III, S. 153.)

21*

nonade und zeitweilige Vorstösse gegen Dunstelkingen festzuhalten.

Die strenge Defensive des französischen Centrums erklärt sich aus der Absicht Moreau's, das Vorrücken seines Gegners in dieser Richtung mit allen Kräften aufzuhalten, während Desaix über Forheim und Schweindorf in dessen rechte Flanke vorging. Gleichzeitig sollte Delmas die Avantgarde Liechtensteins zurückwerfen und die Rückzugslinie der kaiserlichen Armee bedrohen. Er gab St. Cyr den Auftrag, Dunstelkingen unbedingt zu behaupten, bis Desaix so weit vorgerückt sein würde, um den Angriff beginnen zu können. In Folge hievon blieb St. Cyr in seiner Stellung, von welcher aus er das Geschützfeuer des Gegners nur lässig erwiderte und sich damit begnügte, die Angriffe, deren geringer Ernst sich leicht erkennen liess, abzuwehren.

Gefecht im Donau-Thale.

Auffällig ist, dass in Moreau's Dispositionen des äussersten rechten Flügels keine Erwähnung geschieht. In der That wusste man im französischen Hauptquartiere um Mittag noch gar nichts von den Schicksalen der Division Duhesme; selbst Lecourbe, der ihr in Dischingen am nächsten stand, war ohne jede Kenntniss von dem, was während der Gefechte des Centrums im Donau-Thale vorging. (St. Cyr, III, S. 157.) Und doch spielten sich dort Ereignisse ab, die der französischen Armee leicht hätten verderblich werden können.

In Folge des von Erzherzog Carl am 10. angeordneten Marsches FML. Frelichs nach Krumbach, konnte die Disposition zur Schlacht am linken Flügel nicht in der anbefohlenen Art zur Ausführung gelangen. FML. Frelich erhielt den Auftrag zur Theilnahme erst am 11., um 3 Uhr 30 Minuten morgens; es war ihm daher unmöglich, demselben zu entsprechen, und FML. Riese blieb somit auf die eigenen Kräfte angewiesen.*) (213.) Er rückte um ½3 Uhr morgens

*) FML. Riese meldete schon am 10., um 10 Uhr abends, dem Erzherzoge, dass, wie er aus den Berichten FML. Frelichs entnehme, auf

mit 2 Colonnen in der Absicht vor, den Angriff um ½6 Uhr beginnen zu können.

Die 1. Colonne: 3 Bataillone, 8 Escadronen unter GM. Devay, marschirte auf der Chaussee bis Gundelfingen, um sich dann in der Ebene auszubreiten und Bächingen, Meidlingen und Brenz anzugreifen. Die 2., von FML. Riese selbst geführt, hatte mit 2 Bataillonen, 4 Escadronen diesen Angriff durch eine Bewegung in des Feindes linke Flanke zu unterstützen. FML. Mercandin wurde angewiesen, mit seinem Detachement durch eine zweckmässige Vorrückung von Wittislingen über Bachhäusel gegen Staufen, die rechte Flanke der vormarschirenden Colonnen zu decken und den bei Dischingen stehenden Feind zu beunruhigen.*)

GM. Devay vertrieb die Franzosen aus Bächingen und Meidlingen. Die 2. Colonne brach über Veitsriedhofen und Hermaringen vor; sie bedrohte den Feind im Rücken, der nach hartnäckigem Widerstande auch die waldigen Höhen westlich Meidlingen räumte und bis Hürben verfolgt wurde. Während dem rückte FML. Riese bis Hohen-Memmingen vor, verdrängte den Gegner auch von dort und nahm ihm nebst vielen Gefangenen 2 Kanonen und 5 Munitionskarren ab.

Diese Vorstösse wurden wesentlich durch FML. Mercandin unterstützt, der bis Staufen vordrang und es dadurch Duhesme unmöglich machte, sich auf das Gros der französischen Armee zurückzuziehen. FML. Riese vereinigte sich

---

dessen Mitwirkung nicht werde gerechnet werden können. (D. VIII, 129.) St. Cyr dagegen stellt den Verlauf so dar, als wäre der Angriff im Donau-Thale von den beiden Corps Riese und Frelich ausgeführt worden und meint, Erzherzog Carl hätte besser gethan, zu dem Angriffe auf Duhesme blos das Corps Frelich zu verwenden, Riese aber an sich zu ziehen, wodurch er sich den Sieg im Centrum gesichert hätte.

Dies entspricht wohl nicht den Thatsachen, begründet aber die weitere, ebenfalls unrichtige Folgerung St. Cyr's: Erzherzog Carl habe im Centrum nur demonstrirt, den eigentlichen Angriff aber im Donau-Thale ausgeführt. (III, S. 159—160.)

*) Die Stärke dieses Detachements ist nicht genau angegeben; in dem bezüglichen Befehle wird nur von »einigen Bataillons« gesprochen. Es dürften 4—5 Bataillone und 4 Escadronen gewesen sein.

zwischen Hürben und Giengen mit GM. Devay und setzte die Vorrückung in der Richtung gegen Heidenheim—Oggenhausen fort.

Vergebens machte Duhesme wiederholte Versuche, sich gegen Neresheim durchzuschlagen oder doch das Gefecht zum Stehen zu bringen. Ueberall wurde er mit Verlust geworfen und konnte schliesslich die Trümmer seiner Division erst bei völliger Dunkelheit zwischen Geislingen und Weissenstein in Sicherheit bringen. Der Artilleriepark der französischen Armee, welcher mit dem Train bei Heidenheim aufgefahren war, flüchtete in grösster Hast nach Aalen. (St. Cyr, III, 161.)

FML. Riese liess den Feind durch die Avantgarde bis Söhnstetten (4 *km* südöstlich Böhmenkirch) verfolgen und lagerte, in Erwartung weiterer Befehle, gegen Abend im Rücken der Armee Moreau's.

Die Verluste in dieser Reihe glücklicher Gefechte beliefen sich auf 3 Todte, 29 Verwundete und 32 Vermisste nebst 26 Pferden, während die Franzosen allein nur an Gefangenen 13 Officiere, 426 Mann und 78 Pferde einbüssten. (214.)

FML. Frelich hatte unmittelbar nach Erhalt des Befehles zum Rückmarsche seine Truppen gesammelt, konnte aber, aller Anstrengung ungeachtet, erst um 11 Uhr vormittags das linke Donau-Ufer erreichen. Gyulay blieb mit 3 Bataillonen, 4 Escadronen zur Deckung Günzburgs und der Brücke zurück; 2 Bataillone, 4 Escadronen sicherten das Debouché aus dem Donau-Moos bei Riedhausen. Mit dem Reste rückte FML. Frelich über Langenau bis Albek vor und detachirte von dort nach Urspring gegen den Geislinger Pass. Auf die Nachricht von den Erfolgen FML. Rieses verband er sich durch Cavallerie-Patrouillen mit dessen Stellung und dehnte sich links über Elchingen bis an die Donau aus.

Gefechte am österreichischen rechten Flügel.

Weniger günstig gestalteten sich die Unternehmungen am rechten Flügel der kaiserlichen Armee, wo die vorrückenden Colonnen sowohl in den Terrainverhältnissen, als auch an der Zahl und dem tapferen Widerstande der Gegner nahmhafte Schwierigkeiten fanden.

GM. Fürst Liechtenstein war mit 18 Compagnien, 7 Escadronen von Nördlingen gegen Neresheim vorgerückt, nachdem er vorher den Obersten Stipsics mit $8^1/_2$ Escadronen zur Deckung der rechten Flanke gegen Kirchheim in die Ebene detachirt hatte. Dieser warf die Vortruppen Delmas' bis gegen Lauchheim, musste sich jedoch mangels an Infanterie darauf beschränken, die Eger zu behaupten. GM. Fürst Liechtenstein trieb die feindlichen Truppen anfänglich bis Ohmenheim zurück, wurde aber, als ein Theil des französischen linken Flügels herankam, zum Rückzuge gezwungen. Ungeachtet aller Anstrengung, die er im Verein mit FML. Grafen Sztáray aufbot, war nichts anderes zu erreichen, als das Vordringen des Feindes zu hemmen.

Gleiches Schicksal hatte unter FML. Hotze die 3. Colonne, welche zuerst Kösingen nahm, aber in wiederholten Angriffen vergebens versuchte, sich Schweindorfs zu bemächtigen. Gegen 1 Uhr nachmittags kam sonach das Gefecht auf der ganzen Linie zum Stehen.

Im französischen Hauptquartiere traf fast zur gleichen Zeit die erste Nachricht von den Vorfällen im Donau-Thale ein. Moreau's Lage wurde nun bedenklich. Sein rechter Flügel war geschlagen, die Mitte hielt sich zwar noch in ihrer Stellung, aber am linken Flügel hatte Desaix zu viel Zeit mit Vorbereitungen zum Angriffe verloren, um nennenswerthe Fortschritte machen zu können. Ueberdies war die Armee in Folge der Flucht des Artillerieparkes, hinsichtlich des Munitionsersatzes nur auf die geringen Vorräthe der Reserve-Division Bourcier angewiesen und daher ohne Mittel, einen länger dauernden Kampf aufzunehmen. Da Moreau den Bewegungen des kaiserlichen rechten Flügels ganz richtig nur den Werth einer Demonstration beimass, dagegen aber mit Bestimmtheit erwartete, Erzherzog Carl werde nunmehr den entscheidenden Angriff gegen Dunstelkingen ausführen, so war er darauf bedacht, sein Centrum so stark als möglich zu machen. Er zog die Division Delmas vom linken Flügel näher heran und beauftragte Desaix, zwischen Kösingen und Forheim vorzudringen. Die Besorgniss für seine Mitte hinderte ihn auch, ausgiebig gegen das Donau-Thal zu detachiren. Er beschränkte sich darauf, den General-Adjutanten Houël mit den Resten der Brigade Lambert, etwa 8—900 Mann, und einigen Escadronen Chasseurs nach Heidenheim abzusenden, welcher die schwachen kaiserlichen Posten aus diesem Orte vertrieb, sich aber sonst nur beobachtend verhielt. (215.)

Indess wartete Moreau vergebens auf den Angriff seines Gegners. Erzherzog Carl hatte jedoch weder die Absicht noch auch die Mittel, den Kampf fortzusetzen. Durch die Säuberung des Donau-Thales vom Feinde war der Zweck erreicht, den er verfolgte. Er erkannte ganz richtig, dass jeder Versuch, mehr zu gewinnen, nur den errungenen Erfolg in Frage stellen musste.

Von der kaiserlichen Armee standen alle Truppen ohne jede Reserve und bis zum äussersten erschöpft in der Gefechtslinie; die Franzosen lähmte die Niederlage Duhesme's, der Mangel an Munition und die Unentschlossenheit ihres Führers.*) Dies waren die Gründe, weshalb die Schlacht ohne positives Resultat blieb. Sie endete nach 2 Uhr nachmittags mit einem letzten demonstrativen Vorstosse Erzherzog Carls gegen Dunstelkingen und einem Angriffe Desaix' auf FML. Hotze, der auf Forheim zurückwich. Abgesehen von einzelnen Theilgefechten, die bis zum Abende an verschiedenen Punkten der Gefechtsfront vorkamen, verhielten sich beide Theile blos beobachtend.

Während der Nacht blieb die 1., 2. und 3. Colonne dem Centrum Moreau's gegenüber auf dem Schlachtfelde. Der Erzherzog ging mit dem Hauptquartiere nach Bollstadt und FML. Sztáray mit dem Corps de réserve nach Möttingen zurück. GM. Fürst Liechtenstein sammelte das Gros der Avantgarde in Nördlingen.

Von den Truppen im Donau-Thale erhielt FML. Riese noch am Abende des 11. Befehl, am 12. seine frühere Stellung bei Dillingen zu beziehen, FML. Frelich aber, die Donau zu

*) Das sehr subjective Urtheil St. Cyr's über die Feldherrnthätigkeit Moreau's und insbesondere über dessen Verhalten während der Schlacht, gebieten umso grössere Zurückhaltung bei Benützung dieser Quelle, als sie eben die einzige französische über diesen Feldzug ist.

übersetzen und sich mit dem Corps des Prinzen Condé zu verbinden.

Bei Tagesanbruch des 12. marschirte der Erzherzog mit 6 Bataillonen, 8 Escadronen ebenfalls nach Möttingen. Auf dem Schlachtfelde blieben zur Beobachtung des Gegners 16 Bataillone, 19 Escadronen unter FML. Hotze mit dem Auftrage zurück, am Vormittage des 12. nach und nach durch das Kessel-Thal gegen Diamantstein zurückzugehen.

Moreau störte die Bewegungen der kaiserlichen Truppen nicht. Er hatte am Nachmittage des 11. eine Berathung mit St. Cyr und Desaix, in Folge welcher der entscheidende Angriff auf den kommenden Morgen verschoben wurde. Als jedoch am 12. die Truppen schon zum Vormarsche bereit standen, kam er wieder hievon ab, da er fürchtete, nicht genügend mit Munition versehen zu sein. Die Armee blieb daher in ihren Stellungen, ohne dem zurückgehenden Gegner zu folgen.

Ueber die Verluste, welche die Franzosen in der Schlacht bei Neresheim erlitten, fehlen nähere Angaben. Wenn man jedoch bedenkt, dass nach dem Werke St. Cyr's die Brigade Lambert vollständig ausser Gefecht gesetzt wurde und die Division Duhesme erst am 3. Tage nach der Schlacht wieder in kampffähigen Zustand gelangte, so können sie nicht gering gewesen sein. Die Zahl der Gefangenen belief sich nach österreichischen Quellen auf 1200 Mann.

Die kaiserliche Armee verlor an diesem Tage an Todten: 1 Officier, 172 Mann, 90 Pferde; an Verwundeten: 32 Officiere, 834 Mann, 175 Pferde; an Vermissten: 1 Officier, 428 Mann, 86 Pferde. Zusammen: 34 Officiere, 1434 Mann, 351 Pferde. (Berichte Erzherzog Carls. C. A. S. 575.)

Unter meist sehr ungünstigen Verhältnissen kämpfend, hatten die Truppen sich an diesem Tage vorzüglich bewährt, was Erzherzog Carl in einem besondern Generalsbefehle vom 14. August lobend anerkannte:

»Denen in der Affaire vom 11. zugegen gewesenen Truppen ist in meinem Namen für ihr vortreffliches Benehmen zu danken, so wie ich die Herrn Generale, Stabs- und Oberofficiere meiner Erkenntlichkeit versichert zu sein ersuche.

Ganz besonders aber ist dem Bataillon de Ligne und dem Oberstlieutenant-Bataillon Olivier Wallis, welches letztere allein drei feindliche Bataillone warf, meine Zufriedenheit bekannt zu machen.«*) (F. A. IX, 130¹/₅.)

Operationen nach der Schlacht bei Neresheim.

Während Erzherzog Carl sich durch einen energischen Stoss den ungehinderten Rückzug sicherte, wirkten neuerdings die Ereignisse bei der Niederrhein-Armee ungünstig auf seine Entschlüsse zurück. Aus den Berichten FZM. Wartenslebens vom 11. und 12. August ging hervor, Jourdan habe nach Besetzung Nürnbergs nur die Division Lefebvre gegen Lauf dirigirt, rücke aber mit dem Gros der Armee gegen die Donau und sei am 10. bereits in Schwabach angekommen. Auch verlautete von dem Marsche einer 10—12.000 Mann starken feindlichen Colonne, welche von Nürnberg aus zu Moreau stossen sollte, sowie dass für selbe bereits Quartiere in Gunzenhausen angesagt seien. Demnach war eine Operation Jourdan's gegen die rechte Flanke der Oberrhein-Armee nicht zu bezweifeln, wenn sich auch nicht im voraus bestimmen liess, ob sie schon bei Nördlingen und Ingolstadt oder vielleicht erst bei Regensburg wirksam werden würde. Jedenfalls glaubte der Erzherzog keinen Augenblick verlieren zu dürfen, um sich dem Feinde zu entziehen, die rechte Flanke zu decken und die Möglichkeit einer Vereinigung mit FZM. Wartensleben offen zu halten. Die folgenden Entschlüsse waren ebenso kühn als wohlberechnet. Sie bezeichnen den für die kaiserlichen Waffen günstigen Wendepunkt des Feldzuges, auf dessen weiteren Verlauf sie bestimmend einwirkten.

Erzherzog Carl stellte sich als Ziel, dem drohenden concentrischen Angriffe der beiden feindlichen Armeen auszuweichen, sie getrennt zu erhalten und dadurch Zeit zu gewinnen, sich mit Vortheil gegen eine derselben wenden zu

*) Infanterie-Regiment de Ligne (Werbbezirk Lemberg) führt heute die Nummer 30; Olivier Wallis (Werbbezirk Troppau) die Nummer 1.

können. Durch einen Uferwechsel bei Donauwörth beabsichtigte er, Moreau gleichfalls auf das rechte Ufer zu ziehen. Während dann ein entsprechend starkes Corps die Franzosen am Lech festhielt und ihnen die Bewegungen des österreichischen Gros verbarg, wollte er rasch stromabwärts marschiren, an einem günstigen Punkte wieder auf das linke Ufer zurückkehren und sich vereint mit der Niederrhein-Armee vernichtend auf Jourdan werfen. (216.)

Die augenblickliche militärische Situation begünstigte dieses Vorhaben insoferne, als sich nunmehr beide kaiserlichen Armeen nahe genug gekommen waren, um einheitliche Bewegungen zu ermöglichen, und zwar sollten dann beide Flügel die Operationen des von Erzherzog Carl persönlich geführten Centrums stützen.

Den linken Flügel bildete FZM. Latour mit 18.000 Mann Infanterie und 7200 Reitern = 25.200 Mann, dann dem Condéschen Corps. Er hatte den Lech von der Mündung bis an die Tiroler Grenze zu decken und den Feind so lange als möglich über die Bewegungen des Erzherzogs zu täuschen. Sollte er über den Lech zurückgehen müssen, so war das Hauptaugenmerk auf Augsburg, Landsberg und Füssen zu richten, insbesondere aber der Pass von Reutte, sowie überhaupt die Verbindung mit Italien, mit Aufgebot aller Mittel zu sichern.

Das Corps FML. Mercandin's wurde ebenfalls dem linken Flügel mit der Bestimmung zugewiesen, durch eine Aufstellung bei Rain feindliche Uebergänge über den Lech und die Donau zu hindern. Bis zur Ankunft desselben hatte FML. Fürst zu Fürstenberg mit 6 Bataillonen, 8 Escadronen hinter der Schmutter stehen zu bleiben, dann die Brücke bei Donauwörth abzubrechen und nach Steppach zu marschiren.

FML. Frelich sollte die Position Kempten gewinnen, den GM. Klinglin an sich ziehen und trachten, sich in der Stellung von Leutkirch festzusetzen; einerseits um es GM. Wolff zu ermöglichen, bis Bregenz oder an die Argen vorzudringen, andererseits die Verbindungen über Wangen und Kempten zu sichern. (217.)

Dem rechten Flügel, der aus 25 Bataillonen, 71 Compagnien, 107 Escadronen der bisherigen Niederrhein-Armee bestand, konnten bei der Unsicherheit über die Pläne des Gegners keine speciellen Weisungen gegeben werden. Der Erzherzog beschränkte sich auf den Befehl, Amberg so lange als möglich zu halten und bei unvermeidlichem Rückzuge die steilen Ufer der Nab als äusserste Vertheidigungslinie zu betrachten. Sollte Jourdan wirklich in der vorausgesetzten Weise gegen die Donau operiren, so erachtete es der Erzherzog für das angemessenste, nur ungefähr 10—12.000 Mann an der Nab zurückzulassen, mit dem Reste aber nach Regensburg zu marschiren, dieses zu sichern und dort die Vereinigung mit der Oberrhein-Armee zu vollziehen. Die Anordnung der Operationen innerhalb der gegebenen Grenzen blieb ganz dem Ermessen FZM. Wartenslebens überlassen, »da er allein mit Grund beurtheilen konnte, ob für Böhmen etwas zu besorgen«. (218.)

Den Rest der Armee, d. i. 25 Bataillone, 24 Compagnien. 56 Escadronen oder 20.800 Mann Infanterie und 7700 Reiter = 28.000 Mann, bestimmte Erzherzog Carl zu jenen Operationen, die in der Vereinigung mit dem rechten Flügel und dem Angriffe auf Jourdan ihr Ziel finden sollten.

Die gesammten kaiserlichen Streitkräfte in Deutschland gruppirten sich, wie aus nebenstehender Tabelle, Seite 333, ersichtlich.

Für den zweiten Uferwechsel musste sich die günstigste Stelle aus dem Verhalten des Gegners ergeben, sowie auch hinsichtlich des Ortes, wo die Vereinigung mit FZM. Wartensleben stattfinden sollte, im voraus nichts Näheres bestimmt werden konnte. Besonders in letzterer Hinsicht liessen die bisherigen Operationen der Niederrhein-Armee keine sicheren Schlüsse zu. Der Erzherzog zog deshalb auch in Betracht, dass FZM. Wartensleben wider Erwarten den Rückzug nach Böhmen nehmen und die Oberrhein-Armee sich selbst überlassen würde. In diesem Falle beabsichtigte er, zwischen Neuburg und Regensburg eine Stellung zu nehmen, welche ihm sowohl ermöglichte, die Donauübergänge zu vertheidigen, wie auch rasch an den Lech zu eilen, wenn FZM. Latour seiner Unterstützung bedurfte.

Aeussersten Falles war Erzherzog Carl entschlossen, kämpfend, jedoch ohne sich einer Niederlage auszusetzen, längs der Donau an die österreichische Grenze zurückzugehen. Für diesen Fall hatte FZM. Latour den Auftrag, den grössten Theil der Infanterie und einige Cavallerie nach Tirol zu werfen, mit dem Rest seines Corps aber längs der Isar und dem Inn in steter Verbindung mit der Hauptarmee zu bleiben.

	Bataillone	Compagnien	Escadronen	Infanterie	Cavallerie	Zusammen
Armee im Felde.						
Rechter Flügel: FZM. Wartensleben . .	25	71	107	25.223	13.648	38.871
Mitte: Erzherzog Carl	25	24	56	20.811	7.798	28.609
Linker Flügel: FZM. Latour	$20^{5}/_{6}$	24	44	18.088	7.199	25.287
Condé'sches Corps . .	14	—	25	?	?	5—6000 ?
Summe . .	$84^{5}/_{6}$	119	232	64.122	28.645	98.767
Besatzungen etc.						
in Mainz	$27^{5}/_{6}$	24	7	19.673	1.195	20.868
in Mannheim . . .	$8^{2}/_{6}$	12	—	8.801	300	9.101
in Philippsburg . .	2	6	—	2.751	30	2.781
zu diversen Diensten im Hauptquartier etc.	—	1	7	90	930	1.020
Summe . .	$38^{1}/_{6}$	43	14	31.315	2.455	33.770
Zusammen*) . .	123	162	246	95.437	31.100	132.537

*) Diese und die in der Disposition ferner noch vorkommenden Stärkeangaben beziehen sich auf den Gefechtsstand und sind einer Ordre de bataille entnommen, welche Erzherzog Carl über speciellen Auftrag des Hofkriegsrathes am 14. August zusammenstellen liess. Die Ziffern sind also jedenfalls authentisch, jedoch wurden die Verluste der Oberrhein-Armee »in den letzten Gefechten« und jene der Niederrhein-Armee seit Verlassen der Sieg nicht in Betracht genommen; thatsächlich dürfte sich daher der Gefechtsstand der Armee im Felde einschliesslich des Condé'schen Corps auf 90—92.000 Mann belaufen haben. Die Standeslisten des letzteren sind sehr wenig glaubwürdig, da man dort bestrebt war, durch höhere Angaben der Combattanten, die Zahl der, bei dem Depôt in Salzburg Commandirten zu bemänteln, die nach einem Berichte des Erzherzogs an den Hofkriegsrath vom 14. August nicht weniger als 327 Officiere, 2978 Mann und 1177 Pferde zählten. (C. A. 501.)

Nachdem diese Dispositionen getroffen waren, marschirte der Erzherzog am 13., um 2 Uhr morgens, mit 15 Bataillonen, 18 Escadronen von Möttingen über Harburg nach Donauwörth, übersetzte dort den Fluss und lagerte bei Nordheim. Hier vereinigte sich mit ihm FML. Hotze, der über Diamantstein die Brücke von Donauwörth erreicht hatte. GM. Fürst Liechtenstein deckte mit 3 Bataillonen, 15 Escadronen den Rückzug durch eine Aufstellung bei Heroldingen und hatte in Verbindung mit den Vorposten FML. Hotzes die Linie Balgheim—Deggingen—Erlingshofen besetzt. Hinter derselben stand FML. Sztáray mit 5 Bataillonen in Harburg und 4 Bataillonen in Berg (nördlich bei Donauwörth) als Unterstützung.

Die Abtheilungen der FML. Mercandin und Riese hatten bei Dillingen die Donau überschritten, die dortige Brücke, sowie jene bei Lauingen und Höchstädt zerstört und sodann bei Burgau Stellung genommen.

Am 14. blieb die Armee bei Nordheim. Um den Feind an eine definitive Räumung des linken Ufers glauben zu machen, wurden sogleich alle noch dort befindlichen Abtheilungen auf das rechte gezogen. Mittlerweile traf der Erzherzog die nöthigen Vorkehrungen zur Fortsetzung des Marsches.

In Folge des Uferwechsels der kaiserlichen Armee waren Jourdan's Operationen in der Richtung über Gunzenhausen gegenstandslos geworden, daher musste angenommen werden, derselbe würde sich nunmehr gegen Ingolstadt oder Regensburg wenden. In diesem Falle erschien es geboten, sowohl eine bessere Verbindung mit der Niederrhein-Armee herzustellen, als auch sich des Donauüberganges bei Ingolstadt zu versichern. Diese, übrigens sehr verfallene Festung hatte GM. Kerpen mit seiner Brigade zu besetzen und die dortige bayrische Garnison nach München abzusenden. Er selbst sollte mit 1 Bataillon in der Festung zurückbleiben, den GM. O'Reilly*) aber mit den übrigen 3 Bataillonen und dem Chevaulégers-Regimente Lobkowitz an die Schwarze Laber vorschieben. Dort hätte sich derselbe entweder bei Neumarkt dem GM. Nauendorf anzuschliessen oder, falls dieser nicht mehr ange-

*) Mit den Verstärkungen aus Galizien zur Armee gekommen.

troffen würde, sich mit dem unweit Regensburg hinter der Nab stehenden Obersten Dall'Aglio zu vereinigen.

Von grösster Wichtigkeit war es, Jourdan zu hindern sich gegen die Donau zu wenden, bevor Erzherzog Carl das linke Ufer wieder erreichte. FZM. Wartensleben erhielt deshalb erneuert den Auftrag, nicht nur seine Stellung bei Amberg zu behaupten, sondern, wenn es die Stärkeverhältnisse nur halbwegs gestatteten, auch angriffsweise vorzugehen. Zugleich ordnete der Erzherzog an, dass die Reserve-Artillerie der Niederrhein-Armee, welche FZM. Wartensleben aus übergrosser Vorsicht nach Braunau zurückgeschickt hatte, der Armee wieder zugeführt werde.

Die unter Befehl des Erzherzogs operirenden Truppen gliederten sich demnach am 14. August folgend:

Truppen			Formiren			Rücken aus	
			Bataillone	Compagnien	Escadronen	Infanterie	Cavallerie
Avantgarde.							
—	GM. Fürst Liechtenstein	Szekler-Husaren	—	—	6	—	904
		Coburg-Dragoner-Chevau-légers	—	—	2	—	344
		Albrecht-Carabiniers	—	—	2	—	344
		Le Loup-Jäger	—	6	—	505	—
		2. Slavonier-Grenz-Bat.	—	6	—	900	—
		3. » » »	—	6	—	798	—
		Szekler-Infanterie	—	6	—	1.050	—
		Kinsky-Chevau-légers	—	—	6	—	810
		Summe	—	24	16	3.253	2.402
Erstes Treffen.							
FML. Riesch	GM. Prinz Württemberg	Mack-Kürassiere	—	—	6	—	659
FML. Sztáray	GM. Schlegelhofer	Bydeskuty-Grenadiere	1	—	—	611	—
		Szénaszy- »	1	—	—	582	—
		Abfaltern- »	1	—	—	519	—
		Candiani- »	1	—	—	416	—
FML. Riese	Oberst Haidt	d'Alton-Infanterie	2	—	—	1.580	—
		Olivier Wallis	2	—	—	1.580	—
FML. Riesch	GM. Prinz C. Lothringen	Erzherzog Franz-Mailand-Kürassiere	—	—	4	—	581
		Kavanagh-Kürassiere	—	—	4	—	577
		Summe	8	—	14	5.288	1.817

		Truppen	Formiren			Rücken aus	
			Bataillone	Compagnien	Escadronen	Infanterie	Cavallerie
		Zweites Treffen.					
—	GM. Prinz Württemberg	Anspach-Kürassiere . .	—	—	6	—	815
		Rety-Grenadiere . . .	1	—	—	447	—
		Reisinger-Grenadiere . .	1	—	—	600	—
		Dietrich- » . .	1	—	—	611	—
		Pitsch- » . .	1	—	—	527	—
FML. Riese FML. Riesch	GM. Prinz J. Lothringen	Pfälzer-Infanterie . . .	2	—	—	867	—
		Hohenzollern-Kürassiere	—	—	3	—	372
		Summe . .	6	—	9	3.052	1.187
		Corps de réserve.					
—	GM. Canisius	Kaiser-Chevau-légers . .	—	—	6	—	640
FML. Hotze	GM. Hiller	Gemmingen-Infanterie .	1	—	—	1.088	—
		de Ligne- » .	1	—	—	462	—
		Manfredini- » .	2	—	—	1.379	—
—	GM. Schellenberg	Franz Kinsky-Infanterie	2	—	—	1.640	—
		Spleny-Infanterie . . .	1	—	—	887	—
—	GM. Canisius	Levenehr-Chevau-légers	—	—	5	—	904
		Summe . .	7	—	11	5.456	1.544
		Detachirtes Corps.					
GM. Kerpen	GM. Kerpen	Josef Colloredo-Infanterie	1	—	—	894	—
		Benjowsky- »	1	—	—	1.104	—
		Sztáray- »	1	—	—	877	—
		de Vins- »	1	—	—	887	—
—	GM. O'Reilly	Lobkowitz-Chevau-légers	—	—	5	—	848
		Summe . .	4	—	5	3.762	848
		Zusammen . .	25	24	55	20.811	7.798

(F. A. IX, 109¹/₄, und Berichte Erzherzog Carls: C. A. Seite 492.)

Der Feind war sowohl am 13., als auch am Vormittage des 14. unbeweglich in den Stellungen geblieben, welche er nach der Schlacht von Neresheim eingenommen hatte. Erst gegen Abend des 14. liess sich eine Bewegung der feindlichen Vortruppen wahrnehmen, die sich jedoch bei Einbruch der Nacht noch nicht bis an die Linie Nördlingen—Lauingen erstreckte. Da übrigens auch die Herstellung der zerstörten

Donau-Uebergänge das Vorrücken des Gegners erheblich verzögern musste, so war vorauszusetzen, Moreau werde vor dem 16. weder die Donau, noch die Wernitz überschreiten können.

Erzherzog Carl, dem bei den unsicheren Nachrichten über die Operationsrichtung der feindlichen Armeen vor allem daran lag, jedenfalls früher als einer seiner Gegner Regensburg zu erreichen, benützte dies Zaudern Moreau's, um den Marsch donauabwärts fortzusetzen.

Am Morgen des 15. rückte FZM. Latour mit seinem Corps an den Lech; der Erzherzog marschirte von Nordheim nach Hausen; FML. Hotze, der nun die Arrièregarde führte, hatte GM. Hiller mit 2 Bataillonen, 5 Escadronen in Donauwörth zurückgelassen und lagerte mit dem Reste in Rain. Oberst Borra beobachtete am linken Ufer mit 200 Pferden den Gegner und setzte sich in Verbindung mit den Detachements des Obersten Levachich in Eichstädt.

Der Marsch am folgenden Tage führte das Gros nach Zuchering; FML. Hotze nahm den Weg nach Neuburg und hielt zugleich das rechte Donau-Ufer bis zur Lechmündung besetzt, während die Avantgarde GM. Fürst Liechtensteins sich von Ingolstadt aufwärts ausbreitete; die Vorposten des Letzteren, sowie das Detachement des Obersten Borra kamen bis Eichstädt.

Nachrichten über die Bewegungen des Gegners, welche am Abende dieses Tages einliefen und die allgemeine Lage deutlicher erkennen liessen, änderten die Absichten des Erzherzogs in Bezug auf die Richtung der eigenen Operationen. Es meldete FZM. Wartensleben aus Amberg, ddo. 14. August, dass sich in Schwabach nichts vom Feinde befinde und das Gerücht von dessen Marsch nach dieser Richtung nur verbreitet wurde, um die eigentlichen Absichten Jourdan's zu verhüllen, der mit gesammter Kraft über Hersbruck gegen Amberg vorrücke. Ferner berichtete der Feldzeugmeister, dass er, da die Stellung FML. Kray's bei Sulzbach sehr vortheilhaft sei und eine gute Geschützwirkung gestatte, den Feind daselbst zu erwarten gedenke. (C. A. S. 43.) Gleichzeitig kamen Anzeigen, eine feindliche Division habe Neumarkt besetzt, Moreau aber befinde sich noch immer am linken Donau-Ufer.

All dies war für die Pläne des Erzherzogs ausnehmend günstig. Bisher von der Voraussetzung ausgehend, Jourdan lasse seine Hauptkraft gegen Regensburg wirken, und von der Befürchtung nicht frei, Moreau werde wenigstens mit einem Theil der Rhein-Mosel-Armee auf dem linken Donau-Ufer in gleicher Richtung vorgehen, hatte er es den Umständen anheimstellen müssen, ob sich der Uferwechsel besser bei Ingolstadt oder erst bei Regensburg werde bewirken lassen. (219.) Nunmehr aber war es ausser aller Frage, dass weder Moreau, der noch hinter der Wernitz stand, noch Jourdan, dessen Armee fast zur Gänze in den Defiléen der Pegnitz eingeklemmt und ausser Stande war, sich früher als bei Amberg südwärts zu wenden, die kaiserlichen Truppen hindern könne, in raschen Märschen von der Donau über die Altmühl gegen Amberg vorzurücken und die Vereinigung mit der Niederrhein-Armee zu bewirken. Die verhältnissmässig geringen feindlichen Kräfte, die man auf diesem Wege treffen konnte, kamen hiebei kaum in Betracht, sobald der günstige Moment mit Klugheit und Energie erfasst wurde.

Der Erzherzog war denn auch sofort entschlossen, die Donau zu überschreiten und sich Jourdan in einer Weise zu nähern, die ihm gestattete, jede Blösse, die sich derselbe in der rechten Flanke geben würde, unverzüglich zu benützen. (220.)

Um das einheitliche Zusammenwirken beider Armeen zu sichern, setzte er FZM. Wartensleben von diesem Vorhaben in Kenntniss und machte ihn zugleich auf alle, bei dessen Durchführung möglicherweise eintretenden Zwischenfälle, sowie auf das hieraus resultirende beiderseitige Verhalten aufmerksam. Sollte die gegen Neumarkt vorgeschobene Division Bernadotte, die von der Donau anrückenden kaiserlichen Truppen nur beschäftigen wollen, während Jourdan seine Gesammtkraft gegen Amberg concentrirte, so würde sich der Erzherzog mit aller Macht auf Bernadotte werfen und in Jourdan's rechte Flanke operiren. Wäre jedoch im Gegentheile Lefebvre bestimmt, die Niederrhein-Armee bei Amberg festzuhalten, um dadurch Jourdan einen überlegenen Angriff auf

Erzherzog Carl zu ermöglichen, so müsste Wartensleben ohne Zögern angreifen, Lefebvre zersprengen und durch energischen Druck auf Jourdan's Verbindungen, dessen Bewegungen lähmen. Eine selbstständige Operation Bernadotte's gegen Regensburg endlich würde der Erzherzog mit leichter Mühe zu hindern wissen und dann die weiteren Massnahmen zur Vereinigung mit der Niederrhein-Armee treffen. FZM. Wartensleben erhielt ferner den Auftrag, bevor die feindlichen Bewegungen nicht klar zu erkennen seien, sich durch keinerlei Demonstrationen weder zum Aufgeben seiner vortheilhaften Stellung, noch zu Detachirungen an die böhmische Grenze verleiten zu lassen. (221.)

Gegen Mittag des 17. brach Erzherzog Carl von Zuchering auf, ging bei Ingolstadt über die Donau und marschirte bis Kösching. Die Avantgarde sicherte die Gegend von Altmannstein und rückte noch in der Nacht bis Denkendorf. FML. Hotze übersetzte die Donau bei Neuburg, wo er 1 Bataillon als Besatzung zurückliess, und lagerte nördlich Ingolstadt bei Gaimersheim.

GM. Nauendorf war in Folge mangels an Infanterie und Munition, vor dem überlegenen Gegner fechtend, von Neumarkt bis Dasswang zurückgegangen (222); es wurde ihm die Brigade GM. O'Reilly, das Detachement des Obersten Levachich und ausserdem noch 1 Bataillon zugewiesen, wodurch er, ausser den leichten Truppen, über 5 Bataillone und 6 Escadronen verfügte.

Während jedoch Erzherzog Carl die Operationen in der Richtung nach Amberg einleitete, nahmen jene der Niederrhein-Armee ganz unerwartet eine Wendung, welche die Vereinigung der beiden kaiserlichen Armeen abermals in weitere Entfernung zu rücken drohte.

Treffen bei Sulzbach. 17. August.

Als Jourdan am 14. erfahren hatte, dass FZM. Wartensleben nach Amberg zurückgegangen sei und eine starke Arrièregarde bei Sulzbach gelassen habe, beschloss er, diese anzugreifen. Die namhaften Schwierigkeiten des unbekannten Terrains nöthigten jedoch zu grösster Vorsicht; auch war zu

22*

besorgen, bei der Ueberanstrengung der Truppen die Früchte eines Sieges nicht vollständig ausnützen zu können, wenn Vormarsch und Angriff an dem nämlichen Tage ausgeführt würden. Er bestimmte daher den 15. und 16. August zu Recognoscirungen. Am 17. sollte sich die Armee nur auf eine entsprechende Entfernung Sulzbach nähern und erst am 18. der Angriff stattfinden. (223.) Unvorhergesehene Zwischenfälle führten diesen jedoch, gegen den Willen Jourdan's, schon am 17. herbei.

Für die Vorrückung an diesem Tage war angeordnet:

Lefebvre bricht um 3 Uhr morgens mit seiner Infanterie und Cavallerie von Alfalter nach Holnstein auf; seine Avantgarde nimmt Neukirchen, ein Detachement leichter Truppen besetzt Vilseck. Die Artillerie geht über Velden.

Collaud, bei dessen Colonne sich auch der Obergeneral befinden wird, lässt durch seine Avantgarde die kaiserlichen Vortruppen nach Sulzbach zurückwerfen und sammelt seine Division um 9 Uhr vormittags bei Hohenstadt.

Grenier vertreibt den Feind aus Bachetsfeld und nimmt dann Stellung zwischen diesem Orte und Sunzendorf, seine Avantgarde so weit als möglich gegen Amberg vorschiebend.

Championnet und die Cavallerie-Reserve Bonnaud's nehmen die Richtung nach Poppberg, die Avantgarde bemächtigt sich der Orte Pfaffenhofen und Kastel Im übrigen haben sie bereit zu sein, ebensowohl gegen Amberg zu operiren, als nöthigenfalls Bernadotte zu unterstützen, der von Neumarkt gegen Deining vordringen und in seinen Flanken leichte Truppen nach Velburg und Allersberg detachiren wird.

Ney, welcher die Avantgarde Collaud's führte, traf ungefähr 2 Wegstunden von Sulzbach auf die kaiserlichen Vorposten, deren rechter Flügel sich an einen felsigen Berg bei Neukirchen stützte, während der linke südlich der Strasse Hersbruck—Sulzbach einen Wald besetzt hielt, der diese Communication in wirksamer Weise flankirte. Ungeachtet der augenfälligen Stärke dieser Stellung, liess er sich verleiten, anzugreifen, bevor noch das Gros nahe genug war, um ihn unterstützen zu können. Bald in ein höchst ungünstiges Gefecht verwickelt, wurde er schliesslich mit bedeutendem Verluste zurückgeworfen.

Jourdan, welcher in diesem Momente auf dem Gefechtsfelde eintraf, sah sich durch die missliche Lage der Avantgarde genöthigt, den Angriff nun sofort auszuführen. Er beorderte Collaud, rasch vorzurücken und das Gefecht an der Chaussee aufzunehmen; Grenier erhielt Befehl, statt gegen Bachetsfeld, über See vorzugehen und den linken Flügel des Gegners zu umfassen, während Lefebvre das gleiche Manöver über Albershof gegen den rechten auszuführen hatte.

FML. Kray, der zur Zeit des ersten Angriffes eben die Vorposten besichtigte, setzte den Franzosen den nachdrücklichsten Widerstand entgegen, und es gelang ihm auch, die ersten Versuche Collaud's mit empfindlichem Verluste zurückzuweisen. Als aber später die Ueberlegenheit des Gegners den weiteren Kampf aussichtslos machte, nahm er seine Truppen in vollster Ordnung gegen Sulzbach zurück und besetzte die felsigen Anhöhen vor der Stadt, welche sowohl den Ausgang aus dem Defilé, als auch das, dort schon etwas offenere Terrain beherrschten. Von hier führte er mehrere gelungene Offensivstösse und behauptete sich bis 7 Uhr abends.

Mittlerweile aber war Grenier von See aus vorgerückt und hatte sich des Waldes am linken Flügel der kaiserlichen Stellung bemächtigt, welcher seiner grossen Ausdehnung wegen nicht ganz hatte besetzt werden können.

Hiedurch wurde FML. Kray genöthigt, seine Truppen im Centrum näher an die Stadt, jene des linken Flügels auf Rosenberg zurückzunehmen. Verstärkt durch 2 Bataillone, welche FZM. Wartensleben von Amberg vorgesendet hatte, vereitelte er bis 9 Uhr abends alle Versuche der Franzosen, die Stadt zu nehmen. Nur auf den dominirenden Höhen am rechten Flügel konnte Lefebvre nach mörderischem Kampfe festen Fuss fassen.

Die nun schon vollständige Dunkelheit hinderte den Feind, den erreichten Vortheil auszunützen, und machte dem Gefechte ein Ende. FML. Kray liess den rechten Flügel die nächstliegenden Höhen besetzen und bivouakirte auf dem Kampfplatze, nachdem er sich durch umfassende Vorkehrungen gegen nächtliche Ueberfälle gesichert hatte.

Während der Gefechte bei Sulzbach waren Championnet und Bonnaud gegen Pfaffenhofen und Kastel vorgegangen. Der ungemein schlechten Communicationen halber traf die Avantgarde unter Klein erst am Nachmittage auf den Feind. GM. Hadik entriss ihr rasch wieder die anfänglich errungenen Vortheile und warf sie auf ihr Gros zurück, welches in dem schwierigen Terrain vor Einbruch der Nacht ebenfalls keine nennenswerthen Fortschritte mehr machte.

Obwohl FZM. Wartensleben darüber nicht in Zweifel sein konnte, dass Jourdan schon seit 11. seine Armee bei Lauf concentrirt habe, beschränkte er sich während der Gefechte am 17. dennoch nur darauf, FML. Kray mit 4, GM. Hadik mit 2 Bataillonen zu unterstützen. Er war eben der Ansicht, der entscheidende Angriff der Franzosen werde erst am 18. erfolgen. (224.) Erst die Meldung von dem Verluste der dominirenden Höhen bei Sulzbach, welche nach Mitternacht in Amberg eintraf, änderte diese Ueberzeugung vollständig. Der Feldzeugmeister sah nun beide Strassen nach Böhmen dem Feinde preisgegeben und folgerte aus Berichten GM. Hadik's, dass die Division Bernadotte ebenfalls im Anmarsche sei. Unter diesen Umständen glaubte er in der Stellung bei Amberg nicht länger verweilen zu können. Er ging am Morgen des 18. hinter die Nab nach Schwarzenfeld zurück, nachdem er vorher FML. Kray befohlen hatte, Sulzbach bei Tagesanbruch zu räumen und sich nach Amberg zurückzuziehen. (226.) In Folge dessen verliessen die kaiserlichen Truppen zwischen 3 und 4 Uhr morgens Sulzbach und traten, vom Feinde unbemerkt, den Marsch nach Amberg an, wo sie neuerdings Stellung nahmen. Nur Oberst Görger, der mit 1 Bataillon, 6 Escadronen in Hahnbach gestanden war, ging von dort nach Hirschau zurück, um mit dem Feinde in der rechten Flanke Fühlung zu erhalten und die Strasse nach Böhmen zu bewachen.

GM. Hadik räumte über erhaltenen Auftrag gleichfalls seine Stellung und zog sich über die Vils zurück.

Die Franzosen hatten am Morgen des 18. dem Gegner nur eine schwache Abtheilung folgen lassen.

In Ungewissheit darüber, ob Wartensleben sich nach Regensburg oder nach Böhmen wenden werde, zog Jourdan vorerst seine Divisionen näher zusammen. Lefebvre und Collaud hatten an die Vils zu rücken und leichte Truppen bis Hirschau vorzuschieben; Grenier, Championnet und Bonnaud marschirten gegen Amberg. Grenier, der dem gemeinsamen Marschobjecte am nächsten war, griff um 10 Uhr vormittags die am rechten Vilsufer vor Amberg stehenden Vorposten Kray's an, der sich in hinhaltendem Gefechte durch 2 Stunden behauptete, bis GM. Hadik bei Haselmühl die Vils passirt hatte, worauf er dann mit diesem vereint nach Wolfering zurückging. (225.)

FZM. Wartensleben hatte am 18. die Höhen am rechten Nab-Ufer von Schwarzenfeld bis Schwandorf besetzt und in der Nacht zum 19. GM. Hadik mit 2 Linien- und 6 leichten Bataillonen, dann 16 Escadronen nach Wernberg detachirt. Derselbe war beauftragt, im Vereine mit Oberst Görger, der von Hirschau kam, diesen wichtigen Punkt, welcher zwei Strassen nach Böhmen deckte, nachhaltig zu vertheidigen. Im ungünstigen Falle hätte er sich fechtend zur Armee zurückzuziehen, den Obersten Görger jedoch mit 2 leichten Bataillonen und 10 Escadronen auf der Pilsener-Strasse nach Rosshaupt zu dirigiren, um die Magazine in Pilsen zu decken.

In den Gefechten vom 17. und 18. machten die kaiserlichen Truppen bei 700 Gefangene, verloren aber 31 Officiere, 1031 Mann und 218 Pferde. (F. A. IX, 172.) Jourdan beziffert seinen Verlust mit ungefähr 100 Todten und 500 Verwundeten, was im Verhältnisse zu dem Verluste seiner Gegner schon deshalb als zu niedrig gegriffen erscheint, weil die Franzosen ihre ersten Angriffe gegen die, von zahlreicher und gutbedienter Artillerie vertheidigten Stellungen, fast ohne Geschütz auszuführen genöthigt waren.

Jourdan wollte die Vorrückung über Amberg hinaus nicht fortsetzen, ohne sichere Nachrichten über die Stellung Moreau's zu haben. Er fühlte wohl die Nothwendigkeit gleichmässigen Vorgehens der beiden französischen Armeen, aber das Directorium wiederholte so unablässig den Befehl, ohne Aufenthalt vorzudringen, dass er nicht umhin konnte, demselben wenigstens so lange nachzukommen, bis die Verhältnisse deren Unausführbarkeit erweisen würden. Nachdem er also am 18. bei Amberg Stellung genommen hatte, blieb er dort während des 19., um die fehlende Munition zu ergänzen, und setzte am 20. den Vormarsch fort.

Da er am rechten Ufer der Nab nur schwache feindliche Vorposten zu finden erwartete, theilte er seine Armee in mehrere Colonnen, die recognoscirend vorgehen und sich dann an dem günstigsten Punkte vereinigen sollten. (227.) Lefebvre marschirte von Hirschau gegen Wernberg und delogirte GM. Hadik; seine Vortruppen besetzten Pfreimt. Championnet und Bonnaud zogen von Haselmühl die Vils entlang gegen Rieden. Collaud, von Grenier gefolgt, ging auf der Strasse Amberg—Schwarzenfeld vor und traf bei Wolfering die Arrièregarde Kray's, die er nach hartnäckigem Gefechte zurückdrängte. Dieser sammelte jedoch seine Truppen auf den Höhen hinter Wolfering und vertheidigte sich dort, obgleich nun auch Grenier und Theile der Division Championnet an dem Angriffe theilnahmen, mit entschiedenem Vortheile, wobei er den Franzosen 7 Officiere und 200 Mann als Gefangene abnahm. Erst mit Einbruch der Nacht, nachdem Championnet Schwandorf genommen und Ney Nabburg besetzt hatte, zog er sich aus seiner nun vollends unhaltbaren Position zurück und nahm Stellung am rechten Ufer bei Schwarzenfeld.

Ein demonstrativer Vorstoss, den Jourdan am 21. unternahm, hatte blos den Zweck, FML. Kray zum Uebergange auf das linke Ufer zu veranlassen, welcher thatsächlich nachmittags erfolgte. Nur Schwarzenfeld und der nördlich anschliessende Einsiedlerberg (Miesberg) blieben besetzt.

Der Verlust der k. k. Truppen an diesen beiden Gefechtstagen belief sich auf 6 Officiere, 377 Mann und 125 Pferde. (F. A. IX, 172.)

Die beiderseitigen Armeen nahmen an diesem Tage folgende Stellungen ein:

Der österreichische rechte Flügel reichte von der Schwarzachmündung aufwärts der Nab bis gegen Nabburg; hinter demselben FML. Kray als Reserve bei Alfalter. Der linke zog sich längs der Regensburger-Strasse auf die Berge hinter Schwandorf. Die Uebergänge bei Schwarzenfeld und bei Schwandorf waren durch Truppen- und Geschützaufstellungen gesichert, ersterer überdies durch den, am rechten Ufer sehr günstig gelegenen Ort bestens vertheidigt.

Die französischen Truppen standen am linken Ufer der Nab, und zwar lagerte Lefebvre bei Nabburg, Collaud und Grenier auf Kanonenschussweite vor den kaiserlichen Truppen zwischen Wolfest und Hartenried, Championnet gegenüber Schwandorf mit der Cavallerie-Division Bonnaud als Reserve.

Während Jourdan sich an der Nab festsetzte, erhielt er am 21. die Nachricht von dem zweiten Uferwechsel Erzherzog Carls, sowie dass sich derselbe nunmehr gegen Regensburg bewege. Darüber nicht sonderlich beunruhigt, setzte er voraus, dass Moreau sich noch auf dem linken Donau-Ufer befinde und, von den Bewegungen des Gegners unterrichtet, keinen anderen Plan verfolgen könne, als sich mit dem rechten Flügel der Sambre-Maas-Armee zu einem Angriffe auf Erzherzog Carl zu verbinden. Er beschränkte sich daher darauf, Bernadotte, der an diesem Tage bei Deining stand, anzuweisen, ohne ausdrücklichen Befehl nicht weiter vorzurücken, sondern sich mit Moreau in Verbindung zu setzen. Auch versicherte er, wenn thunlich, eine allgemeine Bewegung nach rechts zu dessen Gunsten auszuführen oder ihm wenigstens eine Cavallerie-Division zuzusenden. Wäre weder das eine noch das andere möglich, so hätte sich Bernadotte vor überlegenen Kräften langsam, und ohne die rechte Flanke der eigenen Armee blosszustellen, über Neumarkt auf Nürnberg zurückzuziehen, um für alle Fälle den Eingang in das Pegnitz-Defilé zu sichern. (228.) Aber schon in der nächsten Nacht wurde Jourdan durch ein Schreiben Moreau's vom 20. belehrt, dass gegen alles Erwarten seine Voraussetzungen sich nicht erfüllen sollten.

Moreau war durch die Manöver Erzherzog Carls vollständig getäuscht worden. Weit entfernt dessen eigentlichen Plan zu durchschauen, folgerte er aus dem Uebergange der kaiserlichen Armee bei Donauwörth und ihrer anfänglichen Marschrichtung, der Erzherzog könne nur die Absicht haben auf dem rechten Donau-Ufer zu operiren, und werde Wartensleben höchstens 10 Bataillone und 1—2 Cavallerie-Regimenter zum Zwecke eines Angriffes vorübergehend überlassen. Er glaubte dies am besten dadurch zu hindern, wenn er ebenfalls auf das rechte Ufer übersetze und durch unablässige Verfolgung den Erzherzog hindere, zu Wartensleben zu detachiren oder sich mit ihm zu vereinigen. In Ausführung dieses Gedankens war Moreau am 19. über die Donau gegangen. Dass dieser Uferwechsel in Folge der Zerstörung der Brücke bei Donauwörth und des Mangels an Pontons nur bei Höchstädt, Dillingen und Lauingen ausgeführt werden konnte, wodurch er mehrere Tage verlor, erschütterte das Vertrauen in seine Pläne keineswegs. Er versicherte Jourdan, den er noch bei Amberg vermuthete, Erzherzog Carl werde ihm nicht entkommen, denn nur der unvermeidliche Rückmarsch der Rhein-Mosel-Armee zu den Uebergangspunkten, habe diesem einen augenblicklichen Vorsprung von 3—4 Märschen verschafft. (229.)

Jourdan beurtheilte jedoch die Situation viel richtiger und verhehlte sich nicht, dass das bisherige Kriegsglück der französischen Armeen sich zu wenden beginne. Einem nahezu gleich starken Feinde gegenüber und durch ungünstige Communicationsverhältnisse beengt, entbehrte das Gros der Sambre-Maas-Armee der nothwendigen Operationsfreiheit, während Bernadotte alle Truppen vor sich hatte, die Erzherzog Carl von der Donau heranführte. Konnte diese isolirte Division der Uebermacht nicht widerstehen, so fiel die ohnehin höchst schwierige Verbindung durch das Pegnitz-Thal in die Hände des Gegners und die Armee verlor die Möglichkeit eines geordneten Rückzuges.

Gleichwohl erübrigte für Jourdan nichts anderes, als den Erfolg der so verheissungsvoll angekündigten Operationen Moreau's abzuwarten. Er wollte an der Nab stehen bleiben und den Gegner beobachten, ihn aber vor Annäherung der Rhein-Mosel-Armee nicht angreifen, glücklich, wenn er bis dahin nicht selbst angegriffen würde. Er forderte Moreau auf, rasch vorzudringen, um Bernadotte und die Sambre-Maas-Armee dem gefährlichen Schlage zu entziehen, der beiden drohe; er versicherte ferner, bis zum äussersten ausharren und alles thun zu wollen, um einem Unglücke vorzubeugen.

Dies wohl erklärliche, aber durchaus nicht gerechtfertigte Vertrauen in die Mitwirkung Moreau's, sowie das Bestreben, die Rhein-Mosel-Armee nicht im Stiche zu lassen, brachten Jourdan binnen wenig Tagen in eine höchst gefährliche Lage, der er nur wie durch ein Wunder entging. (230.)

Vormarsch Erzherzog Carls nach Amberg.

Die unvermeidlichen Zögerungen nach dem Donau-Uebergange hatten Erzherzog Carl am 18. in Kösching aufgehalten; erst am folgenden Tage konnte die Armee nach Schamhaupten aufbrechen. Die Avantgarde unter GM. Liechtenstein marschirte auf Beilngries; FML. Hotze formirte mit dem Reserve-Corps hinter der Armee ein drittes Treffen und hielt Eichstädt und Nassenfels besetzt.

Der Erzherzog beabsichtigte, sich am 20. über Dietfurt mit GM. Nauendorf zu vereinigen, aber der Bericht über das Treffen bei Sulzbach und den Rückzug der Niederrhein-Armee hinter die Nab veranlasste ihn, seine Bewegungen zu beschleunigen. Er verständigte Wartensleben sofort, dass er unverweilt die Altmühl überschreiten und voraussichtlich am 21. oder 22. im Vereine mit GM. Nauendorf die Division Bernadotte angreifen werde. Der Feldzeugmeister habe Jourdan in der Front zu beschäftigen und ihn sofort energisch anzugreifen, falls er sich durch Detachirungen schwächen würde. Sollte es jedoch ganz unmöglich sein, in dieser Art vorzugehen, so hätte Wartensleben sich links gegen Burglengenfeld zu ziehen, um sich mit dem Erzherzoge zu vereinigen.

Die Oberrhein-Armee marschirte noch am 19., um ½5 Uhr abends, nach Riedenburg. FML. Hotze besetzte die Höhen bei Dietfurt; GM. Fürst Liechtenstein Beilngries. Der Erzherzog hatte sich für seine Person zu GM. Nauendorf begeben und liess GM. O'Reilly mit 3 Bataillonen und 6 Escadronen von Hemau gegen Dasswang vorrücken. Unter ausserordentlichen Anstrengungen erreichte das Gros der Armee durch die Schluchten der Altmühl am 20. Hemau, während FML. Hotze bis Beilngries vorrückte. GM. Fürst Liechtenstein war bis Berching vorgegangen und hatte 6 Compagnien leichter Infanterie an GM. Nauendorf abgegeben, dessen Vortruppen zur selben Zeit von überlegenen feindlichen Kräften aus Dasswang verdrängt wurden.

Mit dem Marsche nach Hemau war die Verbindung Erzherzog Carls mit der Niederrhein-Armee bewirkt. Nunmehr bildete GM. Nauendorf die Avantgarde der vom Erzherzoge geführten Colonne, GM. Fürst Liechtenstein jene FML. Hotzes und FZM. Wartensleben den rechten Flügel der vereinigten Armee. Die beiderseitigen Patrouillen verkehrten über Burglengenfeld und Kalmünz.

Der Erzherzog stand nun im Begriffe, den entscheidenden Schlag gegen Bernadotte und Jourdan's rechte Flanke zu führen. Der Erfolg konnte nicht zweifelhaft sein, da Bernadotte kaum mehr als 6—7000 Mann zählte, mithin jede einzelne der beiden Colonnen des Erzherzogs ihm überlegen war. Vielleicht fühlte Bernadotte die nahe Gefahr voraus, als er schon auf die Nachricht, dass Detachements der Avantgarde Liechtensteins bis auf die Strasse nach Nürnberg streiften, in der Nacht vom 20. zum 21. Dasswang räumte und seine Vortruppen auf Batzhausen zurücknahm.

Für Erzherzog Carl handelte es sich zunächst darum, die Sachlage an der Nab genau zu kennen und sicher zu sein, Jourdan würde dort auf jeden Fall festgehalten werden. Aber aus dieser Richtung eben fehlte seit zwei Tagen jede Nachricht. Das heftige Geschützfeuer, welches am 20. von der Nab herüberschallte, erhöhte noch die Ungewissheit und hemmte die Ausführung seiner Entwürfe. Zwar hatte GM. Nauendorf den Feind lebhaft verfolgt und Dasswang besetzt, aber mit dem eigentlichen Angriff hielt der Erzherzog noch zurück, bis er über die Verhältnisse beim rechten Flügel unterrichtet sein würde. Auf diese Art verging unter peinlichem Zuwarten der beste Theil des Tages mit nutzlosen Scharmützeln und schliesslich musste Erzherzog Carl den beabsichtigten Angriff doch aufschieben, da er weder von der Nab Nachrichten hatte, noch auch über die Bewegungen Moreau's vollkommen beruhigt sein konnte. Unter diesen Umständen war es in der That nicht rathsam, so spät am Tage noch eine Unternehmung zu beginnen, die nur dann von wesentlichem Nutzen sein konnte, wenn man sich des Waldes von Seubersdorf, Batzhausens und der Höhen bei Deining in einem Zuge zu bemächtigen vermochte. (230.)

Um sich aus dieser Ungewissheit zu befreien, sandte der Erzherzog am Nachmittage einen Flügel-Adjutanten zu FZM. Wartensleben und beauftragte GM. Nauendorf, sich noch vor Einbruch der Nacht durch eine forcirte Recognoscirung Kenntniss von der Stellung und den wahrscheinlichen Absichten des Gegners zu verschaffen. In Folge dessen ging GM. O'Reilly mit seiner Brigade vor, warf den Gegner aus dem Seubersdorfer Walde wie auch aus Batzhausen und war um 9 Uhr abends eben im Begriffe gegen Deining vorzurücken, als Nachrichten von dem ungünstigen Gefechte bei Wolfering GM. Nauendorf veranlassten, vorerst die Befehle des Erzherzogs abzuwarten.

Bernadotte nahm noch am Abende die Vorposten hinter die Laber zurück und concentrirte bei Tagesanbruch des 22. seine Truppen auf den Höhen bei Deining zwischen Tauenfeld und Leutenbach. Er hatte mittlerweile von Jourdan Befehl erhalten, nöthigenfalls über Neumarkt nach Nürnberg zurückzugehen.

Schlacht bei Amberg am 24. August.

(Tafel IV.)

Im Laufe der Nacht waren endlich Berichte Wartenslebens vom 20. eingelaufen, die jedoch den Erwartungen des Erzherzogs keineswegs entsprachen. Der Feldzeugmeister erklärte jeden Angriff auf den Feind für unmöglich oder doch sehr gefährlich, wies aber darauf hin, dass er in seiner jetzigen Stellung nicht nur Böhmen und die Magazine in Pilsen zu decken vermöge, sondern auch ruhig abwarten könne, was der Gegner unternehmen werde. Er hielt es demnach für vortheilhafter, wenn der Erzherzog, den er noch immer in Hemau vermuthete, hinter dem linken Nabufer über Schwandorf vorrücken würde, wo dann durch ein combinirtes Manöver den Fortschritten Jourdan's Einhalt gethan werden könnte. (232.)

Wie wenig dieses hartnäckige Festhalten an so einseitiger Beurtheilung der Dinge den Plänen des Erzherzogs auch förderlich war, hielt dieser doch unverrückt an dem fest, was ein umsichtiges Abwägen der allgemeinen Sachlage ihn als das Richtige hatte erkennen lassen. Nach den letzten Operationen stand er mit überlegenen Kräften Bernadotte gegenüber und zugleich in Jourdan's Flanke. Dieser Vortheil musste rasch benützt werden, aber es war Klugheit und Vorsicht nöthig, denn das Resultat durfte kein Mittelding werden zwischen entscheidendem Siege und ehrenvollem Rückzuge nach Oesterreich. Ersterer schien noch zweifelhaft, beinahe unwahrscheinlich, letzterer hing davon ab, dass der Erzherzog schlagfertig und ungeschwächt das rechte Donau-Ufer wieder erreiche. (233.)

Es erhielt demnach FZM. Wartensleben erneuert Befehl, jede sich darbietende Gelegenheit zum Angriffe auf Jourdan zu benützen, während der Erzherzog die Offensive in der Richtung gegen Neumarkt fortsetzte.

Als gegen Morgen eine lebhafte Bewegung auf feindlicher Seite bemerkbar war, wollte sich Erzherzog Carl vor einem entscheidenden Schritte von der Stärke und Stellung des Gegners unterrichten und liess die Avantgarde recognoscirend gegen Deining vorgehen. Gegen 10 Uhr vormittags warf diese die feindlichen Vorposten ohne Mühe zurück und besetzte Deining, aus welchem sich Bernadotte schon vor Tagesanbruch auf die Höhen hinter dem Orte und bei Leutenbach zurückgezogen hatte.

Da der Erzherzog hieraus entnahm, der Feind wolle den Uebergang über die Laber vertheidigen, ordnete er einen allgemeinen Angriff an: 4 Bataillone, 10 Escadronen wurden aus dem Lager bei Herrenried zur Unterstützung Nauendorfs vorgezogen; FML. Hotze erhielt Befehl, die verstärkte Avantgarde GM. Fürst Liechtensteins von Pollanten ebenfalls gegen Deining vorrücken zu lassen.

Der erste Angriff gegen den steilen Bergrücken misslang, und da die Verstärkungen, sowie die zur Mitwirkung bestimmten Truppen nicht rasch genug eintrafen, dauerte das Gefecht entscheidungslos bis zu einbrechender Dunkelheit.

Bernadotte, der wohl merkte, dass er bisher nur erst mit einem Theile des Gegners zu thun gehabt, verliess in der Nacht seine Stellung und ging bis Neumarkt zurück, wo er die bewaldeten Höhen hinter der Stadt besetzte.

Die verhältnissmässige Leichtigkeit, mit welcher Bernadotte zuerst die Stellung bei Dasswang aufgab und endlich auch Deining räumte, liess Erzherzog Carl im Zweifel, ob sich diese Bewegung nur auf dessen Division allein beschränke, oder dieselbe etwa mit einer Rückwärts-Concentrirung der ganzen Armee Jourdan's im Zusammenhange stehe. Hierüber Klarheit zu erhalten, sandte der Erzherzog noch vor Beendigung des Gefechtes am 22. einen Officier mit dem Auftrage an FZM. Wartensleben, sich durch eine forcirte Recognoscirung von den Bewegungen Jourdan's zu überzeugen, und alles aufzuwenden, wieder in den Besitz der Positionen von Amberg zu gelangen. (234.)

Mittlerweile rückten im Centrum die kaiserlichen Truppen am 23. zum Angriffe auf Neumarkt vor. FML. Hotze war um Mitternacht mit 7 Bataillonen, 9 Escadronen von Pollanten und Berching nach Neumarkt aufgebrochen und unterhielt mit 1 Bataillon, 2 Escadronen die Verbindung mit dem Erzherzoge, der 10 Bataillone, 24 Escadronen von Deining aus in gleicher Richtung vorführte. GM. Fürst Liechtenstein streifte in der linken Flanke mit 10 Escadronen über Erasbach und Freystadt gegen Postbaur auf der Strasse Neumarkt—Nürnberg.

FML. Hotze traf zuerst vor Neumarkt ein, entwickelte sich unter dem Feuer seiner Artillerie und besetzte die Stadt, welche der Feind ohne namhaften Widerstand räumte.

Bernadotte, den schon der Anmarsch dieser Colonne um seine rechte Flanke besorgt machte, nahm in guter Ordnung eine neue Aufstellung, welche sowohl die Strasse nach Nürnberg als auch jene nach Altdorf deckte. Hotze liess in Neumarkt 1 Bataillon Scharfschützen und detachirte 2 Bataillone, 5 Escadronen auf die Strasse nach Nürnberg zur Umgehung des feindlichen rechten Flügels.

Inzwischen war auch Erzherzog Carl herangekommen; beide Colonnen zogen durch die Stadt, da das sumpfige Terrain sie hinderte, seitwärts derselben fortzukommen, und entwickelten sich dann während eines sehr lebhaften Geschützkampfes.

Bernadotte vertheidigte eine Stunde lang hartnäckig den zwischen Neumarkt und Berg liegenden Wald und suchte sich den Rückzug nach Nürnberg zu erkämpfen. Als jedoch in Folge der Umgehung seines rechten Flügels durch FML. Hotze und das Vorrücken der Avantgarde GM. Fürst Liechtensteins jede Möglichkeit schwand in dieser Richtung durchzubrechen, ging er über Altdorf bis hinter Lauf zurück.

FML. Hotze nahm hierauf Stellung bei Berg und liess ein kleines Detachement leichter Truppen bis Altdorf vorgehen, welches den vom Feinde verlassenen Ort am Abende besetzte. GM. Fürst Liechtenstein war auf der Nürnberger-Strasse gegen Feucht vorgerückt und stand am Abende 4 *km* südöstlich dieses Ortes bei Schwarzenbruck.

Die Colonne Erzherzog Carls, sowie das Hauptquartier blieben in Neumarkt. (235.)

Den Verlust, welchen die Franzosen in den Gefechten von Deining und Neumarkt erlitten, beziffert Jourdan selbst mit 500 Mann — ungleich schwerer aber wirkten die Vorfälle dieser Tage auf die strategische Position der Sambre-Maas-Armee zurück. Bernadotte's Rückzug nach Lauf bedeutete fast so viel, als den Verlust der rückwärtigen Verbindungen, jedenfalls aber die Unmöglichkeit, die Stellung an der Nab noch länger zu halten. Jourdan fühlte voll das Gewicht dieser Ereignisse, nicht minder aber auch die Nothwendigkeit, Bernadotte Hilfe zu bringen, der bisher nicht die geringste Unterstützung erhalten hatte und sich aus eigener Kraft unmöglich behaupten konnte. Als dessen erste Meldung, dass er bei Deining angegriffen werde, am 22., um 8 Uhr abends, im französischen Hauptquartiere eintraf, beorderte er noch in derselben Stunde Bonnaud, mit der Reserve-Cavallerie-Division augenblicklich aufzubrechen und auf dem kürzesten Wege nach Pillenhofen zu marschiren, von wo aus er sich durch Patrouillen von dem Stande der Dinge bei Bernadotte zu unterrichten habe. Im Falle selber noch bei Deining oder Neumarkt stehen würde, hätte sich Bonnaud ihm anzuschliessen, sonst aber das Defilé Pfaffenhofen—Kastel zu besetzen. Sollte auch dies unausführbar sein, so wäre der

Rückzug auf Amberg zu nehmen und die Deckung der rechten Flanke der Armee als Hauptaufgabe zu betrachten.

Nach dem Berichte Bernadotte's über den Verlust des Gefechtes bei Deining und seinen Rückzug nach Neumarkt gab es für Jourdan keinen Zweifel mehr, dass er auf die Mitwirkung Moreau's unbedingt verzichten müsse und nur auf die eigene Kraft angewiesen sei, um die Armee den Gefahren zu entziehen, die sich drohend um sie erhoben. Da er sich bewusst war, dieses Ziel nur durch Schnelligkeit und präcise Manöver erreichen zu können, wollte er, mit Vermeidung jedes ernsten Zusammenstosses, in einem Marsche von der Nab bis Sulzbach zurückgehen und dann die Regnitz erreichen, bevor der Gegner sich in Besitz des Ausganges der Pegnitz-Defiléen setzen konnte. Der Train und der Artillerie-Park wurden sofort nach Sulzbach in Marsch gesetzt, die Divisionen hatten um 10 Uhr abends den Rückzug anzutreten. Dieser Plan wurde jedoch durch die Vorfälle bei der Cavallerie-Reserve-Division Bonnaud's vereitelt. Seit dem Morgen des 23. von der kaiserlichen Reiterei umschwärmt, konnte dieser nicht mehr zu Bernadotte durchdringen und musste sich am 24. von Pillenhofen nach Kastel wenden. Da die überall herumstreifenden kaiserlichen Reiter es unmöglich machten, ihn von dem bevorstehenden Rückmarsche der Armee zu verständigen und ihm den Befehl zukommen zu lassen, sich von Kastel nach Bachetsfeld zurückzuziehen, so blieb nichts anderes übrig als ihn, im Sinne seiner Instruction, bei Amberg zu erwarten; und eben dieser Umstand ward Anlass zur Schlacht, welcher Jourdan mit so viel Bedacht auszuweichen bestrebt war.

* * *

Für Erzherzog Carl war nach dem Gefechte bei Neumarkt der Weg nach Amberg offen; er hatte um 11 Uhr vormittags des 23. Wartensleben das Vorgefallene mitgetheilt und wartete nur noch auf Nachrichten über den Erfolg des wiederholt angeordneten Angriffes an der Nab, um die Vorkehrungen zu der entscheidenden Operation zu treffen. Wartensleben hielt jedoch noch immer ein offensives Vorgehen für gänzlich unmöglich. Seiner Ansicht nach stand er einem Feinde gegenüber, der ihn mit mindestens 3 Divisionen halbmondförmig umgab, und war überzeugt, er verdanke es nur seiner vortheilhaften Stellung, dass ihn Jourdan noch nicht verdrängt habe.

Des verderblichen Zögerns müde, welches alle errungenen Vortheile in Frage zu stellen drohte, sandte der Erzherzog folgenden Befehl an den Feldzeugmeister: »Morgen früh um 3 Uhr werde ich eine starke Abtheilung meiner Truppen nach Pfaffenhofen vorpoussiren und ich glaube hiedurch alles Mögliche zur Erleichterung Ihres Angriffes beizutragen, den ich mir auch umso gewisser verspreche, als ich Ihnen solchen bestimmt aufgetragen habe und ich nicht zweifle, dass Sie sich meinen Befehlen nach der von Ihnen zu erwartenden Ergebenheit für den Allerhöchsten Dienst gefügt haben werden.«

Diesem kategorischen Auftrage fügte sich endlich Wartensleben, wenn auch mit innerstem Widerstreben und der Erklärung, dass er am 24. unmöglich angreifen könne, weil er nur 8 schwache Grenadier-Bataillone nebst dem Infanterie-Regimente Sztáray zur Verfügung habe, daher früher den FML. Kray an sich ziehen müsse, der zur Deckung der rechten Flanke bei Alfalter an der Schwarzach stehe; »wie solches (der Angriff) morgen ausfallen werde, werde die Zeit lehren«.*) (236.)

Erzherzog Carls Plan für die Operationen des 24. gründete sich darauf, dass FZM. Wartensleben den Feind mit voller Kraft in der Front angreife, während ein Theil der Truppen des Erzherzogs diesen Angriff durch eine Vorrückung gegen Amberg unterstütze, der andere aber sich im Rücken Jourdan's des Defilé-Ausganges bei Lauf bemächtige. Da man jedoch weder bezüglich des Angriffes in der Front, noch hinsichtlich dessen Resultates volle Sicherheit haben konnte,

*) Die Depeschen des Erzherzogs und jene Wartenslebens hatten sich in den letzten Tagen vielfach gekreuzt, so dass die streng chronologische Wiedergabe der gesammten Correspondenz schwierig ist. Der Erzherzog hatte im ganzen 5 Couriere mit dem Befehle zum Angriffe an den Feldzeugmeister gesendet und die letzte Gegenvorstellung desselben noch um 9 Uhr abends des 23. mit dem imperativen Bescheide beantwortet: »Es bleibt bei meinem unabänderlichen Befehle.« (F. A. IX, 314.)

so bezogen sich auch die Dispositionen vorläufig nur auf die Vorbereitungen.

FML. Hotze, dem die Operation gegen Lauf übertragen wurde, hatte am 24. vormittags mit 5 Bataillonen, 6 Compagnien und 8 Escadronen von Berg nach Altdorf, GM. Fürst Liechtenstein zur gleichen Zeit bis Feucht vorzugehen. Als Unterstützung dieser Colonne war FML. Sztáray mit 8 Bataillonen, 2 Escadronen bestimmt und hatte sich mit Tagesanbruch des 24. gegen Altdorf in Bewegung zu setzen.

Zur Sicherung des rechten Flügels, sowie um im Falle eines erfolgreichen Angriffes Wartenslebens zum Eingreifen bereit zu sein, hatte GM. Nauendorf mit 6 Bataillonen, 16 Escadronen und 6 Reservegeschützen der Avantgarde bei Tagesanbruch eine forcirte Recognoscirung gegen Pfaffenhofen, beziehungsweise Amberg vorzunehmen. Die Einzelnheiten der Ausführung behielt sich Erzherzog Carl vor. 2 Bataillone und 10 Escadronen nebst den übrigen Reservegeschützen sollten als verfügbare Reserve in Neumarkt zurückbleiben. (237.)

Da sich nach den letzten Berichten FZM. Latour's vom 21. und 22. als fast sicher annehmen liess, dass die ganze Rhein-Mosel-Armee die Donau übersetzt habe und nur unbedeutende Sicherungstruppen am linken Ufer zurückblieben, so erhielt derselbe den Auftrag, den Lech mit Aufgebot aller Kraft zu halten und sich nicht etwa durch übertriebene Gerüchte über die Stärke des Gegners irreführen zu lassen. Die Operation gegen Jourdan müsse am 24., längstens 25. beendet sein und wie immer der Ausgang sei, werde der Erzherzog die Truppen südlich der Donau nicht im Stiche lassen. (237.)

Durch die bestimmten Befehle genöthigt, traf auch FZM. Wartensleben Vorkehrungen zum Angriffe. Zur Sicherung der Uebergangsstellen Schwarzenfeld und Schwandorf, und um die in dem offenen Terrain zwischen beiden Orten stehenden feindlichen Abtheilungen zu vertreiben, liess er am Nachmittage des 23. GM. Hadik mit 4 Cavallerie-Regimentern durch die Furt bei Lindenlohe über die Nab setzen. Da ferner die durch den Abmarsch des französischen Trains hervorgerufene Bewegung, sowie in der Richtung gegen Amberg weithin sichtbare Staubwolken zu der Muthmassung berechtigten, Jourdan sei

23*

im Begriffe, eine rückgängige Bewegung auszuführen, wurde gleichzeitig der Feind seiner ganzen Front entlang alarmirt und hiedurch die Ueberzeugung gewonnen, dass derselbe seine Stellung unverändert besetzt halte.

Nunmehr disponirte Wartensleben zum Angriffe, welcher bei Tagesanbruch des 24. in drei Colonnen erfolgen sollte.

Die 1. Colonne (FML. Kray) mit 10 Bataillonen, 22 Escadronen, brach noch am Abende des 23. von Alfalter nach Schwarzenfeld auf, übersetzte dort die Nab und marschirte rückwärts um den Einsiedler-(Mies-)Berg herum bis an die Strasse Schwarzenfeld—Nabburg, von wo sie um 3 Uhr morgens gegen Grafenricht vorzugehen hatte.

1 Bataillon, 2 Escadronen blieben in Alfalter zurück, um gleichzeitig mit dem Gros einen sehr nachdrücklichen Scheinangriff auf Nabburg auszuführen, der die Aufmerksamkeit Lefebvre's von Schwarzenfeld ablenken sollte.

Die 2. Colonne, $2^{2}/_{6}$ Bataillone, 8 Escadronen, 4 Reservegeschütze, unter FML. Colloredo-Mels, hatte um Mitternacht die Nab bei Schwarzenfeld zu übersetzen, hierauf am Fusse des Einsiedler-Berges an der Nabburger Strasse aufzumarschiren und um 3 Uhr morgens die Höhen westlich Grafenricht anzugreifen.

Von den 8 Bataillonen, 16 Escadronen, 8 Reservegeschützen der 3. Colonne, welche FZM. Wartensleben persönlich führte, würde sich die Infanterie, nachdem sie die Brücke bei Schwarzenfeld passirt hat, auf der Strasse nach Amberg formiren und um 3 Uhr morgens den Angriff auf Kögl (2 *km* westlich Schwarzenfeld) und die dortigen Höhen richten. Ein Theil der Cavallerie marschirt hiebei hinter der Infanterie auf, der andere geht in ihrer linken Flanke vor.

GM. Hadik hatte mit 2 Compagnien, 6 Escadronen und 2 Reservegeschützen durch die Furt bei Lindenlohe zu gehen und über Ihrenlohe die Höhen bei Kögl im Rücken zu nehmen.

Der Einsiedler-Berg wurde mit 2 Grenadier-Bataillonen und 12 zwölfpfündigen Geschützen besetzt, um sowohl den Angriff zu unterstützen, als auch bei einem Rückzuge den Uebergang über die Nab zu decken.

FML. Staader, welcher mit 9 Bataillonen, 16 Escadronen bei Schwandorf stand, sollte nach eigenem Ermessen, jedoch gleichzeitig mit den übrigen Colonnen, einen Angriff auf die Höhen bei Kreith ausführen und sich dann mit dem grössten Theile seiner Truppen links nach Ensdorf an der Vils wenden. (238.)

Sämmtliche drei Colonnen übersetzten zwischen 1 und 3 Uhr morgens die Nab, fanden aber in den feindlichen Stellungen nur mehr die zurückgelassenen Vorposten, welche den Abmarsch der Armee Jourdan's maskirt hatten. Um 11 Uhr nachts waren die französischen Divisionen aufgebrochen; Lefebvre nahm eine Stellung am äussersten linken Flügel zwischen Hirschau und Sulzbach, vorwärts Hahnbach. Championnet hatte die Vils bei Haselmühle zu überschreiten und sich dann parallel zur Strasse Amberg—Kastel aufzustellen; Grenier sollte, über Amberg vorgehend, sich an Championnet's linken Flügel anschliessen; Collaud den Uebergang Grenier's bei Amberg decken und dann dessen linken Flügel verlängern; er hatte auch die Stadt zu besetzen und seine Arrièregarde auf den Höhen östlich Amberg zurückzulassen. Demnach sollten diese 3 Divisionen zwischen Egelsee und Haag eine zusammenhängende Linie formiren, aus der sie den Rückzug fortsetzen konnten, sobald Nachrichten von Bonnaud einlaufen würden.

Als FZM. Wartensleben sich von dem Abzuge des Feindes überzeugt hatte, ordnete er sogleich die allgemeine Vorrückung an. Die Haupt-Colonne (3. Colonne) marschirte auf der Chaussee, jene FML. Colloredo-Mels' rechts derselben gegen Amberg. FML. Kray nahm als rechte Flügel-Colonne die Richtung über Wolfering, Högling, Hiltersdorf nach Engelsdorf. 1 Bataillon, 3 Escadronen deckten, über Ettsdorf und Pennating gegen Aschach vorgehend, die rechte Flanke.

FML. Staader hatte von Schwandorf gegen Ensdorf, dann im Vils-Thale bis Haselmühle vorzurücken und dort den Fluss zu übersetzen. Schwierigkeiten beim Brückenschlage hielten jedoch diese Colonne derart auf, dass sie erst nach beendigtem Gefechte bei Amberg eintreffen konnte.

GM. Hadik, der nun die Avantgarde bildete, erreichte die feindliche Nachhut unter Ney an der Ostlisière des Freihölser-Waldes und drängte sie durch denselben bis Germersdorf zurück. Das Gros hatte mit allen drei Colonnen in gleicher Weise Boden gewonnen. Es formirte sich in zwei Treffen auf den Höhen von Krumbach—Germersdorf, von wo aus das Terrain bis Amberg sowie die Stellung des Gegners sich vollkommen übersehen liessen. Der rechte Flügel stand bei Krumbach, der linke bei Lengenfeld; Kummersbrück lag vor der Front und wurde gleichfalls besetzt.

Amberg wird von der Vils durchflossen, welche damals mit ihren theils hohen, theils versumpften Ufern ausserhalb der Stadt fast überall ein Defilé bildete. Am linken Ufer umgibt die Stadt ein schmaler, steiler, zu jener Zeit noch bewaldeter Rücken, aus dem sich mehrere isolirte Kuppen erheben, von denen der Mariahilfsberg der Stadt gerade gegenüber liegt. Er dominirt nicht nur Amberg und die Strassen nach Sulzbach und Hahnbach, sondern auch die Höhen westlich der Stadt am rechten Ufer. Dort treten mehrere durch unbedeutende Wasserläufe getrennte Gebirgsrücken bis an die Vils. Der höchste derselben, in der Richtung von Nordwest nach Südost die Strasse Sulzbach—Amberg begleitend, erweitert sich unweit der Stadt zu einem Plateau, welches im Süden zum Ammermühlen-Bach abfällt, der in der Höhe von Amberg genau die Richtung von Westen nach Osten einhält.

Auf diesem Terrain hatte die Sambre-Maas-Armee eine Stellung genommen, welche jedoch in Folge der raschen Vorrückung Wartenslebens sowie des Anmarsches Erzherzog Carls von den ursprünglichen Dispositionen Jourdan's wesentlich abwich.

Die französische Front folgte zuerst der Linie, welche der Ammermühlen-Bach bezeichnete. Die Division Championnet stützte sich als rechter Flügel auf Unter-Ammerthal und dehnte sich gegen Amberg hin aus, wo sich ihr die Division Grenier anschloss, die das Plateau westlich der Stadt besetzte. Beide Divisionen hatten Avantgarden vor der Front und occupirten mit ihrer Reiterei und der Artillerie die offenere

Gegend in dem Raume Amberg—Käfering—Haselmühle. Letzteres, sowie die dortige Brücke über die Vils, waren mit leichter Infanterie besetzt.

Zur Deckung des rechten Flügels der Armee und um Bonnaud aufzunehmen, wurden 3 Bataillone und 2 Cavallerie-Regimenter auf der Strasse nach Kastel bis an die Südwestlisière des Waldes vorgeschoben, der sich vom Ammermühlen-Bach bis Haag ausdehnte.

Gegen das Corps Wartenslebens war die Division Collaud, welche angesichts des Gegners den Uebergang auf das rechte Ufer nicht mehr wagen durfte, am linken Ufer der Vils derart aufgestellt, dass ihr rechter Flügel sich an den Fluss lehnte, während die Front über die Höhen östlich der Stadt und den Mariahilfsberg bis Raigering reichte, wo der refusirte linke Flügel noch eine Strecke weit dem von Aschach kommenden Bache folgte.

Lefebvre stand bei Hahnbach; er nahm an der Schlacht keinen Antheil.

Die ganze Aufstellung entsprach nur insoferne den Absichten Jourdan's, als sie wohl die Sammlung der Armee zu möglichst gesichertem Rückzuge, keineswegs aber die Annahme eines grösseren Gefechtes begünstigte. Gleichwohl aber führten die Manöver der beiden kaiserlichen Armeen zum Zusammenstosse, welcher die Pläne des französischen Ober-Commandanten vollständig durchkreuzte.

Erzherzog Carl hatte noch am Abende des 23. die Annäherung Bonnaud's gegen Kastel erfahren (237) und hierauf persönlich die Leitung des Vormarsches übernommen. Bei grauendem Morgen brach er von Altdorf auf, zog noch die auf Vorposten stehenden 9 Escadronen an sich und rückte gegen Pfaffenhofen, wo ihm die Vorhut meldete, dass die Höhen bei Kastel vom Feinde besetzt seien.

Vorsichtig durchzog nun der Erzherzog die enge, von der Lauterach durchströmte Schlucht zwischen Pfaffenhofen und Kastel und nahm vor dem Defilé eine gesicherte Stellung. Beide Theile bereiteten sich zum Gefechte; Erzherzog Carl in der Absicht, sich von der Zahl und dem Vorhaben des Gegners zu unterrichten, Bonnaud um das Hervorbrechen der österreichischen Colonne aus dem Defilé möglichst lange zu hindern. Beiderseits wurde das Geschütz in Thätigkeit gesetzt. Erzherzog Carl detachirte leichte Cavallerie rechts von Kastel, wo sich ein Uebergang über die Lauterach befand, in Flanke und Rücken des Feindes. Bonnaud überzeugte sich bald von der Ueberlegenheit des Gegners, und als die Umgehung seines linken Flügels fühlbar wurde, zog er sich nach Ursensollen zurück, wo ihn das Detachement aufnahm, welches Jourdan zu seiner Unterstützung abgeschickt hatte.

Der Umstand, dass der Feind eine so günstige Stellung ohne eigentliches Gefecht aufgab, sowie Nachrichten der leichten Cavallerie über Jourdan's Rückzug nach Amberg liessen den Erzherzog erkennen, dass die so lange vorbereitete Entscheidung herannahe. Es schien ihm nun an der Zeit, auch die bisher noch zurückgehaltenen Operationen gegen die Rückzugslinie des Gegners in Vollzug zu setzen. Um 10 Uhr 30 Minuten vormittags sandte er von Kastel aus FML. Hotze den Befehl, sogleich nach Lauf vorzurücken und Bernadotte anzugreifen, wobei ihm die Division FML. Sztáray's als Unterstützung nachrücken werde. Von Lauf sei ein Detachement nach Hersbruck vorzusenden und GM. Fürst Liechtenstein zu beauftragen, bis an die Pegnitz zu streifen. (239.)

Erzherzog Carl folgte Bonnaud auf dem Fusse und drang bis auf die Höhen nördlich Ursensollen vor. Dort aber gebot die Vorsicht Halt. Ein dichter, von feindlicher Infanterie besetzter Wald trennte des Erzherzogs Stellung von jener Jourdan's und zog sich östlich bis an die Vils. Es war nicht rathsam, sich unter solchen Verhältnissen an den jedenfalls überlegenen Gegner zu wagen, bevor man über Wartenslebens Operationen Klarheit erlangte und dessen Mitwirkung sicher war. Der Erzherzog marschirte daher auf den dominirenden Höhen zum Gefechte auf, liess es aber nur von den leichten Truppen hinhaltend führen, indess er weit ausgreifende Recognoscirungs-Abtheilungen vorsandte. Bald jedoch wurde Wartenslebens Angriff bemerkbar; der Donner der Geschütze vom Mariahilfsberge verkündete die Vereinigung der beiden kaiserlichen Armeen und besiegelte zugleich das Schicksal der Schlacht.

FZM. Wartensleben hatte schon von seiner Stellung aus den Anmarsch des Erzherzogs wahrnehmen können und schritt deshalb, ohne das Eintreffen der Colonne des FML. Staader abzuwarten, zum Angriffe. FML. Kray warf den linken Flügel Collaud's aus Aschach und Raigering und bemächtigte sich schliesslich des Mariahilfsberges. Die beiden anderen Colonnen führte Wartensleben persönlich unter klingendem Spiele gegen die Front Collaud's vor; GM. Hadik vertrieb mit 2 Bataillonen, 20 Escadronen den Feind von den Ufern der Vils und drang dann gegen Käfering vor, um den Erzherzog zu unterstützen.

Nun begann eine lebhafte Kanonade, während welcher Erzherzog Carl die Franzosen aus dem Walde von Ursensollen warf und bis Ramertshof am Ammermühlen-Bache vordrang; dort schloss sich ihm Hadik an, der nun den rechten Flügel bis St. Sebastian bei Amberg verlängerte.

Jourdan wartete den ihm drohenden concentrischen Stoss nicht ab. Da er überhaupt jedem Gefechte ausweichen wollte, hätte er den Abmarsch schon früher angeordnet, wäre ihm Bonnaud's Rückzug auf Amberg rechtzeitig bekannt geworden. Er erfuhr davon erst im Augenblicke, als Wartensleben angriff und Hadiks Reiterei auf den Höhen von Käfering sichtbar wurde. Nun er mit Bonnaud vereinigt war, befahl er sofort den Rückzug nach Sulzbach.

Championnet und Grenier verliessen ihre Stellungen unter dem Schutze eines, die ganze Front entlang mit Nachdruck unterhaltenen Geschützfeuers. Da dieselben noch nicht in eigentlichem Contact mit dem Feinde waren, konnten sie auch in voller Ordnung ihren Rückmarsch ausführen.

Als Erzherzog Carl den Abzug Jourdan's wahrnahm, beorderte er GM. Nauendorf mit der gesammten Cavallerie zur Verfolgung; auch GM. Hadik liess seine Reiterei zu gleichem Zwecke vorgehen.

Bonnaud warf sich mit anerkennenswerther Bravour diesen überlegenen Reitermassen entgegen und sicherte erfolgreich den Rückzug der Infanterie. Nur die Arrièregarde Championnet's, unter Klein, wurde abgeschnitten und gezwungen, sich über das Gebirge nach Bachetsfeld und Hersbruck zurückzuziehen.

Weniger günstig war Collaud's Lage, gegen den sich die ganze Uebermacht Wartenslebens wandte. Mit dem Defilé von Amberg im Rücken, welches nicht vertheidigt werden konnte, weil es zu nahe an der übermässig ausgedehnten Front lag, gelang es ihm nicht, sich von seinem Gegner loszumachen. Erst als schon alle übrigen Divisionen das Schlachtfeld verlassen hatten, konnte auch er den Rückzug antreten, der ihn aber theils durch Amberg, theils über eine oberhalb der Stadt befindliche Brücke führte, was seine Bewegungsfreiheit noch mehr einschränkte. Vergebens suchte er sich auf den Höhen westlich Amberg zu formiren und die Stadt in Brand zu schiessen, um dadurch ein Hinderniss zwischen sich und seine Verfolger zu legen. GM. Unterberger brachte mit der schweren Artillerie die französischen Geschütze zum Schweigen; FML. Werneck führte 4 Grenadier-Bataillone durch die Stadt zum Sturme gegen die Position Collaud's, die er in dem Augenblicke erreichte, wo Hadiks Reiter herankamen, die nun die Verfolgung aufnahmen. Diese erreichten die französische Arrièregarde als sie vom Erzberge herabzog und zersprengten deren Cavallerie. 2 Bataillone, welche auf der kleinen Ebene östlich Poppericht ein Carré formirten, vertheidigten sich mit kaltblütiger Ruhe, erlagen aber dem dritten Angriffe und wurden fast ganz zusammengehauen; 31 Officiere, 700 Mann und 2 Fahnen fielen in die Hände der kaiserlichen Reiter.*)

Jourdan ging bis Sulzbach zurück und besetzte die Höhen vor- und rückwärts der Stadt, sowie den Wald bei Rosenberg. Grenier wurde zum Schutze der rechten Flanke nach Bachetsfeld detachirt.

Die Schlacht war nun zu Ende. Auf allen Punkten hatte der Kampf bis zum Einbruche der Dämmerung gewährt, und waren die kaiserlichen Truppen fast ausnahmslos 18 Stunden in ununterbrochener Bewegung. Dies machte eine nachdrückliche Verfolgung für diesen Tag unmöglich. Der Erzherzog liess die Armee in den vom Feinde verlassenen Stellungen

*) Es waren dies die Husaren-Regimenter Blankenstein und Barco, das Kürassier-Regiment Mack, Latour-Chevau-légers und die Keglevich-Uhlanen.

aufmarschiren, den rechten Flügel vorwärts Amberg, den linken bei Fuchsstein. Nur die leichten Truppen setzten den Flüchtigen nach und gelangten bis in die Linie Poppenricht—Altmannshofen—Rosenberg—Dietersberg. Der Erzherzog nahm sein Hauptquartier in Amberg.

Auch am äussersten linken Flügel hatten die Operationen der einzelnen Corps günstigen Erfolg. FML. Hotze war nach höchst beschwerlichem Marsche in dem sandigen Boden um 2 Uhr nachmittags bei Altdorf angelangt und hatte kaum den Aufmarsch vollendet, als er den Befehl des Erzherzogs aus Kastel erhielt. In Folge dessen brach er schon um 3 Uhr wieder auf und marschirte über Röthenbach bis Lemburg, wo er erfuhr, dass Bernadotte noch bei Lauf stehe. Eine starke Patrouille, aus Scharfschützen und Chevau-légers gebildet, fand den südlich des Ortes gelegenen Wald besetzt und eröffnete sofort ein Feuergefecht, welches ohne Entscheidung bis tief in die Nacht dauerte. Obwohl mittlerweile FML. Sztáray in Röthenbach eingerückt und bereit war, in das Gefecht einzugreifen, wollte FML. Hotze bei der einbrechenden Dämmerung nichts mehr unternehmen, sondern verschob den Angriff auf den folgenden Morgen. Seine Truppen lagerten die Nacht über bei Lemburg, jene Sztáray's bei Röthenbach.

GM. Fürst Liechtenstein hatte, über Feucht vorgehend, das von einem französischen Bataillon besetzte Nürnberg durch Ueberfall genommen und dort 42 Geschütze nebst grossen Munitions- und Waffenvorräthen erbeutet. (F. A. IX, 415.) Er liess den Feind bis über Erlangen hinaus verfolgen und lagerte mit dem Gros bei Mögelsdorf unweit Nürnberg, wodurch der Ausgang des Pegnitz-Defilés in der Richtung gegen die Regnitz gesperrt wurde. (240.)

Die Verluste der kaiserlichen Truppen in der Schlacht bei Amberg, beziehungsweise in den Gefechten bei Deining, Neumarkt und Amberg, waren im Vergleiche zu den errungenen Vortheilen gering; sie beliefen sich im ganzen auf 8 Officiere, 329 Mann und 193 Pferde.*)

*) In den Verlusteingaben sind die Verluste in diesen 3 Tagen nicht getrennt angeführt. (Bericht Erzherzog Carls. C. A. 579.)

Operationen in Bayern vom 12. bis Ende August.

Zur Zeit als der linke Flügel und die Mitte der Rhein-Mosel-Armee bei Neresheim kämpften, blieb auch der rechte Flügel derselben nicht unthätig, obwohl dessen Operationen nicht durchwegs im Einklange mit jenen des Obergenerals standen. Ferino hätte an den Operationen gegen die Wernitz theilnehmen sollen. Moreau erwartete mit peinlicher Unruhe dessen Ankunft in Ulm und Duhesme hatte ihm wiederholt Truppen entgegensenden müssen, wodurch die ohnehin dünne Aufstellung der französischen Armee in der Frontstrecke von der Donau bis Neresheim noch mehr geschwächt wurde. Statt nun dem, der Donau zueilenden FML. Frelich zu folgen, hatte sich Ferino um des leichteren Erfolges willen gegen das schwache Condé'sche Corps gewendet, welches damals bei Memmingen stand und eine ziemlich lockere Verbindung mit den Truppen unterhielt, welche theils von der Armee Wurmsers, theils von jener Erzherzog Carls zum Schutze Tirols und Vorarlbergs aufgestellt waren.*)

Wie schon früher erwähnt, hatte sich das Condé'sche Corps auf die Nachricht von dem Anmarsche Ferino's, auf

---

*) Am 10. August standen:

Von der Armee in Italien:

Bei Feldkirch, GM. Graffen: $2^2/_3$ Bataillone, 1 Escadron, 4 sechspfündige Geschütze;

bei Reutte, Oberst St. Julien: 2 Compagnien Infanterie, 9 Compagnien Landesschützen, 4 zwölfpfündige, 4 sechspfündige, 10 dreipfündige Geschütze.

Von der Armee Erzherzog Carls:

Bei Bregenz, respective Niziders, GM. Wolff: 3 Bataillone, 5 Compagnien, 3 Escadronen, 8 sechspfündige, 2 dreipfündige Kanonen, 1 siebenpfündige Haubitze;

bei Nesselwang, GM. Klinglin: 5 Compagnien Infanterie, $^1/_4$ Escadron, 1000 Mann vom Corps Condé, 2 sechspfündige Kanonen. (F. A. IX, 272.)

Als Commandanten der Grenzstrecke vom Boden-See bis zum Lech bestimmte FM. Wurmser den FML. Colli und gleichzeitig der Hofkriegsrath den FML. Schlaun, während Erzherzog Carl den FML. Frelich hiezu ernannte. Schliesslich blieb letzterem in Folge Anordnung des Hofkriegsrathes das Commando. (F. A. IX, 273.)

der Strasse nach Mindelheim zurückgezogen. Als die französische Avantgarde unter Abatucci am 12. von Memmingen nachrückte, erfolgte ein Zusammenstoss bei Ungerhausen, welcher den weiteren Rückzug des Condé'schen Corps nach Mindelheim veranlasste.

Ein Angriff, den dieses Corps am frühen Morgen des 13. auf die französischen Vorposten an der Kammlach versuchte, fiel sehr zu dessen Ungunsten aus, denn Ferino kam rasch mit dem Gros von Sontheim herbei, und drückte nach hitzigem Gefechte Prinz Louis Josef von Bourbon bis Schwabmünchen zurück.

So standen die Dinge, als Erzherzog Carl den Marsch gegen Ingolstadt antrat und FZM. Latour am rechten Donau-Ufer, beziehungsweise am Lech zurückliess. Die hiezu bestimmten Truppen marschirten vom 14. bis 15. an ihre Bestimmungsorte, und zwar standen am 16.:

Rechter Flügel bei Rain. FML. Mercandin deckte mit $6^{3}/_{6}$ Bataillonen, 6 Compagnien, 20 Escadronen, 5800 Mann Infanterie, 3200 Mann Cavallerie den Uebergang über den Lech.

Mitte bei Steppach. FML. Fürst zu Fürstenberg: 6 Bataillone, 8 Escadronen oder 3769 Mann Infanterie, 1232 Reiter;

bei Schwabmünchen das Corps des Prinzen Condé: $6^{1}/_{2}$ Bataillone, 12 Escadronen (angeblich), 3500 Mann Infanterie, 1500 Pferde.

Der linke Flügel unter FML. Frelich: 7 Bataillone, 18 Compagnien, 16 Escadronen oder 7900 Mann Infanterie, 2700 Reiter, war von der Donau im Anmarsche und sollte sich in der Gegend von Kempten etabliren, konnte aber in Folge des Rückzuges des Condé'schen Corps nach Schwabmünchen, weder über Mindelheim noch über Türkheim vordringen. Die Franzosen hatten diese Orte, sowie Pfaffenhausen und Kaufbeuren besetzt und jede Verbindung mit den Truppen an der Grenze Vorarlbergs unterbrochen. FML. Frelich war daher genöthigt, sich am 14. ebenfalls nach Schwabmünchen zu wenden, um von dort auf grossen Umwegen über Landsberg und Füssen nach Kempten zu gelangen. Da jedoch die Stellung des Gegners befürchten liess, es könnte derselbe den Lech überschreiten oder sich des Ueberganges bei Landsberg bemächtigen bevor diese Bewegung ausgeführt sein würde, so liess FML. Frelich noch am 14. eine Abtheilung von 400 Mann Infanterie auf Wägen nach Buchloe befördern und auch 2 Escadronen Grenz-Husaren dahin abgehen, um diesen wichtigen Punkt zu besetzen.

Die gesammte Streitmacht, mit welcher FZM. Latour die Lech-Linie von der Donau bis zur Tiroler-Grenze zu besetzen hatte, betrug daher mit Einrechnung des Condé'schen Corps und zweier kurpfälzischer Bataillone, die beim Corps FML. Mercandin's eingetheilt waren, 25.000 Mann Infanterie und 10.000 Reiter.

Zur richtigen Würdigung der Ereignisse südlich der Donau muss hier vorweg darauf hingewiesen werden, dass FZM. Latour, ähnlich wie Wartensleben, seine Aufgabe viel zu selbstständig auffasste und sie weit mehr in der Deckung von Oesterreichs Grenzen suchte, als in der wirksamen Unterstützung der Operationen des Erzherzogs gegen Jourdan, von deren Gelingen in der That das Schicksal des Staates abhing. (Grundsätze III, S. 68 u. f.)

Wie Moreau die Situation nach dem Uferwechsel Erzherzog Carls beurtheilte, wurde schon früher erwähnt. Fast noch weniger als sein Gegner am Lech, konnte er im Zweifel über die Richtung seiner nächsten Operationen sein. Klar und scharf hatte sich das Directorium dahin ausgesprochen, die Rhein-Mosel-Armee habe in dem Augenblicke — eventuell sogar schon früher — am Lech Stellung zu nehmen, wenn Jourdan an der Regnitz ankommen würde, jedoch nicht zu versäumen, ein Corps am linken Ufer, etwa zwischen der Altmühl und Donau, zurückzulassen. (241.)

War nun auch in Folge des rascheren Verlaufes der Ereignisse am Main und an der Regnitz, die buchstäblich genaue Vollführung des ersten Theiles dieses Auftrages nicht zu ermöglichen gewesen, so wurden doch hiedurch die Intentionen des Directoriums umsoweniger berührt, als es sich bei einem Uferwechsel Moreau's von selbst verstand, sich auf dem linken Ufer durch Kräfte zu sichern, welche genügten, die Verbindung zwischen den beiden französischen Armeen zu erhalten und Operationen des Gegners in dem Raume zwischen der Donau und Pegnitz wirksam zu stören. Moreau jedoch, vollkommen überzeugt, die gesammte Macht Erzherzog Carls am Lech vereinigt zu finden und sie durch eine lebhafte Verfolgung von jeder Operation gegen Jourdan abhalten zu können, widmete dem linken Ufer nur geringe Aufmerksamkeit und entschloss sich, mit der ganzen Armee auf das rechte überzugehen. Gleichwohl hatte er aber auch für dieses Ziel schon sehr viel Zeit verloren. Die Armee war erst am 14. nachmittags aus ihren Stellungen bei Neresheim aufgebrochen. Die Sorge um Ferino, der noch immer erwartet wurde obschon man von seinen Operationen ohne jede Kenntniss war, verlangsamte die Bewegungen, so dass erst am 18. die Wernitz erreicht wurde, von wo aus nach den Dispositionen des Obergenerals der Uferwechsel bei Donauwörth stattfinden sollte. Man fand jedoch die dortige Brücke zerstört, und da es Moreau an Material gebrach sie herzustellen, musste er sich entschliessen, am 19. nach Blindheim, Höchstädt und Lauingen zurückzumarschiren. Dort wurde am selben Tage der Uebergang bewirkt und die Armee nahm Stellung hinter der Zusam: Laroche mit der Avantgarde bei Biberbach; Taponnier hinter Wertingen; Duhesme bei Wengen; Desaix bei Thürheim. St. Cyr hatte schon früher Auftrag erhalten, hinter Gundelfingen Stellung zu nehmen und, wenn Ferino in Günzburg angekommen wäre, sich mit ihm zu vereinigen, andernfalls aber 2 Bataillone mit einiger Cavallerie zur Sicherung des Brückenkopfes nach Ulm zu detachiren und die weiteren Befehle abzuwarten.

Am linken Ufer blieb Delmas mit 6 Bataillonen (4000 Mann) und 8 Escadronen (539 Mann) in der Stellung am Schellenberg zurück, von wo aus er Streifcommanden gegen Nördlingen und nach Pappenheim an der Altmühl vorzusenden hatte. Diese Division war nur bestimmt, den Uebergangspunkt Donauwörth zu sichern, und verhielt sich während der folgenden Tage so passiv, dass sie nicht einmal versuchte, den, nur einige hundert Husaren starken kaiserlichen Posten aus Eichstädt zu vertreiben.

Am nächsten Vormittage rückte die Armee auf die Höhen hinter der Schmutter: Desaix von Druisheim bis Blankenburg; Duhesme zwischen Egelhofen und Adelsried; Laroche am linken Ufer des Lech von Waltershofen bis Langenweid; die Reserve in geringer Entfernung hinter dieser Linie.

FZM. Latour hatte schon am 19., als die ersten Meldungen von dem Uferwechsel der Franzosen einlangten, in seinem Berichte an den Erzherzog die Befürchtung ausgesprochen, dass er »beim besten Willen und aller möglichen Anstrengung« die Behauptung des Lech nicht werde verbürgen können. Die nächsten Tage sollten diese Zweifel bestätigen.

Schon als Moreau, die kaiserlichen Vorposten zurückwerfend, am 20. an die Schmutter vordrang, nahm FZM. Latour seine Truppen bis an den Lech zurück und verlegte sein Hauptquartier von Steppach nach Oberhausen, um, wie er dies dem Erzherzoge gegenüber motivirte, näher an der Strasse nach Wertingen zu sein und die Berichte FML. Mercandin's früher zu erhalten. (F. A. IX, 254.) Als dieser jedoch am selben Tage genöthigt wurde, seine am linken Lech-Ufer stehenden Abtheilungen zurückzunehmen, schien es dem Feldzeugmeister bei der augenscheinlichen Uebermacht des Gegners weder räthlich die Wertach zu behaupten, noch angezeigt Augsburg zu vertheidigen. Er beschloss, sich nur auf die Festhaltung des Lech zu beschränken, und nahm deshalb bei Tagesanbruch des 21. sämmtliche Truppen auf das rechte Ufer zurück. Nur die Cavallerie-Vorposten blieben noch jenseits.*) (242.)

*) Nach »St. Cyr«, III, S. 206, wäre es keineswegs der freie Entschluss Latour's gewesen, Augsburg nicht zu vertheidigen. Es hätten vielmehr die Bürger auf Anrathen St. Cyr's, den sie um Schonung für die Stadt baten, die Thore derselben für die Truppen beider Parteien geschlossen, um einen Strassenkampf zu vermeiden, und dies habe Latour genöthigt, seinen Rückzug ausserhalb der Umwallung nach Friedberg zu nehmen. Da jedoch Latour schon am 21. zurückging, St. Cyr aber erst am nächsten Tage vor Augsburg erschien, so dürfte die Darstellung des französischen Generals sich wohl nur auf den Rückzug der am linken Lech-Ufer zurückgelassenen kaiserlichen Cavallerie-Vorposten beziehen.

FML. Mercandin nahm Stellung hinter der Ach auf den flachen Höhen bei Burgheim, von wo aus er nach rechts die Verbindung mit dem Erzherzoge unterhielt; links dehnte er sich bis Alsmos aus und schloss sich an FML. Fürst zu Fürstenberg, der die Höhen hinter Friedberg besetzt hielt. Prinz Condé stand bei Landsberg; FML. Frelich sicherte die Pässe von Füssen bis Bregenz und nahm mit dem Gros Stellung bei Schongau.

Im Falle der Lech verlassen werden müsste, hatte sich FML. Mercandin von Burgheim nach Waidhofen (Wagenhofen?) und von Alsmos auf der Strasse nach München hinter die Paar zu ziehen und sich dort mit FML. Fürst zu Fürstenberg zu verbinden, der auf der Strasse Augsburg—München zurückging. Dem Prinzen Condé war als Rückzugsrichtung die Strasse nach München, von Landsberg bis hinter die Ammer bezeichnet. FML. Frelich hatte durch ein Detachement, welches bei Schongau den Lech übersetzte, die Strasse über Unter-Ammergau und Ettal zum Passe von Mittenwald zu decken, und sich behufs Sicherung der Pässe überhaupt, mit FML. Colly derart ins Einvernehmen zu setzen, dass eventuell dieser die Tirol-Schweizer-Pässe, Frelich aber jene zwischen Tirol und Bayern übernehme.

Im übrigen war FZM. Latour willens, gleich nach dem Eintreffen in Friedberg ein entsprechendes Detachement Infanterie zum Condé'schen Corps zu senden, wo es bis zu weiterem Rückzuge dessen linken Flügel bilden, dann aber zur Verstärkung FML. Frelichs abgehen sollte. (243.)

Mittlerweile formirte Moreau seine Truppen am Lech. St. Cyr rückte am 22. an die Wertach, drängte die kaiserlichen Cavallerie-Vorposten über den Fluss und vereinigte sich mit dem linken Flügel Ferino's. Auch Laroche hatte einige kleine Gefechte, welche mit dem Rückzuge der österreichischen Vortruppen auf das rechte Ufer des Lech endeten, so dass im Laufe des Tages das linke vollständig in den Besitz der Franzosen gelangte.

Treffen bei Friedberg. (244.) 24. August.

Am 23. versammelten sich die Generale der Rhein-Mosel-Armee zum Kriegsrathe. Wohl erkannte man nun die gefährliche Situation, in welche Jourdan dadurch gerathen, dass Moreau, getäuscht durch die Manöver Erzherzog Carls, mit der ganzen Armee auf das rechte Donau-Ufer übergegangen war, statt durch kräftige Operationen am linken, die Vereinigung der kaiserlichen Armeen zu hindern. Vor der Unmöglichkeit stehend diese Versäumnisse wieder gut zu machen, erübrigte nur noch, so rasch als möglich gegen Oesterreichs Grenze vorzudringen, um vielleicht hiedurch den Fortschritten des Erzherzogs Einhalt zu thun. Es wurde daher beschlossen, am kommenden Tage anzugreifen. St. Cyr mit den Divisionen Duhesme und Taponnier, dann der Reserve-Division Bourcier, d. i. 27 Bataillone (22.000 Mann) und 48 Escadronen (2652 Mann), sollte die Wertach bei Oberhausen, Pfersee und Göggingen überschreiten und um 3½ Uhr den Lech über die Brücken von Lechhausen und Hochzoll oder mit Benützung von Furten forciren und die Höhen bei Friedberg angreifen.

Ferino war bestimmt, mit 17 Bataillonen (13.600 Mann) und 16 Escadronen (1100 Mann) bei Haunstetten über den Lech zu setzen, Latour's linken Flügel bei Rissing oder Mering anzugreifen und dann, links gegen Ottmaring abbiegend, die Strasse nach München zu gewinnen.

Am linken Flügel sollte Desaix mit 15 Bataillonen (12.300 Mann) und 16 Escadronen (1300 Mann) bei Langweid über den Lech gehen und dann südöstlich auf Mühlhausen und Haberskirchen marschiren. Da ihm aber dort nur wenige unsichere Furten zur Verfügung standen, es also zweifelhaft war, ob er seine Artillerie auf das rechte Ufer werde bringen können, so wurde auf seine Mitwirkung nicht bestimmt gerechnet.

Diesen überlegenen, concentrisch wirkenden Kräften Moreau's gegenüber, hatte FZM. Latour in Folge der unrichtigen Auffassung seiner Aufgabe eine so ausgedehnte

Stellung eingenommen, dass er auf dem eigentlichen Angriffsobjecte des Gegners, bei Augsburg, nicht mehr als 6 Bataillone, 3 Compagnien und 14 Escadronen vereinigen konnte. Von dieser geringen Macht waren 6 Escadronen theils auf Vorposten, theils zur Verbindung mit FML. Mercandin und Prinz Condé verwendet; 1 Bataillon beobachtete die zwei abgetragenen Brücken über den Lech und 3 Compagnien des serbischen Freicorps waren gleichfalls oberhalb Friedberg am Lech aufgestellt. Der Rest von 5 Bataillonen, 8 Escadronen lagerte auf den Höhen rückwärts der Stadt. Diese dominirten zwar das vorliegende Terrain, lagen aber zu weit vom Flusse entfernt, um das Ufer vertheidigen zu können. Parallel mit dem Lech aufgestellt beschränkten sich die Truppen, denen übrigens auch jede Flügelstütze fehlte, nur auf das Frontalfeuer, liessen aber dem Feinde genügenden Aufmarschraum und behinderten ihn nur wenig in der Wahl der Angriffspunkte.

Der Lech mit seinen vielen Furten und den dicht bewachsenen Ufern bot zahlreiche Uebergangspunkte, hatte jedoch in jenen Tagen ziemlich hohen Wasserstand mit starkem Gefälle.*)

Die Franzosen formirten sich während der Nacht vom 23. zum 24. Im Centrum nahm Laroche mit der Avantgarde, dann die Division Duhesme vor Tagesanbruch gedeckte Stellung hinter dem Damme, der sich entlang des linken Lechufers hinzog, und erwarteten die Annäherung Taponnier's und der Reserve. Gegen ½6 Uhr begann der Uebergang unter dem Schutze eines heftigen Artilleriefeuers. Obwohl dasselbe von den, in der Nähe der abgebrochenen Brücke bei Lechhausen aufgestellten Geschützen lebhaft erwidert wurde, gelang es

*) FZM. Latour behauptet in seinem ersten Berichte über das Treffen (Friedberg, 24. August), sowie auch in der Ende September eingesendeten Relation (F. A. IX, 335), dass der Lech damals »sehr seicht« gewesen sei; St. Cyr dagegen, sowie Moreau in seiner Correspondenz mit Jourdan, schildern eingehend die Gefahren des Ueberganges, denen unter Anderen auch der General-Adjutant Houël zum Opfer fiel, der sammt dem Pferde von der Strömung fortgerissen wurde. Erzherzog Carl gibt in den »Grundsätzen«, III, S. 64, ebenfalls an, dass die Furten des hohen Wasserstandes wegen schwierig zu benützen waren.

Laroche dennoch, am rechten Ufer festen Fuss zu fassen und die Vorposten zurückzudrängen, bevor sie noch Unterstützung erhielten.

Während St. Cyr den Uebergang durch die Furten fortsetzte und alle disponiblen Kräfte zur Wegnahme der zerstörten Brücken bei Lechhausen und Hochzoll vereinigte, fand Ferino bei seinem Uferwechsel keine anderen Hindernisse als solche, die ihm der stetig steigende Fluss bereitete, denn das gegenüberliegende Ufer war unbesetzt. Wenn auch unter grosser Gefahr und nicht ohne Verlust,*) erreichte er das rechte Ufer. Dort verwendete er einen Theil seiner Truppen gegen Rissing und Mering, mit dem Reste aber eilte er nach Ottmaring, um den Uebergang St. Cyr's zu erleichtern.

Am französischen linken Flügel hatte Desaix mit seinem Stabe und einiger Cavallerie den Fluss passirt, konnte aber der schlechten Beschaffenheit der Furten wegen den Uebergang nicht fortsetzen und nahm auch an dem Gefechte dieses Tages keinen Antheil.

FZM. Latour hatte auf die erste Meldung von dem Anrücken des Gegners, sogleich die Unterstützungen der Vorposten vorrücken lassen, die jedoch, wie schon erwähnt, zu spät kamen, um die Festsetzung St. Cyr's am rechten Ufer zu hindern. Als er das Vorrücken Ferino's gegen Ottmaring wahrnahm, beorderte er GM. Baillet mit 1 Bataillon, 2 Escadronen dahin, während die noch übrigen 6 Escadronen durch eine über Mering ausholende Umgehung, die gegen diesen Ort und Rissing vorrückenden Colonnen in der rechten Flanke fassen sollten. Bevor jedoch diese, etwas weitwendigen Dispositionen ausgeführt werden konnten, hatte sich Ferino der beiden, nur von schwachen Cavallerie-Abtheilungen besetzten Dörfer bemächtigt, so dass GM. Baillet sich darauf beschränken musste, Ottmaring zu besetzen und durch defensive Verwendung seiner Truppen den linken Flügel vor Umgehung zu sichern.

---

*) Gleich das erste Peloton, welches den Uebergang versuchte, wurde fortgerissen und verschwand in den Wellen. (St. Cyr, III, S. 214.)

Bewegungen, welche eine Abtheilung vom rechten Flügel Ferino's nunmehr in der Richtung gegen die Münchener-Strasse ausführte, machten Latour um seine Verbindung mit Prinz Condé besorgt und liessen ihn auch den Rücken seiner Stellung äusserst bedroht erscheinen. Es veranlasste ihn dies, GM. Baillet mit noch 1 Bataillon zu verstärken, so dass für die Stellung bei Friedberg nur 3 Bataillone und ein Theil jener 6 Escadronen erübrigten, welche nach der unausgeführt gebliebenen Umgehung wieder nach Friedberg zurückgekehrt waren.

Mittlerweile hatte St. Cyr die beiden Halb-Bataillone, welche bei Lechhausen und Hochzoll standen, vertrieben und unter dem Feuer der kaiserlichen Artillerie die nur oberflächlich zerstörten Brücken bei diesen Orten wieder hergestellt. Nun konnten auch die Geschütze und der Rest seiner Division auf das rechte Ufer übergehen. Da er jedoch beabsichtigte, seinen Gegner in der Richtung gegen München von der Strasse nach Regensburg abzudrängen, Ferino aber noch nicht nahe genug gekommen war, um den Schlag gemeinsam und mit voller Kraft zu führen, so wurde vorerst nur die Avantgarde-Brigade Laroche über die Brücke bei Lechhausen gegen Statzling und Wulfertshausen vorgeschoben. Erst als Ferino Mering und Rissing genommen und sich Ottmaring genähert hatte, erachtete auch St. Cyr seine Zeit als gekommen. Gegen Mittag rückten die Division Duhesme und die Brigade Laroche an die Ach vor, vertrieben durch ihr Geschützfeuer die österreichischen Tirailleure vom rechten Ufer und schickten sich zum Angriffe auf Friedberg an.

Nach blutigem Kampfe bemeisterte sich Laroche der Stadt, während Duhesme rechts davon gegen die Höhen vordrang. Der kaiserlichen Reiterei gelang es zwar, dessen Vortruppen zurückzuwerfen, aber, zu schwach um einen nachhaltigen Erfolg zu erzielen, musste sie sich wieder in die Stellung zurückziehen, worauf sich die französischen Colonnen zu Herren der Höhen machten.

Es hatte nicht dieser letzten Vorgänge bedurft, um FZM. Latour zu überzeugen, dass die Stellung bei Friedberg unhaltbar sei. Doch wollte er sie so lange behaupten, bis sowohl

FML. Mercandin, als auch Prinz Condé den Befehl zum Rückzuge erhalten haben würden und denselben ohne Gefährdung ausführen konnten. Ursprünglich war es des Feldzeugmeisters Absicht, gegen Aichach zurückzugehen; da jedoch Desaix sich ruhig verhielt und der Angriff hauptsächlich durch St. Cyr und Ferino erfolgte, schloss er hieraus auf die Absicht Moreau's, in der linken Flanke nach München vorzudringen, und dies bewog ihn, gleichfalls diese Richtung einzuschlagen.

Das Gros der bei Friedberg stehenden kaiserlichen Truppen sollte über Odelzhausen hinter die Glon nach Schwabhausen zurückgehen, GM. Devay mit der Arrièregarde aber den Weg nach Aichach einschlagen und sich über Altmünster mit dem Gros bei Schwabhausen vereinigen. FML. Mercandin erhielt den Auftrag, sich zwischen Waidhofen und Pfaffenhofen aufzustellen und mit Ingolstadt in Verbindung zu setzen; Prinz Condé, mit seinem Corps hinter die Ammer zu rücken. (245.)

FZM. Latour hatte unter dem Schutze der Cavallerie den Rückzug angetreten, und war eben bei Rinnenthal angekommen, als Ferino Ottmaring nahm, in die Flanke der Colonne eindrang und sie trennte. Latour erreichte nur unter grossen Verlusten Schwabhausen und auch die Arrièregarde welche der ganzen Uebermacht des Gegners die Stirne bieten musste, verlor viele Gefangene, bewirkte aber in der Nacht und am folgenden Morgen die Vereinigung mit dem Gros.

Moreau nahm noch an demselben Tage Stellung an der Paar und Ach, in der Linie Mering—Ottmaring—Rinnenthal—Statzling—Rehling.

Die kaiserlichen Truppen, beziehungsweise der bei Friedberg gestandene Theil derselben, hatte in dem Treffen an 2000 Mann, 5 zwölfpfündige Kanonen, 4 Cavallerie- und einige Liniengeschütze eingebüsst. Aber weder dies, noch auch der Verlust der so wichtigen Lechlinie, war der grösste Nachtheil dieses Zusammenstosses. Die eigentliche Gefahr lag darin, dass FZM. Latour die Vorfälle am Lech aus dem Gesichtspunkte der Deckung von Oesterreichs Grenzen auffasste und deshalb, nach der momentanen Sachlage, Bayern nun schon so gut wie verloren gab. Noch während des Treffens sprach er in der Disposition für den Prinzen Condé die Absicht aus, dass er sich, wenn möglich, hinter der Ammer zu behaupten suchen werde, anderenfalls aber bis München zurückgehen müsse. Thatsächlich erfolgte am 25. der Rückzug hinter die Ammer; aber der Vorsatz einer standhaften Behauptung dieses Flusses wich rasch solchen Bedenken, welche den weiteren Rückzug als unvermeidlich erscheinen liessen. Allerdings entbehrte dies jedweder thatsächlichen Begründung; die Verfolgung von Seite des Gegners wurde nicht fühlbar und beschränkte sich auf vereinzelte geringfügige Patrouillen, dafür aber machte sich ein ungeregeltes Nachrichtenwesen mit all den Auswüchsen geltend, wie sie fast immer die Begleiter rückgängiger Bewegungen sind. Von mehreren Seiten wurde im Laufe des 25. der Anmarsch starker feindlicher Colonnen gemeldet, sowie dass Moreau beträchtliche Verstärkungen an sich gezogen habe. Diese Berichte liessen die Lage als so ernst erscheinen, dass FZM. Latour besorgte, binnen kürzester Frist angegriffen zu werden. Bei der Unzulänglichkeit seiner Mittel glaubte er sich den Wechselfällen eines neuerlichen Kampfes umsoweniger gewachsen, als er auch gegründeten Anlass zu haben vermeinte, Bayern stehe im Einverständnisse mit dem Feinde. Mit einem Worte, alle Einflüsse, denen der Feldzeugmeister in dieser Hinsicht zugänglich war, wirkten zusammen, um ihn zu bestimmen, noch in der Nacht vom 25. zum 26. an die Isar zurückzugehen.

FML. Mercandin erhielt Befehl, mit einem Theile seiner Truppen bei Freising, mit dem Gros bei Landshut über die Isar zu setzen und von letzterem Orte bis Regensburg Detachements aufzustellen, um diesen wichtigen Punkt so lange als möglich zu halten; Prinz Condé überschritt die Isar oberhalb München und nahm Stellung bei Kirchtrudering zwischen den Strassen nach Braunau und Wasserburg; FZM. Latour ging über München und marschirte bei Riem, rechts der Strasse nach Braunau, auf; am linken Isar-Ufer blieb nur GM. Devay mit einem Detachement bei Mosach, nordwestlich München, zur Beobachtung des Gegners.

Zu gleicher Zeit wurde FML. Frelich angewiesen, aus der Gegend von Schongau nach Mittenwald in das Achen-Thal zur Vertheidigung der Scharnitz-Pässe abzurücken.*)

Auch für den weiteren Rückzug über den Inn, welchen FZM. Latour als unmittelbar bevorstehend erachtete, waren schon im voraus die Dispositionen getroffen worden; FML. Mercandin hatte sich dann nach Schärding zu wenden und das rechte Ufer zwischen Obernburg und Passau zu decken; das Centrum und Prinz Condé nahmen in diesem Falle den Weg nach Braunau und sicherten den Inn von Obernburg aufwärts. Zugleich wurde an das oberösterreichische General-Commando das Ersuchen gestellt, alle zwischen Schärding und Braunau befindlichen Depots, Spitäler etc. unverweilt hinter die Enns zurückzunehmen, um Raum für die aus Bayern einrückende Armee zu schaffen. (246.)

So gering war die Zuversicht und das Selbstvertrauen Latour's, dass er auf die Nachricht von dem Siege bei Amberg an den Erzherzog schrieb, er könne es unter den obwaltenden Verhältnissen auf eine zweite Schlacht gar nicht ankommen lassen, ohne gänzlich aufgerieben zu werden; daher erübrige ihm, falls er die Isar verlassen müsse, nichts anderes, als Schritt für Schritt auf Braunau zurückzugehen, wo er dann bei Alt-Oetting zuwarten werde, bis er durch Verstärkungen »oder die glänzenden Fortschritte« des Erzherzogs wieder in den Stand kommen würde, dem Feinde die Spitze zu bieten. (247.)

Umso überraschter war er, als nicht nur der so bestimmt vorausgesetzte Vormarsch Moreau's unterblieb und die am 26. ausgesendeten Patrouillen bis über Schwabhausen hinaus keinen Feind fanden, sondern auch am 27., 28. und 29. die Situation sich nicht änderte. Dies führte ihn auf die Vermuthung, Moreau

*) Die oft wechselnden Dislocationen dieses Theiles des Corps in Bayern lassen sich nicht continuirlich feststellen.

Oberst Bender ging mit 2 Bataillonen, 4 Escadronen über Benediktbeuern in das Achen-Thal und besetzte mit 1 Bataillon, 6 Escadronen, die von Mittenwald dahin abgegeben wurden, die Pässe.

Das Gros: 10 Compagnien, 2 Escadronen, kam nach Mittenwald; der Rest des Gyulay'schen Freicorps und die Abtheilung des GM. Klinglin besetzten Partenkirchen. (FML. Frelich an FZM. Latour. F. A. IX, 384.)

habe sich nach dem Treffen bei Friedberg nördlich gewendet, um die Fortschritte Erzherzog Carls zu hemmen. Diese Voraussetzung wirkte insofern günstig auf die Operationen der Armee in Bayern, als sie den Feldzeugmeister zu dem Entschlusse vermochte, erst dann an den Inn zurückzugehen, wenn er von Dachau her mit Uebermacht angegriffen würde oder der Feind mit seiner Hauptkraft gegen Landshut oder längs der Donau vordringe und dadurch die Rückzugslinie nach Braunau bedrohe. Bis dahin wollte er sich bereit halten, vereint mit FML. Mercandin und dem Prinzen Condé Moreau in Flanke und Rücken anzugreifen, wenn er sich wirklich gegen den Erzherzog wenden sollte. Würde jedoch der Gegner in der vorerwähnten Weise südlich der Donau operiren, dann allerdings müsste die Sicherung der Hauptarmee, gegen jene der Grenzen Oesterreichs zurücktreten und der Rückzug hinter den Inn unvermeidlich werden. FML. Frelich sollte in diesem Falle gegen Schongau, Weilheim und Wolfratshausen demonstriren und durch Detachements gegen Landsberg, dann abwärts der Ammer, Würm und Isar die rechte Flanke und den Rücken Moreau's bedrohen. (248.)

Von der Schlacht bei Amberg bis zum Rückzuge Jourdan's auf das linke Rheinufer. 25. August bis 9. September.

In befriedigender Weise hatte die Schlacht bei Amberg jene Operationen abgeschlossen, durch welche Erzherzog Carl die Vereinigung der beiden kaiserlichen Armeen herbeizuführen suchte. Jourdan war nicht nur von der Armee Moreau's, sondern sogar von seiner Rückzugslinie abgedrängt. Um seine Verbindungen wieder zu gewinnen, sah er sich auf gefährliche Bewegungen in einem äusserst schwierigen Terrain angewiesen, während die kaiserlichen Armeen die Vereinigung vollzogen hatten und in der Lage waren, ihren Vortheil voll wahrzunehmen. Nichtsdestoweniger verkannte der Erzherzog keineswegs den Ernst der Lage, die ihm als eine der »entscheidendsten«

des ganzen Feldzuges erschien. Der Verlauf der Operationen südlich der Donau, sowie die Meldung Latour's über das Treffen bei Friedberg, welche am 25. in Amberg eingetroffen war, forderten nur noch mehr dazu auf, sich von den Erfolgen an der Vils und Pegnitz nicht in Sicherheit wiegen zu lassen.

Jourdan war weder geschlagen, noch sein Verlust so beträchtlich, um nicht nach einigen Tagen der Ruhe wieder kampfbereit sein zu können. Die Nachtheile des gezwungenen Rückzuges blieben daher nur insolange wirksam, als die Verfolgung eine unausgesetzte war. Liess diese nach oder machten die Fortschritte Moreau's grössere Detachirungen an die Donau nothwendig, so war mit Sicherheit zu erwarten, dass Jourdan nicht säumen werde, neuerdings vorzudringen. Der Rückzug Latour's hatte diese letztere Eventualität sehr nahe gerückt, denn es war als sicher anzunehmen, auch Moreau werde, seine günstige Lage ausnützend, die kaiserlichen Truppen so viel als möglich drängen und verfolgen.

Nun stand Erzherzog Carl vor der Alternative: die kaum begonnene Offensive wieder aufzugeben und sich gegen die Grenzen, vielleicht auch in das Innere der Erblande zurückzuziehen oder, den linken Flügel der Armee unter FZM. Latour vorläufig sich selbst zu überlassen, dagegen die gesammten Kräfte gegen Jourdan zu verwenden, diesen zu schlagen und sich dann erst mit dem grösseren Theile derselben der Donau zuzuwenden; der übrige Rest hätte inzwischen die Verfolgung der Sambre-Maas-Armee auf sich zu nehmen. Der Erzherzog wählte das letztere. Glückte dieser Plan, so hoffte er die Festungen am Rhein entsetzen und gegen Ende des Feldzuges Jourdan an die Sieg, Moreau gegen die obere Donau und den Schwarzwald zu drücken und dort festzuhalten. Im Falle des Misslingens blieb die Sachlage ziemlich unverändert, denn der Feind erlangte dann nur die Möglichkeit, die österreichische Grenze 4 oder 5 Tage früher zu erreichen, als es geschehen wäre, wenn sich die kaiserliche Armee nach der Schlacht bei Amberg defensiv verhalten hätte. Jedenfalls aber musste die gewählte Operation rasch durchgeführt und Jourdan binnen kürzester Frist geschlagen werden, da sonst Moreau in Oesterreich eindringen konnte, bevor es dem Erzherzoge möglich würde, die Donau zu erreichen. Mit Rücksicht hierauf bezeichnete er Schweinfurt als den äussersten Punkt, bis zu welchem die Verfolgung ausgedehnt werden durfte Fiel bis dahin die Entscheidung nicht im günstigen Sinne, so erübrigte wohl nichts, als mit grösster Beschleunigung an die Donau zurückzukehren und sich dort auf die Defensive zu beschränken. Diese konnte dann allerdings nicht zum Vortheile der kaiserlichen Waffen ausfallen, da durch den Rückzug Latour's die Vertheidigungslinie an den Grenzen Tirols und Oesterreichs immer ausgedehnter und die Kraft der Armee in gleichem Verhältnisse zertheilt werden müsste, so dass es dem Gegner nicht schwer fallen würde, auf irgend einem Punkte durchzubrechen.*)

Dies war im grossen und ganzen der leitende Gedanke, welcher Erzherzog Carls nächste Entschlüsse bestimmte. Da vorauszusetzen war, Jourdan werde jedem Zusammenstosse sorgfältig ausweichen, so wurden die nöthigen Einleitungen getroffen, mit ihm in steter Fühlung zu bleiben. Um seine Rückzugsrichtung festzustellen, streifte GM. Nauendorf am Vormittage des 25. mit der leichten Reiterei gegen Vilseck, GM. Hadik in der Richtung gegen Popperg. Zwischen beiden rückte FML. Kray mit 8 Grenadier-Bataillonen, 6 Escadronen und der Reserve-Artillerie auf der Chaussee nach Sulzbach vor. Beim Hauptquartiere zu Amberg blieben 8 Bataillone und 3 Cavallerie-Regimenter unter GM. O'Reilly.

Obwohl die leichten Truppen sich die ganze Nacht über hart an den feindlichen Vorposten hielten, gelang es Jourdan dennoch, die Wachsamkeit seiner Gegner zu täuschen. Als

*) In den Schreiben ddo. Sulzbach 26. und Lauf 27. August, in welchen Erzherzog Carl dem Kaiser seine Ansichten über die Sachlage auseinandersetzte, kommt er auch wieder auf die Frage zurück, ob in dem Falle, als die Armee bis an den Rhein vordränge, sich aber dort nicht behaupten könne oder der Entsatz der Festungen nicht möglich wäre, er deren Besatzungen an sich ziehen dürfe, wodurch die im Felde zu verwendenden Streitkräfte eine wesentliche Verstärkung erhielten. In dieser Hinsicht blieb jedoch der Kaiser unerschütterlich und wiederholte am 7. September den Befehl, dass die Festungen bis zum äussersten zu behaupten seien. (E. A. A.)

die Nachricht von dem Vordringen der kaiserlichen Truppen nach Nürnberg ihn die Unmöglichkeit erkennen liess, den Rückzug durch das Pegnitz-Thal auszuführen, ging er daran, seine Armee schnell aus dem gefährlichen Gebirgsterrain in die offenere Gegend an der Wisent zu führen. Gelang es ihm, noch vor seinem Verfolger Forchheim zu erreichen, so stand er wieder auf seinen Verbindungen und konnte hoffen, vom Terrain begünstigt, auch die frühere Operationsfreiheit wieder zu gewinnen. Er setzte den Rückzug in der Nacht vom 24. bis 25. in 2 Colonnen fort, und zwar hatten die Divisionen Grenier und Championnet über Neukirchen, Holnstein und Achtel nach Velden zu marschiren, während Kleber, der an diesem Tage zur Armee eingerückt war, mit den Divisionen Collaud und Lefebvre zuerst über Hahnbach nach Vilseck marschiren, dann aber westlich abbiegend, bei Engenthal die Pegnitz überschreiten und sich in Velden mit der ersten Colonne vereinigen sollte. Von Velden würde dann der Rückzug über Hilpoltstein gegen Forchheim fortgesetzt werden.

Beide Colonnen hatten ihren Train und die Reserve-Artillerie schon um 9 Uhr abends vorausgesendet und brachen um Mitternacht aus ihren Lagern auf. Der Abmarsch vollzog sich unbemerkt, da man die Vorsicht gebrauchte, die Vorposten stehen zu lassen, welche die Lagerfeuer bis 2 Uhr morgens unterhielten. Doch beeinträchtigte der Zustand der Communicationen, über welche Jourdan ganz unrichtige Meldungen erhalten hatte, die vorausgesetzte Schnelligkeit der Bewegung sehr bedeutend. In Achtel angelangt, überzeugte er sich von der Unmöglichkeit, den in grösster Verwirrung befindlichen Train nach Velden hinabzubringen. Er musste den Marsch unterbrechen und die Armee Stellung nehmen lassen, um sich vor Angriffen des Erzherzogs zu sichern, dessen leichte Truppen ihn unaufhörlich beunruhigten. Kleber blieb bei Vilseck; Bonnaud und ein Theil der Division Grenier stellte sich bei Forach (Vorra) auf; der Rest von letzterer Division und jene Championnet's nahmen Stellung rückwärts Achtel.

Zum Glücke für die französische Armee trafen die Befürchtungen ihres Obergenerals nur zum geringen Theile ein.

Erzherzog Carl konnte am 25. erst während des Vormittags Gewissheit erhalten, dass sich der Feind über Velden gegen Gräfenberg zurückziehe, und hatte dann sofort FML. Hotze beauftragt, die Division Bernadotte, welche noch in Lauf vermuthet wurde, mit einem Theile seiner Truppen festzuhalten, mit dem Gros aber ohne Aufenthalt nach Gräfenberg vorzurücken, um Jourdan den Weg zu verlegen. FML. Sztáray folgte ihm als Unterstützung. FML. Kray hatte über Sulzbach gegen Hersbruck zu marschiren, sich bei Hohenstadt mit GM. Hadik zu vereinigen und dann aufwärts der Pegnitz gegen Velden vorzudringen, wohin schon von Sulzbach aus Oberst Keglevich mit 2 Compagnien, 2 Escadronen und 2 Geschützen über Neukirchen detachirt worden war. Das fliegende Corps unter Oberst Görger (18 Compagnien, 15 Escadronen) rückte von Rosshaupt, an der böhmischen Grenze, gleichfalls über Wernberg und Hahnbach dem Feinde nach.

Zwei wichtige Nachrichten, welche am Nachmittage einliefen, veranlassten eine theilweise Aenderung dieser Dispositionen. FML. Hotze meldete aus Lauf, Bernadotte habe während der Nacht vom 24. zum 25. in aller Stille diese Stadt verlassen und sich auf der Strasse nach Bamberg zurückgezogen. FZM. Latour berichtete über den Verlust des Treffens bei Friedberg und seinen Rückzug vom Lech.

Die Nothwendigkeit, einem noch weiteren Zurückweichen der Truppen in Bayern vorzubeugen, sowie auch den Rücken der gegen Jourdan operirenden Hauptarmee ausgiebig zu sichern, bestimmten den Erzherzog, sogleich eine entsprechende Verstärkung an die Donau zu senden. Er beauftragte GM. Nauendorf, mit 2 Bataillonen und 10 Escadronen, welche FML. Sztáray bei seinem Abmarsche von Neumarkt dort zurückgelassen hatte, am 26. nach Regensburg abzumarschiren und bei Abach Stellung zu nehmen. GM. Prinz Josef Lothringen hatte mit 10 Escadronen von der Division FML. Sztáray's gleichfalls dahin abzugehen und sich an GM. Nauendorf anzuschliessen.*)

*) Die Stellung Nauendorfs war eine ganz eigenthümliche; obwohl zur Deckung der rechten Flanke Latour's bestimmt, unterstand er dennoch

Durch den Rückzug Bernadotte's von Lauf war allerdings die beabsichtigte Unternehmung gegen Gräfenberg unmöglich geworden, aber er beseitigte auch jeden Zweifel über die eigentliche Rückzugsrichtung und die Absichten des Gegners. Konnte man früher einen Augenblick der Ansicht sein, Jourdan wolle sich am rechten Mainufer gegen Schweinfurt wenden, so stand es nun ausser Frage, derselbe trachte mit aller Anstrengung Würzburg zu erreichen und dadurch seine Armee in ein günstigeres taktisches Verhältniss zu jener seines Verfolgers zu bringen.

Auf diese Wahrnehmungen gründete sich der neue Operationsplan des Erzherzogs. Es sollte die Bedrohung der rechten Flanke Jourdan's auch fernerhin aufrecht erhalten und derselbe gehindert werden, noch vor einer entscheidenden Schlacht seine Front wieder parallel zu jener der kaiserlichen Armee zu formiren. Würde sich dieser entscheidende Moment nicht schon früher ergeben, so müssten unbedingt die Mainkrümmungen bei Kitzingen und Würzburg noch vor dem Feinde erreicht werden, wo dann derselbe unter so ungünstigen Verhältnissen zu schlagen genöthigt werden könnte, dass ihm der Rückzug nur noch in nordwestlicher Richtung über Hammelburg—Salmünster offen bliebe und er auf jede Vereinigung mit Moreau endgiltig verzichten müsste. Wäre dieses Ziel erreicht, so würde es nöthigenfalls genügen, ein entsprechendes Corps Jourdan gegenüber zu lassen, mit dem Gros der Armee aber könnte

nicht unmittelbar dessen Befehlen, sondern war als detachirter General der Hauptarmee an den Erzherzog gewiesen. In Bezug auf die Verwendung seiner Truppen hatte er daher eine mehr selbstständige Stellung, die ihn unabhängig von Latour machte. Er war sozusagen das Gegengewicht der retrograden Tendenzen des Feldzeugmeisters, der eines so wirksamen Schutzes seiner rechten Flanke nicht entrathen konnte und daher indirect genöthigt war, in Uebereinstimmung mit Nauendorf zu handeln. Erzherzog Carl selbst nennt diese Stellung Nauendorfs »eine sonst gefährliche Massregel«, die aber im vorliegenden Falle nützlich war, weil es bei der strengen Rangsordnung ebenso unmöglich gewesen wäre, Latour das Commando abzunehmen, als es Nauendorf zu übertragen. [Siehe hierüber den Befehl des Erzherzogs an Nauendorf vom 26. August (F. A. IX, 372), das Schreiben FZM. Latour's an diesen vom 2. September (F. A. IX, 26) u. a. m. Erzherzog Carls Schriften. II, S. 298.]

man auf die Verbindungen Moreau's operiren und dadurch FZM. Latour entlasten. (F. A. I, 29½.)

Zur Ausführung dieses Planes musste der entsprechend verstärkte linke Flügel die Führung übernehmen, der rechte aber dessen Bewegungen folgen. Zu diesem Ende ordnete der Erzherzog die Vereinigung der, bis nun unter FML. Sztáray und Hotze, sowie dem GM. Fürst Liechtenstein gestandenen Truppen-Abtheilungen in ein besonderes Corps an, welches in der feindlichen rechten Flanke operiren sollte.*) FML. Sztáray, dem das Commando übertragen wurde, erhielt den Auftrag, FML. Hotze mit einem starken Detachement Infanterie und Cavallerie gegen Gräfenberg vorzusenden, um den Feind in den dortigen Defiléen zu beunruhigen und den Marsch der eigenen Armee durch jene von Hersbruck zu decken. Mit dem Gros seines Corps sollte er die Regnitz übersetzen und nach Mass als die Armee den Feind in der Front drückte, über Erlangen, Höchstadt und Burgebrach in dessen linke Flanke vordringen. (250.)

Mittlerweile hatte Jourdan die ausserordentlichsten Anstrengungen gemacht, um sich aus seiner misslichen Lage zu befreien. Unter dem Schutze der gefechtsbereiten Divisionen arbeiteten die übrigen Truppen und das ringsum aufgebotene Landvolk rastlos, die Artillerie und den Train aus dem Defilé herauszubringen. Dem vereinten Bemühen gelang dies insoweit, dass die Armee in der Nacht vom 25. zum 26. August den Marsch wieder fortsetzen konnte. Championnet besetzte am 26. Hilpoltstein und Gräfenberg, Grenier erreichte Betzenstein und Bonnaud mit der Arrièregarde stand vorwärts dieses Ortes. Nur Kleber, dem der Marschbefehl nicht zugestellt werden konnte, weil die kaiserliche Reiterei alle Communicationen zwischen Achtel und Vilseck beherrschte, hatte sich von letzterem Orte zu weit nördlich, nach Pegnitz

*) Das neugebildete Corps hatte folgende Zusammensetzung:

FML. Sztáray	12⅘ Bataillone,	14 Compagnien,	21 Escadronen
FML. Hotze	6 »	— »	11 »
GM. Fürst Liechtenstein	— »	18 »	16 »
Zusammen . .	18⅘ Bataillone,	32 Compagnien,	48 Escadronen

(F. A. IX, 417.)

gewendet und musste sich der Armee im Laufe des 26. durch einen forcirten Marsch wieder anschliessen. In Folge des hiedurch verursachten Aufenthaltes konnte Jourdan den Marsch erst am nächsten Tage fortsetzen und erreichte am 28. die Wisent, wo er sich mit Bernadotte vereinigte, der schon am 25. bei Forchheim eingetroffen war.

Der rechte Flügel der französischen Armee lehnte sich bei Forchheim an die Pegnitz, der linke bei Ebermannstadt an die Wisent. Die Cavallerie-Reserve-Division bildete das 2. Treffen.

Die Verfolgung war eine so lebhafte gewesen, dass die leichten Truppen unausgesetzt mit den Arrièregarden im Gefechte standen und schon am ersten Tage das Hauptquartier Jourdan's überfielen, den nur die persönliche Gegenwehr seines Stabes vor Gefangenschaft rettete. Bei dem Vorsprunge, den die Franzosen bereits gewonnen hatten, und in Folge der Terrain-Schwierigkeiten war es aber dennoch nicht möglich geworden, ihren Rückzug ernstlich zu gefährden.

FML. Hotze war am 25., um 3 Uhr morgens, zum Angriffe gegen Lauf vorgerückt, fand aber diesen Ort vom Feinde verlassen. Eine rasch nachgesendete Cavallerie-Abtheilung konnte denselben nicht mehr erreichen, dagegen ergab sich die Besatzung des Bergschlosses Rothenberg ohne Widerstand einem zweiten, von Lauf kommenden Cavallerie-Detachement. Hotze ging über Befehl des Erzherzogs noch am selben Nachmittage bis Neunhof und schob Vorposten bis Eschenau und Schönberg vor. Tagsdarauf lagerte er bei Bruck, FML. Sztáray marschirte nach Nürnberg. GM. Fürst Liechtenstein hatte einen Vorstoss bis Baiersdorf gemacht, musste aber bis Erlangen zurückweichen, worauf er sich an FML. Hotze anschloss. Das Gros und der rechte Flügel folgten diesen Bewegungen. FML. Kray vereinigte sich am 26. bei Hohenstadt mit GM. Hadik, rückte dann bis Simmelsdorf vor und besetzte Auerbach und Velden. Das Armee-Hauptquartier kam mit dem Reserve-Corps nach Hersbruck.

Am 27. marschirte Erzherzog Carl mit dem Reserve-Corps nach Lauf, FML. Kray nach Gräfenberg, von wo aus er bis Effelterich, Forchheim und Hagenbach (an der Wisent) streifte. FML. Sztáray kam bis Herzogenaurach und schob Hotze an die Aisch vor, wo derselbe bei Graiendorf unweit Höchstadt lagerte, welcher Ort von GM. Fürst Liechtenstein besetzt war.

Den folgenden Tag verlegte der Erzherzog sein Hauptquartier und das Reserve-Corps nach Heroldsberg; FML. Kray liess von Gräfenberg aus Neunkirchen besetzen. Sztáray war bis Höchstadt, Hotze bis Mühlhausen vorgerückt, während GM. Fürst Liechtenstein bis Burgebrach kam.

Nach den letzten Verfügungen des Erzherzogs gliederte sich die Armee nun folgend:

Linker Flügel unter FML. Sztáray:

FML. Sztáray: $12^{4}/_{6}$ Bataillone, 14 Compagnien, 21 Escadronen.

FML. Hotze: 6 Bataillone, 11 Escadronen.

GM. Fürst Liechtenstein: 18 Compagnien, 16 Escadronen.

Summe: $18^{4}/_{6}$ Bataillone, 32 Compagnien, 48 Escadronen.

Rechter Flügel unter FML. Kray:

FML. Kray: 8 Bataillone, 44 Compagnien, 43 Escadronen.

Oberst Görger: 18 Compagnien, 15 Escadronen.

Summe: 8 Bataillone, 62 Compagnien, 58 Escadronen.

Gros der Armee:

FZM. Wartensleben: 12 Bataillone, 26 Escadronen.

Zusammen: $38^{4}/_{6}$ Bataillone, 94 Compagnien, 132 Escadronen.

Ausserdem standen:

bei Regensburg, GM. Nauendorf mit 9 Bataillonen, 22 Escadronen;

in Ingolstadt, GM. Kerpen mit 3 Bataillonen;

südlich der Donau, FZM. Latour mit $35^{5}/_{6}$ Bataillonen, 24 Compagnien, 71 Escadronen, so dass die gesammte Armee im Felde aus $86^{3}/_{6}$ Bataillonen, 118 Compagnien und 225 Escadronen bestand. (251.)

Beide Armeen standen sich nun unmittelbar gegenüber und ihre Commandanten hatten den 29. zum Angriffe bestimmt: Erzherzog Carl, um den Erfolg von Amberg zu vervollständigen und den Feind entscheidend zu schlagen, — Jourdan, um sich den kürzesten Weg nach Würzburg zu bahnen.

Die Entwürfe beider kamen in Folge unvorherzusehender Umstände nicht zur Ausführung.*)

Nach der Disposition des Erzherzogs hatte FML. Kray seine Truppen derart in der Gegend von Betzenstein, Gräfenberg und Neunkirchen zu sammeln, dass er den Feind bei Forchheim in der Front und durch das Detachement des Obersten Görger über Ebermannstadt in der linken Flanke angreifen könne. GM. Elsnitz sollte mit einer entsprechenden Abtheilung bei Pegnitz die rechte Flanke decken. Diesen Angriff wollte der Erzherzog durch eine Vorrückung über Effelterich unterstützen und zugleich die Strasse Forchheim—Erlangen sichern.

Den Hauptangriff hatte FML. Sztáray gegen die rechte Flanke Jourdan's auszuführen. Zu diesem Zwecke sollte er an die Regnitz marschiren, bei Burk Batterien errichten und von dort aus Forchheim angreifen, während ein Detachement durch die Furt bei Seussling auf das rechte Ufer übergehen und sich der Strasse Forchheim—Bamberg bemächtigen würde.

FML. Hotze und GM. Fürst Liechtenstein erhielten Befehl, bis Burgebrach vorzurücken und bereit zu sein, entweder den Marsch bis Eltmann fortzusetzen oder die Strasse Forchheim—Kitzingen zu sperren. Die Colonnen hatten ihre Märsche derart einzuleiten, um noch vor Tagesanbruch des 30. an ihren Bestimmungsorten einzutreffen, nöthigenfalls aber den Angriff auch schon am Abende des 29. beginnen zu können. (252.)

*) Die Absichten des Erzherzogs sprachen sich deutlich in dem Generalsbefehle vom 29. aus, wo er sagt: ». . . . . Ich verspreche mir von den gesammten Truppen denjenigen Muth, Eifer und Standhaftigkeit, welche sie bisher bewiesen haben, um auch hier dem Feinde den letzten Druck zu geben und die Sache rasch zu entscheiden.« (F. A. IX, 452.)

Jourdan hatte bei seiner Ankunft an der Wisent von den Bewegungen des Gegners am linken Ufer der Regnitz keine andere Kenntniss, als dass ein Corps desselben bei Höchstadt lagere. Er vermuthete, es sei dies Hotze und hielt die Abtheilungen, welche in der Umgebung von Mühlhausen und Burgebrach bemerkt wurden, nur für dessen vorgeschobene leichte Truppen. Der gleichzeitige Vormarsch FML. Sztáray's war ihm nicht bekannt und der geringe Widerstand, den er desshalb erwarten zu dürfen glaubte, liess ihn die Gelegenheit als sehr günstig zu einem Angriffe erscheinen. Noch am 28. beorderte er den General-Adjutanten Mireur nach Bamberg, um dort aus verschiedenen zurückgebliebenen Detachements, Commandirten und Versprengten ein kleines Corps zu formiren und mit demselben am 29. gegen Burgebrach zu marschiren.

Gleichfalls am 29. sollte Bernadotte mit seiner, um 3 Cavallerie-Regimenter verstärkten Division, dann der Cavallerie-Reserve-Division über die bei Seussling und Hirschaid herzustellenden Schiffbrücken gegen Höchstadt vorrücken. Grenier hatte sich als 2. Treffen anzuschliessen, Championnet nach Pommersfelden zu marschiren, um die Verbindung zwischen Höchstadt und Burgebrach zu unterbrechen. Während des Vormarsches dieser Divisionen hätten Lefebvre und Collaud die ihrigen bei Forchheim unter Commando Klebers zu concentriren, dessen Aufgabe es war, den Angriff Bernadotte's durch Demonstrationen an der Wisent sowie durch Vorsendung eines starken Detachements nach Willersdorf an der Aisch zu unterstützen.

Als Jourdan um 2 Uhr morgens mit Bernadotte an der Brücke bei Seussling ankam, erwies sich dieselbe als zu schwach, während der Bau jener bei Hirschaid noch gar nicht begonnen hatte. Der ursprüngliche Plan war also nicht durchzuführen, dessenungeachtet aber hoffte Jourdan sich noch Burgebrachs und der Strasse nach Würzburg zu bemächtigen. Bernadotte musste sich sofort nach Bamberg wenden, dort die Regnitz übersetzen und so nahe als möglich bei Burgebrach die Ankunft der anderen Divisionen erwarten. Championnet und Grenier folgten dieser Bewegung. Bonnaud hatte die Furt von Seussling, Klein jene von Hirschaid zu überwachen und Kleber mit den Divisionen Lefebvre und Collaud als Arrièregarde eine sichernde Stellung hinter Strullendorf zu nehmen.

Diese Manöver vereitelten den Plan des Erzherzogs gegen Forchheim. FML. Sztáray hatte die Disposition erst um 7 Uhr morgens des 29. erhalten, nachdem FML. Hotze bereits nach Burgebrach, GM. Fürst Liechtenstein gegen Eltmann aufgebrochen war. Er beorderte sogleich GM. Kaim mit 5 Bataillonen nach Seussling und setzte sich ebenfalls in Marsch, um den Angriff auf Forchheim über Burk auszuführen, sobald sich Kaim der Brücke bemächtigt oder die Regnitz durchfurtet haben würde. In Hemmhofen angekommen, erhielt er aus Seussling die Meldung, dass der Feind in vollem Rückzuge, die Furt durch die Regnitz aber nicht zu benützen sei. In Folge dessen musste man sich darauf beschränken, den zurückgehenden Gegner vom linken Ufer aus durch Geschützfeuer zu belästigen. FML. Sztáray aber hatte mit dem Marsche gegen Burk einen ganzen Tag verloren und sich von jenem Punkte entfernt, an dem seine Anwesenheit höchst nothwendig gewesen wäre.

Gefecht bei Burgebrach. 29. August.

Auch Jourdan's Absichten auf Burgebrach erfüllten sich nicht. Bernadotte war in Folge der, mit jeder plötzlichen Dispositionsänderung stets verbundenen Stockungen erst spät auf das linke Ufer der Regnitz gelangt, wo er sich mit Mireur vereinigte und gegen 1 Uhr mittags die österreichischen Vorposten bis Harrnsbach zurückdrängte. Obschon durch den Marsch Sztáray's gegen Forchheim und jenen Liechtensteins nach Eltmann gänzlich isolirt, leistete FML. Hotze gleichwohl bis zum Einbruche der Nacht so energisch Widerstand, dass er seine Stellung behauptete und die Franzosen nicht über den Wald von Birkach vordringen liess. Dieses Resultat des Gefechtes war allerdings nur dadurch möglich geworden, dass weder Championnet, noch die Reserve-Cavallerie-

Division rechtzeitig eintrafen und daher nicht mehr verwendet werden konnten.

Am linken Flügel hatten die Franzosen fast ohne Gefecht ihre Stellung an der Wisent geräumt und FML. Kray war bis über Forchheim hinaus vorgedrungen. Das Hauptquartier kam nach Pinzberg.

Auf kaiserlicher Seite erwartete man für den folgenden Tag einen ernstlichen Angriff und traf die nöthigen Massregeln. FML. Hotze zog die Avantgarde GM. Fürst Liechtensteins von Eltmann an sich; FML. Sztáray liess noch um Mitternacht GM. Kaim mit 5 Bataillonen, 4 Escadronen nach Burgebrach zur Unterstützung Hotzes vorgehen und wollte mit dem Gros seiner Truppen bei Tagesanbruch ebenfalls dahin aufbrechen.

Jourdan war in der That entschlossen gewesen, bevor er auf Schweinfurt zurückging, noch einen Versuch zu wagen, sich den Weg nach Würzburg frei zu machen. Vorsichtshalber sandte er am 29. abends Grenier mit dem Artillerieparke nach Schweinfurt voraus und beauftragte Bernadotte und Championnet mit den Vorbereitungen zum Angriffe für den kommenden Tag. Bonnaud sollte das zweite Treffen bilden, Kleber mit seinen beiden Divisionen Bamberg decken. Als er jedoch bei Tagesanbruch vor der Linie seiner Vorposten gegen Burgebrach recognoscirte, glaubte er eine bedeutende Verstärkung des Gegners wahrzunehmen und kam schliesslich in Folge von Kundschaftsnachrichten zur Ueberzeugung, dass Erzherzog Carl seine Hauptkraft an diesem Punkte versammelt habe. Er hielt es daher für klüger, einem Angriffe auszuweichen, dessen Ausgang zweifelhaft schien, die Folgen eines Unfalles aber vernichtend wirken konnten. Gedeckt durch eine in das Thal der Rauhen Ebrach vorgeschobene Abtheilung von 3 Bataillonen und 100 Pferden, trat er den Rückzug an, überschritt bei Viereth auf einer Schiffbrücke den Main und marschirte, nach sechsstündiger Rast in Zeil, unaufgehalten bis Schweinfurt. Kleber war mit seinen Divisionen am rechten Regnitz-Ufer zurückgegangen, hatte bei Hallstadt das rechte Mainufer gewonnen. Auf Jourdan's Befehl wandte er sich von Zeil nordwestlich gegen Lauringen, weil dieser die, von Hassfurt aus hart am Main nach Schweinfurt führende Strasse nicht mehr für sicher hielt, falls kaiserliche Truppen inzwischen das linke Ufer besetzen sollten.

Am 31. August lagerten die Divisionen Bernadotte, Championnet, Grenier und Bonnaud in der Umgebung von Schweinfurt; Kleber nahm mit den Divisionen Lefebvre und Collaud Stellung bei Lauringen.

Diese rückgängigen Bewegungen Jourdan's entsprachen keineswegs den Intentionen des Directoriums. Fest überzeugt, die Erfolge Moreau's in Bayern würden Erzherzog Carl unbedingt nöthigen von Jourdan abzulassen und an die Donau zu eilen, hatten die Directoren dem Commandanten der Sambre-Maas-Armee gemessenen Befehl ertheilt, die Regnitz nicht zu verlassen, sondern sich dort mit Aufgebot aller Mittel zu halten und aus den Vortheilen Moreau's Nutzen zu ziehen. Dieser Befehl kam erst in Jourdan's Hände, als dieser sich schon auf dem Rückzuge an die Lahn befand; er beweist, in welch schwieriger Stellung sich die Generale der Rupublik dem Directorium gegenüber befanden und wie wenig berechtigt die Anmassung desselben war, die Operationen von Paris aus leiten zu wollen. (253.)

Sobald am 29. Klebers Rückzug bekannt geworden war, hatte Erzherzog Carl die nachdrücklichste Verfolgung angeordnet. FML. Kray rückte mit seinem Gros längs der Regnitz vor; GM. Hadik ging über Gunzendorf gegen Amlingstadt und verband sich durch ein Detachement über Heiligenstadt mit GM. Elsnitz, der am äussersten linken Flügel gegen Hollfeld marschirte. Unweit Neuses (an der Regnitz) traf Kray die Arrièregarde Klebers, warf sie bis Strullendorf zurück und drang ungeachtet lebhaften Widerstandes noch am nämlichen Abende (gegen 5 Uhr) nach Bamberg vor. Der erste Angriff der Avantgarde auf die Vorposten wurde zwar abgeschlagen; als aber Kray 6 Compagnien und 4 Escadronen vorführte und gleichzeitig auch 4 Escadronen Husaren ins Gefecht eingriffen, die FML. Hotze, als er den Anmarsch Jourdan's wahrgenommen, von Burgebrach nach Bamberg abgesandt hatte, folgte die französische Nachhut ihren bereits in

Division rechtzeitig eintrafen und daher nicht mehr verwendet werden konnten.

Am linken Flügel hatten die Franzosen fast ohne Gefecht ihre Stellung an der Wisent geräumt und FML. Kray war bis über Forchheim hinaus vorgedrungen. Das Hauptquartier kam nach Pinzberg.

Auf kaiserlicher Seite erwartete man für den folgenden Tag einen ernstlichen Angriff und traf die nöthigen Massregeln. FML. Hotze zog die Avantgarde GM. Fürst Liechtensteins von Eltmann an sich; FML. Sztáray liess noch um Mitternacht GM. Kaim mit 5 Bataillonen, 4 Escadronen nach Burgebrach zur Unterstützung Hotzes vorgehen und wollte mit dem Gros seiner Truppen bei Tagesanbruch ebenfalls dahin aufbrechen.

Jourdan war in der That entschlossen gewesen, bevor er auf Schweinfurt zurückging, noch einen Versuch zu wagen, sich den Weg nach Würzburg frei zu machen. Vorsichtshalber sandte er am 29. abends Grenier mit dem Artillerieparke nach Schweinfurt voraus und beauftragte Bernadotte und Championnet mit den Vorbereitungen zum Angriffe für den kommenden Tag. Bonnaud sollte das zweite Treffen bilden, Kleber mit seinen beiden Divisionen Bamberg decken. Als er jedoch bei Tagesanbruch vor der Linie seiner Vorposten gegen Burgebrach recognoscirte, glaubte er eine bedeutende Verstärkung des Gegners wahrzunehmen und kam schliesslich in Folge von Kundschaftsnachrichten zur Ueberzeugung, dass Erzherzog Carl seine Hauptkraft an diesem Punkte versammelt habe. Er hielt es daher für klüger, einem Angriffe auszuweichen, dessen Ausgang zweifelhaft schien, die Folgen eines Unfalles aber vernichtend wirken konnten. Gedeckt durch eine in das Thal der Rauhen Ebrach vorgeschobene Abtheilung von 3 Bataillonen und 100 Pferden, trat er den Rückzug an, überschritt bei Viereth auf einer Schiffbrücke den Main und marschirte, nach sechsstündiger Rast in Zeil, unaufgehalten bis Schweinfurt. Kleber war mit seinen Divisionen am rechten Regnitz-Ufer zurückgegangen, hatte bei Hallstadt das rechte Mainufer gewonnen. Auf Jourdan's Befehl wandte er sich von Zeil nordwestlich gegen Lauringen,

»wenn wir mit Muth und Entschlossenheit die Vortheile benützen, die uns die gegenwärtige Verlegenheit des Feindes bietet«. (255.)

Am 31. setzte sich die Armee in Bewegung:

FML. Hotze erreichte mit 8 Bataillonen, 13 Escadronen Neuses am Sand und schob 300 Pferde nach Kloster-(Münster-) Schwarzach vor;

GM. Fürst Liechtenstein besetzte mit 3 Bataillonen, 16 Escadronen Gerolzhofen und streifte bis Schweinfurt;

FML. Sztáray marschirte mit 13 Bataillonen, 17 Escadronen bis Ober-Schwarzach und liess die Brücke bei Kitzingen durch 3 Bataillone, 2 Escadronen besetzen;

FML. Kray sicherte die rechte Flanke der Armee gegen Norden, indem er mit 13 Bataillonen, 41 Escadronen in 2 Colonnen bis Eltmann und Sand vorrückte;

GM. Elsnitz, der die Aufgabe hatte, mit 5 Bataillonen, 17 Escadronen am rechten Mainufer vorzugehen, erreichte spät am Tage Stettfeld und dehnte seine Vorposten bis über Zeil aus.

Das Hauptquartier mit dem 12 Bataillone, 26 Escadronen starken Reserve-Corps unter FZM. Wartensleben kam nach Burgebrach.

Der Marsch Klebers nach Lauringen gab Anlass zu irrigen Berichten, als habe sich Jourdan mit dem Gros nach Neustadt und gegen die Saale gewendet, in Schweinfurt aber nur ungefähr 6000 Mann zurückgelassen. FML. Kray liess deshalb GM. Elsnitz am 1. September bis Hassfurt und Kloster Theres vorgehen und 4 Escadronen gegen Neustadt streifen. Bald überzeugte er sich, dass die ganze französische Armee bei Schweinfurt—Lauringen versammelt sei, und marschirte zur Deckung der rechten Flanke der Armee sofort nach Gerolzhofen. Auf die Meldung hievon ordnete der Erzherzog am selben Tage den Vormarsch nach Würzburg an. (256.)

FML. Hotze ging bei Kitzingen über den Main und rückte dann in 2 Colonnen gegen Würzburg. Das Gros, 6 Bataillone, 8 Escadronen, nahm den geraden Weg auf der Chaussee; GM. Kienmayer übersetzte mit 2 Bataillonen, 4 Escadronen bei Sommershausen wieder auf das linke Ufer.

um die Citadelle von Würzburg auch von dieser Seite einzuschliessen.

Nach Besetzung der Stadt hatte FML. Hotze alle Schiffe mit Beschlag zu belegen und ein entsprechendes Detachement leichter Cavallerie, mit Infanterie auf Wägen oder »à la croupe«, nach Wertheim zu senden, um sich der vom Feinde aus Würzburg dorthin gebrachten Vorräthe zu versichern. Desgleichen mussten auch nach dem wichtigen Posten Lohr sogleich Streifcommanden vorgehen und auf die erste verlässliche Nachricht, dass der Feind Schweinfurt verlassen habe oder im Abzuge sei, das Defilé bei Lohr stark besetzen.

Die 600 Mann starke Garnison von Würzburg war den kaiserlichen Truppen bis auf den Galgenberg entgegengerückt. Nach kurzem Gefechte mit der Vorhut musste sie sich wieder in die Stadt zurückziehen, deren Thore sie verrammelte; diese wurden jedoch von den Einwohnern alsbald wieder geöffnet, worauf sich die Franzosen in die Citadelle einschlossen. FML. Hotze verlegte 1 Bataillon als Besatzung in die Stadt und lagerte mit dem Gros südöstlich von Würzburg auf dem Galgenberge.

Da GM. Kienmayer des grossen Umweges halber sein Marschziel nicht zu erreichen vermochte und bei Lindflur nächtigte, konnte General Bollemont die noch am selben Tage erfolgte Aufforderung abweisen, auch unterblieb aus Rücksicht für die Stadt die Beschiessung der Citadelle. Die österreichische Besatzung der Stadt beschränkte sich daher auf die Zurückweisung von Ausfällen und die Beobachtung der Brücke, welche von der Citadelle unablässig mit Kartätschen beschossen wurde.*)

FML. Sztáray schob die Avantgarde auf das rechte Mainufer vor; er selbst blieb Kitzingen gegenüber am linken, in der Absicht, den Fluss am nächsten Tage zu überschreiten. Seine Aufgabe war, die Strasse Schweinfurt—Würzburg in der Gegend von Gramschatz zu beobachten und sich womöglich der dominirenden Höhen nördlich Würzburgs zu bemächtigen.

*) General Bollemont, der die Antwort auf die Aufforderung unterzeichnete, war nicht der eigentliche Commandant von Würzburg, sondern nur zufällig im Moment der Einschliessung dort anwesend.

GM. Elsnitz demonstrirte gegen Schweinfurt und Lauringen, um die Aufmerksamkeit des Gegners auf sich zu lenken und ihn zu hindern, allzusehr gegen Würzburg zu detachiren.

FML. Kray versicherte sich der Furten zwischen Volkach und Schweinfurt, wodurch er die Verbindung Jourdan's mit Würzburg beherrschte.

Mit dem Reserve-Corps marschirte Erzherzog Carl nur bis Ober-Schwarzach, da er aus Rücksicht für seine Verbindungen mit Bamberg nicht über Schweinfurt hinaus vorgehen wollte, so lange die gesammte französische Armee vereinigt war.

Schlacht bei Würzburg am 3. September.
(Tafel V.)

Jourdan war am 2. September in der Stellung bei Schweinfurt geblieben; seine Armee bedurfte unbedingt einer kurzen Rast. Beständig von Streifcommanden und Banden bewaffneten Landvolkes beunruhigt, musste sie in den letzten Tagen lange und beschwerliche Märsche zurücklegen, ohne andere Nahrung als Feldfrüchte, welche sich der Soldat von den Aeckern in der Nähe der Bivouaks holte. Entbehrungen und Anstrengungen hatten den physischen und moralischen Werth der Truppen sehr verringert und auch Misshelligkeiten unter den Generalen hervorgerufen, so dass Collaud von der Armee entfernt und seine Division unter die übrigen vertheilt werden musste.*)

Während der ganzen Bewegung bis Schweinfurt von der kaiserlichen Reiterei umschwärmt, war es Jourdan unmöglich gewesen, Nachrichten an Moreau gelangen zu lassen, noch erhielt er von diesem irgend welche Mittheilung. Erst am

*) Jourdan gibt in seinem Werke, Seite 152, sowohl die Entfernung Collaud's als auch die Auflösung von dessen Division zu, behauptet aber, entgegen den Angaben in den »Grundsätzen der Strategie« (XXI. Abschnitt, S. 4), dass erstere aus Gesundheitsrücksichten geschah und der Geist in der Armee ein vortrefflicher war. Dagegen berichtet der »Frankfurter-Staats-Ristretto« in der Nummer 146 vom 17. September, dass Collaud und Maleort am 7. d. M. unter Bedeckung Wetzlar passirten, um nach Paris abgeführt zu werden. (F. A. X, 261.)

31. August kam ein vom 25. datirter Bericht Moreau's über die Ereignisse in Bayern, nach Schweinfurt. Diesemnach wäre Erzherzog Carl mit 10 Bataillonen und 1 oder 2 Cavallerie-Regimentern Wartensleben zu Hilfe geeilt, während das Gros der österreichischen Armee in Ingolstadt, am Lech und in den Tiroler-Pässen zurückblieb. Durch den Sieg bei Friedberg sei ihre Front durchbrochen, FZM. Latour auf München zurückgeworfen worden und Erzherzog Carl marschire nun wieder der Donau zu; ausserdem habe auch Bayern bereits zu unterhandeln verlangt. Dies Alles, fügte Moreau zuversichtlich bei, setzt die Sambre-Maas-Armee von selbst in die Lage, ihren Marsch gegen Regensburg wieder aufzunehmen. (257.)

Begreiflicherweise musste diese Darstellung auf Jourdan's Entschlüsse bestimmend wirken, da er seinerseits gar nicht in der Lage war, sich ein eigenes Urtheil zu bilden; er ging daher auch unverzüglich daran, die sich ihm so unerwartet darbietenden Vortheile zu benützen. Gleichwohl aber basirte er klugerweise seine Pläne nicht auf unbedingten Glauben an Moreau's siegessichere Auffassung. Am 2. September wollte er nach Dettelbach und Kitzingen marschiren; war wirklich ein Theil der österreichischen Armee an die Donau abgezogen, so konnte er von diesen beiden Punkten aus, auf kürzestem Wege nach Nürnberg gelangen; andernfalls aber, eigneten sich dieselben vorzüglich zu einer Vertheidigung des Mainüberganges. Schliesslich blieb unter allen Umständen der Rückzug auf Würzburg offen, dessen Besitz die ferneren Operationen auf beiden Mainufern ausnehmend begünstigte. Allerdings konnte Erzherzog Carl dieses Manöver durch einzelne gegen Gemünden vorgehende Detachements beunruhigen, aber Jourdan hielt es nicht für wahrscheinlich, dass der Erzherzog diese Richtung auch mit dem Gros einschlagen werde, so lange seine Verbindung mit FZM. Latour so sehr gefährdet war und nichts die Vereinigung der beiden französischen Armeen hinderte. (258.)

Diesen Plan hatten jedoch die raschen Bewegungen Erzherzog Carls schon unmöglich gemacht, bevor noch dessen Ausführung beginnen konnte. Jourdan erfuhr wohl noch am

Abende des 1. die Ankunft kaiserlicher Truppen vor Würzburg, nicht aber, dass die Stadt auch schon von ihnen besetzt und die französische Besatzung in der Citadelle eingeschlossen sei. Ungeachtet der ihm gleichfalls bekannt gewordenen Vorrückung der übrigen Colonnen des Erzherzogs, glaubte er daher dennoch, vor demselben in Würzburg eintreffen und diesen Platz retten zu können. Bonnaud mit der Reserve-Cavallerie-Division ging noch am späten Abende des 1. recognoscirend gegen Würzburg vor; ihm folgten um 2 Uhr morgens des 2. die Divisionen Bernadotte und Championnet mit jener Grenier's als Unterstützung. An Stelle des letzteren nahm Lefebvre bei Schweinfurt Stellung; er hatte FML. Kray und GM. Elsnitz in Gerolzhofen und Hassfurt zu beobachten, sowie auch die, an die Saale führenden Communicationen für den Fall zu decken, als die Armee bei einem Rückzuge von der Strasse Würzburg—Frankfurt abgedrängt werden sollte.

Ohne Kenntniss von Jourdan's Absichten war Erzherzog Carl nur darüber in Sorge, derselbe könnte einer Schlacht ausweichen, indem er in seiner Stellung bei Schweinfurt verblieb und dadurch entweder die kaiserliche Armee hinderte, gegen Würzburg vorzugehen, oder in ihre Flanke kam, wenn sie dies dennoch versuchte. Um ihn zum Abmarsche zu bewegen, demonstrirte der Erzherzog am 2. morgens mit leichten Truppen auf der Strasse gegen Gemünden und beauftragte FZM. Wartensleben sowie FML. Kray sofort gegen Würzburg aufzubrechen, wenn die Franzosen sich von Schweinfurt in Bewegung setzen würden. Für den Uferwechsel dieser beiden Colonnen wurden bei Stadt-Schwarzach 2 Schiffbrücken über den Main geschlagen.

Gefechte bei Würzburg am 2. September.

Mittlerweile setzte Jourdan seinen Marsch gegen Würzburg fort. Es war nahe an Mittag, als die Avantgarde, gefolgt von der Reserve-Cavallerie-Division auf dem Steinberge anlangte, sofort mit den Vortruppen FML. Hotzes ins Gefecht trat und sie gegen 3 Uhr zurückwarf.

Während dieser Vorfälle traf Bernadotte auf dem Gefechtsfelde ein; seine Tete rückte gegen die Stadt vor und besetzte die Aumühle, sowie das vorliegende Thal. Wiederholte Ausfälle aus der Citadelle, wie auch die Annäherung der Franzosen an die Thore von aussen her, wehrte die Besatzung der Stadt erfolgreich ab. Indess entwickelte sich Bernadotte gegen Lengfeld und drängte auch dort die kaiserlichen Truppen zurück.

FML. Sztáray hatte im Laufe des Vormittags den Main überschritten und auf den Höhen bei Repperndorf Stellung genommen. GM. Fürst Liechtenstein deckte dieselbe durch Besetzung von Biebergau, Euerfeld und Erfeldorf und stellte die Verbindung mit FML. Hotze her. Als die französischen Colonnen sich Würzburg näherten, rückte Sztáray zur Unterstützung Hotzes vor und formirte sich vorwärts Erfeldorf. Von dort besetzte er die Linie längs dem Landleiten-Bache, die vorliegenden Anhöhen, sowie das Dorf Kürnach und dirigirte den grössten Theil der Cavallerie rechts bis Euerfeld, 5 Escadronen verbanden diese Stellung mit FML. Hotze, 2 Bataillone blieben als Reserve auf dem Kapellen-Berge.

Inzwischen war Championnet östlich der Schweinfurt-Würzburger-Strasse aufmarschirt und bemächtigte sich nach längerem Gefechte sowohl des Ortes Kürnach, als auch der kleinen Wäldchen westlich desselben. Das Geplänkel der leichten Truppen währte auf der ganzen Linie bis 6 Uhr abends, um welche Zeit beide Theile folgende Stellungen behaupteten:

Die Front der französischen Armee lief, entlang dem linken Ufer des Kürnach-Baches, auf den Anhöhen vor Kürnach über Estenfeld bis Lengfeld, wo sich der zurückgebogene rechte Flügel an die Avantgarde auf dem Steinberge schloss. Der Bach selbst und die genannten Dörfer blieben hinter der Front. Am linken Flügel hielt Championnet die Strecke vom Ursprung des Kürnach-Baches bis gegen Estenfeld, wo sich ihm Bernadotte anschloss.*)

*) Diese Division wurde während der Schlacht von General Simon commandirt, da Bernadotte unmittelbar nach dem Eintreffen vor Würzburg die Armee krankheitshalber auf kurze Zeit verlassen musste. Um Irrungen

Hinter dieser Front, bei Maidbronn, stand die Cavallerie-Division Bonnaud. Sie bildete im eigentlichen Sinne die einzige verfügbare Reserve Jourdan's, denn die Division Grenier, welche erst in der Nacht ankam und unter dieser Bezeichnung bei Unter-Pleichfeld aufgestellt wurde, hatte in erster Linie die Bestimmung, die linke ganz ungeschützte Flanke zu decken und die Verbindung mit Lefebvre bei Schweinfurt zu erhalten.

FML. Sztáray war gegen Abend von dem baldigen Anmarsche des Erzherzogs benachrichtigt worden. Da ihn dies der Verpflichtung enthob, die Uebergänge bei Stadt-Schwarzach und Kitzingen unmittelbar zu decken, concentrirte er seine ganze Aufmerksamkeit auf die Behauptung Würzburgs und die Sicherung eines entsprechenden Entwicklungsraumes für die Armee. Er marschirte mit einbrechender Dämmerung nach Rottendorf und nahm Stellung auf den Anhöhen jenseits des Landleiten-Baches. 3 Bataillone, 4 Escadronen besetzten die Höhen vorwärts des Estenfelder-Holzes, in welches, sowie in den »Kalten Grund«, je 3 Bataillone leichter Infanterie verlegt wurden. Die Cavallerie stand rückwärts dieser Front mit dem rechten Flügel hinter Euerfeld und dem linken hinter dem »Rothen Hof« (Rothhof). 2 Bataillone blieben zur Deckung der Brücke bei Kitzingen zurück.

Erzherzog Carl war erst am Nachmittage des 2. zur genauen Kenntniss der Bewegung Jourdan's gelangt und es liessen die Meldungen über die Gefechte bei Würzburg kaum noch bezweifeln, dass dies nur Vorbereitungen zu einem allgemeinen Angriffe sein konnten, den Jourdan unmittelbar darauf auszuführen gedenke. (259.) Der Erzherzog traf denn auch unverweilt seine Dispositionen.

FML. Kray wurde angewiesen, in der Nacht vom 2. zum 3. mit 9 Bataillonen, 35 Escadronen nach Stadt-Schwarzach abzumarschiren und dort den Main zu überschreiten. Mit dem Reserve-Corps, d. i. 8 Bataillonen, 24 Escadronen, und der gesammten Reserve-Artillerie gedachte Erzherzog Carl am frühen Morgen dort gleichfalls den Uebergang zu bewirken.

zu vermeiden, wird jedoch in der folgenden Darstellung die Bezeichnung »Division Bernadotte« beibehalten.

Zur Verfolgung der feindlichen Arrièregarde und Beobachtung Lefebvre's hatten ausser dem Detachement des GM. Elsnitz, noch 5 Bataillone und 9 Escadronen unter GM. Staader am rechten Mainufer zurückzubleiben.

Von den getroffenen Dispositionen wurde FML. Sztáray noch in der Nacht mit dem Beifügen in Kenntniss gesetzt, dass die Armee ungefähr gegen 10 Uhr vormittags am Gefechtsfelde eintreffen werde. Ein späterer Befehl vom 3. September, 5 Uhr morgens, stellte es seinem Ermessen anheim, den Gegner anzugreifen oder, falls er sich hiezu nicht stark genug fühle, die Ankunft des Reserve-Corps abzuwarten. (259.)

Erzherzog Carls Erwartungen sollten sich erfüllen. Der nächste Tag brachte die Schlacht, das heiss erstrebte Ziel seiner Operationen, wenngleich dieses Resultat unter ganz anderen Voraussetzungen sich ergab, als er nur vermuthen konnte.

Jourdan war keineswegs in der Absicht nach Würzburg marschirt, um dort zu schlagen. Er wollte sich nur vor Eintreffen der österreichischen Armee, dieser Stadt als eines geeigneten Stützpunktes weiterer Operationen versichern. Mit der Besetzung derselben durch FML. Hotze war dieser Plan gescheitert und Jourdan hätte nun, den Geboten der Klugheit folgend, mit aller Beschleunigung den Marsch über Arnstein und Hammelburg an die Lahn oder nach Frankfurt fortsetzen sollen. Gegenüber der, in Folge der letzten Gefechte gehobenen Stimmung der Truppen, welche vor Begierde brannten sich mit dem Feinde neuerdings zu messen, glaubte er jedoch den Befehl zum Rückzuge nicht ohne Verletzung der Soldatenehre geben zu können. Ueberdies war er der Meinung, nur untergeordnete feindliche Kräfte vor sich zu haben, wenngleich er sich nicht verhehlte, dieselben würden während der Nacht erheblich verstärkt werden. Da er weder über den Aufenthalt Erzherzog Carls, noch über die als bestimmt vorausgesetzte Detachirung an die Donau sichere Nachrichten hatte, nahm er den günstigeren Fall an und verzweifelte nicht an der Möglichkeit, entscheidende Vortheile zu erringen, bevor der Gegner seine Kräfte vereinigen konnte. Solche Betrachtungen reiften in ihm den Entschluss, am folgenden Morgen anzugreifen.*)

Dieser an und für sich schwankende Calcul erklärt es, warum Jourdan nicht dazu gelangte, die Division Lefebvre von Schweinfurt an sich zu ziehen und dadurch alle verfügbaren Kräfte auf dem Punkte der Entscheidung zu vereinen. Er setzte voraus, Kray und Elsnitz würden auch noch am 3. vor Schweinfurt bleiben, und erachtete deshalb Lefebvre dort für unentbehrlich, um der Armee den Rückzug nach Hammelburg offen zu halten.

Das Terrain, auf welchem beide Armeen innerhalb des grossen Halbkreises zusammenstossen sollten, den der Main in seinem Laufe von Schweinfurt bis Gemünden bildet, bot ausgedehnte Manövrirfreiheit und gestattete den Gebrauch aller Waffen. In letzterer Beziehung aber, war die Wirkungssphäre der Infanterie ziemlich scharf von jener der Reiterei geschieden. Die Front der österreichischen Stellung als Basis genommen. eignete sich der mehr offene Boden vor deren rechtem Flügel vorzüglich für die Verwendung von Cavallerie, während jener vor dem linken dies grossentheils ausschloss, der Infanterie aber ein umso geeigneteres Manövrirterrain bot. Mehrere von Osten nach Westen fliessende Bäche bildeten dort tiefe Einschnitte, deren Begleitungshöhen mit Weingärten bedeckt waren und die besonders in unmittelbarer Nähe von Würzburg die Stellung FML. Hotzes gegen geschlossene Angriffe ausgiebig sicherten. Der übrige Theil bestand vorherrschend aus Fruchtfeldern, zwischen welchen vereinzelte Waldparcellen vorkamen. Die Ortschaften liegen fast durchgehends in den Thälern, woraus es sich erklärt, dass dieselben weder von der kaiserlichen Armee, noch von den Franzosen in die Vertheidigungslinie einbezogen wurden, sondern bei beiden Theilen hinter der Front blieben. Zwischen den Stellungen Jourdan's und Sztáray's lagen mehrere Waldparcellen, von welchen am Abende des 2. September das Speierles-Rain und das Kürnacher-Holz von der Division Championnet besetzt waren, während

*) Das vorstehende Raisonnement findet sich sinngetreu bei Jourdan. S. 158 u. 159.

das Estenfelder-Holz und der Kalte Grund im Besitze der Oesterreicher blieben.

Ungefähr 5 *km* hinter der Front Jourdan's begann der 10—11 *km* lange und bei 7 *km* breite Gramschatzer-Wald, den nur einzelne Fusswege durchzogen; er dehnte sich bis an die Wern aus, welche, beschwerliche Defiléen durchfliessend, den schon erwähnten Bogen des Main gegen Norden abschliesst.

Gefecht bei Lengfeld. (261.)

Bei Tagesanbruch des 3. deckte dichter Nebel, der kaum auf einige Schritte zu sehen ermöglichte, das Terrain, und veranlasste ein fortwährendes Geplänkel der beiderseitigen Vorposten, deren Patrouillen in der Dunkelheit häufig aufeinander stiessen.

Aus dem Lärmen und der Bewegung auf feindlicher Seite gewann FML. Sztáray die Ueberzeugung, dass man sich dort zum Angriffe vorbereite. Er fasste sofort den kühnen, aber richtig berechneten Entschluss, den Angriff nicht abzuwarten, sondern demselben mit einem überraschenden Stosse zuvorzukommen. Gelang ihm dies, so nahm er dem Gegner eine werthvolle Position und kam in die Lage, sich mit FML. Hotze zu einem sehr widerstandsfähigen Ganzen zu verbinden, welches den Feind bis zur Ankunft des Erzherzogs festhalten konnte. Im ungünstigen Falle aber war immer ein besserer Erfolg und mehr Zeitgewinn zu hoffen, als wenn der Angriff passiv abgewartet worden wäre. Er bestimmte demnach 6 Bataillone, 10 Escadronen und 12 Geschütze zum Angriffe auf Lengfeld; GM. Kaim rückte mit 3 Grenadier-Bataillonen, 2 Escadronen Husaren und 4 Geschützen rechts über das Estenfelder-Holz vor und GM. Fürst Liechtenstein bildete mit seinem Corps den äussersten rechten Flügel zwischen Kürnach und Euerfeld. FML. Hotze erhielt den Auftrag, sich anfänglich nur vertheidigungsweise zu verhalten und den linken Flügel der Angriffsfront zu decken.

Um 3 Uhr morgens brachen die Colonnen auf und formirten sich gegen Tagesanbruch ungefähr auf Gewehrschussweite vor Lengfeld. Vom Nebel verhüllt, rückten sie in tiefster

Stille immer weiter, und als gegen 8 Uhr die Sonne hervorbrach, standen sie in fast unmittelbarer Nähe des überraschten Gegners. Ein kurzer Vorstoss, in Verbindung mit einem Angriffe, den GM. Kaim in die Flanke ausführte, zwang den Feind, die Höhen vor Lengfeld und den Ort selbst zu räumen. Zu gleicher Zeit hatte auch FML. Hotze die Aumühle genommen, so dass Bernadotte vollständig zurückgedrängt war und das ganze Thal bis Würzburg in den Händen der kaiserlichen Truppen blieb. Die vor der Division Championnet befindlichen leichten Truppen hatten sich ohne Widerstand dem Rückzuge des rechten Flügels angeschlossen.

Weiteres Vorrücken schien mit Rücksicht auf die Ueberlegenheit des Gegners nicht räthlich. Das ganze Unternehmen war nur auf Ueberraschung basirt gewesen; dies war vollständig gelungen und es handelte sich nun darum, die Vortheile bis zur Ankunft der Armee zu behaupten. FML. Sztáray richtete sich auf dem gewonnenen Terrain zur Vertheidigung ein und liess 17 Geschütze auf den Höhen bei Lengfeld auffahren. Wie vorauszusehen, erfolgte sehr bald der Gegenangriff. Sobald sich die Truppen ausserhalb des Feuerbereiches wieder gesammelt hatten, rückte Jourdan gegen 10 Uhr vormittags auf der ganzen Linie vor. In sieben Angriffen nahm Bernadotte mehrmals Lengfeld und drang wiederholt bis an die kaiserlichen Geschütze vor, ohne jedoch auf den Höhen östlich des Ortes festen Fuss fassen zu können. Erst als GM. Kaim, der mit seinen geringen Kräften das Estenfelder-Holz mit äusserster Zähigkeit vertheidigte, vor der Uebermacht Championnet's auf die Höhen hinter dem Landleiten-Bach zurückweichen musste, konnte sich FML. Sztáray ebenfalls nicht länger behaupten und ging in seine frühere Stellung auf den Höhen vorwärts Rottendorf zurück. Auch GM. Fürst Liechtenstein nahm, weniger durch die feindliche Reiterei, als durch ein mörderisches Geschützfeuer und das Zurückgehen der beiden anderen Colonnen genöthigt, zwischen Euerfeld und Erfeldorf eine neue Stellung.

In Folge dieser Bewegungen stand Championnet mit einem Theile seiner Division in der rechten Flanke der kaiserlichen Front, und da am französischen rechten Flügel Bernadotte das Gefecht zum Stehen gebracht hatte, schien Jourdan der Augenblick günstig, um durch überwältigendes Eingreifen seiner noch intacten Truppen die Entscheidung herbeizuführen. Bonnaud erhielt Befehl, mit der Reserve-Cavallerie-Division um den linken Flügel Championnet's herum, bis Rottendorf im Rücken der Stellung Sztáray's und Hotzes vorzudringen, während Grenier beordert wurde, sich dieser Bewegung über Seligenstadt als zweite Linie anzuschliessen. Ein heftiges Geschützfeuer auf der ganzen Linie und einzelne Vorstösse sollten dieses Manöver unterstützen.

Eben war Grenier im Begriffe, gegen Seligenstadt vorzurücken, als er bedeutende Cavalleriemassen gewahrte, die sich in der Richtung von Dettelbach gegen Prosselsheim und Euerfeld bewegten. Es waren dies die Schwadronen FZM. Wartenslebens und FML. Kray's, welche um diese Zeit auf dem Schlachtfelde eintrafen.

Den Dispositionen des Erzherzogs gemäss hatte sich letzterer kurz nach Mitternacht, Wartensleben um 4 Uhr morgens in Marsch gesetzt. Als der Erzherzog, welcher in der Nacht die letzten Berichte Sztáray's erhalten hatte, mit seinem Stabe an der Brücke bei Stadt-Schwarzach ankam, war die ganze Colonne Kray's, mit Ausnahme einiger leichter Truppen, noch am linken Ufer, daher eine gefährliche Stockung in der Bewegung der Colonnen zu befürchten. Mit energischem Nachdrucke sicherte Erzherzog Carl die Beschleunigung des Ueberganges und setzte dann den Weg zu FML. Sztáray fort.*) Er fand denselben im Gefechte mit überlegenen feindlichen Kräften, die Truppen schon sehr ermüdet, aber voll des besten Willens auszuharren. Augenscheinlich aber durften dieselben nicht mehr allzu lang den Angriffen von fast der ganzen französischen Armee ausgesetzt bleiben. Erzherzog Carl eilte daher persönlich zurück, um den Marsch der Colonnen zu beschleunigen und die nöthigen Befehle zur Entlastung dieser,

*) Um welche Stunde er dort ankam, ist nicht genau festzustellen. In den Memoiren Major Mayers, Generalstabs-Officier Sztáray's, wird angegeben, Erzherzog Carl sei »mitten im heftigsten Gefechte, beiläufig um $^{1}/_{2}$12 Uhr mittags«, auf dem Gefechtsfelde eingetroffen. (F. A. I. $29^{1}/_{2}$.)

26*

mit heroischer Ausdauer kämpfenden Bataillone zu geben. Der dichte Nebel hatte jedoch nicht nur den Anmarsch der Truppen erschwert, sondern auch den Brückenschlag ganz unmöglich gemacht, so dass geraume Zeit nur die einzige Brücke bei Stadt-Schwarzach zur Verfügung stand. Erst als der Nebel sich hob, war der Bau einer Pontonbrücke bei Dettelbach begonnen worden. Der Erzherzog fand daher die Colonne Kray's zum grössten Theile, jene Wartenslebens noch ganz auf dem linken Ufer. Er ordnete an, dass erstere sich nach vollzogenem Uebergange rechts gegen Prosselsheim halten und dann die Richtung gegen Gramschatz in die linke Flanke des Gegners nehmen solle; FZM. Wartensleben dagegen hatte sich möglichst schnell an den rechten Flügel Sztáray's anzuschliessen.

FML. Kray, der bei Stadt-Schwarzach die am Vortage hergestellte Schiffbrücke benützen konnte, hatte nach 10 Uhr vormittags den Uebergang bewirkt, und war in der Lage, sich mit seiner Cavallerie nach der anbefohlenen Richtung in Marsch zu setzen; Wartensleben aber, auf die Pontonbrücke bei Dettelbach angewiesen, fand diese zur selben Stunde mit Truppen und Fuhrwerken derart überfüllt, dass er nicht hoffen konnte, den Uebergang früher als vor Ablauf einiger Stunden ausführen zu können. Durchdrungen von der Wichtigkeit seines Auftrages, wollte er jedoch keine Minute verlieren. An der Spitze seiner 24 Escadronen schwerer Reiter warf er sich in den Fluss, kam durch eine Furt und theilweise schwimmend auf das jenseitige Ufer und marschirte geradewegs auf Bibergau, während die 8 Grenadier-Bataillone die Brücke überschritten.

Es war ungefähr um die Mittagsstunde, als die Teten der beiden Cavallerie-Colonnen von Dettelbach und Stadt-Schwarzach her in die Ebene vorbrachen. Schon ihr Erscheinen brachte Jourdan's Manöver ins Stocken. Grenier konnte angesichts der, in der linken Flanke der Armeefront sich entwickelnden Colonnen Kray's, die ihm aufgetragene Bewegung nicht mehr ausführen. Nur 1 Infanterie-Regiment, 2 Escadronen Dragoner und einen Theil der leichten Cavallerie sandte er zu Championnet; mit dem Reste seiner Division aber nahm er bei Ober-Pleichfeld Stellung, von wo aus er die Communication mit Schweinfurt und die Rückzugslinie der Armee besser schützen zu können glaubte.

Jourdan war von der Meldung Grenier's aufs äusserste betroffen und konnte sich das unerwartete Eingreifen so bedeutender feindlicher Kräfte nur durch die Voraussetzung erklären, dass Erzherzog Carl die gegen Schweinfurt aufgestellten Truppen sehr geschwächt habe. Um vor allem der nächstliegenden Gefahr entgegenzutreten, vereinte er die entbehrliche Reiterei der Division Bernadotte mit jener Bonnaud's und liess diesen am linken Flügel der Division Championnet aufmarschiren. Die früher an dieser Stelle gestandene leichte Reiterei Kleins hatte sich links auf die Colonne Kray's zu werfen, um deren Aufmarsch möglichst zu verlangsamen. Zugleich erging der Befehl an Lefebvre, mit aller Energie gegen die zuverlässig nur geringen feindlichen Kräfte, die vor ihm stünden, vorzugehen, jedenfalls aber Wipfeld zu besetzen, um den linken Flügel der Armee zu stützen und ihre Rückzugslinie zu sichern.

Die Ausführung dieser Dispositionen hätte die Division Grenier allerdings wieder frei gemacht, wenn die kaiserliche Reiterei dies nicht verhindert haben würde. Durch ihr energisches Vorgehen hatte sie bereits alle Communicationen zwischen Schweinfurt und Würzburg in ihrer Gewalt, so dass die auf verschiedenen Wegen mit den Befehlen abgesendeten Officiere nirgends durchkommen konnten. Ungeachtet dieses widrigen Zwischenfalles hoffte Jourdan dennoch, Lefebvre werde die Schwächung der ihm gegenüber befindlichen Streitkräfte wahrgenommen haben und dann, dem Kanonendonner zueilend, der Armee zu Hilfe kommen. Diese Annahme erwies sich aber als irrig. Lefebvre hatte Kray's Abmarsch nicht bemerkt, da sich die bei Schweinfurt zurückgebliebenen kaiserlichen Truppen aufs rührigste bemühten, dies zu verbergen, und ihren Gegner bis zum Abende mit lebhaft geführten Vorpostengefechten beschäftigten. Unter solchen Umständen dachte Lefebvre natürlich nicht daran, ohne bestimmten Befehl einen Posten zu verlassen, von dem, wie er annehmen musste, die Sicherheit des Rückzuges der Armee abhing.

Dagegen waren Grenier's Voraussetzungen um so begründeter. Seine Avantgarde kam gerade in Ober-Pleichfeld an, als er bemerkte, dass Kray sich gegen Dipbach bewege, um den linken Flügel zu umfassen. Er war eben im Begriffe, 2 Bataillone und 100 Pferde zur Vertheidigung des Heiligenthaler-Waldes zu detachiren, als fast zur selben Zeit die Avantgarde in Ober-Pleichfeld lebhaft angegriffen wurde. Eine Verstärkung von 3 Bataillonen und 1 Dragoner-Regiment, welche er persönlich vorführte, hielt zwar das Vordringen der kaiserlichen Truppen auf, konnte jedoch nicht hindern, dass eine Abtheilung Husaren in den Rücken der Division vordrang und dort 5 Geschütze wegnahm. (Jourdan, 165.)

Mittlerweile war FZM. Wartensleben mit seiner Reiterei auf dem Schlachtfelde angelangt und zwischen Euerfeld und Erfeldorf aufmarschirt. Der Erzherzog, welcher ein entscheidenderes Resultat anstrebte, als durch eine isolirte Cavallerie-Attaque zu erwarten war, wollte mit dem Angriffe so lange zurückhalten, bis auch die Infanterie zur Stelle sein würde. Vorbereitend verfügte er nur, dass 14 Escadronen leichter Reiterei GM. Fürst Liechtensteins, die bisher in der Ebene zerstreut waren, sich hinter Wartenslebens rechten Flügel als Defensivflanke formirten, ferner dass die bei FML. Sztáray entbehrliche Cavallerie sich ebenfalls an jene Wartenslebens anschloss, wodurch im ganzen 56 Escadronen verfügbar wurden. (F. A. I, 36a.)

Der Uebergang der Infanterie über den Main auf einer einzigen schwachen Brücke, nahm ungewöhnlich viele Zeit in Anspruch. Stunde um Stunde verrann, FML. Sztáray kämpfte mit äusserster Anstrengung, und nur der ausgezeichneten Mitwirkung der Artillerie war es zu danken, dass die bis zur Erschöpfung übermüdete Infanterie dem Feinde jeden Zoll Bodens mit Erfolg streitig machen konnte.*)

*) Die Infanterie sowohl als die Artillerie verbrauchte nicht nur die ganze Munition, sondern auch zweimal die Reservevorräthe. Glücklicherweise trat in Folge der vorzüglichen Anstalten des Artillerie-Majors Reisner nie ein Mangel ein. (FML. Sztáray's Bericht vom 4. September. F. A. X, 63.)

All dieser aufopfernde Heldenmuth hätte aber schliesslich der Uebermacht erliegen müssen, wäre nicht noch zu rechter Zeit FZM. Wartensleben eingetroffen. Die drohende Haltung, welche Erzherzog Carl die Cavallerie am rechten Flügel einnehmen liess, hielt Championnet's ungestümes Vordringen auf. Er musste sich der Division Bernadotte nähern und seine Infanterie mehr zwischen den Gehölzen und Ravins zusammenziehen, wo sie besseren Schutz gegen die Angriffe der Reiterei finden konnte. Um 3 Uhr nachmittags kam endlich FML. Werneck mit den Grenadieren bei Bibergau an und formirte sich links der Cavallerie gegenüber dem Rothen Hofe (Rothhof) in zwei Treffen. Nunmehr gab Erzherzog Carl der Reiterei Befehl zum Angriffe. Die Husaren-Regimenter Blankenstein und Barco, die Szekler-Husaren, die Carabinier-Regimenter Kaiser Franz, Herzog Albert und Kinsky, dann das Kürassier-Regiment Mack, im ganzen 44 Escadronen, warfen sich trotz eines mörderischen Geschützfeuers auf die eben im Aufmarsch begriffene französische Cavallerie. Die leichte Reiterei Championnet's und Grenier's, welche diesen Aufmarsch decken sollte, wurde über den Haufen geritten und auf die Tete der Cavallerie-Division Bonnaud geworfen.

Auch GM. Fürst Liechtenstein, der mit 400 Reitern den feindlichen linken Flügel zwischen Euerfeld und Seligenstadt umging, warf die dort stehen gebliebenen Cavallerie-Abtheilungen, wurde aber, sowie das zu seiner Unterstützung nachgesendete Carabinier-Regiment Kaiser Franz, bei der Verfolgung durch einen Theil der schweren Reiterei Bonnaud's wieder zurückgeschlagen. Aehnliches Schicksal traf auch die in der Front vorgegangenen Regimenter, welche nach einem vergeblichen Versuche, mit einem Kürassier-Regimente die rechte Flanke des Feindes zu gewinnen, von Bonnaud, der nun das Gros seiner Division ins Gefecht brachte, geworfen wurden.

Mit diesen gelungenen Rückstössen war aber auch die Kraft der französischen Reiterei erschöpft, während Erzherzog Carl noch 12 Escadronen Kürassiere in Bereitschaft hatte, die nun geschlossen »im Trabe« vorrückten und sich auf die vereinzelten Escadronen des Feindes warfen.

Jourdan sah wohl die Gefahr nahen und liess sogleich das Zeichen zum »Sammeln« geben, aber bevor noch wenige Escadronen diesem Befehle hatten folgen können, waren die kaiserlichen Kürassiere heran und jagten den Gegner in voller Auflösung bis hinter seine Infanterie zurück, deren Feuer erst die Fliehenden der weiteren Verfolgung entzog.

Vergebens hatte sich Jourdan mit Bonnaud bemüht, die Reiterei zum Stehen zu bringen; er gab von diesem Augenblicke an die Schlacht verloren. Seine Infanterie, in übermässig langer Linie ohne Reserve aufgestellt, war unvermögend, den Unfall der Reiterei auszugleichen. Ihre Front war durchbrochen, Grenier von derselben abgetrennt und daher auch die Flanke entblösst. Es fruchtete wenig, dass fast gleichzeitig Bernadotte am rechten Flügel durch Lengfeld vorrückte und im Begriffe stand, dort die kaiserlichen Truppen von den Anhöhen zu vertreiben, die sie bisher mit so ausserordentlicher Standhaftigkeit behauptet hatten — das Ziel weiteren Kampfes konnte nur noch ein möglichst geordneter Rückzug sein. Jourdan täuschte sich hierüber nicht und bestimmte Arnstein zum Versammlungsorte für alle Theile seiner Armee. Bernadotte und Championnet, welche am weitesten von diesem Punkte entfernt waren, sollten den Rückzug zuerst antreten, Grenier, der Arnstein am nächsten stand, denselben decken. Aber nicht minder scharf hatte Erzherzog Carl die Situation erfasst und ordnete nun die Vorrückung auf der ganzen Linie an. FML. Werneck erhielt Befehl, das Gehölz beim Rothen Hof wegzunehmen, welches die Vereinigung FZM. Wartenslebens mit FML. Sztáray hinderte. Die schwere Cavallerie sollte rechts diesem Angriffe folgen.

Werneck entledigte sich seines Auftrages mit unvergleichlicher Bravour. Geschlossen, unter klingendem Spiele und »beständiger Vorführung ihrer Geschütze«, rückten die Grenadier-Bataillone Paulus, Ghenedegg und Kreisern ohne einen Schuss zu thun, dem Kartätschenfeuer entgegen und warfen den Feind aus seiner Stellung. Das 2. Slavonier-Grenz-Bataillon und das O'Donel'sche Freicorps, welche bisher das Gefecht an diesem Punkte geführt hatten, aber zu schwach waren, um entscheidende Erfolge zu erringen, drangen in das Gehölz ein und säuberten es vollständig vom Feinde.

Nun konnte Championnet seine Position nicht länger behaupten; er zog sich fechtend auf die Höhen von Kürnach zurück und erwartete dort, in seiner linken Flanke durch die Reiterei gedeckt, die Division Bernadotte. Diese hatte nach wechselvollem Gefechte FML. Hotze schliesslich genöthigt, seine Truppen aus den am rechten Ufer des Kürnach-Baches befindlichen Weinbergen zurückzunehmen, bemühte sich aber vergeblich, dessen äusserst vortheilhafte Stellung am Galgenberge zu forciren. Als die Division sich in Folge der Ereignisse am französischen linken Flügel zurückziehen musste, liess FML. Hotze sie durch 2 Bataillone und 4 Escadronen unter GM. Hiller über den Steinberg verfolgen, während GM. Canisius mit 5 Escadronen die feindlichen Plänkler aus Lengfeld und den benachbarten Gehölzen vertrieb. Nun ging auch Bernadotte in der Richtung auf Rimpar bis in gleiche Höhe mit Kürnach zurück, wo er sich mit Championnet in Verbindung setzte. (262.)

Während dieser Vorfälle war auch Ober-Pleichfeld der Schauplatz hartnäckigen Kampfes. Grenier hatte, wie erwähnt, schon bei Beginn der Schlacht einen Theil seiner Truppen zur Verstärkung der Division Championnet abgegeben. In Folge der seitdem erhaltenen Befehle, wurde der noch übrige Rest seiner Division theils gegen Heiligenthal zur Besetzung des Waldes vorgeschoben, theils zur Sicherung der Verbindung mit Schweinfurt verwendet, so dass auf keinem Punkte ausreichende Kräfte versammelt waren. Als FML. Kray in zwei Colonnen vorrückte, wurde es ihm nicht schwer, mit der einen den Feind aus Dipbach und Heiligenthal zu verjagen und dann über Bergtheim und Opferbaum in die linke Flanke Grenier's vorzudringen, während die zweite über Prosselsheim und Pussenheim gegen Ober-Pleichfeld anrückte. Dieser letzteren Colonne schloss sich nach Beendigung des grossen Cavallerie-Angriffes auch noch GM. Fürst Liechtenstein mit seiner leichten Reiterei an. Die zerstreuten Truppen Grenier's wurden mit grossen Verlusten aus allen Posten vertrieben. Die Infanterie, welche sich aus dem Walde von Heiligenthal zurückzog, sowie

2 Bataillone, die zwischen diesem Orte und Opferbaum ein Carré formirt hatten, wurden theils zusammengehauen, theils gefangen*) und Grenier genöthigt, sich über Unter-Pleichfeld in den Gramschatzer-Wald zurückzuziehen.

Mittlerweile hatte Jourdan zur Sicherung des Rückzuges eine mehr concentrirte Stellung zwischen Versbach und Mühlhausen genommen, deren linken Flügel die Cavallerie-Division Bonnaud bildete. Der Erzherzog liess jedoch den Feind nicht zu Athem kommen und ging in 4 Colonnen zum Angriffe vor.

FML. Riesch marschirte mit 4 Grenadier-Bataillonen, 12 Compagnien, 10 Escadronen durch Kürnach;

FML. Sztáray debouchirte unter dem heftigsten feindlichen Geschützfeuer mit 6 Grenadier-Bataillonen und 6 Escadronen Kürassieren aus Estenfeld; zwischen diesen beiden Colonnen vertrieb Oberst Nagy mit 7 Escadronen Husaren die feindlichen leichten Truppen aus dem Gelände zwischen Kürnach und Estenfeld;

GM. Montfrault führte 5 Infanterie-Bataillone durch Lengfeld und schloss sich dem linken Flügel FML. Sztáray's an.

Von den Truppen FML. Hotzes blieb die Infanterie vorläufig bei Würzburg zurück; 1 Chevau-légers-Regiment ging gegen den feindlichen rechten Flügel bei Versbach vor; 6 Escadronen nahmen die Richtung den Main entlang gegen Güntersleben.

Die Stellung der französischen Armee, schon durch das Missgeschick Grenier's unhaltbar geworden, verlor nun in der linken Flanke jede Deckung, und war ihr Rückzug aufs höchste gefährdet. Jourdan wartete denn auch den Angriff nicht ab,

*) Jourdan bestreitet dies (S. 168) und gibt nur zu, dass 250 Mann welche die äusserste Nachhut bildeten, diesem Schicksale verfielen. In den Feldacten des k. k. Kriegs-Archives wird jedoch ausdrücklich angeführt, dass Oberst Levachich mit dem Regimente Barco-Husaren ein feindliches Carré von 3 Bataillonen sprengte, dabei 500 Gefangene machte und eine zwölfpfündige Kanone erbeutete. Ferner, dass GM. Hadik mit 4 Escadronen von Blankenstein-Husaren und 4 von Karacsay-Chevau-légers 2 feindliche Bataillone angriff, denen er 7 Officiere und 400 Mann an Gefangenen abnahm. (F. A. I. 36 a.)

sondern zog sich unter dem Schutze der Reiterei ziemlich geordnet gegen den Gramschatzer-Wald zurück. Erzherzog Carl folgte in zwei Treffen in entwickelter Linie, die Geschütze vor der Front, mit vorgenommenem rechten Flügel. Die schwere Cavallerie formirte sich als 3. Treffen, sobald die Armee das durchschnittene Terrain zwischen Mühlhausen und Versbach erreichte. Die Vorrückung wurde ohne jeden grösseren Zusammenstoss ununterbrochen fortgesetzt, da die Franzosen wohl öfter einige Abtheilungen Stellung nehmen liessen, den Angriff aber nicht abwarteten. Championnet warf sich in den Gramschatzer-Wald und marschirte theils durch denselben, theils an dessen Lisière nach Arnstein; Simon führte die Division Bernadotte und die Reserve-Cavallerie-Division Bonnaud über Rimpar und Güntersleben ebenfalls dahin.

Erzherzog Carl rückte bis auf die Höhen östlich Rimpar, wo er Stellung nahm. Da eine weitere Verfolgung unthunlich war, so lange der Gramschatzer-Wald im Besitze des Feindes blieb, wurde sofort zum Angriffe auf dieses Object geschritten. Die gesammte leichte Infanterie nebst 4 Grenadier-Bataillonen rückte zur selben Zeit in den Wald, als FML. Kray von Ober-Pleichfeld und Opferbaum her in denselben eindrang. Die leichte Cavallerie und 2 Kürassier-Regimenter gingen in der Ebene von Rimpar gegen Güntersleben vor. Indess kam es auch hier zu keinem ernsten Gefechte. Begünstigt durch das Waldterrain, setzte Championnet seinen Rückzug bis Arnstein fort. Die Division Bernadotte aber hatte ihren Marsch derart beschleunigt, dass sie noch vor den, auf kürzerer Linie vorgehenden kaiserlichen Regimentern Güntersleben erreichte; nur eine Halbbrigade wurde nahe diesem Orte von den Kürassieren eingeholt und grösstentheils aufgerieben.

Der Angriff auf den Gramschatzer-Wald war der letzte Act der Schlacht, die eigentlich schon durch den Reiterangriff bei Euerfeld entschieden war. Die kaiserlichen Truppen fanden nur geringfügigen Widerstand und waren gegen 7 Uhr abends bis an das Thal vorgerückt, welches Gramschatz mit Güntersleben verbindet. Bei einbrechender Dämmerung hörte allmälig auch die Verfolgung auf.

Jourdan sammelte seine Armee am linken Ufer der Wern, hinter Arnstein, die Infanterie beiderseits der Strasse nach Hammelburg, die Cavallerie bei Marbach.

Die kaiserliche Armee blieb in der Stellung bei Rimpar; die leichten Truppen besetzten die Vorpostenlinie im Gramschatzer-Walde und von da über Gadehof bis Veitshochheim. Der Erzherzog nahm sein Hauptquartier in Kürnach.

Am Abende des 3. bot auch der Commandant der Citadelle von Würzburg die Capitulation an und ergab sich am nächsten Morgen mit der 800 Mann starken Besatzung an FML. Hotze. Man fand in der Citadelle ausser 88 würzburgischen Kanonen auch 6 französische Liniengeschütze, 125 Munitionskarren, 13 Rüstwagen und verschiedenes Artillerie-Materiale.

Der Sieg bei Würzburg rechtfertigte Erzherzog Carls Voraussetzungen und erfüllte alle Hoffnungen, die er an die Operationen geknüpft hatte, welche der Schlacht vorausgingen. Nunmehr befand sich die kaiserliche Armee im Besitze der kürzeren Verbindung mit dem Rhein und stand in der Flanke des Gegners. Der Entsatz von Mainz musste die nächste Folge hievon sein, denn zwischen Würzburg und Castel gab es keine feste Stellung, die Jourdan früh genug hätte erreichen und behaupten können. Er hatte thatsächlich keinen anderen Rückzug als an die Lahn. Nur dieser bot ihm die Möglichkeit, mit Moreau wieder in Verbindung zu kommen, Verstärkungen von der Nordarmee an sich zu ziehen und, gedeckt durch den Fluss, die Truppen in eine Verfassung zu bringen, welche die erfolgreiche Wiederaufnahme der Operationen erwarten lassen konnte.

Nicht zu unterschätzen war die moralische Rückwirkung des von Erzherzog Carl erfochtenen Sieges auf die französische Armee sowohl, als auch auf die Bevölkerung der von jener besetzten oder zu durchziehenden Landstriche. Erstere ward durch die rasch auf einander gefolgten Schläge und den ununterbrochenen Rückzug um so tiefer herabgestimmt, als diesem verhältnissmässig leicht errungene Erfolge vorausgegangen waren. Die Landeseinwohner, durch die Zuchtlosigkeit und die grenzenlosen Erpressungen der Franzosen zum

Aeussersten getrieben, griffen nun allerorts zu den Waffen und liessen ihrem Rachedurste freien Lauf.

Ausser diesen unmittelbaren Vortheilen, blieb noch der Einfluss des Sieges bei Würzburg auf die Operationen in Bayern als Gewinn und reiften auch dort die Pläne des Erzherzogs der Verwirklichung entgegen.

Die Verluste, mit welchen die kaiserliche Armee ihre Erfolge erkaufte, beliefen sich für die Tage des 2. und 3. September auf 22 Officiere, 1447 Mann und 582 Pferde; dagegen wurden 1 Fahne, 7 Geschütze, mehrere Munitionskarren erbeutet und, einschliesslich der Besatzung der Citadelle von Würzburg, an 3000 Gefangene gemacht, worunter der Divisions-General Bollemont. (263.)

Die Franzosen beziffern ihren Verlust während der Schlacht auf 2000 Mann, dann 700 Mann, die bei der Capitulation der Citadelle gefangen wurden.*)

Rückzug Jourdan's an die Lahn.

Jourdan beurtheilte seine Lage vollkommen richtig; ausser den strategischen, drängten ihn auch noch andere gewichtige Gründe, sich so schnell als möglich dem unmittelbaren Bereiche des Gegners zu entziehen. Die Armee war nur unzureichend mit Munition versehen und sah sich nun, wo die eroberten Plätze, denen man dieselbe bisher entnahm, verloren waren, auf den sehr beschwerlichen Nachschub vom linken Rheinufer angewiesen. Auch die Artillerie befand sich in einem Zustande, welcher rasche Annäherung an die Operationsbasis dringend nothwendig erscheinen liess. (Jourdan, 174.) Die französische Armee brach daher schon am 4. vor Tag von Arnstein auf und marschirte hinter die Saale nach Hammelburg. Lefebvre kam von Schweinfurt nach Kissingen und stellte sich am nächsten Tage, wo die Armee bei Brückenau hinter der Sinn lagerte, als Arrièregarde bei Leichtersbach auf.

---

*) Jourdan, Tableau Nr. 7. Die Widersprüche dieser Angaben mit jenen der Acten des Kriegs-Archives sind schon früher Seite 410 hervorgehoben worden.

Am 6. überschritt das Gros die Kinzig bei Schlüchtern und liess nur Lefebvre am linken Ufer zurück.

Unmittelbar nach der Schlacht war dem Erzherzoge die Rückzugsrichtung des Feindes noch nicht bekannt, doch hinderte ihn dies nicht in seinen Dispositionen. Er war sich der vollen Bedeutung des errungenen Sieges bewusst und, weit entfernt sich mit der blos taktischen Ausnützung desselben zu begnügen, vereinigten sich alle seine Anordnungen nach dem grossen Ziele: die entscheidende Wendung, welche durch den Tag von Würzburg eingeleitet war, mit einer siegreichen Beendigung des Feldzuges abzuschliessen. (264.) Die Richtung der weiteren Operationen war hiemit in den Hauptzügen gegeben und fand ihren Ausdruck in dem Entschlusse des Erzherzogs: Jourdan keinesfalls durch das beschwerliche Terrain in der Richtung gegen die Saale und Kinzig zu folgen, wo er ihn weder zur Schlacht zwingen, noch die Lahn vor ihm erreichen konnte, sondern sich auf der Hauptstrasse nach Aschaffenburg vorwärts zu bewegen und den Gegner nur durch kleinere Abtheilungen zu beunruhigen. In diesem Sinne wurde noch in der Nacht vom 3. zum 4. bei Zell eine Brücke über den Main geschlagen und angeordnet, dass GM. Elsnitz dem Feinde mit 7 Bataillonen, 21 Escadronen in der Richtung Schweinfurt—Kissingen folge, GM. Fürst Liechtenstein aber zu gleichem Zwecke mit 5 Bataillonen, 16 Escadronen über Gemünden und Frammersbach in die rechte Flanke der französischen Armee vorrücke.

Unmittelbar nach der Capitulation der Citadelle von Würzburg begann der Uebergang über den Main; die Armee bezog ein Lager bei Zell, FML. Kray stand mit der Avantgarde in Waldbüttelbrunn.

Mittlerweile war auch festgestellt worden, dass sich Jourdan in nordwestlicher Richtung an die Saale zurückziehe, und Erzherzog Carl traf sonach Dispositionen zur Vorrückung. Diese betrafen zunächst den Entsatz von Mainz und in Verbindung hiemit, die Vertreibung aller feindlichen Truppen zwischen diesem Platze und Mannheim: Es erhielt FML. Neu den Auftrag, mit 12.000 Mann seiner verlässlichsten

Truppen die feindlichen Abtheilungen am rechten Rheinufer zu vertreiben und sich am 11. in der Gegend von Bergen mit der Hauptarmee zu vereinigen. Da jedoch in und bei Mainz die zur Ausführung dieser Operation nöthige Cavallerie nicht vorhanden war, wurde Oberst Merveldt mit 10 Escadronen und einer Cavallerie-Batterie dahin abgesendet. Er hatte in 4 Märschen die Gegend von Heppenheim zu erreichen, dort 2—3 Bataillone der Besatzung von Mannheim an sich zu ziehen und in weiteren 2 Märschen bei Mainz einzutreffen. (265.)

Die Hauptarmee setzte sich am 5. September in 2 Colonnen von Zell nach Aschaffenburg in Marsch; FML. Sztáray folgte mit der Infanterie der Strasse über Lengfurt und Rossbrunn, FML. Colloredo-Mels ging mit 4 Escadronen Husaren, 1 Dragoner-Regiment, dann 2 Carabinier-, 3 Kürassier- und 2 Chevau-légers-Regimentern über Wertheim und Mittenberg, um sich der in dieser Gegend vom Feinde zurückgelassenen Vorräthe zu versichern.

Am 6. traf die Avantgarde bei Ober-Besenbach auf ein feindliches Detachement von 1 Halbbrigade und 2 Escadronen, welche Marceau zwei Tage vorher gegen die bewaffneten Bauernbanden und Marodeure, welche den Spessart unsicher machten, abgesendet hatte. Es kam zu einem lebhaften Gefechte, welches schliesslich mit der Flucht des Feindes endete, der 14 Officiere und 422 Mann als Gefangene zurückliess. Der eigene Verlust belief sich auf 2 Officiere, 53 Mann und 52 Pferde. (266.)

Während des Vormarsches der Hauptarmee waren auch die Detachements der Generale Elsnitz und Fürst Liechtenstein dem Feinde derart auf den Hacken geblieben, dass sie die Verbindung Jourdan's mit Marceau vollständig unterbrachen und in der Nacht zum 7. schon auf allen Strassen streiften, die vom Main und der Kinzig an die Lahn führten. In Folge dessen musste Jourdan seinen Rückzug ohne Aufenthalt fortsetzen; er ging am 7. bis Ortenbach und Büdingen, am 8. bis Butzbach und erreichte am 9. die Lahn bei Wetzlar. (Jourdan, S. 177.) Am Abende des 7. nahm Marceau die Truppen Bonnard's vom linken Mainufer auf das rechte nach Hochheim zurück und zerstörte die Brücke bei Rüsselsheim.

Um 3 Uhr morgens des 8. räumten die Franzosen auch Frankfurt, welches die Vorhut FML. Kray's besetzte.

Die kaiserliche Armee marschirte an diesem Tage bis Aschaffenburg, wo sich ihr am Nachmittage auch die Colonne FML. Colloredo-Mels anschloss, und schob die Vortruppen bis an die Kahl und Kinzig vor. Die Avantgarde stand bei Hanau, besetzte Neu-Isenburg, Offenbach und Bergen und sandte Detachements gegen Höchst und Königstein; GM. Elsnitz hielt Schlüchtern und Birstein, Oberst Görger Steinau besetzt und GM. Fürst Liechtenstein ging von Marholz nach Büdingen.

Am selben Tage hob Marceau die Blockade von Mainz auf und sammelte seine Truppen auf dem Plateau von Dotzheim unweit Wiesbaden. Nur die Division Hardy blieb am linken Rheinufer, um längs desselben den Rückzug an die Nahe auszuführen. (Jourdan, S. 180.)

In der Nacht vom 8. zum 9. verliessen die Franzosen auch die Feste Königstein, als Oberstlieutenant Keglevich, der mit 4 Escadronen von Bergen aus streifte, in deren Nähe kam.

Operationen in Bayern vom 1.—13. September.

Der Sieg bei Friedberg hatte Moreau's Ansichten über die vorzunehmenden Operationen nicht geändert. Nach wie vor war er überzeugt, durch seine Vorrückung über den Lech die Situation der Sambre-Maas-Armee weit mehr gebessert zu haben, als dies durch einen Vormarsch am linken Donau-Ufer in der Richtung auf Ingolstadt hätte geschehen können. Ausserdem beruhigte es ihn noch ganz besonders, dass seine Operationen im Einklang mit den Befehlen des Directoriums standen. (273.) Erklärte er es nun auch für das Beste, dem Feinde in dessen Rückzugsrichtung zu folgen, so fand er gleichwohl nicht die Entschlossenheit, dies in erfolgversprechender Weise zu thun.

Während am 25. in Augsburg Kriegsrath gehalten wurde, stand die Armee unthätig bei Friedberg und liess dem Gegner Zeit, seine zerstreuten Truppen zu sammeln und in Sicherheit zu bringen.

Als endlich die Vorrückung beschlossen war, erfolgte sie wieder nur langsam, tastend, ohne Energie und Nachdruck. Am 26. kam die Armee nicht weiter als bis in die Höhe von Aichach an der Paar, blieb in dieser Stellung auch am 27. und rückte am 28. nur bis Schrobenhausen, wo sie abermals Halt machte. Erst am 30. erreichte das Centrum unter St. Cyr Pfaffenhofen, während die beiden Flügel-Divisionen sich in ungefähr gleicher Höhe hielten.

Die Avantgarde des rechten Flügels drängte die kaiserlichen Vorposten bei Mosach und München auf das rechte Ufer, während Ferino bei Dachau an der Ammer Stellung nahm. St. Cyr's Avantgarde war bis Wollnzach vorgeschoben, Desaix stand mit der Division Beaupuis zwischen dem Walde von Gundamsried und der Paar, die Avantgarde in Puech, Geisenfeld und Reichertshofen; Delmas war zwischen Neuburg und Ingolstadt.*)

Im ganzen hatte daher die französische Armee in sechs Tagen kaum den Raum von zwei Märschen hinterlegt und FZM. Latour mehr als genügend Zeit gelassen, sich hinter der Isar festzusetzen.

Am 31. entschloss sich Moreau, folgenden Tages den grösseren Theil seines linken Flügels an der Donau zu versammeln, um den Brückenkopf von Ingolstadt wegzunehmen und sich durch Zerstörung der dortigen Brücke die linke Flanke zu sichern.**)

*) Ueber die Zeit, wann die Division Delmas auf das rechte Ufer der Donau überging, fehlen bestimmte Angaben. Jedenfalls aber geschah dies noch vor dem 23., da in dem Kriegsrathe, der an diesem Tage abgehalten wurde, ausdrücklich erwähnt wird, dass sich in Donauwörth und am Schellenberge nur noch die Flankeure des linken Flügels befänden. (St. Cyr, III, S. 205.)

**) Der Brückenkopf von Ingolstadt war insoferne von Wichtigkeit, als er der kaiserlichen Armee am linken Ufer einen bequemen Uebergangspunkt sicherte, der die linke Flanke der Rhein-Mosel-Armee beständig bedrohte. Fortificatorisch von keinem besonderen Belang, da er nur aus einem kleinen Hornwerke ohne Mauerverkleidung, einem nassen Graben und einem bedeckten Wege vor demselben bestand, war er in Folge einer, den Terrainverhältnissen zweckmässig angepassten Anlage, welche die Annäherung von Batterien nur bis zur Grenze von 500 *m* gestattete, gegen jeden

6 Bataillone, 1 Cavallerie-Regiment, 1 Compagnie reitender Artillerie der Division Beaupuis,*) nebst einem Theile der Reserve Bourcier's wurden St. Cyr zugewiesen und hatten am rechten Ufer der Paar zu bleiben, während Desaix mit den übrigen Truppen des linken Flügels und dem Reste der Reserve gegen Ingolstadt operiren sollte. Gleichzeitig mit dieser Bewegung hatte St. Cyr am 1. September mit dem Centrum zwischen Moosburg und Freising vorzurücken und sich der Brücken über die Isar zu bemächtigen, indess Ferino diesen Fluss bei München übersetzen sollte.

Diese Anordnungen waren theilweise schon in Ausführung, als ein ganz unerwarteter Angriff der Oesterreicher den nächsten Verlauf der Dinge anders gestaltete.

Gefecht bei Geisenfeld am 1. September.

Selbstverständlich konnten FZM. Latour's Operationen, welche mit jenen der Hauptarmee so wenig im Einklange standen, vielmehr deren Erfolge ernstlich zu gefährden drohten, die Zustimmung Erzherzog Carls nicht finden. Ausser dem schnellen Aufgeben des Lech missbilligte dieser insbesondere die Aufstellung hinter der Isar, deren weit nach rückwärts liegende Mündung die Front nothwendig so sehr verlängerte, dass eine erfolgreiche Vertheidigung nicht zu erwarten war. Er empfahl dem Feldzeugmeister, die Truppen so wenig als möglich zu zersplittern und höchstens zwei Corps zu formiren, welche, in steter Verbindung stehend, die Möglichkeit gewährten, den Feind en detail zu schlagen. (267.) Auch der Kaiser hielt seine Unzufriedenheit mit den Operationen in Bayern nicht zurück und nahm aus dem Einlangen der Siegesbotschaft von Amberg (28. August) Anlass, den Hofkriegsrath noch am selben Tage zu beauftragen, sogleich an Latour einen

---

Handstreich gesichert und erforderte dessen Belagerung eine zur Grösse des Objectes ausser allem Verhältnisse stehende Truppenstärke. (Erzherzog Carl, Ausgewählte Schriften, II, S. 295.)

*) Hatte, von seiner Verwundung hergestellt, an diesem Tage das Commando der Division von St. Suzanne wieder übernommen.

Courier mit dem »nachdrucksamsten Befehl des Kaisers« zu senden, seine Kräfte zu concentriren, um sich in den Stand zu setzen, dem Feinde tapfern Widerstand zu leisten und ihn wo nur möglich mit Entschlossenheit anzugreifen und zurückzuwerfen. (268.)

Hieraus erklärt es sich, dass Latour die Ankunft der Verstärkungen unter GM. Nauendorf in Regensburg, zum Ausgangspunkte energischerer Operationen nahm. Er brach mit dem Hauptquartiere am 30. nach Siegenburg auf, um dort gemeinschaftlich mit Nauendorf und Mercandin die erforderlichen Massnahmen festzusetzen. Das Commando der bei München stehenden Truppen übernahm FML. Fürst zu Fürstenberg.

GM. Nauendorf war am 29. in Regensburg eingetroffen. Schon in Regenstauf hatte er durch den kaiserlichen Directorial-Gesandten Freiherrn v. Hügel die Nachricht erhalten, dass, nach Mittheilung des preussischen Ministers Hardenberg, Moreau ein Corps über Donauwörth am linken Donau-Ufer abwärts gesendet habe, dessen Patrouillen am 24. in Weissenburg eingetroffen seien. In Regensburg selbst fand er alles in grösster Bestürzung und voller Flucht. Man versicherte ihn, Latour sei schon nach Braunau abgezogen, Bayern stehe im Begriffe, einen Separatfrieden mit Frankreich abzuschliessen, und dergleichen mehr. Nauendorf liess sich durch diese Gerüchte nicht beirren und setzte seinen Marsch nach Post-Saal (Ober- und Unter-Saal) zur Deckung Ingolstadts fort. Er war fest überzeugt, Moreau müsse durch die Erfolge des Erzherzogs zum Rückzuge genöthigt werden, und war daher entschlossen, ihn dann im Vereine mit FML. Mercandin am linken Ufer »derart zu cotoyiren«, dass ihm ein Uferwechsel bestenfalls erst bei Ulm möglich werde, mithin eine Annäherung an Jourdan ganz ausgeschlossen bleibe. (269.) Auf die Nachricht von der Ankunft Latour's in Siegenburg rückte er noch bis Neustadt vor, um von dort seine weiteren Bewegungen nach den Resultaten der Berathungen mit selbem einzurichten.

Nach Eintreffen der 8 Bataillone, 20 Escadronen Nauendorfs verfügte FZM. Latour, unter Zurechnung des 6 Bataillone, 8 Escadronen starken Corps Mercandin's, über 14 Batail-

27*

lone, 28 Escadronen. Im Besitze solcher Kräfte erachtete er sich nun in der Lage, die ihm gegenüberstehenden Streitkräfte Moreau's mit Erfolg angreifen und durch Zurückwerfung des feindlichen linken Flügels, die Verbindung mit Ingolstadt und dem Erzherzoge eröffnen zu können. Es wurde daher beschlossen, am 31. die Truppen FML. Mercandin's bei Siegenburg zu concentriren und am 1. September zum Angriffe zu schreiten.

Der Disposition nach sollte GM. Nauendorf den Feind aus Vohburg vertreiben und dann, gegen Geisenfeld vorgehend, diesen Ort im Rücken fassen. Gleichzeitig wollte FZM. Latour von Neustadt—Siegenburg aus, Geisenfeld in der Front angreifen, während kleinere Detachements unter den Obersten Szt. Kereszty, Lamotte und Hegel bestimmt waren, von Nandelstadt, Mainburg und Freising Demonstrationen gegen Pfaffenhofen und Wollnzach auszuführen. Ausserdem wurde auch dem Commandanten von Ingolstadt, GM. Kerpen, aufgetragen, den Feind durch einen Ausfall aus dem Brückenkopfe zu beschäftigen.

Um 3 Uhr morgens setzte sich FZM. Latour mit der Division FML. Mercandin's in Marsch und kam bei Anbruch des Tages bei Geisenfeld ins Gefecht mit Desaix, welcher eben im Begriffe war, sich zur Vorrückung gegen Ingolstadt zu formiren.

Die erste Nachricht von diesem Zusammenstosse erhielt Moreau früh morgens, als er sich mit St. Cyr auf dem Vormarsche von Pfaffenhofen gegen die Isar befand. Die Unklarheit von Desaix' Bericht, aus welchem nicht genau zu entnehmen war, ob es sich blos um ein Vorpostengefecht handle oder eine ernste Unternehmung des Feindes nachfolgen werde, veranlasste Moreau, den Marsch vorläufig einzustellen, um dessen Division nach Massgabe der Umstände zu verwenden. Da nun von Desaix keine weitere Meldung einlief, der Geschützdonner von Geisenfeld aber in Folge der Windrichtung bei Pfaffenhofen nicht gehört wurde, blieb St. Cyr den Tag über unthätig, während Desaix die ganze Zeit hindurch allein das Gefecht zu führen hatte. Die Vorhut dieser Division verlor gleich anfangs Geisenfeld, vertheidigte aber den westlich davon gelegenen Wald mit ausserordentlicher Zähigkeit und zog sich endlich fechtend von Höhe zu Höhe zurück.

GM. Nauendorfs leichte Cavallerie war über Manching auf der Ingolstädter-Strasse gegen Reichertshofen vorgedrungen, wurde aber von einer Halbbrigade und einem Dragoner-Regimente, welche eben auf dem Marsche nach Ingolstadt begriffen waren, aber auf den Gefechtslärm sofort umkehrten, wieder zurückgeworfen. Diesen günstigen Moment benützte Desaix, um seine Truppen auf den Anhöhen bei Buch und Pörnbach aufmarschiren zu lassen, und erwartete dort den Angriff Latour's, der aus dem Geisenfelder-Walde gegen Langenbrück vorrückte. Gegen 3 Uhr nachmittags war dieser vor der Mitte der französischen Stellung gelegene Ort genommen, doch bemühte sich FZM. Latour vergebens, mit seiner Reiterei den schwächer besetzten feindlichen linken Flügel bei Buch zu sprengen. Desaix disponirte rechtzeitig 1 Bataillon und 3 Cavallerie-Regimenter sammt deren Artillerie nach dem bedrohten Punkte, wo sie gedeckt durch die Höhen, ungesehen vom Angreifer Stellung nahmen. Als die kaiserliche Cavallerie vorbrach, gerieth sie zuerst in eine, vorher nicht recognoscirte sumpfige Wiese, welche sie nur mit der äussersten Anstrengung passiren konnte, und wurde dann auf eine Distanz von 25 Schritten mit einem mörderischen Gewehr- und Kartätschenfeuer empfangen. Gleichzeitig warfen sich zwei französische Cavallerie-Regimenter auf ihre Flanke und zwangen sie, den Rückzug wieder über den morastigen Boden zu nehmen.

Nicht minder ungünstig verlief ein Angriff GM. Nauendorfs auf Reichertshofen. Delmas, der eben den Ingolstädter-Brückenkopf angreifen wollte, hatte auf die Nachricht von dem Gefechte sogleich hievon abgelassen und 3 Bataillone, 4 Escadronen an die Paar gesandt, welche nicht nur die Uebergänge vertheidigten, sondern von Manching aus den Rücken der kaiserlichen Truppen bedrohten. Desaix, durch den günstigen Verlauf dieser Gefechte für seinen linken Flügel und die Mitte beruhigt, ging nun am rechten Flügel zum Angriffe über, in Folge dessen FZM. Latour um 5 Uhr abends den Rückzug in den Geisenfelder-Wald antrat und während der Nacht nach seinen Aufbruchsorten zurückmarschirte.

Die Demonstrationen von Mainburg, Nandelstadt und Freising kamen eigentlich gar nicht zur Ausführung, da die hiezu bestimmten Abtheilungen sehr bald auf die Division St. Cyr trafen und daher nicht vorrücken konnten.

In diesem Gefechte, welches selbst bei günstigem Verlaufe keine nachhaltigen Folgen hätte haben können, erlitten die kaiserlichen Truppen empfindliche Verluste und büssten auch 1 Haubitze ein, die in dem sumpfigen Boden stecken blieb.

Rückzug FZM. Latour's hinter die Grosse Laaber.

Die zumeist selbst verschuldete Schlappe von Geisenfeld hatte für die österreichischen Operationen in Bayern den schwerwiegenden Nachtheil, dass sie jede offensive Regung neuerdings zurückdrängte. Wieder erschien FZM. Latour der Rückzug hinter die Isar und gegen den Inn als die einzig ausführbare Unternehmung, obwohl er sich vollkommen der Gefahr bewusst war, welche hieraus sowohl »für Erzherzog Carl als für das Ganze« hervorgehen konnte. Unter diesen Verhältnissen war es eine besondere Gunst des Zufalls, dass Moreau ebensowenig wie sein Gegner, aus den bisherigen Vorfällen die Nothwendigkeit erkannte, die Kräfte zu raschen, entscheidenden Schlägen zu vereinigen.

Ein vollgiltiger Beweis für den Mangel an einheitlichem Zusammenwirken der Rhein-Mosel-Armee liegt wohl in der Thatsache, dass ungeachtet der geringen Entfernung zwischen dem linken Flügel und dem Centrum, Moreau erst am Morgen des 2. Nachricht von den Vorgängen bei Geisenfeld erhielt. Aber auch diese war so wenig aufklärend, dass er an eine Wiederholung des Angriffes glaubte und damit wieder einen ganzen Tag im Zuwarten verlor. (St. Cyr, III, 231.) So wie Latour seine Truppen auf der Strecke von der Donau bis zu den Pässen Tirols zersplitterte, richtete sich Moreau ganz nach den Bewegungen seines Gegners, den er nicht durch kraftvoll geführte Operationen, sondern durch eine Reihe von Postengefechten zum Rückzuge zwingen wollte.

Am Tage nach dem Gefechte bei Geisenfeld stand GM. Nauendorf mit 8 Bataillonen, 22 Escadronen bei Neustadt; FZM. Latour mit 6 Bataillonen, 8 Escadronen bei Siegenburg; einige Detachements an der Abens deckten seine linke Flanke. Zur Sicherung der Isarübergänge standen 1 Bataillon, 4 Escadronen vor Moosburg, 2 Bataillone, 4 Escadronen vor Freising und FML. Fürst zu Fürstenberg mit 4 Bataillonen, 12 Escadronen nebst dem Condé'schen Corps am rechten Ufer gegenüber München. In Ingolstadt lagen 4 Bataillone unter GM. Kerpen.

Vom Corps GM. Frelichs waren 12 Bataillone, 16 Escadronen zur Besetzung der Tiroler-Pässe von Holzkirchen über Benediktbeuern, Murnau bis Füssen verwendet. Das Gros stand bei Mittenwald, als dem wichtigsten Eingange in das Innere Tirols, ein Detachement von 3 Bataillonen, 4 Compagnien, 1 Escadron von der italienischen Armee bei Hohenems südwestlich Dornbirn.

Moreau hatte in Folge des Gefechtes bei Geisenfeld den Angriff auf Ingolstadt aufgegeben; es blieb dort nur die Division Delmas (6 Bataillone, 8 Escadronen) zur Berennung des Brückenkopfes zurück. Die übrigen Truppen waren nicht minder zersplittert, wie jene der Oesterreicher. Desaix mit der Division Beaupuis (15 Bataillone, 16 Escadronen) und der Reserve-Division Bourcier (3 Bataillone, 20 Escadronen) stand hinter Geisenfeld; St. Cyr mit den beiden Divisionen des Centrums (24 Bataillone, 28 Escadronen) war an die Ammer (Amper) vorgerückt; seine Vorposten standen in Kirchdorf, Thalhausen und Tintenhausen. Ferino, welcher am 31. August und 1. September fruchtlos versuchte, sich der, von FZM. Fürstenberg vertheidigten, Isarbrücke bei München zu bemeistern, hielt mit der Division Tholmé (17 Bataillone, 16 Escadronen) die Strecke von dieser Stadt bis Schleissheim und Dachau besetzt, während General Delaborde mit 6 Bataillonen, 4 Escadronen von Bregenz und Kempten aus Vorarlberg beobachtete.

Um Ferino das Durchbrechen bei München zu erleichtern, trachtete nun Moreau, sich eines Ueberganges über die Isar zu bemächtigen und liess am 3. morgens St. Cyr mit 4 Bataillonen, 8 Escadronen und 4 Geschützen gegen Freising vorrücken. Oberst Hegel, welcher diesen Posten mit 2 Bataillonen, 4 Escadronen besetzt hielt, wurde genöthigt, sich mit einem Verluste von 2 Officieren und 54 Mann hinter das Erdinger-Moos nach Eiling zurückzuziehen. Seine Vorposten hielten jedoch Attaching und die Brücke über den Dorfen-Bach bei Schwaig besetzt.

Dieser Erfolg befriedigte Moreau umsomehr, als eben tagszuvor ein dritter Angriff Ferino's auf die Brücke bei München gescheitert war. Zu kraftvoller Ausnützung des errungenen Vortheiles konnte er sich jedoch nicht aufraffen. Bei der Unsicherheit, in der er sich hinsichtlich der Stärke und der Absichten des Gegners befand, schien es ihm zu gewagt, das Centrum seiner Stellung zu entblössen. Zufrieden mit dem Besitze eines Ueberganges über die Isar, genügte es ihm, sich denselben für die weiteren Operationen zu sichern. Ferino erhielt Befehl, Freising durch die Brigade Jordi besetzen zu lassen, nach deren Eintreffen St. Cyr seine Truppen wieder bei Pfaffenhofen zu sammeln hatte. (274.)

Bis zum 5., wo diese Anordnungen vollzogen waren, blieb daher alles ruhig, nur Delmas machte am 3., 4. und 5. vergebliche Angriffe auf den Brückenkopf von Ingolstadt.

FZM. Latour, dem Moreau's Intentionen nicht bekannt sein konnten, sah in der Unternehmung des Gegners auf Freising einen neuen Beweis der Nothwendigkeit des Rückzuges über die Isar und an den Inn. Er würde denselben auch ausgeführt haben, wäre nicht am 3. ein Befehl des Erzherzogs eingelangt, der den Feldzeugmeister anwies, durch rasches, entschlossenes Vorrücken der Corps Mercandin's und Nauendorfs donauaufwärts, verbunden mit gleichzeitigen Demonstrationen Frelichs, Moreau zum Rückzuge zu veranlassen. In Folge dessen unterblieb der schon angeordnete Rückzug an die Isar und FZM. Latour ging nur bis Pfeffenhausen hinter die Grosse Laaber zurück. Offensive Operationen aber hielt er vor Eintreffen der zugesicherten Verstärkungen aus Böhmen nicht für ausführbar; sein Entschluss reichte daher auch nicht weiter, als sich bis dahin nach Möglichkeit in seiner Stellung zu behaupten. (271.)

GM. Nauendorf war am selben Tage nach Abensberg zurückgegangen, um dort in grösserer Sicherheit genaue Nachrichten über die Bewegungen des Feindes einzuziehen und den Munitionsersatz aus Straubing zu erwarten, der am 4. eintreffen musste. Sobald dies geschehen, wollte er ungesäumt wieder vorrücken, zu welchem Zwecke er sich sowohl mit FML. Mercandin, als auch GM. Kerpen ins Einvernehmen setzte. (272.)

Während dieser Zeit entfaltete FML. Frelich sowohl in Folge früher erhaltener Weisungen, als auch in eigener, richtiger Erkenntniss der Verhältnisse, eine lebhafte Thätigkeit. Am 4. streifte GM. Klinglin mit 4 Escadronen über Wolfratshausen gegen München und demonstrirte vereint mit den bei Schäflarn stehenden Condé'schen Truppen gegen die rechte Flanke Ferino's. Tagsdarauf ging Major Wolfskeel mit 6 Escadronen von Murnau über Weilheim gegen München vor und überfiel bei Tagesanbruch des 7. das feindliche Lager nächst Dachau, wo der Artilleriepark und der Train Ferino's aufgefahren und eben im Begriffe war, nach Freising abzumarschiren. Major Wolfskeel erbeutete 1 Kanone, 5 Lafetten, 54 Munitionswagen, 210 Pferde, ansehnliche Brotvorräthe und machte 344 Gefangene. Ungeachtet General Abbatucci, dessen Division vor München stand, alles aufbot um der kühnen Reiterschaar den Rückweg zu verlegen, erreichte dieselbe, sammt ihrer Beute, in einem 14stündigen Marsche glücklich den ersten kaiserlichen Posten in Weilheim.

Als am 6. September die Franzosen neuerdings gegen die Isar vorrückten und das Detachement des Obersten Lamotte von Nandelstadt nach Moosburg zurückdrängten, liess FML. Frelich am folgenden Tage GM. Wolff mit seiner Cavallerie von Schongau bis Augsburg streifen. Am rechten Flügel ging Oberstlieutenant Mercandin mit 2 Escadronen, 3 Compagnien von Benediktbeuern bis gegen Nympfenburg vor und besetzte mit der Infanterie Wolfratshausen. (275.)

Die Berichte, welche FZM. Latour seit dem Treffen bei Friedberg nach Wien gesandt, konnten nicht verfehlen, dort die höchste Beunruhigung hervorzurufen, so zwar, dass für die voraussichtlich nach Oesterreich retirirende Armee schon Stellungen vorbereitet wurden und endlich Kaiser Franz den Major Weyrother des General-Quartiermeisterstabes zur Armee in Bayern absandte, um über die Situation Bericht zu erstatten. Die Untersuchungen dieses Stabsofficiers, welcher am 6., um 8 Uhr morgens, im Hauptquartiere des Feldzeugmeisters ankam, konnte sich wohl nur auf die, ihm dort gemachten Mittheilungen beschränkt haben, da sein Bericht noch vom selben Tage 5 Uhr abends datirt ist. Er schilderte indess die Sachlage im ganzen richtig: die ausserordentliche Zersplitterung der Truppen, denen 6 französische Divisionen gegenüberstünden, und hebt hervor, dass, wenn letztere Angabe auch nur zum Theile wahr sei, es nur den Fortschritten Erzherzog Carls zu danken wäre, wenn der Feind bisher unterlassen habe, Latour aufzureiben und in Oesterreich einzudringen. Major Weyrother kam zu dem Schlusse, dass es zur ferneren Hintanhaltung dieser Eventualität unerlässlich sei, von der Armee des Erzherzogs ein entsprechendes Corps in Eilmärschen gegen Ulm abzusenden. Zugleich vereinbarte er mit FZM. Latour die Massnahmen für den Fall des Rückzuges hinter den Inn. Es sollte dann GM. Nauendorf über Passau nach Schärding, FML. Mercandin nach Braunau, FML. Fürstenberg nach Tittmoning zurückgehen und die dort bereits vorbereiteten Stellungen beziehen. (276.)

In diesen Beschlüssen lässt sich gleichfalls die unrichtige Auffassung der Aufgabe der Armee in Bayern klar erkennen und es kann nicht befremden, dass Latour in den Aeusserungen des kaiserlichen Delegaten, gleichsam die autoritative Bestätigung seiner eigenen Ansichten erblickte. Noch am Abende des 6. wurden die Rückzugs-Dispositionen im Sinne der obigen Vereinbarung getroffen, und schon der nächste Tag sollte Anlass geben, sie ins Werk zu setzen.

Am 7. mittags griff der Feind Mainburg an und warf Oberst Szt. Kereszty unter Verlust von 2 Geschützen zurück. Zur selben Zeit wurde auch Oberst Lamotte bei Moosburg zum Rückzuge gezwungen, und bemächtigten sich die Franzosen der dortigen Brücke über die Isar. Diese Vorstösse, denen der Feind selbst wenig Bedeutung beilegte und die er nur unternommen hatte, um die weit vorgeschobenen Vortruppen zu stützen, liessen FZM. Latour seine Stellung als gänzlich unhaltbar erscheinen. Er ging noch am selben Tage, 7 Uhr abends, hinter die Isar nach Landshut, schon im voraus überzeugt, dass er »trotz des besten Willens, nur im Falle höchster Noth Schritt für Schritt zurückzuweichen«, sich dort umsoweniger werde halten können, als in Folge des Rückzuges des Obersten Lamotte aus Moosburg der Feind schon jetzt zwischen ihm und dem Corps Fürstenbergs stehe. (277.)

GM. Nauendorf, der schon früher von dem eventuellen Rückzuge nach Landshut verständigt worden war, erhielt nun die Aufforderung, gleichfalls zurückzugehen und Pfaffenberg zu besetzen. Dieser beurtheilte jedoch die Lage der Dinge richtiger. Alle Versuche Latour's, ihn zum gemeinschaftlichen Rückzuge nach Oesterreich zu vermögen, blieben fruchtlos, er erklärte bestimmt, die Donau nie verlassen zu wollen, sondern schlimmsten Falles über Regensburg aufs linke Ufer zu ziehen und dort Stellung zu nehmen. Von nun an traten die Meinungsverschiedenheiten zwischen Latour und Nauendorf offen zu Tage und begleiteten, nur wenig verhüllt, die Operationen der Armee in Süd-Deutschland bis zu deren Vereinigung mit der Hauptarmee. Die Einzelheiten dieses Conflictes gestatten einen belehrenden Einblick in die oft hemmenden Verhältnisse, unter denen die wichtigsten Phasen des Feldzuges sich vollzogen. Es kann mit Sicherheit behauptet werden, dass ohne der Voraussicht Erzherzog Carls und der verständnissvollen Festigkeit GM. Nauendorfs, der ruhmreiche Ausgang des Feldzuges, durch die unvermeidlichen Rücksichten auf eine verjährte Dienstordnung, schwer beeinträchtigt worden wäre.*)

Da GM. Nauendorf seine Ueberzeugungen aus den Resultaten einer vorzüglichen Verwendung der leichten Truppen im Nachrichtendienste schöpfte, so erschienen ihm die Ent-

*) Siehe hierüber: »Erzherzog Carls ausgewählte Schriften«. II, 298.

schlüsse Latour's mit Recht als eine Folge unrichtiger oder übertriebener Berichte. Dies liess ihn hoffen, eine wahrheitsgetreue Darstellung der Lage werde den Feldzeugmeister zur Rücknahme seiner, theilweise bereits ausgeführten, Dispositionen bewegen. Um für diesen Fall der Armee einen Stützpunkt zu sichern, blieb er ungeachtet der eigenen Gefährdung in Abensberg, von wo er am 9. an FZM. Latour die Bitte richtete, wieder vorzurücken, da der Feind an keine Verfolgung denke und nur unbedeutende Kräfte an die Isar vorgeschoben habe. Er stellte vor, der jetzige Zustand könne nur wenige Tage dauern, da Moreau mittlerweile Kunde von den Niederlagen Jourdan's erhalten und darnach seine Massnahmen treffen müsse. (278.)

FZM. Latour, der bisher ungeachtet aller Weisungen des Erzherzogs und obwohl in voller Kenntniss von dessen Absichten, dennoch fest bei dem Wahne geblieben war, die österreichische Grenze durch einen Cordon am Inn sichern zu müssen, erblickte in den Vorstellungen Nauendorfs nur einen unberufenen Tadel seiner Verfügungen, den er mit dem peremptorischen Befehle abwies: der General habe unbedingt ebenfalls hinter den Inn zurückzugehen, um im Vereine mit den übrigen Truppen die Grenzen Oesterreichs zu decken. (279.) Unter solchen Verhältnissen konnte Nauendorf seine exponirte Stellung nicht länger behaupten; er ging auf Abach zurück, erklärte aber neuerdings, sich ohne ausdrücklichen Befehl des Erzherzogs unter keinen Umständen nach Passau und Schärding zurückzuziehen; er werde, wenn der äusserste Fall eintreten sollte, bei Regensburg über die Donau gehen, um nach allen Kräften den Rücken der Hauptarmee zu sichern.*) (280.)

*) In einem Schreiben an GM. Kerpen vom 10. September (F. A. X, 192 1/3) finden die Ansichten Nauendorfs über die Lage folgenderart bemerkenswerthen Ausdruck: » . . . In meinem Gestrigen schrieb ich Euer Hochwohlgeboren bestimmt, dass ich mich an die Wiener Befehle nie kehren werde, sondern wenn der Feind die Donau passiren wollte oder Regensburg forcirt, ich in dem Fall da über die Brücke gehe, um Sr. k. Hoheit den Rücken zu decken, weil in diesen so äusserst wichtigen Umständen, in meinen Augen die Armee der concentrirte Staat ist, den man retten muss.«

Erzherzog Carl billigte vollständig den Entschluss des Generals. Er befahl ihm, nicht nach Passau zu gehen, sondern sich am linken Ufer zu behaupten, mit Ingolstadt in Verbindung zu bleiben und die linke Flanke der Hauptarmee, sowie deren Nachschubslinie zu decken. Zugleich erhielt sowohl Nauendorf als auch FZM. Latour Befehl, sich in kein ernstes Gefecht einzulassen, bevor sie nicht durch eine Aenderung der Situation unfehlbar das Uebergewicht erlangt haben würden. (F. A. X, 166.)

Die plötzliche Einstellung der französischen Offensive gegen die Isar und die ebenso unerwarteten Operationen Moreau's, als Folge des siegreichen Vordringens Erzherzog Carls am Main, lösten rasch die Meinungsverschiedenheit der kaiserlichen Generale in Bayern und drängten die Frage über die Richtung des Rückzuges bleibend in den Hintergrund.

In den bisher veröffentlichten Darstellungen dieses Feldzuges gilt es als feststehend, Moreau sei durch längere Zeit ohne jede Kenntniss von dem geblieben, was sich bei der Sambre-Maas-Armee ereignete, und dass eben diese Ungewissheit ihn veranlasste, von einer weiteren Offensive in Bayern abzustehen. Dies ist, wie seine Correspondenz mit Jourdan beweist, ein Irrthum. Allerdings traten mehrmals und oft sogar länger dauernde Stockungen in dem Verkehre der beiden Armeen ein, aber von einer vollständigen Abschliessung konnte nicht die Rede sein. Moreau war nicht nur durch die Zeitungen und auch durch Kriegsgefangene, die ihm GM. Nauendorf absichtlich zurücksandte, von den Vorfällen am Main unterrichtet, sondern es wurde ihm auch aus Ansbach, wie es scheint, regelmässig berichtet. Ausserdem erhielt er von Jourdan selbst ein Schreiben vom 18. Fructidor (4. September), in welchem ihm derselbe von dem Verluste der Schlacht bei Würzburg Mittheilung machte.

Moreau legte jedoch den Siegen Erzherzog Carls durchaus keinen entscheidenden Werth bei. Er glaubte nicht an einen Rückzug Jourdan's bis an den Rhein — am allerwenigsten aber an einen so raschen, wie er sich wirklich vollzog — sondern erwartete mit grosser Zuversicht einen Umschlag zu Gunsten der französischen Waffen. Richtiger war sein Urtheil über die Absichten Erzherzog Carls. Mit voller Sicherheit setzte er voraus, derselbe wolle ihn ohne Widerstand in Bayern vordringen lassen, um sich dann sowohl von Tirol her, als auch über Ellwangen, Nördlingen oder Ingolstadt auf die Verbindungen der Rhein-Mosel-Armee zu werfen.

Dieser Gedankengang war es, der Moreau veranlasste, die Offensive am rechten Donau-Ufer aufzugeben. War er nach dem Gefechte bei Geisenfeld entschlossen gewesen, gegen Regensburg vorzurücken, so bestimmten ihn nun die Niederlagen Jourdan's, bei Neuburg über die Donau zu gehen und seine Operationen mit jenen der Sambre-Maas-Armee in Uebereinstimmung zu bringen. Er wollte Desaix mit einem beträchtlichen Corps nach Nürnberg, oder wenn möglich, noch weiter im Rücken Erzherzog Carls vorschieben und, um den Marsch dieses Corps zu decken, mit der Armee zwischen Neuburg und Ingolstadt Stellung nehmen. Glückte diese Operation, so werde sie, hoffte er, Jourdan in Stand setzen, zwischen Frankfurt und Friedberg festen Fuss zu fassen, einen Theil der Division Marceau, sowie Verstärkungen von der Nordarmee — die man ihm gewiss zusenden werde — an sich zu ziehen und hiedurch eine solche Ueberlegenheit zu gewinnen, dass er die Offensive wieder aufnehmen und die kaiserliche Armee in eine missliche Lage bringen könne.*) (294.)

Da Moreau ferner mit Bestimmtheit erwartete, Erzherzog Carl werde gegen Kehl detachiren, so ertheilte er General Scherb den Auftrag, sich im Falle er angegriffen würde, ohne Aufenthalt über Rastatt, Stollhofen, Lichtenau hinter die Rench, nöthigenfalls selbst bis in das verschanzte Lager von Kehl zurückzuziehen. Dabei aber wäre die Verbindung mit Offenburg un-

*) Aus einem aufgefangenen Schreiben des Directoriums an den Regierungscommissär Haussmann ddo. Paris, 9. September (F. A. X, 180 1/2) ist zu entnehmen, dass am selben Tage ein neuer Operationsplan an Moreau abgesendet wurde, der mit dessen oben entwickeltem Gedankengange vollkommen übereinstimmte. Nach dem Zeitpunkte der Absendung ist es jedoch selbstredend, dass dieser Befehl am 9. oder 10. September noch nicht in Händen Moreau's sein konnte, mithin derselbe seine Anordnungen bezüglich der Operationen auf dem linken Donau-Ufer vollkommen selbstständig traf.

bedingt frei zu halten, da auf diesem Wege bereits eine Verstärkung von 3 Bataillonen und 1 Cavallerie-Regiment an ihn abgesendet worden sei. (295.)

Die Ausführung dieser Entwürfe trug jedoch wieder das Gepräge der Unentschlossenheit, welche Moreau's Operationen in diesem Feldzuge charakterisirt. Seine Dispositionen lassen fast die Annahme zu, als sei es ihm mehr um eine Demonstration, als um eine ernste Unternehmung zu thun gewesen. Ausser der Scheu, durch seine jetzige Operation das Zugeständniss zu machen, dieselbe wäre besser drei Wochen früher ausgeführt worden, scheinen auch noch die erst kürzlich mit der bayrischen Regierung eingeleiteten Friedensverhandlungen dazu beigetragen zu haben, ihn in seinem Widerwillen, das rechte Donau-Ufer zu verlassen, zu bestärken. (296.)

Am 10. setzte sich die Armee in Bewegung. Desaix versammelte 10.000 Mann seines Corps bei Neuburg und ging am 11. auf das linke Ufer. Er hatte den Auftrag, die österreichische Abtheilung bei Eichstädt so weit als möglich zurückzuwerfen, durch weit vorgehende Detachements die unmittelbare Umgebung zu sichern, und wenn die Armee die Donau passirt haben würde, weiter gegen Nürnberg vorzudringen. 2 Cavallerie-Regimenter und 1 Compagnie reitender Artillerie des Reserve-Corps wurden ihm noch zur Deckung seiner linken Marschflanke zugewiesen.

Um die Aufmerksamkeit des Gegners abzulenken, blieb Delmas mit 4 Bataillonen und 2 Cavallerie-Regimentern vor Ingolstadt und setzte zum Scheine seine Angriffe fort, denen er durch eine Beschiessung der Stadt in der Nacht vom 10. zum 11. mehr Nachdruck zu geben suchte. St. Cyr marschirte am 11. mit dem Centrum von Pfaffenhofen nach Neuburg, Ferino mit seinem Corps von Moosburg und Freising nach Dachau und Friedberg.

Am 12. bewirkte das Gros seinen Uebergang; folgenden Tages vereinigten sich die Divisionen Beaupuis, Taponnier und Duhesme unter Commando St. Cyr's am linken Donau-Ufer, den rechten Flügel an der Donau bei Neuburg, den linken an der Schmutter bei Nassenfels. Am rechten Ufer blieb nur Delmas bei Zell, um die nach Neuburg führende Strasse zu decken, dann die Avantgarde des Centrums unter Demont, welche die Durchgänge durch das Donaumoos von »Berg im Gau« bis Pöttines zu bewachen hatte.

Das Fehlerhafte dieser Operation bedarf kaum einer weiteren Auseinandersetzung. Moreau hatte alle seine Kräfte zur Unterstützung der Bewegung Desaix' vereinigt, die in einem Landstriche auszuführen war, in welchem sich blos ein feindliches Detachement und einzelne Streifpartien befanden, während am rechten Donau-Ufer gegen die gesammte Kraft Latour's nur die beiden schwachen Abtheilungen von Delmas und Demont blieben. Für sich allein waren diese ganz ausser Stande, erfolgreichen Widerstand zu leisten, und fanden auch an Ferino keine Stütze, da dieser bei Friedberg ebenfalls isolirt und viel zu weit entfernt war, um im Falle der Gefahr rechtzeitig Hilfe bringen zu können.

Es war ersichtlich, dass die ganze Bewegung nicht für die Dauer berechnet war, und in der That sollten schon die nächsten Tage die Ansicht Jener bestätigen, welche in dem ganzen Manöver vom Anfange an nichts anderes erblicken wollten, als eine unnütze Demonstration. (297.)

Rückzug Jourdan's über den Rhein.

Mit dem Entsatze von Mainz war Erzherzog Carl nicht nur wesentlich jenem Ziele näher gekommen, welches er sich nach der Schlacht bei Amberg gesteckt, sondern es reichten die Resultate der letzten Operationen weit über die damals gehegten Erwartungen hinaus. Beschränkten sich diese zu jener Zeit nur auf den Entsatz der Festungen und die Zurückdrängung der feindlichen Armeen an die Lahn und in den Schwarzwald, so bot sich nun dem kaiserlichen Feldherrn eine weit glänzendere Perspective: die gänzliche Vertreibung beider französischen Armeen vom rechten Rheinufer! Und dieser Plan wurde mit so viel Zuversicht gefasst, mit solcher Entschiedenheit ins Werk gesetzt, dass die Operationen auch nicht einen Augenblick stockten. Schon am 10. September hatte Erzherzog Carl dem Kaiser seine Absichten mit allen Einzelnheiten entwickelt und über die Massnahmen berichtet, die er seither getroffen: Zuerst wollte er sich gegen Jourdan wenden und wenn dieser, sei es nun in Folge einer Schlacht oder freiwillig, sich an den Rhein zurückziehen würde, mit dem grösseren Theile seiner Armee gegen den Neckar in Moreau's Rücken operiren.

Die Vortheile, welche die Rhein-Mosel-Armee bisher über die kaiserlichen Truppen in Bayern errungen hatte, sollten nun dazu dienen, des Erzherzogs Pläne zu fördern. FZM. Latour wurde jedes ernste Gefecht ausdrücklich untersagt; seine Thätigkeit durfte sich vorläufig nur auf Beobachtung und Festhaltung Moreau's beschränken und erst dann, wenn die Operationen der Hauptarmee diesen zum Rückzuge nöthigten, in einer, dem allgemeinen Plane und den Umständen anzupassenden Verfolgung ihr Ziel suchen. In diesem Falle hätte dann GM. Nauendorf am linken Donau-Ufer gegen den Neckar vorzugehen und an der Murg die Vereinigung mit der vom Main rheinaufwärts ziehenden Hauptarmee zu suchen.

»Glückt es mir« — schrieb der Erzherzog an den Kaiser — »und verweilt Moreau in Bayern, so kann er mit seiner ganzen Armee aufgerieben werden.... Moreau's Langsamkeit im Vordringen, die Ungewissheit über das, was er thun solle, von welcher alle seine Bewegungen zeugen, die Vorsicht, bei Hüningen eine Brücke schlagen und ein tête de pont bauen zu lassen, scheinen ein Beweis zu sein, dass er sich vor diesem Manöver fürchtet, welches, so wie ich es entworfen, seine ganze Armee aufreiben kann.« *) (281.)

Durchdrungen von der Ueberzeugung, dass nun der Moment gekommen sei, wo rasche und kraftvolle Operationen nicht nur den Feldzug glücklich beenden, sondern auch einen vortheilhaften Frieden herbeiführen konnten, war der Erzherzog bemüht, alle nur irgendwie disponiblen Mittel zu diesem Zwecke zu vereinen. Ausgiebige Verstärkung fand er in den

*) Der Erzherzog bezieht sich hier auf die Berichte des kaiserlichen Geschäftsträgers in Basel, sowie auf jene des dort in politischer Mission befindlichen Rittmeisters Gresselsberg, welche die oben erwähnten, aber nicht durchwegs bestätigten Vorkehrungen Moreau's anzeigten.

schon seit langer Zeit unthätig gebliebenen Besatzungen der festen Plätze am Rhein. Auch gab er die Hoffnung nicht auf, die nun so vortheilhaft geänderte Kriegslage werde den Kurfürsten von Sachsen bestimmen, sein Contingent wieder zur kaiserlichen Armee stossen zu lassen.*)

Als die kaiserliche Armee am 8. bei Aschaffenburg sich vereinigte, wusste man von den Bewegungen des Gegners nur so viel, dass er die Richtung nach Wetzlar genommen habe. Ungewiss aber war, ob Jourdan die Lahn überhaupt zu vertheidigen beabsichtige und er zu diesem Zwecke sich bei Wetzlar oder Limburg aufstellen werde, oder er diese Orte nur durch Detachements zu besetzen und mit dem Gros zwischen beiden eine Centralstellung zu nehmen gedenke. In Bezug auf das numerische Verhältniss der feindlichen Armee war zu berücksichtigen, dass nunmehr sämmtliche bei der Blockade von Mainz verwendet gewesenen Truppen für den Dienst im Felde disponibel wurden; auch war bekannt, Jourdan habe beträchtliche Verstärkungen von der Nordarmee erhalten und erwarte deren noch mehrere.

Alle diese Umstände erschwerten einen zweckmässigen Entschluss, denn, wenn es einerseits für den günstigen Ausgang des Feldzuges unerlässlich war, die französische Armee von der Lahn zu entfernen, so durfte doch der Erzherzog

*) Erzherzog Carl hatte in dieser Voraussetzung den kaiserlichen Gesandten zu Dresden, Reichsgrafen zu Eltz, durch besondere Couriere von jeder neuen Wendung der Operationen unterrichten lassen, es jedoch mit richtigem Takte vermieden, nach dem Siege von Amberg ein directes Ansuchen um Reactivirung des Contingentes zu stellen, weil damals eine abschlägige Antwort, durch den Hinweis auf die noch nicht vollständige Sicherung Ober-Sachsens zu begründen gewesen wäre. Als aber nach Besetzung Frankfurts auch jeder Schein einer Bedrohung Sachsens geschwunden war, richtete er, unter Vorwissen des Kaisers, am 8. September an den Kurfürsten das Ersuchen um die Beistellung des Contingents, da alle Gründe, durch welche dessen Abberufung seinerzeit motivirt wurde, nun weggefallen seien. Der Kurfürst erwiderte am 25. September mit überschwänglichen Glückwünschen zu des Erzherzogs Siegen, lehnte aber die Rücksendung des Contingents unter dem Vorgeben ab, dass er durch seinen Beitritt zu den Verhandlungen Preussens und Braunschweigs bis zu deren endgiltigem Abschlusse zur Neutralität verpflichtet sei! (F. A. X. 135 und 404.)

mit Rücksicht auf die Operationen Moreau's hiebei weder allzuviele Zeit verlieren, noch weniger aber sich der Gefahr aussetzen, geschlagen zu werden. Die Stärke des Gegners sowohl, als die demselben offen stehende Möglichkeit, durch Besetzung starker, nicht leicht zu umgehender Stellungen die kaiserliche Armee unter ungünstigen Verhältnissen zum Schlagen zu zwingen, liessen es Erzherzog Carl vortheilhafter erscheinen, sein Ziel mehr durch Manöver zu erreichen, als die schwer errungenen Erfolge den Wechselfällen einer Schlacht auszusetzen.

Mit richtigem Blicke und geistvoller Würdigung der Verhältnisse gründete der Erzherzog seinen Plan zunächst auf die persönliche Eigenart des französischen Obergenerals, die er im Laufe des Feldzuges zu beobachten nicht versäumt hatte. Jourdan's Aufstellungen waren meist sehr ausgedehnt, ohne die nothwendige Tiefe, seine Operationen langsam und bedächtig. Während er bei der ersten Vorrückung (im Juni) die meisten Kräfte bei Limburg versammelte, legte er, in Erinnerung auf die hieraus gefolgten Resultate, im Juli bei der zweiten, den Hauptwerth auf Wetzlar und hatte, wie aus den einlangenden Berichten zu folgern war, auch jetzt den grössten Theil seiner Truppen dort versammelt. Es lagerten am 8. die Divisionen Grenier, Championnet und Bernadotte in der Umgebung von Butzbach, Lefebvre stand rückwärts Eberstadt, die Reserve-Cavallerie-Division und einige leichte Truppen in Friedberg; Ney hatte mit einem Detachement Lich besetzt.

Der Erzherzog beschloss nun, Jourdan durch Demonstrationen in der Ansicht von der Wichtigkeit Wetzlars zu bestärken und ihn dort festzuhalten, gleichzeitig aber bei Limburg die Lahn zu forciren und den Gegner durch eine Vorrückung auf dessen Verbindungen zum schnellen Rückzuge zu zwingen. Diese Operationen sollten am 9. beginnen, und wurden noch am 8. die nothwendigen Anordnungen getroffen. Zunächst verfügte der Erzherzog eine Neueintheilung der Armee. Entsprechend der auszuführenden Operation wurde die Avantgarde in zwei, ihrer Gliederung nach ziemlich selbstständige Truppenkörper getheilt, und zwar führte:

FML. Kray die 1. Avantgarde, bestehend aus 50 Compagnien, 23 Escadronen und einer Unterstützung von 2 Bataillonen, 8 Escadronen;

FML. Hotze die 2. Avantgarde, d. i. 48 Compagnien, 31 Escadronen und eine Unterstützung von 2 Bataillonen, 8 Escadronen.

Die beiden Treffen des Corps de bataille, zusammen $23^{1}/_{6}$ Bataillone, 32 Escadronen, standen unter FZM. Wartensleben, das Corps de réserve von $7^{1}/_{6}$ Bataillonen, 13 Compagnien commandirte FML. Sztáray. (Beilage 11.)

In Folge der, durch die Hauptarmee bereits selbstständig herbeigeführten Communication mit Mainz, entfiel sowohl die zu gleichem Zwecke früher FML. Neu aufgetragene Operation gegen Bergen, als auch die Detachirung des Obersten Merveldt. Nun erhielt Neu den Auftrag, aus der Besatzung von Mainz ein Corps von 13 Bataillonen, 6 Compagnien, 4 Escadronen zu formiren und mit diesem am 10. bei Wiesbaden die weiteren Befehle zu erwarten. Das Festungs-Commando hatte FML. Gruber zu übernehmen. Oberst Merveldt, der am 7. abends bei Zwingenberg und Heppenheim eingetroffen war und mit 3 Bataillonen, die er aus Mannheim an sich gezogen hatte, am 8. den Marsch nach Mainz fortsetzen wollte, konnte der grossen Entfernung wegen nicht mehr rechtzeitig die Lahn erreichen. Er wurde daher mit seinem um 4 Escadronen verstärkten Detachement FML. Petrasch zugetheilt, welcher im Auftrage des Erzherzogs eine Diversion an den Oberrhein ausführen sollte, um sowohl FZM. Latour Luft zu machen, als auch die, in dieser Richtung in Aussicht genommenen Operationen der Hauptarmee vorzubereiten. In diesem Sinne wurde FML. Petrasch angewiesen, sich mit 7 Bataillonen und 10 Compagnien von der Besatzung Mannheims, denen sich noch 4 Compagnien aus Philippsburg anzuschliessen hatten, sogleich nach Eintreffen der, für Oberst Merveldt bestimmten 4 Escadronen rheinaufwärts in Marsch zu setzen. Als Ersatz für die aus Mannheim abgehenden Truppen wurden noch 5 Bataillone aus Mainz in Eilmärschen dahin abgesendet. (282.)

Erzherzog Carls Voraussetzungen hinsichtlich der Operationen seines Gegners bestätigten sich fast durchwegs. Jourdan hatte nach dem Eintreffen an der Lahn am 9. folgende Stellung genommen: Grenier bei Atzbach mit der Avantgarde in Giessen. Championnet auf den Höhen hinter Wetzlar, rechts von ihm Bernadotte, die Vortruppen beider am linken Ufer der Lahn in Verbindung mit Lefebvre, welcher die Höhen vor Wetzlar bis Dutenhofen besetzt hielt. Hinter letzterem Orte bivouakirte die Cavallerie-Reserve-Division Bonnaud.

Am selben Tage setzte sich auch die kaiserliche Armee in Bewegung. FML. Kray mit der 1. Avantgarde (6800 Mann Infanterie, 3000 Reiter) marschirte gegen Butzbach, um den hinter Giessen und Wetzlar an der oberen Lahn stehenden Feind zu beschäftigen. Mit dem Gros der Armee beabsichtigte der Erzherzog, der 1. Avantgarde bis Friedberg zu folgen, um deren Demonstrationen den nöthigen Nachdruck zu geben, dann aber gegen die untere Lahn abzubiegen und nach Vereinigung mit der 2. Avantgarde und den Truppen des FML. Neu, in der Gegend von Limburg den Fluss zu überschreiten. Er brach am 9. mit 15.000 Mann Infanterie und 4000 Reitern von Aschaffenburg auf und lagerte am Abende unweit Dettingen. Um den Flankenmarsch des Erzherzogs von Friedberg ab, zu decken und den Feind zu beobachten, marschirte FML. Hotze mit der 2. Avantgarde — 6800 Mann Infanterie und 3700 Reiter — von Gros-Auheim an der Kahl, gegen Weilburg.

FML. Neu mit dem aus der Besatzung von Mainz gebildeten Corps, wozu noch 12 Escadronen von Seite der Hauptarmee kamen, im ganzen also 8000 Mann Infanterie und 1600 Reiter, hatte die Bestimmung, von Mainz gegen Limburg vorzurücken. Bei Erbenheim erreichte er Marceau und drängte ihn mit einem Verluste von 2 Geschützen bis hinter Wiesbaden zurück.

Eine gleichzeitig von der Rhein-Flotille gegen Rüdesheim ausgeführte Expedition zerstörte dort beträchtliche Depots und behauptete schliesslich Eltville. In Flörsheim am Main liessen die Franzosen 17 Mörser, 65 Kanonen und grosse Munitionsvorräthe zurück, die aus Würzburg und Frankfurt zur Beschiessung von Mainz zusammengebracht worden waren.

Marceau ging in 3 Colonnen zurück, welche am 10. Nassau, Dietz und Limburg erreichten. Von der kaiserlichen Armee kam FML. Kray am selben Tage nach Staden an der Nidda; der Erzherzog lagerte mit dem Gros bei Windecken, FML. Hotze bei Homburg in Verbindung mit FML. Neu, der bei Langenschwalbach stand. Seine leichten Truppen streiften bis Holzhausen und Nastätten.

Am nächsten Tage erreichte Kray Münzenberg. Seine Vortruppen unter Oberst Görger bemächtigten sich mit Hilfe der Einwohner, Giessens und behaupteten die Stadt trotz aller Versuche Grenier's, dem es nur gelang, unterhalb derselben über die Lahn zu setzen und den schwachen Posten in Klein-Linden zu vertreiben.

Erzherzog Carl blieb mit dem Gros an diesem Tage in Windecken, blos das Reserve-Corps wurde gegen Mittag nach Friedberg vorgeschoben.

Der Vormarsch der kaiserlichen Armee, sowie Verstärkungen, welche bei der Sambre-Maas-Armee eintrafen, veranlassten Jourdan zu theilweiser Aenderung seiner Ordre de bataille. Das Directorium hatte nach langem Zaudern endlich angeordnet, dass der Divisions-General Castelverd mit 6000 Mann (5600 Infanteristen, 250 Reiter, 150 Artilleristen) von der Nordarmee nach Ehrenbreitstein detachirt werde, um Poncet zu verstärken und die Belagerung dieses Platzes mit Nachdruck zu betreiben. Obwohl nun die Verhältnisse nicht mehr danach waren um an diese Unternehmung denken zu können, kamen doch die hiezu bestimmten Truppen, welche am 8. bei Ehrenbreitstein eintrafen, Jourdan sehr gelegen.

Poncet war unmittelbar nach Ankunft Castelverd's an die Lahn abmarschirt und hatte die Strecke Ober-Lahnstein—Dietz besetzt. Die Division der Nordarmee übernahm in Erwartung weiterer Befehle vorläufig die Blockade von Ehrenbreitstein. (283.) Jourdan vertheilte nun am 11. die etwas minderwerthigen Truppen Marceau's an die Divisionen Bernadotte, Poncet und Castelverd. Von den beiden letzteren hatte Poncet bei Dietz, Castelverd bei Nassau Stellung zu nehmen, sie bildeten mit einem schwachen Beobachtungs-Corps, welches unter Duvigneau vor Ehrenbreitstein blieb, unter Commando Marceau's den rechten Flügel der Armee.

In Folge dieser Verstärkung erreichten die an der Lahn versammelten französischen Truppen einen Gefechtsstand von ungefähr 50.000 Mann, worunter 5000 Reiter. (284.) Da aber Jourdan, beunruhigt durch den Vormarsch Erzherzog Carls und im Zweifel darüber, ob Limburg oder Wetzlar der eigentliche Angriffspunkt sein werde, sich gleichzeitig auch nach rechts ausdehnte, so waren diese Kräfte in einer Front von unverhältnissmässiger Länge vertheilt und daher kein Punkt derselben genügend widerstandsfähig. Grenier, Lefebvre und Championnet blieben bei Wetzlar, aber letzterer detachirte den General Klein mit 1 Halbbrigade, 1 Chasseur-Regimente und 3 Geschützen zur Verstärkung des General-Adjutanten Mireur, der mit 2 Bataillonen, 8 Escadronen und 3 Geschützen in Weilburg stand. Bernadotte und die Cavallerie-Reserve-Division waren nach Offheim abgerückt, von wo aus die Avantgarde Limburg und Runkel besetzt hielt. Marceau hatte mit der Division Castelverd bei Nassau, mit jener Poncet's bei Dietz Stellung genommen und die Avantgarde der letzteren auf die Höhen von Mensfelden vorgeschoben. (Jourdan, S. 184.)

Indessen setzte FML. Kray seine Demonstrationen an der oberen Lahn mit bestem Erfolge fort. Lefebvre's Berichte über die gegen die Lahn vorrückenden feindlichen Kräfte und den Verlust Giessens, sowie die am 12. erhaltene Nachricht, Erzherzog Carl stehe noch bei Friedberg, bestärkten Jourdan in der Meinung, dass ein allgemeiner Angriff bei Giessen oder Wetzlar bevorstehe, und veranlassten ihn zu Dispositionen, die kurz darauf den Rückzug der Armee zur Folge hatten.

Die Umsicht, mit welcher Erzherzog Carl seine Operationen gegen Limburg einleitete und den eigentlichen Angriffspunkt zu verhüllen wusste, erschien Jourdan als erzwungenes Zögern, hervorgerufen durch Detachirungen an die Donau oder die Entsendung eines Corps auf das linke Rheinufer, welches, von Mainz aus Coblenz bedrohend, die französische Armee zu schleunigem Rückzuge veranlassen sollte. In beiden Fällen war er entschlossen, sich mit voller Kraft nach der Richtung zu wenden, wo er das Gros der feindlichen Armee vermuthete und dann in raschem Zuge an den Main vorzudringen. Demnach beauftragte er Bonnaud, aus der Umgebung von Limburg sofort nach Asslar an der Dill aufzubrechen, und Bernadotte, von den Höhen von Offheim nach Weilburg zu marschiren, um dort Championnet abzulösen, der seine Division hinter Wetzlar sammeln sollte.

Am 12. verlegte Jourdan auch sein Hauptquartier nach Asslar und nahm in der Nacht zum 13. Lefebvre auf das rechte Ufer zurück, wo derselbe zwischen der Lahn und Dill eine Stellung in der Linie Hermannstein—Heuchelheim bezog. (285.) In Folge dessen rückte am Morgen des 13. GM. Elsnitz in Wetzlar ein und bemächtigte sich auch der Lahnbrücke, welche die Franzosen abzutragen unterlassen hatten. Im Laufe des Tages traf FML. Sztáray, den der Erzherzog mit 7 Bataillonen und 11 Escadronen des Reserve-Corps zur Unterstützung Kray's vorgeschickt hatte, an der Lahn ein und nahm Stellung auf dem Galgenberge bei Wetzlar.

Diese Erfolge setzten Erzherzog Carl in die Lage, seine Bewegungen nach dem eigentlichen Angriffspunkte unbehindert auszuführen. Er brach am 12. mit dem Gros von Windecken nach Friedberg auf und nahm, nachdem er Kray mit noch 4 Grenadier-Bataillonen verstärkt hatte, am 13. die Richtung nach Usingen, welches auch am selben Tage erreicht wurde. Mittlerweile that FML. Kray das möglichste, um die Aufmerksamkeit Jourdan's nach dem linken Flügel zu lenken. Der 13. verging unter fortwährendem Geschütz- und Gewehrfeuer sowohl bei Wetzlar als bei Giessen; während dem aber setzten kaiserliche Cavallerie-Abtheilungen bei Lollar über die Lahn und streiften im Rücken Grenier's, was diesen veranlasste, mit seiner Division eine Defensivflanke in der Linie Gleiberg—Vetzberg—Hohensolms zu formiren.

Nach fortwährenden Neckereien am 14. und 15. und nachdem FML. Kray, um den Feind für seine linke Flanke besorgt zu machen, auch die zuletzt erhaltenen 4 Bataillone in die Position von Giessen gezogen hatte, brachte der 16.

einen ernsten Zusammenstoss, welcher die Täuschung des Gegners vervollständigte.

Gefecht bei Giessen. 16. September.

Während FML. Kray durch heftiges Geschützfeuer und vorgeschickte Plänkler den Gegner in der Front beschäftigte, griff GM. Elsnitz von Lollar aus Grenier's linke Flanke an, warf dessen Vortruppen bis auf die Höhen nördlich von Giessen zurück und behauptete das gewonnene Terrain gegen wiederholte Rückstösse bis 5 Uhr abends. Erst als Grenier den grössten Theil seiner Division vereint zum Angriffe vorführte, konnte er die kaiserlichen Truppen über die Lahn zurückdrängen. Als Kray dies wahrnahm, liess er GM. Schellenberg mit 3 Bataillonen bei Giessen über die Lahn setzen. Dieser nahm die jenseitigen Anhöhen mit dem Bajonnette und warf die Brigade Olivier, welche Grenier dort belassen hatte, in Unordnung zurück. Jourdan, der bei diesem Gefechte anwesend war, beorderte nun die Division Bonnaud, ferner eine Halbbrigade, ein Kürassier-Regiment und eine halbe Batterie zur Unterstützung Olivier's, welcher mit einbrechender Nacht sich der verlorenen Position wieder bemächtigte.

FML. Kray besetzte hierauf das rechte Lahnufer und Giessen, nahm aber im übrigen seine früheren Positionen ein. Er hatte den angestrebten Zweck, mit beträchtlichen Opfern zwar, aber vollständig erreicht, die Hauptmacht des Gegners an die obere Lahn gezogen und dadurch die Operationen des Erzherzogs wesentlich gefördert.*)

Gefechte bei Limburg. 15., 16., 17. September.

Als am 13. der Bericht von der Besetzung Wetzlars im Hauptquartiere einlangte, erhielt FML. Hotze Befehl, am 14. das linke Lahnufer ganz vom Feinde zu säubern, die Vor-

*) Nach Angabe Jourdan's verloren die Franzosen in den Gefechten an der oberen Lahn 700 Mann. Am 16. wurden die Generale Bonnaud und Dalesme verwundet. Ersterer erlag wenige Monate später seiner Wunde.

posten längs dem Flusse aufzustellen und mit dem Gros in die Gegend von Cubach (gegenüber Weilburg) zu rücken. In der Richtung gegen Runkel und Limburg hatte er so viele leichte Truppen zu versammeln, als nothwendig, um bei eventuellem Uebergange der Armee eine genügende Avantgarde zu bilden. (286.) FML. Neu, den der Erzherzog in Kirberg glaubte, sollte von dort gegen Limburg vorrücken, den Feind von der Höhe vertreiben und Detachements gegen Nassau senden. Das Gros kam am 14. nach Münster und am 15. nach Weyer.

Um dem Gegner keine Zeit zu lassen, sich bei der nun unmittelbar bevorstehenden Vereinigung der Armee über deren Stärke und Stellung zu orientiren, wollte Erzherzog Carl die Höhen südlich Limburg am 16. angreifen und womöglich noch am selben Tage den Uebergang bewirken. FML. Neu, der aus Sorge für seine linke Flanke am 14. nur bis Langenschwalbach vorgerückt war, musste noch in der Nacht nach Kirberg weitermarschiren. Am 16. sollte er gegen Nauheim vorrücken und dann die Höhen vor Limburg angreifen, wobei ihn FML. Werneck von Lindenholzhausen her zu unterstützen hatte. FML. Hotze war angewiesen, mit allen bei Weilburg entbehrlichen leichten Truppen vor Tagesanbruch des 16. in Münster einzutreffen, und FML. Kray, der statt des erkrankten FML. Sztáray vorübergehend auch das Commando des Reserve-Corps führte, hatte bei Wetzlar und Giessen lebhaft zu demonstriren.

Noch am 15. unternahm GM. Spiegelberg mit den leichten Truppen eine Recognoscirung gegen Limburg, die aber durch das entschlossene Vorgehen Marceau's vereitelt wurde. Während der leichten Gefechte, welche aus diesem Anlasse geführt wurden, besetzte Erzherzog Carl Nieder-Brechen und kam FML. Neu in Kirberg an.

Auf Seite der Franzosen hatte in Folge der letzten Dispositionen Jourdan's, welche den rechten Flügel der Armee namhaft schwächten, eine Aenderung der Aufstellung stattgefunden. Von der Division Bernadotte stand der linke Flügel: 2 Bataillone, 1 Dragoner-Regiment und 3 Geschütze unter Friant längs der Lahn von Biskirchen bis Löhnberg; der rechte unter Simon occupirte in gleicher Stärke Runkel. Das

Gros der Division lagerte hinter Weilburg, mit einer Avantgarde vor dieser Stadt.

Marceau war nach dem Abmarsche Bernadotte's zu schwach, um die Höhen am linken Lahnufer bei Limburg zu behaupten. Er nahm deshalb in der Nacht vom 15. zum 16. die dort postirte Avantgarde bis auf ein schwaches Detachement auf die Höhen am rechten Ufer nördlich der Stadt zurück und vertheilte die übrigen Truppen seiner Division folgend: Castelverd übernahm die Vertheidigung der unteren Lahn von Holzappel bis zur Mündung. In Dietz standen 7, hinter Limburg 5 Bataillone der Division Poncet; die ungefähr 800 bis 900 Pferde zählende Reiterei war hinter dieser Linie als Reserve zurückgehalten.

Dichter Nebel umhüllte am 16. vormittags die feindliche Stellung, um 9 Uhr hob sich derselbe, und nun sahen die angriffsbereiten kaiserlichen Truppen die Höhen vor Limburg fast gänzlich vom Feinde verlassen. Als FML. Neu von Kirberg herankam, warf seine Tete mit leichter Mühe die schwachen feindlichen Posten zurück und besetzte, gefolgt von 4 Grenadier-Bataillonen, welche FML. Werneck führte, die Stadt. Unter dem Schutze der am linken Ufer aufgeführten Geschütze bemächtigte sich derselbe gegen Mittag sowohl der steinernen, als auch der hölzernen Brücke, sowie der am jenseitigen Ufer liegenden unbedeutenden Vorstadt und ihrer Gärten.

Ein weit hartnäckigerer Kampf entspann sich um den Uebergang des Gros auf das rechte Ufer. Marceau hatte mittlerweile von Bernadotte eine Unterstützung von 3 Bataillonen, 3 Geschützen und etwa 100 Pferden erhalten. Nun versuchte er in wiederholten Angriffen, sich der Vorstadt zu bemächtigen, während seine Artillerie ein verheerendes Feuer auf die Brücken richtete, um das Vorrücken von Verstärkungen zu erschweren. Beim siebenten Angriffe war es ihm endlich gelungen, sich in den Gärten festzusetzen, als ein glänzender Vorstoss von 3 Grenadier-Bataillonen ihn wieder zurückwarf.*)

*) Im Generalsbefehle ddo. Limburg, 17. September (F. A. X, 285), belobt Erzherzog Carl die Grenadier-Bataillone Frankenbusch (Grenadier-Divisionen der Infanterie-Regimenter Brechainville, Erbach und Fr. Wenkheim), Riera (Hohenlohe, Franz und Ulrich Kinsky) und Ghenedegg (Reysky,

Die Nacht erst machte dem mit äusserster Erbitterung geführten Kampfe ein Ende. (287.)

Während dieser Ereignisse hatte sich GM. Fürst Schwarzenberg*) mit der Avantgarde der Colonne FML. Neu flussabwärts gegen Dietz gewendet und nach einem nicht minder hartnäckigen Widerstande den Uebergang erzwungen. Bonnet, der dort commandirte, besetzte bei Einbruch der Dämmerung die rückwärtigen Höhen, wodurch er die Strassen nach Montabaur und Nassau deckte.

Als Jourdan spät abends des 16. den Bericht von diesen Gefechten erhielt, in welchen die Franzosen 800 Mann verloren (288), erkannte er wohl die Unrichtigkeit der Combination, die ihn veranlasst hatte, den linken Flügel auf Kosten des rechten zu verstärken. Indess hoffte er um so gewisser, noch Zeit zu haben, diesen Fehler gut zu machen, als ihn Marceau versicherte, im Falle rechtzeitiger Verstärkungen in der Lage zu sein, sowohl den Uebergang bei Limburg noch ferner zu verwehren, als auch die bei Dietz übergegangenen feindlichen Truppen wieder zurückzuwerfen. Es erhielt demnach sowohl die Reserve-Cavallerie-Division als auch Bernadotte Befehl, ohne Aufenthalt nach Limburg abzumarschiren, während Championnet den General Klein mit 1 Cavallerie-Regimente und einigen Geschützen als Ersatz für Bernadotte nach Weilburg sandte. Zur Sicherung gegen erneuerte Versuche der kaiserlichen Truppen an der oberen Lahn, wurde Grenier mit 1 Halbbrigade und 2 Cavallerie-Regimentern von der Division Lefebvre verstärkt.

Es muss dahingestellt bleiben, ob diese Massregeln auch wirklich den Erfolg gehabt hätten, den Marceau so zuversichtlich voraussagte (289), thatsächlich aber kamen sie in Folge eines Missverständnisses gar nicht zur Ausführung. Castel-

Thurn, W. Schröder) »für das ausnehmend tapfere Benehmen bei Verdrängung und Verfolgung des Feindes aus Limburg«, sowie auch insbesondere die Artillerie, »die durch ihr so gut angebrachtes Feuer dem Feinde einen ganz empfindlichen Schaden und beträchtlichen Verlust« zugefügt hatte.

*) Wurde so wie die Oberste Brady, Bürger, Bolza, Hegel, Merveldt, Nobili, Roe und Schmidt anfangs September zum Generalmajor befördert.

verd hatte nämlich um 10 Uhr abends des 16. durch einen Brief des General-Adjutanten Becker den Verlust von Dietz und den Rückzug der dortigen Truppen auf die Höhen nördlich der Stadt erfahren. Bei der geringen Entfernung zwischen Dietz und Limburg hielt er es für selbstverständlich, dass auch bei letzterem Orte die Lahn forcirt worden sei, und zog sich daher zur selben Stunde nach Montabaur zurück. In Folge dessen konnte Marceau, der überdies von bedeutenden Verstärkungen gehört hatte, die Erzherzog Carl in der Nacht an sich gezogen haben sollte, kein zweites Gefecht wagen, ohne sich der Gefahr auszusetzen, aufgerieben zu werden. Er marschirte daher, begünstigt durch den Morgennebel, am 17. um 9 Uhr nach Freilingen ab.

Erzherzog Carl hatte indess Anordnungen getroffen, das Gefecht am 17. wieder aufzunehmen. Um 9 Uhr morgens standen die Truppen bereit, sobald sich der, zu dieser Jahreszeit im Lahn-Thale gewöhnliche Nebel gehoben haben würde, in 2 Colonnen die Höhen jenseits Limburg anzugreifen. Die rechte Flanke lahnaufwärts bis Gräveneck deckte GM. Spiegelberg mit 10 Compagnien, 2 Escadronen; zur Sicherung der linken hatte FML. Neu bei Dietz die Lahn zu passiren und die Richtung nach Montabaur zu nehmen.

Aller Aufmerksamkeit ungeachtet konnte jedoch der Erzherzog den Abmarsch der Franzosen nicht früh genug entdecken, um noch am selben Tage entsprechend Terrain gewinnen zu können. Ausser unbedeutenden Zusammenstössen mit der äussersten Nachhut des Gegners, kam es nur in der rechten Flanke mit einem Theile der Division Bernadotte zu einem bedeutenderen Gefechte. Dieser war, ohne die vollständige Versammlung seiner Truppen abzuwarten, noch während der Nacht mit 4 Bataillonen, 5 Escadronen gegen Limburg aufgebrochen und stiess am Vormittage des 17. bei Offheim auf die vorrückende kaiserliche Armee. Um den Rückzug der noch in Runkel und Weilburg stehenden Detachements zu ermöglichen, nahm er, obwohl in der Minderzahl, den Kampf auf und zog sich fechtend bis Mehrenberg zurück, wo die übrigen Theile seiner Truppen, sowie die Cavallerie-Reserve-Division sich mit ihm vereinigten.

Am Abende besetzte die kaiserliche Avantgarde Hundsangen; Erzherzog Carl lagerte mit der Armee auf den Höhen zwischen Offheim und Tiefenbach, FML. Neu auf jenen bei Heistenbach. GM. Mylius, der mit einer Seiten-Colonne dieses Corps über Singhofen und Nassau vorgerückt war, entsetzte Ehrenbreitstein. (290.)

Die Vorfälle der letzten Tage hatten Jourdan in eine sehr ernste Lage gebracht. Zum Rückzuge in divergirender Richtung gezwungen, erlaubte ihm der Zustand der Communicationen im Westerwalde nicht, seine getrennten Flügel früher als hinter dem Wied-Bache bei Altenkirchen zu vereinigen. Bis dorthin aber hatte der äusserste linke Flügel eine doppelt so lange Strecke zu hinterlegen, wie der Gegner, dem nicht nur die kürzere, sondern auch die bessere Verbindung zu Gebote stand. Ausserdem waren Jourdan die Nachrichten von den Ereignissen bei Dietz und Limburg so spät zugekommen, dass er erst in der Nacht vom 17. zum 18. den Rückmarsch antreten konnte. Uebrigens hätte er auch ohnedies kaum wagen dürfen, noch bei Tage auf der einzigen Strasse abzumarschiren, die von Wetzlar und Giessen durch die Defiléen der Lahn und Dill führte. Rasche Bewegungen des linken Flügels und standhaftes Ausharren Marceau's mit dem rechten, konnten allein die Armee aus der drohenden Gefahr befreien.

Um 8 Uhr abends des 17. brach Grenier auf, überschritt die Dill bei Herborn und marschirte bis Hof. Zwei Stunden später folgte Championnet ebenfalls über Herborn und ging bis Hachenburg. Lefebvre deckte den Rückzug; er setzte sich erst um 2 Uhr morgens in Bewegung und marschirte von Herborn nach Hof. Bernadotte war um dieselbe Zeit aufgebrochen und bis Höhn zurückgegangen.

Die Bewegung des linken Flügels der französischen Armee vollzog sich in guter Ordnung, da ihn FML. Kray nur schwach verfolgte und erst am 18. seine leichten Truppen bis Dillenburg und Roth vorgehen liess, während das Gros in Werdorf Halt machte. Jourdan erreichte denn auch am 19. ohne nennenswerthen Verlust den Wied-Bach und formirte sich hinter dem Defilé von Altenkirchen, von wo er den grossen

Train nach Uckerath voraussandte. Grenier und Championnet bildeten vorwärts Weyerbusch das zweite Treffen; Lefebvre postirte sich vor Altenkirchen.

FML. Kray erreichte an diesem Tage Hof, seine Vortruppen Hachenburg.

Nicht so glücklich verliefen die Dinge am rechten Flügel. Castelverd hatte allerdings am 18. ungehindert Neuwied erreicht und den zur Vertheidigung hergerichteten Brückenkopf besetzt, aber Marceau konnte seine Aufgabe nicht ohne harte Kämpfe lösen. Einem Angriffe, den FML. Hotze am 18. mit der Avantgarde in der Stärke von 28 Compagnien, 18 Escadronen auf Molsberg beabsichtigte, entzog er sich durch rechtzeitiges Zurückweichen auf die Höhen von Freilingen und liess seine Nachhut bei Hahn Stellung nehmen. Hier entspann sich nun ein hitziges, von beiden Seiten mit besonderem Geschick geführtes Gefecht, welches bis zum späten Abende währte und damit endete, dass die kaiserlichen Vorposten Hahn besetzten. Die Armee rückte bis Molsberg nach; das Hauptquartier blieb in Hundsangen.

Gefecht bei Höchstenbach. 19. September.

In der Voraussetzung, FML. Hotze habe sich noch am Abende der Höhen von Freilingen bemächtigt, ordnete Erzherzog Carl für den folgenden Tag die Vorrückung bis in diese Position an. Für alle Fälle aber verstärkte er die Avantgarde mit 2 Bataillonen und 2 Chevau-légers-Regimentern. FML. Hotze schritt am frühen Morgen zum Angriffe, fand aber die Stellung nur mehr von ungefähr 200 Reitern besetzt. Marceau hatte sich bei Tagesanbruch nach Höchstenbach gezogen, wo er den Befehl Jourdan's erhielt, sich dort unbedingt bis auf weiteren Befehl zu behaupten, da die Armee das Defilé von Altenkirchen noch nicht passirt habe. Obwohl der Obergeneral diesem Auftrage die Versicherung anschloss, dass Verstärkungen bereits unterwegs seien, blieb die Lage Marceau's deshalb nicht minder kritisch. Rasch entschlossen, liess er jedoch seine Division theils bei Höchstenbach, theils vor dem südlich davon gelegenen Walde aufmarschiren und placirte 6 Geschütze auf zwei Hügeln, von wo sie den Zugang zum Walde mit einem vernichtenden Kartätschenfeuer bestrichen.

FML. Hotze, dessen Vortruppen während des ganzen Marsches ununterbrochen mit der Arrièregarde des Gegners scharmützelten, griff ohne Zögern an und war bald in sehr hartnäckigem Gefechte. Marceau wurde gleich anfangs desselben, von der Kugel eines Tiroler-Scharfschützen tödtlich verwundet; dennoch aber gelang es der ausserordentlich lebhaften Vertheidigung der Franzosen, ihren Rückzug nach Altenkirchen unter Leitung Jourdan's, der persönlich herbeigeeilt war, in ziemlich guter Ordnung zu bewirken.

Die kaiserlichen Vortruppen folgten dem Feinde über Wahlrod bis Gieleroth, welches die französische Arrièregarde besetzt hielt. (291.) Die Armee lagerte auf den Höhen von Freilingen; das Hauptquartier kam nach Hahn. Am linken Flügel rückte FML. Neu an den Saynbach vor und detachirte GM. Mylius nach Dierdorf.

Nun hatte Jourdan seine Armee glücklich hinter dem Wied-Bache versammelt und sich hiedurch das Uebergewicht über jene seines Gegners gesichert, welche, in mehrere Colonnen getrennt, sehr der Gefahr ausgesetzt war, noch vor ihrer Vereinigung einzeln geschlagen zu werden. Obwohl sonach die Gelegenheit zum Angriffe ausnehmend günstig war, musste sich Jourdan dennoch sagen, dass er nicht in der Lage sei, dieselbe auszunützen. Es fehlte der Armee an vielen unentbehrlichen Bedürfnissen, insbesondere aber an Munition, und es war geradezu unmöglich, deren Ersatz in einer Position abzuwarten, wo es dem Soldaten, hauptsächlich aber den Pferden fast gänzlich an Nahrung gebrach. (Jourdan, S. 207.)

Jourdan entschloss sich daher, den Rückzug bis Mühlheim fortzusetzen, wo ihm die Nähe von Cöln den Uebergang auf das linke Ufer sicherte. Um 4 Uhr morgens des 20. brachen Championnet und Grenier aus ihren Lagern auf, überschritten die Sieg und stellten sich hinter der Agger auf. Ihnen folgte die Cavallerie-Reserve-Division. Poncet übersetzte mittelst der fliegenden Brücke bei Bonn auf das linke Ufer und lagerte hinter der Stadt. Bernadotte und Lefebvre deckten den Rückzug durch eine Aufstellung vorwärts Uckerath.

Am folgenden Tage nahmen alle am rechten Rheinufer befindlichen Truppen eine Stellung zwischen Porz und dem stark befestigten Schlosse von Bensberg. Hier erhielt Jourdan die wiederholt erbetene Enthebung vom Oberbefehle, welchen nun Beurnonville, der bisherige Commandant der Nordarmee, übernahm.

Die vorrückenden leichten Truppen der kaiserlichen Avantgarde fanden am 20. in Altenkirchen nur mehr schwache feindliche Posten, die sich fechtend auf Uckerath zurückzogen. Als verlässliche Nachrichten über die Bewegungen des Gegners eingelangt waren, rückte Erzherzog Carl nach Wahlrod vor. FML. Kray kam bis Hachenburg; FML. Neu hatte die bei Heddesdorf gestandenen französischen Abtheilungen in den Brückenkopf von Neuwied zurückgeworfen, worauf er bis Neustadt und Hangelar vorrückte.

Ausgedehnte Recognoscirungen, welche FML. Hotze von Altenkirchen und GM. Fürst Schwarzenberg von Neustadt aus vornahmen, bestätigten den völligen Rückzug des Feindes. Da alle Umstände dafür sprachen, dass ein angriffsweises Vorgehen des Gegners nicht zu besorgen sei, erachtete Erzherzog Carl den Zeitpunkt für gekommen, sich nunmehr den Operationen gegen Moreau's Rückzugslinie zuzuwenden. Noch am 21. traf er die entsprechenden Anordnungen: FML. Werneck hatte mit 22 Bataillonen, 73 Compagnien, 69 Escadronen an der Sieg zurückzubleiben. FML. Neu übernahm wieder das Gouvernement von Mainz; das bisher von ihm befehligte Corps wurde mit 10 Escadronen von jenem Wernecks verstärkt und unter Commando des FML. Kray, bei Neuwied zwischen Bendorf und Romersdorf aufgestellt. Falls Umstände eintreten sollten, wo Mainz wieder seiner vollen Besatzung bedurfte, hatte GM. Mylius die früher unter Neu gestandenen Truppen dahin abzuführen, FML. Kray jedoch mit den 10 Escadronen wieder zum Corps an der Sieg einzurücken.

Mit Einschluss des Corps bei Neuwied bestanden die zwischen der Sieg und Lahn zurückbleibenden Truppen aus 32 Bataillonen, 78 Compagnien und 82 Escadronen oder 24.000 Mann Infanterie und 8500 Reitern. FML. Werneck erhielt den Auftrag, seine Avantgarde bei Tagesanbruch des 22.

an die Sieg und den Rhein vorzuschieben und dann mit dem Gros nach Uckerath zu marschiren.

Der Rest der bisherigen Hauptarmee: 14 Bataillone, 29 Compagnien, 40 Escadronen, d. i. 12.000 Mann Infanterie und 4000 Reiter = 16.000 Mann, erhielt die Bestimmung, unter Commando FZM. Wartenslebens am 22. an den Main abzurücken und dort nach den weiteren Anordnungen des Erzherzogs zu operiren, der sich am selben Tage nach Ehrenbreitstein begeben hatte. (292.)

Mit der Theilung der kaiserlichen Hauptarmee und dem Abmarsche Erzherzog Carls an den Main war der Feldzug auf dem nördlichen Theile des Kriegsschauplatzes der Hauptsache nach beendet. Beurnonville zeigte keinerlei offensive Absichten, sondern nahm die französischen Divisionen allmälig auf das linke Ufer zurück, mit Ausnahme Lefebvre's, der vor Düsseldorf blieb.

Unbedeutende Scharmützel der Vorposten unterbrachen allein die auf beiden Seiten herrschende Ruhe; nur bei Neuwied kam es am 29. noch zu ernsterem Zusammenstosse. Hinsichtlich der Räumung dieser Stadt waren schon seit einigen Tagen Verhandlungen im Zuge. Da die Franzosen dieselben jedoch absichtlich hinauszogen, griff FML. Kray am 29. bei Heddesdorf und Irlich an, warf den Feind nach Neuwied zurück und bemächtigte sich beim zweiten Sturme auch der Stadt, worauf die Franzosen in den Brückenkopf retirirten. Da ein Versuch, dieses von 9 Bataillonen und 50 Geschützen vertheidigte Object zu nehmen, keinen Erfolg hatte, auch der Tag schon zur Neige ging, bot FML. Kray am Abende neuerdings Verhandlungen an, die Bernadotte, der dort das Commando führte, annahm. Das Feuer wurde beiderseits eingestellt und am 30. eine Uebereinkunft getroffen, welche Stadt und Schloss Neuwied als neutral erklärte. Die Franzosen verpflichteten sich, nicht mehr auf die Stadt zu schiessen, wogegen FML. Kray die Versicherung gab, sich jeder Massregel enthalten zu wollen, welche die Rheinbrücke gefährden könnte. (293.)

In ähnlicher Weise wurde auch an der Agger eine Waffenruhe vereinbart.

Unternehmung auf Kehl.

Gleichzeitig mit den Operationen der Hauptarmee an der Lahn, wurde auch die von Erzherzog Carl angeordnete Diversion ins obere Rhein-Thal durchgeführt.

FML. Petrasch erfasste mit richtigem Blicke seine Aufgabe, indem er beschloss, einen Versuch zu machen, den Brückenkopf von Kehl durch einen Handstreich zu nehmen und die Brücke über den Rhein zu zerstören. Hiedurch konnte nicht nur der Rhein-Mosel-Armee die vortheilhafteste Rückzugsrichtung verlegt, sondern auch der misslichen Nothwendigkeit vorgebeugt werden, den Brückenkopf später durch regelmässige Belagerung nehmen zu müssen, falls es Moreau gelingen sollte, sich Strassburg zu nähern oder dort festen Fuss zu fassen. Die geringen feindlichen Kräfte, welche damals bei Kehl versammelt waren, die Unmöglichkeit einer Unterstützung derselben durch die noch weit entfernte Armee Moreau's, sowie die Unfertigkeit der Werke bei Kehl selbst, liessen an dem Gelingen eines solchen Planes kaum zweifeln.

Am 12. September hatte FML. Petrasch das Cavallerie-Detachement GM. Merveldt's an sich gezogen und war sodann bis Wiesenthal und Mingolsheim vorgerückt, wo sich die aus Philippsburg abzugebenden Truppen ihm anschlossen. Von dort aus beabsichtigte er den, mit etwa 3000 Mann bei Bruchsal stehenden General Scherb in der Front anzugreifen, während mehrere am Rhein und im Gebirge vorgehende Colonnen dessen Verbindung mit Landau und Lauterburg unterbrechen und ihm den Rückzug nach Kehl abschneiden sollten.

Während der Nacht vom 12. zum 13. waren diese Seiten-Colonnen grossentheils an ihren Bestimmungsorten eingetroffen. Der für den Morgen des 13. in Aussicht genommene Angriff wäre zweifellos gelungen, wenn nicht Deserteure vom serbischen Freicorps dem Feinde den Anmarsch der kaiserlichen Truppen verrathen und es ihm dadurch ermöglicht hätten, sich noch rechtzeitig in der Richtung gegen Rastatt zurückzuziehen. Gegen Mitternacht traf Scherb bei Grombach auf zwei österreichische Compagnien, welche das Thal bei diesem Orte sperren und sich mit einer anderen Colonne, die von

29*

Heidelsheim vorrückte, hätten vereinigen sollen. Das Gefährliche seiner Lage erkennend, griff er sogleich mit überlegenen Kräften an und es gelang ihm, allerdings mit bedeutenden Verlusten und in ziemlicher Unordnung, den Weg nach Rastatt zu gewinnen.

Eine andere Seiten-Colonne, die auf der Rheinstrasse über Mühlburg gegen Kehl vorrücken sollte, verlor unnütz Zeit mit einem Angriffe auf Karlsruhe, so dass die Franzosen, wenn auch mit harter Mühe, den Marsch nach Kehl fortsetzen konnten.

FML. Petrasch rückte an diesem Tage noch bis Weingarten vor, aber bei der Ermüdung der Truppen und weil es auch schon anfing dunkel zu werden, musste er sich auf die Vorsendung einiger Detachements leichter Cavallerie beschränken. Da es nicht möglich geworden war, Kehl noch vor dem Feinde zu erreichen, wurde nun keine Mühe gespart, um wenigstens zugleich mit ihm dort einzutreffen und sofort zum Angriffe zu schreiten. Mehrere hundert Wagen wurden zur Fortbringung der durch die früheren forcirten Märsche ermüdeten Infanterie aufgeboten, so dass am 17. mittags das ganze Corps bei Bischofsheim versammelt war.

Scherb hatte indess glücklich die Kinzig erreicht. Statt sich aber am linken Ufer dieses Flusses aufzustellen, wodurch er, in engster Verbindung mit Kehl, jeden andern als einen Frontal-Angriff unmöglich gemacht hätte, nahm er mit einer Halbbrigade, 2 Escadronen Dragonern und einem kleinen combinirten Cavallerie-Detachement Stellung am rechten. Die unmittelbare Vertheidigung von Kehl überliess er der geringen Besatzung, die nur aus 1 Bataillon und dem Reste der 104. Halbbrigade bestand, welch letztere ihrer grossen Verluste in früheren Gefechten halber, dort zurückgelassen worden war.

Zum Nachtheile für die geplante Unternehmung und in weiterer Folge auch für die rasche Beendigung des Feldzuges, wurden die gegen Kehl bestimmten Kräfte, noch bevor sie dort verwendet werden konnten, empfindlich geschwächt. Kurz vor der Ankunft in Bischofsheim kam die Nachricht, dass 2000 Franzosen von der Rhein-Mosel-Armee bei Freudenstadt eingetroffen seien und den Kniebis-Pass zu forciren beabsichtigten. Da dies mit dem aufgefangenen Briefe Moreau's an General Moulin in Strassburg übereinstimmte, fand sich FML. Petrasch hiedurch zur Sicherung seines Unternehmens veranlasst, den Oberstlieutenant d'Aspre mit 2 Bataillonen auf Wagen nach Oberkirch und Oppenau zu detachiren, um mit Hilfe der bewaffneten Bauern die Pässe zu verrammeln, während GM. Merveldt den Auftrag erhielt, mit 6 Escadronen nach Renchen zu marschiren und von dort aus die Strecke bis Offenbach zu beobachten.

Nach diesen Detachirungen blieben nur noch 4 Bataillone, 18 Compagnien und 4 Escadronen verfügbar. Den Stärkeverhältnissen nach wäre es allerdings ausführbar gewesen, die Franzosen durch directen Angriff über die Kinzig zu werfen und dann mit ihnen zugleich in den Brückenkopf einzudringen. FML. Petrasch wollte jedoch vollkommen sicher gehen und entschied sich für einen Hauptangriff, der von einer Schein-Attaque unterstützt werden sollte. Zu erstem bestimmte er 3 Bataillone und 2 Escadronen, die unter seiner persönlichen Führung bei Willstätt die Kinzig und bei Ekartsweiler die Schutter überschreiten, dann zwischen diesem Flusse und dem Rhein, über Marlen und Sundheim vorgehend, die noch unvollendeten Werke bei Kehl angreifen sollten. Der Scheinangriff wurde Oberst Klein übertragen. Seine Aufgabe war, in der Nacht mit 1 Linien-Bataillon, 12 schwachen Compagnien des Grün-Laudon'schen und 3 des serbischen Freicorps, dann 2 Escadronen Husaren von Bischofsheim in die Linie Auenheim—Bodersweier—Neumühl vorzurücken und gleichzeitig mit der Haupt-Colonne anzugreifen. Der rechte Flügel war hiebei an die Kinzig zu lehnen und die Aufmerksamkeit des Gegners durch ein heftiges Feuer aus 12 Geschützen von dem eigentlichen Angriffspunkte abzulenken.

Die Haupt-Colonne hatte sich um 7 Uhr abends in Bewegung gesetzt und gelangte nach achtstündigem Marsche über Legelshurst und Marlen bis auf die Entfernung einer Stunde vor Kehl. Nach kurzer Rast erfolgte der Angriff: 1600 Mann des Infanterie-Regimentes Erzherzog Ferdinand rückten unter Oberstlieutenant Ocskay und Major Dallos in 2 Colonnen längs des Dammes der von Marlen nach Kehl führt, über

Sundheim vor; der Rest dieses Regimentes wurde in zwei Reserven unter Oberst Pongratz und Major Busseck formirt. Nach längerem Gefechte bemächtigten sich die kaiserlichen Truppen sowohl der Verschanzungen, als auch der Stadt Kehl und jagten die französische Besatzung in wilder Flucht auf das linke Ufer.

Als General Scherb Kehl in den Händen des Feindes sah, verzweifelte er an der Möglichkeit, sich durch das Fort einen Weg in die Stadt zu bahnen. Er marschirte mit der Infanterie die Kinzig abwärts und übersetzte dort, begünstigt durch mehrere Inseln, diesen Fluss nahe seiner Mündung. Es gelang ihm auch, sich eines Theiles der äussersten Werke zu bemächtigen und gegen alle Angriffe zu behaupten; seine Cavallerie jedoch passirte unmittelbar von ihrer Stellung aus die Kinzig und wurde in drei vergeblichen Versuchen, sich nach Kehl durchzuschlagen, grösstentheils zusammengehauen oder gefangen.

Der Sieg war in kurzer Zeit vollständig auf Seite der kaiserlichen Truppen, denn die noch übrige Halbbrigade Scherbs konnte nicht in Betracht kommen, da sie sich gefangen geben musste, sobald die Rheinbrücke zerstört und damit jede Möglichkeit eines Succurses verschwunden war. Die erkämpften Vortheile wurden jedoch auf das unverantwortlichste preisgegeben. Ein verhängnissvoller Zufall wollte es, dass sämmtliche Commandanten der Angriffs-Colonnen des Infanterie-Regimentes Erzherzog Ferdinand gefallen, verwundet oder gefangen waren. Die führerlose Truppe überliess sich Ausschweifungen und der Plünderung; niemand dachte daran, die Brücke zu vertheidigen oder anzuzünden, und dies benützte der Feind zu einem energischen Gegenstosse. Der Commandant von Strassburg sammelte in grösster Eile alle Waffenfähigen der besatzungslosen Festung und gegen 7 Uhr morgens rückte General Schauenburg mit einer aus den Flüchtlingen Kehls, der Nationalgarde Strassburgs und bewaffneten Handwerkern der Militär-Depots bestehenden Colonne über die Brücke vor. Unterstützt von dem Feuer der Batterien am linken Ufer und einem gleichzeitigen Angriffe der Infanterie unter General Siscé, vertrieb er die kaiserlichen Truppen, bevor sie sich hatten sammeln können, mit bedeutenden Verlusten wieder aus Kehl. Zwar versuchte FML. Petrasch mit 4 Compagnien des Infanterie-Regimentes Manfredini, die er von Neumühl heranführte, den Feind wieder zurückzuschlagen, allein sie waren zu schwach und konnten nur die Ralliirung der eigenen Truppen decken; es erübrigte nun nichts anderes, als diese wieder in die Stellung bei Bischofsheim zurückzuführen.

Der einzige Vortheil, der aus dieser Unternehmung noch erübrigte, bestand darin, dem Feinde einen Verlust von fast 2000 Mann, worunter 800 Gefangene, beigebracht zu haben; die eigene Einbusse war jedoch nicht viel geringer.

Nicht wieder gut machen aber liess sich der Nachtheil, den die Indisciplin eines einzigen Regimentes der ganzen Armee und dem Staate zufügte. Ihr fällt es zur Last, dass nun das Ende des Feldzuges in weitere Ferne gerückt war und in Bezug auf Kehl erst nach monatelanger schwieriger Belagerung das erreicht wurde, was man in den Morgenstunden des 18. September schon in Händen hatte.

* * *

Mit berechtigtem Selbstgefühle konnte wohl Erzherzog Carl auf die Resultate seiner Operationen zurückblicken. Vor nicht ganz einem Monate stand Jourdan's Armee noch drohend an Böhmens Grenze und die Verhältnisse am südlichen Theile des Kriegsschauplatzes liessen es kaum als denkbar erscheinen, dass der kaiserlichen Armee in Deutschland ein anderer Ausweg bleibe, als bestenfalls ein ehrenvoller Rückzug in die Erblande. Wenige Wochen hatten genügt, um die Sambre-Maas-Armee von der Nab bis an den Rhein zurückzuwerfen und sie für den Rest des Feldzuges fast ganz ausser Rechnung zu stellen, während die, bis da stets siegreiche Rhein-Mosel-Armee hiedurch genöthigt war, das höchste Ziel ihrer Operationen in der Ausführung eines sich täglich gefährlicher gestaltenden Rückzuges zu suchen.

Und diese Erfolge wusste Erzherzog Carl unter Umständen zu erringen, wie sie, ganz abgesehen von den militärischen Verhältnissen, kaum schwieriger gedacht werden konnten.

Wenige Tage nach dem Siege bei Würzburg erkaufte sich Kurbayern um 10 Millionen und ungeheuere Lieferungen den Waffenstillstand von Moreau. Sachsen verweigerte die Erfüllung seiner Bundespflicht, und mit Ausnahme einiger kleiner Reichs-Contingente, die in den Festungen eingeschlossen waren, stand die kaiserliche Armee dem Reichsfeinde auf deutscher Erde allein gegenüber. Ueberdies gewährten die Verhältnisse bei dem in Bayern zurückgelassenen Corps keineswegs hinreichende Beruhigung. Von dort kam vielmehr gerade während der wichtigsten Operationen an der Lahn eine Nachricht, schwerwiegend genug, um die Bewegungen einer so weit von ihrer Operationsbasis entfernten, momentan gänzlich isolirten Armee zu lähmen. Es berichtete der kaiserliche Minister in Nürnberg, Graf Schlick, am 15. September an FZM. Latour, der preussische Minister Freiherr von Hardenberg habe ihn um Mitternacht vom 14. zum 15. verständigen lassen, dass Desaix der Durchmarsch mit 40.000 Mann durch Nürnberg bewilligt worden sei und dieses Corps noch im Laufe des 16. dort ankommen werde. (298.)

Ungeachtet der Bestimmtheit dieses Berichtes liess sich jedoch Erzherzog Carl in seinen Operationen nicht beirren. Er hatte seine Vorkehrungen mit kluger Voraussicht getroffen und durchblickte vollkommen den ganzen Plan, über welchen er am 18. dem Kaiser schrieb: »... Im Reich verbreiten die Preussen das Gerücht, Moreau marschire auf Nürnberg, um mich im Rücken zu nehmen. Ich sehe es als eine List an, um mir Besorgnisse zu geben und mich in meinen Unternehmungen zu stören. Sollte Moreau doch dieses auszuführen trachten, was aber nicht natürlich ist, so hoffe ich ihm diesen tollen Gedanken theuer bezahlen zu machen.« (E. A. A.)

Hier kann nicht in Frage kommen, wie viel an diesem Gerüchte Wahres oder Falsches war. Die Thatsachen, dass Bayern im Momente äusserster Gefahr von der Coalition und Reichspflicht abfiel, Moreau aber eine bedeutende Truppenmasse auf die Verbindungen der kaiserlichen Hauptarmee zu dirigiren sich anschickte, bleiben unter allen Umständen aufrecht. Dass Erzherzog Carl sich weder von der Sorge für die Erblande, noch durch die Drohung Moreau's, die er militärisch hrem wahren Werthe nach beurtheilte, beeinflussen liess, sondern das richtig erfasste Ziel seiner Operationen unentwegt verfolgte, ist ein vollgiltiger Beweis seiner Feldherrnbegabung und führte zu dem, von den wenigsten der Zeitgenossen erhofften ruhmreichen Ausgange des Feldzuges.

Mit dem lebhaftesten Ausdrucke des Dankes anerkannte denn auch Kaiser Franz in seinem Schreiben ddo. Laxenburg, 7. October, die hohen Verdienste des Erzherzogs: ».... Ich kann Dir nicht genug für alles Geschehene danken; auch ist mein Vertrauen auf Dich von jeher so unbegrenzt gewesen, dass ich Dir nie etwas sage, weil ich sicher bin, dass alles, was Du thust, vortrefflich ist.

Du hast durch die Freude, die Du mir gemacht, sowie durch Deine Thaten meine übrige Regierung glücklich gemacht, indem wir Zwei und nur einige wenige Personen die Einzigen waren, die noch Courage hatten, und man uns alle als halsstörrige Leute schon zu tractiren anfing, die die Monarchie ruiniren wollten.« (E. A. A.)

BEILAGEN.

Beilage 1.

Standes-Uebersicht der k. k. und k. Reichsarmee nach Abschluss des Feldzuges vom Jahre 1795.

(Original-Standes-Ausweise im k. k. Kriegs-Archiv.)

			Benanntlich	Formiren: Bataillone	Formiren: Compagnien	Formiren: Escadronen	Gefechtsstand: Infanterie	Gefechtsstand: Cavallerie
			I. Armee am Niederrhein.					
K. k. Truppen[1])	Infanterie	Füsilier-Bataillone	Kaiser Franz II.	2	—	—	1.639	—
			Carl Schröder	$1^{2}/_{6}$	—	—	1.109	—
			Clerfayt	1	—	—	577	—
			Manfredini	3	—	—	2.216	—
			Hohenlohe	2	—	—	1.450	—
			Stuart	1	—	—	983	—
			Kaunitz	1	—	—	787	—
			Lacy	2	—	—	1.743	—
			Grossherzog v. Toskana	2	—	—	1.665	—
			Strassoldo	1	—	—	867	—
			Olivier Wallis	2	—	—	1.480	—
			Wenkheim	3	—	—	2.255	—
			Ulrich Kinsky	1	—	—	1.230	—
			de Vins	1	—	—	1.092	—
			Württemberg	1	—	—	656	—
			Mittrowsky	$1^{1}/_{6}$	—	—	1.004	—
			Franz Kinsky	3	—	—	2.555	—
			Pellegrini	2	—	—	1.380	—
			Callenberg	1	—	—	977	—
			Murray	1	—	—	513	—
			Beaulieu	1	—	—	509	—
			Jordis	2	—	—	915	—
		Grenadier-Bataillone	Ulm	1	—	—	542	—
			Frankenbusch	1	—	—	595	—
			Riera	1	—	—	559	—
			Haydt	1	—	—	583	—
			de la Marseille	1	—	—	557	—
			Kreisern	1	—	—	600	—
			Sola	1	—	—	596	—
			Fürtrag	$42^{3}/_{6}$	—	—	31.634	—

[1]) Hievon 27 Bataillone, 71 Compagnien und 53 Escadronen als Contingents-Truppen für Böhmen, Oesterreich, Burgund und die Grafschaft Falkenstein; ausser diesen noch vertretungsweise als das Quintuplum für:

Hannover und Bremen	$4070^{1}/_{2}$ Mann zu Fuss und	$1809^{1}/_{2}$	Mann zu Pferd
Corvay	91 » » » »	43	» » »
Osnabrück	$394^{7}/_{12}$ » » » »	130	» » »
Mühlhausen	$198^{11}/_{12}$ » » » »	—	» » »

Benanntlich				Formiren: Bataillone	Formiren: Compagnien	Formiren: Escadronen	Gefechtsstand: Infanterie	Gefechtsstand: Cavallerie
K. k. Truppen	Infanterie		Uebertrag	42 3/6	—	—	31.634	—
		Grenz-Bataillone	1. Waradiner	—	6	—	1.275	—
			2. »	—	6	—	908	—
			1. Slavonier	—	6	—	1.008	—
			4. »	—	6	—	977	—
			Walachen	—	6	—	920	—
		Scharfschützen	Grenzer	—	4	—	542	—
			Tiroler	—	8	—	776	—
		Freicorps	O'Donel	—	10	—	1.283	—
			Grün-Laudon	—	12	—	1.043	—
			Wurmser	—	12	—	2.063	—
			Erzherzog Carl	—	2	—	231	—
			Carneville	—	3	—	182	—
			Bourbon	—	4	—	169	—
			Summe	42 3/6	85	—	43.011	—
	Cavallerie	Carabiniere	Kaiser Franz II.	—	—	6	—	791
			Herzog Albert	—	—	6	—	806
		Kürassiere	Nassau-Usingen	—	—	6	—	841
		Dragoner	Coburg	—	—	6	—	995
			Waldeck	—	—	6	—	924
			Royal-Allemand	—	—	2	—	355
		Chevaulégers	Karacsay	—	—	6	—	924
			Latour	—	—	6	—	803
		Husaren	Kaiser Franz II.	—	—	10	—	1.536
			Blankenstein	—	—	10	—	1.524
			Barko	—	—	10	—	1.406
			Saxe	—	—	2	—	201
			Bercseny	—	—	2	—	220
		Freicorps	Degelmann-(Keglevich) Uhlanencorps	—	—	6	—	955
			Carneville	—	—	1	—	96
			Legion Bourbon	—	—	4	—	144
			Summe	—	—	89	—	12.521
	Extra-Corps		Stabs-Infanterie	2	—	—	449	—
			Stabs-Dragoner	—	—	2	—	76
			Pionniere	—	8	—	248	—
			Pontonniere	—	—	—	58	—
			Mineure	—	1	—	118	—
			Sappeure	—	—	—	44	—
			1. Artillerie-Regiment	—	8	—	709	—
			2. » »	—	7	—	754	—
			3. » »	—	5	—	622	—
			Bombardiere	—	—	—	81	—
			Feld-Zeugamts-Detachement	—	—	—	221	—
			Summe	2	29	2	3.304	76
Zusammen die k. k. Truppen				44 3/6	114	91	46.315	12.597

	Benanntlich	Formiren: Bataillone	Formiren: Compagnien	Formiren: Escadronen	Gefechtsstand: Infanterie	Gefechtsstand: Cavallerie
Kaiserliche Reichsarmee	Kurpfalz und Bayern (O.-R.)	4	8	3	2.029	336 [1])
	Hessen-Darmstadt	5	1	—	2.621	— [2])
	Schwäbischer Kreis (O.-R.)	14	—	8	7.993	1.298
	Fränkischer Kreis (2 Compag. bei O.-R.)	3 3/6	4	—	1.276	— [3])
	Kur-Trier	3 2/6	2	—	2.596	—
	Kur-Cöln	2 2/6	—	—	1.072	—
	Nassau-Oranien	1	—	—	367	—
	Münster	1	—	2	724	190 [4])
	Anhalt-Zerbst	3/6	—	1/2	225	34
	Oberrheinischer Kreis	2	—	—	714	—
	Bamberg	1	—	1/2	786	68
	Würzburg	1	—	4	783	306
	Salzburg	1	—	—	466	—
	Lüttich	1	—	—	157	— [5])
	Kur-Mainz	4 2/6	2	2	2.751	62
	Schwarzburg-Sondershausen und Rudolstadt	2/6	—	—	197	—
	Neuwied, Perlenberg, Homburg	3/6	—	—	169	—
	Sachsen-Coburg und Hildburghausen	1/6	—	—	35	—
	Fürst und Graf Reuss	1/6	—	—	110	—
	Rohan'sches Corps	2	—	4	1.286	468 [6])
	Holstein-Bussy'sches Corps	—	—	4	—	403 [7])
	Reichsstadt Nordhausen	1/6	—	—	42	—
	Summe der Reichsarmee	48 1/8	17	28	26.399	3.156
	Zusammen die Armee am Niederrhein [8])	92 4/6	131	119	72.714	15.762

[1]) Inclusive des Contingentes für Jülich und Berg; 405 Mann für Passau, Regensburg, Freisingen, Berchtesgaden, Lobkowitz, St. Emmeran, Ober- und Nieder-Münster und Ortenburg.

[2]) 1 Bataillon als Contingent, die anderen für Mecklenburg-Schwerin und Strelitz.

[3]) 48 Mann für Sachsen-Coburg und Henneberg.

[4]) Für das Bisthum Münster und Deutschmeister.

[5]) Kaiserliche Reichs-Subsidien-Truppen.

[6]) Für Braunschweig, Hildesheim und Paderborn.

[7]) 95 Mann für Weimar, 50 für Reuss, 159 für Schwarzburg, 85 für Waldeck, 14 für Anhalt, 300 für Hamburg, 133 für Lübeck.

[8]) Die Contingente der Reichsarmee erscheinen sämmtlich bei der vom Reichs-Feldmarschall befehligten Niederrhein-Armee ausgewiesen, und zwar auch jene, die bei der Oberrhein-Armee eingetheilt waren. Letztere sind in der Standes-Uebersicht mit (O.-R.) bezeichnet.

Das kursächsische Corps kommt in dieser Uebersicht nicht vor, weil es auf Anordnung seines Kriegsherrn ddo. Pällnitz, 28. September 1795, am 2. October die Armee verlassen hatte, um die eigenen Landesgrenzen zu decken. (K. k. Haus-, Hof- und Staats-Archiv zu Wien. Abgedruckt bei Vivenot, S. 265—67, Nr. 107.) Die Erneuerung der Convention erfolgte erst im Februar 1796.

Benanntlich			Formiren: Bataillone	Formiren: Compagnien	Formiren: Escadronen	Gefechtsstand: Infanterie	Gefechtsstand: Cavallerie
II. Armee am Oberrhein.							
Infanterie	Grenadier-Bataillone	Bydeskuty	1	—	—	640	—
		Candiani	1	—	—	389	—
		Fronius	1	—	—	628	—
		Szénasy	1	—	—	614	—
		Bender	1	—	—	634	—
		Dittrich	1	—	—	607	—
		Kottulinsky	1	—	—	639	—
		Weidenfeld	1	—	—	497	—
		Wolzogen	1	—	—	559	—
		Retz	1	—	—	604	—
		St. Julien	1	—	—	598	—
	Füsilier-Bataillone	Erzh. Ferdinand	3	—	—	3.216	—
		Sztáray	2	—	—	1.725	—
		Gyulay	2	—	—	1.994	—
		Anton Eszterházy	2	—	—	1.914	—
		de Vins	1	—	—	828	—
		Spleny	1	—	—	1.292	—
		Benjowsky	1	—	—	1.079	—
		Jellachich	1	—	—	1.018	—
		Erzherzog Carl	3	—	—	2.274	—
		Wartensleben	3	—	—	1.654	—
		Brechainville	2	—	—	708	—
		d'Alton	2	—	—	1.833	—
		Kaunitz	2	—	—	1.605	—
		Preiss	2	—	—	1.996	—
		Klebeck	2	—	—	1.969	—
		Wilhelm Schröder	2	—	—	1.838	—
		Neugebauer	2	—	—	963	—
		Erbach	1 2/6	—	—	1.590	—
		Lattermann	1	—	—	668	—
		Stain	1	—	—	849	—
		Gemmingen	1 2/6	—	—	798	—
		Josef Colloredo	1	—	—	1.083	—
	Grenz-Bataillone	2. Slavonier	1	—	—	1.077	—
		3. »	1	—	—	1.191	—
		Szekler	1	—	—	1.471	—
		Deutsch-Banater	1	—	—	1.160	—
	Freicorps	Mahony-Jäger	—	10	—	1.617	—
		Le Loup- »	—	6	—	525	—
		Serbisches Freicorps	—	12	—	2.866	—
		Gyulay-Freicorps	—	12	—	1.666	—
		Summe	53 4/6	40	—	50.876	—

		Benanntlich	Formiren: Bataillone	Formiren: Compagnien	Formiren: Escadronen	Gefechtsstand: Infanterie	Gefechtsstand: Cavallerie
Cavallerie	Kürassiere	Erzherzog Franz	—	—	6	—	554
		Mack	—	—	6	—	882
		Zezschwitz	—	—	6	—	894
		Kavanagh	—	—	6	—	979
		Anspach	—	—	6	—	852
		Hohenzollern	—	—	6	—	822
	Dragoner	Kaiser Franz II.	—	—	6	—	752
		Erzherzog Johann	—	—	4	—	771
	Carabinier-Chevau-légers	Kaiser Franz II.	—	—	2	—	333
		Herzog Albert	—	—	2	—	384
	Chevau-légers	Kaiser Franz II.	—	—	6	—	1.078
		Coburg	—	—	2	—	326
		Lobkowitz	—	—	6	—	831
		Kinsky	—	—	6	—	860
	Husaren	Erzh. Ferdinand	—	—	10	—	1.671
		Wurmser	—	—	10	—	1.624
		Szekler	—	—	6	—	1.069
		Erdödy	—	—	8	—	1.410
		Vécsey	—	—	6	—	1.050
		Slavonisch-croat. Grenz-Husaren	—	—	9	—	1.938
		Summe	—	—	119	—	19.080
Extra-Corps		1. Artillerie-Regiment	$\frac{5}{6}$	—	—	897	—
		2. „ „	$\frac{4}{6}$	—	—	492	—
		3. „ „	$1\frac{3}{6}$	—	—	352	—
		Bombardier-Corps	—	—	—	75	—
		Feld-Zeugamts-Detachement	—	—	—	67	—
		Artillerie-Füsilier-Bataillon	1	—	—	366	—
		Mineure	—	$\frac{1}{2}$	—	72	—
		Sappeure	—	3	—	205	—
		Pionniere	—	4	—	576	—
		Pontonniere	—	$2\frac{1}{4}$	—	49	—
		Stabs-Infanterie	—	6	—	268	—
		Stabs-Dragoner	—	—	1	—	55
		Summe	4	$15\frac{3}{4}$	1	3.419	55
Corps des Prinzen Condé			$3\frac{3}{6}$	—	9	3.884	1.298
Zusammen die Armee am Oberrhein			$61\frac{1}{6}$	$55\frac{3}{4}$	129	70.605	20.509
Total-Summe beider Armeen			154	$186\frac{2}{4}$	248	143.319	36.271

Beilage 2.

Vergleichende Uebersicht der verbündeten Streitkräfte im Feldzug[e]

(Nach den Original-Standesausweise[n]

		Truppen	Formiren			Sollstand		Verpflegsstand		Vom Verpfleg[sstand]	
										krank	
			Batall.	Comp.	Escadr.	Mann	Pferde	Mann	Pferde	Officiere	Ma[nn]
K. k.											
Anfangs Jänner (1.—15.)	Niederrhein-Armee	Infanterie	42 3/6	85	—	64.928	—	63.679	—		
		Cavallerie	—	—	89	17.734	17.734	17.298	15.300		
		Extra-Corps . . .	2	29	3	9.827	452	9.174	358		
		Summe . .	44 3/6	114	92	92.489	18.186	90.151	15.658	181	11.
	Oberrhein-Armee	Infanterie	53 5/6	40	—	60.690	—	65.275	—		
		Cavallerie	—	—	119	23.651	23.651	23.114	22.074		
		Extra-Corps . .	4	15 3/4	1	8.550	223	8.644	191		
		Summe . .	57 5/6	55 3/4	120	92.891	23.874	97.033	22.265	131	10.
Ende Mai (16.—31.)	Niederrhein-Armee	Infanterie	49 2/6	99	—	74.415	—	71.705	—		
		Cavallerie	—	—	103	20.406	20.406	20.358	18.638		
		Extra-Corps . . .	2	31	2	9.260	452	9.311	351		
		Summe . .	51 2/6	130	105	104.081	20.858	101.374	18.989	102	4.
	Oberrhein-Armee	Infanterie . . .	49 4/6	34	—	62.521	—	66.102	—		
		Cavallerie . . .	—	—	115	22.414	22.414	21.370	21.267		
		Extra-Corps .	5 1/6	11 3/4	1	9.002	223	8.848	294		
		Summe . .	54 5/6	45 3/4	116	93.937	22.637	96.320	21.561	58	5.
Anfangs Juni (1.—15.) nach der Detachirung nach Italien	Niederrhein-Armee	Infanterie	39	82	—	59.108	—	56.657	—		
		Cavallerie	—	—	103	20.406	20.406	20.241	18.437		
		Extra-Corps .	2	31	2	9.210	452	9.285	351		
		Summe . .	41	113	105	88.724	20.858	86.183	18.788	122	4.
	Oberrhein-Armee	Infanterie	41	47	—	53.725	—	55.063	—		
		Cavallerie . . .	—	—	90	18.789	18.789	18.931	17.913		
		Extra-Corps . .	3 3/6	17 3/4	1	8.568	223	8.623	192		
		Summe .	44 3/6	64 3/4	91	81.082	19.012	82.617	18.105	71	4.
Contingente des											
Anfangs Jänner			48 1/6	17	28	50.693	5.916	38.254	4.931	61	3.
Ende Mai			51 5/6	12	46	59.925	8.874	47.531	8.076	57	3.
Anfangs Juni			50 5/6	32	46	59.558	8.874	47.182	8.044	74	3.
Corps des											
Anfangs Jänner			3 3/6	—	9	5.360	1.904	5.270	1.900	—	
Ende Mai			3 3/6	—	9	5.360	1.904	5.270	1.900	?	?
Anfangs Juni			3 3/6	—	9	5.360	1.904	5.270	1.900	?	?

*) Die sehr mangelhaften Eingaben dieses Corps gestatten nur eine ungefähre Schätzung.

vom Jahre 1796 in Deutschland vor Beginn der Operationen.

im k. und k. Kriegs-Archiv.)

stande kommen in Abzug als						Gefechtsstand		Auf den Sollstand sind					
commandirt		nicht streitbar		zusammen				beim Verpflegsstande				vom Gefechtsstande	
								abgängig		überzählig		abgängig	
Mann	Pferde	Mann	Pferde	Mann	Pferde	Mann	Pferde	Mann	Pferde	Mann	Pferde	Mann	Pferde
Truppen.													
						43.021	—	1.249	—	—	—	21.907	—
						12.548	12.521	436	2.434	—	—	5.186	5.21
						3.380	76	113	94	—	—	5.907	37
16.068	1.996	3.821	1.065	29.853	2.023	58.949	12.597	1.798	2.528	—	—	33.000	5.58
						43.271	—	—	—	4.585	—	17.419	—
						19.080	19.080	537	1.577	—	—	4.571	4.57
						4.370	76	—	32	94	—	4.180	14
15.111	1.979	4.788	1.151	30.312	3.130	66.721	19.156	537	1.609	4.679	—	26.170	4.71
						56.019	—	2.710	—	—	—	18.394	—
						16.350	16.557	48	1.768	—	—	3.876	3.84
						3.462	66	—	101	51	—	5.798	38
16.616	1.537	3.679	829	25.363	2.366	75.831	16.623	2.758	1.869	51	—	28.068	4.23
						51.029	—	—	—	3.581	—	11.492	—
						19.806	19 806	1.444	1.147	—	—	2.608	2.60
						4.342	55	144	—	—	71	4.660	16
10.925	734	4.322	966	21.243	1.700	75.177	19.861	1.588	1.147	3.581	71	18.760	2.77
						43.820	—	2.451	—	—	—	15.288	—
						15.180	15.180	165	1.933	—	—	5.226	5.22
						3.596	66	—	101	75	—	5.416	38
15.576	2.599	3.067	974	23.578	3.573	62.596	15.246	2.616	2.034	75	—	25.930	5.61
						43.338	—	—	—	1.338	—	10.387	—
						16.350	16.353	—	876	142	—	2.436	2.43
						4.254	31	—	31	55	—	4.314	19
15.388	927	3.284	794	18.672	1.721	63.942	16.384	—	907	1.535	—	17.137	2.62
Deutschen Reiches.													
5.196	1.356	2.575	410	11.447	1.766	26.807	3.156	12.439	985	—	—	23.886	2.75
4.258	841	3.050	715	10.540	1.526	36.991	6.550	12.439	798	—	—	22.934	2.32
4.769	946	2.948	759	11.131	1.705	35.155	7.246	12.027	798	—	—	24.403	1.62
Prinzen von Condé.*)													
616	487	260	115	1.360	602	3.884	1.298	90	4	—	—	1.476	70
?	?	?	?	?	?	3.884	1.298	90	4	—	—	1.476	70
?	?	?	?	?	?	3.884	1.298	90	4	—	—	1.476	70

30*

Beilage 3.
E. A. A.

Instruction des Kaisers für Erzherzog Carl.

Wien, 4. April 1796.

Bei Deiner von hier in wenig Tagen zu erfolgenden Abreise bleibt mir nur übrig, Dir in wenig Worten meine Instructionen für die Deiner Widmung anklebenden Pflichten zu geben.

Der Verlauf der vorigen Feldzüge, bis auf den letzten, dem Du nicht beigewohnt, von welchem Dir jedenfalls bewusst ist, hat Dir zu einer grossen Lehre dienen können, um daraus die Grundsätze für die Zukunft zur Vermeidung der begangenen Fehler zu ziehen.

Meine erste Sorge nach spät vollbrachtem vorjährigen Feldzuge und mit dem Feinde geschlossenem Waffenstillstande war:

Die Commandirenden beider Rhein-Armeen über ihre Gedanken wegen des zukünftigen Feldzuges, sowie über den Zustand ihrer Armeen zu befragen.

Die erste Aeusserung kam beizeiten; FM. Wurmser schickte den General Bellegarde mit seiner ganzen Intention, und berief sich in einem ihm mitgegebenen Schreiben auf Jenes, was er hier sagen würde.

Dieses veranlasste mich, den General Bellegarde, zumal als ich von dem FM. Clerfayt nichts erhielt, dahin zu verhalten, dass er seine Gedanken sogleich zu Papier setze.

Er schlug zwei Operationspläne, den einen offensiv, den anderen defensiv vor, wie die Anlage zeigt.

Diesen Plan theilte ich dem FM. Lacy, als einem grossen Kenner dieser Gegenstände, zu meiner eigenen Sicherheit mit.

Dessen hierauf folgende Meinung zeigt deutlich den grossen Vortheil, welcher aus der Ausführung des offensiven Planes, gegen den defensiven entspringen würde.

Dieser Plan wurde auch dem FM. Clerfayt um seine Aeusserung, sowie dann wieder dem FM. Lacy mitgetheilt.

Die Meinungen dieser beiden Männer bestärken die Güte des Planes wenigstens insoweit, als die Wegschaffung der beiden (feindlichen) Armeen, dann die Belagerung von Landau der einzige Anfang dieser Campagne sein könne.

Nebst diesem wurde auch die Meinung des FM. Wurmser eingeholt, welcher theils nichts Bestimmtes äussert, theils ein Unvermögen anzeigt, die vorausgesetzten Pläne zu befolgen, so dass diese Aeusserung auch den FM. Lacy, der neuerdings aufgefordert wurde, ebenfalls gegen seine vorige Meinung irreführte.

Deine Gedanken hierüber wurden auch eingeholt, und da ich in Ansehung des Operationsplanes für diesen Feldzug nur jenem der Offensive die Wahl und den Vorzug gebe, so geht mein Auftrag dahin, allsogleich bei Deiner Hinausreise eine Zusammenkunft mit dem FM. Wurmser zu veranstalten und ihm meine Willensmeinung zu erkennen zu geben, die feindlichen beiden Armeen eine nach der anderen wenn möglich zu schlagen und dann Landau zu belagern.

Der Einwurf, dass meine Armeen hiezu zu schwach sind, gilt in meinem Betracht gar nicht; denn, wie konnten wir in vorigen Zeiten auf einer Strecke von Dünkirchen bis Basel mit einem zweimal so starken Feinde glücklich Krieg führen, wo wir doch jetzt unsere Kräfte auf einer um die Hälfte kürzeren Strecke und gegen einen fast schwächeren Feind, wie wir, versammelt haben.

Bei dieser Zusammentretung werdet ihr die Art und Mittel ausmachen, um den vorgehabten Zweck zu erreichen und euch gegenseitig zu unterstützen.

Sollten verschiedene Meinungen entstehen, so überlasse ich Dir, jedoch nach eingeholtem Rathe vernünftiger Männer, die Entscheidung.

Was nach der Einnahme von Landau zu geschehen hat, wird sich alsdann bestimmen lassen.

Eine weitere Verstärkung von diesen Ländern hinauszuschicken, als die jetzige, welche zur Oberrhein-Armee abgeht und aus 4 niederländischen und 3 Bataillonen Bender (Infanterie) besteht, ist unthunlich.

Die Eintheilung der Generale ist bereits beisammen und, wie Du weisst, so viel als möglich gesorgt worden, die Armee mit tapferen und geschickten Männern zu versehen.

Nun kommt es nur auf die Mittel an, nämlich Geld und Lebensmittel.

Dass ich hierauf beizeiten gedacht habe, kannst Du aus dem, unterm 8. December 1795 an den Hofkriegsrath erlassenen Befehle und dessen hierüber erfolgte Aeusserung ersehen.

Ungeachtet aber alles, sowohl wegen Ankauf und Transportirung der Naturalien bestimmt war, so hat doch der Erfolg gezeigt, dass nicht viel geschehen war.

Die Armee litt Noth und alles lag zurück: man forderte, aber zu spät, den Ankauf der Pferde; aber auch dieser ist sichergestellt; denn da ich wahrnahm, dass der Hauptfehler in einem Missverstand zwischen hier und der Armee lag, so ergriff ich das Mittel, den Grafen Lazansky, als einen thätigen Mann, selbst hinauszuschicken, um den Ursprung des Uebels zu entdecken und so viel als möglich zu heben.

In Böhmen waren alle Früchte beisammen, aber nicht transportirt, ungeachtet die Lieferanten bezahlt wurden. Nun ist dieses durch Bauernfuhren aus den oberen Kreisen Böhmens, welche die Frucht bis Ende dieses Monats nach Bamberg führen sollen, ersetzt worden.

Die Wassertransporte hat die Witterung aufgehalten.

Um nun die Armee nicht leiden zu lassen, ist Graf Lazansky mit Geld zum Einkaufe eines einstweiligen einmonatlichen Vorrathes für die Armee versehen worden.

Ich sehe indess noch weiteren Berichten von ihm, oder seiner Zurückkunft entgegen, um das Weitere anordnen zu können.

Sollte er aber bei der Armee, bei Deiner Ankunft daselbst, noch zugegen sein, so trete mit selbem zusammen, um mit Deinem Ansehen theils die nöthigen Abhilfsmittel zu treffen, theils auch jener greulichen Unordnung zu steuern, welche bei den Armeen obwalten soll und die keine Finanzen der Welt auszuhalten im Stande wären.

Bei Deiner Ankunft bei den Armeen erwarte ich von Dir einen standhaften Bericht über den Zustand derselben und alles Erforderliche, denn wenn wie bisher alles zu spät und nur im letzten Augenblicke angezeigt wird, so kann freilich Niemand helfen.

Du musst selbst die häckliche Lage einsehen, in welche Du durch Deine Anstellung an der Spitze einer der schönsten Armeen der Welt gesetzt wirst. Der Staat, ich und Jedermann fordern viel von Dir. Was Du durch den Mangel an Erfahrung und Deine Jugend leidest, musst Du durch guten Rath ausgewählter Männer ersetzen.

Du musst nicht Jedermann Gehör geben oder aus lauter Güte Jedermann Recht geben, sondern Grundsätze annehmen und selben unerschütterlich folgen.

Du folgst im Commando der Armee einem General, der seiner Unthätigkeit und Nachgiebigkeit gegen kleine Leute ungeachtet, sich doch grossen Ruhm erworben. Wie kannst Du Dir, da Du gewiss die Liebe der Armee und Jedermanns im Voraus erhältst, noch einen grösseren erwerben, als durch Erhaltung strenger Ordnung und Mannszucht. Du hast den grossen Vortheil vor anderen, Dich gerade an mich im Vertrauen wenden und auf meine Unterstützung zählen zu können.

Betrachte diesen Feldzug als denjenigen, der alles entscheiden muss. Durch Entschlossenheit und gut überlegte Anstalten kannst Du ihn zum Vortheile der Monarchie ausfallen machen, und dann, welcher Ruhm für Dich, und auch welche innere Zufriedenheit.

Halte Jedermann zur Pflicht, Ordnung und Einigkeit in Befolgung Deiner Befehle an; ahnde jede Uebertretung derselben auf das schärfste und immer an den Vorgesetzten, welche ihre Untergebenen anhalten sollen. Ein einmal gegebenes Beispiel verschafft Dir auf immer Ruhe.

Ebenso bringe Ordnung und Mannszucht, sowie genaue Befolgung unserer Militär-Vorschriften unter den Truppen selbst in Gang und strafe exemplarisch alles Raisonniren und Vernünfteln über Sachen, die sie nichts angehen.

Enthalte Dich, in was immer für ein nicht militärisches Geschäft Dich einzumischen, besonders in politische Gegenstände; Du hast mit den militärischen genug zu thun. Die Commandanten, die sich in erstere gemischt haben, hatten nichts als Unheil, wie es uns die Erfahrung lehrt, gestiftet. Sollten Dir ein oder andere ins Politische einschlagende Anträge vorkommen, so weise sie alle an meine Staatskanzlei oder an mich selbst, denn widrigenfalls desavouire ich alles, was Du gethan hast.

Was die Reichsarmee und die Dir als Reichsgeneral obliegenden Pflichten anbelangt, so sind diese nur als Nebensache anzusehen. Du wirst Dich enthalten, in was immer für einer Sache, die nur im mindesten häcklich sein könnte, mit dem Reich oder der Reichskanzlei, ohne zuvor meine Einwilligung eingeholt zu haben, einzulassen, denn Deine Pflichten gegen unser Haus und die Monarchie sind die einzigen, die Du kennen musst; diesen muss das Reich weichen.

Was Deine Person anbelangt, so verlasse ich mich auf Deine Rechtschaffenheit und guten Charakter, dass Du immer den wahren Grundsätzen eines Mannes von Ehre und rechtschaffenen Dieners des Staates treu bleiben wirst.

Es bleibt mir also nur noch der Wunsch übrig, Dich nach glücklich vollbrachtem Feldzuge wiederzusehen und beloben zu können.

Franz m. p.

Beilage 4.
St. A. 1796.

Protokoll der gepflogenen Verabredung zwischen Sr. kgl. Hoheit Erzherzog Carl und FM. Graf Wurmser Excellenz.

Nachdem in Folge der Allerhöchsten Willensmeinung Seiner Majestät bei gegenwärtigen Umständen, um für die Armee in Italien eine vortheilhafte Diversion zu erzielen, der Vortrag gemacht worden, offensive gegen Ober-Elsass fürzugehen, so kommen wir nach ernstlicher Ueberlegung vollkommen überein, dass, da man nicht mit hinlänglichem Geschütz zur Unternehmung zweier Belagerungen zu einer und der nämlichen Zeit genugsam versehen, auch keineswegs hinlänglich mit Truppen aufzukommen sich versprechen dürfe, ohne den Haupt-Operationsplan zu vernachlässigen, man ein Corps von ungefähr 20—25.000 Mann am rechten Rheinufer aufstellen werde, um mit diesem Corps sowohl die Gegend des Rhein zu besetzen, als ihm (dem Feinde) durch Demonstrationen Jalousien zu geben, und falls er die Gegend von Ober-Elsass degarnirte, solches bestmöglichst zu benützen. Inzwischen werden die Truppen beider Armeen in eine enge Cantonirung zusammengezogen und nach Erfolgung derer ohne weiteres zur Aufkündigung des Waffenstillstandes fürgegangen und getrachtet werden, mit denen schon jüngsthin gehorsam einberichteten und vorgeschlagenen Operationen mit möglichster Thätigkeit fürzugehen.

Signatum Mannheim, den 11. Mai 1796.

Erzherzog Carl m. p.,
Feldzeugmeister.

Graf von Wurmser m. p.,
Feldmarschall.

Beilage 5.
K. A.

Armee-Befehl bei Aufkündigung des Waffenstillstandes am 21. Mai 1796.

Nachdem die unbilligen Forderungen eines übermüthigen französischen Gouvernements alle Aussichten zum Frieden für jetzt haben schwinden lassen und daher ein neuer Feldzug eröffnet werden muss, so ist der Waffenstillstand auf Befehl Seiner Majestät des Kaisers aufgekündigt worden und die Feindseligkeiten nehmen am 31. d. M., zwischen 11 und 12 Uhr vormittags, wieder ihren Anfang.

Bei dieser Gelegenheit erachte ich den Zeitpunkt als besonders günstig, meine Gesinnungen über einige nicht gleichgiltige Gegenstände an den Tag zu legen.

Da mir des Kaisers Majestät das Commando der Armee in dieser wichtigen Epoche zu ertheilen geruhte und mich hiedurch des schmeichelhaftesten Beweises seines Allergnädigsten Zutrauens gewürdigt haben, so fühle ich, diesem Allerhöchsten Vertrauen die Aufbietung aller meiner Kräfte schuldig zu sein, und wünsche und hoffe, dass die mir untergeordneten Truppen, auf deren Wohlverhalten die Rettung des Staates durch Erkämpfung eines rühmlichen Friedens beruht, mit gleichem Eifer und patriotischen Gesinnungen beseelt, zu diesem wichtigen, heilsamen Zwecke willig, rastlos und muthvoll mitwirken werden, wozu ich sie auf das Feierlichste auffordere.

Da jedoch nichts die Durchführung eines so grossen Planes und die Erfüllung so edler Pflichten mehr erleichtert, als das wechselseitige Vertrauen der Truppen in den Befehlshaber und des Befehlshabers in die Truppen, so erbitte ich mir solches von der Armee, die ich zu commandiren die Ehre habe, in der Zuversicht, es durch meine aufrichtige Zuneigung zu selber zu verdienen. So gross das meinige zu ihr ist, so stolz ich zu sein Ursache habe, mich an der Spitze eines der schönsten und besten Kriegsheere zu sehen, was noch je im Felde stand und welches in diesem Kriege schon so viele Beweise von seltenem Muthe, von ausharrender Tapferkeit und erspiegelnder Treue abgelegt hat, so zufriedenstellend im allgemeinen die Stimmung desselben ist, so kann ich doch nicht mein Missvergnügen über Einige unter dem Officierscorps bergen, welche, durch den schädlichen Geist der Zeit ergriffen oder auch der Thaten müde, des Krieges satt, beim mindesten Ungemache, bei jeder Strapaze sich erdreisten, die Rathschlüsse ihres Allergnädigsten Landesvaters, die Entschliessungen ihres Monarchen, die tiefen Absichten seines Staatsrathes, den festen redlichen Gang seiner Politik, die Beharrlichkeit in seinen Plänen zu beurtheilen, ja, richten zu wollen, sich hierüber die kühnsten Schlüsse und Reden ohne mindeste Zurückhaltung, Ueberlegung oder Bescheidenheit erlauben, des Feindes Macht, Tapferkeit und Geschicklichkeit erheben, die Anordnungen ihrer eigenen Befehlshaber, ohne Kenntniss der Sache oder Umstände, aus Tadelsucht herabsetzen, jeden unglücklichen Zufall oder die Ausserachtlassung der Schuldigkeit bei einer Truppe immer auf die mangelhafte Disposition wälzen und sich hiedurch nicht allein sehr sträflich machen, sondern auch als Redner im Volke in das weitere Verbrechen verfallen, Missmuth, Unzufriedenheit und Widerwillen gegen die heilsamsten Absichten zu erregen, das Zutrauen in die Leitung des Ganzen, in die geprüften Erfahrungen ihrer Anführer, selbst bei dem gemeinen Manne zu schwächen und hiedurch der Kraft des an und für sich vortrefflichen Heeres die empfindlichste Wunde zu schlagen: Denn, wie kann sich Heldenmuth erhalten ohne Selbstvertrauen? Was wäre ein Heer ohne Patriotismus, Gemeingeist, Mannszucht, Subordination und Gehorsam? Zur Untergrabung dieser Grundfesten des Staatskörpers und des Kriegswesens zielen offenbar dergleichen giftige Reden ab.

Nie war ein Augenblick entscheidender als dieser für das Wohl des Staates, für die Ehre der Waffen; hier bleibt kein Mittelweg zwischen ewigem Ruhme und ewiger Schande; und sollte ich wohl fragen, welchen wir gehen wollen? Dies ist ein Kampf von Nationen, ein Kampf um Glauben, Regierungsform, Eigenthum, politische echte Freiheit, Ordnung und Gesetz gegen die zügellosen Anfälle eines Volkes zu erhalten, welches alle Bande der Gesellschaft mit Füssen tritt, alle Begriffe wie allen Besitz zerstört und ohne Treue und Glauben, ohne Pflicht und Gewissen die ganze Menschheit in ihr Verderben mit sich reissen will! Sollte wohl in diesem Kampfe, bei dem warmen Gefühle von Recht und Unrecht, bei dem tröstlichen Bewusstsein, für die gute Sache zu streiten, bei unserer Liebe für den Allergnädigsten Kaiser, der Kern des deutschen Volkes und jener der tapferen Soldaten, die unter den nämlichen Fahnen stehen und aus welchen dieses Kriegsheer zusammengesetzt ist, unterliegen? Nein! Wenn wir, von dem Zwecke unserer hohen Bestimmung durchdrungen, die Begeisterung für das Gute fühlen, für die Ehre, das Heil der Völker, die wir vertreten, welche zu grossen Thaten aufruft, wenn wir sie dem tollen Schwindel einer eingebildeten Freiheit und der Trunkenheit der Sinne, in der unsere Feinde durch ihre Häupter stets erhalten werden, entgegenstellen, so bürgt uns alles für den Sieg, alles, dass wir die Ueberwinder sein werden.

Der letzte Feldzug liefert uns einen Beweis dessen, was wir vermögen, wenn der Wille gut ist. Ich hoffe, dass er unter meinem Commando nicht abnehmen wird, vertraue demnach auf die mir bekannte edle und gute Denkungsart des grössten Theiles und ersuche also sämmtliche Generale, Stabsofficiere und sonstige Vorgesetzte, mit unausgesetztem guten Beispiele voranzugehen und mit unermüdeter Wachsamkeit auf jene, vielleicht mehr Unbesonnenen oder Verführten, als Boshaften aufmerksam zu sein, die, wie ich eben berührte, durch ihre giftigen oder feigen Bemerkungen, Vernünfteleien und Ausstreuungen so viel Uebles stiften und die als ein schädliches Unkraut, das den guten Samen erstickt, ausgerottet zu werden verdienen, wenn wider Verhoffen keine vernünftige Vorstellung, kein Mittel der Besserung fruchten sollte.

Ich meinestheils halte mich verpflichtet, alles anzuwenden, um diesem um sich greifenden Uebel Einhalt zu thun, und erkläre also hiemit bestimmt, dass ich ohne Ansehen der Person, sonstiger Verhältnisse oder älterer Verdienste, Keinen schonen werde, der sich meiner wohlmeinenden Warnung ungeachtet, dieses Verbrechens schuldig machen sollte. Denn, wie könnte ich es gegen meinen Allergnädigsten Landesherrn verantworten, auf welcher Stufe würden wir insgesammt vor unseren Zeitgenossen und der richtenden Nachwelt stehen, wenn diese alles verderbende Seuche nicht im Entstehen gedämpft und ein sonst so schönes mächtiges Kriegsheer nicht, von allgemeiner Anhänglichkeit für seine Pflicht, lebhafter Vaterlandsliebe und edlem Drang nach Ruhm und Achtung beseelt, seine grosse Bestimmung erfüllte!

Es ist unüberlegt, seinen Feind zu verachten, wenigstens in Rücksicht auf seinen Muth und seine Kräfte, aber es ist auch der letzte Grad der Kleinmüthigkeit, wenn man ihn höher achtet als sich selbst und ihm eine Superiorität zuschreibt, die besonders dieser Feind in gar keinem einzigen Anbetracht verdient, wenn wir uns den Werth seiner Armee gegenüberhalten und richtig zu schätzen wissen. Und wie sollte diese Betrachtung nicht hohes Selbstgefühl und inneres Vertrauen in uns erwecken!

So wie ich nun in der angenehmen Ueberzeugung lebe, dass diese zu beherzigenden Worte nicht ohne Nutzen gesprochen sein werden, so wie ich die darin enthaltenen Drohungen gegen Unvernunft, Bosheit oder Feigheit gewiss in Erfüllung bringen müsste, wenn ich durch incorrigibles Beharren in der Aufführung, die ich verdamme, zu meinem Schmerze dazu gezwungen würde, ebenso gewiss und mit aufrichtiger Freude werde ich die Herren Generale, Oberste, Regiments- und Corps-Commandanten und übrigen Stabs- und Oberofficiere, die sich unter meinen Augen und in jeder anderen Gelegenheit zur Ehre und zum Nutzen des Allerhöchsten Dienstes anstrengen, hervorthun und ihre Untergebenen durch Beispiele und Weisung gut leiten, ganz vorzüglich auszeichnen, sie Seiner Majestät dem Kaiser namentlich bekannt machen, sie seiner besonderen Allerhöchsten Gnade, Gerechtigkeit und Rücksicht dringend anempfehlen und für ihre verdiente Belohnung mich nach meiner Schuldigkeit willig und rastlos verwenden.

Auch die Verdienste unter der obligaten Mannschaft können sich meiner Aufmerksamkeit und besonderen Erkenntlichkeit versichert halten. Und so gewiss ich ihr Schicksal in jeder Gelegenheit zu verbessern, und wo die Umstände des Krieges es nothwendig erschweren, es wenigstens durch gute Obsorge möglichst zu lindern suchen werde, so erwarte ich auch von ihr die Anhänglichkeit, die Ergebenheit, den guten Willen, die sie bis jetzt stets geäussert hat und die ihr zur Ehre gereichen; ermahne sie zur Ordnung und Mannszucht, ohne welche keine Armee bestehen, noch glückliche Fortschritte von einiger Dauer machen kann, und fordere sie endlich zu einer neuen Anstrengung auf, die allein uns dem Ziele näher zu rücken verspricht, indem sie die letzten Kräfte des Feindes zu Boden schlägt und erschöpft.

Ich empfehle schliesslich den Herren Officieren ganz besonders, den Soldaten diesen Aufruf und meine Gesinnungen überhaupt mit deutlicher Darstellung alles desjenigen, was in dieser wichtigen Sache Anspruch hat, auf seine Seele zu wirken, bekannt zu machen und durch Worte, Erklärungen und hauptsächlich aber durch eigenes Beispiel und eigenes Gefühl den edlen Enthusiasmus und den Esprit de Corps einzuflössen, welche die Vorboten des Sieges sind.

Erzherzog Carl m. p.,
Feldzeugmeister.

Beilage 6.
F. A. D. XIII, 7.

Einige Observations-Punkte für die Herren Generale.

1. Die leichten Truppen sollen am Tage der Schlacht, und wenn selbe bei vorausgesetztem lebhaften Angriffe des Feindes sich auf die Armee zu repliiren gezwungen sind, nicht, wie bisher geschehen, sich verlaufen, zerstreuen und dem Gefechte des übrigen Tages in dem entscheidenden Augenblicke sich entziehen, sondern, durch ihre Stabs- und Oberofficiere gesammelt, zusammenhalten und zu jeder nützlichen Verwendung sich bereit finden lassen, wozu sich in jedem Terrain unendlich viele Gelegenheiten darbieten.

2. Die leichte Infanterie muss der Cavallerie, wie diese der Infanterie, nach der Beschaffenheit des Bodens zur Unterstützung dienen, und diese zwei Waffen erhalten blos durch diesen Zusammenhalt, gehörige Stärke und Festigkeit. Die Herren Generale haben daher diese Truppen zu belehren, sich dieses zur Grundregel zu nehmen und hauptsächlich überall, wo der Feind beide Waffen verwendet, eine ähnliche Einleitung zu treffen, um sich nicht im Nachtheile gegen ihn zu befinden. Es ist z. B. unmöglich, dass der Husar allein im coupirten Terrain mit Vortheil scharmuzire und plänkle, wenn sein Gegner durch Jäger und Tirailleurs zu Fuss secundirt ist. Der Tirailleur, durch Hohlwege, Gruben oder Hecken gedeckt, oder auch nur durch die Unterstützung des Cavalleristen, den er schirmt, gesichert, kann durch die grössere Tragweite seines Gewehres den Husaren abhalten, ihn oder sein Pferd beschädigen, ohne dass jener ihm zu Leibe gehen und dafür bestrafen könnte; der feindliche Cavallerist, durch diese Unterstützung sozusagen ausser aller Gefahr gehalten, findet ein leichtes Spiel, nur auf die Pferde der Herabgeschossenen Jagd zu machen, oder sich an diejenigen Husaren zu machen, welche durch das mörderische Infanteriefeuer wehrlos wurden, um sie gefangen einzubringen.

Ein dergleichen Missverhältniss kann nichts anders als einen widrigen Einfluss auf die bravste Truppe hervorbringen, und es muss daher von jedem Herrn Commandanten der leichten Truppen, Avant- oder Arrièregarde etc. etc. dagegen dadurch Hilfe geschaffen werden, dass auch unsere leichte Infanterie unserer leichten Cavallerie überall, wo es nur thunlich ist, diese zweckmässige Unterstützung gewähre; welche Massregel nirgends besser anzuwenden und wirksam sein kann, auch nicht die mindeste Gefahr besorgen lässt, weil unsere Cavallerie der feindlichen an Güte und Stärke weit überlegen ist, und sich unsere leichte Infanterie vollkommen auf ihren Schutz und Soutien verlassen und um so dreister dem Feinde die Spitze bieten kann, es mögen auch seine Tirailleurs noch so beherzt und geschickt sein, weil einige widrige Erfahrungen, die sie durch eine derartige Vertheilung unserer leichten Truppen bald machen werden, ihnen ohne Zweifel Vorsicht und bald auch Ehrfurcht einflössen müssen.

Der Gedanke, dass die Cavallerie nur dann die Infanterie soutenire, wenn sie neben ihr dicht an ihren Flügeln angeschlossen ist, hat den Nachtheil erzeugt, dass erstlich die Cavallerie in Gegenden verwendet wurde, wo sie gar keinen Nutzen leisten konnte, und zweitens, dass man sie öfter ganz ohne Zweck dem Kanonen- und Kleingewehrfeuer ausgesetzt hat.

Berechnet man die Geschwindigkeit, mit welcher die Cavallerie einige tausend Schritte zurücklegen kann, so sieht man klar, dass die Flügel der Infanterie genug gedeckt sind, wenn jene auch auf eine gewisse Entfernung zurückgelassen wird; noch weit mehr sind sie versichert, wenn die Cavallerie nicht durch das feindliche Feuer in Unordnung gebracht ist und mit vereinten Kräften den Feind attaquiren kann, welcher die Infanterie zu werfen drohen sollte.

3. So wie die leichte Infanterie nicht auf einmal, es möge in Dörfern, Waldungen oder wo immer sein, ganz zerstreut und vereinzelt aufgestellt werden soll, sondern überhaupt Reserven, welche wenigstens zwei Drittel ausmachen und von welchen aus die Tirailleurs von Zeit zu Zeit abzulösen sind, bestehen müssen, so ist bei der leichten Cavallerie ebenfalls schärfstens darauf zu sehen, dass nicht ganze Escadronen, Divisionen, ja wohl ganze Regimenter sich in Plänkler auflösen. Das Schädliche und Widersinnige der Sache ist zu einleuchtend, als dass ich nöthig haben sollte, es des Längern zu erweisen, allein da es durch die Ereignisse eines langen Gefechtes, durch das viele Hin- und Herdetachiren und durch die Abwechslungen des Glücks und Unglücks an einem solchen Tage doch zum Oeftern geschieht, so erinnere ich diesen Gegenstand hier und empfehle ihn besonders.

Ein Schwarm Plänkler hat keine Kraft und bestünde er aus lauter Helden, wenn nicht ein geschlossener Körper ihn unterstützt, Nachdruck und Widerstand gibt. Es werden sich also die Herren Generale und Stabsofficiere der Cavallerie, die sich nicht in jeder Gelegenheit dieser Grundregel erinnern und diese Ordnung in Ausübung bringen, der grössten Verantwortung aussetzen und unfehlbar dafür angesehen werden. Die Herren Regiments-Commandanten der Cavallerie können daher nicht mit zuviel Nachdruck und Strenge auf die schleunige Ralliirung der Plänkler und jeder zerstreuten Truppen halten und die Mannschaft dazu üben, da die Begierde nach Beute bei dem Ehrbegierigen, und die Lust, sich der Gefahr zu entziehen, bei dem Feigen alle den Trieb zur Vereinzelung und sich der Aufsicht und dem Commando der Vorgesetzten zu entziehen, eingeben.

4. Aus ähnlichen Ursachen sieht man, unter dem Deckmantel der Menschenliebe, ein grosse Zahl Leute mit jedem Blessirten aus dem Gefechte ziehen, von welchen der eine das Gewehr, der andere die Patrontasche, der dritte den Schnappsack herausträgt, so dass bei jedem Verwundeten wohl 5—6 Mann sich Geschäfte machen und nicht wieder an diesem Tage bei ihren Truppen erscheinen. Dies muss durchaus eingestellt und diesem unverantwortlichen Unfuge, der durch die häufige Verminderung der Fechtenden in dem entscheidendsten Augenblicke die Zahl der Feuergewehre auf dem wichtigsten Punkte so sehr vermindert und das Schicksal der Schlacht dadurch aufs Spiel setzt, Schranken gefunden werden.

Eine ähnliche Bewandtniss hat es mit den erbeuteten Kanonen, Pferden und eingebrachten Gefangenen, welches eine unzählige Menge Menschen dem Gefechte entzieht.

Diesem abzuhelfen, werden in jeder Gelegenheit, es möge die Action klein oder bedeutend sein, die Herren Corps-Commandanten nicht ausser Acht zu lassen, gleich bei Anfang derselben proportionirte Commandos, aus verlässlicher Mannschaft bestehend und einen ausgesuchten, exacten und in jeder Hinsicht verlässlichen Officier anvertraut, zu bestimmen, welche hinter der Front die Siegeszeichen, Beutepferde etc. gegen Recepisse zu übernehmen, weiter zu transportiren und die Ueberbringer wieder zu ihren Abtheilungen und Treffen zurückzusenden haben. Wer sich dagegen weigert, soll arretirt und vor das Kriegsgericht gestellt werden.

5. Da es schon durch mehrere Feldzüge eingeführt und festgesetzt worden ist, die Cavallerie überhaupt in 2 Glieder zu stellen und von dem dritten abgesonderte Abtheilungen zu machen, welche, ohne der unerschütterlichen Stellordnung des Ganzen zu schaden, die Mittel an die Hand geben, Detachements auf den Flanken oder wo es sonst nothwendig ist, zu machen, so wird diese Verfügung auch für den diesjährigen Feldzug angenommen und hat die Cavallerie sich in der geschwindesten Formirung dieser Abtheilungen aus dem 3. Gliede zu üben.

Bei der Infanterie kann sie ebenfalls unter gewissen Umständen platzgreifen, doch ist sie nicht als erste ursprüngliche Stellordnung anzunehmen, und es wird nach dem Sinne der Reglements-Vorschrift von der Beurtheilung der Herren Generale abhängen, zu bestimmen, wann diese Fälle eintreten.

6. Der Krieg in Flandern und in dem meist so coupirten Terrain, dass es nicht möglich war, in geschlossenen Fronten anzugreifen, hat für die Armee die üble Folge nach sich gezogen, dass nicht allein die Begriffe des gemeinen Mannes, sondern auch selbst des Officiers über die wahren Mittel, den Feind mit Erfolg anzugreifen, sich verkehrt haben und der Angriff en tirailleurs auch selbst bei der Linien-Infanterie beinahe der einzige ist, den man bei den

wichtigsten Gelegenheiten anwendet, oder in den er wenigstens ausartet, sobald die Hitze des Gefechtes die erste Ordnung im Anrücken verschwinden macht.

Auch wider diesen Missbrauch kann ich nicht genug eifern, weil er den Nachdruck des Angriffes schwächt, bei einem unerwarteten Widerstand des Feindes die ersten Vortheile aus den Händen gibt und im Falle des Erscheinens einiger feindlicher Cavallerie den Untergang der zerstreuten siegestrunkenen Truppe unvermeidlich macht, woraus selbst der Verlust der Schlacht, wenn nicht schleunige Hilfe gebracht werden kann, entstehen muss.

Eine regulär abgerichtete und solide Infanterie kann, wenn sie in geschlossener Front mit gestrecktem Schritte muthvoll unter Protection ihrer Artillerie avancirt, von zerstreuten Tirailleurs in ihren Fortschritten gar nicht aufgehalten werden; sie muss sie daher verachten, sich weder mit Plänkeln, noch mit Abtheilungsfeuer auch gegen die feindliche Linie — ausser wenn letzteres von der grössten Wirksamkeit sein kann — aufhalten und ihrem Gegner mit möglichster Geschwindigkeit bei stets anhaltender grösster Ordnung zu Leibe gehen, um ihn zu werfen und das Gefecht rasch zu entscheiden.

Diese Methode ist die wahre Menschenschonung; alles Schiessen und Plänkeln kostet Leute und entscheidet nichts. Unverzeihlich wäre es, die Vortheile, die uns geübte, gut abgerichtete und disciplinirte Truppen über den Feind geben, aus den Händen zu lassen und seine Art, zu fechten, wozu er durch seine elende Verfassung als einziges Hilfsmittel gezwungen ist, nachzuahmen.

Ich ermahne also ernstlich die Herren Generale und Stabsofficiere der Infanterie, um bei selben den Zusammenhalt, den Schluss in Reih und Gliedern durch Vorstellungen und Strafen zu erwirken und weder bei Attaquen noch Verfolgungen, umsoweniger bei Rückzügen, das Zerstreuen und Auseinanderlaufen zu gestatten, denn sie werden mir dafür verantwortlich sein. Sollte der Fall eintreten, dass beim Angriffe auf ein Dorf oder ein Gehölz man es für dienlich erachtete, einige Compagnien zerstreut en tirailleurs vorrücken zu lassen, welche durch geschlossene Divisionen oder Bataillone zu unterstützen wären, so ist der Mannschaft wohl einzuprägen, dass sie sich, sobald der Compagnie-Commandant den Tambour »Alarm« schlagen lässt, ohne mindesten Zeitverlust wieder bei ihm sammeln und in Reih und Glied eintreten solle. Dieses ist eine der wichtigsten Beobachtungen und ich versehe mich demnach des genauesten Vollzuges.

7. Ebenso hat die Cavallerie jederzeit in geschlossenen Abtheilungen, wenigstens ganzen Escadronen oder Divisionen, sobald der Augenblick hiezu günstig ist und nachdem solche so lange als möglich dem Kanonenfeuer entzogen worden, einzuhauen.

Das Zersplittern der Kräfte in gar zu kleine Haufen, welche weder Zusammenhang noch Nachdruck haben und aus Mangel dieser wesentlichen Eigenschaften gegen eine auf dem Flecke stehende, unbewegliche, feindliche Cavallerie wie an einem Felsen sich brechen und zerstäuben, wie man nur gar oft das unerwartete Beispiel gesehen hat, muss sorgfältig vermieden werden.

Bei der vorzüglichen Beschaffenheit unserer Reiterei ist es eine einleuchtende Wahrheit, dass, wenn sie nach ihren Grundsätzen angeführt wird, der Sieg ganz unfehlbar auf ihrer Seite sein muss, weil sie besser beritten ist, daher mehr Schnelligkeit, mehr Gewandtheit, folglich mehr Trieb im Anfalle, mehr Gewicht im Anprellen, mehr Leichtigkeit in der Gewinnung der Flanken des Gegners hat und hiedurch alle Vortheile über ihn besitzt. Dieses nach allen Regeln der Mechanik und Physik, nach allen Beweisen der Erfahrung, nach allen unumstösslichen Grundsätzen der Taktik.

Die Herren Generale wollen also in jeder Gelegenheit den unterhabenden Truppen das Widersinnige, Unzweckmässige eines gegentheiligen Benehmens begreiflich machen, es in keinem Falle veranlassen, noch dulden und mit Ernst und Strenge dagegen verfahren. Auch ist der Cavallerie wohl anzuempfehlen, um wohlgeschlossen an den Feind zu kommen, nicht, wie es meist geschieht, auf eine sehr grosse Entfernung schon mit verhängtem Zügel zu jagen: dieses hat die üble Folge, dass, ehe man zum Choc kommt, die Pferde schon ausser Athem sind und in dem Augenblicke, wo die äussersten Kräfte angestrengt und der Anfall am heftigsten sein sollte, das Tempo nachlässt, alles auseinander ist und überdies durch das Unvermögen der Pferde der Eifer des Mannes gehemmt, erkalten muss und die Attaque fehl schlägt. Das Reglement gibt hierüber die vortrefflichste Belehrung, und wer sein Handwerk versteht und Anführer der Cavallerie sein will, muss sich darnach achten. Schonung der physischen Kräfte bei Mann und Pferd soll, ausser dass es die Menschlichkeit gebietet, auch in Rücksicht der nützlichen Verwendung derselben, in entscheidenden Fällen die erste Sorge des Officiers — des Generals sein.

8. Nicht minder wichtig ist es, zum unabweislichen Gesetze anzunehmen, sowohl bei der Infanterie, als Cavallerie starke Reserven aufzustellen, welche womöglich immer den dritten Theil der in den Positionen oder Treffen verwendeten Truppen auszumachen haben; ohne solche ist alles aufs Spiel gesetzt und keine Anstalt, keine Disposition zulänglich, weil die mindeste Unordnung, der geringste Unfall ein unheilbares Uebel wird und eine einzige Abtheilung, welche der Uebermacht nachgeben muss, oder ihre Schuldigkeit nicht thut, die Deroute des Ganzen nach sich zieht. Dieses diene zur Richtschnur beim Angriffe, wie bei der Vertheidigung.

9. Auf die Ablösung der im Feuer befindlichen Treffen und Abtheilungen muss mehr als üblich gewesen gedacht werden, weil es eine wesentliche Beobachtung ist, die öfter den Sieg entscheidet. Wer mehreren Feldzügen und feindlichen Vorfallenheiten beigewohnt hat, weiss, in welchem Zustande die Truppe ist, die durch mehrere Stunden in einem lebhaften, hitzigen und hartnäckigen Gefechte verwickelt ist. Der Zustand des Gewehres und die physischen Kräfte des Menschen, welche nur einen gewissen Grad der Anstrengung erlauben, machen es nothwendig, in diesem Falle eine Ablösung zu veranstalten. Eine frische Abtheilung, durch das Beispiel der Armee angeeifert, durch die Ehrbegierde sie zu übertreffen und selbst durch den Wunsch die Sache bald entschieden zu sehen angefeuert, tritt mit neuer Lebhaftigkeit und neuem Muthe auf: ihr Feuer ist verdoppelt, ihr Vordringen entscheidet. Der abgemattete Feind, der grossentheils sich auch verschossen hat, verzweifelt an dem Siege und weicht meistens dieser neuen überwiegenden Impulsion. Auch dieses begründet den Nutzen der 2. Treffen und Reserven in jeder Gelegenheit. Hiebei ist dem gemeinen Manne wie den Officieren einzuprägen, dass die Zurücknahme einer im Feuer gestandenen Truppe nicht als Flucht anzusehen sei; weder diese, noch die ablösende Abtheilung wird dadurch berechtigt, sich zu zerstreuen, Alles für verloren anzusehen und in der Flucht ihre Rettung zu suchen. Ordnung in solchen Fällen, können nur die Officiere bei ihren Abtheilungen erhalten, und so wie sie vermöge Dienstesvorschrift berechtigt sind, den Zaghaften auf der Stelle niederzustossen, so haben sie auch die strengste Behandlung zu erwarten, wenn aus ihrer Mattherzigkeit eine Unordnung in der Truppe entstehen sollte. Ueberhaupt kann sich gar keine Gelegenheit ereignen, wo die Zerstreuung der Truppe entschuldigt werden kann; durch Ordnung allein können oft unvorhergesehene Begebenheiten, ja sogar Unglücksfälle in glänzende Siege verwandelt werden.

10. Nicht genug kann ich empfehlen, dass die Infanterie im Colonnenmarsche geübt werde, denn er macht einen Hauptheil der Manövrirkunst aus. Unangenehm war die Bemerkung, dass dieser wesentliche Theil und das Marschiren überhaupt vernachlässigt worden ist. Die Hauptbeobachtungen darin hängen von den Officieren ab, und da fehlt es am meisten. Diese sind: die richtige Einhaltung der Abtheilungs-Distanzen; die scharfe Richtung des Pivot, wo im Falle des Aufmarsches die Aufschwenkung geschieht; die Aufmerksamkeit auf gleichen Schritt und Takt, wovon die stete gleiche Bewegung und die leichte Erhaltung der Distanzen abhängt. Hierauf kann nicht genug Fleiss und Attention verwendet werden; wie mangelhaft dabei vorgegangen wird, fällt da am meisten ins Auge, wenn bei einer Colonne von nur wenigen Bataillonen eine Directions-Veränderung durch eine Schwenkung vor-

genommen werden muss; denn da trennt sich die Colonne, die rückwärtigen Abtheilungen bleiben ab, die inneren Flügel oder Pivot weichen von dem Drehpunkte weg und die Queue der Colonne schlängelt sich hin und her, so dass, wenn kurz darauf ein Aufmarsch statthaben sollte, er nicht anders als sehr unordentlich und dem Feinde alle Vortheile gebend vor sich gehen könnte.

Es ist so weit gekommen, dass selbst in entscheidenden Augenblicken einer jeden Kothpfütze auszuweichen erlaubt wird, dass die Mannschaft ohne Commando sogar einzeln abfällt, und die Furcht, die Schuhe nass zu machen, überall Defilés bildet, wo man ohne Anstand mit Zügen oder halben Compagnien den Marsch fortsetzen könnte. Eine derlei willkürliche Anordnung hat einen zu wichtigen Einfluss auf das Ganze, als dass ich es mit Stillschweigen übergehen oder ferners dulden sollte. Die Herren Regiments- und Bataillons-Commandanten haben hiezu die Macht, und ich werde mich daher blos an sie halten.

Durch Manövriren kann oft ebensoviel als durch eine Schlacht erreicht werden; wie wichtig ist es also nicht für die Truppen selbst, wie auch für die Generale, da sie doch die Manövrirfähigkeit haben, wodurch so vieler Menschen geschont, so viel Blut erspart werden kann. Dieses ist der gemeinen Mannschaft selbst begreiflich zu machen und ihr der Irrwahn zu benehmen, dass alle Abrichtung, alles Exercieren zu keiner praktischen Anwendung vor dem Feinde komme und daher von keinem Nutzen ist.

So wie über diese, muss auch über alle Gegenstände der Pflicht mit den Soldaten überhaupt viel gesprochen und nicht blos sich darauf beschränkt werden, seinen Körper zu bilden, sondern auch auf seinen Verstand und auf sein Gemüth zu wirken; ein jeder, auch der roheste Mensch ist für diese Sprache, wenn man sie mehrmals mit ihm führt, für diese Begriffe mehr oder weniger, aber doch immer empfänglich, und wer mit Ueberzeugung und eigenem Trieb handelt, handelt mit doppeltem Muth und doppelten Kräften.

11. Vorpostengefechten ist so viel als möglich auszuweichen, weil sie zu nichts führen, Menschen kosten und die feindliche Mannschaft nur ans Feuer gewöhnen, agueriren, auch zuweilen, um dem Feinde keine Vortheile einzuräumen, wider den Nutzen der Sache und den Willen des Generals in hitzige Affairen verwickeln, in Augenblicken, wo es dem Endzwecke gar nicht entspricht.

Inzwischen ist keine Gelegenheit ausser Acht zu lassen, wo man den Feind für einen groben Fehler strafen oder ihm einen wesentlichen Abbruch thun kann; jedoch diene hiebei zur Regel, dass jeder Vorposten-Commandant in solchen Fällen immer besorgt sein soll, sich dadurch des Ausganges zu versichern, dass er mit

31*

dreifach überlegener Zahl den Coup ausführen lasse, damit, wenn auch der Feind einen Hinterhalt oder eine Reserve herbeiziehen könnte, man ihm dennoch gewachsen und noch überlegen sein könne. Ganz besonders ist zu Anfang eines Feldzuges, wo die ersten Eindrücke entscheidend sind, dies genau zu beobachten, damit nicht durch eine zu leicht angelegte und unglücklich ausgeführte Unternehmung die Truppe abgeschreckt und ihres Vertrauens verlustig werde.

12. Um obigen Zweck zu befördern, wird es sehr gut sein, wenn die Herren Commandanten der Avantgarden und detachirten Corps sich es zum besonderen Geschäfte machen, unter ihren Officieren, welche hervorzusuchen und auszuwählen, welche die Eigenschaften haben und den Beruf in sich fühlen, Parteigänger abzugeben.

Solche unternehmende und fähige Anführer kleiner Abtheilungen, welche aus leichter Infanterie und Cavallerie zusammengesetzt werden, können die grössten Dienste leisten, der Armee einen seltenen Nutzen schaffen und sich ungemein Ehre und Vortheil erwerben. Diese Gattung kühner Partisans, wovon unsere Armee in älteren Zeiten so berühmte aufzuweisen hatte, kann bei der dermaligen Bildung des Officiers in den systematischen Kenntnissen des Handwerks unmöglich erloschen sein; es kommt also nur darauf an, ihnen die Gelegenheit zu geben, ihre Fähigkeiten darin zu entwickeln und an den Tag zu legen und ihre Emulation anzufeuern, und aus diesem Grunde ersuche ich die sämmtlichen Generale, welche die Vorposten commandiren, mir je eher je besser jene Herren Officiere namentlich bekannt zu machen, die sie hiezu geeignet glauben und welche freiwillig zu solchen Streifcommanden oder längeren Expeditionen auf den Flanken oder im Rücken des Feindes verwendet zu werden wünschen, inzwischen aber ohne weitere Anfrage, wenn die Feindseligkeiten angehen, da wo es thunlich ist, einen oder den andern auf Partei mit der nöthigen Belehrung auszuschicken, den Versuch zu machen.

Detachirte Commandos ähnlicher Art, aus kleinen Trupps von 40—50 Pferden bestehend, können oft die Communication zweier Corps ebenso gut und besser unterhalten oder einen Strich Landes decken, als alle die vereinzelten kleinen Lager, wodurch eine Armee, in lauter kleine Haufen vertheilet, überall Blössen gibt und auf welche der Feind es ohne Gefahr und Mühe unternehmen kann, das ganze Vertheidigungssystem zu sprengen und über den Haufen zu werfen; dies wird durch Aufstellung grosser Corps auf die wichtigsten Punkte, die nur durch fleissige und beherzte Commandos in Verbindung stehen, verhindert und ist in der Offensive wie in der Defensive weit zweckmässiger.

Uebrigens wollen die Herren Generale ausser den hier angeführten Beobachtungen sich auch noch die im Jahre 1794 bei Eröffnung der Campagne hinausgegebenen Instructionspunkte in Erinnerung bringen und sich solche zur Richtschnur nehmen in allem, was durch die gegenwärtigen nicht einiger Abänderung unterliegt.

Sowie ich sie denn ganz besonders auf die genaueste Beobachtung des Generals- und der anderen Dienst- und Exercier-Reglements verweise und sie dringend ersuche, alle ihnen untergeordneten Truppen dahin auf das pünktlichste und strengste zu verhalten.

Beilage 7.
F. A. VII, 9¼.

Ordre de bataille

der kais. kön. und kais. Reichs-Hauptarmee am Niederrhein am 1. Juni 1796.

Armee-Commandant: Seine königl. Hoheit FZM. und Reichs-Feldmarschall Erzherzog Carl.
Adlatus: FML. Graf Heinrich Bellegarde.
General-Quartiermeister: Oberst Ludwig v. Fleischer (als dieser nach der Schlacht bei Malsch erkrankte, trat Oberst Heinrich v. Schmidt (vom 8. September an GM.) an seine Stelle.
General-Adjutanten: GM. Freiherr v. Linken; Oberstlieutenants v. Gorrup, Graf Philipp Grünne, Graf Emanuel Wratislaw.
Flügel-Adjutanten: die Majore O'Brien, Geringer, Graf Grave, Delmotte.
General-Kriegscommissär: FML. Freiherr Johann v. Lilien.

K. k. Generalität.

Feldzeugmeister: Graf Wilhelm v. Wartensleben,
Herzog Ferdinand zu Württemberg.

Feldmarschall-Lieutenants bei der Infanterie:

Freiherr Josef Staader v. Adelsheim,
» Franz v. Werneck,
» Paul Kray de Krajova et Topolya.
» Carl v. Riese,
Johann v. Gruber.

Feldmarschall-Lieutenants bei der Cavallerie:

Graf Nikolaus Colloredo-Mels,
Adam v. Boros,
Prinz Carl von Lothringen.
Graf Mercandin.

General-Majore bei der Infanterie:

v. Montfrault,
Carl v. Finke,
Graf Ludwig Baillet de Merlemont,
» Vincenz Kolowrat-Liebsteinsky,
Freiherr Franz Sebottendorf,
Graf Alcaini,
Freiherr Johann Simbschen.

Freiherr Johann Schellenberg,
» Anton Mylius,
Carl Graf Vinchant de Gontreuil,
Freiherr Ludwig Vogelsang,
Prinz Wilhelm Georg von Oranien,
Freiherr Leopold Unterberger (von der Artillerie).

General-Majore bei der Cavallerie:

Graf Friedrich Nauendorf,
Fürst August v. Anhalt-Cöthen,
Graf Carl Hadik,
Freiherr Michael Kienmayer,
Fürst Friedrich Hohenlohe-Ingelfingen,
Josef v. Spiegelberg,
Freiherr Anton Elsnitz.

Generalität der Reichs-Contingente.

Feldmarschall-Lieutenants:

Freiherr v. Rüdt
v. Faber } Kurmainz.

General-Lieutenant:

v. Lindt, Kursachsen.

General-Majore:

Freiherr v. Döhn
Nostiz
v. Sänger
v. Zezschwitz
v. Niesemeuschel } Kursachsen.
Rheingraf Salm, fränkischer Kreis.
Graf Wittgenstein, Darmstadt.

Truppen.

		Regimenter etc.	Bataillone	Compagnien	Escadronen	Gefechtsstand Infanterie	Gefechtsstand Cavalerie
		Avantgarde der Hauptarmee. FML. Freiherr Kray.					
Von Biblisheim b. Kirn	GM. Graf Hadik	Blankenstein-Husaren	—	—	10	—	1.680
		1. Slavonier-Bataillon	—	6	—	962	—
		2. „ „	—	6	—	929	—
		Grenz-Scharfschützen	—	4	—	572	—
	GM. Freiherr v. Elsnitz	Grün-Laudon-Freicorps	—	12	—	1.409	—
		Sachs.-Weimar-Jäger C.*)	—	4	—	477	—
		Lütticher C.	—	2	—	140	—
		Erzherzog Carl Legion	—	2	—	232	—
		Karacsay-Chevau-légers	—	—	6	—	1.044
		Degelmann-Uhlanen	—	—	6	—	1.003
Reserve im Lager bei Ruschberg	GM. Graf Hadik	Sächsische Husaren C.		—	4		414
	GM. Graf Gontreuil	Ulrich Kinsky-Infanterie	1	—	—	1.271	—
		Beaulieu-	1	—	—	530	—
		Murray-	1	—	—	523	—
		Clerfayt-	1	—	—	493	—
		Württemberg-	1	—	—	614	—
		Salzburger C.**)	1	—	—	536	—
	GM. Freih. v. Elsnitz	Vécsey-Husaren	—	—	6	—	643
		Summe	6	36	32	8.688	4.784
		Hauptarmee bei Baumholder. I. Treffen: FZM. Graf Wartensleben. FML. Graf Colloredo-Mels.					
	GM. Fürst A. zu Anhalt-Cöthen	Herzog Albrecht-Carabiniers	—	—	6		907
		FML. Freiherr Staader v. Adelsheim.					
	GM. Freiherr v. Schellenberg	Royal-Allemande	—	—	2		379
		Carl Schröder-Infanterie	2	—	—	1.744	—
		Manfredini- „	3	—	—	2.842	—
	GM. Freiherr v. Sebottendorf	Hohenlohe-Infanterie	2	—	—	1.837	—
		Erzherzog Carl-Infanterie	3	—	—	2.748	—
		FML. v. Gruber.					
	GM. Prinz Wilhelm v. Oranien	Lacy- Infanterie	2	—	—	1.903	—
		Sztáray- „	2	—	—	2.152	—
		Gyulay- „	2	—	—	2.288	—
		FML. Prinz Carl von Lothringen.					
	Oberst Monroe	Kaiser Franz II.-Carabiniers	—	—	6	—	844
		Summe	16	—	14	15.514	2.130

*) C = Reichs-Contingent. — **) Wurde nach der Detachirung nach Italien zur Oberrhein-Armee abgegeben.

	Regimenter etc.		Bataillone	Compagnien	Escadronen	Gefechtsstand Infanterie	Gefechtsstand Cavallerie
	II. Treffen: GL. v. Lindt.						
Kursächsische Truppen	GM. Freih. v. Zezschwitz	Kurland-Dragoner	—	—	4	—	608
		Carabiniers	—	—	4	—	618
	GM. Döhn	Albrecht-Dragoner	—	—	4	—	592
		Sachsen-Gotha-Dragoner	—	—	3	—	414
	GM. Nostitz	Brandenstein-Grenadiere	1	—	—	614	—
		Kurfürst-Infanterie	1	—	—	623	—
		Prinz Anton-Infanterie	1	—	—	619	—
	GM. Sänger	Von der Hayde	2	—	—	1.147	—
	GM. Niesemeuschel	Prinz Gotha-Infanterie	1	—	—	628	—
		„ Clemens- „	1	—	—	587	—
		Glaffay-Grenadiere	1	—	—	550	—
	FML. Freiherr v. Riese.						
	GM. Graf Baillet de Merlemont	Grossherzog von Toscana-Infanterie	2	—	—	1.819	—
		Olivier Wallis-Infanterie	2	—	—	1.984	—
		Pellegrini- „	2	—	—	1.906	—
	Oberst Auffenberg	Franz Kinsky-Infanterie	3	—	—	2.880	—
	FML. Prinz Carl von Lothringen.						
	Oberst Fürst Carl zu Schwarzenberg	Zezschwitz-Kürassiere	—	—	6	—	808
		Nassau-Usingen- „	—	—	6	—	925
		Summe	17	—	27	13.357	3.965
	Corps de réserve: FML. Freiherr v. Werneck.						
	GM. Graf Kolowrat-Liebsteinsky	Ulm- Grenadiere	1	—	—	507	—
		Frankenbusch- „	1	—	—	559	—
		Zegraid- „	1	—	—	519	—
		Riera- „	1	—	—	590	—
	GM. Freiherr v. Vogelsang	Ghenedegg-Grenadiere	1	—	—	569	—
		Kreisern- „	1	—	—	571	—
		Schröckinger- „	1	—	—	622	—
		Latour-Chevau-légers	—	—	8	—	928
		Summe	7	—	8	3.937	928

Reserve-Artillerie:

6 zwölf-, 12 sechs- und 8 dreipfündige ordinäre Kanonen; 4 siebenpfündige ordinäre Haubitzen; 12 sechspfündige Cavallerie-Kanonen; 4 siebenpfündige Cavallerie-Haubitzen. Zusammen: 46 Geschütze.

Regimenter etc.		Bataillone	Compagnien	Escadronen	Gefechtsstand Infanterie	Gefechtsstand Cavallerie
Corps bei Kreuznach (zur Hauptarmee gehörig): FML. Graf **Mercandin.**						
GM. Fürst Friedrich Hohenlohe-Ingelfingen	Bussy-Freicorps C.	—	—	4	—	697
	Waldeck-Dragoner	—	—	6	—	1.020
	2. Warasdiner-Bataillon	—	6	—	1.160	—
	3. „ „	—	6	—	1.084	—
	Bamberger Infanterie-Bataillon C.	—	6	—	659	—
GM. Graf Nauendorf	1. Warasdiner-Bataillon	—	6	—	809	—
	Walachen-Grenz-Infanterie	—	6	—	962	—
	Le Loup-Jäger	—	6	—	745	—
	Fränkische Jäger C.	—	2	—	118	—
	Kaiser Franz II.-Husaren	—	—	10	—	1.694
GM. Montfrault	Kurmainzer Infanterie C.	2	—	—	1.593	—
	Callenberg-Infanterie	2	—	—	1.773	—
	Stuart- „	1	—	—	857	—
	Strassoldo- „	1	—	—	866	—
GM. Rheingraf Salm (fränkisch. Kreis)	Kurcöln-Infanterie C.	1	—	—	619	—
	Juliaczy-Grenad., fränk. C.	1	—	—	372	—
	Boineburg- „ „	1	—	—	476	—
	Reuss- „ „	1	—	—	296	—
	Riedel- „ „	1	—	—	529	—
	Summe	11	38	20	12.918	3.411

Reserve-Artillerie:
6 zwölf-, 6 sechs- und 8 dreipfündige ordinäre Kanonen; 6 siebenpfündige ordinäre Haubitzen; 6 sechspfündige Cavallerie-Kanonen; 2 siebenpfündige Cavallerie-Haubitzen. Zusammen: 34 Geschütze.

Corps zwischen der Sieg und Lahn.
FZM. Herzog **Ferdinand zu Württemberg.**
Avantgarde am Einflusse der Sieg: GM. Freiherr v. **Kienmayer.**

	Bataillone	Compagnien	Escadronen	Infanterie	Cavallerie
Tiroler-Jäger	—	6	—	600	—
O'Donel-Freicorps	—	11	—	1.635	—
Barco-Husaren	—	—	10	—	1.445
Summe	—	17	10	2.235	1.445

Posten bei Daden: Oberst Freiherr v. **Gottesheim.**

	Bataillone	Compagnien	Escadronen	Infanterie	Cavallerie
Tiroler-Jäger	—	2	—	200	—
Carneville-Freicorps	—	3	—	166	—
Trierer-Füsiliere C.	1	—	—	834	—
Saxe-Husaren	—	—	2	—	267
Carneville-Freicorps	—	—	1	—	201
Anhalt-Zerbst C.	—	—	1	—	141
Summe	1	5	4	1.200	609

Regimenter etc.		Bataillone	Compagnien	Escadronen	Gefechtsstand Infanterie	Gefechtsstand Cavallerie
I. Treffen bei Neuwied: GM. v. Finke.						
GM. v. Spiegelberg	Legion Bourbon . .	—	—	4	—	120
	Münster'sche Dragoner C.	—	—	2	—	225
GM. v. Finke	Legion Bourbon	—	4	—	292	—
	Wurmser-Freicorps . .	—	12	—	2.023	—
	Kaunitz-Infanterie . . .	1	—	—	766	—
	Rohan-Freicorps . .	2	—	—	885	—
	Münster'sche Infanterie C.	1	—	—	529	—
GM. v. Spiegelberg	Fränkische Kreis-Dragoner C.	—	—	2	—	186
	Würzburger C.	—	—	2	—	529
	Summe . .	4	16	10	4.495	1.060
II. Treffen bei Kroppach: FML. v. Boros.						
GM. Graf Wittgenstein	Bercseny-Husaren .	—	—	2	—	529
	Darmstädter-Infanterie C.	3	—	—	2.659	—
GM. Graf Alcaini	Mittrowsky-Infanterie .	1	—	—	943	—
	Kaiser Franz II.-Infant. .	2	—	—	1.640	—
	Rohan-Freicorps C. . .	—	—	2	—	532
	Summe .	6	—	4	5.242	1.061
Corps de réserve bei Altenkirchen: FML. v. Boros.						
GM. Freih. Anton v. Mylius	Rohan-Freicorps C. . . .	—	—	2	—	270
	Darmstädter-Infanterie C.	2	—	—	1.204	—
	Jordis- »	2	—	—	1.966	—
	Coburg-Dragoner . . .	—	—	6	—	1.118
	Summe . .	4	—	8	3.170	1.388

Reserve-Artillerie:

18 zwölf-, 12 sechs- und 4 dreipfündige ordinäre Kanonen; 10 siebenpfündige ordinäre Haubitzen; 6 sechspfündige Cavallerie-Kanonen; 2 siebenpfündige Cavallerie-Haubitzen. Zusammen: 52 Geschütze.

Besatzungs-Truppen.

In Mainz. Gouverneur: K. k. FML. Freiherr v. Neu.

Reichs-GL. v. Faber; Rüdt.

	Bataillone	Compagnien	Escadronen	Infanterie	Cavallerie
K. k. Truppen:					
Stuart-Infanterie . . .	2	—	—	1.714	—
Contingente:					
Solms-Braunfels	1	—	—	403	—
Pfalz-Zweybrücken . . .	1	—	—	527	—
Fürtrag . .	4	—	—	2.644	—

	Regimenter etc.	Bataillone	Compagnien	Escadronen	Gefechtsstand Infanterie	Gefechtsstand Cavallerie
	Uebertrag . .	4	—	—	2.644	—
	Stadt Cöln . . .	—	2	—	172	—
	Nordhäuser	—	1	—	47	—
	Nassau-Oranien	1	—	—	259	—
	Schwarzburg-Rudolstadt .		1		135	—
	Sondershausen	1	1			
Kurmainz	Faber	1	—	—	445	—
Kurmainz	Riedt					
Kurmainz	Gymnich					
Kurmainz	Knorr	4/6	—	—	253	—
Kurmainz	Leichte Infanterie . .		2		178	—
Kurmainz	Königsteiner		1		157	—
Kurmainz	Wormser		1	—	69	—
Kurmainz	Husaren	—	—	2	—	63
	Summe . .	7 4/6	9	2	4.350	63
	In Ehrenbreitstein: Oberst v. Sechtern.					
Contingente	Neuwied . .	—	1	—	48	—
Contingente	Berlenburg					
Contingente	Homburg . .					
Contingente	Kurcöln . .	1	—	—	516	
Contingente	Trier-Infanterie . .	2		—	1.244	—
Contingente	Jäger . . .		2	—	176	
Contingente	» Reserve-Division		2		225	—
Contingente	Sachsen-Coburg . . .	1/6			187	—
Contingente	» Hildburghausen	[illegible]		—		
Contingente	Anhalt Zerbst	2/6	—	—	183	—
	Summe .	3 4/6	5	—	2.579	
	In Königstein: Major Wanka.					
	Reuss-Infanterie C. .	—	1	—	129	—
	In Frankfurt a. M.: Oberst v. Mylius.					
	Paulus-Grenadiere C. .	1	—	—	382	—
	Extra-Corps:					
	Stabs-Infanterie	2	—	—	273	—
	» Dragoner	—	—	2	—	66
	Pontonniere	—	—	—	71	—
	Mineure	—	1	—	113	—
	Sappeure	—	—	—	40	—
	Pionniere	—	10	—	677	—
Artillerie	1. Regiment	—	8	—	706	—
Artillerie	2. »	—	7	—	782	—
Artillerie	3.	—	5	—	548	—
	Bombardier-Corps . . .	—	—	—	132	—
	Artillerie-Feldzeugamt .	—	—	—	188	—
	Summe . .	2	31	2	3.530	66

Recapitulation.

	Gefechtsstand					
	Infanterie	Cavallerie	Summe Mann	Summe Geschütze	Zusammen Mann	Zusammen Geschütze
Hauptarmee:						
Avantgarde	8.688	4 884	13.572	46		
I. Treffen	15.514	2.130	17.644			
II. Treffen	13.357	3.965	17.322			
Corps de réserve	3.937	928	4 865			
Corps bei Kreuznach	12.818	3.411	16.229	34	69.632	148
Corps zwischen der Lahn und Sieg:						
Avantgarde	2.235	1.445	3.680	52	21.910	52
Posten bei Daden	1.200	614	1.814			
I. Treffen bei Neuwied	4.495	1.060	5.555			
II. » » Kroppach	5.242	1.061	6 303			
Corps de réserve bei Altenkirchen	3.170	1.388	4.558			
Besatzungs-Truppen	7.449	63	7.512	--	7.512	—
Extra-Corps	3 530	66	3.596	—	3.596	—
Zusammen die Armee am Niederrhein					102.650	200

81.635 Mann Infanterie,
21.015 » Cavallerie,
132 Reservegeschütze.

Beilage 8.
K. A. O. R. IV, 14½ b.

Ordre de bataille der Armee am Oberrhein am 29. Mai 1796.

Armee-Commandant: Feldmarschall Graf Dagobert Wurmser.*)
General-Quartiermeister: Oberst Peter v. Duka.*)
General-Adjutant: Oberstlieutenant v. Auer.
Flügel-Adjutanten: Majore v. Rupp, Carl Baron Vincent, Baron Haager, Baron Wöllwarth.

K. k. Generalität.

Feldzeugmeister: Max Graf Baillet de Latour.

Feldmarschall-Lieutenante von der Infanterie:

Graf Anton Sztáray,
Freiherr Vitus Gvosdanovich,*)
Fürst Carl zu Fürstenberg,
Freiherr Paul Davidovich,*)
Michael v. Frelich,
Freiherr Franz Petrasch.

Feldmarschall-Lieutenante von der Cavallerie:

Freiherr Johann Meszáros,*)
» Siegfried Kospoth,
» Friedrich Hotze,
Graf Johann Riesch,
Freiherr Franz Lauer (vom Geniecorps).*)

General-Majore der Infanterie:

Freiherr Josef v. Zoph,
Josef v. Baader,
Konrad v. Kaim,
Freiherr Josef Ocskay,*)
» Wilhelm Kerpen,
» Adam Bajalich v. Bajaház,*)
Fürst Heinrich XV. zu Reuss-Plauen,*)
Graf Johann Spork,*)
Thomas Schlegelhofer v. Hofenstein (Verpflegs-Inspector),

*) Zur Armee in Italien übersetzt.

Freiherr Johann v. Hiller,
» Johann Kovachevich,
» Anton Graffen,*)
Carl Funk v. Senftenau (von der Artillerie),
v. Wolff (erst Ende Mai zur Armee gekommen).

General-Majore von der Cavallerie:

Freiherr Barco,
Carl Otto v. Bátorkez,*)
Prinz Josef Lothringen,
Paul v. Devay,
Graf Franz Hohenzollern-Hechingen,
Anton v. Canisius,
Freiherr Johann v. Klinglin,
Fürst Johann Liechtenstein,
Prinz Alexander von Württemberg.

Generalität der deutschen Reichs-Contingente.

Feldzeugmeister: Freiherr v. Stain
General-Lieutenant: Landgraf zu Fürstenberg
General-Majore: Zaiger
Mylius
Staader
} vom Contingente des schwäbischen Kreises

Graf Isenburg, Commandant des kurpfälzisch-bayrischen Contingentes.
Prinz Louis Josef de Bourbon, Commandant des Condé'schen Corps.

I. Operations-Armee am linken Ufer.

Truppen		Bataillone	Compagnien	Escadronen	Gefechtsstand Infanterie	Gefechtsstand Cavallerie
1. Bei Mutterstadt: FML. Freiherr Gvosdanovich.						
GM. Freiherr v. Zoph	de Ligne- Infanterie	1	—	—	800	—
	Wartensleben- »	2	—	—	1.820	—
	de Vins- »	2	—	—	2.052	—
GM. Freiherr v. Barco	Kaiser Franz II.-Dragoner	—	—	6	—	1.094
	Anspach-Kürassiere	—	—	6	—	900
	Summe .	5	—	12	4.672	1.994

*) Zur Armee in Italien übersetzt.

Truppen		Bataillone	Compagnien	Escadronen	Gefechtsstand Infanterie	Gefechtsstand Cavallerie
2. Bei Neustadt: FML. Graf Sztáray.						
Avantgarde: FML. Freiherr v. Hotze.						
Oberst Graf Klenau	2. Bataillon Slavonier	—	6	—	1.060	—
	Szekler-Infanterie	—	6	—	1.300	—
	Wurmser-Husaren *)	—	—	10	—	1.628
GM. v. Otto	Serbisches Freicorps	—	6	—	1.464	—
	Mahony-Jäger *)	—	5	—	815	
	Erzh. Ferdinand-Husaren	—	—	10	—	1.755
	Summe	—	23	20	4.639	3.383
I. Treffen.						
FML. Freiherr v. Kospoth						
GM. Fürst Liechtenstein	Kaiser Franz II.-Chevau-légers	—	—	6	—	1.063
FML. Graf Sztáray.						
GM. Kerpen	Ungarische Grenadiere	4	—	—	2.307	—
GM. v. Kaim	Böhmisch-mähr.	4	—	—	2.297	—
FML. Graf Riesch.						
GM. Prinz Lothringen	Hohenzollern-Kürassiere	—	—	6	—	918
	Summe	8	—	12	4.604	1.981
II. Treffen.						
FML. Freiherr v. Kospoth.						
	Kinsky-Chevau-légers	—	—	6	—	1.036
FML. Freiherr v. Petrasch.						
GM. Fürst Heinrich XV. von Reuss-Plauen	Gemmingen-Infanterie *)	1	—	—	940	—
	Stain- „ *)	1	—	—	935	—
	Erbach- „ *)	1	—	—	926	—
	Splenyi- „	1	—	—	1.270	—
	Benjowski- „	1	—	—	1.120	—
	Brechainville- *)	1	—	—	835	—
FML. Graf Riesch.						
GM. Prinz Lothringen	Mack-Kürassiere	—	—	6	—	887
	Summe	6	—	12	6.026	1.923

*) Zur Armee in Italien übersetzt.

Truppen	Bataillone	Compagnien	Escadronen	Gefechtsstand Infanterie	Gefechtsstand Cavallerie

Reserve-Artillerie (bei Mutterstadt und Neustadt):

1 drei-, 2 sechs-, 30 zwölf- und 8 achtzehnpfündige ordinäre Kanonen; 8 sieben-, 4 zehnpfündige ordinäre Haubitzen; 12 sechspfündige Cavallerie-Kanonen; 4 siebenpfündige Cavallerie-Haubitzen. Zusammen: 69 Geschütze.

Truppen	Bataillone	Compagnien	Escadronen	Infanterie	Cavallerie
3. Bei **Kaiserslautern: FML. v. Meszáros.**					
Avantgarde: GM. Devay.					
Gyulay-Freicorps	—	10	—	1.805	—
Serbisches »	—	6	—	1.463	—
Mahony-Jäger*)	—	5	—	815	—
Erdödy-Husaren*)	—	—	8	—	1.325
Szekler- »	—	—	6	—	1.120
Summe	—	21	14	4.083	2.445
Hauptcorps.					
FML. Freiherr v. Davidovich.					
GM. Graf Spork: Oesterreichische Grenadiere*)	3	—	—	1.809	—
GM v. Ocskay: Eszterházy-Infanterie*)	2	—	—	2.016	—
GM v. Ocskay: Erzh. Ferdinand- »	3	—	—	3.146	—
GM. Kovachevich: Wenkheim-Infanterie	3	—	—	2.361	—
Oberst Lusignan: Jellachich-Infanterie*)	1	—	—	1.047	—
Oberst Lusignan: Klebeck- »	2	—	—	1.893	—
FML. v. Meszáros.					
Lobkowitz-Chevau-légers	—	—	6	—	833
GM. Canisius: Kaiser Franz II.-Carabinier-Chevau-légers	—	—	2	—	344
GM. Canisius: Coburg-Dragoner-Chevau-légers	—	—	2	—	352
GM. Canisius: Erzh. Franz-Kürassiere	—	—	6	—	986
Summe	14	—	16	12.272	2.515

Reserve-Artillerie:

2 drei-, 8 sechs- und 12 zwölfpfündige ordinäre Kanonen; 8 siebenpfündige ordinäre Haubitzen; 8 sechspfündige Cavallerie-Kanonen; 4 siebenpfündige Cavallerie-Haubitzen. Zusammen: 42 Geschütze.

*) Zur Armee in Italien übersetzt.

Truppen		Bataillone	Compagnien	Escadronen	Gefechtsstand Infanterie	Gefechtsstand Cavallerie
II. Defension des Rhein (am rechten Ufer).						
FZM. Graf Baillet de Latour.						
1. Von Basel bis Sasbach: FML. v. Frelich in Freiburg.						
GM. Freiherr Bajalich	Bender- Infanterie	2	—	—	1 774	—
	W. Schröder- » *)	2	—	—	1.774	—
	Deutschbanater - Grenz-Regiment	—	2	—	480	—
Der rangsälteste Oberst	Kaunitz- Infanterie	2	—	—	1.604	—
	Bender- »	1	—	—	886	—
	Neugebauer- » *)	2	—	—	861	—
Oberst Graf Palffy	Prinz C. Lothringen-Kürassiere	—	—	6	—	417
	Slavonische Grenz-Husaren	—	—	6	—	1.114
	Summe .	9	2	12	7.379	2.531
2. Von Saspach bis Ichenheim: Prinz Louis Josef de Bourbon zu Emmendingen						
	Das Condé'sche Corps	3[illegible]	—	9	3.884	1.298
3. Von Ichenheim bis an die Rench: Reichs-FZM. Freiherr v. Stein in Kork.						
GM. Zaiger GM. Mylius GM. Staader	Das Contingent des schwäbischen Kreises	14	—	8	—	—
	Summe . .	14	—	8	6.840	1.238
4. Von der Rench bis Knittlingen: FML. Fürst zu Fürstenberg in Rastatt.						
GM. Freiherr v. Graffen	Johann Colloredo-Infanterie *)	1	—	—	1.068	—
	d'Alton- Infanterie	2	—	—	1.994	—
	Wartensleben- »	1	—	—	910	—
	3. Bataillon Slavonier	—	6	—	1.121	—
GM. Freiherr v. Klinglin	Kavanagh-Kürassiere .	—	—	6	—	917
	Albert - Carabinier - Chevau-legers . . .	—	—	2	—	374
	Erzh. Johann-Dragoner	—	—	4	—	742
	Summe . .	4	6	12	5.093	2.033

*) Zur Armee in Italien übersetzt.

Truppen	Bataillone	Compagnien	Escadronen	Gefechtsstand Infanterie	Gefechtsstand Cavallerie
5. Von Knittlingen bis Philippsburg: Reichs-GM. Graf Isenburg.					
Das kurpfalz-bayrische Contingent	4	8	2	1.918	204
Reserve-Artillerie.					
5 drei-, 10 sechs-, 20 zwölf- und 8 achtzehnpfündige ordinäre Kanonen; 8 sieben- und 4 zehnpfündige ordinäre Haubitzen; 4 sechspfündige Cavallerie-Kanonen; 2 siebenpfündige Cavallerie-Haubitzen. Zusammen: 61 Geschütze.					
III. Besatzungs-Truppen.					
Philippsburg: Oberst v. Skal.					
Lattermann-Infanterie .	1	—		717	
Mannheim: GM. v. Baader.					
Brechainville-Infanterie .	1			824	
Erbach- .	½ *)		—	616	—
Summe .	2½			2.157	—
IV. Sperr-Cordon gegen die Schweiz.					
Oberstlieutenant v. Utz: Deutschbanater-Grenz-Regiment	—	4	—	960	—
Oberstlieutenant v. Utz: Slavonische-Grenz-Husaren	—	—	4	—	769
Summe . .	—	4	4	960	769

Recapitulation.

	Gefechtsstand Infanterie	Gefechtsstand Cavallerie	Summa Mann	Summa Geschütze	Zusammen Mann	Zusammen Geschütze
Am linken Rheinufer:						
bei Mutterstadt . . .	4.672	1.994	6 666	69 (Mutterstadt und Neustadt)		
» Neustadt	15.259	7.287	22.546			
» Kaiserslautern . .	16 355	4.960	21.315	42	50.527	111
Am rechten Rheinufer:						
Defension des Rhein .	25.114	6 830	31.944	61		
Besatzungstruppen . .	2.157	—	2.157	—		
Sperr-Cordon	960	769	1.729	—	35.830	61

Zusammen die Armee am Oberrhein: 64.517 Mann Infanterie, 21.840 » Cavallerie, 172 Geschütze — 86.357 | 172

*) Zur Armee in Italien übersetzt.

32*

Beilage 9.

St. Cyr, III, Nr. 105.
Jourdan, I, 17, Nr. 1.

Ordre de bataille der

Rhein- und Mosel-Armee am 31. Mai	Gefechtsstand			
	Bataillone à 924 Mann	Escadronen à 75 Pferde	Artillerie Mann	Mann
Commandant: Moreau.				
Rechter Flügel: Ferino. (Am Rhein von Hüningen bis Germersheim.)				
Division Delaborde	21	9	?	8.553
» Tuncq				7.996
» Bourcier				10.032
Summe . .	21	9	?	26.581
Centrum: Desaix. (An der Queich, der rechte Flügel bei Germersheim, der linke bei Auweiler. Die Garnison von Landau mit eingerechnet.)				
Division Delmas	27	46	?	8.887
» Beaupuis				15.954
» Xaintrailles				5.901
Summe . .	27	46	?	30.742
Linker Flügel: Gouvion St. Cyr. (Der rechte Flügel bei Auweiler, der linke bei Saarbrücken.)				
Division Duhesme	30	32	?	8.953
» Taponnier				13.316
Summe	30	32	?	22.269
Zusammen .	78	87	?	79.592

Recapitulation.

Rhein- und Mosel-Armee . . . . 79.592 Mann
Sambre- und Maas-Armee . . . . 77.792 »
Zusammen . 157.384 Mann.

Anmerkung. Ueber die Artillerie und die Besatzungstruppen sind in obigen Werken keine näheren Angaben enthalten. Nach

französischen Armee. Ende Mai 1796.

Sambre- und Maas-Armee am 25. Mai	Gefechtsstand: Infanterie (Mann)	Cavallerie (Mann)	Artillerie (Mann)	Summe (Mann)
Commandant: Jourdan.				
Rechter Flügel: Marceau. (Zur Besetzung der Demarcationslinie von St. Wendel bis Nieder-Diebach am Rhein.)				
1. Division: Marceau . .	10.995	1.497	292	12.784
3. » Poncet . . .	7.984	1.278	276	9.538
5. » Bernadotte .	6.929	1.246	336	8.511
Summe .	25.908	4.021	904	30.833
Centrum: Jourdan.				
6. Division: Championnet (von Nieder-Diebach bis zur Moselmündung)	8.171	1.260	358	9.789
4. Division: Grenier (von der Moselmündung bis Cöln) . .	7.162	1.205	527	8.894
Infanterie-Reserve-Division: Bonnard (rückwärts Bonn und Cöln)	2.783	127	174	3.084
Summe . .	18.116	2.592	1.059	21.767
Linker Flügel: Kleber.				
Avantgarde bei Düsseldorf: Lefebvre	9.805	1.464	283	11.552
2. Division: Collaud . . .	9.268	1.170	313	10.751
Cavallerie-Reserve-Division an der unteren Mosel: Bonnaud	—	2.153	70	2.223
Artillerie-Park	—	—	866	866
Summe .	19.073	4.787	1.532	25.392
Zusammen . . .	63.097	11.400	3.495	77.992

einem aus dem Bureau Jourdan's durch Kundschafter dem Erzherzog Carl zugestellten Nachweise der Division Championnet hatte eine Division dieser Armee folgenden Stand: 2 Infanterie-Brigaden à 6 Bataillone zu je 9 Compagnien; 2 Cavallerie-Regimenter à 4 Escadronen zu je 2 Compagnien; 1 Jäger-Bataillon zu Fuss = 140 Mann. An Geschützen hatte jedes Bataillon 1 Achtpfünder und 1 Vierpfünder; das Reservegeschütz zählte 8 schwere Kanonen und 6 Haubitzen (F. A. I, 5). Auf Seite der Verbündeten rechnete man die französische Division zu 10—12.000 Mann Gefechtsstand, den sie aber fast nie erreichte.

Beilage 10.
F. A. VII, 119.

Truppenvertheilung am Niederrhein. Ende Juni 1796.

		Bataillone	Compagnien	Escadronen
I. Corps an der Sieg und Lahn: FZM. Graf Wartensleben in Neukirch.				
a) Bei Neuwied: GM. Finke		7	19	13
GM. Graf Wittgenstein	Darmstädter Leib-Regiment	2	—	—
	» Grenadiere	1	—	—
	Landgraf	1	—	—
	Erbprinz	1	—	—
GM. Finke	Wurmser-Freicorps	—	12	—
	Callenberg-Infanterie	2	—	—
GM. Freih. v. Kienmayer	Legion Bourbon	—	4	4
	Carneville-Freicorps	—	3	1
	Coburg-Dragoner	—	—	6
	Münsterer-Dragoner	—	—	2
b) Auf der Kalten Eiche: FML. Freih. v. Kray		1	32	12
GM. Graf Hadik	O'Donel-Freicorps	—	11	—
	Tiroler-Jäger	—	9	—
	Saxe-Husaren	—	—	2
	Blankenstein-Husaren	—	—	10
GM. Simbschen	Trier-Infanterie	—	6	—
	Bamberger-Infanterie	1	—	—
	4. Slavonier-Grenzer	—	6	—
c) Auf Vorposten von Hassel bis Erpel: Oberst Görger		—	6	8
	Warasdiner-Grenzer	—	6	—
	Berczeny-Husaren	—	—	2
	Uhlanen	—	—	6
d) Gros im Lager bei Neukirchen: FML. Graf Colloredo-Mels		12	6	21
GM. Freih. v. Montfrault	Kaiser Franz II.-Infanterie	2	—	—
	Hohenlohe- »	2	—	—
GM. Graf Alcaini	Mitrowsky-Infanterie	1	—	—
	Kaunitz- »	1	—	—
	Rohan-Freicorps	2	—	4
	1. Slavonier-Grenzer	—	6	—
GM. Freih. v. Mylius	Stuart- Infanterie	2	—	—
	Strassoldo- »	1	—	—
	Münsterer- »	1	—	—
	Fürtrag	40	126	91

		Bataillone	Compagnien	Escadronen
	Uebertrag .	40	126	91
GM. Freih. v. Spiegelberg	Zezschwitz-Kürassiere .	—	—	6
	Nassau- » .	—	—	6
	Fränkische Dragoner	—	—	2
	Würzburger » .	—	—	2
	Anhalt-Zerbst- » .	—	—	1
	Zusammen . .	20	63	54
II. Im Rheingau: GM. Fürst Hohenlohe . . .		—	8	2
	Grenz-Scharfschützen .	—	4	—
	Lütticher	—	2	—
	Erzherzog Carl-Legion .	—	2	—
	Bussy-Freicorps . . .	—	—	2
III. Vor Mainz: FML. Graf Mercandin und FML. v. Gruber		16	22	24
GM. Prinz Oranien	Gyulay-Infanterie . . .	2	—	—
	Sztáray- » . .	2	—	—
GM. Sebottendorf	Mainzer	2	—	—
	Lacy- Infanterie .	2	—	—
	Ulrich Kinsky- »	1	—	—
GM. Rheingraf Salm	Franken { Juliaczy . . .	1	—	—
	Franken { Boineburg . .	1	—	—
	Franken { Reuss	1	—	—
	Franken { Riedel . .	1	—	—
GM. Gontreuil	Württemberg-Infanterie .	1	—	—
	Murray » .	1	—	—
	Clerfayt- » .	1	—	—
GM. Graf Nauendorf	2. Warasdiner-Grenz-Bat.	—	6	—
	3. » » »	—	6	—
	Walachen	—	6	—
	Fränkische Jäger . . .	—	4	—
	Latour-Chevau-légers .	—	—	8
	Kaiser-Husaren	—	—	10
	Vécsey	—	—	6
IV. Zwischen Main und Neckar: GM. Elsnitz		1	—	10
	Beaulieu-Infanterie . . .	1	—	—
	Barco-Husaren	—	—	10
V. Corps de réserve: FML. Frh. v. Werneck und FML. Prinz Lothringen		7	—	22
GM. Prinz Anhalt-Cöthen	Albert-Carabiniers . . .	—	—	6
	Kaiser- » . . .	—	—	6
	Royal-Allemand-Dragoner	—	—	2
GM. Graf Kolowrat	Ulm- Grenadiere	1	—	—
	Frankenbusch- »	1	—	—
	Zegraid- »	1	—	—
	Riera- »	1	—	—

		Bataillone	Compagnien	Escadronen
GM. Freih. v. Vogelsang	Kreisern- Grenadiere	1	—	—
	Ghenedegg- »	1	—	—
	Schröckinger- »	1	—	—
Oberst Graf Merveldt	Karaczay-Chevau-légers	—	—	6
	Bussy-Freicorps	—	—	2
VI. Besatzungen. Ehrenbreitstein: Oberst Sechtern		$3^3/_6$	9	1
	Jordis- Infanterie	$^2/_6$	—	—
	Neuwieder »	—	1	—
	Kurcölner	1	—	—
	Trier-Infanterie	2	—	—
	» -Jäger	—	2	—
	» -Garnison	—	2	—
	Sachsen-Coburg	—	1	—
	» -Hildburghausen	—	1	—
	Anhalt-Zerbst	—	2	—
Königstein: Major Wanka		$^1/_6$	1	—
	Stuart	$^1/_6$	—	—
	Jordis-Detachement	—	—	—
	Nordhäuser	—	1	—
	Nassau-Oranien-Detachement	—	—	—
Frankfurt: General Mylius		1	1	—
	Paulus-Grenadiere	1	—	—
	Reuss- »	—	1	—
Mainz: FML. und Gouverneur v. Neu		$5^3/_6$	8	2
	Stuart	$^5/_6$	—	—
	Oranien-Nassau	1	—	—
	Mainzer	1	—	—
	Knorr	$^4/_6$	—	—
	Leichte Infanterie	—	2	—
	Husaren	—	—	2
Reichs-Contingente	Solms-Braunfels	1	—	—
	Pfalz-Zweibrücken	1	—	—
	Stadt Cölner	—	2	—
	Königsteiner	—	1	—
	Wormser	—	1	—
	Schwarzburg-Sondershausen	—	1	—
	Schwarzburg-Rudolstadt	—	1	—

Uebersicht.

	Bataillone	Compagnien	Escadronen
Operations-Armee:	44	93	112
Bei Neuwied	7	19	13
Auf der Kalten Eiche	1	32	12
Gros und Vorposten bei Neukirchen	12	12	29
Im Rheingau	—	8	2
Vor Mainz	16	22	24
Zwischen Main und Neckar	1	—	10
Corps de réserve	7	—	22
Besatzungen:	9	19	3
Ehrenbreitstein	3 2/6	9	1
Königstein	1/6	1	—
Frankfurt	1	1	—
Mainz	5 3/6	8	2
Zusammen	53	112	115

		Bataillone	Compagnien	Escadronen
GM. Freih. v. Vogelsang	Kreisern- Grenadiere	1	—	—
	Ghenedegg- »	1	—	—
	Schröckinger- »	1	—	—
Oberst Graf Merveldt	Karaczay-Chevau-légers	—	—	6
	Bussy-Freicorps	—	—	2
VI. Besatzungen. Ehrenbreitstein: Oberst Sechtern		3 2/6	9	1
	Jordis- Infanterie . .	2/6	—	—
	Neuwieder » .	—	1	—
	Kurcölner	1	—	—
	Trier-Infanterie	2	—	—
	» -Jäger	—	2	—
	» -Garnison	—	2	—
	Sachsen-Coburg . . .	—	1	—
	» -Hildburghausen	—	1	—
	Anhalt-Zerbst	—	2	—
Königstein: Major Wanka		1/6	1	—
	Stuart	1/6	—	—
	Jordis-Detachement . . .	—	—	—
	Nordhäuser	—	1	—
	Nassau-Oranien-Detachement	—	—	—
Frankfurt: General Mylius		1	1	—
	Paulus-Grenadiere	1	—	—
	Reuss- » . . .	—	1	—
Mainz: FML. und Gouverneur v. Neu		5 3/6	8	2
Reichs-Contingente	Stuart	1/6	—	—
	Oranien-Nassau	1	—	—
	Mainzer	3	—	—
	Knorr	4/6	—	—
	Leichte Infanterie . . .	—	2	—
	Husaren	—	—	2
	Solms-Braunfels . . .	1	—	—
	Pfalz-Zweibrücken . . .	1	—	—
	Stadt Cölner	—	2	—
	Königsteiner	—	1	—
	Wormser	—	1	—
	Schwarzburg-Sondershausen	—	1	—
	Schwarzburg-Rudolstadt	—	1	—

Uebersicht.

	Bataillone	Compagnien	Escadronen
Operations-Armee:	44	93	112
Bei Neuwied	7	19	13
Auf der Kalten Eiche	1	32	12
Gros und Vorposten bei Neukirchen	12	12	29
Im Rheingau	—	8	2
Vor Mainz	16	22	24
Zwischen Main und Neckar	1	—	10
Corps de réserve	7	—	22
Besatzungen:	9	19	3
Ehrenbreitstein	$3^{2}/_{6}$	9	1
Königstein	$^{1}/_{6}$	1	—
Frankfurt	1	1	—
Mainz	$5^{3}/_{6}$	8	2
Zusammen	53	112	115

				Bataillone	Compagnien	Escadronen
Corps de réserve				$7^{4}/_{6}$	—	13
FML. Graf Sztáray	FML. Graf Riesch	GM. Canisius	Levenehr-Chevau-légers	—	—	3
			Kaiser- »	—	—	4
	FML. Graf Sztáray	GM. v. Hiller	Manfredini-Infanterie	2	—	—
			De Vins- »	1	—	—
			Spleny- »	$^{4}/_{6}$	—	—
	FML. Graf Sztáray	GM. Graf Gontreuil	Clerfayt- Infanterie	1	—	—
			Württemberg- »	1	—	—
			Beaulieu- »	1	—	—
			Murray- »	1	—	—
	FML. Graf Riesch	GM. Prinz Württemberg	Coburg-Dragoner	—	—	4
			» Chevau-légers	—	—	2
Detachement des Obersten Graf Merveldt				—	—	14
			Levenehr-Chevau-légers	—	—	2
			Kaiser- »	—	—	2
			Karacsay- »	—	—	4
			Blankenstein-Husaren	—	—	2
			Vecsey- »	—	—	2
			Uhlanen	—	—	2

Recapitulation.

	Bataillone	Compagnien	Escadronen
Erste Avantgarde sammt Soutien	2	50	31
Zweite » sammt Soutien	2	48	39
Erstes Treffen	12	—	20
Zweites »	$11^{4}/_{6}$	—	12
Corps de réserve	$7^{4}/_{6}$	—	13
Detachement des Obersten Graf Merveldt	—	—	14
Zusammen	$35^{2}/_{6}$	98	129

Benützte Quellen

nebst Angabe der im Quellenverzeichnisse und im Texte gebrauchten Abkürzungen.

a) Handschriftliche Quellen.

K. u. k. Kriegs-Archiv	K. A.
Feldacten der Niederrhein-Armee	F. A.
Hofkriegsräthliche Acten	H. K.
Donation Erzherzog Carls	D.
Feldacten der Oberrhein-Armee	O. R.
Cabinets-Acten	C. A.
Kriegsgeschichtliche u. kriegswissenschaftliche Memoires	M.
K. k. geheimes Haus-, Hof- und Staats-Archiv	St. A.
Archiv weiland Sr. k. u. k. Hoheit des Erzherzogs Albrecht von Oesterreich	E. A. A.

b) Gedruckte Quellen.

Ausgewählte Schriften weiland Sr. k. Hoheit Erzherzogs Carl von Oesterreich. Herausgegeben im Auftrage seiner Söhne der Herren Erzherzoge Albrecht und Wilhelm. Wien u. Leipzig 1893	Erzh. Carls Schriften.
Thugut, Clerfayt und Wurmser. Originaldocumente aus dem k. k. Haus-, Hof- und Staats-Archive und dem k. u. k. Kriegs-Archive zu Wien. Vom Juli 1794 bis Februar 1797. Von Dr. Alfred Ritter v. Vivenot. Wien 1869	Vivenot.
Schilderung der jetzigen Reichsarmee nach ihrer wahren Gestalt. Köln 1796.	
Bemerkungen über die französische Armee der neuesten Zeit oder der Epoche von 1792 bis 1807. Königsberg 1808.	
Sybel, Geschichte der Revolutionszeit von 1795—1800. Düsseldorf 1870—1874	Sybel.

Jähns, Das französische Heer von der grossen Revolution bis zur Gegenwart. Leipzig 1873 . . . . Jähns.
Rousset, Die Freiwilligen von 1791—1794. Berlin 1875 . Rousset.
Mémoires pour servir à l'histoire de la campagne de 1796. Paris 1818 . . . . Jourdan.
Mémoires sur les campagnes des armées du Rhin et de Rhin-et-Moselle de 1792 jusqu' à la paix de Campo formio. Paris 1829 . . . . St. Cyr.
Mémoires sur Carnot. Paris 1863 . . . . Carnot.

Bemerkung: Die Berufung auf die Quellen geschieht im Texte mittelst der beigefügten Ziffern; diese beziehen sich also ausschliesslich nur auf den Fundort der betreffenden Documente etc., den das Quellenverzeichniss angibt. Fussnoten dagegen, welche zu näherer Erläuterung oder Ergänzung einzelner Stellen des Textes dienen, sind mit Sternchen bezeichnet und an der üblichen Stelle eingeschaltet.

Quellenverzeichniss.

1. Jourdan, S. 17.
2. Befehl des Kaisers an den Hofkriegsrath ddo. 8. December 1795. H. K. 1796. II, 1.
3. Bericht des Hofkriegsrathes ddo. 19. December 1795. H. K. 1796. II, 1.
4. D. II, 1/2 a bis n; sämmtliche auf diese Angelegenheit bezügliche Documente, die übrigens auch in anderen Abtheilungen der Acten des K. A. über 1796 vorkommen.
5. D. II, 1/2 n, eigenhändiges Concept Erzherzog Carls.
6. Convention mit Kursachsen ddo. Wien, 16. Juni 1795. F. A. VII, 48.
6 1/2. GL. Lindt an FZM. Clerfayt, Herxthausen 1795, 2. October, St. A.; auch bei Vivenot 265—66.
7. Etat des kursächsischen Contingentes. F. A. VII, 48.
8. Hofkriegsräthliche Verordnung vom 22. December 1795. F. A. II, 10 1/2 b und g ex 1796.
9. Bericht des Interims-Armeecommandos an Erzherzog Carl, 8. März. D. III, 10.
10. Generalsbefehle vom 31. März, F. A. III, 29 e, und vom 30. Mai, O. R.
11. Bericht des General-Kriegscommissärs FML. Lilien vom 8. und 13. Jänner. F. A. II, 10 1/2.
12. Bericht des Hofkriegsrathes an den Kaiser vom 28. April. M. III, 70.
13. Bericht des Hofkriegsrathes an den Kaiser vom 11. April. F. A. V, 3.
14. Bericht des Grafen Lazansky an den »Obersten Directorial-Minister« Grafen Kolowrat ddo. Wiesbaden, 3. März. H. K. IV, 3.
15. Interims-Armeecommando an FML. Lilien. F. A. III, 29 e.
16. Generalsbefehl vom 30. Mai. F. A. VI, 52 1/2 und 53.
17. General-Artillerie-Director FZM. Kolowrat an Erzherzog Carl. D. III, 10.

18. Carnot, II, 21 u. f.
19. Carnot an Scherer ddo. 30. nivôse an IV. II, S. 31 u. f.
20. Carnot, II, S. 49.
21. Carnot, II, S. 68.
22. Jourdan, S. 18 u. f., dann pièces justificatives Nr. I, S. 215, und suite an Nr. I, S. 222.
23. Moreau und Jourdan an das Directorium. Jourdan, S. 19, und Nr. II, S. 232.
24. Carnot. II, S. 22.
25. St. Cyr, III, S. 3 und 4; dann Jourdan, S. 15.
26. GM. Unterberger an FM. Wurmser ddo. 25. März. O. R. IV, 41.
27. FM. Wurmser an Erzherzog Carl ddo. 6 Mai. F. A. VI, 22.
28. H. K. IV, 2, und Bericht Lazanskys ddo. Wiesbaden, 3. März. H. K. IV, 3.
29. Erzherzog Carl an den Kaiser ddo. Mainz, 11. Mai. E. A. A.
30. Standesausweis der Oberrhein-Armee vom 1.—15. März. H. K. IV, 1.
31. Berichte Erzherzog Carls aus dem Feldzuge 1796. C. A. Tom. I, S. 68.
32. Carnot an Jourdan ddo. Paris, 20. Juni. Jourdan, S. 274 und 79.
33. Jourdan, S. 147 u. f.
34. Bericht des Ingenieur-Obersten de Vaux ddo. Mainz, 10. April. F. A. I, 28 1/4.
35. Jourdan, S. 16.
36. Brigade-Eintheilung der Oberrhein-Armee, 18. März. O. R. IV, 22.
37. Ordre de bataille der Niederrhein-Armee vom 18. März. Berichte Erzherzog Carls. C. A. I, S. 72.
38. Eigenhändiges Journal Erzherzog Carls vom 16. April bis 2. Juni, F. A. I, 3; dann Erzherzog Carl an den Kaiser ddo. Mainz, 20. April, A. A.
39. Disposition zur Abwehr feindlicher Uebergänge über den Rhein; Rastatt, 21. April 1796. O. R. V, 41 1/4.
40. Kaiser Franz an Erzherzog Carl, Wien, 6. Mai, E. A. A.; ferner Kaiser Franz an FM. Wurmser, Wien, 6. Mai, O. R. VI, 21; dann Entwürfe Thuguts zu den officiellen Schreiben an Erzherzog Carl und FM. Wurmser im St. A., abgedruckt bei Vivenot, S. 437 u. f.
41. Erzherzog Carl an FML. Mercandin. F. A. VI, 32, 43 und 59.
42. FM. Wurmser an FZM. Latour. Mannheim, 21. Mai. O. R. VI, 89.
43. St. Cyr, III, S. 9 u. f.
44. Kundschaftsnachricht. F. A. I, 5.
45. St. Cyr, III, 15.
46. St. Cyr, III, 15 u. f.
47. D. VI, 32 vom 1. Mai und Berichte Erzherzog Carls. C. A. I, 247.
48. FML. Hotze an FM. Wurmser. O. R. VI, 140.
49. Hofkriegsrath an Erzherzog Carl; Wien, 26. Mai. F. A. VI, 47 1/4.
50. Kaiser Franz an Erzherzog Carl, Wien, 2. Juni, E. A. A., und an FM. Wurmser, Laxenburg, 29. Mai, K. A. Italien, V, 38.
51. Erzherzog Carl an den Kaiser, Baumholder, 1. Juni, E. A. A., und FM. Wurmser an den Hofkriegsrath, Kaiserslautern, 3. Juni, C. A.

33*

52. Erzherzog Carl an den Kaiser; Baumholder, 3. Juni. E. A. A.
53. Erzherzog Carl an FM. Wurmser; Baumholder, 2. Juni. D. VI, 21.
54. Journal des unter Commando Sr. Durchlaucht des Herrn FZM. Herzogs zu Württemberg gestandenen Corps von Eröffnung der Campagne bis 8. Juni, F. A. I, 9; dann Rechtfertigungsschrift des FZM. Herzogs zu Württemberg an Erzh. Carl. F. A. VII, 34. Jourdan, Mémoires etc.
55. FZM. Herzog zu Württemberg an Erzherzog Carl; Ehrenbreitstein, 30. Mai. D. VI, 74 b.
56. FZM. Herzog zu Württemberg an Erzherzog Carl; Altenkirchen, 3. Juni. D. VI. 73.
57. Erzherzog Carl an den Hofkriegsrath über den Bericht Württembergs vom 4. Juni; Ober-Moschel, 6. Juni. H. K. VII, 3.
58. FZM. Herzog zu Württemberg an Erzherzog Carl; Limburg, 6. Juni D. VI, 84.
59. Erzherzog Carl an FZM. Herzog zu Württemberg; Wonsheim. D. VI, ad 84.
60. Rechtfertigungsschrift des FZM. Herzogs zu Württemberg. F. A. VII. 34.
61. Erzherzog Carl an FZM. Herzog zu Württemberg; Wonsheim, 7. Juni. D. VI, 94.
62. Erzherzog Carl an den Hofkriegsrath, Ober-Moschel, 6. Juni. C. A. I, 254, und an das Armee-Generalcommando, F. A. VII, 29.
63. Erzherzog Carl an den Hofkriegsrath; Hochheim, 9. Juni. D. VI. 97 f. und C. A. I, 263.
64. Jourdan, S. 34 u f.
65. Erzherzog Carl an FZM. Wartensleben; Hochheim, 9. Juni. F. A VII. 45.
66. Vertheilung der kaiserlichen Armee am Niederrhein den 6. Juni. Beilage zu Nr. 63.
67. Erzherzog Carl an FZM. Wartensleben: Grävenwiesbach, 14. Juni. F. A. VII, 77.
68. Erzherzog Carl an Oberst Gottesheim, 14. Juni. F. A. VII. 68; D. VI, 122 b und o.
69. Dispositionen für die Colonnen-Commandanten bei Wetzlar. F. A. VII, 77.
70. FZM. Wartensleben an Erzherzog Carl; Bericht über die getroffenen Dispositionen; Nauheim, 15. Juni. D. VI, 130 e, 2.
71. Erzherzog Carl an FML. Werneck: Grävenwiesbach, 15. Juni. D. VI, 128 b. — Erzherzog Carl an GM. Mylius und Oberst Gottesheim (ohne Datum). F. A. VII, 77.
72. Relation FML. Wernecks; Hachenburg, 19. Juni. D. VI, 128 u. f.
73. Erzherzog Carl an den Kaiser ddo. Nauburg, 16. Juni, E. A. A., und Bericht an den Hofkriegsrath ddo. Hachenburg, 18. Juni. C. A. I. 276.
74. Jourdan, S. 57 u. f., dann Nr. V. S. 245.
75. Erzherzog Carl an FML. Hotze: Greifenstein, 16. Juni. F. A. VII, 93[1]/[3].
76. FZM. Wartensleben an Erzherzog Carl: Molsberg, 17. Juni. D. VII, 137 s.
77. Erzherzog Carl an FZM. Wartensleben: Renderod, 17. Juni. F. A. VII. 83.
78. Erzherzog Carl an FML. Hotze; Höchstenbach, 18. Juni. O. R. VII, 65[1]/[4].

18. Carnot, II, 21 u. f.
19. Carnot an Scherer ddo. 30. nivôse an IV. II, S. 31 u. f.
20. Carnot, II, S. 49.
21. Carnot, II, S. 68.
22. Jourdan, S. 18 u. f., dann pièces justificatives Nr. I, S. 215, und suite an Nr. I, S. 222.
23. Moreau und Jourdan an das Directorium. Jourdan, S. 19, und Nr. II, S. 232.
24. Carnot, II, S. 22.
25. St. Cyr, III, S. 3 und 4; dann Jourdan, S. 15.
26. GM. Unterberger an FM. Wurmser ddo. 25. März, O. R. IV, 41.
27. FM. Wurmser an Erzherzog Carl ddo. 6 Mai. F. A. VI, 22.
28. H. K. IV, 2, und Bericht Lazanskys ddo. Wiesbaden, 3. März. H. K. IV, 3.
29. Erzherzog Carl an den Kaiser ddo. Mainz, 11. Mai. E. A. A.
30. Standesausweis der Oberrhein-Armee vom 1.—15. März. H. K. IV, 1.
31. Berichte Erzherzog Carls aus dem Feldzuge 1796. C. A. Tom. I, S. 68.
32. Carnot an Jourdan ddo. Paris, 20. Juni. Jourdan, S. 274 und 79.
33. Jourdan, S. 147 u. f.
34. Bericht des Ingenieur-Obersten de Vaux ddo. Mainz, 10. April. F. A. I, 28 1/4.
35. Jourdan, S. 16.
36. Brigade-Eintheilung der Oberrhein-Armee, 18. März, O. R. IV, 22.
37. Ordre de bataille der Niederrhein-Armee vom 18. März. Berichte Erzherzog Carls, C. A. I, S. 72.
38. Eigenhändiges Journal Erzherzog Carls vom 16. April bis 2. Juni, F. A. I. 3; dann Erzherzog Carl an den Kaiser ddo. Mainz, 20. April, A. A.
39. Disposition zur Abwehr feindlicher Uebergänge über den Rhein; Rastatt, 21. April 1796. O. R. V, 41 1/4.
40. Kaiser Franz an Erzherzog Carl, Wien, 6. Mai, E. A. A.; ferner Kaiser Franz an FM. Wurmser, Wien, 6. Mai, O. R. VI, 21; dann Entwürfe Thuguts zu den officiellen Schreiben an Erzherzog Carl und FM. Wurmser im St. A., abgedruckt bei Vivenot, S. 437 u. f.
41. Erzherzog Carl an FML. Mercandin. F. A. VI, 32, 43 und 59.
42. FM. Wurmser an FZM. Latour. Mannheim, 21. Mai. O. R. VI, 89.
43. St. Cyr, III, S. 9 u. f.
44. Kundschaftsnachricht. F. A. I, 5.
45. St. Cyr, III, 15.
46. St. Cyr, III, 15 u. f.
47. D. VI, 32 vom 1. Mai und Berichte Erzherzog Carls. C. A. I, 247.
48. FML. Hotze an FM. Wurmser. O. R. VI, 140.
49. Hofkriegsrath an Erzherzog Carl; Wien, 26. Mai. F. A. VI, 47 1/4.
50. Kaiser Franz an Erzherzog Carl, Wien, 2. Juni, E. A. A., und an FM. Wurmser, Laxenburg, 29. Mai, K. A. Italien, V, 38.
51. Erzherzog Carl an den Kaiser, Baumholder, 1. Juni, E. A. A., und FM. Wurmser an den Hofkriegsrath, Kaiserslautern, 3. Juni, C. A.

33*

108. Befehlschreiben Erzherzog Carls ddo. Schwetzingen, 3. Juli, des Erbprinzen von Württemberg ddo. Freudenstadt. 2. Juli. und FZM. Latour's ddo. Muggensturm, 2. Juli. an Reichs-GL. Landgraf zu Fürstenberg. H. K. VIII, 12.
109. St. Cyr, III, 53 und 108.
110. Reichs-FZM. Stain an FZM. Latour; Bühl (bei Offenburg). 26. Juni. C. A.
111. FZM. Latour an den Hofkriegsrath ddo. Muggensturm, 26. Juni. H. K. VII, 5.
112. FZM. Latour an den Hofkriegsrath ddo. Muggensturm, 27.—28. Juni. C. A.
113. Erzherzog Carl an GL. Lindt; Hochheim, 28. Juni. D. VI, 159. F. A. VII, 107.
114. Erzherzog Carl an FML. Mercandin und Petrasch; Hochheim, 29. Juni. D. VII, 174. F. A. VII, 117.
115. St. Cyr, S. 55, 62, 63.
116. O. R. VIII, 17.
117. St. Cyr, III, 64.
118. FZM. Latour an den Hofkriegsrath; Beiertheim, 5. Juli. H. K. VIII, 3.
119. O. R. VIII, 52.
120. Bericht Fürstenbergs. H. K. VIII, 8.
121. C. A. Latour's Berichte.
122. O. R. VIII, 75.
123. Fürstenbergs Bericht vom 10. Juli. H. K. VIII, 8, und St. Cyr, III, 64, 67.
124. Erzherzog Carls Bericht; Mühlburg, 5. Juli. D. VII, 69½.
125. Erzherzog Carl an GL. Lindt; Muggensturm, 5. Juli. D. VII, 29.
126. GL. Lindt an Erzherzog Carl. D. VII, 53.
127. Erzherzog Carl an GM. Kaim; Rüppur, 6. Juli. D. VII, 37.
128. Erzherzog Carl an den Kaiser; Rüppur, 6. Juli. E. A. A.
129. O. R. VIII, 124.
130. Marschzettel für die 2. und 3. Colonne. O. R. VIII, 125, 126.
131. Erzherzog Carl an GM. Kaim; 8. Juli. D. VII, 76 und a.
132. St. Cyr, III, 68.
133. K. A. und St. Cyr, III.
134. GL. Lindt an Erzherzog Carl; Neuenburg, 9. Juli, 6½ Uhr abends. D. VII, 97.
135. Erzherzog Carl an den Hofkriegsrath; Eisingen, 11. Juli. H. K. VIII, 3.
136. Erzherzog Carl an FML. Hotze; Brachhausen, 9. Juli. O. R. VIII, 128, 1/v.
137. Erzherzog Carl an FZM. Latour und FML. Sztáray. D. VII, 114, 115.
138. Erzherzog Carl an die GM. Liechtenstein und Barco; Eisingen, 11. Juli. D. VII, 120 l, o.
139. D. VII, 130 a.
140. Erzherzog Carl an FZM. Wartensleben; Pflungstadt, 30. Juni. D. VII, 173.
141. Die folgenden Angaben aus Jourdan, S. 48 u. f.

142. Das Directorium an Jourdan; Paris, 20. Juni. »Jourdan« Nr. VIII.
142. Carnot an Jourdan; Paris, 23. Juni. »Jourdan« Nr. IX.
143. Erzherzog Carl an FZM. Wartensleben, FML. Mercandin und Neu; Muggensturm, 4. Juli. D. VIII, 16, 17, 18.
144. FML. Werneck an Erzherzog Carl; 4. Juli. D. VII, 45.
145. H. K. VIII, 5.
146. FML. Colloredo-Mels an Erzherzog Carl; Wetzlar, 5. Juli. D. VII, 73.
147. FML. Werneck an Erzherzog Carl. D. VII, 105.
148. Journal der Campagne 1796. F. A. I, 1.
149. FZM. Wartensleben an Erzherzog Carl. D. VII, 95.
150. FML. Wernecks Bericht aus Esch. D. VII, 105.
151. FZM. Wartensleben an Erzherzog Carl: Wöllstadt, 9. Juli. D. VII, 107.
152. Jourdan, S. 65 u. f.
153. FZM. Wartensleben an Erzherzog Carl über das Treffen bei Friedberg ddo. Bergen, 11. Juli. D. VII, 122.
154. Jourdan, S. 71 u. f.
155. Erzherzog Carl an den Kaiser; Düren, 13. Juli. E. A. A.
156. Erzherzog Carl an den Hofkriegsrath; Düren. H. K. VIII, 3.
157. Erzherzog Carl an den Hofkriegsrath; Düren. D. VII, 121.
158. Erzherzog Carls Schriften, II, S. 186 u. f., und D. VII, 121.
159. Erzherzog Carl an GL. Lindt und FML. Hotze, D. VII, 131, 134, 136, und an den Hofkriegsrath, C. A., Berichte Erzherzog Carls, S. 340.
160. Erzherzog Carl an Oberst Lattermann; Schwieberdingen, 17. Juli. D. VII, 196.
161. FZM. Wartensleben an Erzherzog Carl; Bergen, 11. Juli. D. VII, 122 a.
162. FML. Neu an Erzherzog Carl; Mainz, 13. Juli. D. VII, 147, 148.
163. Erzherzog Carl an FZM. Wartensleben; Düren, 13. Juli. D. VII, 124.
164. Erzherzog Carl an FZM. Wartensleben; Düren, 14. Juli. D. VII, 129.
165. Bericht des Genie-Oberstlieutenants Dedovich. D. VII, 126 a.
166. D. VII, 126.
167. D. VII, 150 a, d.
168. Erzherzog Carl an FZM. Wartensleben; 13. Juli. D. VII, 125.
169. FZM. Wartensleben an Erzherzog Carl; Aschaffenburg, 15. Juli. D. VII. 171.
170. FZM. Wartensleben an Erzherzog Carl; Remlingen, 18. Juli. D. VII, 167.
171. Bericht des Obersten Keglevich. D. VII, ad 167.
172. FZM. Wartensleben an Erzherzog Carl; Remlingen, 17. Juli. H. K. VIII, 5.
173. FZM. Wartensleben an Erzherzog Carl; Würzburg, 19. Juli. D. VII, 262.
174. H. K. VIII, 5.
175. D. VII, 250.
176. Desaix an St. Cyr; Pforzheim, 18. Juli. St. Cyr, III, S. 379, Nr. 3.
177. Befehle Erzherzog Carls; Felbach, 19. Juli. D. VII, 223 und 224.
178. Erzherzog Carl an den Hofkriegsrath; Felbach, 19. Juli. H. K. VIII, 5.
179. Erzherzog Carl an FML. Riese. D. VII, 169.

180. Relation FML. Hotzes; Göppingen, 25. Juli. D. VII, 235, und St. Cyr, III, 101 u. f.
181. Kreishauptmann Indermauer zu Bregenz an FML. Frelich; 15. und 18. Juli. D. VIII, 241.
182. Erzherzog Carl an den Hofkriegsrath; Felbach, 22. Juli. D. VII, 241.
183. Correspondenz hierüber siehe: D. VII, 207.
184. Erzherzog Carl an FML. Frelich; Felbach, 22. Juli. D. VII, 241.
185. Erzherzog Carl an den Hofkriegsrath und GL. Lindt. D. VII, 242 und 249.
186. Erzherzog Carl an den GM. Canisius; Felbach, 22. Juli. D. VII, 238.
187. F. A. VIII, 52 8/4, 53; H. K. VIII, 3 u. A. m.
188. Kaiser Franz an Erzherzog Carl; Baden bei Wien, 15. Juli. E. A. A.
189. Erzherzog Carl an den Hofkriegsrath; Böhmenkirch, 31. Juli. H. K. VIII, 8.
190. Moreau an Jourdan; Schorndorf, 30. Juli. St. Cyr, III, Nr. 38, S. 383.
191. Erzherzog Carl an GM. Fürst Liechtenstein; Böhmenkirch, 27. Juli. D. VII, 340.
192. Erzherzog Carl an FML. Hotze; Böhmenkirch. 27. Juli. D. VII, 266.
193. FZM. Wartensleben an Erzherzog Carl; Neusses am Sand, 23. Juli. D. VII, 248.
194. FZM. Wartensleben an Erzherzog Carl; Zeil, 26. Juli. D. VII, 262.
195. Berichte Wartenslebens. H. K. VIII, 8.
196. Siehe 194; Journal der Campagne 1796, F. A. I, 1, Plan IV; Erzherzog Carls Schriften, II, S. 264; Ordre de bataille vom 27. Juli, H. K. VIII, 7.
197. Jourdan an Kleber; Schweinfurt, 1. August. S. 275, Nr. XII.
198. FZM. Wartensleben an Erzherzog Carl; Zeil, 26. Juli. D. VII, 263.
199. FZM. Wartensleben an Erzherzog Carl; Reichenschwand, 9. August. C. A. S. 73.
200. La Réveilliere Lépeaux, Präsident des Directoriums, an Jourdan; Paris, 31. Juli. Jourdan, S. 299, Nr. XVIII.
201. Jourdan an das Directorium; Zentbechhofen, 8. August. S. 279. XIII.
202. FZM. Wartensleben an Erzherzog Carl; Amberg, 11. und 12. August. C. A. S. 36 und 40.
203. Erzherzog Carl an den Hofkriegsrath, Böhmenkirch, 31. Juli, H. K. VIII, und an den Kaiser ddo. 1. August, E. A. A.; ferner Erzherzog Carls Schriften, II.
204. St. Cyr, III, 121 u. f., Nr. 44.
205. Erzherzog Carl an FML. Hotze, D. VIII, 20, 22, 23; an GM. Fürst Liechtenstein, D. VIII, 30, 32.
206. Befehle Erzherzog Carls; Nördlingen, 6. August. D. VIII, 67—69.
207. Moreau an St. Cyr; Aalen, 19. und an Jourdan, 20. thermidor an IV. St. Cyr, III, S. 397—400, Nr. 46 und 48.
208. Journal F. A. I, 36, und Befehl an GM. Kerpen, D. VIII, 3.
209. GM. Klinglin an Erzherzog Carl. F. A. IX, 91 1/4.
210. Erzherzog Carls Schriften, II, S. 186 u. f., und St. Cyr, III, Nr. 112.

211. Erzherzog Carl an den Hofkriegsrath: Möttingen, 12. August. H. K. IX, 2, und D. VIII, 145.
212. Disposition zur Schlacht bei Neresheim. F. A. IX, 90 1/2, und D. VIII, 113.
213. FML. Frelich an Erzherzog Carl. D. VIII, 150.
214. FML. Riese an Erzherzog Carl: Burgau a. d. Mindel, 13. August. F. A. IX, 90.
215. St. Cyr, III.
216. Erzherzog Carl an den Hofkriegsrath: Nordheim, 13. und Sulzbach, 25. August. C. A. S. 489 und 505.
217. Erzherzog Carl an FZM. Latour ddo. 13. August, F. A. IX, 130, und 14. August. D. VIII, 174.
218. Erzherzog Carl an FZM. Wartensleben: Nordheim, 13. August. D. VIII, 157.
219. Erzherzog Carl an FZM. Wartensleben; Sinning, 15. August. D. VIII, 185, und F. A. IX, 143.
220. Erzherzog Carl an den Hofkriegsrath; Kösching, 17. August. F. A. IX, 165.
221. Erzherzog Carl an FZM. Wartensleben; Kösching, 17. August. F. A. IX, 177.
222. GM. Nauendorf an FZM. Wartensleben; Dasswang, 17. August, 8 Uhr abends. F. A. IX, 175.
223. Diese und die folgenden Angaben, soweit sie die französische Armee betreffen, nach »Jourdan«, S. 101, und den pièces justificatives XIV, XV und XVI.
224. FZM. Wartensleben an den Erzherzog ddo. Amberg, 17. August, 8 Uhr abends. C. A. S. 80.
225. Relation FML. Kray's über das Treffen bei Sulzbach. C. A. Wartensleben'sche Berichte, S. 88 und 97.
226. Bericht an den Erzherzog: Amberg, 18. August, 4 Uhr morgens. D. VIII, 219.
227. Generalsbefehl vom 2. und 3. fructidor. Intercept. F. A. IX, 272.
228. »Jourdan«, S. 121, und Befehl an Bernadotte vom 21. August, 2 Uhr morgens, Nr. XXIII, S. 312; ferner Intercept ddo. 3. fructidor. F. A. IX, 280.
229. Moreau an Jourdan; Dillingen, 20. August. »Jourdan«, Nr. XXIV, S. 312.
230. »Jourdan«, S. 120—22, und Schreiben an Moreau am 22. August, Nr. XXV, S. 312.
231. Erzherzog Carl an FZM. Wartensleben und GM. Nauendorf; Herrenried, 21. August. D. VIII, 235, und F. A. IX, 264.
232. FZM. Wartensleben an Erzherzog Carl: Schwarzenfeld, 20. August. C. A. S. 107.
233. Erzherzog Carls Schriften, II, S. 220.
234. Erzherzog Carl an FZM. Wartensleben; Herrenried, 23. August. F. A. IX, 281.

235. Erzherzog Carls Schriften, II, S. 220; FML. Hotzes Journal, F. I, 7; »Jourdan«, S. 124.
236. Correspondenz zwischen Erzherzog Carl und FZM. Wartensleben am 23. August. D. VIII, 246; F. A. IX, 314 und 317.
237. Erzherzog Carl an GM. Nauendorf, 22. August, F. A. IX, 315, an FZM. Latour vom selben Tage, 10 Uhr abends, F. A. IX, 314.
238. Disposition FZM. Wartenslebens vom 24. August. F. A. IX, 323.
239. Mit Bleistift eigenhändig geschriebener Befehl des Erzherzogs an FML. Hotze. F. A. IX, 325.
240. Zur Schlacht bei Amberg: Bericht Erzherzog Carls an den Hofkriegsrath, C. A. 505; Relation des FZM. Wartensleben, F. A. IX, 336; Tagebuch des Corps FML. Hotze, F. A. I, 7; Erzherzog Carls Schriften, II, »Jourdan«, S. 126 u. f.
241. Das Directorium an Moreau. »Jourdan«, S. 296.
242. FZM. Latour an Erzherzog Carl; Friedberg, 22. August. F. A. IX, 290.
243. FZM. Latour an Erzherzog Carl; Oberhausen, 20. August. F. A. IX. 254.
244. Ueber das Treffen bei Friedberg: St. Cyr, III, und Relation FZM. Latour's. F. A. IX, 335.
245. FZM. Latour an FML. Mercandin, GM. Devay und den Prinzen Condé; Odelzhausen, 24. August. F. A. IX, 330 und 332, dann C. A. S. 245 und 247.
246. FZM. Latour an Erzherzog Carl, die FML. Mercandin und Frelich, dann an den Prinzen Condé, F. A. IX, 357 und 383; an das oberösterreichische General-Commando, F. A. IX, 407.
247. FZM. Latour an Erzherzog Carl; Riem, 27. August. F. A. IX, 403.
248. FZM. Latour an FML. Frelich; Riem, 28. August. F. A. IX, 437.
249. Nach den Angaben Jourdan's, ergänzt durch die Feldacten des K. A.
250. Befehle Erzherzog Carls an FML. Sztáray aus Amberg und Sulzbach. F. A. IX, 359.
251. Hauptquartier Lauf; 27. August. IX, 417.
252. Erzherzog Carl an die FML. Sztáray und Kray; Heroldsberg, 28. August. F. A. IX, 423.
253. »Jourdan«, S. 148 und Nr. XXX, S. 327.
254. FML. Kray an Erzherzog Carl; Bamberg, 30. August. F. A. IX. 470.
255. Erzherzog Carl an FZM. Latour; Bamberg, 31. August. D. VIII, 281.
256. Instruction zum Vormarsch nach Würzburg. F. A. X, 8 und 10.
257. Moreau an Jourdan; Augsburg, 25. August. »Jourdan«, S. 331, Nr. XXXI.
258. »Jourdan«, S. 150.
259. Erzherzog Carl an den Hofkriegsrath; Kürnach, 4. September. F. A. X, 51¼.
260. Befehle Erzherzog Carls ddo. Ober-Schwarzach, 2. September, F. A. X, 21, dann vom 3. September, 5 Uhr früh, F. A. X, 24.
261. FML. Sztáray an Erzherzog Carl vom 4. September, F. A. 63, dann »Bewegungen der kaiserlichen Hauptarmee bis zur Schlacht bei Würzburg«, F. A. I, 43.

262. FML. Hotzes Bericht vom 29. August bis 3. September, F. A. IX, 456; dessen Journal, F. A. I, 7, und »Jourdan«, S. 168.
263. Verlusteingabe der kaiserlichen Armee vom 9. September. F. A. X, 162. — Bericht Erzherzog Carls an den Hofkriegsrath; Aschaffenburg, 8. September. F. A. X, 51¹/₄.
264. Erzherzog Carl an den Kaiser, Kürnach, 4. September, A. A., und an den Hofkriegsrath vom selben Tage, F. A. X, 51¹/₄.
265. Befehle Erzherzog Carls an die FML. Neu, Petrasch und Oberst Merveldt; Zell, 4. September. F. A. X, 59.
266. FML. Kray's Bericht aus Dettingen, 8. September. F. A. X, 139.
267. Erzherzog Carl an FZM. Latour; Hersbruck, 26. August. F. A. IX, 382.
268. Kaiser Franz an FM. Nostitz; Laxenburg, 28. August. H. K. IX, 17.
269. GM. Nauendorf an Erzherzog Carl; Regenstauf, 28., und Regensburg, 30. August. F. A. IX, 432 und 474.
270. FZM. Latour an den Hofkriegsrath über das Gefecht bei Geisenfeld; Regensburg, 2. September. C. A. S. 253.
271. FZM. Latour an den Hofkriegsrath ddo. Siegenburg, 3. September. C. A. S. 257.
272. Erzherzog Carl an GM. Nauendorf, Burgebrach, 1. September, und GM. Nauendorf an GM. Kerpen in Ingolstadt, Abensberg, 3. September. F. A. X, 55¹/₇.
273. Moreau an Jourdan, Augsburg, 25. August; bei Jourdan, S. 331; bei St. Cyr, III, S. 420.
274. Reynier an St. Cyr; Pfaffenhausen, 3. September. — »St. Cyr«, III, S. 234 und 426.
275. FZM. Latour an FML. Fürstenberg, F. A. X, 60; FML. Frelich an Erzherzog Carl, F. A. X, 128, und an GM. Klinglin, F. A. X, 127.
276. Major Weyrothers Bericht vom 6. September. F. A. X, 103.
277. FZM. Latour an GM. Nauendorf, Pfeffenhausen, 7. September, F. A. X, 122; an Erzherzog Carl, Landshut, 8. September, F. A. X, 145 und C. A. S. 265.
278. GM. Nauendorf an FZM. Latour; Abensberg, 9. September. F. A. X, 169.
279. FZM. Latour an GM. Nauendorf; 10. September. F. A. X, 169.
280. GM. Nauendorf an FZM. Latour; 10. September. F. A. X, 160.
281. Erzherzog Carl an den Kaiser; Dettingen, 10. September. E. A. A.
282. Befehle Erzherzog Carls an Oberst Merveldt, FML. Petrasch, FML. Neu und Oberst Skal ddo. Aschaffenburg, 8. September. F. A. X, 138.
283. »Jourdan«, S. 181, und Schreiben Castelverd's ddo. Wallendar, 10. September, S. 336, Nr. XXXIV.
284. »Jourdan«, S. 284.
285. »Jourdan«, S. 192 u. f.
286. Befehle Erzherzog Carls; Usingen, 13. September. F. A. X, 245¹/₅.
287. Erzherzog Carl an den Kaiser; Limburg, 18. September. E. A. A.
288. »Jourdan«: Tableau comparatif etc.; Beilage 7.

289. »Jourdan«: Pièce justif, Nr. XXXVII, S. 544.
290. Journal der Festung Ehrenbreitstein etc. F. A. I, 14.
291. FML. Hotzes Journal. F. A. I, 7.
292. Dispositionen Erzherzog Carls vom 21. September. F. A. X, 348 und 349.
293. Bericht FML. Kray's aus Bendorf, 29. September. F. A. X, 471.
294. »St. Cyr«, III, S. 247—249, und Moreau an Jourdan, Neuburg, 15. fructidor (11. September), S. 436.
295. Aufgefangenes Schreiben Moreau's an General Moulin in Kehl ddo. Geisenfeld, 9. September, F. A. X, 346. und Brief Moreau's an Jourdan, Neuberg, 11. September. »St. Cyr«, III, S. 436.
296. »St. Cyr«, III, S. 249. 250.
297. »St. Cyr«, III, S. 253.
298. F. A. X, 277 und 304; Berichte Schlicks und FZM. Latour's; dann die hierauf bezüglichen Originalacten, D. IX, 10 und 12.

Graphische Beilagen.

1. Uebersichtskarte zu den Feldzügen gegen Frankreich in den Jahren 1796 und 1797.
2. Plan zur Schlacht bei Malsch.
3. » » » » Neresheim.
4. » » » » Amberg.
5. » » » » Würzburg.

16.50

75.50

Zeitfracht Medien GmbH
Ferdinand-Jühlke-Straße 7
99095 Erfurt, Deutschland
produktsicherheit@kolibri360.de